マンキュー
入門経済学

第4版

N・グレゴリー・マンキュー 著

片桐 満・篠 潤之介・溝口 哲郎 訳

センゲージラーニング株式会社

Cengage

キャサリン、ニコラス、そしてピーターへ
私から次世代へのもう１つの貢献

Principles of Economics
Tenth Edition
N. Gregory Mankiw
Harvard University

© 2024, © 2021, © 2018
Copyright © 2024 Cengage Learning, Inc. ALL RIGHTS RESERVED.
ISBN: 978-0-357-72271-8

No part of this work covered by the copyright herein may be reproduced
or distributed in any form or by any means, except as permitted by U.S.
copyright law, without the prior written permission of the copyright owner.
Unless otherwise noted, all content is Copyright ©Cengage Learning, Inc.

学生への序文

「経済学とは、日常生活における人々の営みを研究する学問である」── 19世紀の偉大な経済学者、アルフレッド・マーシャルは、自身の教科書『経済学原理』の中でこう記している。マーシャルの時代以来、経済に関する知識は大きく蓄積されてきたが、経済学についてのこの定義は、1890年に彼の教科書の初版が出版された当時と同様、今日も変わらず真実である。

では、21世紀の学生であるあなたはなぜ経済学を学ぶべきなのだろうか？ 3つの理由がある。

経済学を学ぶ第1の理由は、あなたが生きている世界を理解するのに役立つからである。経済に関する多くの疑問が、あなたの知的好奇心を刺激するだろう。なぜニューヨーク市ではアパートを見つけることが難しいのか？ 航空会社が土曜の夜を含む往復便のチケット料金を安く設定するのはなぜだろうか？ なぜスカーレット・ヨハンソンは映画出演であれほど高額な報酬を得られるのだろうか？ 多くのアフリカ諸国で生活水準がこれほどまでに低いのはなぜか？ ある国ではインフレ率が高く、別の国では物価が安定しているのはなぜか？ なぜある年には仕事が見つけやすく、別のある年には見つけにくいのだろうか？ こうした疑問はほんの一例にすぎないが、経済学の授業を少し受講するだけで、これらの疑問に答える手助けが得られるであろう。

経済学を学ぶ第2の理由は、経済活動におけるより鋭敏な参加者になれるからである。人生を通じて、あなたは数多くの経済的な意思決定を行うことになる。学生として、学校に何年間在籍するかを決めなくてはならない。働きはじめたら、収入のうちどれだけを使い、どれだけを貯蓄し、その貯蓄をどのように投資するかを決めなくてはならない。将来、もし小規模なビジネスや、あるいは大企業を経営する立場になれば、何人の従業員を雇って、製品価格をいくらに設定するかを決めなくてはならない。経済学を学ぶことで、これらの意思決定を最適に行うための視点を獲得することができる。本書の各章を学ぶことだけでただちに裕福になれるわけではないが、こうした意思決定をするための手助けとなるであろう。

経済学を学ぶ第3の理由は、経済政策の可能性とその限界についての深い理解を得られるからである。経済問題は、常に市長室や州知事官邸、あるいはホワイトハウスにいる政策立案者たちの大きな関心事である。異なる税制の負担の大きさはどの程度か？ 他国と自由貿易をすることの効果は何か？ 何が環境保護のための最良の方法か？ 政府の財政赤字は経済成長にいかなる影響を及ぼすのか？ 有権者として、あなたは社会における資源配分を行う政策を選択する責任を担っている。経済学の知識は、その責任を果たす上で有用である。そして、いつの日か、あなた自身が政策立案者の1人になるかもしれない。

経済学の原則は、人生のさまざまな場面で使うことができる。将来、あなたがニュースを追いかけていようと、ビジネスを運営していようと、あるいはホワイトハウスの大統領執務室に座っていようと、経済学を学んでおいてよかったと思うであろう。

2022年5月

N・グレゴリー・マンキュー

原書「Principles of Economics 10版」と翻訳書の対応表

章タイトル（原書）	章タイトル（翻訳書）	原書10版	ミクロ編第5版	マクロ編第5版	入門経済学第4版
Ten Principles of Economics	経済学の10原則	1	1	1	1
Thinking Like an Economist	経済学者らしく考えよう	2	2	2	2
Interdependence and the Gains from Trade	相互依存と交易の便益	3	3	3	3
The Market Forces of Supply and Demand	市場における需要と供給	4	4	4	4
Elasticity and Its Application	弾力性とその応用	5	5		4章付論
Supply, Demand, and Government Policies	需要、供給および政府の政策	6	6		5
Consumers, Producers, and the Efficiency of Markets	消費者、生産者、市場の効率性	7	7		6
Application: The Costs of Taxation	応用：租税のコスト	8	8		6章付論
Application: International Trade	応用：国際貿易	9	9		
Externalities	外部性	10	10		
Public Goods and Common Resources	公共財と共有資源	11	11		
The Economics of Healthcare	医療経済学	12	12		
The Design of the Tax System	税制の設計	13	13		
The Costs of Production	生産コスト	14	14		7
Firms in Competitive Markets	競争市場における企業	15	15		
Monopoly	独占	16	16		
Monopolistic Competition	独占的競争	17	17		
Oligopoly	寡占	18	18		
The Markets for the Factors of Production	生産要素の市場	19	19		
Earnings and Discrimination	収入と差別	20	20		
Income Inequality and Poverty	所得格差と貧困	21	21		
The Theory of Consumer Choice	消費者選択の理論	22	22		7章付論
Frontiers in Microeconomics	ミクロ経済学の最前線	23	23		
Measuring a Nation's Income	国民所得の計測	24		5	8
Measuring the Cost of Living	生活コストの計測	25		6	9
Production and Growth	生産と成長	26		7	10
Saving, Investment, and the Financial System	貯蓄、投資、金融システム	27		8	11
The Basic Tools of Finance	ファイナンスの基本的な分析ツール	28		9	
Unemployment	失業	29		10	
The Monetary System	貨幣システム	30		11	11章付論1
Money Growth and Inflation	貨幣量の成長とインフレーション	31		12	11章付論2
Open-Economy Macroeconomics: Basic Concepts	開放経済のマクロ経済学：基礎的概念	32		13	13
A Macroeconomic Theory of the Open Economy	開放経済のマクロ経済理論	33		14	
Aggregate Demand and Aggregate Supply	総需要と総供給	34		15	12
The Influence of Monetary and Fiscal Policy on Aggregate Demand	金融・財政政策が総需要に与える影響	35		16	
The Short-Run Trade-off between Inflation and Unemployment	インフレーションと失業の短期的なトレードオフ	36		17	
Six Debates over Macroeconomic Policy	マクロ経済政策に関する6つの議論	37		18	
Appendix: How Economists Use Data	補論：経済学者はどのようにデータを活用するか	38	24	19	付録 補論

もくじ

学生への序文／iii

原書と翻訳書の対応表／iv

第 I 部　イントロダクション

第1章　経済学の10原則 1

1 人々はどのように意思決定するか ……… 2

1-1 原則1：人々はトレードオフに直面する ……… 2

1-2 原則2：何かのコストとは、それを手に入れるために諦めたもので測られる ……… 4

1-3 原則3：合理的な人々は「限界的に」考える ……… 4

1-4 原則4：人々はインセンティブに反応する ……… 6

2 人々はどのように影響しあうか ……… 8

2-1 原則5：交易によって全員の経済的状況を改善させることができる ……… 8

2-2 原則6：通常、市場は経済活動をまとめあげる良い方法である ……… 8

FYI 知識を深める　アダム・スミスと見えざる手／10

ケーススタディ　もしウーバーがある時代にアダム・スミスが生きていたら……／10

2-3 原理7：政府は市場のもたらす結果を改善できる場合がある ……… 11

3 経済は全体としてどのように動くか ……… 13

3-1 原則8：一国の生活水準は、財・サービスの生産能力に依存する ……… 13

3-2 原則9：政府が過剰な量の貨幣を印刷すると、物価は上昇する ……… 14

3-3 原則10：社会は、インフレーションと失業の短期的なトレードオフに直面する ……… 15

4 結論 ……… 16

本章のポイント／17　　理解度確認テスト／17　　演習と応用／18　　理解度確認クイズの解答／19

第2章　経済学者らしく考えよう 21

1 科学者としての経済学者 ……… 22

1-1 科学的方法：観察、理論、そしてさらなる観察 ……… 22

1-2 仮定の役割 ……… 23

1-3 経済モデル ……… 24

1-4 経済モデルその1：フロー循環図 ……… 25

1-5 経済モデルその2：生産可能性フロンティア ……… 26

1-6 ミクロ経済学とマクロ経済学 ……… 30

2 政策アドバイザーとしての経済学者 ……… 31

2-1 記述的分析と規範的分析 ……… 32

2-2 ワシントンのエコノミスト ……… 33

2-3 経済学者の提案がしばしば実行にうつされないのはなぜか ……… 34

3 経済学者間で意見が異なるのはなぜか ……… 35

3-1 科学的判断についての意見の不一致 ……… 36

3-2 価値観についての意見の不一致 ……… 36

3-3 知覚 vs 現実 ……… 37

専門家の見方 チケットの転売／38

4 さあ、はじめよう！ ……… 38

本章のポイント／39　　理解度確認テスト／40　　演習と応用／40　　理解度確認クイズの解答／41

補論 グラフについての簡単なまとめ ……… 42

● 1変数のグラフ ……… 42

● 2変数のグラフ：座標系 ……… 42

● 座標系における曲線 ……… 44

● 傾き ……… 47

● 因果関係 ……… 49

第3章　相互依存と交易の便益 ……………………………………………………………………………… 53

1 現代の経済についてのたとえ話 ……… 54

1-1 生産可能性 ……… 55

1-2 生産特化と交易 ……… 57

2 比較優位：専門特化の原動力 ……… 59

2-1 絶対優位 ……… 59

2-2 機会費用と比較優位 ……… 59

2-3 比較優位と交易 ……… 60

2-4 交易の価格 ……… 61

FYI 知識を深める アダム・スミスとデヴィッド・リカードの遺産／62

3 比較優位原則の応用例 ……… 63

3-1 大坂なおみは自分で芝生を刈るべきか ……… 63

3-2 アメリカ合衆国は、他国と貿易すべきか ……… 64

専門家の見方 中国とアメリカの貿易／65

4 結論 ……… 66

本章のポイント／66　　理解度確認テスト／66　　演習と応用／67　　理解度確認クイズの解答／68

第II部 ミクロ経済学

第4章 市場における需要と供給 69

1 市場と競争 69

  1-1 市場とは何か 70

  1-2 競争とは何か 70

2 需要 71

  2-1 需要曲線：価格と需要量の関係 72

  2-2 市場の需要と個人の需要 73

  2-3 需要曲線のシフト 74

  ケーススタディ 喫煙を減らす2つの方法／76

3 供給 78

  3-1 供給曲線：価格と供給量の関係 78

  3-2 市場の供給と個人の供給 79

  3-3 供給曲線のシフト 79

4 需要と供給 82

  4-1 均衡 83

  4-2 均衡の変化を分析する際の3つのステップ 85

5 結論：資源配分における価格の役割 89

  専門家の見方 価格のつり上げ／90

  本章のポイント／91　理解度確認テスト／91　演習と応用／92　理解度確認クイズの解答／93

第4章 付論　弾力性とその応用 95

1 需要の弾力性 96

  1-1 需要の価格弾力性とその決定要因 96

  1-2 需要の価格弾力性の計算方法 97

  1-3 中間点の手法：パーセント変化率および弾力性を求めるよりよい方法 98

  1-4 需要曲線の多様さ 99

  1-5 総収入と需要の価格弾力性 101

  FYI 知識を深める 現実の世界における弾力性：いくつかの例／103

  1-6 需要曲線が線形のときの弾力性と総収入 103

  1-7 そのほかの需要弾力性 105

2 供給の弾力性 106

  2-1 供給の価格弾力性とその決定要因 106

  2-2 供給の価格弾力性の計算方法 107

  2-3 供給曲線の多様さ 107

3 供給・需要・弾力性に関する3つの応用 110

  3-1 農業にとっての良いニュースが、農家にとっては悪いニュースになることはありうるか 110

vii

3-2 OPECが原油価格を高い水準で維持することができなかったのはなぜか ……… 112

3-3 麻薬の禁止は麻薬関連の犯罪を増やすか減らすか ……… 114

4 結論 ……… 116

本論のポイント／116　　理解確認テスト／117　　演習と応用／117　　理解度確認クイズの解答／119

第5章　需要、供給および政府の政策 ……… 121

1 価格規制がもたらす意外な効果 ……… 122

1-1 価格上限は市場の結果にどのような影響を及ぼすか ……… 122

ケーススタディ　ガソリンスタンドに長蛇の列を作る方法／124

ケーススタディ　家賃規制が長期的に住宅不足を引き起こす理由／125

専門家の見方　家賃規制／127

1-2 価格下限は市場の成果にどう影響するか ……… 127

ケーススタディ　最低賃金をめぐる論争／128

専門家の見方　最低賃金／130

1-3 価格規制の評価 ……… 131

2 税の帰着の興味深い研究 ……… 132

2-1 売り手への課税は市場の結果にどう影響するか ……… 132

2-2 買い手への課税が市場の結果にどう影響するか ……… 134

ケーススタディ　議会は給与税の負担を分散できるか？／136

2-3 弾力性と税の帰着 ……… 136

ケーススタディ　奢侈税は誰が払うのか？／138

3 結論 ……… 139

本章のポイント／140　　理解確認テスト／140　　演習と応用／141　　理解度確認クイズの解答／142

第6章　消費者、生産者、市場の効率性 ……… 143

1 消費者余剰 ……… 144

1-1 支払用意 ……… 144

1-2 需要曲線を用いた消費者余剰の測定 ……… 145

1-3 物価の引き下げはどのように消費者余剰を高めるのか ……… 147

1-4 消費者余剰は何を測っているのか ……… 148

2 生産者余剰 ……… 149

2-1 コストと受取用意 ……… 149

2-2 供給曲線による生産者余剰の測定 ……… 150

2-3 価格が高いほど生産者余剰が増加する仕組み ……… 152

3 市場の効率性 ……… 154

3-1 善意ある社会計画者 ……… 154

3-2 市場均衡の評価 ……… 155

ケーススタディ　臓器市場は存在すべきか？／157

専門家の見方　腎臓の供給／158

4 結論：市場の効率性と市場の失敗 ……… 159

本章のポイント／160　　理解確認テスト／161　　演習と応用／161　　理解度確認クイズの解答／162

第6章 付論　応用：租税のコスト ································ 163

1 課税の死荷重 ········ 164
　1-1 税が市場参加者に与える影響 ········ 165
　1-2 死荷重と取引からの利益 ········ 167
2 死荷重の決定要因 ········ 169
　ケーススタディ　死荷重についての論争／170
3 税が変化したときの死荷重と税収 ········ 172
　ケーススタディ　ラッファー曲線とサプライサイド経済学／174
　専門家の見方　ラッファー曲線／175
4 結論 ········ 176
　本論のポイント／177　　理解度確認テスト／177　　演習と応用／177　　理解度確認クイズの解答／179

第7章　生産コスト ································ 181

1 コスト（費用）とは何か ········ 182
　1-1 総収入、総費用、利潤 ········ 182
　1-2 機会費用が重要な理由 ········ 183
　1-3 資本コストは機会費用である ········ 183
　1-4 経済学者と会計士の利潤の測定の相違 ········ 184
2 生産とコスト ········ 185
　2-1 生産関数 ········ 186
　2-2 生産関数から総費用曲線へ ········ 188
3 コストに関するさまざまな尺度 ········ 189
　3-1 固定費用と可変費用 ········ 190
　3-2 平均費用と限界費用 ········ 190
　3-3 費用曲線とその形状 ········ 191
　3-4 典型的な費用曲線 ········ 194
4 短期と長期のコスト ········ 195
　4-1 短期平均総費用と長期平均総費用の関係 ········ 195
　4-2 規模の経済性と不経済性 ········ 196
　FYI 知識を深める　あるビン工場からの教訓／197
5 結論 ········ 198
　本章のポイント／199　　理解度確認テスト／199　　演習と応用／200　　理解度確認クイズの解答／202

第7章 付論　消費者選択の理論 ································ 203

1 予算制約線：消費者が買えるもの ········ 204
　1-1 消費機会をグラフで表す ········ 204
　1-2 予算制約線の変化 ········ 205
2 選好：消費者が望むもの ········ 207
　2-1 無差別曲線で選好を表す ········ 207
　2-2 無差別曲線の4つの性質 ········ 209

2-3 無差別曲線の2つの極端なケース ……… 211

3 最適化：消費者は何を選択するのか ……… 212

　3-1 消費者の最適選択 ……… 212

　FYI 知識を深める　効用：選好と最適化を表すもう1つの方法／214

　3-2 所得の変化が消費者の選択に与える影響 ……… 214

　3-3 価格の変化が消費者の選択に与える影響 ……… 215

　3-4 所得効果と代替効果 ……… 216

　3-5 需要曲線の導出 ……… 219

4 3つの応用 ……… 220

　4-1 すべての需要曲線の傾きは右下がりか ……… 220

　ケーススタディ　ギッフェン財を探して／221

　4-2 賃金は労働供給にどう影響するか ……… 222

　ケーススタディ　労働供給における所得効果：歴史的趨勢、宝くじの当選者、カーネギーの仮説／225

　4-3 金利は家計の貯蓄にどう影響するか ……… 226

5 結論：人は本当にこのように考えるのか ……… 229

本論のポイント／230　　理解度確認テスト／230　　演習と応用／231　　理解度確認クイズの解答／232

第Ⅲ部　マクロ経済学

第8章 国民所得の計測 ……………………………………………………………………………………… 233

1 経済の所得と支出 ……… 234

2 GDPの計測 ……… 236

　2-1 「国内総生産（GDP）とは……市場価値である」 ……… 236

　2-2 「……すべての……」 ……… 236

　2-3 「……最終的な……」 ……… 237

　2-4 「……財とサービス……」 ……… 237

　2-5 「……生産された……」 ……… 237

　2-6 「……一国の中で……」 ……… 238

　2-7 「……一定の期間において……」 ……… 238

　FYI 知識を深める　他の所得の指標／239

3 GDPの構成要素 ……… 240

　3-1 消費 ……… 240

　3-2 投資 ……… 241

　3-3 政府支出 ……… 241

　3-4 純輸出 ……… 242

　ケーススタディ　アメリカのGDPの構成要素／242

4 実質GDPと名目GDP ……… 243

　4-1 数値例 ……… 244

x

4-2 GDPデフレーター ……… 245

ケーススタディ　実質GDPの半世紀／246

5 GDPは経済的な幸福度の良い指標か ……… 248

ケーススタディ　GDPと生活の質の国際的格差／250

6 結論 ……… 251

本章のポイント／252　　理解度確認テスト／252　　演習と応用／253　　理解度確認クイズの解答／254

第9章　生活コストの計測 …………………………………………………………………………… 255

1 消費者物価指数 ……… 256

1-1 CPIはどのように算出されるのか ……… 256

1-2 生活コストの計測における問題点 ……… 258

FYI 知識を深める　CPIのバスケットの中身は？／259

1-3 GDPデフレーターと消費者物価指数 ……… 261

2 インフレーションの影響による経済変数の補正 ……… 263

2-1 異なる時点におけるドルの価値 ……… 263

FYI 知識を深める　Mr.インデックスがハリウッドに行く／264

ケーススタディ　生活コストの地域格差／265

2-2 インデクセーション（物価スライド） ……… 266

2-3 実質金利と名目金利 ……… 266

ケーススタディ　アメリカにおける金利／268

3 結論 ……… 270

本章のポイント／271　　理解度確認テスト／271　　演習と応用／272　　理解度確認クイズの解答／273

第10章　生産と成長 …………………………………………………………………………………… 275

1 世界の国々における経済成長 ……… 276

FYI 知識を深める　あなたは最も裕福なアメリカ人よりも裕福なのか？／278

2 生産性：その役割と決定要因 ……… 279

2-1 なぜ生産性はそれほど重要なのか ……… 279

2-2 生産性はどのように決まるのか ……… 280

FYI 知識を深める　生産関数／282

ケーススタディ　天然資源は成長の制限となるか？／282

3 経済成長と公的政策 ……… 284

3-1 貯蓄と投資 ……… 284

3-2 収穫逓減とキャッチアップ効果 ……… 284

3-3 海外からの投資 ……… 286

3-4 教育 ……… 287

3-5 健康と栄養状態 ……… 288

3-6 財産権と政治的な安定 ……… 289

3-7 自由貿易 ……… 290

3-8 研究開発 ……… 290

専門家の見方　イノベーションと経済成長／291

3-9 人口成長 ········ 291

ケーススタディ なぜアフリカには貧困が溢れているのか？／294

4 結論：長期的成長の重要性 ········ 296

本章のポイント／297　　理解度確認テスト／298　　演習と応用／298　　理解度確認クイズの解答／299

第11章 貯蓄、投資、金融システム ········ 301

1 アメリカ経済における金融制度 ········ 302

1-1 金融市場 ········ 302

1-2 金融仲介機関 ········ 305

1-3 まとめ ········ 306

2 国民所得勘定における貯蓄と投資 ········ 307

2-1 いくつかの重要な恒等式 ········ 307

2-2 貯蓄と投資の意味 ········ 309

3 貸付資金市場 ········ 310

3-1 貸付資金の需要と供給 ········ 310

3-2 政策1：貯蓄へのインセンティブ ········ 312

3-3 政策2：投資へのインセンティブ ········ 314

ケーススタディ 1984年から2020年における実質金利の低下／315

3-4 政策3：政府の財政赤字と財政黒字 ········ 317

専門家の見方 財政政策と貯蓄／318

ケーススタディ アメリカの政府債務の歴史／319

FYI 知識を深める 金融危機／321

4 結論 ········ 322

本章のポイント／323　　理解度確認テスト／323　　演習と応用／324　　理解度確認クイズの解答／325

第11章 付論1 貨幣システム ········ 327

1 貨幣の意味 ········ 328

1-1 貨幣の役割 ········ 329

1-2 貨幣の種類 ········ 330

1-3 アメリカ経済における貨幣 ········ 330

FYI 知識を深める 暗号資産（仮想通貨）：一時的な流行か？ 将来性のある資産か？／331

FYI 知識を深める なぜクレジットカードは貨幣に含まれないのか？／332

ケーススタディ 現金通貨はどこにあるのか？／333

2 連邦準備制度 ········ 334

2-1 連邦準備制度の組織 ········ 334

2-2 連邦公開市場委員会（FOMC） ········ 335

3 銀行と貨幣供給量 ········ 337

3-1 単純な100％準備銀行制度 ········ 337

3-2 部分準備銀行制度による信用創造 ········ 338

3-3 貨幣乗数 ········ 339

3-4 銀行の自己資本、レバレッジ、2008〜2009年の金融危機 ········ 341

4 Fedの金融政策手段 ……… 343

4-1 中央銀行はどのように準備量に影響を与えるのか ……… 343

4-2 Fedはどのように準備率に影響を与えるのか ……… 345

4-3 貨幣供給量をコントロールする際の問題点 ……… 346

ケーススタディ　銀行取付けと貨幣供給量／347

4-4 フェデラル・ファンド金利 ……… 348

5 結論 ……… 350

本論のポイント／350　　理解度確認テスト／351　　演習と応用／351　　理解度確認クイズの解答／353

第11章 付論2 貨幣量の成長とインフレーション ……… 355

1 古典的なインフレーション理論 ……… 357

1-1 物価水準と貨幣価値 ……… 357

1-2 貨幣供給、貨幣需要、貨幣市場の均衡 ……… 358

1-3 貨幣供給増加の効果 ……… 360

1-4 調整過程の概要 ……… 361

1-5 古典派の二分法と貨幣中立性 ……… 361

1-6 貨幣の流通速度と貨幣数量方程式 ……… 363

ケーススタディ　４つのハイパーインフレーションにおける貨幣と物価／365

1-7 インフレ税 ……… 366

1-8 フィッシャー効果 ……… 367

2 インフレーションのコスト ……… 369

2-1 購買力の低下？　インフレーションの誤謬 ……… 370

2-2 靴底コスト ……… 370

2-3 メニュー・コスト ……… 372

2-4 相対価格の変化と資源配分の歪み ……… 372

2-5 インフレーションがもたらす税の歪み ……… 372

2-6 混乱と不便 ……… 374

2-7 予期されないインフレーションの特別なコスト：無作為な富の再分配 ……… 375

2-8 インフレーションは悪いが、デフレーションはさらに悪いかもしれない ……… 376

ケーススタディ　オズの魔法使いと銀貨発行の自由化論争／376

3 結論 ……… 378

本論のポイント／379　　理解度確認テスト／380　　演習と応用／380　　理解度確認クイズの解答／381

第12章 総需要と総供給 ……… 383

1 経済変動に関する３つの事実 ……… 384

1-1 事実１：経済変動は不規則で予測不能である ……… 384

1-2 事実２：マクロ経済に関連する多くの数量指標は同じように動く ……… 386

1-3 事実３：生産が落ち込むと、失業が増加する ……… 386

2 短期的な経済変動の背景 ……… 387

2-1 古典派経済学の仮定 ……… 387

2-2 現実の短期変動 ……… 388

xiii

2-3 総需要と総供給のモデル ……… 388

3 総需要曲線 ……… 390

3-1 総需要曲線はなぜ右下がりか ……… 391

3-2 総需要曲線はなぜシフトするのか ……… 393

4 総供給曲線 ……… 396

4-1 長期総供給曲線はなぜ垂直なのか ……… 396

4-2 長期総供給曲線はなぜシフトするのか ……… 396

4-3 総需要と総供給を用いて長期的な経済成長とインフレーションを描写する ……… 398

4-4 短期総供給曲線はなぜ右上がりなのか ……… 400

4-5 短期総供給曲線はなぜシフトするのか ……… 403

5 経済変動の2つの原因 ……… 405

5-1 総需要のシフトの影響 ……… 406

FYI 知識を深める　再訪：貨幣の中立性／408

ケーススタディ 総需要の大規模なシフト：大恐慌と第2次世界大戦／409

ケーススタディ 2008年〜2009年の大不況／410

5-2 総供給のシフトの影響 ……… 412

ケーススタディ 石油と経済／415

ケーススタディ 新型コロナウイルスによる2020年の景気後退／416

6 結論 ……… 418

本章のポイント／419　　理解度確認テスト／420　　演習と応用／420　　理解度確認クイズの解答／422

第13章　開放経済のマクロ経済学：基礎的概念 ……… 423

1 国際的な財と資本のフロー ……… 424

1-1 財のフロー：輸出、輸入、純輸出 ……… 424

ケーススタディ アメリカ経済の開放度の拡大／425

1-2 金融資産のフロー：純資本流出 ……… 427

1-3 純輸出と純資本流出の等価性 ……… 428

1-4 貯蓄・投資および国際フローとの関係 ……… 429

1-5 まとめ ……… 431

ケーススタディ アメリカの貿易赤字は問題なのか？／432

専門家の見方 貿易収支と貿易交渉／434

2 国際的な取引における価格：実質為替レートと名目為替レート ……… 435

2-1 名目為替レート ……… 435

2-2 実質為替レート ……… 436

FYI 知識を深める　ユーロ／437

3 為替レート決定の導入理論：購買力平価 ……… 439

3-1 購買力平価の基本的な考え方 ……… 439

3-2 購買力平価が意味するもの ……… 440

ケーススタディ ハイパーインフレ期の名目為替レート／442

3-3 購買力平価の留意点 ……… 442

ケーススタディ ハンバーガー基準／444

4 結論 ……… 445

本章のポイント／446　　理解度確認テスト／446　　演習と応用／446　　理解度確認クイズの解答／448

付録　補論　経済学者はどのようにデータを活用するか ……………………………… 449

1 経済学者が分析対象にするデータ ……… 450

1-1 実験データ ……… 450

ケーススタディ　よりよい機会への移動プログラム／451

1-2 観察データ ……… 451

1-3 データの３つのタイプ ……… 453

2 経済学者はデータを用いて何をするか ……… 453

2-1 経済を描写する ……… 454

2-2 関係性を数量化する ……… 454

2-3 仮説を検定する ……… 455

2-4 将来を予測する ……… 455

ケーススタディ　FRB/USモデル／456

3 データ分析の手法 ……… 457

3-1 最良推定値を見つける ……… 457

3-2 不確実性を測定する ……… 460

3-3 交絡変数を説明する ……… 462

3-4 因果関係を特定する ……… 464

ケーススタディ　兵役が一般市民の所得に与える影響／466

4 結論 ……… 468

本論のポイント／468　　理解度確認テスト／469　　演習と応用／469　　理解度確認クイズの解答／469

訳者あとがき／470

用語集／472

索引／481

xv

第1章

Chapter 1
Ten Principles of Economics

Part I Introduction

経済学の10原則

　経済という語は、ギリシャ語の「oikonomos（家計を管理する者）」という言葉に由来する。家計と経済の関係は、はじめは明確ではないかもしれない。しかし実際は、多くの共通点がある。

　現代では、どのような家計においても、そのメンバーは終わることのない意思決定に直面している。彼らは何らかの方法によって、誰がどの仕事をし、誰がどれだけその対価を受け取るかを決めなければならない。誰が夕食を作るのか？　誰がデザートをもらうのか？　誰がバスルームを掃除するのか？　誰が車を運転するのか？　家計収入の高さ・低さにかかわらず、そのリソース（ここでは時間、デザート、あるいはまた車の走行距離）は、さまざまな用途に割り当てられる必要がある。

　家計と同様、社会も無数の意思決定に直面している。社会のなかでどういった仕事がなされるべきか、また、その仕事を誰が担うべきか、こうしたことを決める方法を見いださなければならない。社会には、食料あるいは衣服を作ったり、ソフトウェアを設計したりする人々が必要である。また、人々をこうしたさまざまな仕事に割り当てた後には、人々が生産した財やサービスをどのように分配するかという問題を解く必要がある。誰がジャガイモを食べて、誰がキャビアを食べるのか、また、誰が立派な豪邸に住み、誰が5階建てのアパートに住むのか、といったことを決める必要があるのである。

　こうした問題が社会にとって重要なのは、資源には限りがある（希少性）ためで

第I部　イントロダクション

希少性
（scarcity）
社会の資源は無限に存在するのではなく、限りがあるという性質

経済学
（economics）
希少な資源をどのように管理・利用すべきかについて研究する学問

ある。**希少性**とは、社会における資源（リソース）には限りがあり、したがって、人々が望むすべての財やサービスを生産することはできないということを意味する。家族のメンバーが常に自分の欲望を完全に満たすことができないように、社会における個々人も、常に彼らが望む生活水準を手に入れることはできない。

　経済学とは、社会がその希少な資源をどのように管理・利用すべきかについて学ぶ学問である。ほとんどの社会では、資源は何百万もの家計や企業の意思決定の結果として配分される。経済学者は、人々がこれらをどのように選択するかを考察する。つまり、どのくらい働くか、何を買うか、いくら貯蓄するか、貯蓄を何に投資するか、といった問題を考察するのである。また、人々がどのように互いに影響を与えるのかも分析する。たとえば、買い手と売り手の相互行為の結果として、商品の販売価格や数量がどのように決まるかを分析する。最後に、平均所得の伸び、仕事が見つからない人々の割合、物価上昇率といった、経済全体に影響を与える要因や傾向を分析する。

　経済学がカバーする範囲は広く、また分析に用いる手法も多岐にわたるが、それらはいくつかのコアとなる考え方に集約することができる。この章では、**経済学の10原則**について議論する。最初はすべてを理解できなくても、また、それがなぜ重要か完全に納得できなくても、心配する必要はない。後の章でより詳しく考察していくからである。この10原則を最初に紹介しておくことで、経済学が意味するもの、あるいはその本質を把握しやすくなる。いわば、この章は以降の章の予告編である。

1　人々はどのように意思決定するか

　経済が意味するものは明確だ。ロサンゼルス、アメリカ合衆国、または地球全体を含むかどうかにかかわらず、経済とは、日常生活を送る中でお互いに関わり合っている人々の集団のことである。経済の動きはそこに所属する個々人の行動を反映する。最初の4つの原則は個々人の意思決定に関するものである。

1-1　原則1：人々はトレードオフに直面する

　「フリー（無料の）ランチは存在しえない（There ain't no such thing as a free lunch.）」。文法的な問題はさておき、この古い言葉には、多くの真実が含まれている。何か欲しいものを得るためには、通常、別の欲しいものを手放さなければならない。意思決定には、常にある目的と別の目的とのトレードオフが伴う。

　学生であるセレナは、自分にとって最も貴重かつ希少な資源＝時間をどのよう有効に使うべきかを決めようとしている。彼女は、経済学の勉強に全時間を費やすことも、心理学の勉強に全時間を費やすことも、あるいは2つの教科の勉強のために時間を分割することもできる。ある科目に1時間を費やすことは、別の科目の勉強に費やすことのできた1時間を諦めることを意味する。また、勉強に1時間を費やすことは、昼寝をしたり、自転車に乗ったり、テレビゲームをしたり、小遣いを稼ぐためにアルバイトをしたりするために使うことのできた1時間を諦めることを意

味する。

　次に、セレナの両親を考えてみよう。彼らは家族の所得をどのように使うかを決めようとしている。彼らは食料品や衣類を購入することも、セレナの学費に使うこともできる。退職したときや次の休暇のために所得の一部を貯蓄にまわすこともできる。これらのうちの1つに1ドルを割り当てると、別のものに使うことができた1ドルが減少する。

　社会全体としても、人々はトレードオフに直面している。そのなかでも、「軍事と食料品」のトレードオフは古典的なものである。軍事支出を増やすほど、消費財に費やすことができる金額は減少する。クリーンな環境と所得水準の間のトレードオフもまた、極めて重要なものである。企業に対して汚染削減を求める法律は、財・サービスの生産コストを上昇させる可能性がある。生産コストが高まると、企業利益は減少し、賃金は低下し、販売価格は上昇する。あるいはこの3つのうち複数が同時に起こりうる。汚染規制はよりクリーンな環境を生み、それによって人々の健康も改善する一方、規制対象企業の所有者、労働者、および顧客の所得を減少させる可能性もある。

　もう1つの社会的なトレードオフは、効率性と公平性のトレードオフである。効率性とは、社会が希少な資源から最大の利益を得ていることを意味する。公平性とは、その利益が社会のメンバー全員に等しく配分されていることを意味する。言い換えると、効率性は経済的な「パイの大きさ」を指し、公平性はその経済的パイがどれだけ公平に分割されているかを指す概念である。

　効率性と公平性という2つのゴールは相反しうる。たとえば、格差を縮小することを目的とした政府の政策を考えてみよう。福祉や失業保険といった政策は、それを最も必要としている人々の助けとなる。一方、個人所得税などの政策は、経済的な成功を収めている人々に、他の人々よりも多くの貢献を求める。これらの政策は公平性を増加させる一方で、効率性を低下させるかもしれない。政府が富裕層から貧困層に所得を再配分することは、労働したことに対する金銭的な対価を減少させることを意味する。その結果、人々は労働時間を減らし、より少ない量の財・サービスしか生産しなくなるかもしれない。言い換えると、政府が経済のパイをより均一に分配しようとすると、パイの大きさが縮小することがありうるのである。

　人々はトレードオフに直面していることを認識しても、それによってベストの決定が何かが明らかになるわけではない。経済学の勉強の時間を確保したからといって、学生は心理学の勉強を諦めるべきではない。環境規制が物質的な生活水準を低下させるからといって、社会として汚染を許容すべきではない。貧困層を支援することが働く動機を損なうからといって、政府は彼らを無視すべきではない。しかし、自分にとって利用可能な選択肢を正しく理解していれば、より良い選択をすることができる。したがって、経済学は、日常生活におけるトレードオフを正しく認識することから始まるのである。

効率性
(efficiency)
社会が希少な資源から最大限の便益を得ていること

公平性
(equality)
経済的な便益を社会のメンバーの間で均等に分配していること

第Ⅰ部　イントロダクション

1-2　原則2：何かのコストとは、それを手に入れるために諦めたもので測られる

　人々はトレードオフに直面する。このため、選択肢ごとの費用（コスト）と便益（ベネフィット）を比較する必要がある。しかしながら、多くの場合、コストは最初に想定していたほど明白ではない。

　大学への進学という意思決定を考えてみよう。主な便益は豊富な知識が得られることや、生涯にわたってよりよい雇用機会が得られることだろう。しかし、コストには何が含まれるだろうか？　授業料、教科書、部屋代、食費などに使うお金を含むことに異論はないかもしれない。しかし、これらは大学で1年過ごすために犠牲にするものを必ずしも正確に表してはいない。

　この計算には2つの問題がある。まず、大学に行くために生じる本来のコストではないものが含まれてしまっている。学校をやめても、眠る場所と食べ物は必要である。部屋代や食費は、自宅や自室での生活費を超える部分のみが大学進学に付随するコストである。第2に、この計算は大学進学に伴う最大のコスト、つまり時間を無視している。講義を聴いたり、本を読んだり、レポートを書いたりする時間、学生は働いてお金を稼ぐことができない。多くの学生にとって、学校に行くために諦める収入が、教育の最大のコストである。

機会費用
(opportunity cost)
あるものを手に入れるために諦めなくてはならないもの

　あるものの**機会費用**とは、それを手に入れるために諦めなくてはならないものを指す。意思決定をする際には、機会費用を考慮に入れることが賢明であり、人々は実際しばしばそうしている。大学生のスポーツ選手は、大学に行かずにプロのスポーツ選手になれば、数百万ドルを稼ぐことができる。このため、彼らは大学に進学する機会費用が高いことを理解している。驚くことではないが、彼らは時に、大学教育を受けることの便益がコストに見合わないと判断することがある。

1-3　原則3：合理的な人々は「限界的に」考える

合理的な人々
(rational people)
計画的にかつ明確な意志に基づいて、目標を達成するための最善の方法を実行する人間

　経済学者はよく、人々が合理的であると仮定する。**合理的な人々**は、与えられた選択肢のもとで、計画的にかつ明確な意志に基づいて、目標を達成するための最善の方法を実行する。経済学を学ぶ中で、利益を最大化するために何人の労働者を雇い、どれだけの製品を生産・販売するかを決定している企業に出会うだろう。また、自らの満足を最大化するために、どれだけ働き、どれだけの商品やサービスを購入するかを決定している人々にも出会うだろう。確かに、人間の行動は複雑であり、時には合理性から逸脱する。しかし、経済学者は、人々が最善を尽くすという仮定が、人々の意思決定を分析するための第一歩としては適切なものであることを見いだしてきた。

　合理的な意思決定者は、日常生活における多くの問題が黒か白かという明快なものではなく、グレーな部分を含んでいることを理解している。夕食時に、「断食すべきか、豚のように食べるべきか」と自問することはない。むしろ、「マッシュポテトをもう一口食べるべきか」といった問いを考えるだろう。試験が近づいてくれば、あなたの直面する意思決定はおそらく、試験をスルーするか、一日中勉強する

4

かの選択ではなく、残りの1時間を友達と一緒にいるか、あるいは復習するかの選択となるだろう。経済学者は、既存の行動計画に調整を加えることを、**限界的な変化**と呼ぶ。ここで、「限界的」とは「縁・周辺」を意味することに注意してほしい。限界的な変化とは、あなたが現在していることの周辺での小さな調整である。合理的な人々は、**限界便益**と**限界費用**を比較して意思決定を行う。

> ····· **限界的な変化**
> (marginal change)
> 行動計画に対する漸進的な調整

　たとえば、今夜映画を観るかどうかの意思決定を考えてみよう。あなたは月額30ドルで映画を無制限に観ることができるストリーミングサービスに加入しており、通常は月に5本の映画を観ている。もう1本映画を観るかどうかを決める際に、考慮すべきコストは何だろうか？　答えは、1本の映画の平均費用である30ドル/5本、つまり6ドルと思うかもしれない。しかしその決定に、より関係があるのは限界費用である。つまり、もう1本映画を観る場合に追加的に支払わなければならない金額である。ここでは、映画を何本観ても月額料金が30ドルであるため、限界費用はゼロである。言い換えれば、限界的に考えると、映画を観ることは無料である。今夜映画を観ることで生じる唯一のコストは、他の活動、たとえば仕事をすることや、この教科書を読むことに使うことができなかった時間である。

　限界的に考えることは、ビジネス上の意思決定においても有用である。航空会社がキャンセル待ちで搭乗する乗客にいくら請求すべきかを決定する問題を考えてみよう。アメリカを横断する200席の飛行機を運航するコストが10万ドルとする。このとき、1席あたりの平均コストは500ドル（10万ドル／200席）である。したがって、航空会社は500ドル未満でチケットを販売すべきではないと考えるかもしれない。しかし、もし飛行機の離陸直前に10席の空席があり、キャンセル待ちの乗客であるスタンリーが300ドル支払う意思がある場合、航空会社は彼にチケットを販売すべきだろうか？　もちろん販売すべきである。なぜなら、追加の乗客を乗せるコストはごくわずかだからである。乗客1人あたりの平均費用は500ドルだが、限界費用はスタンリーが飲むソーダと彼の体重を支えるために必要なわずかなジェット燃料のコストだけである。スタンリーがこの限界費用よりも多く支払う限り、彼にチケットを販売することは航空会社にとっての利益となる。合理的な航空会社は、限界的に考えることで、利益を得ることができるのである。

　限界分析は、通常は理解しづらい現象について説明できることがある。たとえば、なぜ水は安く、ダイヤモンドは高いのか？　水は生存に必要不可欠である一方、ダイヤモンドは単に輝いているだけである。しかし、人々は水よりダイヤモンドに多額のお金を支払う。経済学者はこの理由を明らかにした。人がある商品に支払おうとする額は、その商品の追加的な1単位がもたらす限界便益に基づいている。そしてその限界便益は、その商品をすでに何単位有しているかに依存する。水は不可欠だが豊富に存在しているため、追加的なコップ1杯の水がもたらす限界便益は小さい。対照的に、ダイヤモンドは生き延びるためには必要ないが、大変希少であるため、追加的な1かけらの宝石がもたらす限界便益は大きい。

　合理的な意思決定者は、ある行動の限界便益が限界費用を上回る時、またその時にのみその行動をとる。この原則は、なぜ人々がストリーミングサービスをこれほどまでに利用するのか、なぜ航空会社が平均費用以下でもチケットを販売するのか、

第Ⅰ部　イントロダクション

そしてなぜ水よりもダイヤモンドに多くのお金を払うのかを説明する。限界的な考え方のロジックに慣れるには少し時間がかかるかもしれないが、経済学の学習を通じて、この考えを実践できるようになるだろう。

1-4　原則4：人々はインセンティブに反応する

インセンティブ
(incentive)
人々にある特定の行動を促すもの

インセンティブとは、人々にある特定の行動を促すなにかであり、たとえば、罰則や金銭的報酬がある。人々は、費用と便益を比較して意思決定をするとき、インセンティブに反応する。インセンティブは経済学において中心的な役割を果たしている。ある経済学者は、「経済学全体は『人々はインセンティブに反応する』という点に要約できる。それ以外はすべて付随的なものに過ぎない」とさえ述べている。

インセンティブは、市場がどのように機能するかを分析する際にも重要な概念である。たとえば、リンゴの価格が上昇すると、人々はリンゴを食べる量を減らそうとする。同時に、リンゴ価格の上昇により、リンゴ園はより多くの労働者を雇い、より多くのリンゴを収穫しようとする。つまり、価格上昇は、買い手に対しては消費を抑制するインセンティブを提供し、売り手に対してはより多く生産するインセンティブを提供する。後に見るように、価格が消費者や生産者の行動に与える影響は、市場経済が希少な資源をどのように分配するかにとって極めて重要である。

公共政策の立案者は、人々のインセンティブに注意を払う必要がある。多くの政策は、人々が直面するコストや便益を変化させ、その結果、彼らの行動を変化させる。たとえば、ガソリン税は、人々に燃費の良い車や電気自動車に乗り換えることを促す。ガソリン税が高いノルウェーでは多くの人々が電気自動車を運転し、ガソリン税が低いアメリカで大型SUVに人気がある理由の1つはこれである。さらに、高いガソリン税は、カーシェアリングや公共交通機関や自転車の利用、仕事場に近い場所に住むことを促す。

政策立案者がインセンティブを考慮しないと、制定された政策が予期せぬ結果を生む可能性がある。たとえば、自動車運転の安全性について考えてみよう。現在では、すべての車にシートベルトが装備されているが、60年前はそうではなかった。1965年、ラルフ・ネーダーの著書『どんなスピードでも自動車は危険だ（*Unsafe at Any Speed*)』は、自動車の安全性について大きな社会的関心を引き起こした。これに対し、連邦議会は新車に標準装備としてシートベルトを義務付ける法律を制定した。

このシートベルト法は、自動車の安全性にどのように影響しただろうか？　直接的な効果ははっきりしている。シートベルトを着用すると、自動車事故での生存率が高まる。しかし、これで終わりではない。法律は人々のインセンティブを変えることで、行動にも影響を与える。ここでの行動とは、ドライバーが車を運転する際の速度や注意深さである。ゆっくり慎重に運転することは、時間やエネルギーの観点からはコストがかかる。どのように運転するかを決める際、合理的な人々は、おそらく無意識のうちに、安全な運転から得られる限界便益と限界費用を比較している。安全性を追加して高めることの便益が高ければ、ゆっくり慎重に運転する。たとえば、道路が凍結しているときは、通常の道路状況のときより、人々はより注意

深く、低速で運転する。

シートベルト法がドライバーにとっての費用・便益計算をどのように変えるかを考えてみよう。シートベルトを着用することで、けがや死亡のリスクは低下し、事故のコストは小さくなる。これは道路状況が改善されたような効果をもたらす。このような状況下では、人々はより速く、そして慎重に欠ける運転をする。これは、シートベルトのおかげで事故時のけがのリスクが低減されたドライバーにとっては特に問題ではない。しかし、より速く、より慎重に欠ける運転がより多くの事故を引き起こす場合、シートベルト法は、歩行者にとっては悪影響を与える。事故に巻き込まれる可能性は高まった上に、（ドライバーと違って）歩行者はシートベルトによる保護から便益を受けていないからである。

インセンティブとシートベルトに関するこの議論は、単なる机上の空論ではない。経済学者サム・ペルツマン（Sam Peltzman）の1975年の古典的研究は、自動車の安全に関する法律が歩行者に影響をもたらしていることを明らかにした。ペルツマンによれば、これらの法律によって事故1件当たりの死亡者数は減少したが、事故の件数自体は増加した。その結果として、ドライバーの死亡者数にほとんど変化はなく、歩行者の死亡者数は増加したと結論づけた。

ペルツマンによる自動車の安全性についての分析は、人々はインセンティブに反応する、という原則を喚起する一例である。どんな政策を分析する際にも、直接的な効果だけでなく、人々のインセンティブを通じた間接的な効果も考慮することが重要である。政策が人々のインセンティブを変え、その結果、行動まで変わることがあるのである。

理解度確認クイズ

1. 経済学の定義としてより適切なのは以下のどれか。
   a. 社会が希少な資源をどのように管理・利用すべきかについて研究する学問。
   b. 最も利益を上げるためのビジネス運営を研究する学問。
   c. インフレーション、失業、株価を予測する方法を研究する学問。
   d. 政府が人々を無制限な利己主義からどのように保護するかについて研究する学問。

2. 映画に行くことの機会費用は以下のうちどれか。
   a. チケットの価格。
   b. チケットの価格および映画館で購入するソーダやポップコーンの費用。
   c. 映画に行くために必要な総現金支出とあなたが持つ時間の価値。
   d. あなたが映画を楽しみ、時間とお金をかける価値があると考える限り、ゼロ。

3. 限界的な変化とは、以下のうちどれか。
   a. 公共政策にとって重要でないもの。
   b. 既存の計画を段階的に変更するもの。
   c. 結果を非効率的にするもの。
   d. インセンティブに影響を与えないもの。

4. 人々がインセンティブに反応することによって、どうなるか。
   a. 政策立案者は、罰則や報酬を変更することで、物ごとの結果を変えることができる。
   b. 政策によって意図しない結果がもたらされることがある。
   c. 社会は効率性と公平性のトレードオフに直面している。
   d. 以上のすべての選択肢が正しい。

➡ （解答は章末に）

第Ⅰ部　イントロダクション

2 人々はどのように影響しあうか

　最初の4つの原則は、個人がどのように意思決定を行うかについて論じたものである。次の3つの原則は、人々がお互いにどのように関わり合うかに関するものである。

2-1 原則5：交易によって全員の経済的状況を改善させることができる

　ニュースで聞いたことがあるかもしれないが、世界経済において、中国はアメリカ合衆国の競争相手とされている。一面において、これは事実である。中国とアメリカの企業は、衣類、おもちゃ、太陽光パネル、自動車タイヤなどたくさんの市場で顧客の争奪戦を行っている。

　しかし、国家間の競争について考える際に、誤解されやすいことがある。アメリカと中国の間の貿易は、片方が勝ち、もう一方が負けるといったスポーツ競技のようなものではない。むしろ、真実はその逆である。2国間の貿易は、両国を経済的により良い状態にすることができる。世界経済における貿易が競争的だとしても、競争しているすべての国々にとってウィンウィンの結果につながることがあるのである。

　その理由を理解するためには、交易がある家計に与える影響について考えてみよう。ある家計のメンバーが仕事を探すとき、別の家計のメンバーとの競合が伴う。また、買い物をするときも、最高の商品を最低の価格で購入することを目指し、ほかの家計と競合する。ある意味、経済の中の家計は、ほかのすべての家計と競合関係にあるといえる。

　この競争関係にもかかわらず、家計はほかの家計から孤立することで、より良い経済的恩恵を受けられるわけではない。孤立してしまえば、彼らは自分たちだけで食料を育てたり、服を縫ったり、家を建てたりしなくてはならない。ほかの人々と交易することにより、明らかに、多くの便益を得ているのである。交易により、農業、縫製、または家の建設など、それぞれが自分の得意な活動に特化することができる。他者との交易によって、人々はより多くの種類の財やサービスを、より低コストで購入することができる。

　家計と同様に、国も互いに貿易することで恩恵を受ける。貿易により、自国の得意なことに特化し、より多くの種類の財やサービスを享受できる。フランス、ブラジル、ナイジェリアと同様、中国も、世界経済におけるアメリカの競争相手であると同時に、パートナーでもある。

2-2 原則6：通常、市場は経済活動をまとめあげる良い方法である

　1980年代後半と1990年代初頭のソビエト連邦と東欧諸国における共産主義の崩壊は、前世紀の変革的な出来事の1つであった。ソビエト圏内の多くの国では、政府の役人が経済の希少な資源を配分するベストの立場にあるとされていた。これら

第1章 経済学の10原則

の中央の政策立案者は、どの財・サービスを誰がどのくらい生産し、誰が消費するかを決定した。中央集権的な計画の背景にある考え方は、国やそこに住む仲間の幸福を確保するためには、政府が経済活動を組織する必要があるというものであった。

かつて中央集権的な計画経済を採用していた多くの国々は、現在は市場経済に移行している。**市場経済**では、中央の政策立案者の決定は、何百万もの企業や家計の決定に置き換えられる。企業は誰を雇い、何を作るかを決定する。家計はどこで働き、得た収入で何を購入するかを決定する。これらの企業や家計は市場で相互に作用し、そこでは価格と自らの利益が、彼らの決定を導いている。

市場経済では、社会全体の幸福を追求している人は誰もいないように見えるため、その成功は一見したところ不可解に思えるかもしれない。競争市場には莫大な財・サービスに多くの買い手と売り手がいて、彼らは皆、自分自身の利益を第一に追求する。しかし、この分散化された意思決定と利己的な意思決定者にもかかわらず、市場経済は経済活動を組織して繁栄を促進することに驚くほど成功してきた。

1776年アダム・スミス（Adam Smith）は、著書『諸国民の富の性質と原因に関する研究』〔訳注：または『国富論』。英タイトルは *An Inquiry into the Nature and Causes of the Wealth of Nations*〕で、経済学の中でも最も有名な見解を示した。競争市場における企業や家計は、望ましい結果をもたらす「見えざる手（invisible hand）」によって導かれているかのように行動する、というのである。この本の主要な目標の1つは、見えざる手がどのようにこのマジックを展開するのかを理解することである。

経済学を学んでいくと、見えざる手が経済活動を導くための道具が、価格であることがわかってくる。競争市場においては、売り手は供給量を決定する際に価格を参照し、買い手も需要量を決定する際に価格を参照する。彼らの決定の結果、価格は売り手の生産コストと、買い手にとっての商品価値の両者を反映する。スミスの優れた洞察は、価格調整によって、多くの場合、社会全体の幸福を最大化する結果が実現できるというものである。

スミスの洞察には重要な系〔訳注：上の洞察から派生的に導かれる命題（系＝corollary）〕がある。それは、価格が持っている需要・供給の調整能力を政府が妨げると、経済を構成する企業や家計の意思決定を統合する見えざる手の能力が損なわれる、ということである。この系は、多くの税が資源配分に与える悪影響について説明する。税は価格や企業・家計の意思決定を歪める。この系はまた、家賃規制などの価格コントロール政策が引き起こす問題をも説明する。さらにこの系は、価格が市場でなく中央の政策立案者によって決められていた、共産主義国家の経済の失敗も説明する。市場経済においては、生産者のコストや消費者の嗜好についての複雑かつ絶えず変化する膨大な情報はすべて価格に織り込まれるが、中央の政策立案者はこれらの情報を十分には保持していなかった。彼らは、市場の見えざる"手"をいわば後ろ手に縛った状態で経済を運営しようとしたために失敗したのである。

> **市場経済**
> (market economy)
> 市場で財やサービスを取引する際、多くの企業や家計の分権化された意思決定を通じて資源が配分される経済

9

アダム・スミスと見えざる手

　アダム・スミスの偉大な著書『国富論』が出版された1776年は、アメリカの革命家たちが独立宣言に署名した年でもあったというのは単なる偶然かもしれない。しかし、この2つの文書は当時広がりをみせていたある視点を共有している。それは、個人は通常、自分たちの行動を政府に縛られることなく、自己の裁量に基づいて決めるべきだというものである。この哲学は市場経済や、より一般的には自由な社会の知的基盤を提供している。

　分散型の市場経済がうまく機能するのはなぜだろうか？　それは、人々が互いに愛情、親切、寛大さを持って互いに信頼しあっているからだろうか？　全くそうではない。以下は、市場経済において人々がどのように関わりあうかについてのアダム・スミスの説明である。

　人間はほぼ常に仲間からの助けを必要とするが、その助けは仲間の善意によってのみもたらされると期待するのは、無駄である。仲間からの助けを得られるのは、仲間の利己心をその人に向けさせて、＜その人がして欲しいことをすることが、彼ら自身の利益にもなる＞ということを示すことができる場合である。…（中略）…たとえば、私が欲しいものをくれれば、あなたも自分が欲しいものを手に入れることができる、といった具合に。このようにして、私たちは自らが必要としている大部分のものを、互いに他人から得るのである。

　私たちが夕食を食べられると期待するのは、肉屋や醸造業者、パン屋の善意からではなく、彼ら自身の利益への関心からである。私たちは彼らの慈悲ではなく利己心に訴えかけ、自分たちの必要性についてではなく彼らの利益について話す。物乞いでなければ、自分の生活の拠り所を他人の善意とすることはない。…（中略）…

　個々の人間は…（中略）…公共の利益を促進しようとする意図はなく、またどれだけ促進されているかを知る由もない。自分の利益のためだけに意図し、そのことによって、他の多くの場合と同様、見えざる手によって意図しない結果がもたらされるのである。それが社会にとって必ずしも悪いことだとは限らない。社会全体の利益を改善させることを意図するより、自己の利益を追求するほうが、結果的に社会全体の利益が改善するといったことがしばしば起こるのである。

　スミスは、経済の参加者は自己の利益によって動機付けられており、市場の「見えざる手」が、経済厚生が全般的に促進されるよう彼らを導いている、と述べている。

　スミスが示した洞察の多くは、今なお現代経済学の中心を占めている。次章以降では、彼が導きだした結論をより厳密に表現し、市場の見えざる手の強み・弱みを詳しく分析していく。

もしウーバーがある時代にアダム・スミスが生きていたら……

　中央集権的な計画経済の圏内で暮らしたことがなくても、大都市でタクシーを拾おうとした経験があるならば、それはおそらく強く規制された市場を経験したことになる。多くの都市では、自治体がタクシーの市場に厳しい制約を課しており、そこでの規制は通常、単なる保険や安全性の域を超えたものとなっている。たとえば、政府はタクシーの営業許可書を一定数しか与えないことで、市場への参入規制を設ける場合がある。また、タクシーが顧客に請求できる金額に規制をかけている場合

もある。さらに政府は、無認可のドライバーを路上から排除し、ドライバーが無認可の料金を請求することを防ぐために、罰金や禁固刑を課すといった警察力を行使する場合もある。

しかし2009年、この厳しい規制下にあった市場に、破壊的な勢力が侵攻してきた。乗客とドライバーを直接つなぐスマートフォンのアプリを提供する会社、ウーバー（Uber）である。ウーバー車はタクシーに乗ろうとしている顧客を探して道路を走り回っているわけではないので、厳密に言えばタクシーではなく、したがってタクシー規制の対象にはならない。しかし、彼らは同様のサービスを提供している。それどころか、ウーバーあるいはのちに参入してきた競合他社の車に乗るほうが、タクシーよりも便利なこともある。寒い雨の日に、誰が道端で空車のタクシーを待ちたいと思うだろうか？　車が到着するまで室内にいて、スマートフォンで配車し、暖かく湿気のないところで待っているほうが、より快適である。

ウーバー車はタクシーよりも安い料金を請求することが多いが、常にそうとも限らない。突然の豪雨や無数のほろ酔いの"パリピ"が安全な帰り道を求めている大みそかの遅い時間帯などでは、ウーバーの乗車料金は大きく上昇する。一方で、規制下にあるタクシーは通常、こうした料金の引き上げは認められていない。

全ての人がウーバーに好意的というわけではない。従来のタクシー運転手は、この新たな競争は収入を減少させていると不満を述べる。これは驚くことではない。商品やサービスの供給業者は、時に新たな競合他社を嫌う。しかし、供給業者の間での激しい競争は、消費者にとっては市場がよりよく機能することを意味する。

このため、経済学者たちはウーバーの市場参入を支持した。2014年に実施された数十人の著名な経済学者を対象とした調査で、ウーバーなどの乗車サービスが消費者の経済厚生（経済的幸福度）を高めたかどうかを尋ねた。経済学者の全員が「はい」と回答した。経済学者たちはまた、需要が多い時期の割増料金が消費者の経済厚生を高めるかどうかも尋ねられ、85％が「はい」と回答した。価格引き上げで時に顧客はより多く支払うことになるが、ウーバーのドライバーは割増料金のインセンティブに反応するので、最も必要とされているときに運転サービスの供給量も増加するのである。割増料金の価格設定はまた、そのサービスを最も高く評価する消費者に割り当てることを可能にし、車を探したり待機したりするコストを削減する。

もしアダム・スミスが今日生きていたら、きっと乗車アプリを自分の携帯電話に入れておくだろう。

2-3　原理7：政府は市場のもたらす結果を改善できる場合がある

見えざる手がそんなに素晴らしいのなら、経済において政府に残された仕事は何だろう？　経済学を学ぶ目的の1つは、政策の適切な役割と範囲についての考えを洗練させることである。

政府を必要とする理由の1つは、見えざる手がそのマジックを発揮できるのは、政府がルールを履行し、市場経済にとってキーとなる制度を維持する場合のみに限

第I部　イントロダクション

所有権
(property rights)
個人が限られた資源を所有し、自由にコントロールできる権利

市場の失敗
(market failure)
市場の力だけでは効率的な資源配分を実現できない状況

外部性
(externality)
ある人の行動が、別の人の厚生（満足度）に与える影響

市場支配力(価格支配力)
(market power)
単一の（あるいは少数からなる）経済主体が、市場価格に大きな影響を与える能力

られるからである。最も大切なことは、個々人が希少な資源を自らで所有し管理できるような所有権を担保する制度が必要であるということである。農業を営む人々は、収穫物が盗まれてしまうと予想すれば作物を育てようとはしないし、レストランは多くの顧客が支払わずに出て行ってしまうのであれば食事を提供しない。映画会社は、多くの人々が海賊版を作るなら映画を制作しない。市場参加者は、権利が正しく行使されるよう政府が設ける警察や裁判所を頼りにしており、見えざる手は、この法制度が正しく機能している場合にのみ、正しく機能する。

　政府を必要とするもう1つの理由は、見えざる手は強力であるものの、万能ではないからである。政府が経済に介入し、人々が自ら選択した資源配分を変更するには、大きく分けて2つの根拠がある。効率性を促進するためか、あるいは公平性を促進するためである。つまり、経済政策は、パイの大きさを拡大させるか、またはパイの分割の仕方を変更することを目的にしているのである。

　効率性という目標を考えてみよう。見えざる手は通常、経済的なパイの大きさを最大化させるように市場において資源配分を行うが、必ずしも常にそうなるとは限らない。市場の力だけでは効率的な資源配分を実現できない状況を、経済学者は市場の失敗と呼ぶ。市場の失敗の原因の1つは外部性である。外部性とは、ある一人の行動が、別の一人の厚生（満足度）に与える影響のことである。外部性の典型的な例に、汚染がある。ある物質の生産が大気を汚染し、工場の近くに住む人々に健康問題を引き起こす場合、市場はこのコストを織り込むことに失敗している可能性がある。市場の失敗のもう1つの原因は、市場支配力（または価格支配力）である。市場支配力とは、一人または企業（あるいは小さなグループ）が、市場価格に不当に大きな影響を与える能力を指す。たとえば、その町に住む全員が水を必要としているが、井戸は1つしかないとする。このとき、この井戸のオーナーは、通常であれば見えざる手によって展開される、（競争によって）各々の自己利益が抑えられるような状況には直面しない。したがって、この機会を利用して水の供給量を制限し、より高い価格を課す可能性がある。外部性や市場支配力が存在する場合には、適切に策定された公共政策によって効率性を高めることができる。

　次に、公平性という目標を考えてみよう。見えざる手によって効率的な結果がもたらされる場合であっても、経済厚生（経済的幸福度）には大きな不平等が存在しうる。市場経済は、人々がお金を払ってでも欲しがるような物を生産する能力が高いほど、そうした能力を持つ人に多くの報酬を与える。世界最高のバスケットボール選手が世界最高のチェスプレーヤーより多くを稼ぐのは、単に人々がチェスの試合よりバスケットボールの試合を観戦することに多くを支払ってもよいと考えているからである。全ての人に十分な食物やきちんとした衣類、適切な医療サービスが与えられることを、見えざる手が保証しているわけではない。この不平等により、政府の介入が必要とされるかもしれない。現実には、所得税や社会福祉制度といった多くの公共政策が、経済厚生のより公平な配分を目指している。

　政府が市場の結果を改善しうる（can）と言っても、常にそうなる（will）わけではない。公共政策は天使によって作られるのではなく、不完全な政治のプロセスによって作られる。時には、政策は政治的な立場の強い人に有利なように策定される。ま

第1章　経済学の10原則

た時には、それらの政策は、善意はあるが認識不足の指導者によって作られる。経済学を学ぶことで、効率性や公平性を促進させるかどうかの観点から見て、いかなる場合に政府の政策が正当化できるのかについての判断力を養うことができる。

理解度確認クイズ

5. 国際貿易がある国に利益をもたらすのは、以下のうちどの場合か。

  a. 海外での売上高が海外製品の購入額を上回る場合。

  b. 貿易相手国が経済的な厚生を減少させる場合。

  c. すべての国が自国の得意なことに特化している場合。

  d. 貿易のために国内の雇用が失われない場合。

6. アダム・スミスの「見えざる手」とは、以下のうちどれを指すか。

  a. 企業が消費者の犠牲のもとに利益を得るために使用する、功妙かつ目に付きにくい手法。

  b. 競争市場が持つ、市場参加者の利己心にもかかわらず、全体として好ましい結果を実現する能力。

  c. 消費者がそれを認識していなくとも、政府の規制が消費者に便益をもたらす能力。

  d. 規制のない市場において、生産者や消費者が無関係な部外者にコストを負担させる方法。

7. 政府が市場経済に介入する目的として適切なのは、以下のうちどれか。

  a. 所有権を保護する。

  b. 外部性による市場の失敗を修正する。

  c. 収入のより公平な分配を実現する。

  d. 以上のすべての選択肢が正しい。

➡ (解答は章末に)

3　経済は全体としてどのように動くか

　私たちは、個人がどのように意思決定をし、そして人々がどのように関わり合っているかについての議論をしてきた。これらすべての意思決定と相互作用が一体となって「経済」を形作る。最後の3つの原則は、経済全体の仕組みについてのものである。

3-1　原則8：一国の生活水準は、財・サービスの生産能力に依存する

　世界における生活水準の格差は驚くべきものである。2019年、平均的なアメリカ人は約6万5,000ドルの収入を得た。同じ年の平均的なドイツ人の収入は約5万6,000ドル、平均的な中国人の収入は約1万7,000ドル、平均的なナイジェリア人の収入はたった5,000ドルであった。平均的な収入のこの違いは、生活の質を測る指標に反映されている。高所得国の人々は、低所得国の人々より多くのコンピュータや車を持ち、栄養や健康の状態はより良く、そして平均寿命が長いのである。

　時間が経つにつれ、生活水準の変化も大きくなる。アメリカでは、所得は歴史的に年率約2%で成長してきた（生活費の変化を考慮した後の値）。このペースだと、平均収入は35年ごとに倍増することになる。過去1世紀で、平均的なアメリカ人の収入は約8倍上昇したのである。

　国々や時代ごとに見られる生活水準の違いをもたらすものはなんだろうか？　答

13

第Ⅰ部　イントロダクション

生産性
(productivity)
1単位の労働投入によって生産できる商品やサービスの量

えは簡単である。生活水準のほとんどすべての差異は、<u>生産性</u>の違いによる。すなわち、1単位の労働投入によって生産できる商品やサービスの量の違いに起因するものである。労働者が1時間あたりに多くの商品やサービスを生産できる国では、多くの人々が高い生活水準を享受している。一方、生産性が低い国では、多くの人が相対的に貧しい生活に耐え忍んでいる。同じように、一国の生産性の成長率は、その国の平均収入の伸び率を決定する。

　生産性と生活水準の関係は単純だが、その影響は広範囲に及ぶ。生産性が生活水準の主要な決定要因であれば、他の説明はそれほど重要ではないはずである。たとえば、過去1世紀でアメリカの労働者の所得が上昇したのは、寛大な雇用主や活発な労働組合のおかげだと考えたくなるかもしれないが、真のヒーローは彼ら自身の生産性向上なのである。別の例として、1970年代半ばから始まったアメリカにおける所得の伸び率の減速の要因を、国際的な競争の激化であるとするコメンテーターがいる。しかし、真の悪者たる要因は、アメリカの生産性伸び率の低迷である。

　この生産性と生活水準との関係は、公共政策にとって重要なインプリケーションをもつ。政策が生活水準にどういった影響を与えるのかを考える際に重要なのは、その政策が経済の生産力にどのように影響するかを考えることである。生活水準を引き上げるためには、政策担当者は、労働者に十分な訓練を受けてもらい、財・サービスの生産に必要な道具を確保し、最良の技術を利用可能にすることによって、生産性を向上させる必要がある。

3-2　原則9：政府が過剰な量の貨幣を印刷すると、物価は上昇する

　1921年1月、ドイツの日刊新聞の価格は0.30マルクだった。それから2年も経たない1922年11月、同じ新聞の価格は7,000万マルクになった。ほかの物価も同様に上昇した。この出来事は、<u>インフレーション</u>という経済における全般的な物価上昇の、歴史上でもっとも注目すべき一例である。

インフレーション
(inflation)
経済において全般的に物価が上昇すること

　アメリカは、1920年代のドイツのようなインフレーションを経験したことはないが、時折インフレーションが問題になることがある。1970年代には、物価全体の水準は2倍以上に上昇し、ジェラルド・フォード大統領はインフレーションを「国民にとって一番の敵」と呼んだ。一方、21世紀の最初の20年のインフレーション率は年率約2%だった。このペースだと、物価が2倍になるのには35年もかかる。高いインフレーションは社会にさまざまなコストをもたらすため、インフレーションを適度な水準に保つことは、世界中の政策立案者の目標となっている。

　インフレーションの原因は何だろうか？　大規模あるいは持続的なインフレーションのほとんどは、通貨量の増加が犯人である。政府が国の通貨を大量に発行すると、通貨の価値は下落する。1920年代初頭のドイツでは、平均して物価が1か月ごとに3倍になるなか、通貨量もまた1か月ごとに3倍に増加していた。アメリカの歴史はこれほどドラマチックではないが、同様の結論に至る。1970年代の高インフレは通貨量の急速な伸びと関連しており、一方で1980年代の低インフレは通貨量の増加ペースが緩やかになったことと関連している。

　2022年、まさにこの本が出版されたとき、アメリカではインフレ率が急上昇した。

第1章　経済学の10原則

2022年2月には、消費者物価は前年比で7.9％上昇し、インフレ率は過去40年でもっとも高くなった。2020年に始まる新型コロナウイルスのパンデミックによる経済低迷期に、政府は大規模な財政支出で危機を緩和したが、その結果、経済全体の通貨量は大幅に増加した。これらの政策は、パンデミックによる供給網の混乱と相まって、インフレの上昇に寄与した。重要なポイントは、多くの政府関係者が信じていたように、インフレの急上昇が一過性のものであるのか、あるいは1970年代と同様、アメリカ経済に定着してしまうのかどうかということであった。最終的な結果の大部分は、将来の金融政策によって決まることになる。

3-3　原則10：社会は、インフレーションと失業の短期的なトレードオフに直面する

通貨量の増加は、長期的には主として物価を引き上げるが、短期的には話はより複雑になる。多くの経済学者は、通貨量の増加の短期的な影響について、以下のように述べている。

- 経済における通貨量の増加は、総支出あるいは財やサービスの需要を刺激する。
- 需要の増加は、時間が経つにつれて企業に値上げをさせる要因となるが、同時により多くの従業員を雇用し、より多くの財やサービスを生産させることになる。
- 雇用の増加は、失業の減少につながる。

以上の一連の論理を踏まえると、最終的には経済全体のトレードオフが生じる。インフレーションと失業の短期的なトレードオフである。

一部の経済学者はこうした考えになお疑問を持っているが、多くの経済学者は、社会はインフレーションと失業率の短期的なトレードオフに直面していると認めている。これは、1〜2年程度の期間でみると、多くの経済政策がインフレーションと失業率を逆方向に変化させることを意味する。インフレーションと失業率がともに高い水準から始まる場合だろうが（1980年代初頭のように）、ともに低い水準から始まる場合だろうが（2010年代後半のように）、またはその間のどこかで始まる場合であろうが、政策立案者はこのトレードオフに直面する。この短期的なトレードオフは、景気循環（ビジネス・サイクル）の分析において重要な役割を果たす。ここで景気循環とは、財・サービスの生産量や雇用者数を用いて計測される、経済活動の不規則でほとんど予測不可能な振幅のことである。

景気循環
（business cycle）
雇用や生産活動などの経済活動の振幅

政策立案者は、さまざまな政策手段を用いて、このインフレーションと失業率の短期的なトレードオフを活用することができる。政府の支出の大きさや課税額、そして通貨供給量を変化させることで、政策立案者は財やサービスの総需要に影響を与えることができる。そしてこの総需要の変化は、短期間にはその経済におけるインフレーションと失業率の組み合わせを変化させる。こうした政策手段は非常に強力であるため、政策立案者がこれらをどのように利用すべきかは絶えず議論の対象となっている。

15

第Ⅰ部　イントロダクション

理解度確認クイズ

8. 一部の国が他国よりも平均的な生活水準が高い主な理由は、以下のうちどれか。

   a. 裕福な国々が貧しい国々を搾取してきたため。

   b. 一部の国の政府がより多くの通貨を供給してきたため。

   c. 一部の国では労働者の権利を保護する法律がより強いため。

   d. 一部の国はより高い生産性を持っているため。

9. もしある国が高く持続的なインフレーションを抱えている場合、その背景としてもっともふさわしいのは、以下のうちどれか

   a. 政府が過剰な量の通貨を供給している。

   b. 労働組合が過度に高い賃金を要求している。

   c. 政府が過度の課税を行っている。

   d. 企業が市場支配力を利用して大幅な価格引き上げを強行している。

10. もし政府が財・サービスの需要を減らすために金融政策を用いると、短期的にはおそらくインフレーションが＿＿＿＿し、失業は＿＿＿＿する。

   a. 低下 ― 減少

   b. 低下 ― 増加

   c. 上昇 ― 増加

   d. 上昇 ― 減少

➡（解答は章末に）

4　結論

　これで、あなたは経済学がおよそどういったものであるかをつかむことができた。次章以降では、人々や市場、経済についての多くの具体的な洞察をさらに進めていこう。これらを習得するには努力が必要だが、途方に暮れるほどではない。経済学は、いくつかのポイントとなる考え方を基礎としており、この考え方をさまざまな状況に適用していくのである。

　本書を通じて、この章で紹介し、表1-1にまとめた**経済学の10原則**を参照していく。この基本的な原則を心に留めておこう。最も洗練された経済分析でさえ、この10原則を基礎としているのである。

第1章 経済学の10原則

表1-1　経済学の10原則

人々はどのように意思決定するか
- 原則1：人々はトレードオフに直面する
- 原則2：何かのコスト（費用）とは、それを手に入れるために諦めたもので測られる
- 原則3：合理的な人々は「限界的に」考える
- 原則4：人々はインセンティブに反応する

人々はどのように影響しあうか
- 原則5：交易によって全員の経済的状況を改善させることができる
- 原則6：通常、市場は経済活動をまとめあげる良い方法である
- 原則7：政府は市場のもたらす結果を改善できる場合がある

経済は全体としてどのように動くか
- 原則8：一国の生活水準は、財・サービスの生産能力に依存する
- 原則9：政府が過剰な量の貨幣を印刷すると、物価は上昇する
- 原則10：社会は、インフレーションと失業の短期的なトレードオフに直面する

本章のポイント

- 個々の意思決定についての基本的な原則は以下の通り。人々は代替的な目標の間でトレードオフに直面する。どんな行動の費用も失われた機会によって測定される。合理的な人々は限界費用と限界便益を比較して意思決定を行う。人々は直面するインセンティブに応じて行動を変化させる。
- 人々の経済的な関わり合い（相互作用）についての基本的な原則は以下の通り。交易や相互依存は互いにとって便益をもたらす。市場は経済活動を統合するうえで通常は良い方法である。政府は市場の失敗を是正するか、経済的公平性を促すことで、市場がもたらす結果を改善できる場合がある。
- 経済全体に関しての基本的な原則は以下の通り。生産性は生活水準の根源的な決定要因である。貨幣量の増大はインフレーションの根源的な決定要因である。社会はインフレーションと失業の短期的なトレードオフに直面している。

理解度確認テスト

1. 自分の生活のなかで直面するトレードオフのうち、重要な例を3つ挙げなさい。
2. アミューズメント・パークへ行くときの機会費用を計算する際に含めるべき項目を挙げなさい。
3. 水は生命に必要不可欠である。コップ1杯の水の限界便益は大きいか、小さいか。
4. 政策担当者はなぜ人々のインセンティブを考慮すべきなのだろうか。

第I部　イントロダクション

5. 2国間の貿易は、片方が勝ってもう片方が負けるといったゲームのようなものではない。なぜか。

6. 市場において、「見えざる手」は何をしているのか。

7. 市場の失敗の主な原因を2つ挙げなさい。また、それぞれについての例を挙げなさい。

8. なぜ生産性は重要なのか。

9. インフレーションとは何か。何がインフレーションを引き起こすのか。

10. インフレーションと失業の短期的な関係とはどういうものか。

演習と応用

1. 以下のそれぞれのケースにおいて、人々はどのようなトレードオフに直面しているか述べなさい。
   a. 車を購入するかどうかを検討している家族
   b. 国立公園にどれだけの支出を充てるべきかを決めている国会議員
   c. 新工場を開設するかどうかを検討している企業の社長
   d. 授業の準備をどれだけするかを決めている大学教授
   e. 大学院への進学を考えている、最近学部を卒業した生徒
   f. 仕事をはじめるかどうかを検討している小さな子供を持つひとり親

2. あなたは休暇を取ろうかどうか決めようとしている。休暇のほとんどのコスト（航空券、ホテル、失うことになる賃金）はドルで測られる。一方、休暇の便益は心理的なものである。あなたはどのように便益とコストを比較すればよいか。

3. あなたは土曜日にパートの仕事をする予定だったが、友達がスキーに行かないかと誘ってきた。スキーに行くことの真のコストは何か。次に、同じ土曜日、あなたは図書館で勉強する予定だったとしよう。この場合のスキーに行くことのコストは何か。

4. あなたはバスケットボールくじで100ドル獲得した。この100ドルを今使うか、あるいは1年間銀行の口座に預けて5%の利子を得るかの2つの選択肢がある。今すぐ100ドルを使うことの機会費用は何か。

5. あなたが経営する会社は、新製品の開発に500万ドルを投資したが、開発が完了するまでにはまだかなりの時間がかかる。最近の会議で、営業担当者から、競合製品の投入により当社の新製品の予想売上高が300万ドルに減少したと報告があった。製品化するためにあと100万ドルかかるとしたら、それを続行すべきか。製品化するために最大いくらまで支払うべきか。

6. 1996年の法案によって連邦政府の貧困対策プログラムは修正され、多くの福祉受給者の受給期間が2年に制限された。
   a. この変更は、労働のインセンティブにどのような影響を与えたか。
   b. この変更は、公平性と効率性の間のトレードオフをどういった形で描写しているか。

7. 以下のそれぞれの政府の取り組みが、公平性を高めようとするものなのか、効率性を高めようとするものなのかを説明しなさい。効率性である場合は、関連する市場の失敗がどのようなものか論じなさい。
   a. ケーブルテレビの契約に規制価格を設ける。
   b. 一部の低所得者に、食品購入のために使用できるバウチャー（引換券・割引券）を配布する。
   c. 公共の場での喫煙を禁止する。
   d. スタンダード石油（かつて全米の石油精製所の90%を所有していた企業）を、いくつかの小さな企業に分割する。
   e. 高所得者に対する所得税率を引き上げる。

第1章　経済学の10原則

　　f. 飲酒運転を処罰する法律を制定する。

8. 以下の文について、公平性と効率性の観点から論じなさい。
　　a. 社会のすべての人に、可能な限りの最良の医療が保証されるべきである。
　　b. 労働者が解雇された場合、次の仕事が見つかるまでは失業手当が給付されるべきである。

9. 両親や祖父母があなたと同じ年齢の頃と比べて、あなたの生活水準はどのように変化したか。また、そうした変化が起きたのはなぜか。

10. アメリカ人が収入の一部をこれまでより多く貯蓄したとする。この追加的な貯蓄を銀行が企業に貸し出し、その資金が新工場の建設に使われる場合、どのようにして生産性の成長を促進するか。生産性が高まることによって、どの主体の便益につながるか。この場合、社会はフリーランチを得たといえるか。

11. 独立戦争中、アメリカの植民地は戦費を十分に賄うだけの税収を得ることができなかった。その（支出と税収の）差額を補うために、植民地はもっと貨幣を印刷することとした。支出を賄うための貨幣増刷は時に「インフレ税」と呼ばれる。貨幣が増刷されると、誰が課税されることになるのか、考えを述べなさい。また、それはなぜか。

理解度確認クイズの解答

1. a　　2. c　　3. b　　4. d　　5. c　　6. b　　7. d　　8. d　　9. a　　10. b

19

第2章

Chapter 2
Thinking Like an Economist

経済学者らしく考えよう

　本書の目的は、経済学者（エコノミスト）の考え方を習得することである。このことはいかなる意味においてもとても有益なことである。ニュースの内容を理解しようとしたり、家計やビジネスの財務を管理したり、地域の交通渋滞から地球規模の気候変動にわたる問題についての政治家の公約を評価したりする場合、多少なりとも経済学の知見があれば、より理性的かつ体系的に考えることができる。そして、そのような考え方が、より良い結論に導いてくれるのである。

　どんな学問分野であっても、専門家は独自の用語法や方法論を展開させている。数学者は公理、積分、あるいはベクトル空間について語る。心理学者はエゴ、イド、認知的不協和といった用語を用いて語る。弁護士は裁判管轄、不法行為、約束的禁反言といった用語を使う。経済学者も同じである。需要（demand）、供給（supply）、弾力性（elasticity）、比較優位（comparative advantage）、消費者余剰（consumer surplus）、死荷重（deadweight loss）、これらの用語は、経済学者が使用する言葉の一例である。以降の章において、あなたはこれまでに聞いたことのない経済学の用語や、あるいは聞いたことはあるものの経済学においては特定の意味を持つ用語に出会うことになる。最初は、これらの専門用語は不必要に難解に聞こえるかもしれないし、実際のところ、日常生活を送る上では必ずしも理解する必要性はない。しかし、これらを理解することで、あなたが生きる世界についての新しく有用な考え方を習得することができる。本書では、こうした一見厄介にみえる用語や概念を

第Ⅰ部　イントロダクション

わかりやすく解説していく。

　経済学の本質や詳細な内容に踏み込む前に、経済学者が世界をどのように見ているかについての大まかな見取り図を知っておくことは有用だろう。この章では、経済学の方法論について議論する。経済学者が課題に立ち向かう際の特徴は何だろうか。"経済学者らしく考える"とはどういったことだろうか。

1　科学者としての経済学者

　経済学者は、科学者の客観性をもって問題に取り組もうとする。彼らは、物理学者が物質の研究に挑むように、あるいは生物学者が生命の研究に挑むように、経済学的問題に挑む。すなわち、まず理論を考案し、次にデータを収集し、そしてそのデータを分析して自らの理論が正しいかどうか検証するのである。

　経済学が科学であるという主張は奇妙に思われるかもしれない。経済学者は試験管や望遠鏡を使ったりするわけでもなく、白衣を着たりするわけでもない。他の社会科学者と同様、彼らの研究対象は人間、すなわち大学の学位など得なくても皆が少なからず知っているものが対象なのである。しかし、科学の本質はその**科学的方法**、すなわち世界がどのように機能しているかについての論理を冷徹なまでに展開し、検証することにある。そしてこの方法は、地球の重力や種の進化を研究する場合と同様、一国の経済を研究する場合にも適用できるのである。アルベルト・アインシュタイン（Albert Einstein）は、「科学というものは、日々の思考を洗練させたものにすぎない」と述べている。

　アインシュタインのこの言葉は、物理学だけでなく経済学にも当てはまるが、ほとんどの人は社会を科学的手法のレンズを通して見ることに慣れていない。経済がどのように機能するかを分析する際、経済学者は科学の論理をどのように用いているのであろうか。以下で実際の手法をいくつか見てみよう。

1-1　科学的方法：観察、理論、そしてさらなる観察

　17世紀の科学者でありまた数学者であったアイザック・ニュートン（Isaac Newton）は、ある日木からリンゴが落ちるのを見て、興味がかきたてられたと伝記作家に語っている。なぜリンゴは常に地面に向かって垂直に落ちるのだろうか？　ニュートンの深い洞察は、リンゴの落下だけでなく宇宙空間における任意の2つの物体に適用される重力理論を発展させるきっかけとなった。その後このニュートンの理論は多くの状況に適用できることが示された（ただし、後にアインシュタインによって示されたように、すべての状況というわけではないが）。ニュートンの理論は私たちの周りで起こる現象を説明するのにかなり成功しており、今日でも物理学の授業で教えられている。

　こうした理論と観察の間の相互作用は、経済学においても生じる。物価が急上昇している国に住む経済学者は、これを観察することでインフレーションの理論を発展させるかもしれない。その理論は、政府が過剰な量の貨幣を発行すると高いインフレーションがもたらされると主張する。この理論を検証するために、経済学者は

第2章　経済学者らしく考えよう

多くの異なる国々から物価と貨幣に関するデータを収集し、分析することができる。もし貨幣量の伸びが物価上昇率と無関係であれば、経済学者はこのインフレーションの理論の妥当性を疑うようになるだろう。一方、各国のデータで貨幣量の伸び率とインフレーションが相関しているのであれば、（実際、それはたいてい正しいのだが）経済学者は自らが提案したこの理論についてより自信を持つようになるだろう。

　経済学者は他の科学者と同様に理論と観察を用いるが、それを困難にする障害に直面する。実験を行うことが現実的には不可能な場合が多いのである。重力を研究している物理学者は、自分たちの理論を検証するために、実験室で物体を落下させることができる。対照的に、インフレーションを研究している経済学者は、分析に必要なデータを生成するためだけに国の金融政策を操作することは許されない。経済学者は、天文学者や進化生物学者と同様、通常は現実の世界から得られるデータを利用するしかない。

　実験室で行われる実験の代わりとして、経済学者は歴史が提供する自然実験（natural experiment）に着目する。たとえば、中東における戦争によって原油の供給が制約を受けると、世界中で原油価格が急騰する。このような出来事は、原油や石油製品の消費者にとっては生活費を上昇させるし、政策立案者にとっては対応が難しい政策課題となる。しかし経済科学者にとって、この出来事は天然資源が世界経済に与える影響を研究する貴重な機会となる。本書を通じ、われわれは多くの歴史的な出来事を考察するが、このことは過去の経済に関する洞察を得て、現在の経済理論を具体化し評価するのに役立つ。

1-2　仮定の役割

　もし物理学者に、10階建てのビルの上からビー玉が落ちるのにどれくらい時間がかかるかを尋ねると、その物理学者はビー玉が真空中を落下すると仮定したうえで答えるだろう。この仮定は正しくない。ビルは大気に囲まれていて、落下するビー玉との間に摩擦が生じることで落下時間は遅くなる。なぜ、現実世界の複雑さを無視した答えを導くのか？　この場合、物理学者はビー玉への摩擦は非常に小さく、その影響は無視できると指摘するだろう。大理石が真空中で落ちると仮定することで、答えに影響をほとんど与えることなく、問題を単純化することができるのである。もちろん、物理学者は、より正確な答えを得るためには、仮定を再検討し、より正確な分析を行う必要があることを承知している。

　経済学者も同じ理由で仮定を用いる。仮定を設けることで複雑な世界を単純化させ、理解しやすくするのである。たとえば、国際貿易について研究する場合、この世界は2つの国からなり、それぞれの国が2種類の財のみを生産すると仮定する。現実世界は多くの国が何千もの異なる種類の財を生産していて、この仮定が現実世界の正確な描写ではないということをわれわれは知っている。しかし、この仮定を設けることで、問題の本質に集中することができる。この単純化された仮の世界における国際貿易の役割を分析することによって、実際に生活しているより複雑な世界での貿易の役割が、より容易に理解できるのである。

23

物理学であれ、生物学であれ、経済学であれ、どういった仮定を設けるかを決めることは、科学的思考における1つの技〔訳注：原書では、「科学」(Science) に対する語として「アート」(Art) を用いており、ここでは「アート」の訳語として「技」を用いている〕といえる。たとえば、ビルの上からビー玉ではなく、同じ重さのビーチボールを落下させる場合を考えてみよう。この場合、物理学者は、摩擦がないという仮定は極めて不正確であることに気付くだろう。ビーチボールはビー玉よりもずっと大きいため、ビーチボールとの間に生じる摩擦はより大きくなる。ビー玉の落下を研究する場合には、重力があたかも真空中で働くと仮定することは合理的だが、ビーチボールの落下を研究する際には大きな誤差を引き起こしうるのである。

同様に、経済学者は異なる問題に対して異なる仮定を設けて問題に答える。たとえば、政府が貨幣流通量を変化させたときに、経済に何が生じるかを調べたいとしよう。この分析で重要なのは、価格がどのように反応するかである。実際の経済においては、多くの価格はそれほど頻繁には変化しない。たとえば、店頭にならんでいる雑誌の価格は数年に1度しか改定されない。このことを踏まえると、異なる時間軸に対して異なる仮定を設けることになる。この政策の短期的な影響を調べるのであれば、価格があまり変化しないと仮定するであろう。極端な場合、価格は完全に固定されているという仮定すら設けるかもしれない。一方で、政策の長期的な影響を調べるのであれば、すべての価格が完全に伸縮的（フレキシブル）であると仮定するであろう。物理学者がビー玉の落下を分析するのか、あるいはビーチボールの落下を分析するのかに応じて異なる仮定を設けるように、経済学者も、分析対象が貨幣量の変化の短期的な影響なのか、あるいは長期的な影響なのかに応じて、異なる仮定を設定するのである。

1-3 経済モデル

高校の生物学の教師は、プラスチック製の人体模型を使って基礎的な解剖学を教える。このモデルには心臓、肝臓、腎臓などの主要な臓器がすべて備わっていて、それらがどのように体内で配置されているか、学生は容易に確認することができる。このプラスチック・モデルは適度に標準化されていて、細かい点は省略されているため、誰もそれを実際の人間だと見間違うことはない。このリアリティの欠如のために（むしろ欠如しているからこそ）、人体がどのように機能するかを学ぶうえで、このモデルは役に立つ。

経済学者も現実世界を理解するためにモデルを用いるのだが、生物学の教師が用いるプラスチック製の人体模型とは異なり、モデルは主に図表や数式から成る。プラスチック人体モデルと同様、経済モデルも多くの細かな点を省いて単純化しており、そしてそのことによって何が本質的に重要な要素なのかを理解することができる。生物学の教師のモデルが体のすべての筋肉や血管を含まないように、経済学者のモデルも経済のすべての特徴や人間行動のすべての側面を含んでいるのではない。

本書全体を通じ、われわれはさまざまな問題を検討するために経済モデルを用いるが、モデルは仮定を用いて構築されていることがわかるだろう。物理学者がビー

玉の落下を分析する際に摩擦は存在しないものと仮定したように、経済学者も、扱っている問題とは関係のない多くの細かな点を省略して単純化する。物理学であれ、生物学であれ、そして経済学であれ、いかなるモデルも、現実を単純化することによって、われわれがより深く理解することに貢献する。経済学のすべてのモデルは、現実に照らし合わせて修正されるべきときには修正される。重要なのは、その時々の状況に応じて適切なモデルを見つけることである。統計学者のジョージ・ボックス（George Box）は、「すべてのモデルは間違っているが、そのうちのいくつかは有用なのである（All models are wrong, but some are useful）」と述べている。

1-4　経済モデルその１：フロー循環図

経済は、さまざまな経済活動（売買取引、労働、雇用、製造など）に従事する多くの人々で構成されている。そうした経済がどのように機能しているかを理解するためには、これらすべての経済活動について思考を単純化させる必要がある。つまり、経済がどのように構成され、人々がどのように互いに相互作用するかを説明する経済モデルが必要なのである。

図2-1は、フロー循環図と呼ばれる、視覚的な経済モデルである。このモデルには、企業と家計という２種類の意思決定主体しかいない。企業は、労働、土地、資本（建物や機械）などの投入物（インプット）を用いて財・サービスを生産する。こうした投入物を**生産要素**と呼ぶ。家計は生産要素の保有主体であると同時に、企業が生産した財・サービスをすべて消費する。

> フロー循環図
> （circular-flow diagram）
> 貨幣が市場を通じて、家計と企業の間をどのように流れていくかを示す視覚的な経済モデル

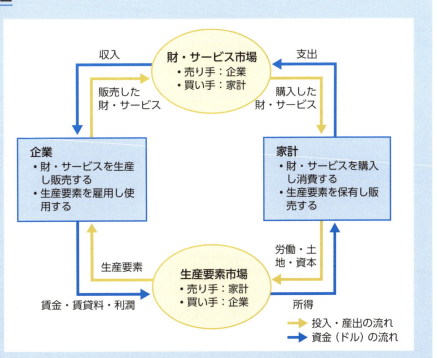

図2-1　フロー循環図

この図は、経済構造を示す模式図である。意思決定は家計と企業によって行われる。家計と企業は、財・サービス市場（家計が買い手で企業が売り手）や、生産要素市場（企業が買い手で家計が売り手）で互いに関わり合う。外側の矢印は資金（ドル）の流れを示し、内側の矢印は対応する投入物または産出物の流れを示している。

家計と企業は、2つのタイプの市場で関わり合う。**財・サービス市場**では、家計が買い手であり、企業が売り手である。具体的には、企業が生産する財・サービスを家計が購入する。**生産要素市場**では、企業が買い手であり、家計が売り手である。この市場においては、財・サービスを生産するために必要な投入物を家計が提供し、それを企業が購入する。フロー循環図は、経済における家計と企業の間でのすべての取引を整理する方法を簡潔に示している。

フロー循環図には、それぞれ異なるが互いに関連している2つの循環（ループ）がある。内側のループは投入物（インプット）と産出物（アウトプット）のフローを示している。生産要素市場において、家計は労働力、土地、資本を使用する権利を企業に売る。企業はこれらの要素を用いて財・サービスを生産し、財・サービス市場で家計に販売する。図2-1の外側の循環は、対応する資金（ドル）のフローを示している。家計は企業から財・サービスを購入するために資金を用いる。企業はこれらの売上の一部を生産要素の購入（たとえば労働者に対する賃金の支払い）に用いる。売上の残りは企業の利益となり、企業所有者である家計に還元される。

人から人へと渡っていく1ドル札の動きを追いながら、資金フローを巡るツアーをしてみよう。家計、たとえば、あなたの財布の中にある1ドル札からスタートするとする。もしコーヒーが欲しいなら、あなたはその1ドル札（あるいはもう少しの金額かもしれない）を持って、コーヒーの市場（多くの財・サービス市場のうちの1つ）に行く。地元のコーヒーショップでお気に入りのドリンクを買えば、そのドル紙幣は店のレジに移り、企業の売上となる。しかし、そのドルはそこに長くは滞在しない。なぜなら、企業は生産要素市場において投入物を購入するために、そのドルを使うからである。たとえば、コーヒーショップは、そのドルを店舗の家賃やバリスタの報酬として支払うかもしれない。あるいは、そのドルを店のオーナーに利益として還元するかもしれない。いずれにせよ、そのドルはある家計の収入となり、再び誰かの財布に収まるのである。その時点で、あらためてフロー循環の物語がはじまるのである。

図2-1のフロー循環図は、単純な経済モデルである。より複雑で現実的なフロー循環図のモデルには、たとえば、政府や国際貿易の役割といった要素が含まれるであろう（あなたがコーヒーショップに渡したドルの一部は、税金の支払いやケニアの農家からコーヒー豆を購入するために使われるかもしれない）。しかし、そういった細かな点は、経済がどのように組織されているかについての基本的な理解を得るうえでは重要ではない。その単純さゆえに、フロー循環図は、経済の各部門がどのように組み合わさっているかを考える際に役立つのである。

1-5　経済モデルその2：生産可能性フロンティア

大部分の経済モデルは、フロー循環図とは異なり、数学の概念を援用して構築される。ここでは、経済の基本的な考え方を表現するそうしたモデルのうち最も単純なものとして、生産可能性フロンティアと呼ばれるモデルを考えよう。

実際の経済では非常に多くの財やサービスが生産されているが、ここでは自動車とコンピュータという2種類の財のみを生産する経済を考えてみよう。自動車産業

とコンピュータ産業は、それぞれこの経済にあるさまざまな生産要素を使用して生産活動を行う。この経済において利用可能な生産要素と生産技術を所与〔訳注：経済学では、あるXが与えられたもの、または自分たちでは変更できないものであるときに、「Xを所与とする」という語をよく用いる。英語ではgiven〕としたときの、生産可能なアウトプットの組み合わせ（この場合は、生産可能な自動車の台数とコンピュータの台数の組み合わせ）を図示したものを、**生産可能性フロンティア**と呼ぶ。

図2-2は、この経済の生産可能性フロンティアを示している。すべての資源（リソース）を自動車産業に投入すると、この経済は1,000台の自動車を生産する一方、コンピュータは生産されない。すべての資源をコンピュータ産業に投入すると、この経済は3,000台のコンピュータを生産する一方、自動車は生産されない。生産可能性フロンティアのこの2つの端点は、こうした極端な可能性に対応している。

より現実的なのは、生産のための資源が両産業に配分され、自動車とコンピュータがどちらも生産される場合だろう。たとえば、図2-2のA点に示されているように、この経済は600台の自動車と2,200台のコンピュータを生産することができる。もしくは、コンピュータ産業から自動車産業に一部の生産要素を移転させることで、この経済は700台の自動車と2,000台のコンピュータを生産することもできる（B点）。

資源の希少性により、すべての考えられる結果（自動車の生産量とコンピュータの生産量の組み合わせ）が実現可能というわけではない。たとえば、どのように資源を両産業の間で配分したとしても、この経済はC点で表されるような自動車とコ

> **生産可能性フロンティア**
> (production possibilities frontier)
> ある経済において、利用可能な生産要素と生産技術を用いて生産することのできる産出量の組み合わせを示したグラフ

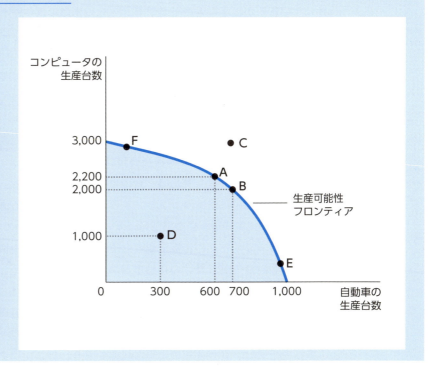

図 2-2　生産可能性フロンティア

生産可能性フロンティアは、経済が生産可能なアウトプットの組み合わせ（この場合は自動車とコンピュータ）を示す。曲線上にある、または曲線の下に位置する任意の点は、この経済における生産可能なアウトプットの組み合わせである。フロンティアの外側の点は、経済が保有する資源を踏まえると、実現不可能なアウトプットの組み合わせである。生産可能性フロンティアの傾きは、コンピュータに対する車の機会費用を測定する。この機会費用は、経済がどれだけの量の両商品を生産しているかによって異なる。

ンピュータの生産量の組み合わせを実現することはできない。自動車とコンピュータを生産するために利用可能な生産技術を前提とすると、その水準の生産量を実現するために十分な生産要素をこの経済は持ち合わせていないのである。現在の資源を前提としたとき、この経済は、生産可能性フロンティアの境界上の任意の点、またはその内側の任意の点に対応する生産量を実現することはできるが、フロンティアの外の点に対応する生産量を達成することはできない。

　利用可能かつ希少な資源から、その経済が最大限のものを得ているとき、その状態を効率的であるという。生産可能性フロンティアの境界上の点（内側の点ではない）は、効率的な生産水準を表している。経済がＡ点のような効率的な生産水準にあるときは、一方の財の生産を減少させることなく、もう一方の財を増加させることはできない（すなわち、Ａ点から少しでも右、上、または右上に移動すると、フロンティアの外に出てしまう）。一方、Ｄ点は非効率な状態である。何らかの理由、たとえば失業の広がりといった理由で、経済は利用可能なリソースの一部のみを利用して生産活動をしている。すなわち、ここでは300台の自動車と1,000台のコンピュータである。もし非効率性の原因が取り除かれれば、経済は両方の財の生産を同時に増やすことができる。たとえば、Ｄ点からＡ点に移動することで、自動車の生産は300台から600台に増加し、コンピュータの生産は1,000台から2,200台に増加する。

　第1章で学んだ**経済学の10原則**のうちの1つは、「人々はトレードオフに直面する」というものであった。生産可能性フロンティアは、社会が直面するトレードオフの1つを表している。経済がフロンティアの境界上の効率的な点に達すると、ある財の生産を増やす唯一の方法は、もう一方の財の生産を減らすことになる。たとえば、経済がＡ点からＢ点に移動することで、100台分の自動車を増産することができるが、その代わりコンピュータの生産を200台分減らさなくてはならない。

　このトレードオフは、**経済学の10原則**のうちの別の1つを理解するうえで役に立つ。「何かのコストとは、それを手に入れるために諦めたもので測られる」という原則である。これは**機会費用**と呼ばれる。生産可能性フロンティアは、他の財を基準に測られた、ある財を生産することの機会費用を示している。Ａ点からＢ点に移動することは、100台分の自動車を生産するために、200台分のコンピュータの生産を諦めなければならないことを意味する。つまり、Ａ点において、100台の自動車を生産することの機会費用は200台のコンピュータなのである。あるいは、1台の自動車の機会費用は2台のコンピュータである。なお、ここで自動車の機会費用は、生産可能性フロンティアのＡ点とＢ点を通る直線の傾きに等しいことに注意してほしい（傾きについては、章末のグラフについての補論で説明する）。

　コンピュータの台数で測った1台の自動車生産の機会費用は一定ではなく、経済が現時点でどれだけの自動車とコンピュータを生産しているかに依存している。このことは生産可能性フロンティアの形状に反映されている。図2-2の生産可能性フロンティアは外側に湾曲しているので、1台の車の機会費用は、多くの自動車が生産されていて、コンピュータがほとんど生産されていないとき、非常に大きくなる。たとえば、Ｅ点はそのような状態であり、そこではフロンティアの傾きが急になっ

ている。一方、F点のように、自動車の生産量がわずかで、かつコンピュータの生産量が大きいとき、1台の自動車の機会費用は小さくなっており、そこではフロンティアの傾きは平らになっている。

　経済学者は、生産可能性フロンティアの形状は、多くの場合このように外側に湾曲していると考えている。資源のほとんどがコンピュータの製造に用いられているということは、熟練した自動車工など、自動車の生産に最適な資源もコンピュータ産業に投入されていることを意味する。これらの労働者はおそらくコンピュータの製造が得意というわけではないだろう。したがって、それまでコンピュータ製造に携わっていた自動車工を本来の自動車製造に向けることで、そこから車の生産を1単位増やしても、コンピュータの生産台数の低下幅は限定的だろう。したがって、F点では、コンピュータの台数で測った自動車生産の機会費用は小さく、フロンティアは比較的平坦である。一方、E点のように、ほとんどの資源が自動車の製造に投入されている場合、自動車製造に最適な資源はすでに自動車産業に投入されていることを意味する。したがって、自動車を追加的に生産するには、コンピュータ産業から何人かの非常に優れたコンピュータ技術者を自動車工にさせる必要がある。その結果、追加的に自動車を生産するためには、コンピュータの生産量をかなり減少させなければならない。自動車生産の機会費用は高く、フロンティアの傾きは急になる。

　生産可能性フロンティアは、ある特定の時点における異なる財の間でのトレードオフを示しているが、そのトレードオフは時間とともに変化することがある。たと

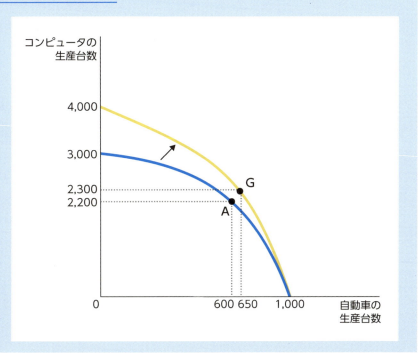

図 2-3　生産可能性フロンティアのシフト

コンピュータ産業の技術進歩により、どんな特定の自動車の生産台数に対しても、これまでより多くのコンピュータを生産できるようになる。その結果、生産可能性フロンティアは外側にシフトする。A点からG点に移行すると、自動車とコンピュータの両方の生産台数が増加する。

えば、コンピュータ産業の技術革新によって、労働者1人が1週間に生産できるコンピュータの台数が増加したとする。この進歩により、社会の選択肢が拡大する。どのような自動車の生産台数に対しても、経済は今より多くのコンピュータを生産できる。コンピュータを1台も生産しない場合は、引き続き生産可能な自動車の台数は1,000台であり、フロンティアの一方の端点は不変である。しかし、経済が資源を少しでもコンピュータ産業に割り当てると、その資源からはこれまでより多くのコンピュータが生産可能になる。その結果、図2-3のように、生産可能性フロンティアは外側にシフトする。

この図2-3は、経済が成長するときに何が生じるかを示している。経済は、これまでの古いフロンティア上のある点から、新しいフロンティア上の別の点に移動することができるのである〔訳注：ここでは常に効率的な生産量の組み合わせ＝境界上の点が選択されることが仮定されている〕。どの点を選択するかは、2つの財に対する社会の選好に依存する。この例では、この社会（における生産量の組み合わせ）はA点からG点に移動し、より多くのコンピュータ（2,200台から2,300台）と、より多くの自動車（600台から650台）が生産される。

生産可能性フロンティアは、複雑な経済を単純化することで、希少性、効率性、トレードオフ、機会費用、経済成長といった、基本的かつ重要な概念に焦点をあてている。経済学を学ぶうえで、これらの概念はさまざまなかたちで繰り返し登場するが、生産可能性フロンティアは、これらの概念について考えるうえで1つの簡便な方法を提供している。

1-6 ミクロ経済学とマクロ経済学

さまざまな研究対象は、さまざまな水準で研究が行われる。例として生物学を見てみよう。分子生物学者は、生物を構成する化学合成物を研究する。細胞生物学者は、化学化合物から構成され、かつ生物体の必要不可欠な構成要素でもある細胞を研究する。進化生物学者は、生物や植物の多様性や、種が長い時間をかけてどのように変化していくかを研究する。

経済学も同様に、さまざまなレベルで研究が行われている。われわれは個々の家計や企業の意思決定を分析することができるし、特定の財・サービスの市場における家計と企業の相互作用に焦点を当てることもできるし、あるいはまた、市場におけるすべての経済活動を包括している経済全体の動き方を研究することもできる。

伝統的に、経済学は2つの分野からなる。ミクロ経済学は、家計や企業がどのように意思決定をし、それが市場でどのように相互に関わり合うかを研究する分野である。マクロ経済学は、経済全体に関する事象を研究する分野である。ミクロ経済学者は、ニューヨーク市における家賃規制の影響、国際競争がアメリカの自動車産業に与えるインパクト、あるいは教育が労働者の所得に与える影響、などを研究する。マクロ経済学者は、連邦政府が行う借入れの影響、ある経済における時間を通じた失業率の変化、あるいは一国の生活水準を改善させるための代替的な政策、などを研究する。

ミクロ経済学とマクロ経済学は密接に結びついている。経済全体の変化は何百万

ミクロ経済学
(microeconomics)
家計や企業がどのように意思決定をし、それが市場でどのように相互に関わり合うかを研究する分野

マクロ経済学
(macroeconomics)
インフレーション、失業、経済成長など、経済全体に関する事象を研究する分野

第2章　経済学者らしく考えよう

人もの個人の意思決定の結果として生じるため、マクロ経済の動きを理解するためには、その背後にあるミクロ経済学的な意思決定を考慮することが必要不可欠である。たとえば、マクロ経済学者からなる分析チームが、連邦所得税の減税が財・サービスの生産全体に与える影響を分析するとしよう。このとき、彼らは個々の家計が財・サービス消費についての意思決定をどのように変化させるかを考慮する必要がある。

このようにミクロ経済学とマクロ経済学は、本質的には互いに関連している。しかしそれでもなお、2つの分野は相異なるものである。この2つの分野は異なる問題に取り組んでいるため、それぞれの分野には独自のモデルがあり、それらは往々にして別々のコースで教えられている。

理解度確認クイズ

1. 経済モデルの説明として正しいのは以下のどれか。
   a. 経済の機能を複製する機械装置
   b. リアルな経済についての完全かつ詳細な記述
   c. いくつかの側面を単純化した経済についての描写
   d. 経済の将来を予測するコンピュータ・プログラム

2. フロー循環図は、生産要素市場において＿＿＿＿ことを示している。
   a. 家計が売り手であり、企業が買い手である
   b. 家計が買い手であり、企業が売り手である
   c. 家計と企業がともに買い手である
   d. 家計と企業がともに売り手である

3. 生産可能性フロンティアの内側にある点について正しいのは以下のどれか。
   a. 効率的だが実現可能ではない。
   b. 実現可能だが効率的ではない。
   c. 効率的かつ実現可能である。
   d. 効率的でも実現可能でもない。

4. 以下のトピックのうち、ミクロ経済学の研究範囲に該当しないものはどれか。
   a. 10代の喫煙行動に対するたばこ税の影響
   b. マイクロソフトの市場支配力がソフトウェアの価格形成に与える影響
   c. ホームレスを削減するうえでの貧困対策プログラムの有効性
   d. 政府の赤字予算が経済成長に与える影響

➡（解答は章末に）

2　政策アドバイザーとしての経済学者

経済学者はしばしば、経済的な事象の原因を説明するよう求められる。たとえば、なぜ10代の若者の失業率は、より年配の世代の失業率よりも高いのだろうか。これは事実に関する問題であり、科学的に回答できるかもしれない。しかし時には、経済学者は経済的な成果を改善するための政策を提案するよう求められることもある。たとえば、10代の若者の経済厚生を改善させるために、政府は何をすべきだろうか。それに答えるためには、起こっている事実について理解するだけでなく、何をすべきかについての価値判断も必要になってくる。

現実の世界を説明しようとするとき、経済学者は科学者となる。現実世界を改善するための処方箋を提示しようとするとき、経済学者は政策アドバイザーとなる。プロの経済学者にならなくても、あなたは日常生活においてこの経済学的な考え方

31

第I部　イントロダクション

の両方を使うかもしれない。世界を分析することも、それを改善するための解決策を考えることも、どちらも重要だが、これらのアプローチがどのように異なるかを理解することも重要である。

2-1　記述的分析と規範的分析

経済学者が果たす2つの役割を明確にするために、言葉の使い方について考えてみよう。科学者と政策アドバイザーは異なる目的を持っているため、言葉の使い方もまた異なるのである。

たとえば、最低賃金法について議論している2人の人物を想像してみよう。2人の以下の主張が聞こえてきた。

> プリシャ：最低賃金法は失業を引き起こす。
> ノア：政府は最低賃金を引き上げるべきだ。

これらの主張に同意するかどうかはともかく、プリシャとノアの主張の仕方が異なっていることに注目しよう。プリシャは科学者のように話している。彼女は世界がどのように動いているのかを説明しようとしている。一方、ノアは政策アドバイザーのように話している。彼は世界を変えたいと考えている。

一般的に、この世界について何らかの主張をするとき、それには2つのタイプがある。1つはプリシャのタイプで、それは記述的（positive）と呼ばれる。この語は陽気や楽観的であるという意味ではない。記述的命題というのは描写的である。それは世界がどうなっているかについて主張する。一方、ノアのような2つ目のタイプは、規範的（normative）とよばれる。規範的命題というのは指導的・教育的である。それは世界がどうあるべきかについて主張する。

記述的命題と規範的命題の注目すべき違いは、その妥当性を判断する方法である。記述的命題は、証拠を検討することで、その正誤を確定させることができる。経済学者は、プリシャの主張を検証するために、たとえば最低賃金と失業率の変化についてのデータを分析する。本章末の補論で議論するように、因果関係を証明することは難しいが、この命題の成否は根本的には証拠によって決定されるべきである。一方で、規範的命題を評価することには、事実だけでなく価値の問題も関わってくる。ノアの命題が正しいかどうかはデータのみからでは判断できない。何が良い政策で、何が悪い政策なのかを判断することは、単なる科学的な問題ではない。そこには価値観や、倫理、宗教、あるいは政治哲学に関する見解といったものも関わってくる。

記述的命題と規範的命題は異なるものであるが、しばしば互いに関連するものである。特に、世界がどのように機能するかについての記述的な発見は、どのような政策が望ましいかについての規範的な判断に影響を与えることがよくある。最低賃金が失業に影響を与えるというプリシャの主張がもし正しければ、政府は最低賃金を引き上げるべきだとするノアの主張は否定されるべきものになるだろう。一方で、失業に与える影響が小さいという記述的な発見が得られれば、ノアの政策提案は受

記述的命題
(positive statements)
現実をあるがままに描写しようとする命題

規範的命題
(normative statements)
現実がどうあるべきかについて定めようとする命題

第2章　経済学者らしく考えよう

け入れられることになるかもしれない。

　規範的な判断は、研究者が分析対象としてどの記述的命題を選択するかにも影響を与える可能性がある。たとえば、最低賃金を引き上げたいというノアの願望は、最低賃金が失業を引き起こすというプリシャの主張を調査する方向に導くかもしれない。バイアスを排除するためには、彼は自分の規範的な主張はいったん脇に置いて、データを可能な限り客観的に検討すべきである。最良の場合、記述的な経済学は、研究者の個人的な価値観や政策課題とは切り離された科学として発展していく。

　経済学を学ぶ際、記述的表現と規範的表現の大まかな区別を頭の片隅に置いておくことは有益である。経済学の大部分は記述的、すなわち経済がどのように機能するかを説明する。しかし、経済学を用いる人々はしばしば規範的な目的を持っている。彼らは経済をどのようにより良くできるかを学びたいのである。経済学者が規範的命題を主張するとき、彼らは科学者としてではなく政策アドバイザーとして話しているのである。

2-2　ワシントンのエコノミスト

　ハリー・トルーマン大統領はかつて、「中立的な立場から離れられる経済学者（one-armed economist）」を見つけたいものだ、と述べた。経済学者に助言を求めるたびに、彼らはいつも「一方では……。もう一方では……」と答えたためである。

　経済学者の助言は必ずしも常に直接的でわかりやすいわけではない、という点において、トルーマンは正しい。この傾向は、**経済学の10原則**のうちの1つ、「人々はトレードオフに直面する」という原理に根ざしている。経済学者は、ほとんどの政策決定において、トレードオフが存在することを認識している。ある政策は効率性を向上させるかもしれないが、同時に公平性を犠牲にするかもしれない。あるいは将来の世代を助けるかもしれないが、現世代には痛みとなるかもしれない。すべての政策決定は容易であると言う経済学者は、信頼できる経済学者ではない。

　経済学者の助言を頼りにしていた大統領はトルーマンだけではない。1946年以来、アメリカ合衆国大統領は、3人の委員と数十人の経済学者からなるスタッフで構成される、経済諮問委員会（Council of Economic Advisors, CEA）からの助言を受けている。この委員会のオフィスはホワイトハウスのすぐ近くにあり、大統領への助言を行うほか、最近の経済動向のレビューと経済政策についての分析を示す年次大統領経済報告（Annual Economic Report of the President）を作成・公表している（なお、本書の著者であるマンキューは、2003 ～ 2005年まで経済諮問委員会の議長を務めていた）。

　大統領はまた、さまざまな官庁に所属するエコノミストから情報と助言を受け取る。行政管理予算局（Office of Management and Budget）のエコノミストは支出計画や規制政策の策定を支援する。財務省のエコノミストは税制策定を支援する。労働省のエコノミストは労働者や失業者に関するデータを分析し、労働市場政策の策定を支援する。司法省のエコノミストは国の反トラスト法の遂行を支援する。

　連邦政府のエコノミストは、行政府の枠外にもいる。政府の提案を政府から独立して評価するため、議会はエコノミストから成る議会予算局の助言を頼りにしてい

33

る。アメリカの金融政策を決定する連邦準備制度は、アメリカ国内や世界各地の経済動向を分析するために百人単位のエコノミストを雇用している。

経済学者の政策への影響力は、単なるアドバイザーとしての役割の域を超える。彼らの研究や著作物は、間接的にも政策に影響を与えうるのである。経済学者のジョン・メイナード・ケインズ（John Maynard Keynes）は、次のように述べている。

> 経済学者や政治哲学者の考え方は、それが正しい場合であれ間違っている場合であれ、一般に理解されているよりはるかに強力である。実際、世界のほとんどすべてを支配しているのは、こうした考え方なのである。こうした知的な影響力から自らは逃れられていると考えている実務家たちは、実際には、すでに故人となった経済学者の（考え方の）単なるしもべであることが多いのである。権力者たちは、どこからかやってきた意見を鵜呑みにして政策を進めることがあるが、その意見も、何年か前にどこかの学問的な書き手が残したものを元にしていることが多いのである。

これは1935年に書かれたものだが、今なお真実である。実際、現代において公共政策に影響を与えている「学問的な書き手」とは、しばしばケインズ自身なのである。

2-3 経済学者の提案がしばしば実行にうつされないのはなぜか

大統領をはじめとして、人々から選ばれたリーダーを助言する経済学者たちは、自分たちの提案が常に受け入れられるわけではないことを知っている。その理由は容易に理解できる。経済政策が形作られる現実の政策過程は、教科書で想定されている理想的なそれとは多くの点で異なるからである。

本書を通じ、政策について議論する際には1つの問いに焦点を当てる。政府が追求すべき最善の政策は何か、という問いである。われわれは、政策が慈悲深くかつ全能の王によって設定されているかのように考え、行動している。そして、この王が正しい政策を見つけ出した後、王は自らの政策を問題なく実行できると考える。

しかし、現実の世界では、正しい政策を考案することは指導者の仕事の一部、かつそのなかでも最も簡単な部分にすぎない。あなたが大統領であるとしよう。政策アドバイザーから最善と考えられる政策について聞いた後、あなたは他のアドバイザーのもとに向かうだろう。コミュニケーションを担当するアドバイザーは、提案された政策をどのように一般の人々向けに説明すればよいかを指示し、政策の実行を難しくしてしまうようないかなる誤解も前もって予測しようとする。報道・メディアを担当するアドバイザーは、あなたの提案が報道機関によってどのように報じられるか、社説でどのような意見が表明されるか、そしてソーシャルメディアでどういった反応が出てきそうかを伝える。立法府（すなわち議会）を担当するアドバイザーは、あなたの提案が議会にはどのように受け止められるか、議員が提案する修正案はどういったものか、そしてあなたの提案またはその修正版が議会を可決する可能性はどの程度か、といった点を伝える。政治アドバイザーは、提案された政策

を支持または反対するのはどのグループで、またどういったグループが組織されるか、この提案が有権者の投票行動にどのような影響を与えるのか、そしてほかの政策提案への支持がどう変化するかについて、助言する。これらの助言を総合的に考慮したあと、あなたは次の手順を決定するのである（この描写はあくまで理想化されたものである。最近のすべての大統領がこのような体系的な方法で政策を進めてきたわけではない）。

代議制民主主義における経済政策の決定は入り組んだものであり、大統領をはじめとする政治家が経済学者の提唱する政策を採用しない理由には、しばしば妥当なものがある。経済学者の助言は、複雑なレシピのなかの一部に過ぎないのである。

理解度確認クイズ

5. 次のうち、記述的な（規範的ではない）言明はどれか。

  a. 法律Xは国民所得を減少させる。

  b. 法律Xは良い立法である。

  c. 議会は法律Xを可決すべきである。

  d. 大統領は法律Xを拒否すべきである。

6. 政府の次の部門のうち、経済学者の助言を定期的に利用しているのはどれか。

  a. 財務省

  b. 予算管理局

  c. 司法省

  d. 上記すべて

➡ (解答は章末に)

---

3 経済学者間で意見が異なるのはなぜか

「経済学者たち全員が連なって並べられたとしても、彼らは結論に達しないだろう〔訳注：経済学者が単独で個々に考えを述べても、最終的には共通の結論には至らない、の意〕」。ジョージ・バーナード・ショー（George Bernard Shaw）によるこの言葉は示唆的である。経済学者は、政策立案者に対してしばしば相反する助言を与えることで批判される。ロナルド・レーガン大統領はかつて、「もし経済学者向けにトリビア・パースート〔訳注：プレイヤーがさまざまなカテゴリーの質問に答える〕が作られたら、100の問題に対し、3,000の答えが出てくるだろう」とジョークを述べた。

経済学者たちはなぜ政策立案者に対して互いに相反する助言をしているように見えるのだろうか？　基本的には、その理由は以下の2つである。

- 経済がどのように機能するかについての記述理論がいくつかあって、そのうちのどれが妥当かについて経済学者の間で意見の相違があるため。
- 経済学者は異なる価値観を持っていることから、政府の政策が何を達成すべきかについて異なる規範的見解を持っているため。

それぞれの理由について、以下でより詳しく見てみよう。

第Ⅰ部 イントロダクション

3-1 科学的判断についての意見の不一致

　数世紀前、天文学者たちは、太陽系の中心が地球なのか太陽なのかを議論した。最近では、気候学者たちは、地球は温暖化しているのか、そしてもしそうであればその理由について、議論している。科学とは世界を理解しようとする現在進行中の探求である。この探求が終わらない限り、真実が何かについて科学者が異なる意見を持つのは特に驚くことではない。

　経済学者も同じ理由で異なる意見を持ちうる。本書を通じてわかるように、経済学は世界について多くのことを明らかにしているが、まだ不明な点も多く残されている。時に、経済学者は、代替的な理論のそれぞれの妥当性（適切さ）について、異なる直感を持っていることを背景に、意見を異にする。たとえば、経済変数がどのように関連しているかについてのパラメーターのサイズについて異なる見方を持つために、意見が分かれる。

　例を挙げると、経済学者たちが、政府は家計の所得に課税すべきか、それとも消費に課税すべきかについて議論しているとする。現行の所得税から消費税への切り替えを主張する人々は、この変更によって家計の貯蓄が促されると考えている。なぜなら、所得のうち、貯蓄にまわされた分は非課税となるからである。貯蓄の増加によって（後の章で見るように、マクロ的に見て投資が促進されることから）、資本が蓄積され、生産性と生活水準の向上につながる。一方、現行の所得税制度を支持する人々は、税制が変更されても、人々の貯蓄行動が大幅に変わることはないと考えている。これら2つの経済学者グループは、節税の貯蓄に対する影響について異なる記述的な見解を持っているために、規範的にも税制について異なる見解を持つのである。

3-2 価値観についての意見の不一致

　ジャックとジルが町の井戸から同じ量の水を汲んだとしよう。この町は井戸の維持費用をまかなうために住民に税金を課す。ジルは年収が15万ドルで、そのうち1万5,000ドル、つまり収入の10%が税金として課される。ジャックは年収が4万ドルで、そのうち6,000ドル、つまり収入の15%が税金として課される。

　この政策は公平だろうか。公平でないのなら、どちらの課税額が多すぎて、どちらが少なすぎるだろうか。ジャックの低い所得が医学的な障害に起因するものなのか、あるいは俳優のキャリアを追い求めているからなのか、といった点は考慮すべきだろうか。ジルの高い所得が莫大な遺産によるものなのか、あるいは退屈な仕事を長時間、厭わずするからなのか、といった点は考慮すべきだろうか。

　こうした問題は難しく、人々の意見が一致することはないであろう。この町が、井戸の維持費用をまかなうための適切な課税方法について調査するために2人の専門家を雇ったとして、2人が互いに相反する助言をしたとしても驚くことではない。

　この単純な例は、なぜ経済学者がときどき公共政策について意見が分かれるのかを示している。規範的分析と記述的分析についての議論からもわかるように、政策は科学的な観点のみによって判断することはできない。経済学者たちは異なる価値

第2章　経済学者らしく考えよう

観や政治的哲学を持っているため、時に相反する助言をすることがある。科学としての経済学を完全なものにしたとしても、それだけでジャックとジルのどちらが支払い過ぎているかを判断できるわけではない。

3-3　知覚 vs 現実

科学的判断や価値観の違いにより、経済学者の間には必然的に意見の相違が生じる。しかし、意見の相違を過大に評価すべきではない。経済学者は、周りが思っている以上に、互いに意見が一致しているものである。

たとえば、「家賃に上限を設けて統制すると、住宅供給の質・量ともに低下する」という命題を考えてみよう。経済学者にこの点について質問したところ、93％が同意した。経済学者は、家賃統制という、家主が請求できるアパートの賃料に法的な上限を設定する政策が、住宅供給に負の影響を与え、社会の最も困窮している人々を支援する手段としては結果的に高コストになると考えている。にもかかわらず、多くの地方政府は経済学者の助言を無視し、家主が借主に請求できる賃料に上限を設けている。

同様に、「関税や輸入割当は、通常、一般的な経済厚生を低下させる」という命題を考えてみよう。再度、経済学者の93％はこの主張に同意する。経済学者は、関税（輸入品への税金）や輸入割当（国外から購入できる財の数量に制限を設けること）に反対する。なぜなら、こうした政策は、本来であれば自国と自国以外の生活水準を同時に改善することのできる、「生産の専門化（specialization）」を妨げるからである〔訳注：この点は第3章で詳しく議論する〕。それにもかかわらず、長年にわたり、大統領や議会は、特定の商品の輸入を制限することを選択してきた。

家賃統制や貿易障壁といった政策が、専門家が反対しているにもかかわらず続いているのはなぜだろうか。現実の政治プロセスが動かしがたい障害として立ちはだかっているのかもしれない。しかし一方で、経済学者たちがこれらの政策の不適切さについて、一般の人々に対して十分に説明できていない可能性もある。本書の目的の一つは、こうした論点についての経済学者の見解を理解してもらい、さらにその見解が正しいと納得してもらうことである。

本書には、「専門家の見方」というコラムがいくつかある。これは、世界的に著名な経済学者に継続的にアンケートを実施している、「IGM経済専門家パネル」を基に書かれたものである。アンケートでは数週間ごとに、経済専門家に命題の形を取った質問が投げられ、それに同意するか、同意しないか、どちらともいえないかを尋ねられる。コラムで示された結果は、どういったときに経済学者の意見が一致し、どういったときに意見が分かれ、またどういったときに彼らの認識が不足しているのかについて、あなたの感覚を養う手助けとなるだろう。

ここで示す例は、エンターテイメントやスポーツイベントのチケットの転売に関するものである。立法者は、チケットの転売、またはスケーリング（いわゆる「ダフ屋行為」）を禁止しようとすることがある。調査結果によると、多くの経済学者は、立法者ではなくこうした行為を行う側を支持している。

37

第 I 部　イントロダクション

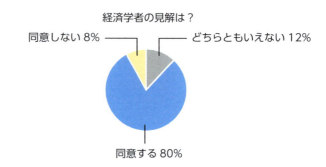

専門家の見方　チケットの転売

「エンターテイメントやスポーツイベントのチケットの転売を制限する法律は、これらのイベントの潜在的な観客の厚生を平均的に悪化させる」

経済学者の見解は？

同意しない 8%　　どちらともいえない 12%
同意する 80%

（出所）IGM Economic Experts Panel, April 16, 2012.

理解度確認クイズ

7. 経済学者が意見を異にするのは、以下のどの要因の違いによってか。

　a. 代替な理論の妥当性に関する感覚
　b. 主要なパラメーターの大きさに関する判断
　c. 公共政策の目的に関しての政治的哲学
　d. 上記すべて

8. 関税について、大部分の経済学者が信じているのは以下のうちどれか。

　a. 自国の経済成長を促進する良い方法である。
　b. 一般的な経済厚生を高めるには不適切な手段である。
　c. 外国との競争に対抗するうえでしばしば必要な対応である。
　d. 政府が収入を増やすための効率的な方法である。

➡（解答は章末に）

4　さあ、はじめよう！

　ここまで最初の 2 章では、経済学における基本的な思考法や手法について紹介してきた。さあ、準備は整った。次章からは、経済行動や経済政策の原理をより詳細に学んでいく。

　この本を読み進めるなかで、あなたは多くの知的スキルを活用する必要がある。最も偉大な経済学者であるジョン・メイナード・ケインズの以下のアドバイスは、心に留めておくと役に立つかもしれない。

　経済学の学習に、特別な才能は必要ないように思われる。それは、高度な哲学や純粋科学と比較すると、非常にやさしい学問ではないだろうか。簡単ではある

第2章　経済学者らしく考えよう

のだが、その中で優れた成果をあげる人はめったにいないのである！　この逆説は、おそらく、「経済学の達人は、才能の組み合わせを持ち合わせている必要がある」という点に由来する。優れた経済学者は、数学者、歴史家、政治家、哲学者としての才能を少なからず持ち合わせていなければならない。シンボルを理解し、言葉にも巧みでなければならない。個々の出来事を一般化する視点で考察し、抽象と具体を同じ思考の枠組みで扱わなければならない。将来のために現在を、過去の光で照らしながら研究しなければならない。人間の本質や社会制度のどの部分も無視してはならない。そして明確な目的意識を持ちつつ、公平で無私でなければならない。芸術家のように高潔でありながら、時には政治家のように現実的な視点を持っていなくてはならない。

これらは大きな要求だろう。しかし、練習を重ねることで、徐々に経済学者のように考えることに慣れていくだろう。

本章のポイント

- 経済学者は、科学者の客観性をもって問題に取り組もうとする。すべての科学者と同様、適切な仮定を立てて単純化されたモデルを構築し、この世界を理解しようとする。フロー循環図と生産可能性フロンティアは、そうした単純化されたモデルのうちの2つである。フロー循環図は、家計と企業が財・サービス市場や生産要素市場においてどのように関わり合っているかを示している。生産可能性フロンティアは、異なる財を生産する際に社会が直面するトレードオフを示している。

- 経済学は、ミクロ経済学とマクロ経済学の2つの分野に大別される。ミクロ経済学者は、家計や企業の意思決定や、市場における家計や企業の関わり合い（相互作用）を研究する。マクロ経済学者は、経済全体に影響を及ぼす要因やトレンドを研究する。

- 現実をあるがままに描写しようとすることを記述的命題といい、現実がどうあるべきかについて主張しようとするのが規範的命題である。記述的な命題が、その正誤を事実と科学的方法に基づいて判断できる一方で、規範的な命題には価値判断も含まれる。経済学者が規範的な命題を示すとき、彼らは科学者というよりはむしろ政策アドバイザーとして行動している。

- 政策立案者に助言する経済学者は、科学的判断や価値観の違いによって、しばしば互いに相反する助言を行うことがある。経済学者の間で助言が一致している場合もあるが、そのような場合でも、政治プロセスにおけるさまざまな圧力や制約のために、政策立案者は助言を無視することがある。

第I部　イントロダクション

理解度確認テスト

1. どういった点において、経済学は科学であるといえるか。
2. 経済学者が仮定を用いるのはなぜか。
3. 経済モデルは現実を厳密にそのまま記述すべきか。
4. 生産要素市場では家計はどのように関わりあっているか、また、財・サービス市場では家計はどのように関わりあっているか、それぞれ例を1つ挙げなさい。
5. フロー循環図では明示されていない経済的な相互作用を1つ挙げなさい。
6. ミルクとクッキーのみを生産する経済の生産可能性フロンティアを示し、説明しなさい。

疫病によって乳牛の半分が死んでしまったとすると、このフロンティアはどう変化するだろうか。
7. 生産可能性フロンティアを用いて効率性の概念を説明しなさい。
8. 経済学における2つの分野とは何か。また、それぞれの分野は何を研究しているのか。説明しなさい。
9. 記述的命題と規範的命題の違いは何か。それぞれの例を挙げなさい。
10. 経済学者がしばしば政策立案者に対して互いに相反する助言を提示する理由は何か。

演習と応用

1. フロー循環図を描いてから、以下の各活動について、財・サービスの流れと資金の流れに対応する部分を明示しなさい。
   a. セレナが店主に1ドル払って、ミルク1リットルを購入する。
   b. スチュアートがファストフード店で働き、時給8ドルを稼ぐ。
   c. シャンナがヘアカット代40ドルを支払う。
   d. サルマがアクメ産業という企業の10%の所有権を持つことで、2万ドルを得る。

2. ある経済において、軍需品と消費財（以下、「銃」と「バター」と呼ぶ）が生産されているとする。
   a. 銃とバターの生産可能性フロンティアを描きなさい。機会費用の概念を用いて、なぜそのフロンティアの形状が外に張った形状（凸状）になるのか説明しなさい。
   b. グラフ上で、この経済において実現不可能な点はどこか。また、実現可能だが非効率な点はどこか。
   c. この社会には、強い軍を望むタカ派（Hawks）と、小さな軍を望むハト派（Doves）という2つの政党があるとする。タカ派が選択する可能性のある生産可能性フロンティア上の点と、ハト派が選択する可能性のある生産可能性フロンティア上の点を示しなさい。
   d. 隣国が軍事規模を縮小したとする。また、

その結果、タカ派とハト派の両方が同数の銃の生産を減らしたとする。このとき、自国のどちらの党が、より大きな「平和の配当」（バターの増産量で測定される）を享受するといえるか。その理由も説明しなさい。

3. 第1章において、経済学の10原則の1つは「人々はトレードオフに直面する」というものであった。生産可能性フロンティアを使用して、クリーンな環境と鉱工業生産量、という2つの財の間にトレードオフが存在していることを説明しなさい。フロンティアの形状や位置を決める要因にはどのようなものがあるか。より少ない汚染物質で同量の電力を算出できるような技術が開発された場合、フロンティアはどう変化するか。

4. ラリー、モー、カーリーの3人の労働者から成る経済を考える。各人は1日10時間働き、芝刈りと洗車という2つのサービスを提供できる。1時間で、ラリーは1区画分の芝生を刈るか、1台洗車することができる。モーは1区画分の芝生を刈るか、2台洗車することができる。カーリーは2区画分の芝生を刈るか、1台洗車することができる。
   a. 以下の場合において、2つのサービスがそれぞれどれだけ提供できるか計算しなさい。

第2章　経済学者らしく考えよう

- 3人全員が芝刈りにすべての時間を費やす場合（A）
- 3人全員が洗車にすべての時間を費やす場合（B）
- 3人全員が2つのサービスの提供に半分ずつの時間を費やす場合（C）
- ラリーが各活動に半分ずつ時間を費やし、モーは洗車にのみ、カーリーは芝刈りのみに時間を費やす場合（D）

b. この経済の生産可能性フロンティアを図示しなさい。そのうえで、設問 (a) の解答を利用して、A、B、C、およびDがグラフ上のどこに位置するか明示しなさい。

c. 生産可能フロンティアがなぜそのような形をしているのかについて論じなさい。

d. 設問 (a) で計算された配分の中に、非効率なものはあるか。あるとすればどれか。説明しなさい。

5. 以下のトピックは、ミクロ経済学に関連するものか、あるいはマクロ経済学に関連するものか。分類しなさい。

a. 所得のうちどれだけを貯蓄にまわすかについての家計の意思決定

b. 政府による自動車排ガス規制の影響

c. 一国の貯蓄増加が経済成長に与える影響

d. 労働者を何人雇用すべきかについての企業の意思決定

e. インフレ率と貨幣量の変化の関係

6. 以下の各記述は、記述的命題か、あるいは規範的命題か。説明しなさい。

a. 社会は、インフレーションと失業の短期的なトレードオフに直面する。

b. 貨幣供給量の伸び率低下はインフレ率を低下させる。

c. 連邦準備制度（アメリカの中央銀行）は貨幣供給量の伸び率を引き下げるべきである。

d. 福祉受給者には求職活動を行うことを義務付けるべきである。

e. 税率を下げることで、より多くの雇用と貯蓄が促進される。

理解度確認クイズの解答

1. c　　**2. a**　　**3. b**　　**4. d**　　**5. a**　　**6. d**　　**7. d**　　**8. b**

第Ⅰ部　イントロダクション

補論　グラフについての簡単なまとめ

　経済学で用いられる概念の多くは数値で表現できる。たとえばバナナの価格、バナナの販売数量、バナナの栽培コストなどである。これらの変数はしばしば互いに関連している。バナナの価格が上昇すると、人々のバナナ購買量は低下する。このような関係性を表現する方法の1つがグラフである。

　グラフには2つの目的がある。第1に、理論を展開する際、方程式や言葉に比べて考え方を明快かつ視覚的に表現することができる。第2に、データを分析する際、特定のパターンを見つけたり解釈したりするための強力な手段となる。どちらの場合も、グラフはいわば単なる無数の木の集まりから森としての形状を浮かび上がらせるレンズの役割を果たす。

　思考がさまざまな方法で言語化できるのと同じように、数値情報はさまざまな方法でグラフとして表現できる。優れた作家は、内容を明確にし、描写を魅力的にし、情景をドラマティックにするような言葉を選択する。同じように、優れた経済学者は、その時々の目的に最も適したグラフを選択する。

　この補論では、変数間の数学的な関係性を分析するために、経済学者がどのようにグラフを活用しているかを説明する。また、グラフを用いて分析する際に陥りがちないくつかの落とし穴も取り上げる。

● 1変数のグラフ

　図2A-1には、3つのよく使われるグラフが示されている。パネル（a）の**円グラフ**（pie chart）では、アメリカ合衆国の総所得が、雇用者報酬や企業収益といった項目にどのように分類されるかが示されている。円グラフの各部分は、各項目の総所得に占める割合を表している。パネル（b）の**棒グラフ**（bar graph）では、4か国の所得を比較しており、各棒の高さは、各国の平均所得を表している。パネル（c）の**時系列グラフ**（time-series graph）では、アメリカの企業部門における、時間を通じた生産性の上昇が示されている。線の高さは、各年の1時間当たりの生産量を表している。おそらく、ニュース報道などで似たようなグラフを見たことがあるだろう。

● 2変数のグラフ：座標系

　図2A-1の3つのグラフは有用だが、そこに含まれる情報は限られたものである。これらのグラフは、単一の変数に関する情報のみを示しているのである。経済学者が変数間の関係を分析する際、2つの変数を1つのグラフ上に表したいと思うかもしれない。そのためには**座標系**が必要である。

　たとえば、勉強時間と成績（GPA）の関係を調べたいとする。クラスの各生徒について、週あたりの勉強時間とGPAという2つの数値のペアを記録しよう。これらの数値ペアは**順序対**として括弧内に記述され、グラフ上では単一の点として表示することができる。たとえば、アルバートは（週25時間，GPA3.5）で表され、一方、楽天家のクラスメートであるアルフレッドは（週5時間，GPA2.0）で表される。

42

図2A-1　グラフの種類

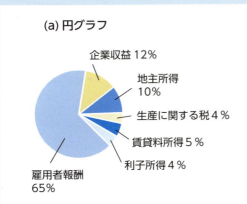

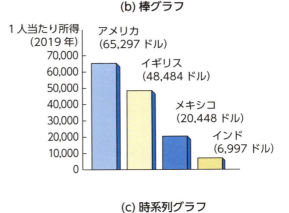

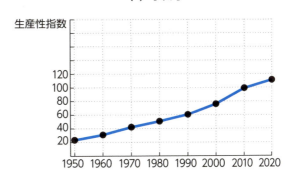

パネル(a)の円グラフは、2020年のアメリカの国民所得がどの項目から構成されているかを示している。パネル(b)の棒グラフは、4か国の平均所得を比較している。パネル(c)の時系列グラフは、アメリカの企業部門における労働生産性の時系列推移を示している。

(出所)アメリカ合衆国商務省、世界銀行。

　これらの順序対を2次元の格子（グリッド）上にグラフ化することができる。順序対のうちの最初の数値を**x座標**と呼び、その点の水平方向の位置を規定する。2番目の数値を**y座標**と呼び、その点の垂直方向位置を規定する。x座標とy座標が共にゼロの点を**原点**と呼ぶ。順序対内におけるこの2つの座標は、原点に対してどの位置にあるかを示す。原点から右方向にx単位、上方向にy単位である。

　図2A-2は、アルバート、アルフレッド、およびほかのクラスメートについて、各人の勉強時間とGPAとの関係をグラフ化している。このタイプのグラフは、点をばらまいたようにみえるため、**散布図**（scatter plot）と呼ばれる。このグラフから、右側に行く（すなわち、勉強時間が増加する）につれて、点が高い位置になる（すなわち、GPAがより良くなる）傾向にあることがわかる。勉強時間とGPAは同じ方向に動く（片方が増加すればもう片方も増加する。逆に片方が減少すればもう片方も減少する）傾向があるため、これらの2つの変数は**正の相関**（positive correlation）を持つといわれる。対照的に、パーティーの時間とGPAをグラフにすると、パーティーに費やす時間が長いほど、成績が低下するといった傾向を見いだせるであろう。これらの変数は通常、逆の方向に動く傾向があるため、これらは2つの変数は

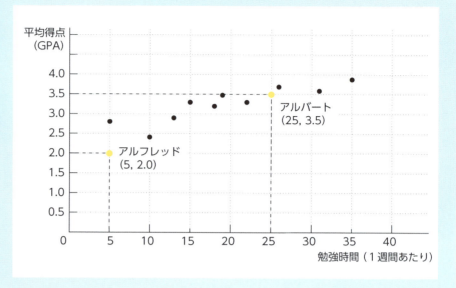

図 2A-2 座標系を利用する

縦軸がGPA、横軸が勉強時間である。各点はアルバート、アルフレッド、それ以外のクラスメートに対応している。グラフから、勉強時間が多いほど、GPAが高くなる傾向にあることがわかる。

負の相関（negative correlation）を持つといわれる。いずれの場合も、座標系を利用することで、2つの変数間の相関関係を簡単に見いだすことができる。

●座標系における曲線

　勉強時間が多い学生ほど、成績が良いという傾向が見いだせるが、他の要因も学生の成績に影響を与えうる。たとえば、自身の才能や教師からの注目度、事前の計画や朝食を適切にとることさえも重要な要因となりうる。図2A-2のような散布図は、勉強量が成績に与える影響を、他の諸要因の影響から切り離しているわけではない。しかし経済学者は、他の変数を一定にしたときに、ある変数が別の変数にどのように影響を与えるかを分析したいと考える。

　これがどう行われるかをみるために、経済学で最も重要なグラフの1つである**需要曲線**を考えてみよう。需要曲線は、ある商品の価格が、その商品の消費者の需要量に与える影響を示している。しかし、需要曲線を示す前に、エマが購入したいと思う小説の冊数が、小説の価格と彼女の収入にどのように影響されているかを示す表2A-1を見てみよう。小説の価格が低下すると、エマはたくさんの小説を購入する。価格が上昇すると、代わりに図書館から本を借りたり、映画を見たりして本を読まなくなるだろう。一方、価格を所与とすると、収入が増加するにつれより多くの小説を購入する。つまり、所得が増えると、所得の増加分の一部を小説に費やし、一部を他の商品の購入に費やすのである。

　ここまでで、小説の価格、所得、小説の購入量という3つの変数が得られたが、これは2次元で表示することができる以上の情報を含んでいる。表2A-1の情報をグラフに落とし込むためには、3つの変数のうち1つを一定に保ったうえで、他の2つの関係を示す必要がある。需要曲線は価格と需要量の関係を表すものなので、

第2章 経済学者らしく考えよう

表2A-1	エマの小説購入冊数		

この表は、収入と価格の水準に応じてエマが購入できる小説の冊数を示している。収入の水準を１つ固定すると、価格と需要量のデータをグラフにすることで、図2A-3と図2A-4のようなエマの小説の需要曲線が得られる。

価格	収入３万ドル	収入４万ドル	収入５万ドル
10（ドル）	2（冊）	5（冊）	8（冊）
9	6	9	12
8	10	13	16
7	14	17	20
6	18	21	24
5	22	25	28
	需要曲線D_3	需要曲線D_1	需要曲線D_2

エマの収入を一定に保ったうえで、小説の価格と購入する小説の冊数との関係を示す必要がある。

エマの収入が年間４万ドルであるとしよう。エマが購入する小説の冊数をx軸、小説の価格をy軸にとると、表2A-1の中央の列をグラフとして表現できる。表から入力した各点、つまり（5冊，10ドル）、（9冊，9ドル）などに対応した点をつなぐと、1本の線ができる。図2A-3に描かれているのがこの線であり、エマの小説の需要曲線とよばれる。これは、所得を一定に保ったうえで、各小説の価格に対し、エマがどれだけの小説を購入するかを示している。需要曲線は右下がりになっており、価格が低下すると小説の購入冊数が増加するという関係を示している。小説の需要量と小説の価格は逆方向に動くため、この２つの変数は**負の関係**にあると言う（逆に、２つの変数が同じ方向に動くと、それに対応した曲線は右上がりとなり、２つの変数は**正の関係**にあると言う）。

エマの年間所得が５万ドルに上昇したとしよう。どの価格でも、エマは以前よりも多くの小説を購入する。表2A-1の中央の列からエマの小説の需要曲線を描いたように、今度は表の右側の列の数値を用いて新しい需要曲線を描く。この新しい需要曲線（D_2）は、以前の曲線（D_1）と合わせて図2A-4に描かれており、新たな曲線はその右に描かれている曲線と同様の形状になっている。このとき、エマの小説の需要曲線は、所得の増加に伴って右側にシフトすると言う。同様に、エマの年間所得が３万ドルに減少した場合、小説の需要量はどの価格においても減少し、需要曲線は左側にシフトする（D_3）。

経済学では、**曲線上を移動すること**と**曲線自体のシフト**とを区別することが重要である。図2A-3からわかるように、エマの年間所得が４万ドルで小説1冊の価格が8ドルの場合、彼女は1年に13冊の小説を購入する。小説の価格が7ドルに低下すると、購入量は年間17冊に増加する。このとき、需要曲線自体は同じ位置に固定されている。エマは価格が同じである限り同じ冊数の小説を購入するが、価格が低下すると、彼女は需要曲線上を右下に向かって移動するのである。一方、小説の価

45

図2A-3　需要曲線

直線D_1は、エマの収入を一定としたとき、小説の価格によって小説の購入冊数がどのようになるかを示している。価格と購入冊数は負の相関を持つため、需要曲線の傾きは負となっている。

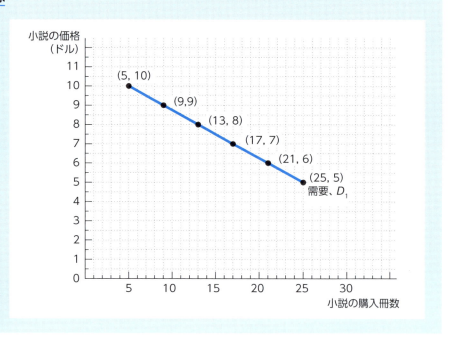

格は8ドルで一定だが年間所得が5万ドルに上昇した場合、エマは小説の購入を年間13冊から16冊に増やす。エマが所与の価格に対してより多くの小説を購入するため、図2A-4にあるように需要曲線は外側にシフトする。

　需要曲線がシフトするかどうかを見分ける簡単な方法がある。**グラフのx軸また**

図2A-4　需要曲線のシフト

エマの小説の需要曲線の位置は、彼女の収入がどれだけかに依存する。収入が増えるに従い、どんな価格のときにも購入する小説の冊数は増加するので、需要曲線は右にシフトする。曲線D_1は、年収4万ドルのときの需要曲線を表している。もし年収が5万ドルに上がると、需要曲線はD_2にシフトする。もし年収が3万ドルに下がると、需要曲線はD_3にシフトする。

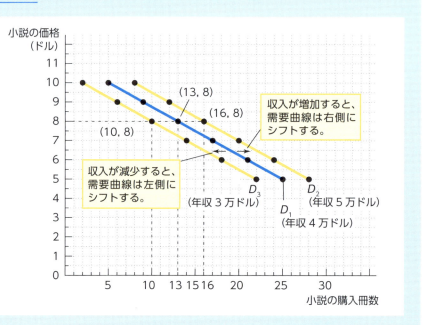

はy軸のいずれにも表示されていない変数が変化したとき、この曲線はシフトするのである。所得はグラフのx軸にもy軸にも表示されていないので、エマの所得が変化すると、需要曲線がシフトする。エマの購買行動に影響を与えるすべての変化（ただし小説の価格の変化のみは除く）についても同様である。たとえば、公共の図書館が閉鎖され、読みたい本はすべて自分で購入しなければならなくなった場合、エマはどの価格においてもこれまでより多くの小説を購買することから、需要曲線は右側にシフトする。また、映画の料金が下がり、エマが映画をより多く観るようになってその代わりに本を読む時間が減少する場合、どの価格においても小説の需要量は減少することから、需要曲線は左にシフトする。一方、グラフの軸上の変数が変化する場合、曲線はシフトしない。変化は曲線上を移動したものと解釈するのである。

● **傾き**

エマの購買活動に関する別の問いは、価格の変化に対して購買活動がどの程度反応するかということだ。図2A-5に示されている需要曲線を見てみよう。この曲線の傾きが非常に急である場合、価格が高かろうが低かろうが、エマはほぼ同じ数の小説を購入することを意味する。曲線がずっと平らである場合、購入する小説の数は価格の変化により敏感であることを意味する。ある変数が変化したときに、別の変数がどれだけ反応するかについて知りたいときには、**傾き**という概念を用いればよい。

ある直線の傾きとは、直線上を移動する際に縦方向に移動した距離と横方向に移動した距離の比率である。この定義は通常、次のように数学記号で表される。

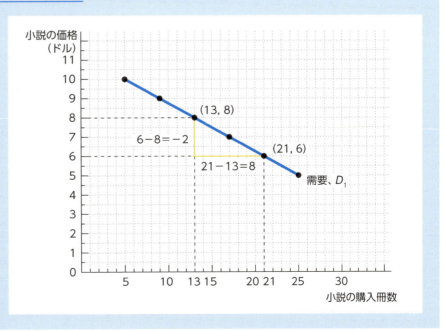

図2A-5 直線の傾きを計算する

需要曲線の傾きを計算するためには、座標上の2点、たとえば(13冊, 8ドル)から(21冊, 6ドル)まで移動するときのxとyの変化幅に着目する。直線の傾きは、yの変化幅（-2）とxの変化幅（+8）の比率であり、この場合-1/4となる。

$$\text{傾き} = \frac{\Delta y}{\Delta x}$$

　ここで、ギリシャ文字の Δ（デルタ）は変数の変化を意味する。言い換えると、直線の傾きは、「縦方向の変化（yの変化）」を「横方向の変化（xの変化）」で割ったものに等しい。

　直線が右上がりであれば、xとyは同じ方向に変化するため、傾きは正（プラス）の値をとる。つまり、xが増加すればyも増加し、xが減少すればyも減少する。右上がりではあるが比較的フラットな直線の場合、傾きは小さな正の値をとる。右上がりかつ急勾配である場合、傾きは大きな正の値をとる。

　直線が右下がりであれば、xとyは逆方向に変化するため、傾きは負（マイナス）の値をとる。つまり、xが増加すればyは減少し、xが減少すればyは増加する。右下がりではあるが比較的フラットな直線の場合、傾きは小さな負の値をとる。右下がりかつ急勾配である場合、傾きは大きな負の値をとる。

　水平な直線の傾きはゼロである。なぜなら、この場合、変数yは一切変化しないからである。垂直な直線の傾きは無限大である。なぜなら、yはxが全く変化しなくても任意の値を取ることができるからである。

　エマの小説の需要曲線の傾きを求めよう。まず、曲線は右下がりであるため、傾きは負の値をとることがわかる。傾きの数値を計算するには、直線上の2つの点をとってくればよい。エマの所得が4万ドルだとすると、8ドルで13冊、6ドルで21冊の小説が購入される。傾きの公式を適用するときは、これら2点間の変化を用いる。つまり、2点間の差として、次のように1つの点に対応する値からもう1つの点に対応する値を差し引くのである。

$$\text{傾き} = \frac{\Delta y}{\Delta x} = \frac{2\text{番目の点の y 座標} - 1\text{番目の点の y 座標}}{2\text{番目の点の x 座標} - 1\text{番目の点の x 座標}} = \frac{6-8}{21-13}$$

$$= \frac{-2}{8} = \frac{-1}{4}$$

　図2A-5は、この計算の仕組みを視覚的に示している。異なる2点を用いてエマの需要曲線の傾きを計算してみよう。結果は常に $-1/4$ になるはずである。直線が持つ特徴の1つは、直線上のどこでも同じ傾きを持つことである。これは、一般的な曲線の場合には当てはまらず、曲線上のある点では他の点より傾きが急であるといったことがありえる。

　需要曲線の傾きは、エマの購入量が価格の変化に対してどれだけ反応するかを示唆するものである。小さな傾き（ゼロに近い負の値）は、需要曲線が比較的平坦であることを意味する。この場合、価格変化に対して、小説の需要量は大きく変化する。より大きな傾き（ゼロから大きく離れた負の値）は、需要曲線が比較的急であることを意味する。この場合、価格変化に対して、小説の需要量の変化はわずかなものにとどまる。

●因果関係

　経済の動きについて議論を展開するため、経済学者はしばしばグラフを用いる。彼らはグラフを使って、ある一連の出来事が、どのように別の一連の出来事の原因となっているかについて議論するのである。需要曲線のようなグラフの場合は、因果関係について疑問の余地はない。価格を変化させて他のすべての変数を一定に保つことで、小説の価格変化がエマの需要量に変化をもたらすことがわかる。ただし、この需要曲線はあくまで仮想的な例である。実世界のデータをグラフ化する場合、ある変数がどのように他の変数に影響を与えているかを見いだすことは、ずっと難しい。

　最初の問題は、2つの変数の関係を分析する際、ほかのすべての変数の値を一定に保つことが難しいという点である。ほかの変数を一定に保つことができない場合どうなるか。グラフ上の2つの変数が、実際にはグラフ上にない第3の**欠落変数**（omitted variable）からの影響で変化しているにもかかわらず、グラフ上にある2つの変数に因果関係がある、と（誤って）判断してしまうかもしれないのである。しかし、2つの変数を正しく特定したとしても、2番目の問題が待ち受けている。**逆の因果関係**（reverse causality）とよばれるものである。実際にはBが原因となってAを引き起こしているにもかかわらず、Aが原因となってBを引き起こしていると誤って判断してしまう可能性である。グラフを用いて因果関係についての結論を導く際には、欠落変数と逆の因果関係という2つのわなに常に十分に気を付ける必要がある。

欠落変数　欠落変数の問題がどのようにして誤解を招きうるグラフと関係するのかを理解するために、具体例を考えてみよう。がん死亡者数の多さに対する国民の懸念を背景に、政府がビッグ・ブラザー統計サービスという調査会社（以下、BB社）に包括的な調査を依頼したと仮定しよう。BB社は、人々の家庭にある多くのアイテムを調べ、それらのアイテムとがんリスクとの関連性を調査する。そして、世帯が所有するライターの数と、その世帯の誰かががんになる確率との間に強い関係性があると報告した。図2A-6は、この関係を示している。

図2A-6　欠落変数がある場合のグラフ

右上がりの曲線は、より多くのライターを持つ世帯では、世帯のだれかががんを発症する可能性が高くなることを示している。しかし、ライターの所有ががんの原因であると結論づけるべきではない。なぜなら、このグラフは喫煙量という変数が無視されているからである。

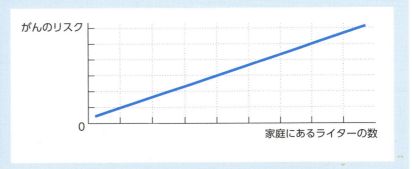

この結果をどう解釈すべきだろうか。BB社は迅速な政策対応を提案している。ライターの所有を抑制するため、ライター販売に課税すべき、というものである。また、「BB社の調査により、このライターはあなたの健康に有害であることが判明した」という警告ラベルの添付を義務化すべき、というものである。

BB社の分析の妥当性を判断するうえでは、以下の問いがポイントとなる。BB社は、分析において、われわれが注目している以外のすべての変数を、一定に保っていたのかどうか、というものである。もし答えがノーであれば、その分析の結論は疑わしいものである。図2A-6の簡単な説明は、人より多くのライターを所有している人はより多くタバコを吸う人でもあり、ライターではなくタバコががんを引き起こす、というものである。図2A-6は喫煙量を一定に保っていないために（BB社はその変数については一切調査していなかったのである）、ライターを所有することの真の効果を示していない。

以上の例は重要な原則を示している。因果関係についての議論をグラフを用いて行う場合には、欠落変数の動きでその結果が説明できてしまわないかどうか、をチェックすることが重要である。

逆の因果関係 経済学者は、原因と結果の向きを見誤ることによっても間違いを犯しうる。これがどのように起こるかを見るために、アメリカ・アナーキスト協会がアメリカの犯罪状況についての調査を委託し、図2A-7を得たとする。この図は、主要都市における人口1,000人当たりの暴力犯罪件数と、同じく1,000人当たりの警官数との関係を示している。アナーキスト協会は、グラフの曲線が右上がりなのは、警察の増加が都市の暴力を減少させるのではなく増加させているからだと主張し、したがって法の執行を廃止すべきだと提案している。

図2A-7は、しかし、アナーキストの主張の正しさを証明してはいない。このグラフは単に、より危険な都市にはより多くの警官がいることを示しているだけである。その理由は、より危険な都市ではより多くの警官が雇用されているからであろう。言い換えれば、警察が犯罪を引き起こすのではなく、犯罪が警察（の雇用）を引き起こすのである。十分に制御された実験が実施できるのであれば、逆の因果性

図2A-7　逆の因果性を示唆するグラフ

右上がりの曲線は、警察の集中度が高い都市ほど危険であることを示している。しかし、警察が犯罪を引き起こすのか、犯罪が多い都市がより多くの警察を雇うのか、ということはこのグラフだけでは判別できない。

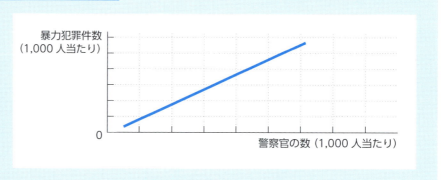

がもたらす危険を回避することができる。この場合であれば、異なる都市に異なる数の警官をランダムに割り当て、その後、警察と犯罪との関係性を調べるのである。このような実験を行わない限り、因果関係の方向性を確定させることは相当に難しい。

どちらの変数が先に動くかを調べることで、因果関係の方向性が確定できるように見えるかもしれない。犯罪が増加してから警察官が増加した場合には、1つの結論が得られる。警察官が増加してから犯罪が増加した場合には、また別の結論が得られる。しかし、このアプローチも短所がある。多くの場合、人々は目の前の状況に応じて行動を変えるのではなく、将来の状況に対する**期待**（expectation）に応じて行動を変える。たとえば、将来犯罪が急増することが予想される都市は、今のうちに警察を増員しておくかもしれない〔訳注：その結果、犯罪数増加→警官数増加が真の因果関係であっても、時系列的には警官数増加→犯罪数増加となる〕。この問題は、赤ん坊とミニバンの場合にはっきりと表れる。夫婦は、子供が生まれることを見越してミニバンを購入することがよくある。ミニバンは赤ん坊よりも前にやってくるが、かといってミニバンの販売増加が人口増加をもたらすと結論づけることはできない。

どういったときにグラフから因果関係を導き出すのが適切かを決めるルールといったものはない。しかし、ライターががんを引き起こすわけではない（欠落変数）ことや、ミニバンが大家族をもたらすわけではない（逆の因果関係）ことに留意しておくだけでも、誤った経済的議論に陥ることを避けられるであろう。

第3章

Chapter 3
Interdependence and the Gains from Trade

相互依存と交易の便益

　ある典型的な1日を思い出してみよう。朝起きて、フロリダ産のオレンジジュースやブラジルのコーヒーを飲む。朝食時には、ニューヨークで編集されたニュース記事を、中国製のタブレットで読む。タイの工場で縫製され、ジョージア産の綿で作られた服を着る。世界中の国で製造された部品からなる自転車で授業に向かう。そして、マサチューセッツに住む著者が執筆し、オハイオにある企業が出版し、オレゴンで栽培された木から作られた紙に印刷された経済学の教科書を開くのである。

　あなたは日常生活において、さまざまな財・サービスを提供する人々に依存しているが、そのほとんどはこれまで会ったことのない人々である。このような相互依存関係が可能なのは、人々がお互いに交易をしているからである。これらのものを提供している人々は、善意から行動しているわけではなく、あるいは政府があなたの欲望を満たすように彼らに指示しているわけでもない。人々があなたや他の消費者に自分たちが生産した財・サービスを提供するのは、その見返りとしての何かを得るためである。

　後の章では、好みも違えば能力も違う何百万もの人々の行動を、経済がどのように調整しているのかについて学ぶ。その第一歩として、この章では、なぜ人々は経済的に相互依存するのかについて考える。第1章の**経済学の10原則**の1つは、「交易（貿易）によって全員の経済的状況を改善させることができる」というものであっ

第I部　イントロダクション

た。ここでは、この原則をより詳しく見ていこう。人々が交易によって得られるものとは正確には何なのだろうか。なぜ人々は経済的に相互依存の関係になるのだろうか。

これらの質問に対する答えは、グローバル経済を理解するためのカギとなる。今日、ほとんどの国は自分たちが消費する財・サービスの多くを海外から輸入し、生産するものの多くを海外に輸出している。この章では、人々の間の相互依存関係だけでなく、国家間の相互依存関係も説明する。後に見るように、交易・貿易から得られる便益は、地元の床屋さんで髪を切ってもらう場合でも、地球の反対側で作られたTシャツを購入する場合でも、同じようなものなのである。

1　現代の経済についてのたとえ話

財・サービスを巡って人々が互いに頼り合うことが、どのように利益につながるかを理解するために、単純な経済を考えてみよう。財は肉とジャガイモの2種類のみであり、そこに牧場主ルビーとジャガイモ農家フランクの2人だけが存在している経済である。ルビーとフランクはどちらも、肉とジャガイモの両方を食べたいと思っているとする。

取引から得られる便益は、ルビーが肉のみを生産し、フランクがジャガイモのみを生産するときに最も明確になる。この場合、フランクとルビーはお互いになんの関わりも持たないことも選択できる。しかし、数か月の間、牛肉だけをロースト、ブロイル、グリルなどの調理法で手を変え品を変え食べた後、ルビーは自給自足というのは言われているほど良いものではない、と考えるかもしれない。一方、ポテトだけをマッシュ、フライ、ベイク、スカロップ〔訳注：薄切りにしてオーブンなどで焼くこと〕などの方法で食べ続けているフランクも同様の考えに至るだろう。このとき、2人が交易することによって、両者がともにより多くの財を楽しむことができるのは明らかである。それぞれがステーキとベイクドポテト、またはハンバーガーとフライドポテトといった組み合わせを楽しむことができるのである。

上記のケースは、交易によって全員が便益を得ていることを鮮やかに示している。さらに、フランクとルビー、両者とも自力でいずれの財も生産できるケース（1人で牛肉もポテトも生産できる場合）であっても、いずれかの生産コストが非常に高い場合は、同様の便益が交易によってもたらされる。たとえば、ルビーはジャガイモを栽培できるが、その土地は栽培に適していないとする。同様に、フランクは肉牛を飼育し、牛肉を生産できるが、得意というわけではない。この場合、フランクとルビーは、お互いに得意な分野に特化（specialize）したうえで、それから交易することで便益を得る。

ただし、1人がもう1人よりすべての分野において優れている場合、利益は明確ではない。たとえば、ルビーが肉牛の飼育とジャガイモ栽培の両面で（フランクより）優れているとする。この場合、ルビーは自給自足を選択すべきだろうか。それともこの場合でもフランクと交易することは妥当なのだろうか。こうした意思決定に影響を与える要因をもう少し詳しく見てみよう。

1-1 生産可能性

フランクとルビーはそれぞれ1日8時間働き、この時間をジャガイモの栽培、牛の飼育、またはその両方に使うとしよう。図3-1の上の表（パネル(a)）には、それぞれが1オンス（約28グラム）の各財を生産するのに必要な時間が示されている。フランクは、1オンスのジャガイモを15分で生産し、1オンスの牛肉を60分で生産する。ルビーはいずれの生産活動においても（フランクより）優れており、1オンスのジャガイモを10分で生産し、1オンスの牛肉を20分で生産する。右側の2つの列は、彼らが8時間を牛肉またはジャガイモの生産のみに費やした場合に、それぞれがどれだけ生産できるかを示している。

図3-1下の左側、パネル(b)は、フランクが生産可能な牛肉とジャガイモの生産量の組み合わせを示している。8時間すべてがジャガイモの栽培に費やされるなら、フランクのジャガイモの生産量（横軸で測られる）は32オンスで、牛肉の生産量は

図3-1 生産可能性フロンティア

パネル(a)は、農家フランクと牧場主ルビーが選択可能な生産機会を示している。パネル(b)は、フランクが生産できる牛肉とジャガイモの組み合わせを示している。パネル(c)は、ルビーが生産できる牛肉とジャガイモの組み合わせを示している。生産可能性フロンティアは、フランクとルビーがそれぞれ1日8時間働くことを仮定して導かれたものである。交易をしない場合、生産可能性フロンティアはそのまま消費可能性フロンティアでもある。

(a) 生産機会

	1オンスの生産に必要な時間（分）		8時間で生産できる量（オンス）	
	牛肉	ジャガイモ	牛肉	ジャガイモ
フランク（農家）	60	15	8	32
ルビー（牧場主）	20	10	24	48

(b) フランクの生産可能性フロンティア

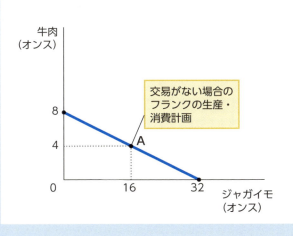

(c) ルビーの生産可能性フロンティア

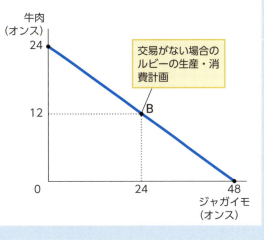

ゼロである。もしすべての時間が肉牛の飼育に費やされるなら、牛肉の生産量（縦軸で測られる）は8オンスで、ジャガイモの生産量はゼロである。もしフランクが2つの生産活動に時間を等分して、それぞれに4時間を費やすなら、ジャガイモの生産量は16オンスで、牛肉の生産量は4オンスとなる。図はこれらの3つの結果と、その間に位置するほかのすべての結果を示している。

このグラフはフランクの生産可能性フロンティアである。第2章で議論したように、生産可能性フロンティアは、経済が生産できる産出量の組み合わせを示している。このグラフはまた、第1章の**経済学の10原則**の1つである「人々はトレードオフに直面する」ことを示している。ここでは、フランクは牛肉の生産とジャガイモの生産の間でトレードオフに直面しているのである。

第2章で学んだ生産可能性フロンティアが、外側に湾曲して描かれていたことを覚えているだろうか。その場合、ある財を別の財と交換できる比率は、ある財の生産量に依存して変化するのであった〔訳注：第2章1-5「経済モデルその2：生産可能性フロンティア」の後半部分などを参照〕。しかし、ここでは、フランクは牛肉とジャガイモの生産を同じ比率で切り替えることができる（図3-1で要約されている）。すなわち、フランクが牛肉生産に費やす時間を1時間減らし、その1時間をジャガイモ栽培に用いることで、牛肉の生産量は1オンス減少し、ジャガイモの生産量は4オンス増加する。そして、これは今の生産量に依存せず、常に正しい。したがって、生産可能性フロンティアは直線になるのである。

図3-1下の右側、パネル（c）は、ルビーの生産可能性フロンティアを示している。ジャガイモの栽培だけを行うなら、ジャガイモの生産量は48オンスで、牛肉の生産量はゼロである。もし肉牛の飼育だけを行うなら、牛肉の生産量は24オンスで、ジャガイモの生産量はゼロである。もし時間を均等に分配し、それぞれの生産活動に4時間を費やすなら、ジャガイモの生産量は24オンスで、牛肉の生産量は12オンスとなる。フランクの場合と同様、生産可能性フロンティアはすべての可能な生産量の組み合わせを示している。

フランクとルビーが交易をせずに自給自足のままでいる場合、それぞれは自分が生産したもののみを消費する。このとき、生産可能性フロンティアは消費可能性フロンティアでもある。つまり図3-1は、交易が行われない場合にフランクとルビーがそれぞれ自分たちで生産・消費可能な牛肉とジャガイモの組み合わせを示している。

これらの生産可能性フロンティアは、フランクとルビーが直面するトレードオフを理解するうえでは有用だが、それぞれがどの組み合わせを選択すべきかまでは教えてくれない。それを考えるためには、彼らの食事の好みについて知る必要がある。図3-1において、フランクはA点で示された組み合わせ、ルビーはB点で示された組み合わせを選択したとしよう。これは、選択可能な組み合わせ、および自分の食事の好みに基づいて、フランクは16オンスのジャガイモと4オンスの牛肉を生産・消費していることを意味する。一方、ルビーは24オンスのジャガイモと12オンスの牛肉を生産・消費している。

1-2 生産特化と交易

数年もの間、B点の牛肉とジャガイモの組み合わせを食べ続けた後、ルビーはあることを思いつき、フランクのもとを訪ねた。

ルビー：フランク、あなたにいい話を持ってきました！　それによって私とあなたとの生活を同時に改善できます。あなたは牛肉の生産を完全にやめて、ジャガイモの栽培に特化してください。私の計算によると、1日8時間働くと、あなたは32オンスのジャガイモを生産することができます。そしてその32オンスのうち15オンスを私に提供し、私はその代わりに5オンスの肉を提供します。素晴ら

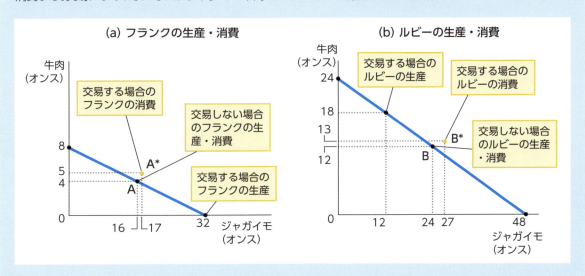

図 3-2　交易によって消費機会が拡大する仕組み

交易により、フランクとルビーは、交易がないときには実現不可能な牛肉とジャガイモの組み合わせを享受できる。パネル (a) では、フランクはA点ではなくA*点で消費する。パネル (b) では、ルビーはB点ではなくB*点で消費する。交易により、それぞれがより多くの牛肉とジャガイモを消費することができる。

(c) 交易による便益：まとめ

	フランク		ルビー	
	牛肉 (オンス)	ジャガイモ (オンス)	牛肉 (オンス)	ジャガイモ (オンス)
交易しない場合				
生産・消費	4	16	12	24
交易する場合				
生産	0	32	18	12
交易	5オンスもらう	15オンス与える	5オンス与える	15オンスもらう
消費	5	17	13	27
交易による便益				
消費の増加分	+1	+1	+1	+3

第Ⅰ部　イントロダクション

しいではないですか！　今の16オンスのジャガイモと4オンスの牛肉ではなく、あなたは毎日17オンスのジャガイモと5オンスの肉を食べることになります。私のこのプランでは、両方の食材を今より多く得ることができるのです［この点を示すため、ルビーはフランクに図3-2のパネル（a）を見せる］。

フランク：（疑うように）それは私にとって良い話のように聞こえますね。しかし、なぜあなたがそんな話を私に持ち掛けるのかが理解できない。もしその話が私にとってそんなに良いなら、あなたにとっては良いはずがないでしょう。

ルビー：いいえ、事実どちらにとってもいい話です！　たとえば、私が1日6時間を肉牛の飼育に、2時間をジャガイモの栽培に費やすとすると、18オンスの牛肉と12オンスのジャガイモを生産することができます。私が生産した牛肉のうちの5オンスを、あなたが生産したジャガイモのうちの15オンスと交換すると、私は現状の12オンスの牛肉と24オンスのジャガイモではなく、13オンスの肉と27オンスのジャガイモを持つことになります。したがって、私も両方の食材を今より多く消費することになるのです［この点を示すため、図3-2のパネル（b）を見せる］。

フランク：よくわかりませんが……。ちょっとうますぎる話に聞こえる……。

ルビー：そんなに難しいことではありません。私の提案を簡単な表にまとめました［図3-2の下部にあるパネル（c）を見せる］。

フランク：（表を熟読した後）計算は正しいようだけど、私はまだ納得できていない。この取引は、いったいどうやって私たち両方の状況を改善させているのでしょうか。

ルビー：交易を取り入れることで、それぞれが自分の得意分野に集中することができるのです。あなたはジャガイモの栽培により多くの時間を費やし、肉牛の飼育にはそれほど時間を使わない。私は肉牛の飼育により多くの時間を費やし、ジャガイモの栽培にはそれほど時間を使わない。交易と生産特化（専門化）のおかげで、私たちはこれまで以上に働いたりしなくても、より多くの牛肉とジャガイモを消費することができるのです。

理解度確認クイズ

1. 交易を始める前、フランクとルビーはそれぞれが以下のどの点で消費しているか。

　a. 自分たちの生産可能性フロンティアの内側の点

　b. 自分たちの生産可能性フロンティア上の点

　c. 自分たちの生産可能性フロンティアの外側の点

　d. もう一方の人と同じ量の牛肉とジャガイモ

2. 交易を行った後、フランクとルビーはそれぞれ以下のどの点で消費するか。

　a. 自分の生産可能性フロンティアの内側の点

　b. 自分の生産可能性フロンティア上の点

　c. 自分の生産可能性フロンティアの外側の点

　d. もう一方の人と同じ量の牛肉とジャガイモ

➡ （解答は章末に）

第3章 相互依存と交易の便益

2 比較優位：専門特化の原動力

　交易による便益についてのルビーの説明は正しいが、1つの問いを提起している。ルビーが肉牛の飼育とジャガイモ栽培の両方で優位に立っているのなら、フランクはいったいどのようにして自分が得意な分野に特化できるのだろうか。フランクは得意分野がないように見える。この問いに答えるためには、**比較優位**の原則を学ぶ必要がある。

　第一歩として、次の質問を考えてみよう。この例では、フランクとルビーのどちらが低いコストでジャガイモを生産できるのだろうか。この質問に対しては2つの答えがありうるのだが、そこには交易からの便益を理解するカギが潜んでいるのである。

2-1 絶対優位

　先ほどの質問に答える方法の1つは、各生産者が必要とするインプットを比較することである。経済学者は、人、企業、あるいは国の生産性をほかと比較するとき、**絶対優位**という用語を用いる。ある財を生産するためにより少量のインプットしか必要としない生産者は、その財の生産において絶対優位を持つといわれる。

> **絶対優位**
> (absolute advantage)
> 他人より少量のインプットで財を生産できる能力

　われわれの単純な例では、時間が唯一の投入要因であるため、絶対優位を見るためには時間のみに着目すればよい。ルビーは、どちらの財を生産するにも、フランクよりも少ない時間しか必要としない。したがって、ルビーは牛肉生産とジャガイモ生産のいずれにおいても絶対優位を持っている。1オンスの牛肉を生産するのにルビーはたった20分しかかからないが、フランクは60分かかる。同様に、1オンスのジャガイモを生産するのにルビーはたった10分しかかからないが、フランクは15分かかる。したがって、生産コストがインプットの量で測られる場合、ルビーはより低いコストでジャガイモを生産しているといえる。

2-2 機会費用と比較優位

　ジャガイモの生産コストを考えるには、もう1つ別の方法がある。生産に必要なインプットの量に着目する代わりに、機会費用を調べるのである。第1章を思い出してほしい。あるものの**機会費用**とは、それを手に入れるために諦めなければならないものを指す。フランクとルビーはそれぞれ1日8時間働くと仮定した。ジャガイモ栽培に時間を使うと、その分、牛肉の生産に使える時間は減少する。2つの財の間で生産時間を再配分する際、ルビーとフランクは生産可能性フロンティア上を移動するが、このとき彼らはある財を生産するためにほかの財の生産を諦めているのである。機会費用は、それぞれが直面しているトレードオフを測定しているのである。

> **機会費用**
> (opportunity cost)
> あるものを手に入れるために諦めなくてはならないもの

　最初にルビーの機会費用から考えてみよう。図3-1のパネル (a) によれば、ルビーは1オンスのジャガイモを生産するのに10分かかるが、その間牛肉は生産されていない。ルビーが1オンスの牛肉を生産するのに必要な時間は20分なので、10分では

59

第Ⅰ部　イントロダクション

表3-1	牛肉とジャガイモの機会費用	

	牛肉１オンスの機会費用	ジャガイモ１オンスの機会費用
フランク（農家）	ジャガイモ４オンス	牛肉1/4オンス
ルビー（牧場主）	ジャガイモ２オンス	牛肉1/2オンス

牛肉を1/2オンス生産できる。したがって、ルビーが１オンスのジャガイモを生産するための機会費用は、1/2オンスの牛肉ということになる。

次に、フランクについて考えてみよう。１オンスのジャガイモを生産するのに15分かかる。１オンスの牛肉を生産するのに必要な時間は60分なので、15分では牛肉を1/4オンス生産する。したがって、フランクが１オンスのジャガイモを生産するための機会費用は、1/4オンスの牛肉ということになる。

表3-1は、両者の牛肉とジャガイモの機会費用を示している。牛肉の機会費用はジャガイモの機会費用の逆数であることに注目してほしい。ジャガイモ１オンスの機会費用がルビーにとって1/2オンスの牛肉であるので、牛肉１オンスの機会費用はルビーにとって２オンスのジャガイモになるのである。同様に、ジャガイモ１オンスの機会費用がフランクにとって1/4オンスの牛肉であるので、牛肉１オンスの機会費用はフランクにとって４オンスのジャガイモになるのである。

比較優位
(comparative advantage)
他人より少量の機会費用で財を生産できる能力

経済学者は、２つの生産者が直面する機会費用を説明する際、**比較優位**という用語を用いる。ある財Xを生産する際に犠牲にするものが少ない生産者は、Xを生産する際の機会費用が小さく、財Xを生産する比較優位を持つと言う。われわれの例では、フランクはルビーよりもジャガイモ生産の機会費用が低い。ジャガイモ１オンスの機会費用をみると、フランクは牛肉1/4オンスだが、ルビーは牛肉1/2オンスである。一方、ルビーはフランクよりも牛肉生産の機会費用が低い。牛肉１オンスの機会費用をみると、ルビーはジャガイモ２オンスだが、フランクはジャガイモ４オンスである。したがって、フランクはジャガイモ栽培に比較優位を持ち、ルビーは牛肉生産において比較優位を持つ。

この例におけるルビーのように、１人が両方の財に絶対優位を持つことはありうる。しかし、１人が両方の財に比較優位を持つことはありえない。１つの財の機会費用はもう一方の財の機会費用の逆数であるため、もしある財の機会費用が高い場合、もう一方の財の機会費用は必ず低くなるのである。２人の機会費用がまったく同じでない限り、１人は１つの財に比較優位を持ち、もう１人は別の財に比較優位を持つことになる。

2-3 比較優位と交易

専門特化および交易から得られる便益は、比較優位の考えに基づいている。人々が比較優位を持つ財を生産することで、総生産量が増加し、経済的なパイが大きく

なるのである。この果実を上手に分けることで、誰にとってもこれまでより好ましい状況を実現することができる。

一度交易が取り入れられると、フランクはジャガイモ栽培により多くの時間を費やし、ルビーは牛肉生産により多くの時間を費やす。ジャガイモの総生産量は40オンスから44オンスに増加し、牛肉の総生産量は16オンスから18オンスに増加する。フランクとルビーはともに、この生産増加による便益を分け合うのである。

これらの便益は、お互いが取引相手に支払う「暗黙の価格」（implicit price）に反映されている。フランクとルビーは異なる機会費用を持っているため、彼らはどちらも得をしている。つまり、機会費用よりも低い価格で財を入手することによって、彼らは交易の便益を享受しているのである。

フランクの視点からここでの取引を考えてみよう。彼は15オンスのジャガイモを受け渡す対価として5オンスの牛肉を受け取る。つまり、フランクは牛肉1オンスを3オンスのジャガイモで購入していることになる。この牛肉の価格は、彼の牛肉1オンスの機会費用であるジャガイモ4オンスよりも低くなっている。この低い価格のおかげで、フランクはこの取引から便益を得るのである。

次に、ルビーの視点で考えてみよう。彼女は5オンスの肉と引き換えに15オンスのジャガイモを受け取る。つまり、1オンスのジャガイモの価格は牛肉1/3オンスである。このジャガイモの価格は、彼女のジャガイモ1オンスの機会費用である牛肉1/2オンスよりも低くなっている。この低い価格のおかげで、ルビーは便益を得るのである。

ここまで述べてきた牧場主のルビーと農家のフランクの話には簡潔な教訓がある。**交易がすべての人々に便益をもたらすのは、それによって人々が自分が比較優位を持つ分野に活動を特化させることができるためである**、ということである。

2-4　交易の価格

比較優位の原則は、専門特化と交易から得られる便益の仕組みを説明するのに役立つが、同時にいくつかの疑問が生じる。実際に交易が行われるとき、取引価格はどうやって決まるのだろうか。交易の便益は取引当事者間でどのように分配されるのだろうか。これらの質問に対する正確な答えはこの章の範囲を超えるのだが、一般的な法則を示しておこう——**両方の当事者が交易から便益を得るためには、交易の際の取引価格は彼らの機会費用の間になければならない**。

われわれの例では、フランクとルビーが1オンスの牛肉と3オンスのジャガイモとを交換することで合意したとする。この価格は、ルビーの機会費用（牛肉1オンスあたりジャガイモ2オンス）とフランクの機会費用（牛肉1オンスのあたりジャガイモ4オンス）の間に位置している。両者が利益を得るためには、価格は必ずしもちょうど真ん中にある必要はないが、2と4の間にある必要がある。

価格がこの範囲外にある場合に何が起こるかを考えてみよう。牛肉の価格がジャガイモ2オンス以下であれば、フランクもルビーも牛肉を買いたがるだろう。なぜなら、それはどちらの機会費用よりも安いからである。同様に、牛肉の価格がジャガイモ4オンス以上であれば、両者とも牛肉を売りたがるだろう。なぜなら、その

価格はどちらの機会費用よりも高いからである。しかし、両者が同時に牛肉の買い手になることはできないし、両者が同時に牛肉の売り手になることもできない。どちらかは取引の相手側に立たなければならないのである。したがって、これらの価格では交易は成り立たない。

お互いにとって利益になる取引は、価格が2と4の間にあるときに成立する。価格がこの範囲にあれば、ルビーは牛肉を売ってジャガイモを買いたがり、フランクはジャガイモを売って牛肉を買いたがる。彼らはそれぞれの機会費用よりも低い価格で財を買うことができるのである。結局、彼らは比較優位を持つ財の生産に特化し、その結果、両者にとってよりよい状況がもたらされるのである。

アダム・スミスとデヴィッド・リカードの遺産

偉大な経済学者アダム・スミスは、交易の利益について以下のように述べている。

> 賢明な家庭の主人であれば誰でも、自分で作るよりも買ったほうが安くすむものをわざわざ自宅で作ろうとはしない。仕立屋は自分で靴を作ろうとはせず、靴屋から買う。靴屋は自分で服を作ろうとはせず、仕立屋に依頼する。農夫はどちらも作ろうとはせず、それぞれの職人に依頼する。彼ら全員が、自分たちが隣人よりも優位性を持っている分野に従事し、そして自分たちが生産した財の一部で（あるいは同じことだがそれを販売した代金の一部で）、他に必要なものを購入することが利益になると考えている。

スミスの1776年の著書『国富論』からのこの引用は、交易と経済的相互依存の分析における画期的なものであった。億万長者の株式仲買人デヴィッド・リカード（David Ricardo）は、スミスのこの著書に刺激され、経済学者になった。リカードは1817年の著書『経済学および課税の原理』で、今日われわれが知っている比較優位の原則を展開した。2つの財（ワインと布）と2つの国（イギリスとポルトガル）からなる具体例を考え、交易（貿易）を促進し専門特化することで、両国がともに利益を得られることを示した。

リカードの理論は現代国際経済学の出発点であるだけでなく、彼の自由貿易擁護は単なる学問的な頭の体操ではなかった。彼は自らの発見を、イギリス議会の一員として実践に移した。穀物輸入を制限するコーン法に反対したのである。

スミスとリカードによる、交易の便益に関する結論は、時代を超えて支持されてきた。経済学者はしばしば政策の問題について意見が異なるものの、自由貿易についてはほとんど全員がこれを支持している。しかも、議論の中核は過去200年間でほとんど変わっていない。経済学の領域は広がり、理論は洗練されてきたが、経済学者が規制貿易に反対する理由は、依然として大部分は比較優位の原則に基づいているのである。

理解度確認クイズ

3. 1時間で、マテオは車を2台洗うか、芝生を1区画刈ることができる。一方、ソフィアは車を3台洗うか、芝生を1区画刈ることができる。車の洗浄についてはどちらが絶対優位を持っているか。芝生の刈り取りについてはどちらが絶対優位を持っているか。

    a. マテオが洗車、ソフィアが芝刈り

    b. ソフィアが洗車、マテオが芝刈り

    c. マテオが洗車、芝刈りはどちらもなし

    d. ソフィアが洗車、芝刈りはどちらもなし

4. マテオとソフィア、洗車について比較優位を持つのはどちらか。芝生の刈り取りについて比較優位を持つのはどちらか。

    a. マテオが洗車、ソフィアが芝刈り

    b. ソフィアが洗車、マテオが芝刈り

    c. マテオが洗車、芝刈りはどちらもなし

    d. ソフィアが洗車、芝刈りはどちらもなし

5. マテオとソフィアが効率的にサービスを供給し、かつ比較優位に基づいてお互いにとって便益のある交易を行うとすると、あてはまるのは以下のうちどれか。

    a. マテオがより多く芝生を刈り、ソフィアがより多く車を洗う。

    b. マテオがより多く車を洗い、ソフィアがより多く芝生を刈る。

    c. マテオとソフィアの両者がより多く車を洗う。

    d. マテオとソフィアの両者がより多く芝生を刈る。

➡ (解答は章末に)

---

3 比較優位原則の応用例

比較優位の原則は相互依存と交易からの利得をうまく説明する。相互依存というのはさまざまな分野において見られるので、比較優位の原則は多くの範囲に応用できる。ここでは、1つは空想的な、そしてもう1つは現実において非常に重要な2つの具体例を挙げる。

3-1 大坂なおみは自分で芝生を刈るべきか

大坂なおみは偉大なアスリートである。現代において最高のテニスプレーヤーの1人であり、彼女は他のほとんどの選手より、早く走り、ボールを強く打つことができる。おそらく、彼女は他の運動でも高い才能を持つだろう。たとえば、大坂選手が他の誰よりも早く芝生を刈ることができると考えてみよう。しかし、彼女が芝生を早く刈ることができるからと言って、彼女が芝生を刈るべきだと言えるだろうか。もし彼女が芝刈りをリラックスするための手段として楽しむなら、もちろんすべきである。しかしそうでなければ、機会費用と比較優位の概念を適用することで、より良い結果が導かれる。

大坂選手が芝生を刈るのに2時間かかるとする。同じ2時間で、彼女はテレビCMの撮影を行い3万ドル稼ぐことができる。それに対して、隣の家の少年ハリは、大坂選手の家の芝生を4時間かけて刈ることができる。同じ4時間で、ハリはマクドナルドで働き、50ドルを稼ぐことができる。

大坂選手は、ハリより少ない時間で芝生を刈ることができるため、芝刈りに絶対優位を持っている。しかし、彼女の芝刈りの機会費用は3万ドルであり、ハリの芝

第I部 イントロダクション

刈りの機会費用はたったの50ドルであるため、芝刈りの比較優位を有するのはハリである。

ここでの交易の便益は莫大である。大坂選手は自分で芝生を刈ることはせずに、テレビCMの撮影をし、ハリを雇って芝生を刈ってもらうべきである。大坂選手がハリに50ドルよりは大きく、3万ドルよりは小さい額を払うことで、両者にとってよりよい状態が導かれる。

3-2 アメリカ合衆国は、他国と貿易すべきか

個人と同じように、国家間でも、専門特化と交易により両国がともに便益を得ることができる。アメリカ人が楽しむ多くの財は海外で生産されており、同時にアメリカで生産される多くの財が海外で販売されている。海外で生産され、国内で販売される商品は輸入品である。国内で生産され、海外で販売される商品は輸出品である。

アメリカと日本を取り上げよう。両国とも食糧と自動車を生産している。自動車生産に関しては両国が同じくらい優れており、アメリカ人労働者と日本人労働者はそれぞれ1か月に1台の自動車を生産できる。一方で、アメリカはより肥沃な土地を持っているため、食糧生産においては優れている。アメリカの労働者は1か月に2トンの食糧を生産できるが、日本の労働者は1か月に1トンの食糧のみ生産できる。

比較優位の原則によると、各財は、その財を生産する際の機会費用が低い国によって生産されるべきである。自動車生産の機会費用はアメリカでは2トンの食糧であり、日本では1トンの食糧であるため、日本は自動車生産において比較優位を持つ。日本は、自国の需要以上に車を生産し、その一部をアメリカに輸出すべきである。同様に、食品1トンの機会費用については日本が自動車1台であり、アメリカでは自動車0.5台であるため、アメリカは食糧生産において比較優位を持つ。アメリカは、自国の消費分よりも多くの食糧を生産し、その一部を日本に輸出すべきある。専門特化と貿易を通じて、両国ともより多くの食品と自動車を入手することができる。

確かに、国家間の貿易に関する問題は、この単純な例が示唆するよりも複雑である。最も重要なのは、各国には多くの人々がいて、貿易は彼らに異なる影響を与えるという点である。アメリカが食糧を輸出して自動車を輸入するとき、それがアメリカの農家に与える影響と、アメリカの自動車労働者に与える影響とは同じではない。その結果として、国際貿易は一国全体を豊かにする一方で、一部の個人にとっては豊かさが低下する場合もある。しかし、この例は重要な教訓を与えている。政治家や評論家がしばしば口にするような、国際貿易は一方の国が勝ち、他方の国が負けるといった戦争のようなものではない。貿易はすべての国により大きな豊かさをもたらすのである。

輸入品
(imports)
海外で生産され、国内で販売される財・サービス

輸出品
(exports)
国内で生産され、海外で販売される財・サービス

第3章　相互依存と交易の便益

理解度確認クイズ

6. ある国が商品を輸入するとき、その商品が持つ典型的な特徴は次のうちどれか。

   a. その国が絶対優位を持つ商品

   b. その国が比較優位を持つ商品

   c. 輸入先の国が絶対優位を持つ商品

   d. 輸入先の国が比較優位を持つ商品

7. アメリカでは航空機の生産に1万時間の労働が必要であり、シャツの生産には2時間の労働が必要である。中国では航空機の生産に4万時間の労働が必要であり、シャツの生産には4時間の労働が必要である。このときの貿易パターンは以下のうちどれか。

   a. 中国は航空機を輸出し、アメリカはシャツを輸出する。

   b. 中国はシャツを輸出し、アメリカは航空機を輸出する。

   c. 両国ともにシャツを輸出する。

   d. この状況では貿易による便益はない。

8. ケイラは夕食の調理に30分、洗濯に20分かかる。彼女のルームメイトはそれぞれの作業をするのに2倍の時間を必要とする。ルームメイトとの間で作業をどのように割り当てるべきだろうか。

   a. ケイラは比較優位に基づいて料理をより多く行うべきである。

   b. ケイラは比較優位に基づいて洗濯をより多く行うべきである。

   c. ケイラは絶対的な優位に基づいて洗濯をより多く行うべきである。

   d. この状況では割り当てによる便益はない。

➡（解答は章末に）

専門家の見方　　**中国とアメリカの貿易**

「中国との貿易は、特に中国でより安く生産された財を購入できるため、ほとんどのアメリカ国民にとって便益をもたらす」

経済学者の見解は？

同意しない 0%　　　　　どちらともいえない 0%

同意する 100%

「中国との貿易により、衣料品や家具などの競合製品の生産に従事しているアメリカ国民の一部は、不利益を被っている」

経済学者の見解は？

同意しない 0%　　　　　どちらともいえない 4%

同意する 96%

（出所）IGM Economic Experts Panel, June 19, 2012

65

第Ⅰ部　イントロダクション

4 結論

　　相互に依存しあう経済に暮らすことは、莫大な便益をもたらす。アメリカ人が中国産のソックスを購入するとき、メイン州の住民がフロリダ産のオレンジジュースを飲むとき、そして家主が芝刈りのために地元の子供を雇うとき、同じ経済的な力が働いている。比較優位の原則は、交易によってすべての人々の厚生が高まることを示している。

　　以上、相互依存が望ましい理由を見てきたが、それがどのようにすれば可能になるかについて疑問を持ったかもしれない。自由な社会は、経済活動に関与するすべての人々の多様な活動をどのように調整するのだろうか。どうしたら財やサービスが、それを生産すべき人々からそれを消費すべき人々に、適切に受け渡されるのだろうか。ルビーとフランクの例のように、世界に2人だけしかいない場合は、答えは簡単である。交渉して直接リソースを割り当てればよい。しかし、数十億人の人々が存在する現実の世界では、問題ははるかに複雑である。次の章で見るように、ほとんどの経済は市場における需要と供給の力を使ってリソースを割り当てている。

本章のポイント

- われわれは、国内および世界中の多くの人々によって生産された財やサービスを消費している。相互依存と交易は、より多くの多様な財・サービスを皆が享受できるようになるため、望ましいものである。
- ある財を生産する能力を2人の間で比較する方法は2通りある。より少ないインプットで財を生産できる人は、その財の生産において**絶対優位**を持つといわれる。また、その財の

生産にかかる機会費用が低い人は、**比較優位**を持つといわれる。交易の便益は絶対優位ではなく、比較優位に基づいている。
- 交易は、人々が比較優位を持つ活動に特化することを可能にするため、全員の経済厚生をより良いものにする。
- 比較優位の原則は、人間だけでなく国にも適用できる。経済学者は、比較優位の原則を用いて、国家間の自由貿易を支持している。

理解度確認テスト

1. 生産可能性フロンティアが外側に湾曲せずに直線になるのはどのような条件のときか。
2. 絶対優位と比較優位の違いを説明しなさい。
3. ある人が絶対優位を持っているが、比較優位は別の人が持っているような具体例を挙げなさい。
4. 交易にとって絶対優位と比較優位はどちらが

重要な概念だろうか。問3の解答で挙げた具体例を用いて、その理由を説明しなさい。
5. もし二者が比較優位に基づいて交易を行い、双方が利益を得る場合、交易の際の価格はどの範囲に収まる必要があるか。
6. 経済学者が国家間の貿易を制限するような政策に反対するのはなぜか。

演習と応用

1. マリアは1時間で経済学の本を20ページ読むことができる。また、1時間で社会学の本を50ページ読むことができる。彼女は1日に5時間勉強する。
   a. 経済学と社会学の本を読むことについてのマリアの生産可能性フロンティアを示しなさい。
   b. 社会学の本を100ページ読むことのマリアの機会費用は何か。

2. アメリカと日本の労働者はそれぞれ年間4台の自動車を生産できる。アメリカの労働者は年間10トンの穀物を生産できるのに対し、日本の労働者は年間5トンの穀物を生産できる。単純化のため、それぞれの国には1億人の労働者がいると仮定する。
   a. この状況について、図3-1の表と同様の表を作成しなさい。
   b. アメリカ経済と日本経済の生産可能性フロンティアを図示しなさい。
   c. アメリカの自動車生産の機会費用と穀物生産の機会費用はどれだけか。日本の自動車生産の機会費用と穀物生産の機会費用はどれだけか。これらを表3-1と同様の表にまとめなさい。
   d. 自動車生産と穀物生産、それぞれにおいて絶対優位を持っているのはどちらの国か。
   e. 自動車生産と穀物生産、それぞれにおいて比較優位を持っているのはどちらの国か。
   f. 貿易のない状況で、それぞれの国の労働者の半分が自動車を生産し、半分が穀物を生産する場合、各国はどれだけの量の自動車と穀物を生産するか。
   g. 貿易のない状況から始めて、貿易をすることで両国の厚生が改善する具体例を挙げなさい。

3. ディエゴとダーネルはルームメイトである。彼らはほとんどの時間を勉強に費やしているが、お気に入りの活動であるピザ作りとルートビア〔訳注：アルコールを含まない炭酸飲料〕作りのための時間も少し確保している。ディエゴはルートビア1ガロン（約3.8リットル）を醸造するのに4時間、ピザを作るのに2時間かかる。ダーネルはルートビア1ガロンを醸造す

るのに6時間、ピザを作るのに4時間かかる。
   a. それぞれのピザを作ることの機会費用はどれだけか。ピザを作ることの絶対優位を持っているのは誰か。比較優位を持っているのは誰か。
   b. ディエゴとダーネルが作ったものを互いに交換するとしたら、ルートビアを受け取ってその代わりにピザを提供するのはどちらか。
   c. ピザの価格はルートビアのガロン数で表すことができる。ピザが取引される際に両者がより良い状態になるためのピザの最高価格はいくらか。また最低価格はいくらか。その理由も説明しなさい。

4. カナダには1,000万人の労働者がいると仮定し、これらの労働者のそれぞれが1年間に2台の自動車または30ブッシェルの小麦〔訳注：ブッシェルは重さの単位〕を生産できるとする。
   a. カナダにおける自動車生産1台の機会費用はどれだけか。1ブッシェルの小麦生産の機会費用はどれだけか。2つの財の機会費用の関係を説明しなさい。
   b. カナダの生産可能性フロンティアを図示しなさい。貿易がない場合、カナダが1,000万台の自動車を消費しようとすると、消費できる小麦はどれだけになるか。生産可能性フロンティア上の対応する点を示しなさい。
   c. 今、アメリカが1台あたり20ブッシェルの小麦と引き換えに、カナダから1,000万台の自動車を購入すると提案している。カナダが1,000万台の自動車を消費し続ける場合、この取引でどれだけの小麦をカナダが消費できるようになるか。フロンティア上の対応する点を示し、カナダはこの取引を受け入れるべきかどうかを説明しなさい。

5. イングランドとスコットランドはどちらもスコーンとセーターを生産している。イングランドの労働者は1時間に50個のスコーンまたは1枚のセーターを生産できるとする。スコットランドの労働者は1時間に40個のスコーンまたは2枚のセーターを生産できるとする。
   a. どちらの国がそれぞれの財の生産において絶対優位を持っているか。どちらの国が比較優位を持っているか。

第Ⅰ部　イントロダクション

b. イングランドとスコットランドが貿易をすることになった場合、スコットランドはどちらの商品をイングランドに輸出することになるか。説明しなさい。

c. もしスコットランドの労働者が1時間に1枚のセーターしか生産できない場合、スコットランドは貿易によって利益を得るだろうか。同様に、イングランドは貿易から利益を得るだろうか。説明しなさい。

6. 以下の表は、「野球国」における2つの都市の生産可能性を示している。

	労働者が1時間で生産できる赤いソックス	労働者が1時間で生産できる白いソックス
ボストン	3ペア	3ペア
シカゴ	2ペア	1ペア

a. 貿易がない場合、ボストンにおける、赤いソックスの数で測られる白いソックスの価格はいくらか。シカゴにおける白いソックスの価格はいくらか。

b. それぞれの色のソックス生産において、どちらの都市が絶対優位を持っているか。どちらの都市が比較優位を持っているか。

c. 都市間で貿易が行われるとすると、どちらの都市がどの色のソックスを輸出するか。

d. 両都市に便益をもたらす取引価格の範囲を求めなさい。

7. ドイツの労働者は自動車を1台製造するのに400時間かかり、ワイン1ケースを製造するのに2時間かかる。フランスの労働者は自動車1台製造するのに600時間かかり、ワイン1ケースを製造するのにX時間かかる。

a. Xがどの範囲であれば、貿易による便益を得ることができるか。説明しなさい。

b. Xがどの範囲であれば、ドイツが自動車を輸出し、ワインを輸入することになるか。説明しなさい。

8. 1年間で、アメリカの労働者は100枚のシャツまたは20台のコンピュータを生産でき、中国の労働者は100枚のシャツまたは10台のコンピュータを生産できるとする。

a. 各国の生産可能性フロンティアを図示しなさい。貿易がないとき、各国の労働者は半分の時間をそれぞれの財の生産に費やすとする。グラフ上でこの点を示しなさい。

b. 2国間貿易が可能だとすると、どちらの国がシャツを輸出するか。具体的な数値例を示し、それをグラフに示しなさい。貿易から便益を得るのはどちらの国か。

c. 2国が貿易を行うとすると、コンピュータが取引される価格（シャツの枚数で測ったコンピュータの価格）の範囲を求めなさい。

d. 中国の生産性がアメリカに追いつき、中国の労働者が1年で100枚のシャツまたは20台のコンピュータを生産できるようになったとする。この場合、どのような貿易パターンが予測されるか。中国の生産性の向上は、両国の経済厚生にどのような影響を与えるだろうか。

9. 以下の各文は正しいか誤りか。その理由も説明しなさい。

a. 2国のうち1国がすべての財の生産において絶対優位を持っていても、貿易によって2国とも便益を得ることができる。

b. 特定の才能ある人々は、すべての分野で比較優位を持っている。

c. ある交易がある人にとって有益である場合、他の人にとっては有益とはなりえない。

d. ある交易がある人にとって有益である場合、それは他の人にとっても常に有益である。

e. 貿易がある国にとって有益である場合、それは国内のすべての人々にとっても有益である。

理解度確認クイズの解答

1. b　　**2.** c　　**3.** d　　**4.** b　　**5.** a　　**6.** d　　**7.** b　　**8.** d

第4章

Chapter 4
The Market Forces of Supply and Demand

市場における需要と供給

　フロリダが寒波に見舞われると、アメリカ全土のスーパーマーケットでオレンジジュースの価格が上昇する。ニューイングランドの夏が暖かくなると、カリブ海のホテルの部屋の価格が急落する。中東で戦争が勃発すると、アメリカのガソリン価格が上昇し、中古のSUVの価格が下落する。これらの出来事に共通するのは何だろうか。これらの出来事はすべて、需要と供給の動きによるものである。

　需要と**供給**は経済学者が最もよく使用する2つの用語だが、それにはもっともな理由がある。市場経済は需要と供給によって機能するのであり、これらによって各商品の生産量と販売価格が決まる。さまざまなイベントや政策が経済にどのような影響を与えるかを知りたいときには、需要と供給の分析が必要なのである。

　この章では、需要と供給の理論を説明する。買い手と売り手がどのように行動してお互いに関わりあうのか、需要と供給がどのように価格を決定するのか、そして、希少な資源を配分する上で価格はどのような役割を果たすのか、といった点について考察していく。

1 市場と競争

　需要と**供給**という用語は、人々が競争市場で互いに関わりあう際の行動を指す。まず、**市場**と**競争**という用語の意味について考えてみよう。

第Ⅱ部　ミクロ経済学

1-1　市場とは何か

市場とは、ある財またはサービスの買い手と売り手の集まりである。買い手が商品の需要を決定し、売り手が商品の供給を決定する。

市場はさまざまな形態をとる。一部の市場は高度に組織化されたものである。小麦やトウモロコシの市場では、買い手と売り手が特定の時間・場所に集まり、ある価格に対してこれらの農産物をどれだけ買いたいか、売りたいかを知ることができる。売買のプロセスを管理する競売人のもっとも重要な任務は売りと買いがちょうど釣り合うような価格を見つけることである。

しかし多くの場合、市場はそこまで組織化されていない。たとえば、ある町のアイスクリーム市場を考えてみよう。アイスクリームの買い手は特定の時間・場所に全員が集まるわけではない。売り手もいくつかの場所に分かれており、異なるトッピングや味を提供している。アイスクリームの価格を決める競売人もいない。各売り手はアイスクリームの価格を掲示し、買い手はそれぞれの店でアイスクリームを何個買うかを決める。それでも、これらのアイスクリームの消費者と生産者は密接に関わりあっている。買い手は自分の欲求を満たすためにさまざまな選択肢の中から売り手を選択し、売り手はビジネス成功のために買い手を引き付けようと努力している。組織化されていないように見えるかもしれないが、アイスクリームの買い手と売り手は市場を形成しているのである。

1-2　競争とは何か

アイスクリーム市場は、ほかの多くの市場と同様、非常に競争が激しい（競争的である）。買い手は複数の売り手から選択できることを知っており、売り手は自分の製品が他の製品と類似していることを認識している。その結果、アイスクリームの価格と販売数量は、一人の買い手や売り手によって決定されるのではなく、市場におけるすべての買い手と売り手の相互作用を通じて決定される。

経済学者は、**競争市場**という用語を用いるが、これは、売り手と買い手の数が非常に多いために、個々の売り手や買い手が単独で市場価格に与える影響が無視できるほど小さい市場を意味する。多くの売り手が類似した製品を提供しているために、特定の売り手が価格をコントロールできる余地は限られている。売り手には市場価格よりも安い価格にする理由がなく〔訳注：なぜそうなのかについては、限界費用という概念を学んだあと、厳密には後の章で説明される〕、一方で市場価格より高い価格にした場合は、買い手はどこかに行ってしまう。同様に、単一の買い手も価格に影響を与えることはできない。各買い手の購入量は、市場全体の規模にくらべると、ごく少量だからである。

この章では、単純化のために、市場が完全競争であると仮定する。この理想的な競争形態では、市場は次の2つの特徴を持つ。(1) 販売される商品はすべてまったく同じであり、(2) 無数の買い手と売り手がいるために、単一の買い手や売り手が市場価格に与える影響は全くない、というものである。完全競争市場では、買い手と売り手は市場が決定する価格を受け入れなければならないため、**プライステイ**

市場
（market）
ある財またはサービスの買い手と売り手の集まり

競争市場
（competitive market）
売り手と買い手の数が非常に多いために、個々の売り手や買い手が単独で市場価格に与える影響が無視できるほど小さい市場

カー（price taker）と呼ばれる。市場価格で、買い手は好きなだけ買うことができ、売り手は好きなだけ売ることができる。

完全競争の仮定が完全にあてはまる市場もある。たとえば、小麦市場には、小麦を売る何千もの農家と、小麦や小麦製品を消費する何百万もの消費者がいる。どの単一の買い手も売り手も小麦価格に影響を与えることはできないため、各々は市場価格を与えられたものとして受け入れる。

すべての財・サービスが完全競争市場で販売されるわけではない。たとえば、1つの売り手しかいない市場では、その売り手が価格を設定する。このような市場（またはその市場における売り手）を**独占**と呼ぶ。たとえば、ある町の住民にとってケーブルテレビのサービスを購入できる会社が1つしかない場合、その会社は独占企業である。現実には、多くの市場は、完全競争と独占の両極端の間に位置している。

とはいえ、完全競争市場は分析の第一歩として適切である。市場に参加している全員が、価格を市場によって与えられたものとして行動するので、分析が比較的容易だからである。また、ほとんどの市場は少なからず競争的な側面を持つので、完全競争下での需要・供給分析から得られた多くの知見が、より複雑な市場にもあてはまるのである。

理解度確認クイズ

1. 市場の定義として最も適切なのは、次のうちどれか。
   a. さまざまな商品やサービスを提供する店舗。
   b. 買い手が集まり、競売人が価格を定める場所。
   c. 財・サービスの買い手と売り手の集団。
   d. 特定の商品の唯一の供給者がその製品を提供する場所。

2. 完全競争市場に関する記述として正しいのは、以下のうちどれか。
   a. 各売り手は、競合他社よりも優れた製品を提供して差別化しようとする。
   b. 各売り手は、市場の条件によって定められた製品価格を受け入れる。
   c. 各売り手は、競合他社が請求する価格よりも低い価格をつけようとする。
   d. 唯一の売り手が競合他社を打ち負かしており、他の売り手はもはや残っていない。

3. 完全競争市場の定義に最もあてはまるのは、次のうちどの製品か。
   a. 鶏卵
   b. 水道水
   c. 映画
   d. コンピュータのオペレーティングシステム

➡ （解答は章末に）

2 需要

市場の分析を始めるために、アイスクリームが大好きな買い手の行動を調査しよう（好きでない人が一体いるだろうか？）。

2-1 需要曲線：価格と需要量の関係

需要量
(quantity demanded)
買い手が購入したいと考え、かつ購入可能な量のこと

ある財の需要量とは、買い手が購入したいと考え、かつ購入可能な量のことである。ある財の需要量を決定する要因は多くあるが、中心的な役割を果たす要因は、価格である。アイスクリームの価格が1個あたり20ドルに上がった場合、ほとんどの人は購入量を減らすだろう。アイスクリームの替わりに、フローズンヨーグルトを買うかもしれない。アイスクリームの価格が1個あたり0.50ドルに下がった場合、購入量は増えるだろう。価格と需要量のこの関係は、ほとんどの商品に当てはまる。実際、経済学者はこれを需要の法則と呼んでいる。他の条件を一定とした場合、ある財の価格が上昇すると、需要量は減少し、価格が下落すると需要量は増加する、というものである。

需要の法則
(law of demand)
他の条件を一定とした場合、ある財の価格が上昇すると、その財の需要量は減少するという法則

図4-1の左の表は、それぞれの価格で、キャサリンが毎月何個のアイスクリームを購入するかを示したものである。アイスクリームが無料であれば、キャサリンは1月に12個購入する。1個あたり1ドルの場合、購入量は10個になる。価格が上昇するにつれ、彼女の購入量は減少していく。価格が6ドルに達すると、キャサリンは全くアイスクリームを購入しなくなる。この表は需要計画と呼ばれる。それは、消費者の購入に影響を与えうる他のすべての要因を一定にしたときの、商品の価格と需要量の関係を示している。

需要計画
(demand schedule)
財の価格と需要量の関係を示した表

図4-1の右のグラフは、表に示されている値を用いて、需要の法則を示している。

図 4-1 キャサリンの需要計画と需要曲線

需要計画とは、各価格に対する需要量を示す表のことである。この表をグラフにしたものが需要曲線であり、価格の変動に伴って需要量がどのように変化するかを示している。価格が低下すると需要が増加するため、需要曲線は右下がりになる。

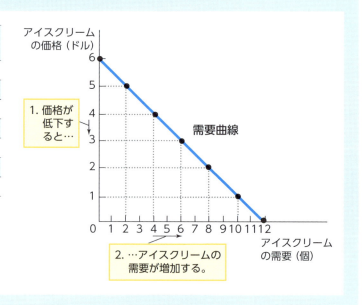

経済学の慣習として、アイスクリームの価格は縦軸、需要量は横軸に示されている。価格と需要量の関係を示す線は**需要曲線**である。他の条件を一定としたとき、価格が低下すると需要が増加するため、需要曲線の傾きは右下がりになっている。

> **需要曲線**
> (demand curve)
> 財の価格と需要量の関係を示したグラフ

2-2 市場の需要と個人の需要

図4-1の需要曲線はある財に対する個人の需要（個別需要）を示している。しかし、市場がどのように機能するかを分析するには、**市場需要**を知ることが重要である。これは、特定の財・サービスに対するすべての個別需要の合計である。

図4-2の表は、キャサリンとニコラス、2人のアイスクリームの需要計画を示している。それぞれの価格において、キャサリンの需要計画は彼女が何個のアイスクリームを買うかを示し、ニコラスの需要計画は彼が何個のアイスクリームを買うかを示している。それぞれの価格での市場需要は、これらの個別需要の合計となる。

図4-2のグラフは、これらの需要計画に対する需要曲線を示している。市場需要

図 4-2　市場需要：個別需要の合計

市場需要量は、各価格におけるすべての買い手の需要量の合計である。したがって、市場需要曲線は個別需要曲線を水平方向に加えることで求められる。価格が4ドルの時、キャサリンの需要量は4個、ニコラスの需要量は3個なので、この価格における市場需要量は7個になる。

アイスクリームの価格（ドル）	キャサリンの需要（個）		ニコラスの需要（個）		市場需要（個）
0	12	+	7	=	19
1	10		6		16
2	8		5		13
3	6		4		10
4	4		3		7
5	2		2		4
6	0		1		1

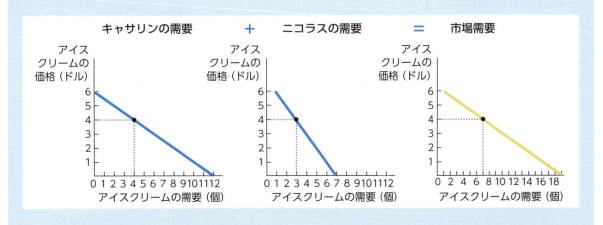

曲線を得るためには、個々の需要曲線を水平方向に足し合わせる。つまり、ある価格に対する総需要を見つけるために、個々の需要量（個別需要曲線の横軸に示されているもの）を足し合わせるのである。市場需要曲線は、市場がどのように機能するかを分析する上で極めて重要である。これは、消費者の購入に影響を与えうる他のすべての要因を一定にしたときに、商品の価格が変化するにつれて総需要量がどのように変動するかを示している。

2-3 需要曲線のシフト

市場需要曲線は、需要に影響を与える要因のうち、価格以外の他の要因を一定と仮定している。しかし、実際には、ずっと安定しているわけではない。ある価格における需要量を変化させるようなことが生じると、需要曲線はシフトする。

たとえば、アメリカ医師会が「定期的にアイスクリームを食べる人は長生きし、より健康的な生活を送ることができる」ことを発見したとしよう。この素晴らしい発見により、アイスクリームの需要は増加するだろう。どの価格においても、今や買い手はこれまでより多くのアイスクリームを購入したいと思うようになり、アイスクリームの需要曲線はシフトする。

図4-3は需要のシフトを示している。どの価格においても需要量を増加させるような変化（たとえばこの想像上の素晴らしい発見）は、需要曲線を右側にシフトさせ、これを**需要の増加（増大）**と呼ぶ。どの価格においても需要量を減少させるような変化は、需要曲線を左側にシフトさせ、これを**需要の減少（減退）**と呼ぶ。

需要曲線をシフトさせる要因は多岐にわたるが、なかでも重要なものを以下に挙げる。

所得　もし夏に仕事を失ってしまったら、あなたのアイスクリームの需要はどうな

図4-3　需要曲線のシフト

どの価格においても買い手の需要量を増加させるような変化は、需要曲線を右側にシフトさせる。どの価格においても買い手の需要量を減少させるような変化は、需要曲線を左側にシフトさせる。

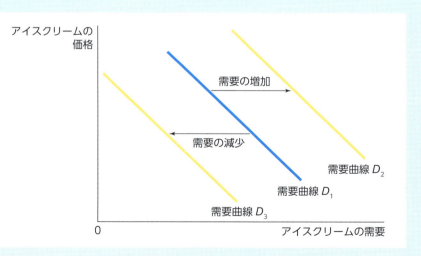

るだろうか。おそらく、アイスクリームのようなものに使うことのできるお金が減るため、需要は減少するだろう。所得が減ると需要が減る財を**正常財**と呼ぶ。

多くの財が正常財だが、すべてというわけではない。所得が減ると需要が増加する財を**下級財**と呼ぶ。下級財の例としてはバスの乗車がある。所得が減ると、自動車を買ったりウーバーを利用したりすることは少なくなり、バスに乗ることが多くなるだろう。

関連する財の価格　フローズンヨーグルトの価格が下がったとしよう。需要の法則によれば、あなたはより多くのフローズンヨーグルトを購入する。同時に、アイスクリームの購入量は減るかもしれない。アイスクリームもフローズンヨーグルトもどちらも冷たくて甘い、クリーミーなデザートであり、同じような欲求が満たされるからである。一方の財（ここではフローズンヨーグルト）の価格が下がると、もう一方の財（ここではアイスクリーム）の需要が減少する場合、これらの2つの財を**代替財**と呼ぶ。代替財はしばしば、ホットドッグとハンバーガー、セーターとスウェットシャツ、そして映画チケットと動画配信サービスのように、互いに替わりとして利用される財の組み合わせとなる。

次に、デザートにかけるチョコレートソースの価格が下がったとしよう。需要の法則によれば、あなたはより多くのチョコレートソースを購入する。しかしこの場合、あなたはアイスクリームももっと購入するかもしれない。なぜなら、アイスクリームとチョコレートソースは一緒に使うと相性が良いからである。一方の財（ここではチョコレートソース）の価格が下がると、もう一方の財（ここではアイスクリーム）の需要が増加する場合、これらの2つの財を**補完財**と呼ぶ。補完財はしばしば、電気とエアコン、コンピュータとソフトウェア、ピーナッツバターとジャム（サンドウィッチの中身として同時に使用されることが多い）のように、同時に利用される財の組み合わせとなる。

好み・嗜好　もしあなたがピスタチオのアイスクリームを好むなら、購入量は多くなるだろう。アイスクリームの味に対する好みのような個々人の嗜好は、需要を説明する上で非常に重要だが、経済学者はなぜそういった嗜好を持つのかについて説明することはあまりない。嗜好は歴史的および心理的な要因によって影響を受けつつも、個人に固有のものだからである。しかし、経済学者は嗜好が変化したときに何が起こるかは分析する。

期待・予測　将来に対するあなたの予測は、今日の需要に影響を与えるかもしれない。たとえば、来月の所得が増えると予測するなら、今はあまり貯金せずに、今日より多くのアイスクリームを購入するかもしれない。もしアイスクリームが明日には安くなると予測するなら、今日アイスクリームを買うことをためらうかもしれない。

買い手の数　個々の買い手の行動に影響を与える要因に加えて、市場需要は買い手

正常財
(normal good)
他の条件を一定としたとき、所得が増加すると需要が増加する財

下級財
(inferior good)
他の条件を一定としたとき、所得が増加すると需要が減少する財

代替財
(substitutes)
一方の財の価格が上がると、もう一方の財の需要が増加するような財の組み合わせ

補完財
(complements)
一方の財の価格が上がると、もう一方の財の需要が減少するような財の組み合わせ

第Ⅱ部　ミクロ経済学

表4-1　買い手に影響を与える変数

消費者が購入する財の量に影響を与える変数の一覧。財の価格が果たす特別な役割に注意しよう。価格の変化は需要曲線上の動きを表すが、他の変数の変化は需要曲線をシフトさせる。

変数	変数が動くと……
自身の財の価格	需要曲線上を動く
所得	需要曲線がシフトする
関連する財の価格	需要曲線がシフトする
好み・嗜好	需要曲線がシフトする
期待・予測	需要曲線がシフトする
買い手の数	需要曲線がシフトする

が何人いるかにも影響を受ける。キャサリンやニコラスに加えてピーターがアイスクリームの消費者になれば、すべての価格において市場需要量は増加する。

要約　需要曲線は、買い手に影響を与える他のすべての要因を一定にしたうえで、財の価格が変動するにつれて需要量がどのように変化するかを示す。これら「他のすべての要因」のうちの1つが変化すると、各価格での需要量が変化し、需要曲線がシフトする。表4-1には、消費者が購入する財の量に影響を与える変数の一覧が示されている。

　需要曲線がシフトしているのか、それとも需要曲線上を動いているのか、どちらなのかを判断するのが難しい場合は、第2章の補論で学んだことを思い出そう。縦軸にも横軸にもない変数が変化した場合、グラフ上の曲線はシフトする。価格は縦軸にとられているので、価格の変化は需要曲線上の動きを示す。対照的に、収入、関連する財の価格、好み・嗜好、期待・予測、および買い手の数は縦軸にも横軸にもとられていない。したがって、これらの変数が変化すると需要曲線がシフトするのである。

ケーススタディ　喫煙を減らす2つの方法

　喫煙は自分や周囲の人々に害を与える可能性があるため、政策立案者はしばしば人々の喫煙量を減らしたいと考えている。この目標を達成するための2つの方法を考えてみよう。

　1つめの方法は、タバコや関連するタバコ製品の需要曲線をシフトさせることである。これには、公共サービスにおけるアナウンス、タバコの包装に表示する健康に対する警告の義務付け、テレビでのタバコ広告の禁止などが含まれ、いずれも任意の価格におけるタバコの需要量を減少させることを目的としている。これらの政策が成功すると、図4-4のパネル（a）のように、タバコの需要曲線は左にシフトする。

喫煙を抑制する2つめの方法は、タバコの価格を引き上げることである。政府がタバコに課税すると、タバコを製造・販売する企業は、課税分の大部分を値上げという形で消費者に転嫁する。価格が上がると人々の購入量は減少するため、この政策も喫煙量を減少させる。しかし、このアプローチでは需要曲線はシフトしない。その代わりに、変化は同一の需要曲線上の動きとして現れ、需要曲線上のより高い価格と少ない需要量に対応する点に移行する（図4-4のパネル(b)）。

タバコの価格変化に対して喫煙量はどの程度反応するだろうか。経済学者はタバコ税の変化が喫煙量に与える影響を研究している。彼らは、価格が10%上昇するとタバコの需要量が4%減少することを見いだした。特に10代の若者〔訳注：以前アメリカでは多くの州で18歳以上の喫煙が合法であった〕はタバコの価格に敏感で、価格が10%上がると喫煙量は12%減少する。

関連する問いとして、タバコの価格がマリファナなどの他の製品の需要にどのように影響を与えるか、というものがある。タバコ課税に反対する人々は、タバコとマリファナは代替財なので、タバコの価格が上昇するとマリファナの使用が助長されると主張する。これに対し、薬物乱用の専門家の多くは、タバコを「ドラッグに足を踏み入れる第一歩」とみなしており、喫煙によって若者が他の有害な薬物に手を出しやすくなるとみている。多くの実証研究は後者の見解と一致しており、タバコの価格が低いとマリファナ使用の増加につながることがわかっている。おそらく、タバコとマリファナは代替品ではなく、補完財なのである。

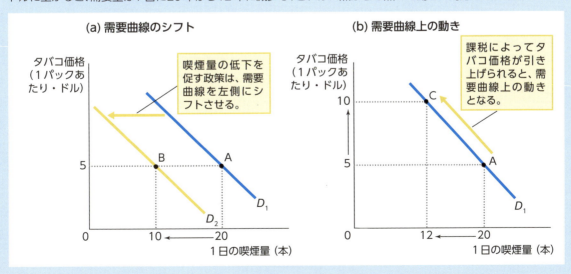

図4-4 **需要曲線のシフトと需要曲線上の動き**

タバコの包装に表示する警告によって、喫煙者が喫煙量の減少を促されると、タバコの需要曲線は左側にシフトする。パネル(a)では、曲線がD_1からD_2にシフトする。1パックあたりの価格が5ドルの場合、需要量は1日に20本から10本に減少し、これはA点からB点への動きに対応している。一方で、タバコ課税によってタバコの価格が上昇すると、需要曲線はシフトせず、その代わりに需要曲線上の動きがみられる。パネル(b)では、価格が5ドルから10ドルに上がると、需要量は1日に20本から12本に減少し、これはA点からC点への動きに対応している。

第Ⅱ部　ミクロ経済学

理解度確認クイズ

4. 次のうち、ハンバーガーの需要曲線をシフトさせ
　ないのはどれか。

　　a. ホットドッグの価格

　　b. ハンバーガーの価格

　　c. ハンバーガーのバンズの価格

　　d. ハンバーガーの消費者の所得

5. ピザの需要曲線を右側にシフトさせるのは次のう
　ちどれか。

　　a. ピザの代替財であるハンバーガーの価格上昇

　　b. ピザの補完財であるルートビアの価格上昇

　　c. 夏休みに大学生が帰省のためにいなくなること

　　d. ピザの価格低下

6. もしパスタが下級財であるならば、＿＿＿＿＿＿が
　上昇するとき、需要曲線は＿＿＿＿＿＿にシフトす
　る。

　　a. パスタの価格 — 右側

　　b. 消費者の所得 — 右側

　　c. パスタの価格 — 左側

　　d. 消費者の所得 — 左側

➡（解答は章末に）

3　供給

　　買い手は、市場がどのように機能するかについて理解する上での一方の側に過ぎ
ない。もう一方の側は売り手である。そこでアイスクリームの売り手について考え
てみよう。

3-1　供給曲線：価格と供給量の関係

供給量
(quantity supplied)
買い手が販売したいと考
え、かつ販売可能な量の
こと

　　ある財の**供給量**とは、売り手が販売したいと考え、かつ販売可能な量のことであ
る。ある財の供給量を決定する要因は多くあるが、中心的な役割を果たす要因は、
またしても価格である。アイスクリームの価格が高ければ、アイスクリームの販売
は大きな利益を生むため、供給量も多くなる。売り手は長時間働き、多くのアイス
クリーム製造機を購入し、多くの労働者を雇用する。これに対して、価格が低い場
合には、利益が少なくなるため、売り手は生産量を減少させる。一部の売り手は事
業を閉鎖し、供給量をゼロにすることさえある。価格と供給量のこの関係は、**供給
の法則**と呼ばれる。他の条件を一定とした場合、ある財の価格が上昇すると、供給
量も増加し、価格が下落すると供給量も減少する、というものである。

供給の法則
(law of supply)
他の条件を一定とした場
合、ある財の価格が上昇
すると、その財の供給量
が増加するという法則

　　図4-5の左の表は、それぞれの価格で、アイスクリーム売り手のベンが、毎月何
個のアイスクリームを供給するかを示したものである。価格が2ドルより低ければ、
ベンはアイスクリームを全く供給しない。価格が上昇するにつれ、彼はより多くの
アイスクリームを供給するようになる。この表は**供給計画**と呼ばれる。それは、生
産者の販売に影響を与えうる他のすべての要因を一定にしたときの、商品の価格と
供給量の関係を示している。

供給計画
(supply schedule)
財の価格と供給量の関係
を示した表

　　図4-5の右のグラフは、表に示されている値を用いて、供給の法則を説明している。
価格と供給量の関係を示す線が**供給曲線**である。他の条件を一定としたとき、価格
が上昇すると供給量が増加するため、供給曲線の傾きは右上がりになっている。

供給曲線
(supply curve)
財の価格と供給量の関係
を示したグラフ

78

図 4-5　ベンの供給計画と供給曲線

供給計画とは、各価格に対する供給量を示す表のことである。この表をグラフにしたものが供給曲線であり、価格の変動に伴って供給量がどのように変化するかを示している。価格が上昇すると供給が増加するため、供給曲線は右上がりになる。

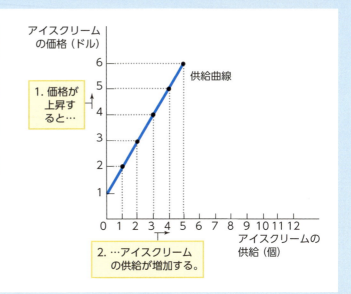

アイスクリームの価格（ドル）	アイスクリームの供給（個）
0	0
1	0
2	1
3	2
4	3
5	4
6	5

3-2　市場の供給と個人の供給

　市場需要がすべての買い手の需要（個別需要）の合計であるように、市場供給もすべての売り手の供給（個別供給）の合計である。図4-6の表には、ベンとジェリー、2人のアイスクリーム製造業者の供給計画が示されている。それぞれの価格において、ベンの供給計画はベンの供給量を示し、ジェリーの供給計画はジェリーの供給量を示している。市場供給は2つの個別供給の合計となる。

　図4-6のグラフは、これらの供給計画に対応する供給曲線を示している。需要曲線と同様、市場供給曲線も個々の供給曲線を水平方向に足し合わせることで得られる。つまり、ある価格に対する総供給量を見つけるために、個々の供給量（個別供給曲線の横軸に示されているもの）を足し合わせるのである。市場供給曲線は、生産者の販売に影響を与えうる他のすべての要因を一定にしたときに、商品の価格が変化するにつれて総供給量がどのように変動するかを示している。

3-3　供給曲線のシフト

　市場供給は、供給に影響を与える要因のうち、価格以外の他の要因を一定と仮定している。しかし、実際には、ずっと安定しているわけではない。ある価格における供給量を変化させるようなことが生じると、供給曲線はシフトする。

図 4-6　市場供給：個別供給の合計

市場における供給量は、各価格におけるすべての売り手の供給量の合計である。したがって、市場供給曲線は個別供給曲線を水平方向に加えることで求められる。価格が4ドルの時、ベンの供給量は3個、ジェリーの供給量は4個なので、この価格における市場供給量は7個になる。

アイスクリームの価格（ドル）	ベンの供給（個）		ジェリーの供給（個）		市場供給（個）
0	0	+	0	=	0
1	0		0		0
2	1		0		1
3	2		2		4
4	3		4		7
5	4		6		10
6	5		8		13

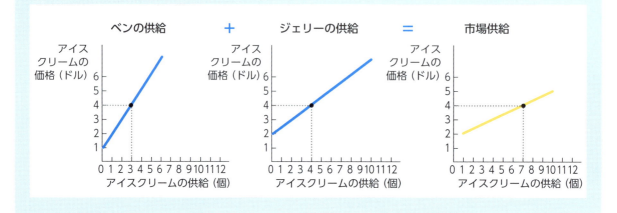

たとえば、砂糖の価格が低下したとする。砂糖はアイスクリームの原料なので、砂糖の価格下落により、アイスクリーム販売の利益は大きくなる。これにより、アイスクリームの供給量が増加する。どの価格でも、売り手はより多く生産しようとする。この結果、供給曲線は右側にシフトする。

図4-7は供給のシフトを示している。砂糖の価格の下落など、どの価格においても供給量を増加させるような変化は、供給曲線を右側にシフトさせ、これを**供給の増加（増大）**と呼ぶ。どの価格においても供給量を減少させるような変化は、供給曲線を左側にシフトさせ、これを**供給の減少（減退）**と呼ぶ。

供給曲線をシフトさせる要因は多岐にわたるが、なかでも重要なものを以下に挙げる。

投入物価格　アイスクリームの売り手は、アイスクリームを作るためにさまざまな投入物を使用している。クリーム、砂糖、香料、アイスクリーム製造機、アイスク

リームが製造される建物、および材料を混ぜ、機械を操作する労働者の労働力である。これらの投入物の価格が上昇すると、アイスクリームの製造が生む利益は減少し、企業のアイスクリーム供給は減少する。投入物の価格が大幅に上昇すれば、企業は生産を停止しアイスクリームが全く供給されなくなるかもしれない。したがって、ある財の供給は、投入物価格の動きとは反対方向に動く。

技術（テクノロジー）　投入物を製品に変えるための技術も供給の決定要因の1つである。たとえば、アイスクリーム製造機の発明は、アイスクリームの製造に必要な労働力を低下させた。この技術進歩により生産コストが削減され、アイスクリーム供給は増加した。長期的には、このような技術の変化が市場の成果物に影響を与える最も強力な要因の1つとなる。

期待・予測　アイスクリームメーカーの供給量は、彼らが将来をどう予測するかにも依存するかもしれない。たとえば、価格が将来上昇すると期待される場合、彼らは現在生産したものの一部を貯蔵しておいて、今日の市場への供給量を減らすかもしれない。

売り手の数　個々の買い手の行動に影響を与える要因に加えて、市場供給は売り手が何人いるかにも影響を受ける。もしベンやジェリーがアイスクリームビジネスから撤退した場合、市場供給は減少する。もしエディがアイスクリームビジネスを新たに始めた場合、市場供給は増加する。

要約　供給曲線は、売り手に影響を与える他のすべての要因を一定にしたうえで、財の価格が変動するにつれて供給量がどのように変化するかを示す。これら「他の

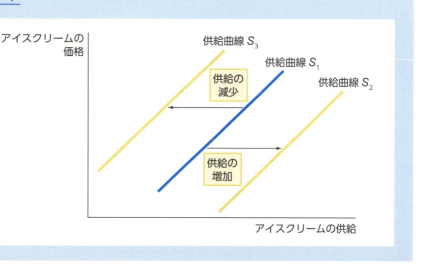

図 4-7　供給曲線のシフト

どの価格においても売り手の供給量を増加させるような変化は、供給曲線を右側にシフトさせる。どの価格においても売り手の供給量を減少させるような変化は、供給曲線を左側にシフトさせる。

第Ⅱ部　ミクロ経済学

すべての要因」のうちの1つが変化すると、各価格での供給量が変化し、供給曲線がシフトする。表4-2には、売り手が販売する財の量に影響を与える変数の一覧が示されている。

ここでもまた、供給曲線がシフトしているのか、それとも供給曲線上を動いているのか、どちらなのかを判断するのが難しい場合は、以下のことを思い出そう。縦軸にも横軸にもない変数が変化した場合、グラフ上の曲線はシフトする。価格は縦軸にとられているので、価格の変化は供給曲線上の動きを示す。これに対し、投入物価格、技術、期待・予測、および売り手の数は縦軸にも横軸にもとられていないため、これらの変数が変化すると供給曲線はシフトするのである。

表4-2　売り手に影響を与える変数

生産者が販売する財の量に影響を与える変数の一覧。財の価格が果たす特別な役割に注意しよう。価格の変化は供給曲線上の動きを表すが、他の変数の変化は供給曲線をシフトさせる。

変数	変数が動くと……
自身の財の価格	供給曲線上を動く
投入物価格	供給曲線がシフトする
技術（テクノロジー）	供給曲線がシフトする
期待・予測	供給曲線がシフトする
売り手の数	供給曲線がシフトする

理解度確認クイズ

7. ピザの供給曲線上を上方に動くような出来事は、以下のうちどれか。
   a. ピザの価格上昇
   b. ピザの補完財であるルートビアの価格上昇
   c. ピザの投入物であるチーズの価格低下
   d. 人気のピザ店を焼失させるキッチン火災

8. ピザの供給曲線を右側にシフトさせる出来事は何か。
   a. ピザの価格上昇
   b. ピザの補完財であるルートビアの価格上昇

   c. ピザの投入物であるチーズの価格低下
   d. 人気のピザ店を焼失させるキッチン火災

9. 映画チケットと動画配信サービスは代替財である。動画配信サービスの価格が上昇すると、映画チケット市場では何が起こるか。
   a. 供給曲線が左側にシフトする。
   b. 供給曲線が右側にシフトする。
   c. 需要曲線が左側にシフトする。
   d. 需要曲線が右側にシフトする。

➡（解答は章末に）

4　需要と供給

さて、需要と供給を組み合わせて、市場で販売される財の価格と数量がどのように決まるのかを見てみよう。

4-1 均衡

図4-8は市場需要曲線と市場供給曲線を1つのグラフ上に示したものである。供給曲線と需要曲線が交差する点が、市場の**均衡点**（または**均衡**）である。この交点における価格が**均衡価格**、数量が**均衡数量**である。ここでは、均衡価格は4ドル、均衡数量は7個となっている。

辞書では**均衡**を、力のバランスがとれた状態と定義している。この「釣り合っている」というイメージが、市場均衡の概念においては特に重要である。**均衡価格では、買い手が購入したいと思っている量が、売り手が販売したいと思っている量とちょうど釣り合っている**。均衡価格は時に**市場清算価格**（market clearing price）とも呼ばれる。なぜなら、この価格がこの水準にあるとき、買い手は買いたいものをすべて買い、売り手は売りたいものをすべて売っているという、すべての市場参加者が満足している状況が実現しているからである。

買い手と売り手の行動が、市場を需要と供給の均衡に導く。なぜそうなるのかを見るために、市場価格が均衡価格と異なる場合に何が起こるかを考えてみよう。

まず、図4-9のパネル（a）にあるように、市場価格が均衡価格を上回っているとする。価格が1個5ドルの場合、供給量（10個）が需要量（4個）を上回る。このとき、生産者は現在の価格で売りたいと考えているすべての商品を売ることはできず、この商品には**余剰**が生じている。余剰は時に**超過供給**（excess supply）の状態とも呼ばれる。アイスクリーム市場に余剰があるとき、売り手は売りたいが売れないアイスクリームで冷凍庫がいっぱいになっていることに気づく。彼らは価格を下げることでこの状況に対処する。価格が下がるにつれて、需要量が増加し、供給量は減少する。こうした変化は、需要曲線・供給曲線のシフトではなく、供給曲線上と需要曲線上の動きとして表される。価格は市場が均衡に達するまで下がり続ける。

今度は、図4-9のパネル（b）にあるように、市場価格が均衡価格を下回っている

> **均衡（点）**
> （equilibrium）
> 需要量と供給量が等しくなる水準に市場価格が達した状態
>
> **均衡価格**
> （equilibrium price）
> 需要量と供給量を等しくさせる市場価格
>
> **均衡数量**
> （equilibrium quantity）
> 均衡価格における需要量と供給量
>
> **余剰**
> （surplus）
> 供給量が需要量を上回っている状態

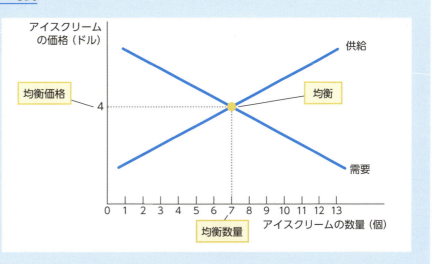

図 4-8　需要と供給の均衡

市場均衡は、供給曲線と需要曲線が交わる点である。均衡価格では、供給量が需要量と等しくなる。ここでの均衡価格は4ドルである。この価格では、7個のアイスクリームが供給され、同時に7個が需要されている。

図 4-9　均衡状態でない市場

パネル(a)では余剰が発生している。市場価格が5ドルで均衡価格よりも高いため、供給量（10個のアイスクリーム）が需要量（4個のアイスクリーム）を上回っている。生産者は価格を下げることで販売を増やそうとし、その結果、価格は均衡水準に向けて低下する。パネル(b)では不足が発生している。市場価格が3ドルで均衡価格よりも低いため、需要量（10個のアイスクリーム）が供給量（4個のアイスクリーム）を上回っている。多くの買い手が少ない商品を追い求めるため、売り手は価格を引き上げる。どちらの場合も、価格調整によって市場は需要と供給の均衡に至る。

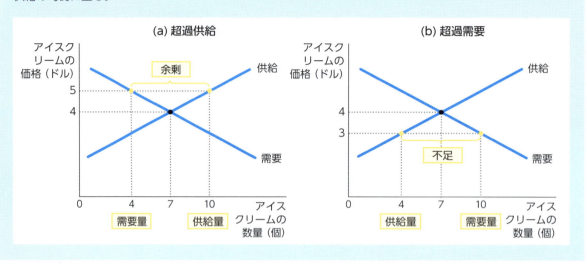

不足
(shortage)
需要量が供給量を上回っている状態

とする。価格が1個3ドルの場合、需要量が供給量を上回る。このとき、消費者は現在の価格で欲しいだけの商品を買うことができず、この商品には**不足**が生じている。不足は時に**超過需要**（excess demand）の状態とも呼ばれる。アイスクリーム市場に不足が生じると、買い手は少ないアイスクリームを買うために長い列に並ばなければならない。多くの買い手が少ない商品を追い求めるため、売り手は売上を失うことなく価格を引き上げることができる。価格が上がるにつれて、需要量が減少し、供給量は増加する。再び、こうした変化は需要曲線・供給曲線のシフトではなく、需要曲線上と供給曲線上の動きとして表され、市場を均衡に導く。

　価格がどこからスタートするかに関わらず、買い手と売り手の行動によって、市場価格は均衡に向かう。一度市場が均衡に達すると、すべての買い手と売り手は、現在の価格で望む量を買うことができ、かつまた売ることができるという意味で満足する。この状態に達すると、価格に対する上方圧力または下方圧力はもはや存在しない。均衡にどの程度速く達するかは、市場の価格調整速度に依存する。機能度の高い多くの市場では、価格が均衡水準に向かって迅速に動くため、余剰や不足は一時的なものにすぎない。この現象は非常に普遍的であるため、これを**需要と供給の法則**と呼ぶ。どんな財についても、需要量と供給量が釣り合うように価格が調整されるという法則である。

需要と供給の法則
(law of supply and demand)
どんな財についても、需要量と供給量が釣り合うように価格が調整されるという法則

第4章　市場における需要と供給

4-2 均衡の変化を分析する際の3つのステップ

　需要と供給が市場均衡を決定し、そして市場均衡によって買い手が購入し、売り手が生産する財の価格と数量が定まる。均衡価格と数量は、需要曲線と供給曲線の位置に依存する。ある出来事がどちらかの曲線をシフトさせると、均衡が変化し、それによって新たな価格と数量が定まり、そこで買い手と売り手の取引が行われる。

　ある出来事が市場均衡にどのように影響するかを分析する際に用いる「3つのステップ」は、以下のとおりである。第1ステップとして、その出来事が需要曲線をシフトさせるのか、供給曲線をシフトさせるのか、あるいはその両方をシフトさせるかどうかを判断する。第2ステップでは、第1ステップで識別した曲線が、右側にシフトするのかあるいは左側にシフトするのかを判断する。最後に、第3ステップでは、需要と供給の図（需給図）を用いて初期の均衡と新たな均衡を比較し、均衡の変化によって均衡価格と均衡数量がどう変化したかを示す。表4-3はこれら3つのステップをまとめたものである。これがどのように機能するかを見るために、アイスクリーム市場に影響を与えうるいくつかの出来事を考えてみよう。

具体例：需要曲線のシフトによる市場均衡の変化　この夏の気温が非常に高いとする。このことは、アイスクリーム市場にどのような影響を与えるだろうか。この質問に答えるために、先ほどの3つのステップに従ってみよう。

1. 気候の変化は消費者のアイスクリームに対する嗜好を変化させることで、需要曲線に影響を与える。つまり、どんな価格についても、人々が購入したいと考える数量を変化させる。一方、気候の変化はアイスクリームを販売する企業には直接影響を与えないため、供給曲線は変化しない。

2. 猛暑によって冷たいおやつがより魅力的になるため、人々はより多くのアイスクリームを求める。図4-10は、この需要増加を、需要曲線のD_1からD_2への右側へのシフトとして表している。このシフトは、あらゆる価格水準において、需要量が増加していることを示している。

3. 以前の価格である4ドルのままでは、今やアイスクリームに対する超過需要が生じる。そのため、企業は価格を引き上げる。図4-10が示すように、需要の増加は均衡価格を4ドルから5ドルに、均衡数量を7個から10個に引き上げる。言い換えれば、猛暑はアイスクリームの価格と販売数量の両方を引き上げるのである。

曲線のシフトと曲線上の動き　猛暑がアイスクリームの需要を増加させ、価格を引き上げると、供給曲線は変化しないにもかかわらず、アイスクリーム製造業者の供給量は増加する。この場合、経済学者は「供給量は増加したが、供給そのものに変化はなかった」と言う。

　供給とは供給曲線の位置のことであり、**供給量**とは生産者が販売したい量を指す。猛暑は生産者がどの価格でどれだけ売りたいかには影響を与えないため、供給は不

85

表4-3　均衡の変化を分析する際の3つのステップ

1. その出来事が需要曲線をシフトさせるのか、供給曲線をシフトさせるのか、あるいはその両方をシフトさせるかどうかを判断する。
2. 第1ステップで識別した曲線が、どの方向にシフトするのかを判断する。
3. 需要と供給の図を用いて、シフトによって均衡価格と均衡数量がどう変化したかを示す。

図4-10　需要の増加が均衡に与える影響

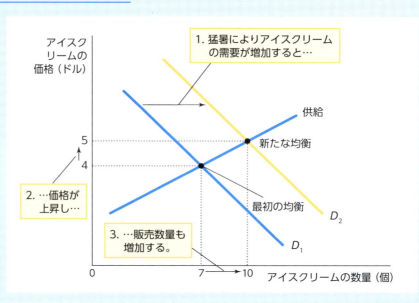

どんな価格水準でも需要量を引き上げるような出来事は、需要曲線を右側にシフトさせる。その結果、均衡価格、均衡数量ともに上昇する。ここでは、夏の猛暑によって買い手の需要量が増加している。需要曲線がD_1からD_2にシフトすることで、均衡価格は4ドルから5ドルに、均衡数量は7個から10個に上昇する。

変である。その代わりに、蒸し暑い天気によって、消費者は、どの価格水準にあってもこれまでより購入したいと考え、その結果需要曲線は右側にシフトする。需要の増加が均衡価格を上昇させるのである。価格が上がると、供給量も増加する。このときの供給量の増加は、供給曲線上の動きとして表される。

要約すると、供給曲線のシフトを「供給の変化」と呼び、需要曲線のシフトを「需要の変化」と呼ぶ。固定された供給曲線上の動きを「供給量の変化」と呼び、固定された需要曲線上の動きを「需要量の変化」と呼ぶ。

具体例：供給曲線のシフトによる市場均衡の変化　ある年の8月、ハリケーンによってサトウキビの収穫が被害を受け、砂糖の価格が上昇したとする。このことは、アイスクリーム市場にどのような影響を与えるだろうか。ここでまた、先ほどの3つのステップに従ってみよう。

1. アイスクリームの原材料である砂糖の価格上昇は、アイスクリームの生産コ

ストを引き上げるため、供給曲線に影響を与える。一方、需要曲線は、原材料コストが高くなっても消費者が購入したいアイスクリームの数量には直接影響しないため、変化しない。
2. コストが高くなると、価格がどの水準にあっても、生産者が販売したいと考え、かつ販売可能な数量が低下する。図4-11は、この供給の減少を供給曲線のS_1からS_2への左側へのシフトとして表している。
3. 以前の価格である4ドルのままでは、アイスクリームに対する超過需要が生じる。これによって企業は価格を引き上げる。図4-11に示されているように、供給曲線のシフトは均衡価格を4ドルから5ドルに引き上げ、均衡数量を7個から4個に引き下げる。砂糖の価格上昇により、アイスクリームの価格が上昇し、販売数量は減少するのである。

具体例：需要曲線と供給曲線の両方がシフトする場合　不運な出来事が続き、同じ年の夏に熱波とハリケーンが同時に発生したとしよう。この厄介な組み合わせを分析するために、また3つのステップに戻ろう。

1. この場合、需要曲線、供給曲線の両方がシフトする。熱波は、価格水準に関わらず消費者が購入したいと考えるアイスクリームの数量を変化させるため、需要曲線に影響を与える。同時に、ハリケーンは砂糖の価格を押し上げることで、アイスクリーム製造業者が販売したいと考えるアイスクリームの数量を変化させるため、供給曲線に影響を与える。

図 4-11　供給の減少が均衡に与える影響

どんな価格水準でも供給量を引き下げるような出来事は、供給曲線を左側にシフトさせる。その結果、均衡価格は上昇し、均衡数量は減少する。ここでは、原材料である砂糖の価格高騰により、売り手のアイスクリーム供給が減少している。供給曲線がS_1からS_2にシフトすることで、均衡価格は4ドルから5ドルに上昇し、均衡数量は7個から4個に減少する。

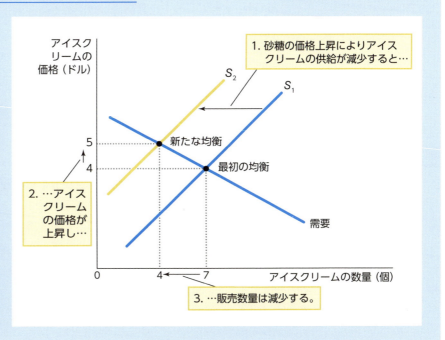

図4-12 需要曲線と供給曲線がどちらもシフトする場合

需要の増加と供給の減少は、以下のいずれかの結果を生じさせる。パネル(a)では、均衡価格はP_1からP_2に上昇し、均衡数量はQ_1からQ_2に増加している。一方、パネル(b)では、均衡価格は同様にP_1からP_2に上昇しているが、均衡数量はQ_1からQ_2に減少している。

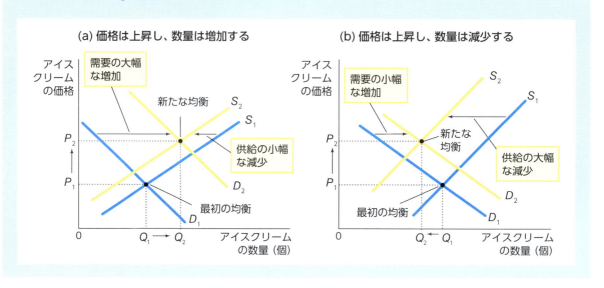

2. それぞれの曲線は先ほど示した2つの具体例と同じ方向にシフトする。すなわち、図4-12に示されているように、需要曲線は右側にシフトし、供給曲線は左側にシフトする。
3. 需要曲線と供給曲線のシフトの相対的な大きさによって、2つの結果がありうる。いずれの場合も、均衡価格は上昇する。パネル(a)では、需要が大幅に増加する一方で、供給の減少幅は限定的であり、この結果、均衡数量は増加している。しかし、パネル(b)では、供給が大幅に減少する一方で、需要の増加幅は限定的であり、この結果、均衡数量は減少している。したがって、熱波とハリケーンの組み合わせは、アイスクリームの価格を必ず引き上げる一方、販売数量に対する影響は確定的ではない（つまり、増加も減少もありうる）。

要約　需要曲線と供給曲線は、均衡の変化を分析するのに役立つ。ある出来事が需要曲線、供給曲線、または両方の曲線をシフトさせると、その出来事が均衡における価格と数量をどのように変化させるかを予測することができる。表4-4は、2つの曲線がシフトするパターンについてのあらゆる組み合わせに対する予測結果を示している。需要と供給というツールの使い方を確実に理解するために、表4-4のいくつかの項目を選び、そこに示されている予測を自分自身で説明できるようにしてほしい。

第4章　市場における需要と供給

表4-4	需要曲線と供給曲線のシフトと価格・数量の変化の関係

練習として、この表のいくつかの項目を需要曲線と供給曲線の図を使って説明できるか、確認しよう。

	供給変化なし	供給増加	供給減少
需要変化なし	価格不変・数量不変	価格低下・数量増加	価格上昇・数量減少
需要増加	価格上昇・数量上昇	価格不確定・数量上昇	価格上昇・数量不確定
需要減少	価格低下・数量減少	価格低下・数量不確定	価格不確定・数量低下

理解度確認クイズ

10. 新しい大規模な原油埋蔵量の発見は、ガソリンの_____曲線をシフトさせ、均衡価格を_____させる。
    a. 供給 ― 上昇
    b. 供給 ― 低下
    c. 需要 ― 上昇
    d. 需要 ― 低下

11. 経済が不況に陥り、所得が減少した場合、下級財の市場では何が起こるか。
    a. 価格が上昇し、数量が増加する。
    b. 価格が低下し、数量が減少する。
    c. 価格が上昇し、数量が減少する。
    d. 価格が低下し、数量が増加する。

12. 以下のうち、ジャムの均衡価格の上昇とジャムの均衡数量の減少を引き起こすのはどれか。
    a. ジャムの補完財であるピーナッツバターの価格上昇
    b. ジャムの代替財であるマシュマロクリームの価格上昇
    c. ジャムの原材料であるブドウの価格上昇
    d. （ジャムが正常財と仮定すると）消費者の所得増加

13. _____の増加は、供給曲線上の動きを引き起こし、これは_____の変化と呼ばれる。
    a. 供給 ― 需要
    b. 供給 ― 需要量
    c. 需要 ― 供給
    d. 需要 ― 供給量

➡（解答は章末に）

5　結論：資源配分における価格の役割

　この章では、単一の市場における需要と供給について学んできた。議論はアイスクリーム市場を中心に展開してきたが、そこで学んだことは他のほとんどの市場にも適用できる。店に行って何かを買おうとするとき、あなたはその財の需要に貢献している。仕事を探すとき、あなたは労働サービスの供給に貢献している。需要と供給は市場経済において非常に広範に作用を及ぼすため、需要と供給のモデルは非常に強力な分析ツールなのである。

　第1章でみた**経済学の10原則**の1つは、「通常、市場は経済活動をまとめあげる良い方法である」というものであった。市場がもたらす帰結が良いか悪いかを判断するにはまだ尚早だが、この章では市場がどのように機能するかを示した。どの

経済システムにおいても、希少な資源を互いに競合する用途間でうまく配分しなければならない。市場経済はこの目的のために需要と供給の力を利用する。需要と供給は共同で、経済における多くの財・サービスの価格を決定する。そして価格は、資源配分を導くシグナルとなる。

たとえば、海岸沿いの土地の配分を考えてみよう。土地の広さは限られているため、誰もがビーチ沿いに住むという贅沢を享受できるわけではない。この資源を得るのは誰だろうか。その答えは、その土地の価格を支払う意思と能力がある者である。海岸沿い土地の価格は、土地の需要量と供給量が釣り合うまで調整される。市場経済では、価格が希少な資源を配分するメカニズムとなるのである。

同様に、価格は誰がどの商品をどれだけ生産するかも決定する。たとえば農業を考えてみよう。誰もが生きるためには食料を必要とするため、ある程度の人々が農業に従事することは極めて重要である。誰が農家となり、誰が農家とはならないかを決定する要因は何か。自由な社会では、政府の計画機関が十分な食料供給を確保するためにこの決定を行うことはない。そうではなく、農場への労働力の配分は、多数の労働者の、職業の選択についての意思決定に基づいている。この分散型システムは、これらの決定が価格に依存しているためにうまく機能する。食料の価格と農業従事者の賃金（つまり労働の価格）は、十分な人々が農業に従事することを選択するように調整される。

市場経済の動きを実際に見たことがない人にとっては、そうした考えはばかげているように見えるかもしれない。経済とは、相互に依存する数多くの活動に従事する膨大な人々の集まりである。分権的な意思決定が混乱に陥るのを防いでいるものは何だろうか。多様な能力と欲望を持つ人々の、何百万もの行動を調整するものは何だろうか。何によって必要なことが実際に行われるようになるのだろうか。その答えは一言で言えば、**価格**である。アダム・スミスが示唆したように、もし市場経済が見えざる手によって導かれているのなら、価格システムとは、いわばその見えざる手が経済という名のオーケストラを指揮するときの指揮棒なのである。

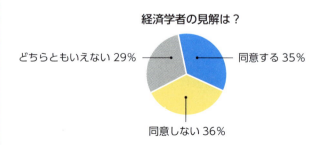

専門家の見方　価格のつり上げ

「危機時に供給不足に陥っている必需品の価格引き上げを防ぐ法律は、社会厚生を向上させる」

経済学者の見解は？

どちらともいえない 29%　同意する 35%　同意しない 36%

出典：IGM Economic Experts Panel, May 26, 2020.

第4章　市場における需要と供給

本章のポイント

- 経済学者は、需要と供給のモデルを使用して競争市場を分析する。このような市場では、多くの買い手と売り手が存在し、各個人が市場価格に及ぼす影響はほとんど（あるいはまったく）ない。

- ある財の需要曲線は、価格に応じて需要量がどのように変化するかを示す。需要の法則によると、ある財の価格が低下すると、その財の需要量は増加する。これが需要曲線が右下がりになる理由である。

- 価格に加えて、消費者の購入量に影響を与える要因として、所得、代替財および補完財の価格、好み・嗜好、期待・予測、そして買い手の数が挙げられる。これらの要因のいずれかが変化すると、各価格における需要量が変化し、需要曲線がシフトする。

- ある財の供給曲線は、価格に応じて供給量がどのように変化するかを示す。供給の法則によると、ある財の価格が上昇すると、その財の供給量も増加する。これが供給曲線が右上がりになる理由である。

- 価格に加えて、生産者の販売量に影響を与える要因として、原材料価格、技術、期待・予測、そして売り手の数が挙げられる。これらの要因のいずれかが変化すると、各価格における供給量が変化し、供給曲線がシフトする。

- 需要曲線と供給曲線の交点は、市場均衡を表す。均衡価格では、需要量と供給量が等しくなる。

- 買い手と売り手の行動によって、市場は自然に均衡に導かれる。市場価格が均衡価格を上回ると、その財には余剰が生じ、市場価格が低下する。市場価格が均衡価格を下回ると、不足が生じ、市場価格が上昇する。

- ある出来事が均衡価格と均衡数量にどのように影響するかを分析するには、需要と供給の図を用いつつ、以下の3つのステップに従う。第1ステップでは、その出来事が需要曲線をシフトさせるのか、供給曲線をシフトさせるのか、あるいはその両方をシフトさせるかどうかを判断する。第2ステップでは、第1ステップで識別した曲線が、どちらの方向にシフトするのかを判断する。第3ステップでは、新しい均衡と最初の均衡を比較する。

- 市場経済では、意思決定を方向づけ、希少な資源を配分するシグナルの役割を果たすのは価格である。経済におけるすべての財に対して、価格は需要と供給が釣り合うことを保証する。均衡価格は、買い手がどれだけ消費し、売り手がどれだけ生産するかを決定する。

理解度確認テスト

1. 競争市場とは何か。完全競争ではない市場の例を1つ挙げ、簡単に説明しなさい。

2. 需要計画と需要曲線とは何か、そしてそれらはどのように関連しているか。なぜ需要曲線は右下がりになるのか。

3. 消費者の好みの変化は、需要曲線上の移動として表されるか、それとも需要曲線のシフトとして表されるか。価格の変化は、需要曲線上の移動として表されるか、それとも需要曲線のシフトとして表されるか。説明しなさい。

4. ハリーの所得が減少し、その結果、彼はより多くのカボチャジュースを購入したとする。カボチャジュースは下級財か正常財か。ハリーのカボチャジュースの需要曲線には何が起こるか。

5. 供給計画と供給曲線とは何か、そしてそれらはどのように関連しているか。なぜ供給曲線は右上がりになるのか。

6. 生産者の技術の変化は、供給曲線上の移動として表されるか、それとも供給曲線のシフト

91

第Ⅱ部　ミクロ経済学

として表されるか。価格の変化は、供給曲線
上の移動として表されるか、それとも供給曲
線のシフトとして表されるか。

7. 市場均衡を定義し、どのように市場が均衡に
向かうかを説明しなさい。

8. ビールとピザは一緒によく楽しまれるため、
補完財である。ビールの価格が上昇すると、
ピザの市場における供給、需要、供給量、需
要量、価格はどうなるか。

9. 市場経済における価格の役割を説明しなさい。

演習と応用

1. 需要と供給の図を用いて、以下の各文を説明し
なさい。
   a.「フロリダに寒波が訪れると、アメリカ全土
   のスーパーマーケットでオレンジジュース
   の価格が上昇する。」
   b.「ニューイングランドで夏に気候が暖かく
   なると、カリブ海のホテルの部屋の価格が
   急落する。」
   c.「中東で戦争が勃発すると、ガソリンの価格
   が上昇し、中古SUVの価格が下落する。」

2.「ノートの需要が増加すると、ノートの需要量
は増加するが、ノートの供給量は増加しない」。
この記述は正しいか否か、説明しなさい。

3. ミニバンの市場について考える。以下の各事
象について、需要または供給の決定要因のどち
らが影響を受けるかを答えなさい。また、需要
または供給が増加するのか減少するのかを答
えなさい。そして、ミニバンの価格と数量に与
える影響を示す図を描きなさい。
   a. 人々がより多くの子供を持つことを決定す
   る。
   b. 鉄鋼労働者のストライキにより鉄鋼価格が
   上昇する。
   c. エンジニアがミニバン生産用の新しい自動
   化機械を開発する。
   d. SUV（スポーツ用多目的車）の価格が上昇す
   る。
   e. 株式市場の暴落により人々の資産が減少す
   る。

4. 動画配信サービス、テレビ（で視聴できる番
組）、および映画チケットの市場について考え
る。

   a. 以下の組み合わせは補完財か代替財か。
      ・動画配信とテレビ
      ・動画配信と映画チケット
      ・テレビと映画チケット
   b. 技術進歩により、テレビの製造コストが低
   下したとする。テレビの市場で何が起こる
   かを示す図を描きなさい。
   c. 上記のテレビ市場における変化が動画配信
   市場および映画チケット市場にどのような
   影響を与えるか、さらに2つの図を描いて
   説明しなさい。

5. 過去40年間にわたって、技術進歩によりコン
ピュータに内蔵するチップの生産コストは低
下してきた。このことは、コンピュータ市場に
どのような影響を与えただろうか。コンピュー
タのソフトウェア市場にはどのような影響を
与えたか。タイプライター市場についてはど
うか。

6. 需要と供給の図を用いて、以下の事象がス
ウェットシャツの市場に与える影響を説明し
なさい。
   a. サウスカロライナ州でハリケーンが発生
   し、綿花の収穫に被害を与える。
   b. レザージャケットの価格が下落する。
   c. すべての大学が適切な服装での朝の運動を
   必須とする。
   d. 新しい織機が発明される。

7. ケチャップはホットドッグの補完財（と同時に
調味料）である。ホットドッグの価格が上昇し
たとき、ケチャップ市場には何が起こるか。ト
マト市場についてはどうか。トマトジュース
市場、オレンジジュース市場についてはどうか。

第4章　市場における需要と供給

8. ピザ市場において、以下の需要計画と供給計画があるとする。

価格（ドル）	需要量（枚）	供給量（枚）
4	135	26
5	104	53
6	81	81
7	68	98
8	53	110
9	39	121

a. 需要曲線と供給曲線をグラフに描きなさい。この市場における均衡価格と均衡数量を求めなさい。

b. 実際の価格が均衡価格を上回っていた場合、この市場で均衡に向かわせる要因は何か。

c. 実際の価格が均衡価格を下回っていた場合、この市場で均衡に向かわせる要因は何か。

9. 科学者が「オレンジを食べると糖尿病のリスクが減少する」ことを明らかにし、同時に農家がオレンジの生産量を増やす新しい肥料を使用したとする。これらの変化がオレンジの均衡価格と均衡数量に与える影響を図で示し、説明しなさい。

10. ベーグルとクリームチーズは一緒に食べられることが多いので、補完財である。

a. クリームチーズの均衡価格とベーグルの均衡数量がどちらも上昇していることがわかったとする。このパターンの要因となりうるのは、小麦粉の価格下落、牛乳の価格下落、のどちらだろうか。図を用いて説明しなさい。

b. クリームチーズの均衡価格が上昇し、ベーグルの均衡数量が減少しているとする。このパターンの要因となりうるのは、小麦粉の価格上昇、牛乳の価格上昇、のどちらだろうか。図を用いて説明しなさい。

11. あなたの大学のバスケットボールの試合のチケット価格は、市場によって決定されているとする。現在の需要計画と供給計画は次の通りである。

価格（ドル）	需要量（枚）	供給量（枚）
4	10,000	8,000
8	8,000	8,000
12	6,000	8,000
16	4,000	8,000
20	2,000	8,000

a. 需要曲線と供給曲線を描きなさい。この供給曲線の特殊な点は何か。なぜこのようなことになるのか。

b. チケットの均衡価格と均衡数量を求めなさい。

c. あなたの大学は来年、総入学者を5,000人増やす予定である。新たに入学する学生の需要計画は以下の通りである。

価格（ドル）	需要量（枚）
4	4,000
8	3,000
12	2,000
16	1,000
20	0

既存の需要計画と新たに入学する学生の需要計画を足し合わせて、大学全体の新しい需要計画を計算しなさい。新たな均衡価格と均衡数量を求めなさい。

理解度確認クイズの解答

1. c　**2.** b　**3.** a　**4.** b　**5.** a　**6.** d　**7.** a　**8.** c　**9.** d　**10.** b　**11.** a　**12.** c　**13.** d

第4章 付論

Chapter 4 Appendix
Elasticity and Its Application

弾力性とその応用

　ある出来事が、アメリカ合衆国のガソリン価格を引き上げたとしよう。それは、中東の緊張による世界の石油供給の引き締めかもしれないし、中国経済の好調による世界の石油需要の押し上げかもしれない。あるいは、ガソリン税引き上げ法案の議会通過かもしれない。アメリカの消費者はこの価格上昇にどのように反応するだろうか。

　この質問にざっくりと答えるのは簡単だ。人々はガソリンの購入量を減らすだろう。これは第4章で学んだ需要の法則から明らかである。すなわち、他の条件が一定であれば、ある財の価格が上がると需要量は減少する、というものである。しかし、あなたはもっと正確な答えを知りたいかもしれない。ガソリンの購入量はどのくらい減少するのだろうか。この質問には、**弾力性**という概念を使って答えることができる。

　弾力性とは、市場の状況の変化に対して、買い手や売り手がどれだけ反応するかを測る尺度である。この概念を用いることで、ある出来事や政策が市場にどのような影響を与えるかを分析する際には、影響の方向だけでなく、その大きさについても議論することができる。

　これまでの研究によれば、ガソリン市場において、ガソリンの価格に対する需要量の反応は短期よりも長期のほうが大きいことが知られている。価格が10％上昇すると、1年後にはガソリン消費量は約2.5％減少するが、5年後には約6％減少す

第Ⅱ部　ミクロ経済学

る。長期的な減少の約半分は運転量の減少によるものであり、もう半分はより燃費の良い車や、現在増えている、ガソリンを全く必要としない電気自動車への切り替えによるものである。こうした反応は需要曲線とその弾力性に反映されている。

1 需要の弾力性

第4章で、消費者は通常、価格が低いとき、所得が高いとき、代替財の価格が高いとき、または補完財の価格が低いときに、より多くの財を購入することを学んだ。この議論は定性的なものであり、定量的なものではない。つまり、需要量が増えるか減るかについては触れたが、その変化の大きさについては述べていない。これらの変数の変化に対して消費者がどれだけ反応するかを測定するために、経済学者は**弾力性**という概念を活用する。

弾力性
(elasticity)
需要量や供給量が、その決定要因の変化に対応してどれだけ反応するかを測る尺度

1-1 需要の価格弾力性とその決定要因

需要の法則は、財の価格が下がると需要量が増えることを述べている。**需要の価格弾力性**は、価格変化に対して需要量がどれだけ反応するかを測定する。価格変化に対して需要量が大きく反応する場合、その財の需要は**弾力的**(elastic)であると呼ぶ。価格変化に対して需要量がほとんど反応しない場合、その財の需要は**非弾力的**(inelastic)であると呼ぶ。

需要の価格弾力性
(price elasticity of demand)
価格変化に対して需要量がどれだけ反応するかを測定する尺度。需要量の変化率を価格の変化率で割ることで計算される。

ある財の需要の価格弾力性は、その価格が上昇するにつれて消費者がその財をどれだけ買い控えるかを測定する。需要曲線は消費者の嗜好を形成する経済的、社会的、心理的なさまざまな側面を反映しているため、需要曲線の弾力性を決定する簡潔かつ普遍的なルールといったものは存在しない。しかし、いくつかの経験則は存在する。

身近な代替財の利用の可能性　身近に代替財がある財は、消費者がその財から代替財へ容易に切り替えられるため、需要がより弾力的になるという傾向がある。たとえば、マーガリンはバターの身近な代替財である。マーガリンの価格が一定であると仮定すれば、バターの価格をわずかに上げただけで、バターの需要量は大幅に減少するだろう。一方で、卵には身近な代替財がないため、需要はそれほど弾力的ではない。卵の価格をわずかに上げても、需要量が大幅に減少するといったことはない。

必需品とぜいたく品　真の意味での必需品は、わずかな価格上昇が購入量を大きく減少させることはない。別の言い方をすれば、必需品の需要は非弾力的である傾向がある。たとえば、診察料が上昇すると、ほとんどの人は、少しくらいは医者に行く回数を減らすかもしれないが、大幅に減らすことはない。一方、ぜいたく品となると話は別である。セーリングボート（娯楽用の帆船）の価格が上昇すると、需要量は大幅に減少する。その理由は、ほとんどの人がセーリングボートをぜいたく品と見なしているからである。財が必需品かぜいたく品かは、その財に固有の特性で

はなく、購入者の嗜好に依存する。健康にあまり心配がない熱心な船乗りにとっては、セーリングボートは非弾力的な需要を持つ必需品であり、病院で診察してもらうことは弾力的な需要を持つぜいたく品かもしれない。

市場の定義（広いか狭いか）　需要の弾力性は、市場の境界をどのように引くかによっても影響を受ける。狭い範囲で定義された市場は、広い範囲で定義された市場よりも需要の弾力性が高くなる傾向がある。これは、狭く定義された商品に対しては、比較的容易に身近な代替財を見つけることができるためである。たとえば、食品という広いカテゴリーは、食品の適切な代替財というものが存在しないため、需要の弾力性は低い。一方、アイスクリームという狭いカテゴリーは、他のデザートに代替できるので、需要の弾力性は高い。さらに、バニラアイスクリームという非常に狭いカテゴリーは、スウィートクリームなどの他の味のアイスクリームがほぼ完璧な代替財であるため、非常に弾力的な需要を持つ。

時間軸（短いか長いか）　需要は、期間を長くとるとより弾力的になる傾向がある。ガソリンの価格が上昇しても、最初の数か月では需要量はわずかにしか減少しない。しかし、時間が経つにつれて、人々は燃費の良い車や電気自動車を購入したり、相乗り自動車を手配したり、公共交通機関に切り替えたり、職場の近くに引っ越したりする。その結果、数年経つと、ガソリンの需要量はより大幅に減少する。

1-2　需要の価格弾力性の計算方法

　需要の価格弾力性について一般的な説明をしたので、次にその測定方法についてより具体的に見ていこう。経済学者は、需要の価格弾力性を、「需要量の変化率を価格の変化率で割る」ことで計算する。すなわち、

$$需要の価格弾力性 = \frac{需要量の変化率}{価格の変化率}$$

となる。たとえば、アイスクリームの価格が10％上昇したとき、アイスクリームの購入量が20％減少したとする。このとき、需要の価格弾力性は以下の通りである。

$$需要の価格弾力性 = \frac{20\%}{10\%} = 2$$

この例では、弾力性は2であり、これは、需要量の変化率が価格の変化率の2倍であることを意味する。

　ある財の需要量はその財の価格とは逆方向に動くため、需要量の変化率は価格の変化率と逆の符号を持つ。この例では、価格の変化率はプラス10％（価格上昇を意味する）であり、需要量の変化率はマイナス20％（需要減少を意味する）である。このため、需要の価格弾力性は負（マイナス）の値として示されることがある。しかし、通常はマイナス記号を省略し、すべての需要の価格弾力性は正（プラス）の値で示される（数学者はこれを**絶対値**と呼ぶ）。本書もこの習慣に従うが、大きな価格弾力性は、需要量が価格変化に対してより大きく反応することを意味するのである。

第Ⅱ部　ミクロ経済学

1-3 中間点の手法：パーセント変化率および弾力性を求めるよりよい方法

　需要曲線上の2点の間で需要の価格弾力性を計算しようとすると、面倒な問題に直面する。「A点からB点への弾力性」と、「B点からA点への弾力性」が、一見、異なるように見えるのである。次の例を考えてみよう。

> A点：価格 = 4ドル、数量 = 120個
> B点：価格 = 6ドル、数量 = 80個

A点からB点への変化を考えると、価格は50%上昇、数量は33%減少なので、需要の価格弾力性は33/50、つまり0.66である。一方、B点からA点への変化を考えると、価格は33%下落、数量は50%増加なので、需要の価格弾力性は50/33、つまり1.5になる。この違いは、変化率を計算する際の基準点が異なるためである。しかし、背景にある現実、つまり価格変化に対する買い手の反応は、A点からB点に移動する場合と、B点からA点に移動する場合とは同じである。

　弾力性を計算するための**中間点法**（midpoint method）は、この混乱を避けるための方法である。変化率を計算する標準的な手順は、変化量を「変化前の水準」で割ることである。しかし、中間点法では、変化量を「変化前と変化後の中間点」（または平均）で割る。たとえば、5ドルは4ドルと6ドルの中間に位置している。したがって、中間点法によれば、4ドルから6ドルへの変化は、$(6 - 4)/5 \times 100 = 40\%$の上昇と計算される。同様に、6ドルから4ドルへの変化も40%の減少と計算される。

　中間点法は変化の方向に関係なく同じ答えが得られるため、2点の間の需要の価格弾力性を計算する際にしばしば使用される。この例では、A点とB点の間の中間点は、

> 中間点：価格 = 5ドル、数量 = 100個

である。中間点法によれば、A点からB点に移動すると、価格が40%上昇し、数量が40%減少する。同様に、B点からA点に移動すると、価格が40%下落し、数量が40%増加する。どちらからどちらに移動するかに関わらず、需要の価格弾力性は1となる。

　以下の式は、2つの点 (Q_1, P_1) と (Q_2, P_2) の間の需要の価格弾力性を計算するための中間点法を表すものである。

$$需要の価格弾力性 = \frac{(Q_2 - Q_1)/[(Q_2 + Q_1)/2]}{(P_2 - P_1)/[(P_2 + P_1)/2]}$$

分子は中間点法を用いた場合の数量の変化率であり、分母は中間点法を用いた場合の価格の変化率である。もし弾力性を計算する必要があれば、この式を使用すればよい。

98

第4章　付論　弾力性とその応用

本書では、そのような計算をほとんど行わない。ここでは、価格変化に対する需要量の反応がどのように計算されるかよりも、そうした反応が何を表すかがより重要である。

〔訳注〕中間点法は、経済学の中で特に一般的な手法というわけではない。なぜなら、微分という概念を導入すると、こうした手法が必要なくなるからである。微分は経済学において最も用いられる数学的なツールであるため、本書の読者（特にこれから経済学を学ぼうとしている学生）には、本書を読んだあと、微分およびより一般的な弾力性の表現を学んでほしい。なお、より一般的な弾力性は、「異なる2点間の移動」で計算されるのではなく、需要曲線上の1点に対応して定義される。

1-4　需要曲線の多様さ

経済学者は、需要曲線を分類するために弾力性を活用する。価格の変化率に対して数量の変化率が大きくなる場合、弾力性は1より大きくなり、需要は**弾力的**であると言われる。価格の変化率に対して数量の変化率が小さくなる場合、弾力性は1より小さくなり、需要は**非弾力的**であると言われる。最後に、数量の変化率が価格の変化率と等しい場合、弾力性はちょうど1であり、需要は**単位弾力性**を持つと言われる。

需要の価格弾力性は、需要量が価格変化にどれだけ反応するかを測定するものであり、したがって需要曲線の傾きと密接に関連している。以下は有用な一般的性質である——ある点において需要曲線がより平らになるほど、需要の価格弾力性は大きくなる。逆に、ある点において需要曲線がより急になるほど、需要の価格弾力性が小さくなる。

図4A-1は5つのケースを示している。パネル（a）は弾力性がゼロという極端なケースを示しており、需要は**完全に非弾力的**（perfectly inelastic）であり、需要曲線は垂直になる。この場合、価格に関係なく需要量は一定である。弾力性が高まるにつれて、パネル（b）、（c）、（d）に示されるように、需要曲線は次第に平らになる。もう一方の極端な例は、パネル（e）に示されているように、需要が**完全に弾力的**（perfectly elastic）な場合である。このとき、需要の価格弾力性はきわめて大きく（近似的に無限大とみなさせるほど大きく）なっている。需要曲線は水平になり、価格のごくわずかな変化が需要量の膨大な変化をもたらすことを示している。

もしどちらが**弾力的**でどちらが**非弾力的**か混乱するようなら、以下の記憶法が役立つかもしれない。図4A-1のパネル（a）のような非弾力的な曲線は、アルファベットの「I」のように見え、すなわちそれは非弾力的（すなわちInelastic）なのである（経済学者はそれを曲線と呼ぶが、完全に非弾力的な場合、実際には垂直線である）。これは深遠な洞察というわけではないが、試験の際には役立つかもしれない。

99

図 4A-1　需要の価格弾力性

需要の価格弾力性によって、需要曲線の傾きが急なのか緩やかなのかが決まる。なお、すべての変化率は中間点法を用いて計算されている。

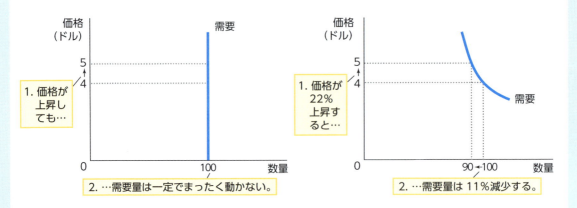

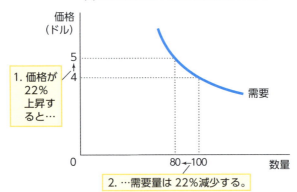

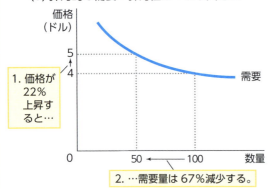

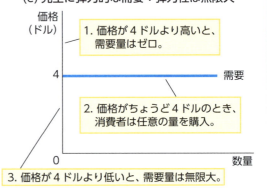

1-5 総収入と需要の価格弾力性

市場における需要や供給の変化を分析する際に、しばしば分析対象となるのは総収入である。これは商品の買い手が支払った金額、または売り手が受け取った金額である。数学的には、Pを商品の価格、Qを販売数量とすると、総収入は$P \times Q$で表される。図4A-2は総収入をグラフで示している。需要曲線の下の四角形の高さはPであり、幅はQである。したがってこの四角形の面積、$P \times Q$がこの市場の総収入に等しくなる。図4A-2では、Pが4ドルでQが100なので、総収入は4ドル×100、すなわち400ドルとなる。

需要曲線上を動いていくと、総収入はどのように変化するだろうか。その答えは需要の価格弾力性に依存する。図4A-3のパネル(a)のように需要が非弾力的である場合、価格の上昇は総収入の増加をもたらす。ここでは、価格が4ドルから5ドルに上昇することで、需要量が100から90に減少し、その結果、総収入が400ドルから450ドルに増加している。価格Pの上昇に比べて、数量Qの減少が相対的に小さいため、価格の上昇により、$P \times Q$が上昇するのである。言い換えれば、1個あたりの商品をより高い価格で販売することによる収入の増加分（図4A-3中の領域A）が、販売数量が低下することによる収入の減少分（図4A-3中の領域B）よりも大きくなるのである。

需要が弾力的である場合には、逆の結果が生じる。価格上昇は総収入の減少を引き起こすのである。たとえば、図4A-3のパネル(b)では、価格が4ドルから5ドルに上昇すると、需要量が100から70に減少し、その結果、総収入が400ドルから350ドルに減少している。需要が弾力的であるため、需要量減少の影響が非常に大きく、価格引き上げの影響を上回る。つまり、価格の上昇により、$P \times Q$が減少す

> **総収入**
> (total revenue)
> 商品の買い手が支払った金額、または売り手が受け取った金額であり、その商品の価格と販売量を掛け合わせることで計算される。

図 4A-2　総収入

需要曲線の下の四角形の面積、$P \times Q$は、商品の買い手が支払った金額、または売り手が受け取った金額と等しい。ここでは、価格が4ドルのとき、需要量は100であり、総収入は400ドルとなる。

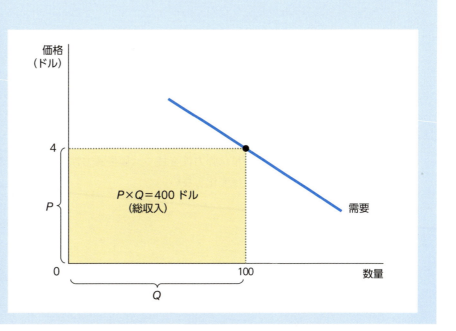

図 4A-3　価格が変化したときの総収入の変化

価格変化が総収入(価格×数量)に与える影響は、需要の弾力性に依存する。パネル(a)では、需要曲線が非弾力的である。価格の上昇に比べると、需要量の減少が相対的に小さいため、総収益は増加する。ここでは、価格が4ドルから5ドルに上昇、需要量は100から90に減少、総収益は400ドルから450ドルに増加している。パネル(b)では、需要曲線が弾力的である。価格の上昇に比べると、需要量の減少が相対的に大きいため、総収入は減少する。ここでは、価格が4ドルから5ドルに上昇、需要量は100から70に減少、総収入は400ドルから350ドルに減少している。

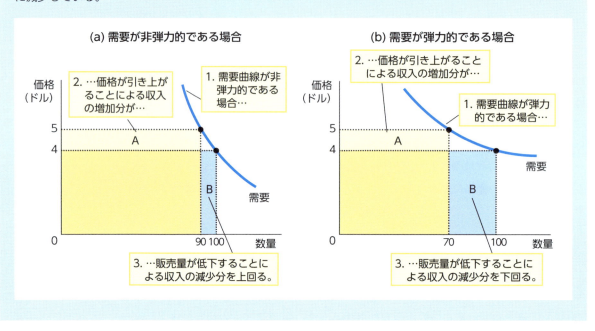

るのである。ここでは、1個あたりの商品をより高い価格で販売することによる収入の増加分(領域A)が、販売数量が低下することによる収入の減少分(領域B)よりも小さくなるのである。

この例は、以下の一般的な原則を示している。

- 需要が非弾力的である(価格弾力性が1より小さい)場合、価格と総収入は同じ方向に動く。すなわち、価格が上昇すると、総収入も増加する。
- 需要が弾力的である(価格弾力性が1より大きい)場合、価格と総収入は逆方向に動く。すなわち、価格が上昇すると、総収入が減少する。
- 需要が単位弾力性を持つ(価格弾力性がちょうど1)場合、価格が変化しても総収入は変化しない。

現実の世界における弾力性：いくつかの例

弾力性の意味、弾力性を決定する要因、および弾力性の計算方法について説明してきた。こうした一般的な思考を踏まえたのち、あなたは具体的な数値を知りたくなるかもしれない。現実には、財の価格がその需要量に与える影響は具体的にどの程度なのか。

この問いに答えるために、経済学者はデータを集め、統計的な手法を駆使して需要の価格弾力性を推定するのである。ここで、さまざまな研究から得られたいくつかの財の実際の価格弾力性を挙げておく。

卵	0.1
ヘルスケア	0.2
たばこ	0.4
米	0.5
住宅	0.7
牛肉	1.6
ピーナッツバター	1.7
レストランでの外食	2.3
チーリオス（シリアル）	3.7
マウンテンデュー（飲料）	4.4

↑ 非常に非弾力的（価格変化に対して需要量がほとんど反応しない）

↓ 非常に弾力的（価格変化に対して需要量が強く反応する）

これらの数字を見て考察してみるのは面白いし、市場を比較する際には役立つのだが、ある程度割り引いてみる必要がある。その理由の1つは、これらの推定に用いられる統計的手法がいくつかの仮定に基づいたものであり、しかもそれらの仮定が実際には必ずしも真実ではないからである（経済学の一分野である計量経済学は、これらの統計的手法を研究する分野である）。もう1つの理由は、需要の価格弾力性は需要曲線上のすべての点で同じであるわけではないからである（あとで線形の需要曲線について学ぶとき、この点を確認する）。これらの理由のため、別々の研究が同じ商品に対して異なる需要の価格弾力性を推定していたとしても、驚くべきことではない。

1-6 需要曲線が線形のときの弾力性と総収入

図4A-4に示すように、需要曲線が直線である場合（以下、線形需要曲線とも呼ぶ）に、需要曲線上の動きに応じて弾力性がどのように変化するかを考えてみよう。需要曲線は直線なので、傾きは一定である。傾きは「上昇距離÷横方向の移動距離」と定義されるが、ここでは価格変化幅（「上昇距離」）を数量の変化幅（「横方向の移動距離」）で割った比率となる。ここでは、価格が1ドル増加すると、需要量が常に2単位減少するために、需要曲線の傾きは一定となっている。

需要曲線が直線の場合、傾きは一定であるにもかかわらず、弾力性は一定ではない。これは、傾きが2つの変数の変化幅の比率であるのに対し、弾力性はそれらの変化率の比率であるためである。これは、図4A-4において、グラフの線形需要曲線に対応した需要計画を示している表で確認できる。この表では、需要の価格弾力性を計算するために中間点法を採用している。そして、以下の重要な原則を示している——**価格が低く数量が大きいとき、線形需要曲線は非弾力的になる。価格が高く数量が小さいとき、線形需要曲線は弾力的である。**

図 4A-4　需要曲線が直線（線形）である場合の弾力性

直線の需要曲線の傾きは一定だが、弾力性は一定ではない。需要の価格弾力性は、需要計画と中間点法を用いて計算される。価格が低くて需要が多い点では、需要曲線は非弾力的になる。一方、価格が高くて需要が少ない点では、需要曲線は弾力的になる。

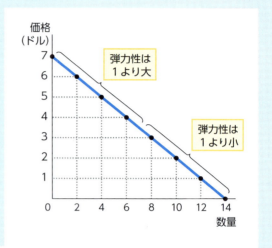

価格（ドル）	数量	総収入（価格×数量）	価格変化率	数量変化率	弾力性	特徴
7	0	0				
6	2	12	15	200	13.0	弾力的
5	4	20	18	67	3.7	弾力的
4	6	24	22	40	1.8	弾力的
3	8	24	29	29	1.0	単位弾力的
2	10	20	40	22	0.6	非弾力的
1	12	12	67	18	0.3	非弾力的
0	14	0	200	15	0.1	非弾力的

　この原則は、変化率の計算方法によるものである。価格が低く、消費者の購入量が多い場合、1ドルの価格上昇と2単位の需要量の減少は、価格の大幅なプラスの変化率と需要量の小幅なマイナスの変化率につながり、その結果、弾力性は小さくなる。価格が高く、消費者の購入量が少ない場合、同じ1ドルの価格上昇と2単位の需要量の減少は、価格の小幅なプラスの変化率と需要量の大幅なマイナスの変化率につながり、その結果、弾力性は大きくなる。

　この表はまた、需要曲線上の各点における総収入を示しているほか、総収入と弾力性の関係も示唆している。たとえば、価格が1ドルの場合、需要は非弾力的であり、価格が2ドルに上がると総収入が増加する。価格が5ドルの場合、需要は弾力的であり、価格が6ドルに上がると総収入は減少する。3ドルから4ドルの間では、需要は単位弾力性を持っており、これら2つの価格の間で総収入は不変である。

　要するに、需要曲線上のすべての点で需要の価格弾力性が同じなわけではない。一定の弾力性を持つ需要曲線もありうるが、それは特殊な場合である。線形需要曲線の弾力性は決して一定ではない。

1-7 そのほかの需要弾力性

市場における買い手の行動を特徴づけるために、経済学者は需要の価格弾力性以外の弾力性概念も用いる。

需要の所得弾力性　**需要の所得弾力性**は、消費者の所得が変化するときに需要量がどのように変化するかを測定する。需要の所得弾力性は、需要量の変化率を所得の変化率で割って計算する。すなわち、

$$需要の所得弾力性 = \frac{需要量の変化率}{所得の変化率}$$

である。第4章で学んだように、ほとんどの財は**正常財**である。つまり、所得が増加すると需要量も増加する。需要量と所得が同方向に動くため、正常財は正（プラス）の所得弾力性を持つ。一部の商品、たとえばバスの乗車券などは**下級財**である。これは、それらが悪いものであるという意味ではなく、単に、所得が増えると需要量が減少する財であることを意味する。需要量と所得が逆方向に動くため、下級財は負（マイナス）の所得弾力性を持つ。

正常財の中でも、所得弾力性は大きく異なる。食品などの必需品は、消費者は所得が低いときでもこれらを一定程度は購入するため、所得弾力性が小さくなる傾向がある（**エンゲルの法則**は、19世紀の統計家にちなんで名付けられたもので、家計の所得が上昇するに従い、所得に対する食費の割合が低下し、所得弾力性が1より小さくなることを示したものである）。一方、ダイヤモンドなどの宝石やセーリングボートなどのぜいたく品は、所得弾力性が大きくなる傾向がある。多くの消費者は、所得が減少するとそれらなしでも十分に生活できると感じるからである。

需要の交差価格弾力性　**需要の交差価格弾力性**は、ある財の価格変化に対する、別の財の需要量の反応を測定する。これは、財1の需要量の変化率を財2の価格の変化率で割って計算される。すなわち、

$$（財1の）需要の交差価格弾力性 = \frac{財1の需要量の変化率}{財2の価格変化率}$$

となる。交差価格弾力性が正になるか負になるかは、2つの財が代替財か補完財かに依存する。第4章で学んだように、**代替財**はハンバーガーとホットドッグのように、通常、互いに替わりとして利用される財である。ホットドッグの価格が上昇すると、人々は替わりにより多くのハンバーガーを焼く。ホットドッグの価格とハンバーガーの需要量が同じ方向に動くため、交差価格弾力性は正になる。逆に、**補完財**は通常、同時に使用される財であり、コンピュータとソフトウェアなどが該当する。この場合、交差価格弾力性は負であり、コンピュータの価格上昇はソフトウェアの需要量を減少させることを意味する。

> **需要の所得弾力性**
> （income elasticity of demand）
> 消費者の所得変化に対して需要量がどれだけ反応するかを測定する尺度。需要量の変化率を所得の変化率で割ることで計算される。

> **需要の交差価格弾力性**
> （cross-price elasticity of demand）
> ある財の価格変化に対して、別の財の需要量がどれだけ反応するかを測定する尺度。財1の需要量の変化率を財2の価格の変化率で割ることで計算される。

第Ⅱ部　ミクロ経済学

理解度確認クイズ

1. ある財の価格弾力性が小さくなるのは、以下のどの場合か。

   a. その財が必需品である場合

   b. 身近に代替財が多くある場合

   c. 市場の範囲が狭く定義されている場合

   d. 長期的な反応が測定されている場合

2. ある財の価格上昇により、消費者がその財に支出する総額が減少したとする。このとき、需要の_____弾力性は1より_____。

   a. 所得 ― 小さい

   b. 所得 ― 大きい

   c. 価格 ― 小さい

   d. 価格 ― 大きい

3. 線形で右下がりの需要曲線が持つ性質は、以下のうちどれか。

   a. 非弾力性である。

   b. 単位弾力性を持つ。

   c. 弾力的である。

   d. 一部の点では非弾力性であり、他の点では弾力的である。

4. ローハンの市民の「所得のうちから食料品に費やす比率」は、ゴンドールの市民の同比率よりも高い。その理由としてありうるのは、次のうちどれか。

   a. ローハンでは、食料品の価格が低く、需要の価格弾力性がゼロである。

   b. ローハンでは、食料品の価格が低く、需要の価格弾力性が0.5である。

   c. ローハンでは、市民の収入が低く、需要の所得弾力性が0.5である。

   d. ローハンでは、市民の収入が低く、需要の所得弾力性が1.5である。

➡（解答は章末に）

2　供給の弾力性

　第4章の供給に関する考察では、ある財の価格が上昇すると、その財の生産者はより多く販売しようとしたことを思い出そう。供給量についての定性的な議論から数量的な言及に移るために、経済学者はここでも弾力性の概念を使用する。

2-1　供給の価格弾力性とその決定要因

供給の価格弾力性
(price elasticity of supply)
価格変化に対して供給量がどれだけ反応するかを測定する尺度。供給量の変化率を価格の変化率で割ることで計算される。

　供給の法則は、財の価格が上がると供給量が増えることを述べている。**供給の価格弾力性**は、価格変化に対して供給量がどれだけ反応するかを測定する。価格変化に対して供給量が大幅に反応する場合、供給は**弾力的**と呼ばれ、供給量がわずかにしか反応しない場合は**非弾力的**と呼ばれる。

　供給の価格弾力性は、売り手が生産量をどれだけ柔軟に変更できるかに依存する。海沿いの土地の供給は非弾力的である。なぜなら、マーク・トウェインがかつて助言したように、「土地を買いなさい、それ以上作られないから」である。本や自動車、テレビなどの工業製品は、それらを生産する企業が価格上昇に対応して工場をより長く稼働させることができるため、弾力的な供給を持っている。

　ほとんどの市場では、供給は短期よりも長期のほうが弾力的である。その理由は単純である。短期間では、企業は労働時間を延長することで生産量を増やすことはできるが、工場の規模を簡単に変えることはできない。したがって、短期では供給量は価格の変化に対してあまり大きくは反応しない。しかし、長期では企業は新しい工場を建設したり古い工場を閉鎖したりすることができる。さらに、新しい企業

106

第4章　付論　弾力性とその応用

が市場参入したり、古い企業が退出したりすることも可能になる。したがって、長期では供給量は価格の変化に大きく反応する。

2-2 供給の価格弾力性の計算方法

以上が供給の価格弾力性の一般的な性質だが、より正確には、経済学者は、供給量の変化率を価格の変化率で割ることで、供給の価格弾力性を計算する。すなわち、

$$供給の価格弾力性 = \frac{供給量の変化率}{価格の変化率}$$

である。たとえば、牛乳の価格が1ガロンあたり2.85ドルから3.15ドルに上昇すると、酪農家が1か月に生産する牛乳の量が9,000から1万1,000ガロンに増加するとする。中間点法を使用して、価格の変化率を次のように計算する。

$$価格の変化率 = \frac{(3.15 - 2.85)}{3.00} \times 100 = 10\%$$

同様に、供給量の変化率を次のように計算する。

$$供給量の変化率 = \frac{(11,000 - 9,000)}{10,000} \times 100 = 20\%$$

したがってこの場合、供給の価格弾力性は以下の通りとなる。

$$供給の価格弾力性 = \frac{20\%}{10\%} = 2$$

この例では、弾力性が2であることは、供給量が価格の変化に対して2倍の大きさで変化することを示している。

2-3 供給曲線の多様さ

供給曲線の形状は、供給の価格弾力性を反映している。図4A-5は5つのケースを示している。パネル (a) は、弾力性がゼロという最も極端なケースを示しており、供給は**完全に非弾力的**、そして供給曲線は垂直である。この場合、価格に関係なく供給量は一定である。弾力性が高くなるにつれて、供給曲線は次第に平らになり、価格の変化に対して供給量がより大きく反応することを示している。もう一方の極端な例は、パネル (e) に示されているように、供給が**完全に弾力的**な場合である。これは、供給の価格弾力性が無限に近づき、供給曲線が水平になり、価格のごくわずかな変化が供給量に膨大な変化をもたらすことを示している。

いくつかの市場では、供給弾力性が一定ではなく、供給曲線の場所しだいで変化する。図4A-6は、企業が生産能力に上限が存在する（すなわち、無限には生産できない）工場を持つ場合の典型的なケースを示している。供給量の水準が低いときは、供給の弾力性が高く、企業は価格の変化に大きく反応する。供給曲線がこの領域にあるとき、企業には工場や設備などの生産能力に余剰があり、1日の一部またはすべての時間が非稼働になっている。したがって、価格がわずかに上昇するだけでも、企業はこの日稼働している生産能力を活用することが利益になる。しかし、供給量が増加するにつれて、企業の現在の生産能力の上限に近づいていく。そうなると、さらなる増産のためには新工場の建設が必要になるかもしれない。しかし、追加の

107

図 4A-5　供給の価格弾力性

供給の価格弾力性によって、供給曲線の傾きが急なのか緩やかなのかが決まる。なお、すべての変化率は中間点法を用いて計算されている。

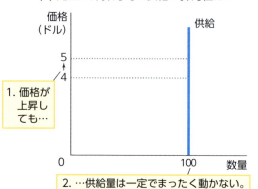

(a) 完全に非弾力的な供給：弾力性は 0

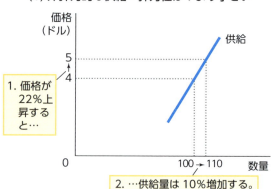

(b) 非弾力的な供給：弾力性は 1 より小さい

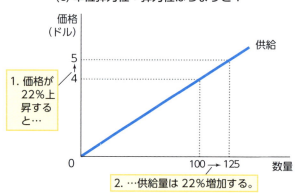

(c) 単位弾力性：弾力性はちょうど 1

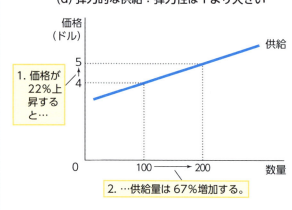

(d) 弾力的な供給：弾力性は 1 より大きい

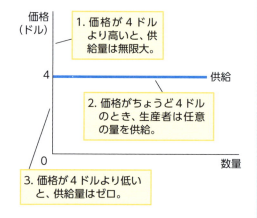

(e) 完全に弾力的な供給：弾力性は無限大

費用負担をまかなうためには価格が大幅に上昇しなければならないため、この範囲では供給が非弾力的となる。

図4A-6は以上の議論を具体的に示している。価格が3ドルから4ドルに上昇すると（中間点法を使用すると29％の増加）、供給量は100から200に増加する（67％の増加）。供給量の変化率が価格の変化率より大きいため、供給曲線は1より大きい弾力性を持つ。対照的に、価格が12ドルから15ドルに上昇すると（22％の増加）、供給量は500から525に増加する（5％の増加）。この場合、供給量の変化率は価格変化率よりも小さいため、弾力性は1よりも小さくなる。

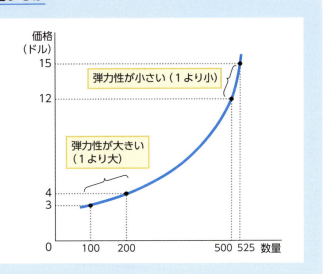

図 4A-6　供給の価格弾力性はどう変化するか

企業の生産能力には上限があるため、供給の弾力性は供給量が少ない時に非常に高くなる一方、供給量が多い時に非常に低くなることがある。たとえば、価格が3ドルから4ドルに上昇すると、供給量が100から200に増加する。中間点法で計算された供給量の67％の増加は価格の29％の上昇よりも大きいため、この範囲の供給曲線は弾力的である。対照的に、価格が12ドルから15ドルに上昇すると、供給量は500から525にしか増加しない。供給量の5％の増加は価格の22％の上昇よりも小さいため、この範囲の供給曲線は非弾力的である。

理解度確認クイズ

5. ある財の価格が16から24ドルに上昇し、供給量が90から110に上昇した場合、中間点法を使用して計算された供給の価格弾力性は、以下のうちどれになるか。
   a. 1/5
   b. 1/2
   c. 2
   d. 5

6. 供給の価格弾力性がゼロのときの供給曲線の形状は、以下のうちどれか。
   a. 右上がり
   b. 水平
   c. 垂直
   d. 数量が少ないときはかなり平坦だが、数量が多くなると急勾配

7. 時間を通じて企業が市場に自由に参入・退出できることにより、長期的には以下のうちどれがもたらされるか。
   a. 需要曲線がより弾力的になる。
   b. 需要曲線がより非弾力的になる。
   c. 供給曲線がより弾力的になる。
   d. 供給曲線がより非弾力的になる。

➡（解答は章末に）

第Ⅱ部　ミクロ経済学

3　供給・需要・弾力性に関する3つの応用

　農業にとって良いニュースが、農家にとっては悪いニュースになることがありうるのだろうか。国際石油カルテルであるOPECが、原油価格を高い水準で維持できなかったのはなぜか。麻薬禁止によって麻薬関連犯罪は増えるだろうか、それとも減るだろうか。これらの質問は一見あまり共通点がないように思えるかもしれない。しかし、これらはすべて市場に関する問題であり、そして市場はすべて需要と供給の影響を受ける。

3-1　農業にとっての良いニュースが、農家にとっては悪いニュースになることはありうるか

　あなたがカンザスの小麦農家だとする。所得のすべてを小麦の販売から得ているため、土地の生産性をなるべく高くしようと努める。天候や土壌の状態を観察し、害虫や病気をチェックし、最新の農業技術を学ぶ。多くの小麦を育てるほど、収穫量は増え、売上が増えて生活水準も向上する。

　ある日、カンザス州立大学が重要な発見を発表する。1エーカー当たりの生産量を20％増加させる小麦の新たな交配種を開発したというのである。これに対し、あなたはどう対応すべきだろうか。この新しい交配種の発見は、あなたをより良い状態にするだろうか、悪い状態にするだろうか。

　第4章で学んだ「3つのステップ」を思い出そう。まず、その出来事が需要曲線をシフトさせるのか、供給曲線をシフトさせるのか、あるいはその両方をシフトさせるかどうかを判断する。次に、シフトの方向性を判断する。最後に、第3ステップでは、需要と供給の図を用いて市場均衡がどのように変化するかを確認する、というものであった。

　この場合、交配種の発見は供給曲線に影響を与える。交配種は1エーカー当たりの生産量を増加させるため、農家はどんな価格水準においても、これまでより多くの小麦を供給しようとする。つまり、供給曲線は右側にシフトする。需要曲線については、消費者の小麦製品を購入する意欲は、どの価格水準においても交配種の発見に影響を受けないため、これまでと変わらない。図4A-7は以上の変化を示している。供給曲線がS_1からS_2にシフトすると、小麦の販売量は100から110に増加し、価格は3ドルから2ドルに低下する。

　この発見は農家にとってより良いものだろうか。彼らの総収入、つまり小麦価格と販売量を掛け合わせた$P \times Q$に何が生じるのかを考えてみよう。この発見は、農家に対して相異なる2つの影響を与える。交配種により農家はより多くの小麦を生産できるようになる（Qの増加）。しかし小麦1ブッシェルあたりの価格が低下する（Pの低下）。

　総収入が増加するか減少するかは、需要の価格弾力性によって決まる。小麦は多くの人々にとって、食生活における中心的な食材である。このような基礎的な食材の需要は通常、価格が比較的安く、代替品がほとんどないため、価格弾力性は小さ

110

図4A-7 小麦市場における供給の増加

技術進歩によって小麦の供給がS_1からS_2に増加すると、価格は低下する。小麦の需要が非弾力的であるため、数量が100から110に増加した変化率より、価格が3ドルから2ドルに低下した変化率のほうが大きい。その結果、農家の総収入は300ドル（3ドル×100）から220ドル（2ドル×110）に減少する。

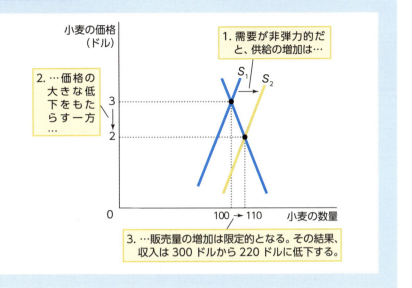

くなる。図4A-7のように需要曲線が非弾力的な場合、価格の低下は総収入の減少を引き起こす。この図で見ると、小麦の価格が大幅に下がる一方、販売量はわずかにしか増えないため、総収入が300ドルから220ドルに減少していることがわかる。つまり、新しい交配種は農家の総収入を減少させるのである。

農家がこの交配種の発見によって不利益を被るのであれば、それを採用する理由などあるのだろうか。その答えは、競争市場がどのように機能しているかについての核心に関わるものである。競争市場という前提のもとでは、各農家は小麦市場のごくわずかな部分のみを占めるにすぎないため、価格を与えられたものとして受け入れる。価格が所与であれば、より多くの小麦を生産して販売するほうが得であるため、新しい交配種を使用して増産する。しかし、すべての農家がこれを行うことで、小麦の供給が増加し、価格が低下し、農家は不利益を被ることになるのである。

この例は仮説にすぎないように見えるかもしれないが、アメリカ経済に生じた、ある大きな変化を説明する力を持つのである。200年前、ほとんどのアメリカ人は農業に従事していた。農業技術に関する知識は非常に原始的であり、この国の人口を養うためにはほとんどのアメリカ人が農家である必要があった。しかし、時間とともに、農業技術が進歩し、各農家が生産できる食料の量が増加した。食料供給の増加と食料の価格弾力性の低さにより、農業収入が減少し、人々は農業を離れることになった。

アメリカのこの変化の規模を示すいくつかの数値がある。1900年には、労働力の40％を占める約1,200万人が農業に従事していた。2020年の農業従事者は労働力の2％、およそ300万人である。農家の数が大幅に減少したにもかかわらず、生産性の向上により、アメリカの農場は4倍以上に増加した人口を養うことができた。

この分析は、以下の興味深い公共政策を説明する上で有益である。ある種の政府

第Ⅱ部　ミクロ経済学

プログラムは、農家に作物を栽培させないように誘導することで、農家を支援しようとする。その目的は、農産物の供給を減らし、それによって価格を引き上げることである。彼らが生産する財に対する需要は非弾力的であるため、市場に供給する農作物を農家全体で少なくすれば、より多くの総収入を得ることができる。政府の介入がない場合、個々の農家は市場価格を与えられたものとして受け入れることしかできないので、あえて休耕地を作って生産しないという選択肢は採らないだろう。（自分だけ）栽培量を減らしても、単に収入が減るだけである。しかし、すべての農家に対して、同時に栽培量を減らすように説得できれば、市場価格が上昇し、すべての農家がより良い状況になる可能性が生じる。税金で賄われる補助金は、その説得に用いられるのである。

しかし、農家の利益は、社会全体の利益と一致しない場合がある。農業技術の改善は、農家にとって不必要に悪影響を及ぼすものかもしれないが、消費者にとっては食料品を安く買えるようになるので好ましいことである。同様に、農産物の供給量を減らすことを目的とした政府の政策は、農家の収入を増やすという点では好ましいかもしれないが、高い価格を支払う消費者と補助金のコストを負担する納税者の犠牲のもとに成り立っているともいえる。

3-2　OPECが原油価格を高い水準で維持することができなかったのはなぜか

世界経済における大きな混乱のうちの多くは、世界の原油市場が発端となっている。1970年代、石油輸出国機構（OPEC）の加盟国は、原油販売による収入を増やすために原油価格を引き上げることを決定した。これらの国々は、供給する原油量を共同で減らすことによってこの目標を達成した。その結果、1973年から1974年にかけて、原油価格は、インフレ調整後でみて、50％以上上昇した。数年後、OPECは再び同じことを行った。1979年から1981年までの間、原油価格はほぼ倍になった。

しかし、OPECはそのような高い水準で価格を維持することが難しいことに気づかされた。1982年から1985年にかけて、原油価格は毎年約10％ずつ着実に下落していった。OPEC加盟国の間に不満と混乱が急速に広がっていった。1986年、OPECメンバー間の協調は完全に崩壊し、原油価格は45％急落した。1990年、原油価格は、インフレ調整後で見ると1970年初と同じ水準に戻り、1990年代の大部分を通じ、その低い水準で推移することになった。

このような1970年代から1980年代にかけてのOPECをめぐる出来事は、需要と供給の作用は短期と長期で異なることを示している。短期では、原油の需要と供給の双方が比較的非弾力的である。供給が非弾力的であるのは、原油埋蔵量や原油の採掘能力はすぐには変化しないためである。需要が非弾力的であるのは、購買習慣が価格の変化に直ちには反応しないためである。このため、図4A-8のパネル (a) に示されているように、短期的には需要曲線と供給曲線は急勾配である。石油の供給がS_1からS_2にシフトすると、価格はP_1からP_2へと大きく上昇する。

長期では状況が大きく異なってくる。OPEC以外の石油生産者は、高い価格に反

図 4A-8　石油市場における供給の減少

石油供給が減少した場合、その反応は時間の長さに依存する。短期的には、パネル(a)のように、需要と供給は相対的に非弾力的である。供給曲線がS_1からS_2にシフトすると、価格は大幅に上昇する。しかし、長期的には、パネル(b)のように、需要と供給は相対的に弾力的である。この場合、同じ規模の供給曲線のシフト（S_1からS_2）がもたらす価格上昇は小幅なものにとどまる。

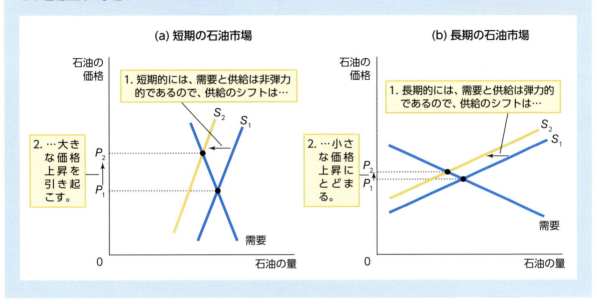

応して原油の探査を増やし、新しい採掘設備を構築する。消費者は、古い非効率な自動車を新しい効率的なものと交換するなど、石油消費の節約に努める。図4A-8のパネル(b)に示されているように、長期的な需要と供給の曲線はより弾力的である。長期的には、供給曲線がS_1からS_2に移動すると、価格の上昇は小幅なものにとどまるのである。

以上が、なぜOPECが原油価格を短期間には高水準で維持させることができたかを説明している。OPEC加盟国が石油の減産に同意することで、供給曲線は左側にシフトした。各OPEC加盟国の石油販売量は減少したにも関わらず、短期間には価格が大幅に上昇したため、加盟国の収入は増加した。しかし、長期的には、需要と供給はより弾力的である。その結果、供給曲線の平行なシフトによって測定される供給量が同じ規模であっても、価格の上昇はより小さくなる。OPECは、価格引き上げが短期的には容易だが、長期的にはそうではないことを学んだのである。

21世紀の最初の20年間、原油価格は再び大きく変動したが、主な要因はOPECの供給制限ではなかった。その代わりに、需要面では世界経済の好況と不況による需要変動、供給面ではフラッキング技術の進歩による供給増が石油市場を動かす主な原動力となった。今後は、地球温暖化への懸念に基づく化石燃料からの脱却が、主要な原動力になるであろう。

第Ⅱ部　ミクロ経済学

3-3　麻薬の禁止は麻薬関連の犯罪を増やすか減らすか

　ヘロイン、フェンタニル、コカイン、エクスタシー、メタンフェタミンといった非合法薬物（麻薬）の乱用は、何十年もの間、アメリカ合衆国の悩みの種であり続けている。薬物の使用にはいくつかの有害な影響がある。中毒は薬物の使用者とその家族の生活を破壊する。中毒者はしばしば、何とか薬物を手に入れようとして強盗などの暴力的な犯罪に手を染め、逮捕されると長期間刑務所で過ごすことになる。麻薬流通の抑制のために、アメリカ政府は毎年数十億ドルを費やしている。需要と供給のツールは、この麻薬禁止政策の影響を分析するのに有用である。

　政府が麻薬の流通を阻止するために連邦捜査官の数を増やすとする。このとき、違法薬物市場の全体像はどうなるだろうか。いつものように、答えは3つのステップから求められる。まず、需要曲線と供給曲線のどちらがシフトするかを判断する。次に、シフトの方向を判断する。最後に、シフトが均衡価格と均衡数量に与える影響を調べる。

　麻薬禁止の直接的な影響は、麻薬の購入者ではなく麻薬の販売業者の側に生じる。政府が麻薬の自国への持ち込みを禁止し密輸業者を逮捕すると、麻薬の販売コストが上昇し、他の条件を一定とすると、どの価格水準に対しても麻薬の供給量が減少する。一方、麻薬の需要、つまりある価格に対して買い手が購入したい量は不変である。図4A-9のパネル (a) にあるように、麻薬持ち込みの禁止は需要曲線を変えずに供給曲線を左側、つまりS_1からS_2にシフトさせる。均衡価格はP_1からP_2に上昇し、均衡数量はQ_1からQ_2に減少する。均衡数量の減少は、麻薬の持ち込み禁止によって麻薬の使用量が減少することを意味する。

　しかし、麻薬関連の犯罪数はどうなるのだろうか。麻薬使用者が購入した麻薬の合計金額を考えてみよう。ほとんどの中毒者は価格が高いからと言って麻薬の使用をやめることはないだろう。したがって、麻薬の需要曲線は、図4A-9にあるように、非弾力的である。需要が非弾力的であれば、価格上昇は麻薬市場の総収入を増加させる。つまり、麻薬の禁止によって、麻薬の使用量の減少率よりも価格の上昇率のほうが高くなるために、麻薬使用者が支払う総額を増加させるのである。麻薬中毒者はより大きな額の現金をより迅速に手に入れようとするだろう。その結果、避けられないことが生じる。麻薬の禁止は麻薬関連の犯罪を増加させる可能性があるのである（さらに、ここでは考慮していない、薬物法の施行が、特定のコミュニティ（特に有色人種の人々）に与えるよく知られた経済的・社会的ダメージも存在する）。

　こうした麻薬禁止の副作用を踏まえ、一部のアナリストは代替的なアプローチを提案している。その1つは、マリファナなどの相対的に危険度の低い薬物の合法化である。引き続き非合法である薬物については、政策立案者は、供給を減らすことではなく、薬物教育を通じて需要を減らすことに挑むかもしれない。薬物教育が成功すると、図4A-9のパネル (b) に見られるような効果が生じる。需要曲線はD_1からD_2へと左側にシフトする。その結果、均衡数量はQ_1からQ_2に減少し、均衡価格はP_1からP_2に低下する。したがって、総収入である$P \times Q$も減少する。麻薬禁止とは対照的に、薬物教育は麻薬の使用と麻薬関連の犯罪の両方を減らすことができる。

114

図 4A-9　麻薬の使用を減らす政策

麻薬の禁止はパネル(a)のように麻薬の供給をS_1からS_2に減少させる。もし麻薬の需要が非弾力的であれば、麻薬の使用量が減少しても、使用者が支払う総額は増加する。これに対して、薬物教育はパネル(b)のように麻薬の需要をD_1からD_2に減少させる。価格と数量の両方が減少するため、使用者が支払う総額も減少する。

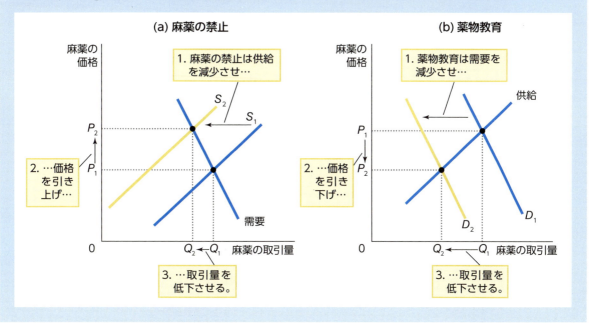

麻薬禁止の支持者は、「需要の弾力性は時間軸に依存するため、この政策の長期的な影響は短期的な影響とは別のものになる」と主張するかもしれない。麻薬の需要は、短期間ではおそらく非弾力的である。なぜなら、価格を引き上げても中毒者の麻薬使用にほとんど影響を与えないからである。しかし、長期間では、麻薬の需要はより弾力的かもしれない。なぜなら、高い価格によって若者による麻薬使用のきっかけが阻まれ、時間の経過とともに麻薬中毒者が減少する可能性があるためである。これが正しければ、麻薬の禁止は短期では麻薬関連の犯罪を増加させるが、長期では減少させる可能性がある。

理解度確認クイズ

8. 穀物の供給が増加したとき、穀物生産者の総収入が減少するのは以下のうちどれか。
   a. 供給曲線が非弾力的である場合
   b. 供給曲線が弾力的である場合
   c. 需要曲線が非弾力的である場合
   d. 需要曲線が弾力的である場合

9. 競争市場において、農家が自分たちの収入を結果的に減少させてしまうような新技術を採用する理由は、以下のうちどれか。
   a. 各農家がプライステイカーであるため
   b. 農家が目先のことしか見ていないため
   c. 規制により最新の技術の使用が求められているため
   d. 消費者が農家に価格を下げるよう圧力をかけるため

第Ⅱ部　ミクロ経済学

10. 石油の需要曲線が長期的には＿＿＿＿＿＿ため、OPECの石油供給削減は長期的には短期的よりも価格に＿＿＿＿＿＿影響を与えた。

　　a. より弾力的でない ― より小さい

　　b. より弾力的でない ― より大きい

　　c. より弾力的である ― より小さい

　　d. より弾力的である ― より大きい

11. 時間の経過とともに、技術の進歩は、①消費者の所得を増加させ、②スマートフォンの価格を引き下げる。もし需要の所得弾力性が＿＿＿＿＿＿より大きく、需要の価格弾力性が＿＿＿＿＿＿より大きければ、①と②のそれぞれが消費者のスマートフォンに対する支出額を増加させる。

　　a. ゼロ ― ゼロ

　　b. ゼロ ― 1

　　c. 1 ― ゼロ

　　d. 1 ― 1

➡（解答は章末に）

4　結論

　昔からのジョークに、「オウムでも『需要と供給』とさえ言えるようになれば経済学者になれる」というものがある。第4章とこの付論を読んで、そのジョークには少なからず真実が含まれていることがわかるだろう。需要と供給のツールは、経済に起こるさまざまな出来事や政策を分析するのに役立つ。あなたは今、経済学者（少なくともよく訓練されたオウム）になる道を順調に進んでいるのである。

本論のポイント

- 需要の価格弾力性は、価格変化に対して需要量がどれだけ反応するかを測定する。代替品が入手しやすいとき、必需品ではなくぜいたく品であるとき、定義される市場の範囲が狭いとき、または価格変化に対して買い手が反応するための十分な時間があるとき、需要はより弾力的になる傾向がある。

- 需要の価格弾力性は、需要量の変化率を価格の変化率で割って計算する。需要量の変化率が価格の変化率よりも小さい場合、弾力性は1未満となり、需要は非弾力的である。需要量の変化率が価格の変化率よりも大きい場合、弾力性は1より大きくなり、需要は弾力的である。

- 総収入、すなわち商品に対して支払われる総額は、価格に販売数量を掛けたものである。需要曲線が非弾力的であれば、総収入は価格と同じ方向に動く。需要曲線が弾力的であれば、総収入は価格と反対方向に動く。

- 需要の所得弾力性は、消費者の所得変化に対して需要量がどれだけ反応するかを測定する。需要の交差価格弾力性は、ある財の価格変化に対して他の財の需要量がどれだけ反応するかを測定する。

- 供給の価格弾力性は、価格変化に対して供給量がどれだけ反応するかを測定する。この弾力性は多くの場合、時間軸の長さに依存する。ほとんどの市場では、供給は短期よりも長期において、より弾力的である。

116

第4章 付論 弾力性とその応用

● 供給の価格弾力性は、供給量の変化率を価格の変化率で割って計算する。供給量の変化率が価格の変化率より小さい場合、弾力性は1未満となり、供給は非弾力的である。供給量の変化率が価格の変化率よりも大きい場合、弾力性は1より大きくなり、供給は弾力的である。

● 需要と供給のツールは、さまざまな市場に適用できる。この付論では、このツールを用いて小麦市場、石油市場、違法薬物市場を分析した。

理解度確認テスト

1. 需要の価格弾力性と需要の所得弾力性を定義しなさい。

2. 需要の価格弾力性の4つの決定要因（本論で取り上げたもの）を挙げ、それぞれについて説明しなさい。

3. 弾力性が1より大きい場合、需要は弾力的か、非弾力的か。弾力性がゼロの場合、需要は完全に弾力的か、完全に非弾力的か。

4. 需要と供給の図を用いて、均衡価格、均衡数量、および生産者が受け取る総収入を示しなさい。

5. 需要が弾力的な場合、価格の上昇は総収入にどのような影響を与えるか。説明しなさい。

6. 所得弾力性がゼロより小さい財を何と呼ぶか。

7. 供給の価格弾力性はどのように計算されるか。それが何を測定しているのか、答えなさい。

8. 一定量の財が利用可能であり、さらにそれ以上は作られない場合、供給の価格弾力性はどうなるか。

9. 暴風雨によってそら豆の収穫量の半分が失われたとする。そら豆の需要が非常に弾力的な場合、非常に非弾力的な場合、それぞれの場合において、この出来事はそら豆の農家にとってより悪い影響を与えるかどうか、説明しなさい。

演習と応用

1. 以下のそれぞれの財の組み合わせについて、より弾力的な需要があると予想される財はどちらか。その理由も説明しなさい。
   a. 必修の教科書、またはミステリー小説
   b. ビリー・アイリッシュの音楽を録音したもの、または一般的なポップ音楽を録音したもの
   c. 6か月間の地下鉄の乗車券、または5年間の地下鉄の乗車券
   d. ルートビア、または水

2. ビジネス旅行者と休暇旅行者が、シカゴからマイアミへの航空券に対する以下の需要を持っているとする。

価格（ドル）	需要量（ビジネス旅行者、枚）	需要量（休暇旅行者、枚）
150	2,100	1,000
200	2,000	800
250	1,900	600
300	1,800	400

   a. チケットの価格が200ドルから250ドルに上昇したときの、①ビジネス旅行者、②休暇旅行者、の需要の価格弾力性はどうなるか（計算には中間点法を用いなさい）。
   b. なぜ休暇旅行者とビジネス旅行者は異なる弾力性を持つのか。

117

第Ⅱ部　ミクロ経済学

3. 暖房油の需要の価格弾力性が、短期では0.2で、長期では0.7であるとする。

　a. 暖房油の価格が1ガロンあたり1.80ドルから2.20ドルに上昇すると、短期的には暖房油の需要量にどのようなことが生じるか。長期的にはどうか（計算には中間点法を使用しなさい）。

　b. なぜこの弾力性は時間軸に依存しているのか。

4. 価格変動により、ある財の需要量が30％減少した一方で、その財の総収入は15％増加した。この需要曲線は弾力的か、それとも非弾力的か。説明しなさい。

5. コーヒーとドーナツは補完財であり、非弾力的な需要を持つ。ハリケーンにより、コーヒー豆の収穫量の半分が失われたとする。適宜、図を用いて、以下の問いに答えなさい。

　a. コーヒー豆の価格はどうなるか。

　b. コーヒー1杯の価格はどうなるか。コーヒーに対する総支出はどうなるか。

　c. ドーナツの価格はどうなるか。ドーナツに対する総支出はどうなるか。

6. 先月、アスピリンの価格が急上昇したが、販売数量は変わらなかった。5人がこの現象についてさまざまな見方をしている。

- メレディス：需要は増加したが、供給は完全に非弾力的である。
- アレックス：需要は増加したが、需要は完全に非弾力的だった。
- ミランダ：需要は増加したが、同時に供給が減少した。
- リチャード：供給が減少したが、需要は単位弾力的だった。
- オーウェン：供給が減少したが、需要は完全に非弾力的だった。

誰の見方が正しいか。グラフを使用してあなたの答えを説明しなさい。

7. あなたのピザの需要計画が以下の通りであるとする。

価格（ドル）	需要量（枚）［所得が2万ドルのとき］	需要量（枚）［所得が2万4,000ドルのとき］
8	40	50
10	32	45
12	24	30
14	16	20
16	8	12

　a. あなたの所得が①2万ドルの場合と、②2万4,000ドルの場合に、ピザの価格が8ドルから10ドルに上昇したときの価格弾力性を、中間点法を用いて計算しなさい。

　b. 価格が①12ドルの場合と、②16ドルの場合に、あなたの所得が2万ドルから2万4,000ドルに上昇したときの所得弾力性を計算しなさい。

8. ニューヨーク・タイムズ紙は、運賃値上げ後に地下鉄の利用者が減少したことを、以下の通り報じた（1996年2月17日）。

「地下鉄のトークン〔訳注：支払い手段の1つ〕の価格が25セント上がって1.5ドルになってからの最初の月である1995年12月には、前年12月対比で約400万人の乗客が減少し、4.3％の減少となった」。

　a. このデータを用いて、地下鉄利用における需要の価格弾力性を推定しなさい。

　b. あなたの推定によると、運賃が上昇したとき、地下鉄の運航当局の収入はどうなるか。

　c. あなたの弾力性の推定が必ずしも信頼できるものでないとすると、それはなぜか。

9. 2人のドライバー、テルマとルイーズがそれぞれガソリンスタンドに停車した。価格を見ずに、それぞれ以下の注文をした。

　　テルマ：ガソリンを5ガロンください。

　　ルイーズ：20ドル分のガソリンをください。

それぞれのドライバーの需要の価格弾力性はどのようなものか。

10. 喫煙を対象とした公共政策を考える。

　a. 既存研究によると、タバコの需要の価格弾力性は約0.4である。現在のタバコ1パックの価格が5ドルであり、政府が喫煙を20％

減少させたい場合、価格をどこまで引き上げるべきか。

b. 政府がタバコ価格を恒久的に引き上げた場合、この政策が喫煙に対してより大きな影響を持つのは1年後だろうか、5年後だろうか。

c. 既存研究はまた、10代の若者の需要の価格弾力性が、大人よりも高いことを示している。その理由を説明しなさい。

11. あなたは博物館の学芸員である。博物館の運営資金が不足しているため、収入を増やしたいと考えている。入場料を引き上げるべきか、それとも引き下げるべきか。説明しなさい。

12. なぜ以下のようなことが起こりうるのか、説明しなさい。「世界中で干ばつが発生すると、農家が穀物販売から得る総収入が増加するが、カンザス州だけで干ばつが発生すると、カンザス州の農家が得る総収入は減少する」。

理解度確認クイズの解答

1. a　**2.** d　**3.** d　**4.** c　**5.** b　**6.** c　**7.** c　**8.** c　**9.** a　**10.** c　**11.** b

第5章

Chapter 5
Supply, Demand, and Government Policies

需要、供給および政府の政策

　経済学者には多くの役割がある。科学者として、自分たちを取り巻く世界を説明するための理論を構築し、検証する。政策アナリストやアドバイザーとして、これらの理論を使って世界を変えようとする。前章とその付論では、科学的な内容を取り扱ってきた。需要と供給の理論は、財の価格と販売量の関係を説明する。さまざまな出来事によって需要と供給がシフトすると、均衡価格と均衡数量が変化する。弾力性という概念は、こうした変化の大きさを測るのに役立つ。この理論は、経済学の多くの基礎となっている。

　本章は政策について説明する。需要と供給のツールを使って、何種類かの政府政策を分析し、いくつかの興味深い洞察を得る。政策は往々にして、その立案者が予想さえしなかった効果をもたらすのである。

　物価をコントロールする努力はよく吟味する価値がある。この分類においては、家主が借主に請求できる料金の上限を定めた家賃規制法と、雇用主がそれ以下にしてはならない賃金の閾値（境目となる値）を定めた最低賃金法を検証する。政策立案者は、財やサービスの市場価格が高すぎる、あるいは低すぎると考える場合、価格規制を制定することが多い。しかし、こうした政策は、それ自体が問題を引き起こすこともある。

　価格規制の次は、税の影響について考える。政策立案者は歳入を確保し、市場の結果に影響を与えるために税を活用する。経済における税の普及は明らかであるが、

第Ⅱ部　ミクロ経済学

その効果は明らかではない。たとえば、企業が労働者に支払う金額に政府が課税する場合、その負担は企業が負うのか、果たして労働者が負うのか、その答えは需要と供給という強力なツールを適用するまでは明らかにならないのである。

1 価格規制がもたらす意外な効果

価格規制が市場の結果にどのような影響をもたらすのかを見るために、アイスクリーム市場に話を戻そう。第4章で見たように、アイスクリームが競争市場で販売される場合、価格は通常、需要と供給のバランスをとるように調整される。均衡価格では、買い手が買いたいアイスクリームの数量は、売り手が売りたい数量とちょうど等しくなる。具体的には、均衡価格がアイスクリーム1個あたり3ドルだとしよう。

この結果を好まない人もいるだろう。全米アイスクリーム消費者協会は、誰もが1日1個（協会の推奨する1日の摂取量）を楽しむには3ドルという価格は高すぎると不満を述べている。一方、全米アイスクリーム製造業者協会は、3ドルという価格は「熾烈な競争」の結果であり、あまりに安すぎるために会員の収入を圧迫していると訴える。これら各団体は、アイスクリームの価格を統制する法律を通すことによって市場の結果を変えるために、政府に働きかけを行う。

買い手はたいていより安い価格を望み、売り手はより高い価格を望むため、2つのグループの利害は対立する。全米アイスクリーム消費者協会の政府への働きかけが成功すると、政府はアイスクリームの販売価格に法的上限を設ける。価格がこの水準を超えて上昇することは許されないため、法律で定められた上限は**価格上限**と呼ばれる。対照的に、全米アイスクリーム製造業者協会が政府への働きかけに成功した場合、政府は価格に法的下限を課す。価格がこの水準を下回ることは許されないため、法律で定められた下限は**価格下限**と呼ばれる。

価格上限 ....
（price ceiling）
財を販売できる価格の法律で定められた上限

価格下限 ....
（price floor）
財を販売できる価格の法律で定められた下限

1-1 価格上限は市場の結果にどのような影響を及ぼすか

全米アイスクリーム消費者協会の苦情と選挙献金に心を動かされた政府が、アイスクリームの市場に価格の上限を課した場合、2つの結果が考えられる。図5-1のパネル（a）では、政府はアイスクリーム1個当たり4ドルの価格上限を課す。この場合、需要と供給を均衡させる価格（3ドル）は上限を下回るので、価格上限は**拘束力を持たない**。市場原理は経済を均衡に向かわせ、この価格上限は価格にも販売量にも影響を与えない。

図5-1のパネル（b）は、もう1つの、より興味深い可能性を示している。この場合、政府はアイスクリーム1個当たり2ドルの価格上限を課す。均衡価格の3ドルは価格上限を上回っているため、価格上限は市場を**拘束力を持つ制約となる**。需要と供給の力は価格を均衡に向かわせる傾向があるが、この上限は市場価格が均衡に達するのを妨げる。その代わり、市場価格は価格上限でなければならない。この価格では、アイスクリームの需要量（図5-1では125個）が供給量（75個）を上回る。50個の超過需要によって、現行価格でアイスクリームが欲しいのに買えない人がいる。つ

122

第5章 需要、供給および政府の政策

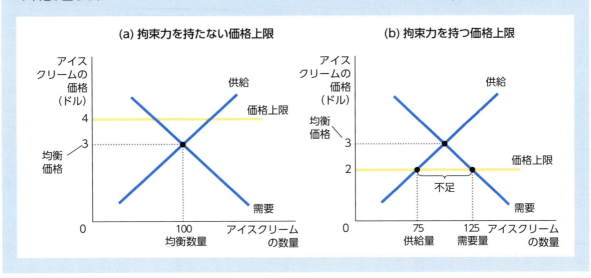

図 5-1 価格上限がある市場

パネル(a)では、政府は4ドルの価格上限を課している。3ドルの均衡価格より高いので、上限は何の効果もなく、市場は需要と供給の均衡に達することができる。均衡点で、需要量と供給量はともに100個となる。パネル(b)では、政府は2ドルの価格上限を課す。価格上限は均衡価格3ドルを下回るので、市場価格は2ドルである。この価格では、125個のアイスクリームが需要される一方で、75個しか供給されないので、50個のアイスクリームの不足が生じる。

まり価格上限はアイスクリーム不足を生み出す。

　この品不足に対応するため、アイスクリームを配給する何らかの仕組みが自然に発生するだろう。それは長蛇の列かもしれない。その場合、早く到着して列に並んだ（あるいは他の人にお金を払って並ばせた）買い手はアイスクリームを手に入れることができるが、それができない、あるいはそうしたくない買い手はアイスクリームを手に入れることができない。もう1つの可能性は、売り手が自分の個人的な偏見に従ってアイスクリームの配給を決め、友人や親戚、自分の属する人種や民族のグループ、あるいは何らかの見返りに便宜を図ってくれる人にしか売らないかもしれない。明らかに、価格上限がアイスクリームの買い手を助けることを意図していたとしても、すべての買い手がこの政策の恩恵を受けているわけではない。行列に並んで待たなければならないかもしれないが、安い価格で購入できる買い手もいれば、アイスクリームをまったく手に入れられない買い手もいる。

　この例は一般的な結果を示している。**政府が競争市場に拘束力を持つ価格上限を課すと、不足が生じ、売り手は潜在的な買い手の間で希少な商品を配給しなければならない。**価格上限の下で現れる配給メカニズムは、望ましいことはめったにない。長蛇の列は買い手の時間を浪費するので非効率的である。売り手の偏見に依存することは、非効率的であり（その財を最も高く評価する買い手にその財が渡らない可能性があるため）、かつ不公正である。対照的に、自由競争市場における配給メカニズムは単純明快である。市場が均衡に達すれば、市場価格を支払う意思のある人

は誰でもその財を買うことができる。これは、価格が高いときには一部の買い手にとって不公平に見えるかもしれないが、効率的かつ非個人的なものである。アイスクリームを買うのに、アイスクリーム製造業者の友人や親戚である必要はない。あなたはただ、3ドルを支払う能力と意志があればよい。

ケーススタディ　ガソリンスタンドに長蛇の列を作る方法

第4章付論では、1973年に石油輸出国機構（OPEC）が原油の生産を減らし、価格を引き上げた経緯について述べた。原油はガソリンの原料となるため、原油価格の高騰はガソリンの供給減をもたらした。ガソリンスタンドには長蛇の列ができ、ドライバーは数ガロンのガソリンを買うために何時間も待たされることもあった。

長蛇の列の原因は何だったのだろうか？　大半の人たちはOPECを非難した。確かに、OPECが原油の生産を減らさなければ、ガソリン不足は起こらなかっただろう。しかし、経済学者たちは、ガソリン価格に上限を設けるアメリカ政府の規制という、もう1つの原因を発見した。

図5-2がそれを示している。パネル(a)が示すように、OPECが原油価格を引き上げるまでは、ガソリンの均衡価格P_1は価格上限を下回っていた。したがって、価格規制の効果はなかった。しかし、原油価格が上昇すると、状況は一変した。原油価格の上昇によってガソリンの生産コストが上昇し、ガソリンの供給が減少したので

図5-2　価格上限があるガソリン市場

パネル(a)は、均衡価格P_1が価格上限を下回るため、価格上限が拘束力を持たない場合のガソリン市場を示している。パネル(b)は、原油価格（ガソリンを製造するための投入物）の上昇によって供給曲線がS_1からS_2へと左にシフトした後のガソリン市場を示している。規制のない市場であれば、価格はP_1からP_2に上昇したはずである。しかし、価格上限がそれを阻む。拘束力のある価格上限では、消費者はQ_Dを買いたいが、ガソリンの生産者はQ_Sしか売りたくない。需要量と供給量の差$Q_D - Q_S$は、ガソリン不足を表す。

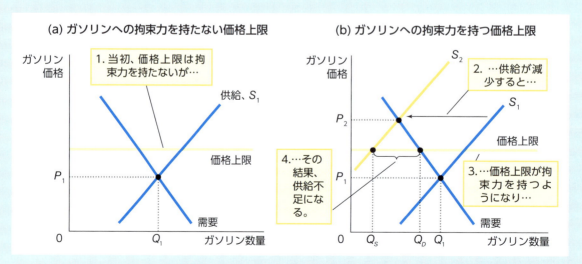

第5章　需要、供給および政府の政策

ある。パネル（b）が示すように、供給曲線はS_1からS_2へと左にシフトした。規制の
ない市場であれば、この供給シフトによってガソリンの均衡価格はP_1からP_2へと上
昇し、ガソリンの供給不足は発生しなかったであろう。その代わり価格が価格均衡
水準まで上昇しなかったのは価格上限のためであった。価格上限では、生産者はQ_S
を売りたがったが、消費者はQ_Dを買いたがった。この供給シフトにより、規制価
格では深刻なガソリンの供給不足が発生した。

　ついには、ガソリン価格を規制する法律は廃止された。議員たちは、アメリカ人
がガソリンを買うために何時間も行列に並ばなければならなかったことの責任の一
端は自分たちにあると理解するようになった。今日では、原油価格が変動すると、
ガソリン価格は需要と供給を均衡させるために自由に調整される。

ケーススタディ　　**家賃規制が長期的に住宅不足を引き起こす理由**

　多くの都市では、地方政府が、家主が借主に請求できる家賃の上限を定めている。
これは家賃規制であり、住宅費を低く抑えることで貧困層を救済することを目的と
した政策である。しかし、経済学者は往々にして、家賃管理は貧困層を救済するた
めの極めて非効率的な方法だと批判する。ある経済学者は、家賃規制を「爆撃以外
で都市を破壊する最良の方法」とまで呼んだ。

　家賃規制の悪影響は、何年にもわたって発生するため、あまりはっきりとしない。
家主は賃貸アパートの数が決まっているので、短期的に、市場の条件の変化に応じ
てこの数を迅速に調整することはできない。さらに、短期的にはアパートを探す人々
の数は家賃にあまり反応しないかもしれない。というのも、人々は住まいの手配を
整えるのに時間がかかるからである。言い換えれば、短期的な住宅の需要と供給は
相対的に非弾力的である。

　図5-3のパネル（a）は、家賃規制が住宅市場に及ぼす短期的効果を示している。
拘束力のある価格上限と同じで、家賃規制は住宅不足を引き起こす。しかし、短期
における需要および供給は非弾力的であるため、当初の不足幅は小さい。短期的に
は、賃料の引き下げという賃借人に人気のある成果が得られる。

　長期的には、賃貸住宅の買い手と売り手は、時間が経過するにつれて市場の状況
に反応するようになるため、話は大きく異なってくる。供給側では、低家賃に対応
するため、家主たちは新築アパートを建てず、既存のアパートの状態の維持を行わ
ない。需要側では、低家賃によって、人々は（ルームメイトや両親と同居するよりも）
自分のアパートを見つけ、市内に引っ越してくるようになる。したがって、長期的
には需要および供給ともに弾力的になる。

　図5-3のパネル（b）は、長期における住宅市場を示している。家賃規制によって
賃料が均衡水準よりも下落すると、アパートの供給量は大幅に減少し、需要量は大
幅に増加する。その結果、住宅は大幅に不足する。

　家賃規制が行われている都市では、家主や建築主はさまざまな仕組みを使って住
宅を供給する。長い待機者リストを作るところもある。子供のいない入居者を優先

125

図 5-3 短期と長期における家賃規制

パネル(a)は、家賃規制の短期的効果を示している。アパートの需要曲線と供給曲線は相対的に非弾力的であるため、家賃規制法によって課される価格上限は、住宅の不足をわずかに引き起こすにすぎない。パネル(b)は、家賃規制の長期的効果を示している。アパートの需要曲線と供給曲線はより弾力的であるため、家賃規制はより大きな住宅不足を引き起こす。

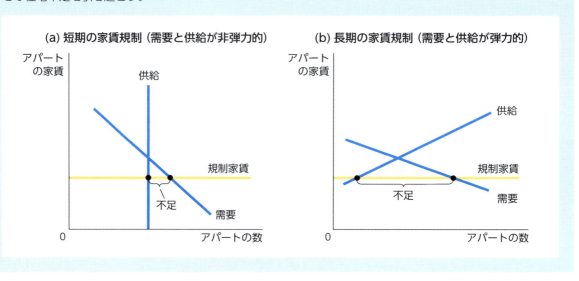

するところもある。また、人種で差別するところもある。時には、賄賂を支払ってくれる入居者にアパートが割り当てられることもある。実際、こうした賄賂によって、アパートの総価格が均衡価格に近づくこともある。

第1章の**経済学の10原則**の1つ、「人々はインセンティブに反応する」を思い出してほしい。うまく機能している市場では、家主は建物を清潔で安全に保てば、より高い価格を要求することができる。しかし、家賃規制によって供給不足と入居者待ちリストが生じると、家主はそのインセンティブを失う。入居を待っている人がいるのに、物件を維持・改善するためにお金を使う必要があるのだろうか？　結局のところ、家賃規制は入居者の負担額を減らすが、同時に都市の住宅ストックの量と質を低下させる。

このような弊害が明らかになると、政策立案者はしばしば追加的に規制を課すことで対処しようとする。たとえば、住宅における人種差別を違法とし、最低限適切な住環境を提供することを家主に義務付けるさまざまな法律がある。しかし、これらの法律を施行するのは難しく、コストもかかる。対照的に、家賃規制がなければ、住宅市場は競争の力によって調整されるため、このような法律の必要性は低くなる。もし住宅価格が均衡水準まで上昇することが許されれば、家主の望ましくない行動を引き起こすような住宅不足はほぼ解消されるだろう。

| 専門家の見方 | **家賃規制** |

「ニューヨークやサンフランシスコのように、一部の賃貸住宅の家賃上昇を制限する地方条例は、過去30年間で、この条例を採用した都市の広く手頃な賃貸住宅の量と質にプラスの影響を与えてきた」

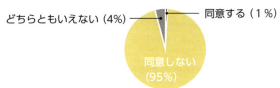

（出所）IGM Economic Experts Panel, February 7, 2012.

1-2 価格下限は市場の成果にどう影響するか

　別の種類の政府による価格規制の効果を調べるために、アイスクリーム市場に話を戻そう。ここで、全米アイスクリーム製造業者協会が、3ドルの均衡価格は低すぎると政府を説得したとしよう。この場合、政府は価格下限を設定するかもしれない。価格下限も価格上限と同様、均衡価格水準以外の価格を維持しようとする政府の試みである。価格上限が価格に法的な上限を設定するのに対し、価格下限は法的な下限を設定する。

　政府がアイスクリームに価格下限を設定した場合、結果が2つ考えられる。価格下限がアイスクリーム1個当たり2ドルで、均衡価格が3ドルの場合、何も起こらない。均衡価格は下限価格を上回っているため、価格下限は拘束力を持たない。市場原理によって経済は均衡に向かうため、価格下限は何の影響も与えない。図5-4のパネル(a)はこの結果を示している。

　図5-4のパネル(b)は、政府がアイスクリーム1個当たり4ドルの価格下限を課した場合の結果を示しており、これは均衡価格の3ドルよりも高い。この場合、価格下限は市場に対して拘束力を持つ制約である。需要と供給の力は価格を均衡価格に向けて動かす傾向があるが、価格は下限価格を下回ることはできない。その結果、価格下限が市場価格となる。この水準では、アイスクリームの供給量（120個）が需要量（80個）を上回る40個の供給過剰である。言い換えれば、アイスクリームを現行の価格で売りたい人の中に、買い手がつかないということである。このように、**拘束力を持つ価格下限は余剰をもたらす。**

　価格上限による供給不足と同様に、価格下限による余剰によっても望ましくない配給メカニズムが生じうる。買い手の個人的な偏見に訴える売り手は、おそらくそうでない売り手よりも財を売ることができるかもしれない。対照的に、自由市場では価格が配給メカニズムである。売り手は、均衡価格での支払額には不満かもしれないが、好きなだけ売ることができる。

図 5-4　価格下限がある市場

パネル(a)では、政府は2ドルの価格下限を課している。価格下限は均衡価格である3ドルを下回っているため、価格下限の効果はなく、市場は需要と供給の均衡に達することができる。需要量と供給量はともに100個になる。パネル(b)では、政府は4ドルの価格下限を課す。価格下限は均衡価格3ドルを上回るので、市場価格は4ドルである。この価格では、120個のアイスクリームが供給される一方で、需要は80個しかないので、40個のアイスクリームが余剰となる。

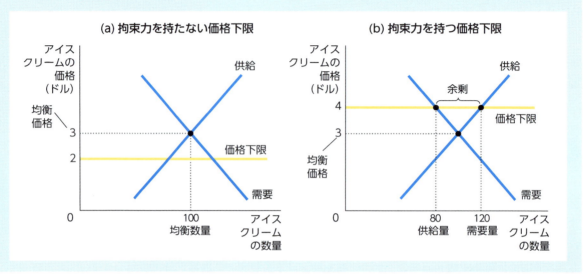

ケーススタディ　最低賃金をめぐる論争

　価格下限の重要な例であり、議論の的となっているのが、最低賃金である。最低賃金法は、雇用主が支払うことのできる労働の最低価格を定めるものである。アメリカ議会は1938年の公正労働基準法（Fair Labor Standards Act: FLSA）で初めて最低賃金を制定し、労働者に最低限十分な生活水準を保証した。

　2021年、連邦法による最低賃金は時給7.25ドルだった。さらに、多くの州や市が連邦レベル以上の最低賃金を義務付けている。たとえばシアトルの最低賃金は2021年、大企業の場合、時給16.69ドルだった。ほとんどのヨーロッパ諸国にも最低賃金を定める法律があり、多くの場合、アメリカよりもはるかに高い。たとえば、フランスの平均所得はアメリカより30％近く低いにもかかわらず、フランスの最低賃金は50％以上高い。

　需要と供給の理論が最低賃金の影響をどのように予測するかを見るために、労働市場を考えてみよう。図5-5のパネル(a)は競争的労働市場を示しており、他の競争市場と同様、需要と供給の力が働いている。労働者は労働力を供給し、企業は労働力を需要する。政府が介入しなければ、賃金は労働の需要と供給を均衡させるように調整される。

　図5-5のパネル(b)は、最低賃金が設定された労働市場を示している。ここでもそうであるように最低賃金が均衡水準を上回ると、労働供給量が労働需要量を上回

る。その結果、労働余剰、すなわち失業が発生する。最低賃金は、職に就いている労働者の所得を増加させる一方で、現在仕事を見つけることができない求職者の所得を減少させる。

最低賃金を十分に理解するためには、経済には単一の労働市場ではなく、さまざまなタイプの労働者のための多くの労働市場が含まれていることを心に留めておこう。最低賃金の影響は、労働者の技能と経験に依存する。高い技能を持ち、経験を積んだ労働者は、均衡賃金が最低賃金を大きく上回っているため、影響を受けない。これらの労働者にとって、最低賃金は拘束力を持たない。

最低賃金は10代の労働市場に最も大きな影響を与える。10代の労働者の均衡賃金は低く、これは10代の労働者が労働力の中で最も熟練度が低く、経験も浅いためである。加えて、10代は実地訓練と引き換えに低賃金を受け入れることが多い(無給でインターン(研修生)として働くことを厭わない10代の若者もいる。多くのインターン制度は無給であるため、最低賃金法が適用されないことが多い。もし適用されれば、このようなインターンには存在しないものもあるかもしれない)。その結果、最低賃金は他の労働力よりも10代の若者により強い拘束力を持つ。

多くの経済学者が、最低賃金法が10代の労働市場にどのような影響を与えるかを研究している。これらの研究者は、最低賃金の経年変化と10代の雇用の変化を比較している。最低賃金の影響については議論があるが、一般的な研究では、最低賃金が10％上昇すると、10代の雇用が1〜3％減少するとされている。

最低賃金研究の欠点の大半は、短期間の効果に焦点を当てていることである。たとえば、最低賃金が変更される前年と翌年の雇用を比較するような場合である。雇

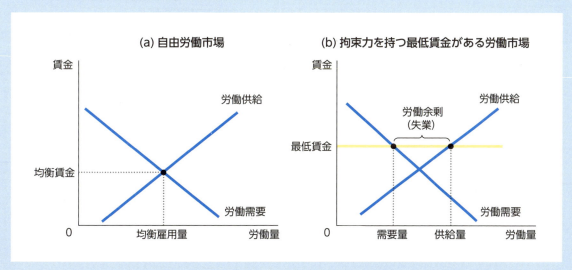

図 5-5　最低賃金は競争的な労働市場にどのような影響をもたらすか

パネル(a)は、労働の需要と供給を均衡させるために賃金が調整される労働市場を示している。パネル(b)は、拘束力を持つ最低賃金の影響を示している。最低賃金は価格下限であるため、供給される労働量が需要量を上回り、余剰が生じる。その結果が失業である。

第Ⅱ部　ミクロ経済学

用に対する長期的な効果を確実に推定するのは難しいが、政策を評価する上ではより適切である。企業が職場を再編成するには時間がかかるため、最低賃金の上昇による長期的な雇用減少は、推定された短期の雇用減少より大きくなる可能性がある。

　最低賃金は労働需要量を変化させるだけでなく、供給量も変化させる。最低賃金は10代の若者が得られる賃金を引き上げるため、職探しを選択する10代の若者の数を増加させる。最低賃金が上がると、どの若者が雇用されるかも変わるという研究結果もある。最低賃金が上がると、まだ高校に通っている10代の若者の中には高校を中退して仕事に就くことを選択する。するとさらに多くの人たちが勤務可能な就職口を争うようになるため、新たに中退した若者の一部は、すでに学校を中退していた他の若者に取って代わり、取って代わられた若者は失業することになる。

　最低賃金は頻繁に議論されるテーマである。最低賃金の引き上げを支持する人々は、この政策を貧しい労働者の所得を引き上げる人道的な方法と見ている。彼らは、最低賃金を稼ぐ労働者はわずかな生活水準しか得られないと的確な指摘をしている。たとえば、最低賃金が時給7.25ドルだった2021年、最低賃金の仕事で1年を通じて毎週40時間働く大人2人の共同年収はわずか3万160ドルだった。この額はアメリカの世帯収入の中央値の40％程度に過ぎなかった。最低賃金の引き上げを支持する人の中には、労働市場は競争市場における需要と供給の理論ではうまく説明できないと主張する人もいる。また、この政策には雇用喪失などの悪影響があることは認めるが、その影響は小さく、すべてを考慮すると、最低賃金の引き上げは貧困層をより豊かにすると言う人もいる。

　最低賃金引き上げ反対派は、最低賃金引き上げは貧困対策として最良の方法ではないと主張する。最低賃金が高いと失業が増え、10代の若者の退学を促し、一部の未熟練労働者が実地訓練を受けられなくなるという。さらに、最低賃金の引き上げに反対する人々は、最低賃金は的を絞った政策ではないと指摘する。最低賃金労働者のうち、所得が貧困ライン以下の家庭の労働者は3分の1にも満たない。その多くは中流家庭の10代の若者で、小遣い稼ぎのためにアルバイトをしている。

　2021年、バイデン大統領は2025年までに最低賃金を時給15ドルに引き上げることを提案した。「週40時間働いて貧困にあえぐ人などいないはずだ」と述べた。2021年2月、超党派の政策アナリストで構成される政府機関、議会予算局がこの提案に関する調査結果を発表した。その結果、1,700万人の賃金が上昇し、90万人が貧困から抜け出し、140万人が失業すると試算された。本書が出版された時点では、議会はまだバイデン案を成立させていない。

専門家の見方

最低賃金

　「現在のアメリカの連邦最低賃金は時給7.25ドルである。各州はこれより高い最低賃金を設定するかどうかを選択でき、多くの州がそうしている。連邦最低賃金が時給15ドルになれば、多くの州で低賃金労働者の雇用が減少するだろう」

経済学者の見解は？

同意しない（16％）　　どちらともいえない（34％）
同意する（50％）

（出所）IGM Economic Experts Panel, February 2, 2021.

第5章　需要、供給および政府の政策

1-3　価格規制の評価

　第1章の**経済学の10原則**の1つに、「通常、市場は経済活動をまとめあげる良い方法である」というものがある。経済学者がしばしば価格上限や価格下限に反対するのはこのためである。経済学者にとって、価格は何らかの偶然的な過程の結果ではない。経済学者は需要曲線と供給曲線の背後にある何百万もの企業や消費者の意思決定の結果であると主張する。価格は需要と供給のバランスをとり、それによって経済活動を調整するという重要な役割を担っている。政府の価格設定は、そうでなければ社会の資源配分の指針となるはずのシグナルを見えにくくしている。

　これは物語の一面に過ぎない。**経済学の10原則**のもう1つは、「政府は市場のもたらす結果を改善できる場合がある」というものである。実際、政策立案者が価格を制御しようとするのは、市場の結果を不公平だと考えるからである。価格規制は貧困層の救済を目的とすることが多い。たとえば、家賃規制法は住宅を誰もが購入できる価格にしようとするものであり、最低賃金法は貧困からの脱出を支援しようとするものである。

　しかし、価格規制は、助けるはずの人々を傷つける可能性がある。家賃規制は家賃を低く抑えるが、家主が建物を維持する意欲をなくし、住宅を見つけにくくする。最低賃金法は一部の労働者の所得を引き上げるが、他の労働者の雇用を失わせることもある。

　困っている人々を助けることは、物価をコントロールする以外の方法でも達成できる。たとえば、政府は貧困家庭の家賃の一部を負担したり、現金給付を行うことで、彼らが自分で家賃を支払えるようにして、住宅をより手頃な価格にすることができる。家賃規制とは異なり、こうした補助金は住宅の供給量を減らすものではないので、住宅不足を招くことはない。同様に、賃金補助は、企業の雇用意欲を削ぐことなく、働く貧困層の生活水準を引き上げる。賃金補助の例としては、低賃金労働者の所得を補助する政府プログラムである**勤労所得税額控除**（Earned Income Tax Credit: EITC）がある。

　これらの代替政策は、価格規制よりも優れていることが多いが、完全ではない。家賃補助や賃金補助を申請することは、貧しい人々にとって負担となる。さらに、家賃補助や賃金補助は政府の負担となるため、より高い税金が必要となる。次節で見るように、課税にはそれ自身にもコストがかかる。

理解度確認クイズ

1. 政府が拘束力を持つ価格下限を課すと、どうなるか。
   - **a.** 供給曲線が左にシフトする。
   - **b.** 需要曲線が右にシフトする。
   - **c.** 財の不足が発生する。
   - **d.** 財の余剰が発生する。

2. 価格上限が拘束力を持つ市場では、価格上限を上げると、どうなるか。
   - **a.** 余剰が増加する。
   - **b.** 不足が増加する。
   - **c.** 余剰が減少する。
   - **d.** 不足が減少する。

第Ⅱ部　ミクロ経済学

3. 家賃規制は＿＿＿＿＿においてより大きな不足を引き起こす。なぜならその時間軸では、需要と供給はより＿＿＿＿だからである。

   a. 長期 ― 弾力的

   b. 長期 ― 非弾力的

   c. 短期 ― 弾力的

   d. 短期 ― 非弾力的

4. 最低賃金の引き上げは、＿＿＿＿＿の価格弾力性が1より＿＿＿＿場合、影響を受ける労働者に支払われる総額を減少させる。

   a. 供給 ― 大きい

   b. 供給 ― 小さい

   c. 需要 ― 大きい

   d. 需要 ― 小さい

➡（解答は章末に）

② 税の帰着の興味深い研究

　世界中の国家政府から小さな町の地方政府を含むすべての政府は、道路、学校、国防などの公共事業のための財源を調達するために税を利用している。このように税は重要な政策手段であり、私たちの生活にさまざまな影響を与えるため、本書の中で何度も登場する。本節では、税が経済にどのような影響を及ぼすかについての研究から始める。

　分析の舞台を用意するために、ある地方政府が、パレードや花火、町の大物によるスピーチなど、毎年恒例のアイスクリームの祭典を開催することを決めたとする。このイベントのために、町はアイスクリームの売上1個につき0.50ドルの税を課す。この計画が発表されると、2つのロビー団体が行動を開始する。全米アイスクリーム消費者協会は、アイスクリームの消費者が生活に困っていると主張し、アイスクリームの売り手が税を支払うべきだと主張する。全米アイスクリーム製造業者団体は、会員が競争市場で生き残るのに苦労していると主張し、アイスクリームの買い手が税を払うべきだと主張する。市長は妥協案として、買い手と売り手がそれぞれ半分ずつ税を負担することを提案する。

　提案を評価するために、シンプルだが巧妙な質問をする。政府がある財に税を課すとき、その税を実際に負担するのは誰か？　その財を買う人だろうか？　その財を売る人だろうか？　あるいは、買い手と売り手が税負担を分担する場合、その分担は何によって決定されるのだろうか？　市長が言うように政府が決定できるのか、それとも市場原理が介在するのだろうか？　これらの問題は、税の帰着、つまり税の負担が経済内のさまざまな人々の間でどのように配分されるかを研究することに関係している。需要と供給のツールは、税の帰着に関する驚くべき事実を明らかにするだろう。

税の帰着
(tax incidence)
市場の参加者間で分担される税負担の方法

2-1 売り手への課税は市場の結果にどう影響するか

　まず、販売者に課税される税から考えてみよう。アイスクリームの売り手は、アイスクリームを1個売るごとに0.50ドルを地方政府に納付しなければならないとする。この法律は、アイスクリームの買い手と売り手にどのような影響を与えるだろうか？　第4章の需要と供給の分析の3つのステップに従い、この問いに答える。すなわち、(1) 法律が需要曲線と供給曲線のどちらに影響するかを決める。(2) 曲

132

線がどちらにシフトするかを決める。(3) 曲線のシフトが均衡価格と均衡数量にどのような影響を与えるのかを調べる。

ステップ1　課税は直接的に売り手に影響する。買い手には課税されないので、どの価格でも需要量は変わらず、したがって需要曲線は変化せず同じである。対照的に、売り手に対する課税は、アイスクリーム事業の採算性をどの価格でも低下させるので、供給曲線をシフトさせる。

ステップ2　売り手への課税はアイスクリームの生産と販売のコストを上げるので、どの価格においても供給量を減少させる。供給曲線は左（または同じことだが、上）にシフトする。

　シフトの大きさについて詳しく説明しよう。アイスクリームのどの市場価格でも、売り手にとっての実効価格（税を払った後の手取り額）は0.50ドル低くなる。たとえば、アイスクリームの市場価格がたまたま2.00ドルだった場合、売り手が受け取る実効価格は1.50ドルになる。市場価格がどうであれ、売り手にとっての実効価格は0.50ドル安くなり、売り手はその安い価格に見合った量のアイスクリームを供給する。言い換えれば、売り手にある数量を供給させるためには、市場価格を0.50ドル高くして税の影響を補わなければならない。図5-6が示すように、供給曲線はS_1からS_2へと、ちょうど税の大きさ分（0.50ドル）だけ上方にシフトする。

ステップ3　供給曲線がどのようにシフトするかを決定したところで、最初の均衡と新しい均衡を比較してみよう。図5-6は、アイスクリームの均衡価格が3.00ドルから3.30ドルに上昇し、均衡数量が100個から90個に減少することを示している。

図5-6　売り手への課税

売り手に0.50ドルの税が課されると、供給曲線はS_1からS_2へ0.50ドル分上昇する。均衡数量は100個から90個に減少する。買い手が支払う価格は3.00ドルから3.30ドルに上昇する。（税を支払った後）売り手が受け取る価格は3.00ドルから2.80ドルに下がる。売り手には税が課されるが、買い手と売り手は税負担を分担する。

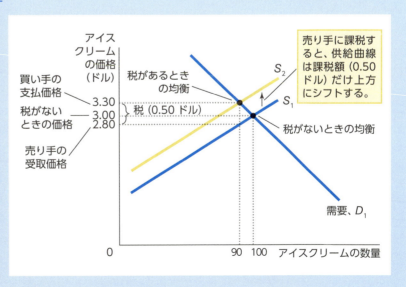

第Ⅱ部　ミクロ経済学

売り手は販売量を減らし、買い手は購入量を減らすので、税はアイスクリーム市場の規模を縮小させる。

結果の意味　さて、税の帰着の問題を考えてみよう。誰が税を支払うのか？　政府に税を納付するのは買い手ではなく売り手だが、買い手と売り手はその負担を分かち合う。税によって市場価格が3ドルから3ドル30セントに上がるので、買い手はアイスクリームに0.3ドル多く支払うことになる。売り手はより高い価格（3.30ドル）を得るが、税を払った後では2.80ドル（3.30ドル − 0.50ドル ＝ 2.80ドル）しか手元に残らない。税は買い手と売り手の両者に不利益をもたらす。これらをまとめると、この分析から2つの教訓が得られる。

- 税は市場活動を抑制する。財に課税すると、新しい均衡では販売量が少なくなる。
- 買い手と売り手は税負担を分かち合う。新しい均衡では、買い手の支払額は増加し、売り手の受取額は減少する。

2-2　買い手への課税が市場の結果にどう影響するか

次に、買い手に課税される税について考えてみよう。アイスクリームが大好きな人は、アイスクリームを1つ買うごとに0.50ドルを地方政府に納付する。この法律はどのような影響を及ぼすだろうか。再び、3つのステップに立ち返ってみよう。

ステップ1　直ちに影響が出るのはアイスクリームの需要である。どのような価格であっても、売り手にはアイスクリームを市場に提供する同じインセンティブがあるため、供給曲線は変わらず同じである。ところが、買い手は（売り手への価格に上乗せして）政府に税を支払わなければならないため、課税によってアイスクリームの需要曲線がシフトする。

ステップ2　次に、シフトの方向を決める。税によってアイスクリームを買う魅力が減るので、買い手はどの価格でも以前より少ない量のアイスクリームを需要する。図5-7に示されるように、需要曲線は左（または同等に下）にシフトする。

再び、シフトの大きさについて詳しく説明しよう。買い手には0.50ドルの税が課税されるため、買い手の実効価格は、市場価格がいくらであろうと、0.50ドル高くなる。たとえば、アイスクリームの市場価格が2.00ドルだった場合、買い手は2.50ドルの実効価格に直面することになる。買い手は税を含めた総費用を見るので、あたかも市場価格が実際よりも0.50ドル高いかのようにアイスクリームの量を需要する。言い換えれば、買い手がある数量を需要するようにするためには、税の影響を補うために市場価格を0.50ドル安くしなければならない。この税によって、需要曲線はD_1からD_2へと、まさに税の大きさ分（0.50ドル）だけ下方にシフトする。

ステップ3　ここで、最初の均衡と新しい均衡を比較して、税の効果を評価してみ

図5-7 買い手への課税

買い手に0.50ドルの税を課すと、需要曲線はD_1からD_2へ0.50ドル下方にシフトする。均衡数量は100個から90個に減少する。売り手が受け取る価格は3.00ドルから2.80ドルに下がる。(税金を含む)買い手が支払う価格は3.00ドルから3.30ドルに上昇する。買い手に税が課されるが、買い手と売り手は税負担を分担する。

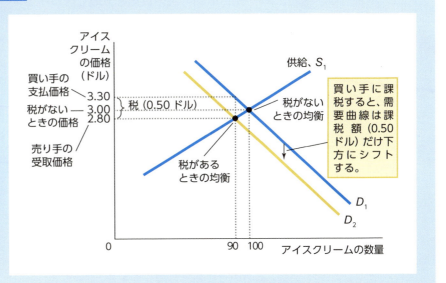

よう。図5-7では、アイスクリームの均衡価格は3.00ドルから2.80ドルに下がり、均衡数量は100個から90個に減少している。再び、税はアイスクリーム市場の規模を縮小させる。そして再び、買い手と売り手が負担を分かち合う。売り手は製品の価格を下げ、買い手は売り手に以前よりも低い市場価格を支払うが、実効価格(税込み)は3.00ドルから3.30ドルに上昇する。

結果の意味 図5-6と図5-7を比較すると、意外な結果に気づくだろう。**売り手への課税と買い手への課税は同等である**。どちらの場合も、税によって買い手が支払う価格と売り手が受け取る価格の間にくさび〔訳注:くさびとは、隙間に打ち込んで材料を割ったり固定したりするのに使う道具のこと〕ができる。買い手と売り手のどちらに課税するかにかかわらず、くさびはそのまま維持される。どちらの場合でも、需要曲線と供給曲線の相対的な位置が変化する。新しい均衡では、買い手と売り手が税負担を分担する。売り手への課税と買い手への課税の唯一の違いは、誰が政府に税を納付するかということである。

この2つの税の等価性をよりよく理解するために、政府がアイスクリーム税0.50ドルを各アイスクリーム店のカウンターのボウルに集めていると想像してみよう。売り手に課税される場合、売り手はアイスクリームを売るたびに0.50ドルをボウルに入れる必要がある。買い手に課税される場合、買い手はアイスクリームを買うたびに0.50ドルをボウルに入れなければならない。0.50ドルが買い手のポケットから直接ボウルに入るか、間接的に買い手のポケットから売り手の手に入り、それからボウルに入るかは問題ではない。市場が新しい均衡に達すれば、課税の方法にかかわらず、買い手と売り手が負担を分担する。

議会は給与税の負担を分散できるか？

　給与を受け取ったことがある人なら、稼いだ金額から税が差し引かれていることに気が付くことだろう。これらの税の1つは、連邦保険拠出法（Federal Insurance Contributions Act）の頭文字をとってFICAと呼ばれている。連邦政府は、FICA税からの収入を、高齢のアメリカ人のための所得扶養および医療プログラムである社会保障およびメディケアの支払いに充てている。FICAは**給与税**（payroll tax）であり、企業が労働者に支払う賃金に課される税である。2021年、一般的な労働者へのFICA税総額は収入の15.3％だった。

　この給与税を負担するのは企業だろうか、それとも労働者だろうか？　議会はこの法案を可決する際、税負担を分割しようとした。この法律によれば、税の半分は企業が負担し、もう半分は労働者が負担する。つまり、税の半分は企業の収入から支払われ、残りの半分は労働者の給与から差し引かれる。給与明細に控除額として記載されるのは労働者負担分である（自営業者は通常、全額を自分で支払う）。

　しかし、税の帰着に関する分析から、法律家が税負担の配分をそう簡単に決めることはできないことがわかる。給与税は、アイスクリームのような財に対する税と同じように分析される。この場合、財は労働力であり、価格は賃金である。ここでも税は、企業が支払う賃金と労働者が受け取る賃金（別名「手取り賃金」）の間にくさびをもたらす。図5-8はその結果を示している。給与税が制定されると、労働者が受け取る賃金は下がり、企業が支払う賃金は上がる。結局、法律が要求しているように、労働者と企業は負担を分かち合うことになる。図5-8の税負担の分担は必ずしも半々ではなく、法律が労働者または企業のいずれかに税をすべて課しても同じ結果になる。

　この例は、しばしば見落とされがちな教訓を浮き彫りにしている。法律家は、税が買い手の懐から来るか売り手の懐から来るかを決めることはできるが、税の真の負担を法律で決めることはできない。むしろ、税の帰着は需要と供給の力によって決まる。

2-3　弾力性と税の帰着

　買い手と売り手の間で、税負担は具体的にどのように分担されるのだろうか。等しく分担されることはまれである。これを理解するために、図5-9の2つの市場に対する課税の影響を考えてみよう。どちらの図にも、当初の需要曲線と供給曲線と、買い手が支払う額と売り手が受け取る額の間にくさびをもたらす税が示されている（新しい需要曲線または供給曲線は、どちらの図にも描かれていない。どちらの曲線がシフトするかは、課税対象が買い手か売り手かによって決まるが、これは税の帰着を決定する上で、無関係という事実である）。2つのパネルの違いは、需要と供給の相対的な弾力性である。

図 5-8 給与税

給与税によって、企業が支払う額と労働者が受け取る額の間にくさびが生じる。課税がある場合とない場合を比較すれば、労働者と企業が税負担を分担していることは明らかである。この分担は、政府が税をすべて労働者に課すか、企業に課すか、2つのグループに均等に分けるかには関係ない。

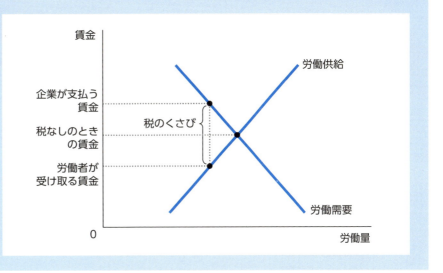

　図5-9のパネル (a) は、供給が非常に弾力的で、需要が相対的に非弾力的な市場における税を示している。つまり、売り手は価格の変化に非常に敏感であり（そのため、供給曲線は比較的なだらかである）、一方、買い手はあまり反応しない（そのため、需要曲線は比較的急である）。このような市場に税が課された場合、売り手の受け取る価格はそれほど下がらないので、売り手の負担はわずかである。しかし、買い手が支払う価格は大幅に上昇するため、買い手が税負担の大部分を負うことになる。

　図5-9のパネル (b) は、供給がかなり非弾力的で、需要が非常に弾力的な市場における税を示している。この場合、売り手は価格の変化にあまり反応しない（そのため、供給曲線は急になる）が、買い手は敏感に反応する（そのため、需要曲線はなだらかになる）。税が課されると、買い手が支払う価格はそれほど上昇しないが、売り手が受け取る価格は大幅に下落する。したがって、売り手は税負担の大部分を負うことになる。

　この2つの図は、一般的な教訓を示している。**税負担は、市場の弾力性が低い側により重くのしかかる**。これはなぜだろうか。要するに弾力性とは、状況が悪化したときに買い手や売り手が市場から退出する意思を測るものである。需要の弾力性が小さいということは、買い手がこの特定の財を消費するための適切な代替手段を持っていないことを意味する。供給の弾力性が小さいということは、売り手にはこの特定の財を生産するための良い代替手段がないということである。その財に課税されると、代替財の少ない市場側は、市場から離れようとせず、税負担が大きくなる。

　この論理は、前述のケーススタディで取り上げた給与税にも当てはまる。経済学者は一般に、労働供給は労働需要よりも弾力性が小さいとしているため、給与税負担の大部分は企業ではなく労働者が負うことになる。言い換えれば、税負担の配分は、法律家が意図した半々の分担からはかけ離れている。

図 5-9　税負担はどのように分担されるか

パネル(a)では、供給曲線は弾力的で、需要曲線は非弾力的である。この場合、売り手が受け取る価格はわずかに下がるだけだが、買い手が支払う価格は大幅に上昇する。つまり、買い手が税負担の大半を負うことになる。パネル(b)では、状況は逆転する。供給曲線は非弾力的で、需要曲線は弾力的である。この場合、売り手が受け取る価格は大幅に下落し、買い手が支払う価格はわずかに上昇するだけである。ここでは、売り手が税負担の大半を負うことになる。

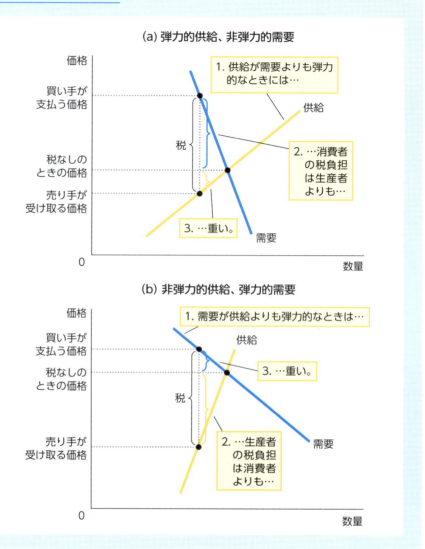

ケーススタディ　奢侈税は誰が払うのか？

　1990年、アメリカ議会はヨット、自家用飛行機、毛皮、宝石類、高級車などの品目に対する奢侈税を採択した。その目的は、最も簡単に支払う余裕のある人々から歳入を上げることであった。そのような贅沢をする余裕があるのは富裕層だけなので、ぜいたく品への課税は論理的な方法だと思われた。

　しかし、需要と供給の力が支配したとき、結果は議会の意図したものではなかった。たとえば、ヨットの市場を考えてみよう。この市場の需要はかなり弾力的である。億万長者は簡単にヨットを買うことができない。そのお金で島を買ったり、もっと豪華な休暇をとったり、相続人にもっと多額の遺贈をしたりすることができる。

第5章　需要、供給および政府の政策

対照的に、ヨットの供給は、少なくとも短期的には相対的に非弾力的である。ヨットを生産する造船所は、簡単に別の用途に転用できないし、そこで働く労働者は、市場環境の変化に応じて転職しようとはしない。

われわれの分析は明確な予測を示している。需要が弾力的で供給が非弾力的な場合、税負担は主として供給者に大きくのしかかる。この場合、ヨットに課税すると、ヨットを製造する企業や労働者の負担が大きくなる。なぜならヨットの販売額が大幅に減少してしまうからである。経営者の中には裕福な者がいても、労働者はそうではない。結局のところ、奢侈税は富裕層の顧客よりも中流階級の労働者の大きな負担となる。

奢侈税が施行されると、その負担率に関する誤った前提がすぐに明らかになった。奢侈品の供給者は選挙で選ばれた議員たちにその問題をよく認識させ、議会は1993年に奢侈税の大部分を廃止した。

理解度確認クイズ

5. ある財の消費者に課される単位当たり1ドルの税に等しいのは、次のうちのどれか。

   a. 財の生産者に課される単位当たり1ドルの税
   b. 財の生産者に支払われる単位当たり1ドルの補助金
   c. 単価1ドルだけ財の価格を引き上げる価格下限
   d. 単価1ドルだけ財の価格を引き上げる価格上限

6. 財に税が課されるとき、その負担が主に消費者にかかる場合はどれか。

   a. 消費者に課税される場合
   b. 生産者に課税される場合
   c. 供給は非弾力的で、需要は弾力的である場合
   d. 供給は弾力的で、需要は非弾力的である場合

7. 次のうち、供給量を増加させ、需要量を減少させ、消費者が支払う価格を増加させるのはどれか。

   a. 財への課税の導入
   b. 財への課税の廃止
   c. 拘束力を持つ価格下限の設定
   d. 拘束力を持つ価格下限の撤廃

8. 次のうち、供給量を増加させ、需要量を増加させ、消費者が支払う価格を減少させるものはどれか。

   a. 財への課税の導入
   b. 財への課税の廃止
   c. 拘束力を持つ価格下限の設定
   d. 拘束力を持つ価格下限の撤廃

➡ (解答は章末に)

3　結論

経済は2種類の法則に支配されている。需要と供給の法則と、政府が施行する法律である。この章では、これらの法律がどのように相互作用しているかを見てきた。価格規制や税はさまざまな市場で一般的であり、その効果については頻繁に議論されている。少しでも経済的な知識があれば、これらの政策を理解し、評価することができる。

以降の章では、政府の政策をより詳細に分析する。税制の効果をより詳細に検討し、さらに広範囲な政策を検討する。しかし、基本的な教訓に変わりはない。すな

139

第Ⅱ部　ミクロ経済学

わち政府の政策を分析する際には、需要と供給が最初の、そして最も有用な分析手段である。

本章のポイント

- 価格上限とは、財やサービスの価格に対する法的な上限である。家賃規制がその例である。価格上限が均衡価格を下回れば、上限は拘束力を持ち、需要量が供給量を上回る。その結果、不足が生じるため、売り手は、何らかの方法で、財やサービスを買い手の間で配分しなければならない。

- 価格下限は、財やサービスの価格に対する法的な下限である。最低賃金がその例である。価格下限が均衡価格を上回っている場合、価格下限は拘束力を持ち、供給量が需要量を上回る。結果として余剰が生じるため、財やサービスに対する買い手の需要は、何らかの形で売り手の間で配給されなければならない。

- 政府が財に課税すると、その財の均衡数量は減少する。つまり、市場に対する課税は市場の規模を縮小させる。

- 財への課税は、買い手が支払う価格と売り手が受け取る価格の間にくさびをもたらす。市場が新しい均衡に移行すると、買い手はその財に対してより多くの金額を支払い、売り手はその財に対してより少ない金額を受け取ることになる。この意味で、買い手と売り手は税負担を分かち合うことになる。税の帰着(つまり税負担の分担)は、税が買い手と売り手のどちらに課税されるかに依存しない。

- 税の帰着は、需要と供給の価格弾力性に依存する。市場の弾力性が低い側は、売買数量を変えることによって税に容易に反応できないため、負担の大部分は弾力性が低い側にかかる。

理解度確認テスト

1. 価格上限の例と価格下限の例を挙げなさい。

2. 価格上限と価格下限では、どちらが財の不足をもたらすのか。図を用いて、答えを述べなさい。

3. 財の価格が需要と供給の均衡をもたらすことができない場合、どのようなメカニズムで資源は配分されるか。

4. 経済学者がよく価格規制に反対する理由を説明しなさい。

5. 政府がある財の買い手に対する課税を撤廃し、売り手に対して同規模の課税を行ったとする。この政策変更は、この財に対して買い手が売り手に支払う価格、(税の支払いを含む)買い手が負担する金額、売り手が受け取る金額(税の支払いを差し引いた金額)、および販売される財の数量にどのような影響を与えるか。

6. 財への課税は、買い手が支払う価格、売り手が受け取る価格、販売数量にどのような影響を与えるか。

7. 税の負担を買い手と売り手の間でどのように分担するかを決定する要因は何か。その理由も説明しなさい。

第5章 需要、供給および政府の政策

演習と応用

1. お笑い愛好家が議会を説得し、お笑いライブのチケットに1枚50ドルという価格上限を課した。この政策の結果、お笑い公演に参加する人は増えるだろうか、それとも減るだろうか。説明しなさい。

2. 政府はチーズの自由市場価格が低すぎると判断した。
   a. 政府がチーズ市場に拘束力を持つ価格下限を課したとする。この政策がチーズの販売価格と数量に及ぼす影響を示す需要と供給の図を描きなさい。そのときチーズは不足するだろうか、余剰になるだろうか。
   b. チーズの生産者は、価格下限が彼らの総収入を減らしたと訴えている。このことはありうるだろうか。説明しなさい。
   c. チーズ生産者の苦情を受け、政府は余剰チーズをすべて価格下限で買い取ることに同意する。従来の価格下限と比べて、この新しい政策で得をするのは誰だろうか。誰が損をするだろうか。

3. 最近の調査によると、フリスビーの需要および供給計画は以下の通りである。

フリスビーの価格（ドル）	需要量（万枚）	供給量（万枚）
11	フリスビー 100	フリスビー 1,500
10	200	1,200
9	400	900
8	600	600
7	800	300
6	1,000	100

   a. フリスビーの均衡価格と均衡数量はいくらか。
   b. フリスビー製造業者は、フリスビーの製造は科学者の空気力学の理解を向上させるので、国家安全保障にとって重要であると政府を説得する。関心を持った議会は、均衡価格より2ドル高い価格下限を課すことを決議する。新しい市場価格はいくらか。フリスビーは何枚売れるだろうか。
   c. 怒った大学生がワシントンにデモ行進し、

フリスビーの値下げを要求する。さらに事態を憂慮した議会は、価格下限を廃止し、以前の価格下限より1ドル低い価格上限を課すことを決議する。新しい市場価格はいくらになるだろうか。フリスビーは何枚売れるだろうか。

4. 連邦政府がビールを飲む人に、ビール1ケース購入につき2ドルの税を支払うことを義務付けたとする（実際、連邦政府も州政府も何らかの形でビール税を課している）。
   a. 税金のない場合のビール市場の需要と供給の図を描きなさい。消費者が支払う価格、生産者が受け取る価格、およびビールの販売数量を示しなさい。消費者が支払う価格と生産者が受け取る価格の差はいくらか。
   b. 次に、課税がある場合のビール市場の需要と供給の図を描きなさい。消費者が支払う価格、生産者が受け取る価格、ビールの販売数量を示しなさい。消費者が支払う価格と生産者が受け取る価格の差はいくらか。ビールの販売量は増加しただろうかか、それとも減少しただろうか。

5. ある上院議員が税収を増やし、労働者の待遇を良くしたいと考えている。メンバーのあるスタッフは、企業が支払う給与税を引き上げ、その余剰収入の一部を使って労働者が支払う給与税を減らすことを提案する。これは議員の目標を達成するだろうか。説明しなさい。

6. 政府が高級車に500ドルの税をかけた場合、消費者が支払う価格は500ドル以上に上昇するか、それとも500ドル未満になるか、それともちょうど500ドルになるか。説明しなさい。

7. アメリカ議会と大統領は、ガソリンの使用を減らすことで大気汚染を減らすべきだと決定した。ガソリン販売1ガロンにつき、0.50ドルの税が課される。
   a. この税は、生産者と消費者のどちらに課すべきだろうか。需要と供給の図を使ってていねいに説明しなさい。
   b. もしガソリンの需要がより弾力的であったなら、この税はガソリンの消費量を減らす

141

第Ⅱ部　ミクロ経済学

のにより効果的だろうか、あまり効果的ではないだろうか。図および言葉を用いて説明しなさい。

c. この税によって、ガソリンの消費者は助かるだろうか、それとも損をするだろうか。その理由も説明しなさい。

d. 石油産業の労働者はこの税によって助かるだろうか、それとも損をするだろうか。その理由も説明しなさい。

8. 本章のケーススタディでは、連邦最低賃金法について論じている。

a. 最低賃金が、非熟練労働市場における均衡賃金を上回っているとする。非熟練労働市場の需要と供給の図を用いて、市場賃金、雇用労働者数、失業労働者数を示しなさい。また、非熟練労働者への賃金支払総額を示しなさい。

b. ここで、労働長官が最低賃金の引き上げを提案したとする。この引き上げは雇用にどのような影響を与えるだろうか。雇用の変化は、需要の弾力性に依存するだろうか、供給の弾力性に依存するだろうか、それとも両方の弾力性に依存するだろうか、それともどちらにも依存しないだろうか。

c. 最低賃金の上昇は失業にどのような影響を与えるだろうか。失業率の変化は、需要の弾力性、供給の弾力性、両方の弾力性に依存するだろうか。あるいはそのいずれにも依存しないだろうか。

d. もし非熟練労働に対する需要が非弾力的であった場合、提案されている最低賃金の引き上げは、非熟練労働者への賃金支払総額を増加させるか、それとも減少させるか。非熟練労働に対する需要が弾力的であった場合、その答えは変わるだろうか。

9. ボストン・レッドソックスの本拠地であるフェ

ンウェイ・パークでは、座席数は約3万8,000に制限されている。したがって、チケットの発行枚数はこの数字に固定されている。収入を上げる絶好の機会と考えたボストン市は、チケット1枚につき5ドルの税を課すことにしたとしよう。市民意識が高いことで有名なボストンのスポーツファンは、チケット1枚につき5ドルを律儀に納めるものとする。この税の影響を示す、軸ラベルの付いたグラフを作成しなさい。税負担は、チームのオーナー、ファン、あるいはその両者が考えられるが、誰の負担になるか。その理由も記しなさい。

10. 市場は以下の供給曲線Q^Sと需要曲線Q^Dで表されている。

$$Q^S = 2P$$
$$Q^D = 300 - P$$

a. 均衡価格と均衡数量を求めなさい。

b. 政府が90ドルの価格上限を課した場合、不足と余剰のどちら（あるいはそのどちらでもない）が発生するだろうか。価格、供給量、需要量、不足または余剰の大きさはどうなるだろうか。

c. 政府が90ドルの価格下限を課した場合、不足または余剰（あるいはそのどちらでもない）は発生するだろうか。価格、供給量、需要量、不足または余剰の大きさはどうなるだろうか。

d. 価格規制の代わりに、政府は生産者に30ドルの税を課す。その結果、新しい供給曲線は、

$$Q^S = 2(P - 30)$$

となる。このとき、不足が生じるか、それとも余剰が生じるか（あるいはどちらも生じないか）。価格、供給量、需要量および不足または余剰の大きさはどうなるだろうか。

理解度確認クイズの解答

1. d　　2. d　　3. a　　4. c　　5. a　　6. d　　7. c　　8. b

第6章

Chapter 6
Consumers, Producers, and the Efficiency of Markets

消費者、生産者、市場の効率性

　消費者は地元のファーマーズ・マーケットに行くと、瑞々しい真っ赤なトマトを見つけて喜ぶかもしれないが、その値段の高さにはびっくりするだろう。一方、農家が自分たちの育てたトマトを市場に持ち込むときには、おそらくもっと高い値段を望むだろう。このような話は驚くことではない。他の条件が同じであれば、買い手はより安い価格を望み、売り手はより高い価格を望むものである。しかしながら、社会全体から見たトマトの「適正価格」は存在するのだろうか。

　これまでの章では、競争市場において、需要と供給の力が財やサービスの価格と販売量を決定することを学んだ。しかし、これまでのところ、市場が希少資源をどのように配分するかについては説明してきたが、この市場配分が望ましいかどうかは考慮してこなかった。トマトの需要量と供給量が等しくなるように、トマトの価格が調整されることはわかっている。しかし、この均衡において、トマトの生産量と消費量は多すぎたり少なすぎたりしないだろうか、それともちょうど良いのであろうか。

　この章では、資源配分が経済的幸福にどのような影響を与えるかを研究する厚生経済学を取り上げる。まず、市場取引によって買い手と売り手が受ける便益について考える。そして、社会がこの便益をできるだけ大きくするにはどうすればよいかを検討する。この分析は、極めて重要な結論を導き出す。競争市場における需要と供給の均衡は、すべての買い手と売り手を合わせた総便益を最大化する。

> **厚生経済学**
> （welfare economics）
> 資源配分が経済的幸福にどのような影響を与えるのかの研究領域

第Ⅱ部　ミクロ経済学

第1章で学んだことを思い出した人もいるだろう。**経済学の10原則**の1つに、「通常、市場は経済活動をまとめあげる良い方法である」というものがある。厚生経済学では、この原理をより詳しく説明している。また、トマトの適正価格についての疑問にも答えてくれる。トマトの需要と供給のバランスをとる価格は、消費者と生産者の総厚生を最大化するため、ある意味では最も良い価格である。トマトの消費者も生産者もこのゴールを目指す必要はないが、市場価格によって導かれる彼らの共同行動は、あたかも見えざる手に導かれるかのように、厚生最大化の結果へと向かわせることになる。

1 消費者余剰

買い手が市場に参加することで得られる便益に注目することから、厚生経済学の学習を始めよう。

1-1 支払用意

あなたが大叔母からエルビス・プレスリーの新品同様のファーストアルバムを相続したとする。とても希少なものだが、あなたはエルビスの音楽に興味がないので、そのアルバムをオークションに出して売ることにした。

4人のエルビス・ファンがオークションにやってくる。ホイットニー、エラ、マライア、カレン。全員、そのアルバムを欲しがっているが、そのアルバムに支払う金額に制限を設けている。表6-1は、4人の買い手がそれぞれ支払うであろう最大価格を示している。買い手の最大額は**支払用意**と呼ばれ、各人がその商品にどれだけの価値を見いだすかを測るものである。それぞれの買い手は、自分の支払用意より低い価格でアルバムを買いたがり、支払用意より高い価格では買うことを拒否するだろう。自分の支払用意に等しい価格であれば、買い手はその商品を買うことに無差別である。すなわち価格と自分が価値を見いだしたアルバムの価値が全く同じであれば、買い手はアルバムを買ってもお金を手元に残しても、どちらでもよいだろう。

アルバムを売るために、たとえば100ドルという安い価格で入札を始める。4人の買い手全員がもっと高くてもいいと思っているので、価格はすぐに上がる。ホイッ

> **支払用意**
> (willingness to pay)
> 買い手のそれぞれが財に対して支払うであろう最大価格

表6-1 想定される4人の買い手の支払用意

買い手	支払用意（ドル）
ホイットニー	1,000
エラ	800
マライア	700
カレン	500

トニーが800ドル（またはそれより少し高い価格）で入札した時点で、入札は終了する。この時点で、エラ、マライア、カレンは800ドル以上を提示する気がないため、入札から降りている。ホイットニーは800ドルを支払い、アルバムを手に入れる。つまりアルバムはその価値を最も高く評価した買い手に渡ることになる。

ホイットニーがエルビス・プレスリーのアルバムを買うことで、どんな便益があるのだろうか？　ある意味、彼女は掘り出し物を見つけたといえる。なぜなら、彼女はアルバムに1,000ドル支払う用意があったが、800ドルの支払いで済んだからである。経済学者は、ホイットニーは200ドルの**消費者余剰**を得たという。**消費者余剰**とは、ある財に対して買い手の支払用意額から、買い手が実際に支払う金額を差し引いたものである。

> **消費者余剰**
> （consumer surplus）
> 買い手が商品に対する支払用意から、買い手が実際に支払う金額を差し引いた金額

消費者余剰は、買い手が市場に参加することによって受ける便益を測定する。この例では、ホイットニーは1,000ドルの価値があるものに800ドルしか支払わないので、200ドルの便益を得る。エラ、マライア、カレンの3人は、アルバムを入手せず、支払いもなしにオークションから去るので、消費者余剰は得られない。

ここで、少し異なる例を考えてみよう。同じエルビス・プレスリーのアルバムが2枚あるとする。この場合も、4人の買い手に対してオークションにかける。簡単化のために、2枚とも同じ値段で売ることにし、誰も1枚以上のアルバムを欲しがらないと仮定する。したがって、買い手が2人になるまで価格は上昇する。

この場合、ホイットニーとエラがそれぞれ700ドル（またはそれより少し高い価格）で入札すると、入札が終わる。この価格では、ホイットニーとエラは喜んでアルバムを購入し、マライアとカレンはこれ以上高く入札する気はない。ホイットニーとエラはそれぞれ、支払用意から価格を引いた消費者余剰を受け取る。ホイットニーの消費者余剰は300ドルで、エラの消費者余剰は100ドルである。ホイットニーの消費者余剰は、同じアルバムに対して支払う金額が少ないので、先の例よりも高くなる。市場の消費者余剰の合計は400ドルとなる。

1-2 　需要曲線を用いた消費者余剰の測定

消費者余剰は、製品の需要曲線と密接な関係がある。引き続きエルビス・プレスリーの希少なアルバムの需要曲線を考えてみよう。

まず、4人の買い手の支払用意を使って、アルバムの市場需要計画を求めよう。図6-1の表は、表6-1の評価に対応する需要一覧を示している。価格が1,000ドル以上の場合、そこまで支払おうという買い手はいないため、需要量は0となる。価格が800ドルから1,000ドルの間であれば、需要量は1である。なぜならホイットニーだけがその高価格を支払おうという意思を持っているからである。価格が700ドルから800ドルの間であれば、ホイットニーもエラもその価格を支払う意思があるので、需要量は2である。他の価格についても同じようにこの分析を続けることができる。このようにして、4人の買い手の支払用意から需要計画を導くことができる。

図6-1のグラフは、この需要計画に対応する需要曲線を示している。曲線の高さと買い手の支払用意の関係に注目してほしい。どの数量においても、需要曲線が示す価格は、**限界的な買い手**（marginal buyer）、つまり価格がこれ以上高ければ真っ

図6-1　需要計画と需要曲線

この表は、エルビス・プレスリーの新品同様のファーストアルバムの（表6-1に記載された）買い手の需要計画を示している。グラフは対応する需要曲線を示している。需要曲線の高さは、買い手の支払用意を反映している。

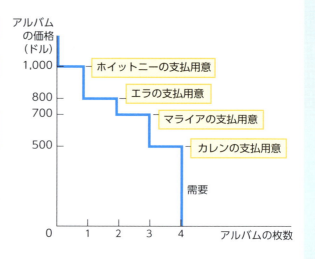

先に市場から去ってしまう買い手の支払用意を示している。たとえば、アルバム4枚の数量では、需要曲線の高さは500ドルであり、カレン（限界的な買い手）が支払う意思のある価格である。アルバム3枚の場合、需要曲線の高さは700ドルで、これはマライア（現在の限界的な買い手）が支払う意思のある価格である。

需要曲線は買い手の支払用意を反映するため、消費者余剰を測定するためにも使うことができる。図6-2は、2つの例を示している。パネル（a）では、価格は800ドル（またはそれより少し上）で、需要量は1である。価格の上側と需要曲線の下側の領域が200ドルに等しいことに注意しよう。この金額は、先に計算した、アルバム1枚だけが売れたときの消費者余剰である。

図6-2のパネル（b）は、価格が700ドル（またはそれより少し上）の場合の消費者余剰を示している。この場合、価格の上側と需要曲線より下側の面積は、2つの長方形の合計面積に等しい。この価格でのホイットニーの消費者余剰は300ドル、エラの消費者余剰は100ドルである。この面積は合計400ドルに等しい。もう一度確認すると、この金額は先に計算した消費者余剰である。

この例から得られる教訓は、すべての需要曲線に当てはまる。すなわち**需要曲線より下側であり、かつ価格線より上側の面積は、市場における消費者余剰となっている**。なぜなら、需要曲線の高さは、その商品に対する買い手の支払用意によって測定される価値を表しているからである。この支払用意と市場価格との差が、各買い手の消費者余剰である。需要曲線と価格線の間に生じる領域の面積は、財またはサービスの市場におけるすべての買い手の消費者余剰の合計である。

図 6-2　需要曲線による消費者余剰の測定

パネル(a)では、財の価格は800ドルで、消費者余剰は200ドルである。パネル(b)では、価格は700ドルであり、消費者余剰は400ドルである。

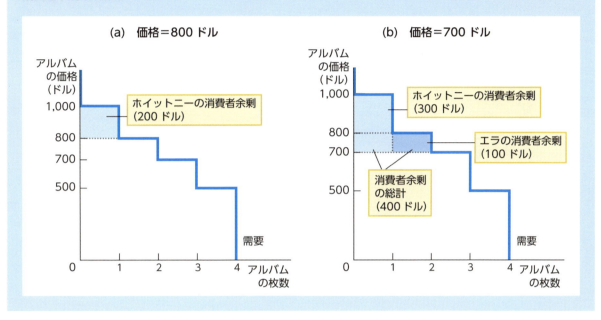

1-3　物価の引き下げはどのように消費者余剰を高めるのか

　買い手は購入する商品に対してより少ない金額で買いたいので、価格が低ければ低いほど、その商品の買い手はより良い生活を送ることができる。しかし、価格が下がることで、買い手の満足度はどの程度高まるのだろうか。消費者余剰の概念がこの疑問に対する正確な答えを示してくれる。

　図6-3は典型的な需要曲線を示している。前の2つの図のような不連続な階段状ではなく、徐々に右下りになっていることに注意したい。多くの買い手がいる市場では、各買い手の退出による段差は非常に小さく、滑らかな需要曲線を形成する。この曲線は異なる形状をしているが、これまで展開してきた考え方を適用することができる。すなわち消費者余剰は、価格線の上側と需要曲線の下側にある領域の面積である。パネル(a)では、価格はP_1であり、消費者余剰は三角形ABCの面積となる。

　ここで、パネル(b)に示すように、価格がP_1からP_2に下落したとする。すると消費者余剰は三角形ADFの面積に等しくなる。値下げによる消費者余剰の増加は、四角形BCFDの面積である。

　この消費者余剰の増加は、2つの部分からなる。第1に、すでに高い価格P_1でQ_1の財を購入していた購入者は、支払う金額が少なくなったので、より高い便益を得る。既存の買い手の消費者余剰の増加は、彼らが支払う金額の減少分であり、長方形BCEDの面積に等しい。第2に、新規の買い手の中にはより低い価格で商品を購入することを望むので、市場に参入する者がおり、需要量はQ_1からQ_2に増加する。

図6-3　価格が消費者余剰に与える影響

パネル(a)では、価格はP_1であり、需要量はQ_1で、消費者余剰は三角形ABCの面積に等しい。パネル(b)のように価格がP_1からP_2に下がると、需要量はQ_1からQ_2に増加し、消費者余剰は三角形ADFの面積に拡大する。消費者余剰の増加（四角形BCFDの面積）は、当初より市場に参加している消費者の支払額が少なくなる部分（四角形BCED）と低い価格で市場に新しく参入してき消費者による部分（三角形CEF）からなる。

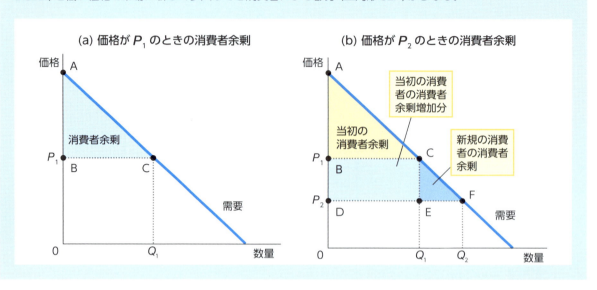

新規参入者の消費者余剰は、三角形CEFの面積である。

1-4　消費者余剰は何を測っているのか

　消費者余剰の概念は、市場の望ましい結果について判断する際に役立つ。消費者余剰がどのようなものかを見た上で、それが経済厚生を測る良い指標であるかどうかを考えてみよう。

　あなたが経済システムを設計する政策立案者だとしよう。消費者余剰を気にするだろうか？　消費者余剰は、買い手が財に支払うことを望む金額から、実際に支払う金額を差し引いたものであるため、買い手自身が認識する市場から買い手が得る便益を表す。政策立案者が買い手の好みを満たしたいのならば、消費者余剰は経済厚生を測るのに適している。

　状況によっては、政策立案者は買い手の行動を促す好みを尊重しないため、消費者余剰を無視することを選ぶかもしれない。たとえば、麻薬中毒者は、自分が選んだ薬物に対して高い価格を支払うことをいとわない。しかし、政策立案者は（たとえ麻薬中毒者がそう言ったとしても）麻薬中毒者が薬物を安く買えることで大きな便益を得ているとは言いにくいだろう。社会から見れば、この場合の支払用意は、購入者の便益を測る良い指標ではないし、消費者余剰は経済厚生を測る良い指標ではない。

　しかし、ほとんどの市場では、消費者余剰は経済厚生を反映している。経済学者は一般に、買い手が意思決定をするときは合理的であると仮定している。合理的な

第6章　消費者、生産者、市場の効率性

人々は、その機会が与えられれば、目的を達成するために最善を尽くす。また、経済学者は通常、人々の好みが尊重されるべきであるとも仮定する。この場合、消費者は、自分が購入した商品からどれだけの便益を得られるかを判断する最良の審判者である。

理解度確認クイズ

1. アレクシス、ブルーノ、カミラはそれぞれアイスクリームを欲しがっている。アレクシスは12ドル、ブルーノは8ドル、カミラは4ドルを支払う意思がある。市場価格は6ドルである。彼らの消費者余剰は、何ドルになるか。

   a. 6ドル
   b. 8ドル
   c. 14ドル
   d. 18ドル

2. アイスクリームの価格が3ドルに下がった場合、アレクシス、ブルーノ、カミラの消費者余剰は、何ドル増加するか。

   a. 6ドル
   b. 7ドル
   c. 8ドル
   d. 9ドル

3. クッキーの需要曲線は右下がりで、クッキーの価格が3ドルのとき、需要量は100である。価格が2ドルに下がった場合、消費者余剰はどうなるか。

   a. 下落幅は100ドル未満
   b. 下落幅は100ドル以上
   c. 上昇幅は100ドル未満
   d. 上昇幅は100ドル以上

➡（解答は章末に）

2　生産者余剰

　次に市場の反対側に目を向け、売り手が市場に参加することで受ける便益について考えてみよう。売り手の厚生の分析は、買い手の厚生の分析と平行して行われる。

2-1　コストと受取用意

　あなたが家の持ち主で、家をペイントしたいと思っているとしよう。あなたは4人のペイント業者に依頼する。ヴィンセント、クロード、パブロ、アンディ。どのペイント業者も、適切な価格であれば喜んで仕事を引き受けてくれる。あなたはオークションを設定し、4人のペイント業者から入札を受ける。

　各ペイント業者は、価格が仕事に必要なコストを上回れば、喜んで仕事を引き受ける。ここでいう**コスト（費用）**とは、ペイント業者の機会費用と解釈すべきものである。ペイント業者の機会費用には、実費（ペンキ代、ブラシ代など）と、最も重要なことだが、ペイント業者が労働にかける時間価値が含まれる。表6-2は、各ペイント業者の費用を示している。ペイント業者の原価は、仕事を受ける際の最低価格であるため、ペイント業者のサービスを売る意思を測るものである。各ペイント業者は、費用より高い価格でサービスを売りたがり、自分自身のコストより低い価格でサービスを売ることはない。自分自身のコストとまったく同じ価格であれば、サービスを売ることに無差別である。すなわち、仕事を得ることに満足するか、仕

コスト（費用）
(cost)
売り手が商品を生産するために諦めなければならないすべての価値

149

第Ⅱ部　ミクロ経済学

事を得られず他のことに時間とエネルギーを割くことにしても、同じように満足するだろう。

　入札を受けると、高い価格から始まるかもしれないが、ペイント業者たちが競合するうちにすぐに価格は下がる。アンディが2,400ドル（またはそれより少し安い金額）で入札した時点で、彼が唯一の入札者として残る。アンディがこの値段で仕事を喜んで引き受けるのは、彼のコストが2,000ドルだからである。ヴィンセント、クロード、パブロは2,400ドル以下では仕事を引き受けることはしない。最も安い費用で仕事ができるペイント業者が仕事を受注することに注意しよう。

　アンディはこの仕事を得ることによって、どのような便益を得るだろうか？　彼は2,000ドルで仕事をする意思があるが、2,400ドルの報酬を受け取っているため、経済学者は彼が400ドルの**生産者余剰**を受け取っているという。生産者余剰とは、売り手に支払われた金額から生産コストを差し引いたものである。生産者余剰は、売り手が市場に参加することでどれだけの便益を得られるのかを測るものである。

　別の例を考えてみよう。2軒の家でペンキ塗りが必要だとする。ここでも、4人のペイント業者がこの仕事に入札する。簡単化のために、両方の家をペイントできるペイント業者はおらず、それぞれの家をペイントするために持ち主が同じ金額を支払うと仮定する。したがって、2人のペイント業者が残るまで、価格は下落することになる。

　この場合、アンディとパブロがそれぞれ3,200ドル（またはそれより少し安い金額）を入札した時点でオークションは終了する。アンディとパブロは3,200ドルで入札し、ヴィンセントとクロードはそれ以下では入札しない。3,200ドルで、アンディの生産者余剰は1,200ドル、パブロの生産者余剰は800ドルである。市場の生産者余剰の合計は2,000ドルである。

生産者余剰
（producer surplus）
売り手に支払われた金額から生産コストを差し引いたもの

表6-2　**想定される4人の売り手のコスト**

売り手	コスト（ドル）
ヴィンセント	3,600
クロード	3,200
パブロ	2,400
アンディ	2,000

2-2　**供給曲線による生産者余剰の測定**

　消費者余剰が需要曲線と密接な関係があるように、生産者余剰は供給曲線と密接な関係がある。どのようなものかを知るために、ペイント・サービスの供給曲線を導いてみよう。

　まず、4人のペイント業者のコストを使って、供給計画を求めることから始める。

150

図6-4の表は、表6-2のコストに対応する一覧表を示している。価格が2,000ドル以下であれば、どのペイント業者も仕事をしないので、供給量はゼロである。価格が2,000ドルから2,400ドルの間であれば、アンディだけが仕事をするので、供給量は1になる。価格が2,400ドルから3,200ドルの間であれば、アンディとパブロが仕事をするので、供給量は2である。このように、供給計画は4人のペイント業者のコストから導かれる。

図6-4のグラフは、この供給計画に対応する供給曲線を示している。供給曲線の高さは、売り手のコストに関係していることに留意したい。どの数量においても、供給曲線が示す価格は、**限界的な売り手**（marginal seller）のコストを示している。たとえば、数量が4軒の場合、供給曲線の高さは3,600ドルであり、これはヴィンセント（限界的な売り手）がペイント・サービスを提供するために発生するコストである。3軒の場合、供給曲線の高さは3,200ドルであり、これはクロード（現在の限界的な売り手）が負担するコストである。

供給曲線は売り手のコストを反映するため、生産者余剰を測定するために使用することができる。図6-5は、2つの例の生産者余剰を計算するために供給曲線を使用したものである。パネル(a)では、価格は2,400ドル（またはそれよりも少し安い）、供給量は1である。価格より下側で供給曲線より上側の長方形の面積は400ドルに等しい。これが、先ほどアンディについて計算した生産者余剰となる。

図6-5のパネル(b)は、価格が3,200ドル（またはそれより少し安い場合）の生産者余剰を示している。この場合、価格の下側と供給曲線の上側の面積は、2つの長方形を合計した面積に等しい。この面積は2,000ドルであり、2軒の家にペンキ塗りが必要であったときに、パブロとアンディについて先に計算された生産者余剰に等し

図6-4　供給計画と供給曲線

この表は、ペイントサービスの（表6-2に記載した）売り手の供給計画を示している。グラフは、対応する供給曲線を示している。供給曲線の高さは売り手のコストを反映している。

価格	売り手	供給量
3,600ドル以上	ヴィンセント、クロード、パブロ、アンディ	4
3,200～3,600ドル	クロード、パブロ、アンディ	3
2,400～3,200ドル	パブロ、アンディ	2
2,000～2,400ドル	アンディ	1
2,000ドル以下	なし	0

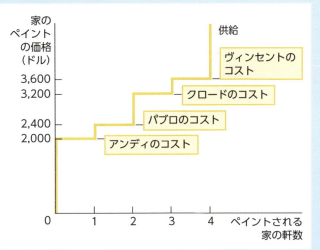

図 6-5 供給曲線による生産者余剰の測定

パネル(a)では、財の価格は2,400ドルで、生産者余剰は400ドルである。パネル(b)では、価格は3,200ドルで、生産者余剰は2,000ドルである。

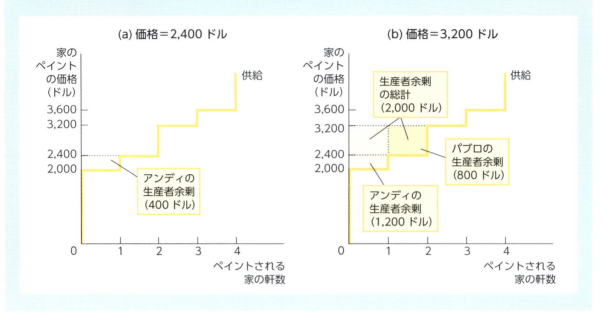

い。

　この例から得られる教訓は、すべての供給曲線に当てはまる。すなわち、**価格線より下側であり、かつ供給曲線より上側の面積は、市場における生産者余剰を表している**。その論理は明快である。つまり、供給曲線の高さは売り手のコストであり、価格と生産コストの差は各売り手の生産者余剰である。したがって、価格線と供給曲線の間の面積は、すべての売り手の生産者余剰の合計である。

2-3 価格が高いほど生産者余剰が増加する仕組み

　売り手は一般的に、販売する財の価格がより高いことを好むと聞いても驚かないだろう。しかし、価格が高くなると、売り手の厚生はどの程度増加するのだろうか？生産者余剰の概念がその答えを示してくれる。

　図6-6は、売り手が多数存在する市場で生じる典型的な右上がりの供給曲線を示している。この供給曲線の形は前の図とは異なるが、生産者余剰は同じ方法で測ることができる。すなわち、生産者余剰は、価格の下側と供給曲線の上側の面積である。パネル(a)では、価格はP_1であり、生産者余剰は三角形ABCの面積である。

　パネル(b)は、価格がP_1からP_2に上昇した場合を示している。生産者余剰は三角形ADFの面積に等しい。この生産者余剰の増加は2つの部分からなる。第一に、すでにP_1の低い価格でQ_1の財を売っていた売り手は、売った財に対してより多くの利益を得る。これらの既存の売り手の生産者余剰の増加は、長方形BCEDの面積に等しい。次に、新しい売り手がより高い価格で市場に参入するので、供給量はQ_1

図6-6 価格が生産者余剰に与える影響

パネル(a)では、価格はP_1であり、供給量はQ_1で、生産者余剰は三角形ABCの面積に等しい。パネル(b)のように価格がP_1からP_2に上がると、供給量はQ_1からQ_2に増加し、生産者余剰は三角形ADFの面積に拡大する。生産者余剰の増加（四角形BCFDの面積）は、当初からの生産者がより高い価格でより多くを受け取る部分（四角形BCED）と、より高い価格が新規生産者の市場参入による部分（三角形CEF）から生じる。

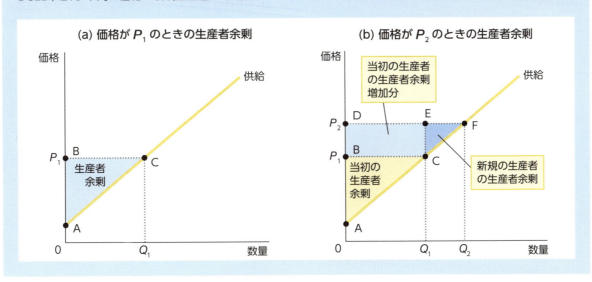

からQ_2に増加する。これらの新規参入者の生産者余剰は、三角形CEFの面積に等しい。

　この分析が示すように、生産者余剰は、消費者余剰が買い手の厚生を測定するのとほぼ同じ方法で、売り手の厚生を測定する。この2つの経済的厚生の指標は非常に似ているので、次節で行うように、一緒に考えることは自然なことである。

理解度確認クイズ

4. ディエゴ、エミ、フィンは今学期、家庭教師として働くことができる。家庭教師の機会費用は、ディエゴが400ドル、エミが200ドル、フィンが100ドルである。大学は家庭教師を300ドルで雇う。この市場における生産者余剰は、いくらか。

   a. 100ドル
   b. 200ドル
   c. 300ドル
   d. 400ドル

5. ギャビンは週300ドルで庭師としてフルタイムで働いている。市場価格が400ドルに上昇したとき、ヘクターも庭師になった。この価格上昇により、生産者余剰はいくら上昇するか。

   a. 100ドル未満
   b. 100ドルと200ドルの間
   c. 200ドルと300ドルの間
   d. 300ドル以上

6. ある製品の供給曲線は$Q^S=2P$であり、市場価格は10ドルである。この市場における生産者余剰はいくらか（ヒント：供給曲線をグラフに描いて、三角形の面積の公式を思いだすこと）。

   a. 5ドル
   b. 20ドル
   c. 100ドル
   d. 200ドル

➡（解答は章末に）

第Ⅱ部　ミクロ経済学

3 市場の効率性

　消費者余剰と生産者余剰は、経済学者が市場における買い手と売り手の厚生を研究するために使用する基本的なツールである。これらのツールは、根本的な問題を解決するのに役立つ。すなわち、競争市場は望ましい資源の配分を達成しているのか、というものである。

3-1 善意ある社会計画者

　市場の結果を評価するために、新しい仮想的なグループを導入する。善意ある社会計画者（social planner）たちは、全知全能で、十分に情報を得た者である。彼らは、社会のすべての人の経済厚生を最大化したいと考えている。彼らは何をすべきか？ 買い手と売り手が自分たちで均衡を見いだすようにすればいいのだろうか？ それとも、市場の結果を何らかの形で変えることによって、計画者は幸福を高めることができるのだろうか？

　この問いに答えるために、計画者はまず社会厚生を測る方法を決めなければならない。社会の厚生を測るための指標の1つは、消費者余剰と生産者余剰の合計であり、これを**総余剰**（total surplus）と呼んでいる。消費者余剰は、買い手が市場に参加することによって受ける便益であり、生産者余剰は売り手が受ける便益である。したがって、総余剰は、社会計画者が市場の資源配分を判断する際に考慮すべき自然な変数である。

　この指標をより深く理解するために、消費者余剰と生産者余剰の定義を思い出してみよう。消費者余剰は次のように定義される。

消費者余剰＝買い手にとっての価値−買い手が支払う金額

同様に、生産者余剰は次のように定義される。

生産者余剰＝売り手が受け取る金額−売り手が負担するコスト

消費者余剰と生産者余剰を足すと、以下のようになる。すなわち、

総余剰＝（買い手にとっての価値−買い手が支払う金額）
＋（売り手が受け取る金額−売り手が負担するコスト）

ここで、買い手が支払う金額と売り手が受け取る金額は等しいので、上式の中間の2つの項は相殺される。その結果、

総余剰＝買い手にとっての価値−売り手が負担するコスト

となる。市場における総余剰とは、買い手の支払用意によって表された財の買い手にとっての価値の合計から、それらの財を提供する売り手の総費用を差し引いたものである。

　資源の配分が総余剰を最大化する場合、経済学者はその配分が効率的であるとい

154

う（効率性）。配分が効率的でない場合、買い手と売り手の間の取引から得られる潜在的便益の一部が実現されていないことになる。たとえば、ある財が最もコストの低い売り手によって生産されていない場合、配分は非効率的である。この場合、高コストの生産者から低コストの生産者に生産を移せば、売り手の総コストを削減し、総余剰を上げることができる。同様に、財がその財に最も喜んで支払う買い手によって消費されていない場合、配分は非効率的である。この場合、評価の低い買い手から評価の高い買い手に財の消費を移動させれば、総余剰を上げることができる。

効率性に加えて、社会計画者は公平性、つまり、市場のさまざまな買い手と売り手が同程度の経済厚生を享受しているかどうかを気にするかもしれない。要するに、市場での取引から得られる便益は、市場参加者の間で分け合うパイのようなものである。効率性の問題は、パイが可能な限り大きいかどうかに関係する。公平性の問題は、パイをどのように切り分け、社会の構成員に分配するかに関係する。本章では、社会計画者の基準として効率性に焦点を当てる。しかし、現実の政策立案者は、しばしば公平性にも関心を持つことに留意してほしい。

> **効率性**
> (efficiency)
> 社会の全メンバーが受け取る総余剰を最大化するという資源配分に関する性質

> **公平性**
> (equality)
> 経済的な便益を社会のメンバーの間で均等に分配している性質

3-2 市場均衡の評価

図6-7は、市場が需要と供給の均衡に達したときの厚生指標を示している。消費者余剰は、価格の上側で需要曲線の下側にある部分に等しく、生産者余剰は価格の下側で供給曲線の上側にある部分に等しいことを思い出そう。均衡点までの供給曲線と需要曲線の間の面積は、この市場における総余剰を表す。

この資源の均衡における配分は効率的だろうか？　つまり、総余剰を最大化して

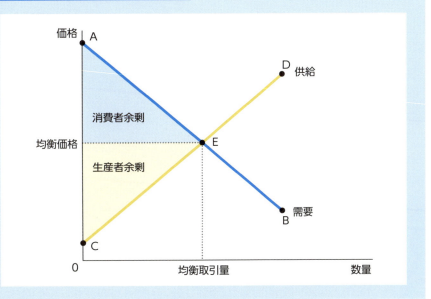

図 6-7　市場の均衡における消費者余剰と生産者余剰

総余剰（消費者余剰と生産者余剰の合計）は、均衡取引量までの供給曲線と需要曲線の間の面積である。

いるのだろうか？　市場が均衡状態にあるとき、価格が市場に参加する可能性のある買い手と売り手を決定することを思い出そう。その財を価格よりも高く評価する買い手（需要曲線上の線分AE）は、その財を買うことを選択し、価格よりも低く評価する買い手（線分EB）は、その財を買わない。同様に、コストが価格より小さい売り手（供給曲線の線分CE）は、財を生産し販売することを選択し、コストが価格より大きい売り手（線分ED）はそうしない。

これらの観察から、市場の結果について2つの洞察が導かれる。

1. 競争市場は、支払用意によって測定されるように、財の供給を、その財に最も価値を見いだす買い手に配分する。
2. 競争市場は、財の需要を、それを最も低コストで生産できる売り手に配分する。

したがって、市場均衡での生産販売量が与えられた場合、社会計画者は、買い手の間の消費配分や売り手の間の生産配分を変更することによって、経済厚生を増加させることはできない。

しかし、社会計画者は、財の量を増やしたり減らしたりすることで、厚生を高めることができるのだろうか？　答えは「ノー」である。市場の結果に関する次の第3の洞察で述べられている通りである。

3. 競争市場は、消費者余剰と生産者余剰の和を最大化する財の量を生産する。

図6-8はその理由を示している。この図を解釈するために、需要曲線は買い手の価値を反映し、供給曲線は売り手のコストを反映していることを思い出そう。Q_1のような均衡レベル以下の量では、限界的な買い手にとっての価値が限界的な売り手にとってのコストを上回っている。その結果、生産量と消費量を増やすと、総余剰が増加する。これは、数量が均衡水準に達するまで継続する。逆に、Q_2のような均衡レベルを超える量では、限界的な買い手にとっての価値は限界的な売り手にとってのコストを下回る。この場合、量を減らすと総余剰が増加し、これは量が均衡水準に達するまで続く。総余剰を最大化するために、社会計画者は、需要曲線と供給曲線が交わる数量を選択することになる。

これら3つの洞察をまとめると、市場で得られる結果は消費者余剰と生産者余剰の合計を最大化することがわかる。言い換えれば、市場均衡の結果は資源の効率的配分である。したがって、効率性を重視する社会計画者は、市場で得られる結果をそのままにしておくことができる。この「放っておく」政策は、フランス語で**レッセフェール**（自由放任）と表現され、直訳すれば「任せる」という意味だが、より広く解釈すれば「好きなようにさせる」という意味である。

社会計画者が介入する必要がないのは、社会にとって幸運である。全知全能で、すべてを知っている、善意の計画者が何をするかを想像することは、有益な思考実験であったが、現実を直視しよう。ところがこのような人物はなかなかいない。独裁者の中には全能に近い人物もいるかもしれないが、善意ある人物はめったにいな

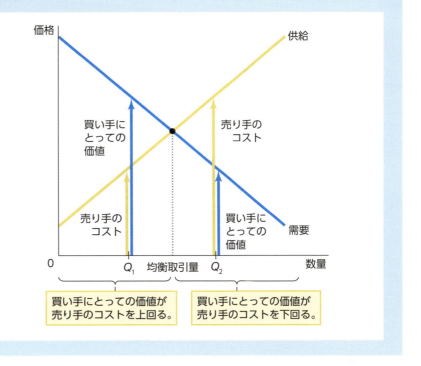

図6-8 均衡取引量の効率性

Q_1のような均衡取引量より少ない量では、買い手にとっての価値が売り手のコストを上回る。Q_2のような均衡取引量より多い量では、売り手のコストが買い手のコストを上回る。したがって市場均衡は、生産者余剰と消費者余剰の合計を最大化する。

い。仮にそのような高潔な人物を見つけたとしても、彼らには重要な情報が欠けている。

仮に、社会計画者が市場の力に頼るのではなく、自分たちで資源の効率的な配分を選択しようとしたとしよう。そのためには、すべての潜在的消費者にとっての特定の財の価値と、すべての潜在的生産者にとってのコストを知る必要がある。しかも、この情報はこの市場だけでなく、経済に存在する何千もの市場のすべてについて必要となる。このような情報収集は事実上不可能であり、これが、実在する中央計画経済が非効率に満ちている理由である。

しかし、計画者の仕事は、アダム・スミスの「市場の見えざる手」を使えば簡単なものになる。見えざる手は、買い手と売り手に関するすべての情報を考慮に入れて、経済効率の基準によって判断される最良の結果へと、市場にいるすべての人を導く。これは驚くべき偉業である。経済学者が、経済活動を組織する最良の方法として、自由な競争市場を提唱することが多いのはそのためである。

ケーススタディ　臓器市場は存在すべきか？

数年前、ボストン・グローブ紙に「母の愛がどのようにして2人の命を救ったのか」という記事が掲載された。息子に腎臓移植が必要だった女性、スーザン・ステファンズの話である。彼女の腎臓が息子に適合しないことを知った医師は、斬新な解決

策を提案した。もしステファンズが自分の腎臓の１つを見知らぬ人に提供すれば、彼女の息子を腎臓移植待ちリストのトップに載せようというのだ。母親はこの取引を受け入れ、まもなく２人の患者が待ちに待った移植を受けた。

医師の提案の独創性と母親の行為の崇高さは疑う余地がない。しかし、この話は興味深い疑問を投げかけている。もし母親の腎臓と他の腎臓を交換できるのであれば、彼女が他の方法では買えないような高価で実験的なガン治療と腎臓を交換することを、病院は許可するだろうか？　病院の医学部に通う息子の学費を無料にするために、腎臓を交換することは許されるのだろうか？　腎臓を売って、そのお金で古いシボレーを下取りに出し、新しいレクサスを買うことができるだろうか？

公序良俗の問題として、人が自分の臓器を売ることは違法である。多くの人々は、人間の臓器を売買するという概念そのものに嫌悪感を抱いている。おそらくそれは、生命の尊厳に関する文化的・宗教的規範に反するからだろう。しかし、そのような反応はいったん脇に置いておいて、腎臓を市場原理が働く財として考えてみよう。要するに、腎臓の市場では、政府は価格上限をゼロに設定しているのだ。その結果、どんな拘束力を持つ価格上限でもそうであるように、供給不足が生じる。ステファンズのケースでは、現金の授受がなかったため、この禁止事項に該当しなかった。法的には市場取引ではなかった。

しかし、多くの経済学者によれば、この禁止を撤廃し、臓器の公開市場を認めれば、大きな便益が得られるという。人は生まれつき２つの腎臓を持っているが、通常は１つしか必要としない。一方、腎臓が働かないため病気に苦しむ人もいる。取引による便益は明らかであるにもかかわらず、現状は悲惨である。一般的な患者は腎臓移植まで数年待たなければならず、適合する腎臓が見つからないために毎年何千人もの人が亡くなっている。市場による解決の支持者は「もし腎臓を必要としている人が、２つ腎臓を持っている人から腎臓を買うことができれば、価格は需要と供給のバランスをとるために上昇するだろう」と述べる。売り手は、余分な現金がポケットに入るので、より良い生活を送ることができる。買い手は、命を救うために必要な臓器を手に入れることができる。腎臓不足は解消されるだろう。

このような市場は資源の効率的な配分につながるだろうが、それでもこの計画には批判がある。嫌悪感の問題に加えて、公平性を心配する声もある。臓器市場では、最も支払用意と能力のある人に臓器が割り当てられるため、貧しい人々を犠牲にして金持ちを利することになると彼らは主張する。しかし、現在のシステムの公平性にも疑問を呈することができる。今、われわれのほとんどは、実際には必要のない余分な臓器を持って歩き回っている。それは公平だろうか。

専門家の見方

腎臓の供給

「腎臓病患者の延命のために、ヒトの腎臓への代金支払を認める市場を実験的に確立すべきである」

経済学者の見解は？

同意しない（16%）
どちらともいえない（27%）
同意する（57%）

（出所）IGM Economic Experts Panel, March 11, 2014.

第6章　消費者、生産者、市場の効率性

理解度確認クイズ

7. イザベルは自分の時間を1時間60ドルで評価している。彼女は2時間かけてジェイラにマッサージを施す。ジェイラはマッサージに300ドルでも支払うつもりであったが、2人は200ドルで交渉した。この取引では、_____は_____より_____ドル大きい。

a. 消費者余剰 ─ 生産者余剰 ─ 20

b. 消費者余剰 ─ 生産者余剰 ─ 40

c. 生産者余剰 ─ 消費者余剰 ─ 20

d. 生産者余剰 ─ 消費者余剰 ─ 40

8. 資源の効率的配分は、_____を最大化する。

a. 消費者余剰

b. 生産者余剰

c. 消費者余剰＋生産者余剰

d. 消費者余剰－生産者余剰

9. 市場が均衡状態にあるとき、買い手は_____支払用意を持つ者であり、売り手は_____コストを持つ者である。

a. 最も高い ─ 最も高い

b. 最も高い ─ 最も低い

c. 最も低い ─ 最も高い

d. 最も低い ─ 最も低い

10. 需要と供給の均衡を上回る量を生産することは非効率的である。なぜなら限界的な買い手の支払用意が_____なるからである。

a. 負と

b. ゼロと

c. 正であるが、限界的な売り手のコストより小さく

d. 正であり、限界的な売り手のコストより大きく

➡（解答は章末に）

---

4 結論：市場の効率性と市場の失敗

　この章では、厚生経済学の基本的な道具である消費者余剰と生産者余剰を紹介し、それらを使って市場の結果の効率性を評価した。そして、需要と供給の力が資源を効率的に配分することを示した。市場の買い手と売り手は、それぞれ自分の厚生にしか関心がないにもかかわらず、見えざる手によって、買い手と売り手の総便益を最大化する均衡へと導かれる。

　ここで少し注意しておきたいことがある。市場が効率的であると結論づけるために、われわれは市場がどのように機能するかについていくつかの仮説を立てた。これらの仮説が成り立たない場合、市場の均衡が効率的であるという結論はもはや成り立たないかもしれない。この章を閉じるにあたり、われわれが行った最も重要な2つの仮説について簡単に考えてみよう。

　第1に、われわれの分析は市場が完全競争であることを前提としている。しかし実際の経済では、競争は完全とは言い難い場合がある。市場によっては、1人の買い手や売り手（あるいはその小さなグループ）が市場価格をコントロールできる場合もある。このような価格に影響を与える力を**市場支配力**という。市場支配力は、需要と供給を均衡させる水準から価格と数量を遠ざけ、市場を非効率にする可能性がある。

　第2に、われわれの分析では、市場の結果は市場に参加する買い手と売り手にとってのみ重要であると仮定した。しかし、時には買い手と売り手の決定が関係のない第三者に影響を与えることもある。汚染はその典型例である。たとえば、農薬の使用は、農薬を製造するメーカーや農薬を使用する農家だけでなく、農薬で汚染され

159

第Ⅱ部　ミクロ経済学

た空気を吸ったり水を飲んだりする多くの人々に影響を与える。市場が**外部性**と呼ばれるこのような副作用を示す場合、市場活動の厚生的意味は、買い手が実現する価値と売り手が負担するコストだけに依存するわけではない。買い手と売り手は、消費量や生産量を決定する際にこのような外部性を無視する可能性があるため、市場の均衡は社会全体から見ると非効率になりうる。

　市場支配力と外部性は、**市場の失敗**（規制のない市場が資源を効率的に配分できないこと）と呼ばれる一般的な現象の一例である。市場が失敗する場合、公共政策によって問題を是正し、経済効率を高めることが可能である。ミクロ経済学者は、市場の失敗がどのような場合に起こりうるか、また、どのように修正するのが最善かを研究することに多くの労力を費やしている。経済学の勉強を続けるうちに、ここで展開された厚生経済学のツールが、その目的のために容易に活用できることがわかるだろう。

　市場の失敗の可能性にもかかわらず、市場の見えざる手は非常に重要である。多くの市場では、本章で立てた仮定がうまく機能し、市場の効率性という結論がそのまま当てはまる。さらに、厚生経済学と市場の効率性の分析を用いることで、さまざまな政府の政策の効果に光を当てることができる。

本章のポイント

- 消費者余剰は、ある財に対して買い手の支払用意から実際に支払った金額を差し引いたものに等しく、買い手が市場に参加することで得られる便益を測るものである。消費者余剰は、需要曲線の下側と価格の上側の面積を計算することによって求めることができる。

- 生産者余剰は、売り手の商品に対して支払われた金額から生産コストを差し引いた金額に等しく、売り手が市場に参加することで得られる便益を測るものである。生産者余剰は、価格の下側と供給曲線の上側の面積を計算することによって求めることができる。

- 総余剰（消費者余剰と生産者余剰の合計）を最大化する資源配分は効率的という。政策立案者は、経済的結果の公平性とともに効率性にもしばしば関心を持つ。

- 通常の条件下では、需要と供給の均衡は総余剰を最大化する。つまり、市場の見えざる手は通常、競争市場における買い手と売り手が資源を効率的に配分するように導く。

- 市場支配力や外部性のような市場の失敗が存在する場合、市場は資源を効率的に配分しない。

第6章 消費者、生産者、市場の効率性

理解度確認テスト

1. 買い手の支払用意、消費者余剰、需要曲線がどのように関連しているかを説明しなさい。

2. 売り手のコスト、生産者余剰、供給曲線の関係を説明しなさい。

3. 市場均衡における生産者余剰と消費者余剰を需要と供給の図に示しなさい。

4. 効率性とは何か。それは政策立案者の唯一の目標だろうか。

5. 市場の失敗を2種類挙げなさい。それぞれが市場で得られる結果を非効率にする理由を説明しなさい。

演習と応用

1. カイラはiPhoneを360ドルで購入し、240ドルの消費者余剰を得た。
   a. 彼女の支払用意はいくらか。
   b. もし彼女がiPhoneをセールで270ドルで購入したならば、消費者余剰はいくらか。
   c. もしiPhoneの価格が750ドルだったら、彼女の消費者余剰はいくらか。

2. カリフォルニアで秋に土壌の凍結が起こり、レモンの収穫が悪化した。レモン市場で消費者余剰がどうなるのか説明しなさい。また、レモネードの市場での消費者余剰はどうなるか、図を用いて説明しなさい。

3. フランスパンの需要が上昇したとする。フランスパン市場の生産者余剰はどうなるか説明しなさい。また、小麦粉市場の生産者余剰はどうなるか、図を用いて説明しなさい。

4. バートは暑い日に喉が渇いている。以下の表は、買い手がボトルドウォーター（ペットボトル入り飲料水）につける価値である。

1本目の価値	7ドル
2本目の価値	5ドル
3本目の価値	3ドル
4本目の価値	1ドル

   a. この情報からバートの需要計画を導出しなさい。またボトルドウォーターに対する需要曲線をグラフにしなさい。
   b. ボトルドウォーターの値段が4ドルだとすると、バートは何本買うか。バートはこの買物からどれだけの消費者余剰を得られるか。消費者余剰をグラフに示しなさい。

   c. 価格が2ドルに下がった場合、需要量はどのように変化するか。バートの消費者余剰はどのように変化するのか。これらの変化をグラフに示しなさい。

5. アーニーは井戸とポンプを所有している。大量の水を汲み上げることは少量の水を汲み上げることよりも難しいので、ボトルドウォーターを製造するコストは汲み上げる量が増えるほど高くなる。ボトルドウォーターを1本作るのにかかるコストは、以下の通りである。

最初のボトルのコスト	1ドル
2本目のボトルのコスト	3ドル
3本目のボトルのコスト	5ドル
4本目のボトルのコスト	7ドル

   a. この情報から、アーニーの供給計画を導出しなさい。アーニーのボトルドウォーターの供給曲線をグラフにしなさい。
   b. ボトルドウォーター1本の価格が4ドルだとすると、アーニーは何本の水を生産して販売するか。アーニーはこれらの販売からどれだけの生産者余剰を得られるか。アーニーの生産者余剰をグラフに示しなさい。
   c. 価格が6ドルに上昇した場合、供給量はどのように変化するか。アーニーの生産者余剰はどのように変化するか。これらの変化をグラフに示しなさい。

6. 問4のバートが買い手で、問5のアーニーが売り手である市場を考える。
   a. アーニーの供給計画とバートの需要計画を使って、価格が2ドル、4ドル、6ドルのときの需要量と供給量を求めなさい。

161

第Ⅱ部　ミクロ経済学

b. この均衡における消費者余剰、生産者余剰、総余剰はいくらか。

c. もしアーニーが生産し、バートが消費するボトルドウォーターが1本少なかったら、総余剰はどうなるか。

d. アーニーが生産し、バートがさらに1本のボトルドウォーターを消費した場合、総余剰はどうなるか。

7. 薄型テレビの製造コストは過去10年間で低下している。この変化の意味を考えてみよう。

a. 生産コストの低下が薄型テレビの販売価格と販売数量に及ぼす影響を示す需要曲線と供給曲線を描きなさい。

b. 消費者余剰と生産者余剰がどうなっているのかを図で示しなさい。

c. 薄型テレビの供給が非常に弾力的であるとする。消費者と生産者のどちらが、生産コストの低下から最も便益を受けるか。

8. 4人の消費者はヘアカットに以下の金額を支払う意思がある。

グロリア：35ドル	ジェイ：10ドル	クレア：40ドル	フィル：25ドル

また、4店の理髪店では、以下のコストがかかる。

店A：15ドル	店B：30ドル	店C：20ドル	店D：10ドル

各店は最大1回のヘアカットを提供できる。効率性を達成するためには、何回ヘアカットすべきか。どの店がヘアカットし、どの消費者がヘアカットをしてもらうべきか。総余剰は最大どのくらいになるだろうか。

9. 過去数十年間の経済における大きな変化の1つは、技術の進歩によってコンピュータの製造コストが下がったことである。

a. コンピュータ市場の価格、数量、消費者余剰、生産者余剰がどうなったかを示す需要と供給の図を描きなさい。

b. 40年前、学生たちはタイプライターを使って授業用のレポートを作成していたが、今日ではコンピュータを使っている。コンピュータとタイプライターは補完財だろうか、それとも代替財だろうか。タイプライターの市場における価格、数量、消費者余剰、生産者余剰がどうなったかを、需要と供給の図を使って示しなさい。タイプライターの生産者は、コンピュータの技術的進歩を喜ぶべきだろうか、それとも悲しむべきだろうか。

c. コンピュータとソフトウェアは補完財か、それとも代替財か。ソフトウェアの市場における価格、数量、消費者余剰、生産者余剰に何が起こったかを示す需要と供給の図を描きなさい。ソフトウェア生産者は、コンピュータの技術的進歩を喜ぶべきだろうか、それとも悲しむべきだろうか。

d. この分析は、ソフトウェアの製造者であるビル・ゲイツが世界の大富豪の1人になった理由を説明するのに役に立つだろうか。

10. あなたの友人が2つの映画配信サービスを検討している。プロバイダーAは、配信している映画の数に関係なく、年間120ドルを請求する。プロバイダーBは、固定サービス料ではなく、映画1本につき1ドルを課金する。あなたの友人の映画に対する年間需要は、$Q^D = 150 - 50P$ という式で導き出される。ただし P は映画1本当たりの価格である。

a. 各プロバイダーで、友人が映画を1本追加した場合のコストはいくらになるか。

b. 設問 (a) の答えを踏まえた上で、友人は各プロバイダーで何本の映画を鑑賞するか。

c. 各プロバイダーに毎年いくら支払うことになるか。

d. 各プロバイダーから得られる消費者余剰はいくらか（ヒント：需要曲線をグラフにし、三角形の面積の公式を思い出すこと）。

e. 友人にどちらのプロバイダーを選ぶことを勧めるか。その理由は何か。

理解度確認クイズの解答

1. b　**2.** b　**3.** d　**4.** c　**5.** b　**6.** c　**7.** a　**8.** c　**9.** b　**10.** c

第6章 付論

Chapter 6 Appendix
Application: The Costs of Taxation

応用：租税のコスト

　税は過熱した政治論争の原因となることが多い。1776年、イギリスの税に対するアメリカ入植者の怒りがアメリカ独立のきっかけとなった。それから2世紀以上経った今でも、アメリカ人は税制の適切な規模やあり方について議論している。しかし、ある程度の課税が必要であることを否定する人はほとんどいないだろう。かつて法学者オリバー・ウェンデル・ホームズ・ジュニア（Oliver Wendell Holmes Jr.）は、「税は文明社会のために支払うものである」と述べている。

　税は現代経済に大きな影響を与えるため、自由に使える政策手段を拡大しながら、本書を通じて税の話題を繰り返し取り扱うことになる。第5章では、需要、供給、弾力性を用いて、財への課税が価格と数量にどのような影響を与えるか、また税負担が買い手と売り手の間でどのように分担されるかを示した。本論では分析を拡張し、税が市場参加者の経済的幸福と定義される厚生にどのような影響を与えるかを検討する。

　税が厚生に与える影響は明らかだと思われるかもしれない。政府は税収を上げるために課税し、その税収は誰かの財布から支払われる。第5章で示したように、ある財に課税されると、その財の買い手と売り手の両方が不利になる。なぜなら買い手はより多く支払い、売り手はより少なく受け取るためである。しかし、税が経済厚生（経済的な幸福）にどのような影響を与えるかを完全に理解するためには、買い手と売り手の損失と政府の徴収額を比較しなければならない。この比較を可能に

163

するのが、消費者余剰と生産者余剰というツールである。この分析により、買い手と売り手にかかる税のコストは、通常、政府から得られる収入を上回ることがわかる。

課税が常に望ましくないというわけではない。税収は政府事業の原資として必要であり、それは価値あるものである。しかし、他に代わる政策を評価するためには、文明社会の代償がどれほど高いものになるかを理解する必要がある。

1 課税の死荷重

まず、第5章の学習を思い出してみよう。税が市場に与える最終的な影響は、買い手と売り手のどちらに課税されても同じである。買い手に対する課税は、課税額の分だけ需要曲線を下方にシフトさせ、売り手に対する課税は、その分だけ供給曲線を上方にシフトさせる。いずれの場合も、税は買い手の支払う価格を引き上げ、売り手の受け取る価格を引き下げる。その結果、税負担が生産者と消費者の間でどのように配分されるかは、課税方法ではなく、需要と供給の弾力性に依存する。

図6A-1は課税の効果を示している。税が課されることによって、どちらかの曲線がシフトしなければならないが、物事を単純化するために、この図では需要曲線または供給曲線のシフトは示していない。本論では、シフトを示さないことで、分析を一般的なものにし、グラフが複雑にならないようにしている。重要な点は、税によって買い手の支払価格と売り手の受取価格の間にくさびが生じるということである。このくさびがあるため、販売量は税がない場合よりも少なくなる。言い換えれば、第5章で示したように、財への課税はその財の市場規模を縮小させるのである。

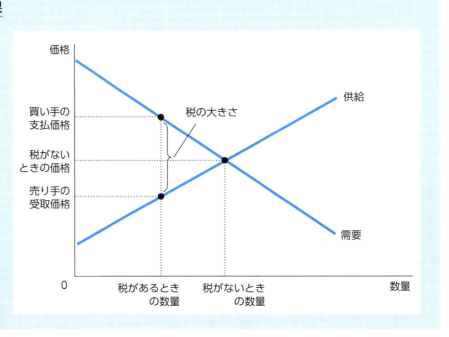

図 6A-1　税の効果

財に課税すると、買い手が支払う価格と売り手が受け取る価格との間にくさびが生じる。財の販売量は減少する。

1-1 税が市場参加者に与える影響

次に、厚生経済学のツールを使って、ある財に課税することによる便益と損失を測定してみよう。そのためには、税金が買い手、売り手、政府にどのような影響を与えるかを考えなければならない。買い手の厚生とは、買い手が財に対する支払用意の金額から、実際に支払う金額を差し引いたものである消費者余剰によって測られる。売り手の厚生は、売り手が財の対価として受け取る金額から、その財を生産するためのコストを差し引いた生産者余剰によって測られる。第6章では、これらの経済厚生の尺度を紹介した。

第3の利害関係者である政府についてはどうだろうか。Tを税の大きさ、Qを販売された財の量とすると、政府は$T×Q$の税収を得ることになる。この税収は、道路、警察、公教育などの行政サービスを提供したり、たとえば低所得世帯のための移転プログラムの資金に充てられたりする。税が経済厚生にどのような影響を与えるかを分析する際、政府の税収を使って税による公共の便益を測定する。しかし、この便益は実際には政府にではなく、税収が使われる人々にもたらされる。

図6A-2において、政府の税収は供給曲線と需要曲線の間にある長方形で表される。この長方形の高さは税の大きさTであり、幅は財の販売量Qである。長方形の面積は高さに幅を掛けたものであるから、この長方形の面積は$T×Q$であり、税収に等しい。

税がない場合の厚生　税が厚生にどのような影響を与えるかを見るために、まず税が課される前の状況を考えてみよう。図6A-3は、重要な面積をAからFの文字で示した需要と供給の図である。

図 6A-2　税収

政府が徴収する税収は、税額T×販売数量Qに等しい。したがって、税収は供給曲線と需要曲線の間の長方形の面積に等しい。

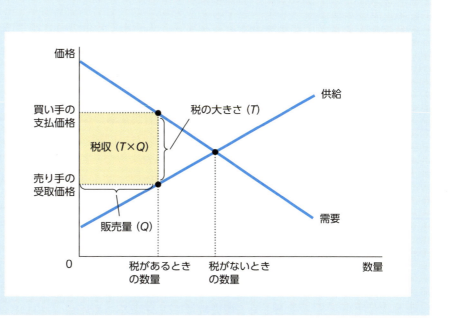

図 6A-3　税が厚生に与える影響

ある財に課税すると、消費者余剰（B+Cの面積）と生産者余剰（D+Eの面積）が減少する。生産者余剰と消費者余剰の減少が税収（B+Dの面積）を上回るため、税は死荷重（C+Eの面積）を課すと言われる。

	課税なし	課税あり	変化
消費者余剰	A+B+C	A	−(B+C)
生産者余剰	D+E+F	F	−(D+E)
税収	なし	B+D	+(B+D)
総余剰	A+B+C+D+E+F	A+B+D+F	−(C+E)

C+Eの面積は、総余剰の減少を示しており、課税による死荷重と呼ばれる。

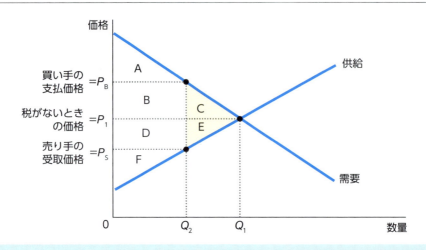

　税が課されなければ、均衡価格と均衡数量は需要曲線と供給曲線の交点である。価格はP_1であり、販売数量はQ_1である。需要曲線は買い手の支払用意を反映するため、消費者余剰は需要曲線と価格の間の面積（A+B+C）となる。同様に、供給曲線は売り手のコストを反映するため、生産者余剰は供給曲線と価格の間の面積（D+E+F）となる。この場合税がないため、税収はゼロとなる。

　消費者余剰と生産者余剰の合計である総余剰は、A+B+C+D+E+Fの面積に等しい。すなわち、第6章でみたように、これは均衡取引量までの供給曲線と需要曲線の間の面積である。図6A-3の表の最初の列は、これらの結果を要約したものである。

税がある場合の厚生　次に、税がある場合の厚生を考えてみよう。買い手が支払う価格はP_1からP_Bに上昇するので、消費者余剰はAの面積（需要曲線の下でかつ買い手の価格P_Bより上の面積）のみに等しい。売り手が受け取る価格はP_1からP_Sに下がるので、生産者余剰はFの面積（供給曲線の上方で売り手価格P_Sの下方の面積）のみに等しい。販売数量はQ_1からQ_2に減少し、政府はB+Dの面積に等しい税収を徴収

第6章　付論　応用：租税のコスト

する。税がある場合の総余剰を求めるには、消費者余剰、生産者余剰、税収を合計すればよい。したがって総余剰は、A+B+D+Fの面積となる。これらの結果は表の第2列目にまとめられている。

厚生の変化　課税前と課税後の厚生を比較することで、課税の効果を見ることができる。表の3列目がその変化を示している。消費者余剰はB+Cの面積の分だけ減少し、生産者余剰はD+Eの面積の分だけ減少する。税収はB+Dの面積分だけ増加する。驚くことではないが、税によって買い手と売り手は不利な状況に陥り、政府はより多くの収入を得ることになる。

　総厚生の変化には、消費者余剰の変化（これはマイナス）、生産者余剰の変化（これもマイナス）、税収の変化（これはプラス）が含まれる。これら3つを足し合わせると、市場の総余剰はC+Eの面積だけ減少することがわかる。**税によって売り手と買い手が被る損失は、政府が上げる収入を上回る**。税（または他の政策）が、本来であれば効率的な市場の結果を歪めた場合に生じる総余剰の減少を、死荷重と呼ぶ。C+Eの面積が、死荷重の大きさを表す。

····· 死荷重
（deadweight loss）
市場の歪みから生じる総余剰の減少

　なぜ税が死荷重を引き起こすのかを理解するために、第1章の**経済学の10原則**の1つ、「人々はインセンティブに反応する」を思い出してほしい。第6章では、競争市場は通常、希少な資源を効率的に配分することを示した。つまり、税がない場合、需要と供給の均衡は、市場における買い手と売り手の総余剰を最大化する。ところが、政府が税を課すと、買い手の支払価格が上昇し、売り手の受取価格が下落することになり、買い手には消費を減らすインセンティブを、売り手には生産を減らすインセンティブを与えることになる。その結果、市場は最適点よりも小さくなる（図ではQ_1からQ_2への動きで示される）。このように、税はインセンティブを歪めるため、市場が資源を非効率的に配分する原因となる。

1-2　死荷重と取引からの利益

　税が死荷重を引き起こす理由をよりよく理解するために、次のような例を考えてみよう。マリクが毎週100ドルでメイの家を掃除しているとしよう。マリクの時間の機会費用は80ドルであり、メイにとってのきれいな家の価値は120ドルであり、この取引によって各々が20ドルの便益を得る。総余剰の合計40ドルは、この取引から得られる便益を示している。

　ここで、政府が掃除サービスの提供者に50ドルの税金を課したとする。メイがマリクに支払うことのできる価格で、両者がより得になる価格はない。メイが支払ってもいいと思うのはせいぜい120ドルだが、そうするとマリクは税金を支払ったあと、自身の機会費用である80ドルよりも少ない70ドルしか手元に残らない。逆に、マリクが80ドルの機会費用をカバーするためには、メイが130ドルを支払う必要がある。これは掃除サービスとしてメイが支払ってもよいと思っている120ドルを上回っている。その結果、メイとマリクは取引をキャンセルし、マリクは収入を失い、メイは自分の家を掃除する羽目になる。

　この税により、マリクとメイはそれぞれ20ドルの余剰を失ったため、合計40ド

167

ル分が低下することになる。しかし、マリクとメイが取引を行わないため、政府はマリクとメイから税収を得られない。40ドルは純粋な死荷重となる。いわば市場の買い手と売り手にとっての損失であり、政府収入の増加によって相殺されるものではない。この例は死荷重の究極的な発生源を示している。つまり、**税は、買い手と売り手が取引から得られる便益の一部を実現するのを妨げるため、死荷重を引き起こす**。

　税によって生じる供給曲線と需要曲線の間の三角形の面積（図6A-3のC+E）は、こうした損失を測定するものである。この結論は、需要曲線が消費者にとっての財の価値を、供給曲線が生産者のコストを反映していることを思い出せば、図6A-4でよりわかりやすく説明できる。課税によって買い手が支払う価格がP_Bに引き上げられ、売り手が受け取る価格がP_Sに引き下げられると、限界的な買い手と売り手は市場を退出するので、販売数量はQ_1からQ_2に減少する。しかし、図6A-4が示すように、これらの買い手にとっての財の価値は、これらの売り手のコストを依然として上回っている。Q_1とQ_2の間の数量すべてにおいても、マリクとメイの例と同じ状況が生じている。取引から得られる便益（買い手の価値と売り手のコストの差）は、税を下回る。その結果、いったん課税が行われると、このような取引は行われなくなる。こうした相互に有利な取引を税が阻害するために失われる余剰が、死荷重である。

図 6A-4　死荷重の発生源

政府が財に税を課すと、販売数量はQ_1からQ_2へと減少する。Q_1とQ_2の間のすべての数量において、買い手と売り手の間の取引から得られる潜在的便益は実現されない。このように取引から失われた便益が、死荷重となる。

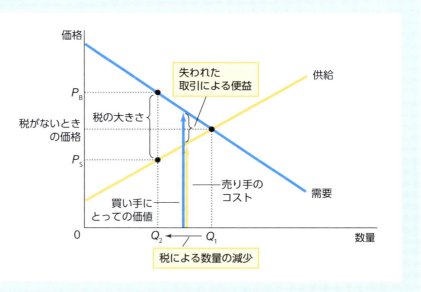

第6章　付論　応用：租税のコスト

理解度確認クイズ

1. 財への課税は、どのような場合に死荷重となるか。
   a. 消費者余剰と生産者余剰の減少が税収より大きい場合
   b. 税収が消費者余剰と生産者余剰の減少より大きい場合
   c. 消費者余剰の減少が生産者余剰の減少より大きい場合
   d. 生産者余剰の減少が消費者余剰の減少より大きい場合

2. ドナは宿屋を経営しており、自身のコストに等しい1泊300ドルの部屋代を請求する。サム、ハリー、ビルは、それぞれ500ドル、325ドル、250ドルの支払用意のある3人の潜在的顧客である。政府が宿屋に1泊あたり50ドルの税を課すと、ドナは350ドルに値上げする。この税による死荷重は、何ドルか。

   a. 25ドル
   b. 50ドル
   c. 100ドル
   d. 150ドル

3. ソフィーはスカイに毎週50ドルの芝刈り代を支払っている。政府がスカイに10ドルの芝刈り税を課すと、スカイは料金を60ドルに上げた。ソフィーは高い値段で彼を雇い続ける。生産者余剰の変化、消費者余剰の変化、および死荷重は何ドルか。

   a. 0ドル、0ドル、10ドル
   b. 0ドル、−10ドル、0ドル
   c. 10ドル、−10ドル、10ドル
   d. 10ドル、−10ドル、0ドル

➡（解答は章末に）

2　死荷重の決定要因

　税による死荷重が大きいか小さいかは何で決まるのか。その答えは、供給量と需要量が価格の変化にどれだけ反応するかを示す、需要と供給の価格弾力性にある。

　まず、供給の弾力性が死荷重の大きさにどのように影響するかを考えてみよう。図6A-5の上の2つのパネルでは、需要曲線と税の大きさは同じである。唯一の違いは供給曲線の弾力性である。パネル (a) では、供給曲線は相対的に非弾力的で、供給量は価格の変化にわずかに反応するだけである。パネル (b) では、供給曲線は相対的に弾力的である。すなわち供給量は価格の変化により大きく反応する。死荷重は、需要曲線と供給曲線の間の三角形の面積であり、供給曲線がより弾力的であるほど大きくなることに注意したい。

　同様に、図6A-5の下の2つのパネルでは、需要の弾力性が死荷重の大きさにどのように影響するかを示している。ここでは、供給曲線と税の大きさは一定に保たれている。パネル (c) では、需要曲線は相対的に非弾力的であり、死荷重は小さい。パネル (d) では、需要曲線はより弾力的であり、税による死荷重はより大きい。

　この図6A-5から得られる教訓は明らかである。税は、買い手と売り手の行動を変えるように誘導するため、死荷重が生じる。税は買い手の支払う価格を上げるので、買い手の消費は減る。同時に、売り手の受け取る価格も下がるので、生産量も減る。このような行動の変化により、市場の均衡量は経済効率上の最適量よりも縮小する。買い手と売り手が価格の変化に反応すればするほど、均衡数量は縮小する。**したがって、需要と供給の弾力性が大きければ大きいほど、税の死荷重は大きくなる。**

169

図6A-5 税の歪みと弾力性

パネル(a)と(b)では、需要曲線と税の規模は同じだが、供給の価格弾力性は異なる。供給曲線が弾力的であればあるほど、税の死荷重は大きくなる。パネル(c)と(d)では、供給曲線と税の規模は同じであるが、需要の価格弾力性が異なる。需要曲線が弾力的であればあるほど、税の死荷重は大きくなる。

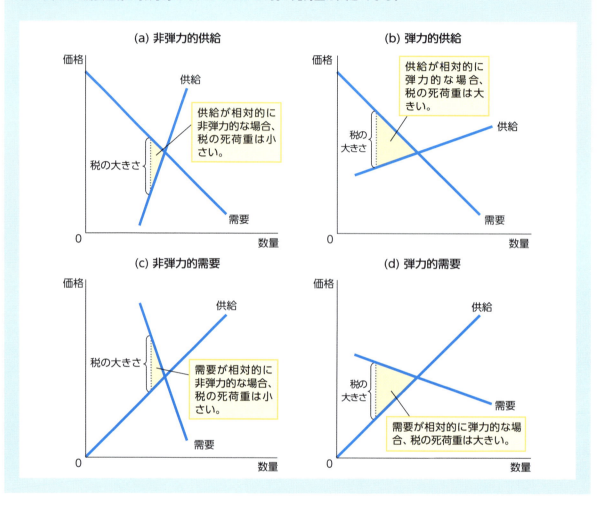

ケーススタディ　死荷重についての論争

　供給、需要、弾力性、死荷重、これらの経済理論はどれも、十分に混乱をもたらすものである。しかし、これらは「政府はどのくらいの大きさであるべきか」という深遠な政治的問題の一部である。これらの概念が重要なのは、課税による死荷重が大きければ大きいほど、政府事業のコストが大きくなるからである。課税が大きな死荷重を伴うのであれば、その損失は、より小さな政府、より少ない課税を求める論拠となる。しかし、課税による死荷重が小さければ、政府事業のコストは他の方法よりも低くなり、より大きな政府を求める議論につながることになる。もちろん、大きな政府、小さな政府を受け入れる理由は、死荷重という現象だけではない。

第6章　付論　応用：租税のコスト

　もう1つの重要な論点は、税収で賄われる政府事業の価値である。

　では、課税による死荷重はどの程度なのだろうか。その答えについては、経済学者の間でも意見が分かれている。この意見の相違の本質を知るために、アメリカ経済で最も重要な税、すなわち労働税について考えてみよう。社会保障税、メディケア税、連邦所得税の大部分は労働税である。多くの州政府も州所得税を通じて労働収入に課税している。労働税によって、企業が支払う賃金と労働者が受け取る賃金の間にくさびが生じる。典型的な労働者の場合、すべての労働税を合計すると、労働所得に対する**限界税率**（所得に対する最後の1ドルへの課税）は約40％である。

　労働税の大きさを決めるのは簡単だが、この税の死荷重を計算するのはそれほど簡単ではない。この40％の労働税の死荷重が小さいか大きいかについては、経済学者の間でも意見が分かれている。この意見の相違は、労働供給の弾力性に関する経済学者の見解が異なるために生じる。

　労働税が市場で得られる結果を大きく歪めることはないとする経済学者は、労働供給はかなり非弾力的であると主張する。ほとんどの人は賃金に関係なくフルタイムで働くと主張する。そうであれば、労働供給曲線はほぼ垂直であり、労働に課税しても死荷重は小さい。一家の大黒柱である働き盛りの労働者については、このような傾向があることを示唆する証拠もある。

　労働税による歪みが非常に大きいと主張する経済学者は、労働供給はより弾力的であると主張する。労働者の中には、労働税の変化に対して労働供給量をあまり変化させないグループもあることを指摘しながらも、他のグループはインセンティブにより多く反応すると主張する。以下はその例である。

- たとえば時間外労働など、働く時間を調整できる人々もいる。賃金が高ければ高いほど、より長い時間働くことを選ぶ。
- 多くの家庭には、子持ちの既婚女性という第2の稼ぎ手がいる。彼女たちは、家庭で無給の仕事をするか、市場で有給の仕事をするかについて、ある程度の裁量を持つ。そして、仕事を得るかどうかを決める際に、家にいることのメリット（育児費用の節約を含む）と得られる賃金を比較する。
- 多くの人は退職時期を選ぶことができるが、その決断の一部は賃金に基づいている。フルタイムの仕事をやめた後、パートタイムで働くインセンティブは賃金水準によって決まる。
- 脱税をする人の中には、"裏稼業"で働いたり、麻薬の販売など違法な経済活動に従事する人たちもいる。経済学者はこれを**地下経済**（underground economy）と呼ぶ。潜在的な犯罪者は、地下経済で働くか合法的な仕事で働くかを決める際に、法を犯して得られる賃金と合法的に得られる賃金を比較する。

　いずれの場合も、労働供給量は税引き後賃金に依存するため、労働収入に対する課税は人々の意思決定に影響を与える。これらの税は、労働者が労働時間を減らし、第2の稼ぎ手が家にとどまり、高齢者が早期退職し、無法者が地下経済に入り込むことを助長する。

171

第Ⅱ部　ミクロ経済学

　労働課税による歪みをめぐる議論は今日に至るまで続いている。実際、政府がより多くのサービスを提供すべきか、それとも税負担を軽減すべきかについて、選挙に立候補した2人の政治家の意見が食い違うときには、その意見の不一致の原因の一部は、労働供給の弾力性と課税の死荷重についての異なる見解に起因しているといえるだろう。

理解度確認クイズ

4. 政策立案者が、死荷重を最小限に抑えながら財に課税して歳入を増やしたい場合、需要の弾力性が_____財、供給の弾力性が_____財を探すべきである。

   a. 小さい — 小さい
   b. 小さい — 大きい
   c. 大きい — 小さい
   d. 大きい — 大きい

5. アグリコラ国の経済では、農家は耕作に使用する土地を地主から借りている。土地の供給が完全に非弾力的である場合、土地への課税では死荷重が_____、課税の負担はすべて_____にかかる。

   a. かなり大きく生じ — 農家

   b. かなり大きく生じ — 地主
   c. 生じず — 農家
   d. 生じず — 地主

6. ブドウゼリーの需要が（イチゴゼリーが良い代替品であるため）完全に弾力的であり、供給が単位弾力性を持つとする。ブドウゼリーへの課税は死荷重が_____、課税の負担はすべてブドウゼリーの_____にかかる。

   a. かなり大きなものになり — 消費者
   b. かなり大きなものになり — 生産者
   c. まったく生じず — 消費者
   d. まったく生じず — 生産者

➡（解答は章末に）

3 税が変化したときの死荷重と税収

　税の大きさがずっと同じままであることはめったにない。政策立案者は常に、ある税の引き上げや別の税の引き下げを検討している。税の大きさが変わると、死荷重と税収はどうなるかを考えてみよう。

　図6A-6は、市場の需給曲線を一定に保ったまま、小、中、大、3段階の税の効果を示している。死荷重（税によって市場規模が最適値より縮小した場合に生じる総余剰の減少）は、需要曲線と供給曲線の間の三角形の面積に等しい。パネル（a）の小さな税では、死荷重の三角形の面積は非常に小さい。しかし、パネル（b）と（c）では、税の規模が大きくなるにつれて、死荷重はどんどん大きくなっている。

　実際、税の死荷重は、税の大きさ以上に急速に増加する。これは、死荷重が三角形の面積であり、三角形の面積はその大きさの2乗に依存するからである。たとえば、税の規模を2倍にすると、三角形の底辺と高さは2倍になり、その結果、死荷重は4倍になる。税の大きさを3倍にすると、底辺と高さは3倍になり、その結果、死荷重は9倍になる。

図 6A-6　死荷重と税収が税の規模によってどのように変化するか

死荷重は、税によって生じる総余剰の減少である。税収は、税の規模に販売された財の量を乗じたものである。パネル(a)では、小さな税は死荷重が小さく、税収も小さい。パネル(b)では、中くらいの税のほうが、死荷重が大きく、より多くの歳入をもたらす。パネル(c)では、非常に大きな税は非常に大きな死荷重をもたらすが、市場規模を非常に縮小させるため、税収はわずかである。パネル(d)と(e)は、これらの結論をまとめたものである。パネル(d)は、税の規模が大きくなればなるほど、死荷重が大きくなることを示している。パネル(e)は、まず税収が増加し、次に減少することを示している。この関係はラッファー曲線と呼ばれるものである。

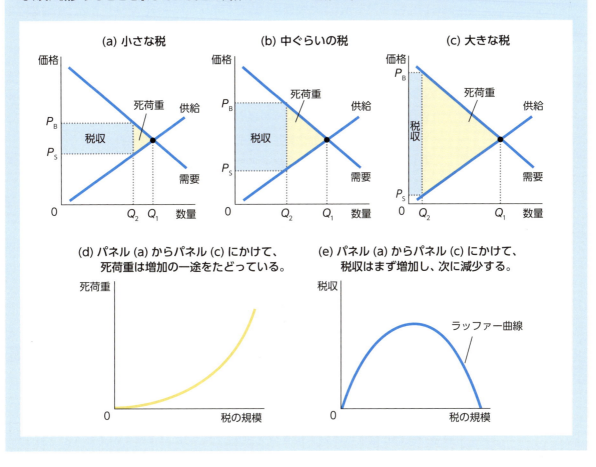

　政府の税収は、税額に販売された財の量をかけたものである。図6A-6の最初の3つのパネルが示すように、税収は供給曲線と需要曲線の間の長方形の面積に等しい。パネル(a)の小さな税では、税収は小さい。パネル(a)からパネル(b)へと税の規模が大きくなるにつれて、税収は増加する。しかし、パネル(b)からパネル(c)へと税額がさらに大きくなるにつれて、税収は減少する。非常に大きな税の場合、人々はその財の売買を完全にやめてしまうため、税収は増えない。

　図6A-6の最後の2つのパネルが、これらの結果をまとめたものである。パネル(d)では、税の規模が大きくなるにつれて、その死荷重が急速に大きくなることがわかる。これとは対照的に、パネル(e)では、税収はまず税の規模が大きくなるほど増加するが、税の規模がさらに大きくなるにつれて市場が大きく縮小し、税収が減少

し始めることを示している。

ラッファー曲線とサプライサイド経済学

1974年のある日、経済学者のアーサー・ラッファー（Arthur Laffer）がワシントンのレストランで著名なジャーナリストや政治家たちとテーブルを囲んでいた。彼はナプキンを取り出し、税率が税収にどのように影響するかを示す図を描いた。それは図6A-6のパネル（e）に類似していた。ラッファーは、アメリカはこの曲線の傾きが右下がりになっていると示唆した。税率が非常に高いので、税率を下げれば税収は増えるかもしれない、と彼は主張した。

ほとんどの経済学者はラッファーの提案に懐疑的であった。彼らは、税率の引き下げが税収を増加させるという考えを理論的には受け入れたが、実際にそうなるかどうかは疑問に思った。アメリカの税率が実際にそのような極端な水準に達しているというラッファーの見解を裏付ける証拠はほとんどなかった。

それにもかかわらず、この**ラッファー曲線**はロナルド・レーガンの想像力をかき立てた。第1次レーガン政権の予算局長であったデイヴィッド・ストックマンは、次のように語っている。

> ［レーガンは］かつてラッファー曲線を実際に経験したことがある。「第2次世界大戦中に大金が稼げる映画の世界に入った」と彼はいつも言っていた。戦時中の所得税は90％に達していた。「映画を4本撮るだけで、その時点でトップクラスの仲間入りだ。だから、映画を4本撮ったらみんな仕事をやめて田舎に帰ってしまった」。高い税率は仕事を減らし、低い税率は仕事を増やした。税率が低いと仕事が増える。彼の経験がそれを証明している。

レーガンは1980年の大統領選挙に出馬した際、減税を政策の一部に掲げた。レーガンは、税が高すぎるために勤労意欲が削がれ、所得が減少していると主張した。税金が低ければ人々の勤労意欲が高まり、ひいては経済厚生が高まると主張した。彼は、税率を下げたにもかかわらず、税収が増えるほど所得が増える可能性があることを示唆した。税率の引き下げは、人々が供給する労働量を増やすことを促すものであったため、ラッファーとレーガンの見解は**サプライサイド経済学**として知られるようになった。

経済学者たちはラッファーの主張について論争を続けている。税率を下げれば税収が増えるというラッファーの推測は、その後の歴史によって否定されたと考える人が多い。しかし、歴史は別の解釈も可能であるため、1980年代の出来事はサプライサイド経済学にとって好都合であったと捉える人もいる。ラッファーの仮説をきちんと評価するには、レーガンによる減税がなかったら税収が上がっていたか、あるいは下がっていたかを歴史的に検証する必要がある。しかし、そのような実験を行うことは不可能である。

中間の立場をとる経済学者もいる。通常、全体的な税率引き下げは税収を減らす

が、納税者の中には、自分たちがラッファー曲線の間違えた側にいるかもしれないと考える者もいる。他の条件が同じであれば、減税は最高税率に直面する納税者に適用されたほうが税収を増やす可能性が高い。加えて、ラッファーの議論は、アメリカよりもはるかに税率が高い国々でより説得力を持つ可能性がある。たとえば、1980年代初頭のスウェーデンでは、一般的な労働者の限界税率は約80％であった。このような高税率は、労働に対する実質的な阻害要因となる。スウェーデンには「税率を下げれば税収が増える」という研究結果もある。

こうした問題について経済学者の意見が分かれるのは、関連する弾力性の大きさについて合意が得られていないことが一因である。どの市場でも、需要と供給の弾力性が高ければ高いほど、税は行動を歪め、減税が税収を増やす可能性は高くなる。しかし、一般的な教訓については一致している。税制変更によって政府がどれだけの歳入を得たり失ったりするかは、税率を見るだけでは計算できない。また、税制改正が人々の行動にどのような影響を与えるかにもよる。

アーサー・ラッファーが再び注目を集めたのは、ドナルド・トランプのアドバイザーを務めた2016年の大統領選挙だった。スティーブン・ムーア（Stephen Moore）との共著『トランポノミクス（Trumponomics）』で語られているように、彼はトランプ候補に大規模な減税を提案するよう勧めた。ラッファーの主張は、数年前に彼が行ったものと同じだった。「ほとんどの経済学者が予測している2％の成長に甘んじるのはなぜだろうか」。「もっと経済が急拡大すれば、すべての問題を簡単に処理できるのではないだろうか」。この著書では、トランプが税制計画を発表した際に、成長率を「3％、4％、5％、あるいは6％」に引き上げるため、政府の財政赤字（政府支出に対する税収の不足分）を増やすことはないだろうと述べたことが引用されている。しかし、ほとんどのエコノミストは懐疑的だった。実際のところそれは正しく、減税実施後の2年間における経済成長率は2.4％で、財政赤字は膨らんでしまった。

専門家の見方　ラッファー曲線

「今（2012年）、アメリカで連邦所得税率を引き下げれば、5年以内に、減税しない場合よりも国民所得が増えるだろう」

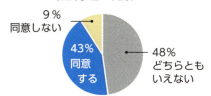

「今アメリカで連邦所得税率を引き下げれば、課税所得は十分に増加し、5年以内に年間総税収は、引き下げない場合よりも増加するだろう」

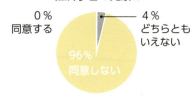

（出所）IGM Economic Experts Panel, June 26, 2012.

第Ⅱ部　ミクロ経済学

理解度確認クイズ

7. ラッファー曲線は、ある状況下では、政府が財への課税を減らし、＿＿＿＿＿＿を増やすことができることを示している。

  a. 消費者が支払う価格

  b. 均衡数量

  c. 死荷重

  d. 政府の税収

8. 卵の供給曲線は直線で右上がりであり、需要曲線は直線で右下がりである。卵1個につき2セントの税が3セントに引き上げられた場合、その税による死荷重はどうなるか。

  a. 50%未満の増加で、減少することさえある。

  b. ちょうど50%増加する。

  c. 50%以上増加する。

  d. 答えは、需要と供給のどちらに弾力性があるかによって決まる。

9. ピーナッツバターの供給曲線は右上がりで、需要曲線は右下がりである。1ポンドあたり10セントの税が15セントに引き上げられた場合、政府の税収はどうなるか。

  a. 50%未満の増加で、減少することさえある。

  b. ちょうど50%増加する。

  c. 50%以上増加する。

  d. 答えは、需要と供給のどちらに弾力性があるかによって決まる。

➡（解答は章末に）

4　結論

　本論では、税についてよりよく理解するために、厚生経済学のツールを応用した。第1章の**経済学の10原則**の1つは、「通常、市場は経済活動をまとめあげる良い方法である」というものである。第6章では、消費者余剰、生産者余剰、市場効率性という概念を用いて、この原則をより正確に説明した。ここでは、政府が財に税をかけると、資源配分の効率が悪くなることを見てきた。税は、市場参加者から政府へ資源を移転させるだけでなく、インセンティブを歪め、死荷重を生み出すので、コストがかかる。

　本論と第5章での分析は、税の効果に注目してきたが、それで終わりではない。ミクロ経済学者は、効率性と公平性のバランスをどのようにとるかなど、税制をどのように設計するのが最善かを研究している。また、市場の失敗が効率性を阻害している場合、的確な税制が問題を解決することもある。マクロ経済学者は、税が経済全体にどのような影響を与えるか、また政策立案者が経済活動を安定させ、急速な成長を促進するために税制をどのように利用できるかを研究する。よって、経済学の勉強を続けていると、税の話題が再三出てくることがあるので驚かないでほしい。

176

第6章　付論　応用：租税のコスト

本論のポイント

- 財への課税は、財の買い手と売り手の厚生を減少させる。消費者余剰と生産者余剰の減少は、通常、政府によって上げられる歳入を上回る。消費者余剰、生産者余剰、税収の合計である総余剰の減少は、税の死荷重と呼ばれる。

- 税は、買い手の消費を減らし、売り手の生産を減らすので、死荷重をもたらす。こうした行動の変化によって、市場は、総余剰を最大化する水準以下に縮小する。需要と供給の弾力性は、買い手と売り手が市場の状況にどれだけ反応するかを測るため、弾力性が大きいほど死荷重が大きいことを意味する。

- 税が大きくなればなるほど、インセンティブをより歪めることになり、死荷重は大きくなる。しかし、税は市場の規模を縮小させるため、税収は税の規模が大きくなるほど増加するわけではない。最初は税の大きさに応じて税収は増加するが、税が十分に大きくなると税収は減少し始める。

理解度確認テスト

1. 財の販売に課税した場合、消費者余剰と生産者余剰はどうなるか。消費者余剰と生産者余剰の変化は、税収と比較してどうなるか。説明しなさい。
2. 財の販売に課税した場合の需要曲線と供給曲線を描きなさい。死荷重と税収を示しなさい。
3. 需要と供給の弾力性は、税の死荷重にどのように影響するか。またなぜそのような影響があるのか。
4. 労働への課税の死荷重が小さいか大きいかについて、専門家の意見が分かれるのはなぜか。
5. 増税した場合、死荷重と税収はどうなるか。

演習と応用

1. ピザの市場は、右下がりの需要曲線と右上がりの供給曲線によって特徴づけられる。
   a. 市場における競争均衡を描きなさい。価格、数量、消費者余剰、生産者余剰を示しなさい。死荷重は存在するだろうか。説明しなさい。
   b. 政府が各ピザ屋に、売れたピザ1枚につき1ドルの税を支払うよう要求したとする。この税がピザ市場に与える影響を図示しなさい。消費者余剰、生産者余剰、政府収入、死荷重、それぞれの面積は、課税前の場合と比較してどうなるか。
   c. ピザ税がなくなれば、ピザの食べ手も売り手ももっと良い状態になるが、政府は税収を失う。消費者と生産者が、その利益の一部を自発的に政府に移転したとしよう。（政府を含む）すべての当事者たちは、税がある

ときよりも良い状態になるだろうか。グラフで示した面積を使って説明しなさい。

2. 次の2つの文を評価しなさい。賛成か、反対か。その理由は何か。
   a. 死荷重のない税は、政府の歳入を増やすことはできない。
   b. 政府にとって何の歳入ももたらさない税は、いかなる死荷重をもたない。

3. 輪ゴムの市場を考えてみよう。
   a. この市場における供給が非常に弾力的で、需要が非常に非弾力的な場合、輪ゴムに対する税の負担は消費者と生産者の間でどのように分担されるか。消費者余剰と生産者余剰の方法を用いて答えなさい。
   b. この市場における供給が非常に非弾力的

177

第Ⅱ部　ミクロ経済学

で、需要が非常に弾力的な場合、輪ゴムに対する税負担は消費者と生産者の間でどのように分担されるか。あなたの答えと設問(a)の答えを対比しなさい。

4. 政府が暖房用の石油に課税するとする。
   a. この税による死荷重は、課税後 1 年目と 5 年目のどちらが大きいか。説明しなさい。
   b. この税から徴収される収入は、課税後 1 年目と 5 年目のどちらが大きいか。説明しなさい。

5. 経済学の授業の後、あなたの友人が、食糧に対する需要はかなり非弾力的なので、食糧に課税するのは歳入を増やす良い方法だと提案した。食糧への課税はどのような意味で歳入を増やすための「好ましい」方法なのだろうか。また、どのような意味で歳入をもたらす方法として「好ましくない」のだろうか。

6. 1977年から2001年までニューヨーク州選出の上院議員だったダニエル・パトリック・モイニハンは、先端が空洞になった特定の弾丸に 1 万％の税を課すという法案を提出したことがある。
   a. この税はより多くの歳入をもたらすだろうか。その理由を含めて答えなさい。
   b. 仮にこの税で歳入が増えないとしても、なぜモイニハン上院議員はそれを提案したのだろうか。

7. 政府は靴下の購入に税を課すものとしよう。
   a. この税が靴下市場の均衡価格と均衡数量に及ぼす影響を図示しなさい。課税前と課税後の消費者の総支出額、生産者の総収入、政府の税収の面積を明示すること。
   b. 生産者の受取価格は上昇するだろうか、それとも下落するだろうか。生産者の受取総額が増えるだろうか、それとも減るだろうか。説明しなさい。
   c. 消費者の支払価格は上昇するだろうか、それとも下落するだろうか。消費者の総支出は増えるか、それとも減るか。詳しく説明しなさい（ヒント：弾力性について考えること）。消費者の総支出が減少した場合、消費者余剰は増加するだろうか。説明しなさい。

8. 本論では、ある財に課税した場合の厚生効果を分析した。では、逆の政策を考えてみよう。政府がある財に補助金を出すとしよう。すなわちその財が 1 単位売れるごとに、政府は買い手に 2 ドルを支払うものとする。この補助金は、消費者余剰、生産者余剰、税収、および総余剰にどのような影響を与えるだろうか。補助金は死荷重をもたらすだろうか。説明しなさい。

9. スモールタウン市のホテルの部屋は通常100ドルで、1,000室が貸し出されている。
   a. 歳入を増やすため、市長はホテルに 1 部屋あたり10ドルの税を課すことを決定した。課税後、宿泊料金は108ドルに上昇し、貸し部屋数は900に減少した。この税が市にもたらす収入額と、この税の死荷重を計算しなさい（ヒント：三角形の面積は底辺×高さ×1/2である）。
   b. 市長は税を 2 倍の20ドルにした。価格は116ドルに上昇し、貸し部屋数は800に減少した。このように税額が大きくなった場合の税収と死荷重を計算しなさい。それらは設問 (a) の答えの 2 倍になったか、2 倍以上か、2 倍未満になったか。説明しなさい。

10. ある市場が以下の需要式 Q^D と供給式 Q^S で記述されているとする。

$$Q^D = 300 - P$$
$$Q^S = 2P$$

   a. 均衡価格と均衡数量を求めなさい。
   b. 仮に T の税が買い手に課されるとすると、新しい需要式は次のようになる。

$$Q^D = 300 - (P+T)$$

   新しい均衡価格と均衡数量を求めなさい。売り手が受け取る価格、買い手が支払う価格、販売数量はどうなるか。
   c. 税収は $T \times Q$ である。設問 (b) の答えを使って、税収を T の関数として解きなさい。T が 0 から300の値をとるとき、この関係をグラフで表しなさい。
   d. 税の死荷重は、需要曲線と供給曲線の間の三角形の面積である。三角形の面積は1/2×底辺×高さであることを思い出し、死荷重を T の関数として解きなさい。T が 0 から

第6章 付論 応用：租税のコスト

300の値をとるとき、この関係をグラフで表しなさい（ヒント：横軸から見ると、死荷重の三角形の底辺はTであり、高さは税があるときの販売数量と税がないときの販売数量の差である）。

e. 政府は現在、この商品に1個当たり200ドルの税を課している。これは良い政策だろうか。その理由を含めて答えなさい。またもっと良い政策を提案することができるか。

理解度確認クイズの解答

1. a   2. a   3. b   4. a   5. d   6. b   7. d   8. c   9. a

第7章

Chapter 7

The Costs of Production

生産コスト

　経済には、あなたが毎日享受している財やサービスを生産する何千もの企業がある。ゼネラル・モーターズは自動車を生産し、ゼネラル・エレクトリックは電球を生産し、ゼネラル・ミルズは朝食用シリアルを生産している。この3社のように大規模で、何千人もの労働者を雇用し、何千人もの株主が利潤を共有している企業がある一方、地元の雑貨店や理髪店、カフェのような小規模で、数人の労働者を雇用し、一個人または一家族によって所有されている企業もある。

　これまでの章では、企業の生産決定を集約するために供給曲線を用いた。供給の法則によれば、企業は、財の価格が高くなれば、より多くの量の財を生産し、販売することを望む。この反応により、右上がりの供給曲線となる。企業の行動について知る必要があるのは、多くの場合、供給の法則だけである。

　本章では、企業の行動をより詳細に検討する。この章では、供給曲線の背後にある意思決定について理解を深めることができる。また、**産業組織論**（industrial organization）と呼ばれる経済学の一部も紹介する。産業組織論とは、価格と数量に関する企業の決定が、直面する市場条件にどのように依存するかを研究する学問である。たとえば、あなたが住んでいる町には、ピザ屋が何軒かあっても、ケーブルテレビの会社は1社しかないかもしれない。これは重要な問題を提起している。企業数は市場の価格や市場の効率性にどのような影響を与えるのだろうか。産業組織論の分野では、この問題に取り組んでいる。

181

第Ⅱ部　ミクロ経済学

これらの問題に目を向ける前に、生産コストを理解することが重要である。デルタ航空から地元の惣菜店に至るまで、すべての企業では、販売する財やサービスを製造する際にコスト（費用）が発生する。企業のコストは、その生産と価格決定の重要な決定要因である。本章では、経済学者がこのようなコストを測定するために使用する変数を定義し、これらの変数間の関係を考察する。

若干の警告をしたい。この話題は少し専門的である。率直に言って、退屈とさえ言えるかもしれないが、頑張りどころである。ここでの内容は、この後に続く魅力的な話題の基礎となるからである。

1　コスト（費用）とは何か

クロエのクッキー工場に入る。オーナーのクロエはおいしいクッキーを焼いている。そのために小麦粉、砂糖、チョコレート・チップ、その他のクッキーの材料を買う。ミキサーやオーブンも購入し、これらの機器を動かす従業員も雇う。そして、クッキーを喜んでくれる消費者に売っている。クロエがビジネスで直面する問題のいくつかは、すべての企業に当てはまる。

1-1　総収入、総費用、利潤

企業が下す意思決定を理解するためには、その企業が何をしようとしているのかを問うことから始めよう。クロエが会社を始めたのは、世の中にクッキーを提供したいという利他的な願望からかもしれないし、単にクッキー・ビジネスへの愛からかもしれない。しかし彼女の場合、お金を稼ぐために始めたというのが本当のところだろう。経済学者は通常、企業の目標は利潤を最大化することであると仮定し、この仮定がほとんどのケースでうまく機能することに気づく。

総収入
（total revenue）
企業が生産物の販売に対して受け取る金額

総費用
（total cost）
企業が生産に使用する投入物の市場価値

利潤
（profit）
総収入から総費用を引いたもの

企業の利潤とは何か。生産物（クッキー）の販売で受け取る金額が総収入である。投入物（小麦粉、砂糖、労働者、オーブンなど）を購入するために支払う金額が総費用である。経営者であるクロエは、コストよりも上の収入を手元に残すことができる。つまり、企業の利潤は、総収入から総費用を引いたものに等しい。

利潤＝総収入－総費用

クロエは利潤をできるだけ大きくしたいと考えている。

企業がどのように利潤を最大化するかを見るために、まず総収入と総費用を測定する必要がある。総収入はわかりやすい。すなわち、企業が生産する生産量に販売価格を掛けたものである。クロエが1万個のクッキーを生産し、1個2ドルで販売する場合、彼女の総収入は2万ドルである。しかし、企業の総費用の測定はより把握が難しいのである。

182

第7章　生産コスト

1-2 機会費用が重要な理由

クロエのクッキー工場やその他の企業でコストを測定する際には、第1章にある**経済学の10原則**の1つ「何かのコスト（費用）とは、それを手に入れるために諦めたもので測られる」に留意することが重要である。ある品目の**機会費用**とは、それを手に入れるために放棄しなければならないすべてのものを指すことを思い出してほしい。経済学者が企業の生産コストについて語るとき、コストには、財やサービスの生産にかかるすべての機会費用を含む。

このような機会費用のなかには、明らかなものもある。クロエが小麦粉に1,000ドルを支払うとき、その1,000ドルは機会費用である。なぜなら、その1,000ドルで買えたであろう他のものを諦めなければならないからである。同様に、クロエがクッキーを作るために労働者を雇うとき、彼らの賃金は企業のコストの一部である。これらの機会費用は、企業がいくらかのお金を実際に支払う必要があるため、明示的費用と呼ばれる。

対照的に、企業の機会費用の一部は、潜在的費用と呼ばれ、現金支出を必要としない。これらのコストはすぐにはわからないかもしれないが、それでも意味のあるものである。クロエはコンピュータが得意で、プログラマーとして働けば時給100ドルを稼ぐことができるとしよう。彼女がクッキー工場で1時間働くごとに、100ドルのプログラミング収入を諦めることになり、この諦めた収入もコストの一部となる。クロエのビジネスの総費用は、明示的費用と潜在的費用の合計である。

経済学者と会計士では、ビジネスの分析方法が異なる。経済学者は、企業がどのように生産と価格決定を行うかに関心を持つ。これらの決定は、明示的費用と潜在的費用の両方に基づいているため、経済学者は企業のコストを測定する際に両方を含める。しかし、会計士は企業の入出金を把握しているため、明示的費用は測定するが、潜在的費用を無視するのが普通である。

経済学者と会計士の手法の違いは、クロエのクッキー工場を見れば一目瞭然である。クロエがプログラマーとして収入を得る機会を諦めても、会計士はこれをクッキー事業のコストとしては計上しない。なぜなら、このコストを支払うために事業から資金が流出することはないため、会計士の財務諸表にこのコストが記載されることはないからである。しかし、経済学者は、クロエがクッキー・ビジネスで行う意思決定に影響を与えるため、この放棄された収入をコストとして計上する。たとえば、クロエのプログラマーとしての賃金が時給100ドルから300ドルに上昇した場合、彼女はクッキー・ビジネスの経営はコストがかかりすぎると判断するかもしれない。彼女はプログラマーとして働くために工場を閉鎖することを選ぶかもしれない。

1-3 資本コストは機会費用である

ほとんどすべてのビジネスの潜在的費用は、そこに投資された資金（経済学者は金融資本と呼ぶ）の機会費用である。たとえば、クロエがクッキー工場を買うために30万ドルの貯金を使ったとしよう。その代わりに、この資金を金利5％の預金口

明示的費用
（explicit costs）
企業が資金を支出する必要のある投入コスト

潜在的費用
（implicit costs）
企業が資金を支出する必要のない投入コスト

座に預けていれば、年間1万5,000ドルを得ることができるだろう。したがって、クッキー工場を所有するために、クロエは年間1万5,000ドルの利子収入をあきらめることになる。この1万5,000ドルの放棄は、クロエのビジネスの潜在的機会費用の1つである。

資本コストは、経済学者と会計士がビジネスを異なる形で見ている典型的なケースである。経済学者は、クロエが毎年放棄する1万5,000ドルの金利収入を潜在的費用と見なす。しかし、クロエの会計士は、この1万5,000ドルをコストとは見なさない。なぜなら、ビジネスのために支払うお金ではないからである。

経済学者と会計士の手法の違いをさらに探るために、例を少し変えてみよう。クロエが工場を購入するために30万ドル全額を用意したのではなく、10万ドルを自分の貯蓄でまかない、20万ドルを金利5%で銀行から借りたとする。明示的費用しか測定しないクロエの会計士は、この資金が会社から流出するため、毎年銀行ローンに支払った1万ドルの利息をコストとして計算することになる。対照的に、経済学者によれば、事業を所有する機会費用は依然として1万5,000ドルである。この機会費用は、銀行ローンの利子（1万ドルの明示的費用）と、貯蓄の利子（5,000ドルの潜在的費用）の放棄に等しい。

1-4 経済学者と会計士の利潤の測定の相違

さて、会社の目的である利潤に話を戻そう。経済学者と会計士では、この測定方法も異なる。経済学者は、企業の**経済上の利潤**を、その総収入から、販売した財やサービスを生産するためのすべての（明示的および潜在的）機会費用を差し引いたものとして測定する。会計士は、総収入から明示的費用のみを差し引いたものとして、企業の**会計上の利潤**を測定する。

経済上の利潤
（economic profit）
総収入から、明示的費用と潜在的費用の両方を含んだ総費用を引いたもの

会計上の利潤
（accounting profit）
総収入から明示的総費用を引いたもの

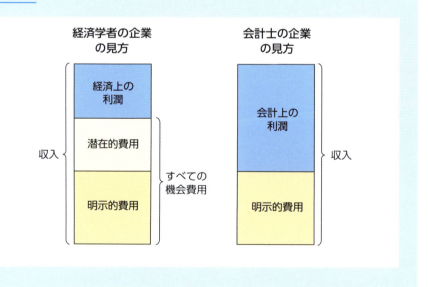

図7-1　経済学者 vs. 会計士

企業を分析する際、経済学者はすべての機会費用を含めるのに対し、会計士は明示的費用のみを勘定するため、経済上の利潤は会計上の利潤よりも小さくなる。

第7章　生産コスト

図7-1はこの違いをまとめたものである。会計士は潜在的費用を無視しているため、会計上の利潤は経済上の利潤よりも大きいことに注意しよう。経済学者の立場から見て、ビジネスが利潤を生むためには、総収入が明示的・潜在的両方の機会費用をすべて上回らなければならない。

経済上の利潤は、財やサービスを供給する企業のモチベーションを高めるため、重要な概念である。後述するように、経済上プラスの利潤を上げる企業は事業を継続する。それはすべての機会費用をカバーしており、会社の所有者に報いるためにいくばくかの収入が残るからである。企業が経済上の損失を出す場合（つまり、経済上の利潤がマイナスの場合）、生産コストをすべてカバーするのに十分な収入をもたらすことができない。状況が変わらない限り、オーナーは最終的に事業を閉鎖し、その産業から撤退することになる。ビジネス上の意思決定を理解するには、経済上の利潤に注視しておく必要がある。

理解度確認クイズ

1. マクドナルドは農業を営んでいるが、1時間20ドルでバンジョーを教えてもいる。ある日、彼は10時間かけて自分の農場に100ドル分の種をまいた。彼が負担した総費用はいくらか。

   a. 100ドル
   b. 200ドル
   c. 300ドル
   d. 400ドル

2. ザビエルはレモネード・スタンドを2時間開いた。彼は材料費に10ドル使い、60ドル分のレモネードを売った。同じ2時間で隣の家の芝生を40ドルで刈ることができた。ザビエルの会計上の利潤は_____、経済上の利潤は_____である。

   a. 50ドル ー 10ドル
   b. 90ドル ー 50ドル
   c. 10ドル ー 50ドル
   d. 50ドル ー 90ドル

➡ （解答は章末に）

2 生産とコスト

販売予定の財やサービスを生産するための投入物を購入するとき、企業にはコスト（費用）が発生する。この節では、企業の生産プロセスと総費用の関連性を検討する。もう一度、クロエのクッキー工場を考えてみよう。

以下の分析では、単純化した仮定を置く。クロエの工場の規模は固定しており、クロエは雇用する労働者の数を変えることによってのみ、クッキーの生産量を変えることができる。この仮定は、短期的には現実的であるが、長期的には現実的ではない。つまり、クロエは1日でより大きな規模の工場を建設することはできないが、今後1、2年の間に建設することは可能である。したがって、この分析は、クロエが短期的に直面する生産決定について説明する。コストと時間軸の関係については、この章の後半で詳細に検討する。

185

第Ⅱ部　ミクロ経済学

表7-1　生産関数と総費用：クロエのクッキー工場

(1) 労働者の数	(2) クッキーの生産量（1時間当たり）	(3) 労働の限界生産物	(4) 工場のコスト（ドル）	(5) 労働者のコスト（ドル）	(6) 投入物の総費用（工場のコスト＋労働者のコスト）（ドル）
0人	0個		30	0	30
		50個			
1人	50個		30	10	40
		40個			
2人	90個		30	20	50
		30個			
3人	120個		30	30	60
		20個			
4人	140個		30	40	70
		10個			
5人	150個		30	50	80
		5個			
6人	155個		30	60	90

2-1　生産関数

　表7-1は、クロエの工場で1時間当たりに生産されるクッキーの量が、労働者の数によってどのように変わるかを示している。(1)と(2)の列でわかるように、工場に労働者がいなければ、クロエはクッキーを生産しない。労働者が1人のとき、クロエは50個のクッキーを生産する。労働者が2人のとき、クロエは90個のクッキーを生産する。図7-2のパネル(a)は、これらの2列の数字をグラフ化したものである。横軸は労働者の数、縦軸は生産されたクッキーの数である。この投入量（労働者）と生産量（クッキー）の関係を**生産関数**と呼ぶ。

　第1章の**経済学の10原則**の1つに、「合理的な人々は「限界的に」考える」というものがある。この考え方は、企業がどれだけの労働者を雇い、どれだけの生産物を生産するかという意思決定を理解するカギである。このような意思決定を理解するための一歩として、表7-1の(3)列は労働の限界生産物を示している。生産過程における投入物の**限界生産物**とは、その投入物を1単位追加することによって得られる生産量の変化である。労働者の数が1人から2人になったとき、クッキーの生産量は50個から90個に増加するので、2人目の労働者の限界生産物はクッキー 40個である。労働者の数が2人から3人になると、クッキーの生産量は90個から120個に増加するので、3人目の労働者の限界生産物はクッキー 30個である。表7-1では、限界生産物は2つの行の間に表示されているが、これは労働者数があるレベルから

生産関数
(production function)
財の生産に使用される投入物の量とその財の生産量との関係

限界生産物
(marginal product)
投入物を1単位追加することによって生じる生産量の増加分

図7-2　クロエの生産関数と総費用曲線

パネル(a) の生産関数は、雇用労働者数と生産量の関係を示している。ここで、雇用者数(横軸)は表7-1 の (1) 列のものであり、生産量(縦軸)は (2) 列のものである。生産関数は、限界生産物の逓減を反映して、労働者数が増加するにつれて傾きが緩やかになる。パネル(b) の総費用曲線は、生産量と総費用の関係を示している。ここで、生産量(横軸)は表7-1 の (2) 列、総費用(縦軸)は (6) 列のものである。総費用曲線は、限界生産物が逓減するため、生産量が増加するにつれて傾きが急になる。

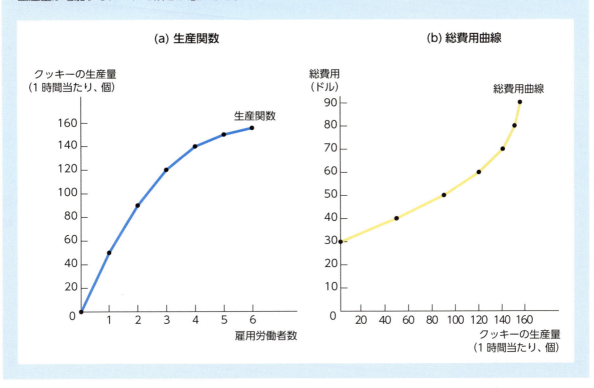

別のレベルに増加したときの生産高の変化を表しているからである。

　労働者の数が増えるにつれて、限界生産物は減少することに注意しよう。2人目の労働者の限界生産物はクッキー40個、3人目の限界生産物はクッキー30個、4人目の限界生産物はクッキー20個である。この性質は **限界生産物の逓減** と呼ばれる。最初、工場で働く労働者が数人しかいないとき、彼らは厨房設備に簡単にアクセスできる。クロエの雇用が増えるにつれ、労働者は設備を共有し、より混雑した状況に対処しなければならなくなる。やがて厨房は混雑状態になり、労働者同士がお互いの邪魔をするようになる。したがって、より多くの労働者が雇われるようになると、各労働者が総生産量に追加的に貢献するクッキーは少なくなる。

　限界生産物の逓減は図7-2で明らかである。生産関数の傾き("yの増加量／xの増加量")は、労働力の追加投入("xの増加量")ごとにクロエのクッキーの生産量("yの増加量")の変化を測定する。つまり、生産関数の傾きは限界生産物を測定する。労働者の数が増えるにつれて、限界生産物は減少し、生産関数は平らになっていく。

> **限界生産物の逓減**
> (diminishing marginal product)
> 投入量の増加に伴って、投入量の限界生産物が減少する性質

第Ⅱ部　ミクロ経済学

2-2 **生産関数から総費用曲線へ**

表7-1の (4)、(5)、(6) 列は、クロエがクッキーを生産するコストを示している。この例では、クロエの工場のコストは1時間当たり30ドルであり、労働者を雇うコストは1時間当たり10ドルである。もしクロエが労働者を1人雇えば、総費用は1時間当たり40ドルである。2人雇えば1時間あたり50ドル、といった具合である。この情報はさまざまな物事を結びつける。この表は、雇う労働者の数が、どのようにクッキーの生産量と総生産コストを決定するかを示している。

この章の目的は、企業の生産と価格の決定を研究することである。この目的のために、表7-1の中で最も重要なのは、生産量 ((2)列) と総費用 ((6)列) の関係である。図7-2のパネル (b) は、横軸を生産量、縦軸を総費用として、これら2列のデータをグラフ化したものである。このグラフを**総費用曲線** (total-cost curve) と呼ぶ。

ここで、パネル (b) の総費用曲線とパネル (a) の生産関数を比較してみよう。この2つの曲線はコインの表裏関係にある。総費用曲線は生産量が増えるにつれて急になり、生産関数は生産量が増えるにつれて平らになる。これらの傾きの変化は、同じ理由で起こる。クッキーの生産量が多いということは、クロエの厨房が労働者で混雑していることを意味する。この場合、限界生産物は逓減していくので、労働者を1人増やしても生産にはほとんど寄与しない。だから生産関数は比較的平らになる。しかし、この論理を逆転させてみよう。厨房が混雑している場合、クッキーを1枚追加生産するには、より多くの労働力が必要となり、コストがかかる。したがって、生産量が多い場合、総費用曲線は相対的に急になる。

理解度確認クイズ

3. 農業を営むグリーンは限界生産物の逓減に直面している。農場に種をまかなければ、収穫はゼロ。種を1袋分まけば、3ブッシェルの小麦を得る。2袋分まけば、5ブッシェルの小麦を得る。もし3袋分まけば、グリーンはどれだけの小麦を得られるか。

   a. 6ブッシェル
   b. 7ブッシェル
   c. 8ブッシェル
   d. 9ブッシェル

4. 限界生産物の逓減は、生産高が増加するにつれて、＿＿＿＿＿＿＿＿を説明している。

   a. 生産関数と総費用曲線がともにより急になる理由
   b. 生産関数と総費用曲線の両方がより平らになる理由
   c. 生産関数はより急になり、総費用曲線は平らになる理由
   d. 生産関数はより平らになり、総費用曲線はより急になる理由

➡ (解答は章末に)

第7章　生産コスト

3 コストに関するさまざまな尺度

クロエのクッキー工場の分析は、企業の総費用がいかにその生産関数を反映しているのかを示した。総費用のデータから、後に生産と価格決定の分析に役立つ、関連するいくつかのコストの尺度を導き出すことができる。次に、クロエの隣人であるケイレブのコーヒーショップのコストデータを示した表7-2の例を考えてみよう。

表7-2の (1) 列は、ケイレブが1時間当たり0杯から10杯の範囲で生産する可能性のあるコーヒーの量 (杯数) を示している。(2) 列は、ケイレブのコーヒー生産にかかる総費用を示している。図7-3は、ケイレブの総費用曲線を図示したものである。横軸がコーヒーの生産量 ((1) 列)、縦軸が総費用 ((2) 列) である。ケイレブの総費用曲線はクロエの総費用曲線と同じような形をしている。特に、生産量が増加する

表7-2　費用のさまざまな尺度：ケイレブのコーヒーショップ

(1) コーヒーの生産量 （1時間当たり）	(2) 総費用 （ドル）	(3) 固定費用 （ドル）	(4) 可変費用 （ドル）	(5) 平均固定費用 （ドル）	(6) 平均可変費用 （ドル）	(7) 平均総費用 （ドル）	(8) 限界費用 （ドル）
0杯	3.00	3.00	0.00	—	—	—	
							0.30
1杯	3.30	3.00	0.30	3.00	0.30	3.30	
							0.50
2杯	3.80	3.00	0.80	1.50	0.40	1.90	
							0.70
3杯	4.50	3.00	1.50	1.00	0.50	1.50	
							0.90
4杯	5.40	3.00	2.40	0.75	0.60	1.35	
							1.10
5杯	6.50	3.00	3.50	0.60	0.70	1.30	
							1.30
6杯	7.80	3.00	4.80	0.50	0.80	1.30	
							1.50
7杯	9.30	3.00	6.30	0.43	0.90	1.33	
							1.70
8杯	11.00	3.00	8.00	0.38	1.00	1.38	
							1.90
9杯	12.90	3.00	9.90	0.33	1.10	1.43	
							2.10
10杯	15.00	3.00	12.00	0.30	1.20	1.50	

189

図7-3　ケイレブの総費用曲線

ここでは、生産量(横軸)は表7-2の(1)列、総費用(縦軸)は(2)列である。図7-2と同様に、限界生産物の逓減を反映し、生産量が増加するにつれて総費用曲線は傾きが急になる。

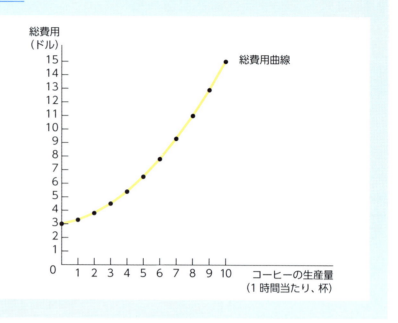

につれて急勾配になり、これは(これまで議論してきたように)限界生産物の逓減を反映している。

3-1　固定費用と可変費用

固定費用
(fixed costs)
生産量によって変化しない費用

ケイレブの総費用は2種類に分けられる。<u>固定費用</u>は生産量によって変化しない。固定費用は、生産量がゼロであっても発生する。ケイレブの固定費用には家賃が含まれ、これはコーヒーの生産量に関係なく同じである。同様に、コーヒーの生産量に関係なく、請求書の処理のために経理担当社員を雇う必要がある場合、経理担当社員の給与は固定費用となる。表7-2の(3)列はケイレブの固定費用を示しており、この例では3ドルである。

可変費用
(variable costs)
生産量によって変化する費用

一方、<u>可変費用</u>は、企業の生産量を変えると変化する。ケイレブの可変費用には、コーヒー豆、ミルク、砂糖、紙コップのコストが含まれる。同様に、ケイレブがより多くのコーヒーを作るために、より多くの労働者を雇う必要がある場合、これらの労働者の給与は可変費用となる。表7-2の(4)列はケイレブの可変費用を表している。可変費用は、何も作らなければ0ドル、コーヒー1杯を提供すれば0.30ドル、2杯提供すれば0.80ドル、といった具合である。

企業の総費用は、固定費用と可変費用の合計である。表7-2では、(2)列の総費用は(3)列の固定費用と(4)列の可変費用に等しい。

3-2　平均費用と限界費用

オーナーとして、ケイレブは生産量を決定する。その際に、生産量がコストにどのような影響を与えるかを考慮する必要がある。ケイレブは生産監督者にコーヒー

第7章　生産コスト

の生産コストについて以下の2つの質問をするかもしれない。

- 通常コーヒーを淹れるのに、いくらかかるか？
- コーヒーの生産量を1杯増やすのにいくらかかるか？

この2つの質問は同じ答えになるように思えるかもしれないが、そうではない。どちらの答えも、企業がどのように生産を決定するかを理解する上で重要である。

典型的な単位生産あたりのコストを求めるには、企業のコストを生産量で割る。たとえば、企業が1時間に2杯のコーヒーを生産する場合、その総費用は3.80ドルであり、通常のコーヒー1杯のコストは3.80ドル÷2、すなわち1.90ドルである。総費用を生産量で割ったものが平均総費用である。総費用は固定費用と可変費用の合計なので、平均総費用は平均固定費用と平均可変費用の合計として表すことができる。平均固定費用は固定費用を生産量で割ったものに等しく、平均可変費用は可変費用を生産量で割ったものに等しい。

平均総費用は、典型的な1単位あたりのコストを教えてくれるが、企業が生産水準を変化させたときに総費用がどれだけ変化するかは伝えてはくれない。表7-2の(8)列は、企業が生産量を1単位増加させたときに総費用が上昇する量を示している。この数値は限界費用と呼ばれる。たとえば、ケイレブが生産量を2杯から3杯に増やした場合、総費用は3.80ドルから4.50ドルに上昇するので、3杯目のコーヒーの限界費用は4.50ドルから3.80ドルを引いた0.70ドルとなる。表7-2では、限界費用は2つの行の中間に表示されているが、これは生産量があるレベルから別のレベルに増加したときの総費用の変化を表しているからである。

これらの定義を数学的に表現するとわかりやすい。

平均総費用＝総費用／数量
$$ATC = TC/Q$$

および、

限界費用＝総費用の変化／数量の変化
$$MC = \Delta TC/\Delta Q$$

ここで、Δはギリシャ文字のデルタであり、変数の変化を表す。これらの式は、平均総費用と限界費用が総費用からどのように導かれるかを示している。**平均総費用は、総費用を生産されたすべての単位に均等に配分した場合の、典型的な生産単位の費用を示している。限界費用は、1単位の生産物を追加生産することによって生じる総費用の増加を示している。**

3-3　費用曲線とその形状

需要と供給のグラフが市場の行動を分析するときに役立ったように、平均費用と限界費用のグラフは企業の行動を分析するときに役立つ。図7-4は、表7-2のデータを用いてケイレブのコストをグラフ化したものである。横軸は企業の生産量、縦軸

平均総費用
（average total cost）
総費用を生産量で割ったもの

平均固定費用
（average fixed cost）
固定費用を生産量で割ったもの

平均可変費用
（average variable cost）
可変費用を生産量で割ったもの

限界費用
（marginal cost）
1単位の追加生産によって生じる総費用の増加分

191

図7-4 ケイレブの平均費用曲線と限界費用曲線

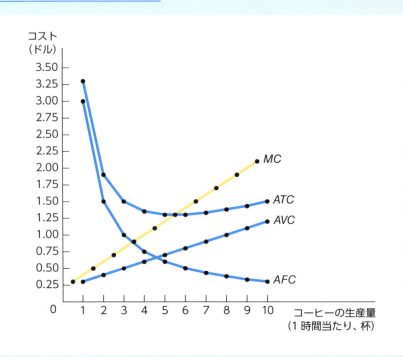

この図は、ケイレブのコーヒーショップの平均総費用 (ATC)、平均固定費用 (AFC)、平均可変費用 (AVC)、限界費用 (MC) を表している。これらの曲線は、すべて表7-2のデータをグラフ化したものである。これらの曲線は、共通する3つの特徴がある。①限界費用は生産量とともに上昇する。②平均総費用曲線はU字型である。③限界費用曲線は、平均総費用の最小値で平均総費用曲線と交差する。

は限界費用と平均費用である。グラフは、平均総費用 (ATC)、平均固定費用 (AFC)、平均可変費用 (AVC)、限界費用 (MC) の4つの曲線を示している。

ここに示したケイレブのコーヒーショップの費用曲線には、経済界の多くの企業の費用曲線に共通する特徴がある。特に次の3つの性質、限界費用曲線の形状、平均総費用曲線の形状、限界費用と平均総費用の関係に注目してほしい。

限界費用の上昇　ケイレブの限界費用は、生産量が増加するにつれて上昇する。この右上がりの傾きは、限界生産物の逓減を反映している。ケイレブが少量のコーヒーを生産する場合、労働者は少なく、設備の多くは使われていない。彼はこれらの遊休資源を容易に利用することができるので、労働者を1人増やしたときの限界生産物は大きく、コーヒー1杯をさらに生産する場合の限界費用は小さい。しかし、ケイレブがコーヒーをたくさん生産する場合、店には多くの労働者がおり、設備も稼働中になる。ケイレブが新たな従業員を加えてさらにコーヒーを生産すれば、混雑した状況で作業することになり、設備を使用するために待たされる可能性がある。したがって、生産されるコーヒー量がすでに多い場合、追加的に1人増やした労働者の限界生産物は低く、コーヒー1杯を追加的に生産する限界費用は大きい。

U字型の平均総費用　図7-4のケイレブの平均総費用曲線 (ATC) は、最初に下降し、次に上昇するというU字型である。なぜこのような形状になるのかを理解するには、

第7章　生産コスト

平均総費用が平均固定費用と平均可変費用の合計であることを思い出してほしい。平均固定費用は、固定費用がより多くの生産単位に分散されるため、生産高が増加するにつれて減少する。しかし、平均可変費用は、限界生産物が逓減するため、生産高が増加するにつれて上昇するのが普通である。

　平均総費用は、平均固定費用と平均可変費用の両方の形状を反映しているため、U字型になる。1時間当たり1〜2杯のような非常に低い生産量では、平均総費用は非常に高くなる。平均可変費用が低くても、平均固定費用が高いのは、固定費用がわずかな生産単位に分散しているからである。生産量が増加するにつれて、固定費用はより多くの生産単位に分散される。平均固定費用は、最初は急速に減少し、その後緩やかに減少する。その結果、平均総費用が1杯当たり1.30ドルになり、企業の生産高が1時間当たりコーヒー5杯に達するまで平均総費用も減少する。しかし、生産量が1時間当たり6杯以上になると、平均可変費用の増加が支配的となり、平均総費用は上昇に転じる。平均固定費用と平均可変費用の綱引きにより、平均総費用はU字型になる。

　U字型の底は、平均総費用を最小化する生産量で発生する。この数量は企業の**効率的規模**と呼ばれることもある。ケイレブの場合、効率的規模は1時間当たり5、6杯のコーヒーである。この量より多く生産しても少なく生産しても、平均総費用は最低の1.30ドルより高くなる。生産高が低い場合、固定費用が少ない単位に分散されるため、平均総費用は1.30ドルより高くなる。より高い生産高レベルでは、平均総費用は1.30ドルより高くなるが、これは投入の限界生産物が著しく減少しているからである。効率的な規模では、これら2つの力が均衡し、平均総費用が最も低くなる。

効率的規模
（efficient scale）
平均総費用を最小化する
生産量

限界費用と平均総費用の関係　図7-4（あるいは表7-2）を見ると、最初は意外なことが見えてくる。**限界費用が平均総費用より小さいときは常に、平均総費用は低下する。限界費用が平均総費用より大きいときは、平均総費用は上昇している。**ケイレブの費用曲線のこの特徴は偶然の一致ではない。このことはすべての企業に当てはまる。

　その理由を知るために、似たような例を考えてみよう。平均総費用は、あなたの累積成績平均点のようなものである。限界費用は、次に受講するコースの成績のようなものである。次のコースの成績があなたの今までの平均点より低ければ、あなたの成績の平均点は下がる。次のコースの成績が今までの平均点より高ければ、平均点は上がる。平均費用と限界費用の計算は、平均の成績と限界の成績の計算とまったく同じである。

　平均総費用と限界費用の間には、重要な系がある。**限界費用曲線は平均総費用曲線と最下点で交差する。**なぜだろうか。生産量が低いレベルでは、限界費用は平均総費用を下回るため、平均総費用は低下する。しかし、2つの曲線が交差した後、限界費用は平均総費用を上回る。その結果、平均総費用はこの生産水準で上昇に転じなければならない。だから、この交点が平均総費用の最小値になる。最小平均総費用は競争企業の分析において中心的な役割を果たす。

193

3-4 典型的な費用曲線

これまでの例では、企業はすべての生産水準で限界生産物の逓減と限界費用の上昇を示してきた。この単純化の仮定は、企業の行動を分析する上で最も重要な費用曲線の特徴に焦点を当てることができたので、有用であった。しかし、実際の企業はもっと複雑であることが多い。多くの企業では、最初の労働者が雇用された直後から限界生産物の逓減が始まるわけではない。生産プロセスによっては、2人目、3人目の労働者のほうが1人目の労働者よりも限界生産物が高い場合がある。このようなパターンの企業は、限界生産物が逓減するまでのしばらくの間、限界生産物が増加することになる。

図7-5は、平均総費用（ATC）、平均固定費用（AFC）、平均可変費用（AVC）、限界費用（MC）を含む、このような企業の費用曲線を示している。生産が低水準の時は、企業は限界生産物の増加を経験し、限界費用曲線は下降する。やがて、企業は限界生産物の逓減を経験し始め、限界費用曲線は上昇し始める。この限界生産物逓増と逓減の組み合わせは、平均可変費用曲線をU字型にする。

このような違いはあるものの、図7-5の費用曲線と前の例の費用曲線には3つの重要な性質がある。

- 限界費用は最終的に生産量とともに上昇する。
- 平均総費用曲線はU字型である。
- 限界費用曲線は、平均総費用の最下点で平均総費用曲線と交わる。

図 7-5　典型的な企業の費用曲線

多くの企業は、限界生産物が減少する前に、限界生産物の増加を経験する。その結果、この図のような費用曲線になる。限界費用（MC）と平均可変費用（AVC）は、増加に転じる前にしばらくの間減少していることに注意しよう。

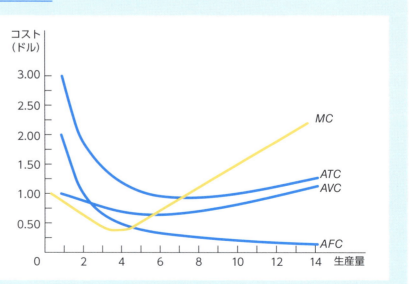

第7章　生産コスト

理解度確認クイズ

5. ある会社が総費用5,000ドルで製品を1,000個生産している。生産量を1,001個に増やすと、総費用は5,008ドルに上昇する。次のうち正しいのはどれか。

   a. この会社の限界費用は5ドル、平均可変費用は8ドルである。

   b. この会社の限界費用は8ドル、平均可変費用は5ドルである。

   c. この会社の限界費用は5ドル、平均総費用は8ドルである。

   d. この会社の限界費用は8ドル、平均総費用は5ドルである。

6. ある会社は平均総費用25ドル、限界費用15ドルで製品を20個生産している。もし生産量を21個に増やせばどうなるか、次のうちから選びなさい。

   a. 限界費用は減少する。

   b. 限界費用は増加する。

   c. 平均総費用は減少する。

   d. 平均総費用は増加する。

7. 政府はすべてのピザレストランに年間1,000ドルのライセンス料を課した。その結果、どの費用曲線がシフトするか。

   a. 平均総費用と限界費用

   b. 平均総費用と平均固定費用

   c. 平均可変費用と限界費用

   d. 平均可変費用と平均固定費用

➡ (解答は章末に)

4　短期と長期のコスト

　本章の前半で、企業のコストは考慮する時間軸に依存する可能性があると述べた。なぜそうなるのか、その理由を考えてみよう。

4-1　短期平均総費用と長期平均総費用の関係

　多くの企業にとって、固定費用と可変費用の間の総費用の分割は、時間軸に依存する。たとえば、フォードのような自動車メーカーを考えてみよう。わずか数か月の間に、フォードは工場の数や規模を調整することはできない。自動車を追加生産する唯一の方法は、すでにある工場でより多くの労働者を雇用することである。したがって、これらの工場のコストは、短期的には固定費用となる。しかし、数年間かけて、フォードは工場の規模を拡大したり、新しい工場を建設したり、老朽化した工場を閉鎖したりすることができる。長期的には、工場は可変費用となる。

　多くの意思決定は短期的には固定的であるが、長期的には可変的であるため、企業の長期費用曲線と短期費用曲線は異なる。図7-6はその例を示している。この図は、小規模工場、中規模工場、大規模工場の3つの短期平均総費用曲線を表している。また、長期平均総費用曲線も表している。企業は、長期曲線に沿って移動するにつれて、生産量に応じて工場の規模を調整する。

　このグラフは、短期費用と長期費用の関係を示している。長期平均総費用曲線は、短期平均総費用曲線よりもはるかに平らなU字形をしている。また、すべての短期平均総費用曲線は、長期平均総費用曲線上か、または上側に位置している。これは、企業が長期的にはより柔軟性を持つためである。要するに、長期的には、企業はどの短期曲線を望むかを選択できる。しかし、短期的には、過去に行われた意思決定

195

図7-6　短期と長期の平均総費用

固定費用は長期では可変費用となるため、短期における平均総費用曲線は長期における平均総費用曲線とは異なる。

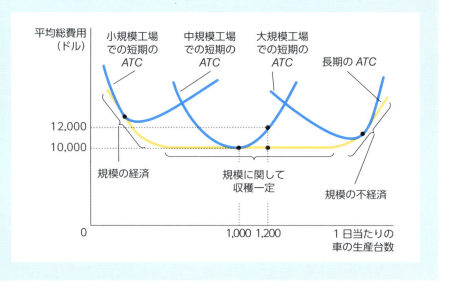

によって決定した短期曲線を使わなければならない。

この図は、生産台数の増減が時間軸によってどのようにコストを変化させるかを示している。フォードが1日当たりの生産台数を1,000台から1,200台に増やしたい場合、短期的には既存の中規模の工場で労働者を増員するしかない。限界生産物が逓減するため、平均総費用は1台当たり1万ドルから1万2,000ドルに上昇する。しかし、長期的には、フォードは工場の規模と労働力の両方を拡大することができ、平均総費用は1万ドルに戻る。

企業が長期に到達するのにかかる時間はどれくらいなのだろうか。それは企業による。自動車会社のような大手メーカーは、より大きな工場を建設するのに1年以上かかるかもしれない。しかし、コーヒーショップを経営する人は、数日以内に別のコーヒーメーカーを買うことができる。企業が生産設備を調整するのに必要とする期間について、唯一の答えはない。

4-2　規模の経済性と不経済性

長期平均総費用曲線の形状は、企業の生産プロセスに関する重要な情報を伝えている。特に、コストが企業の規模、すなわち事業規模によってどのように変化するかを教えてくれる。長期平均総費用が生産量の増加とともに低下する場合、**規模の経済**があるという。反対に、長期平均総費用が生産量の増加とともに上昇する場合は、**規模の不経済**がある。また、長期平均総費用が生産水準によって変化しない場合は、**規模に関して収穫一定**である。図7-6では、フォードは、生産水準が低い場合は規模の経済があり、生産水準が中間ぐらいでは規模に関して収穫一定であり、生産水準が高い場合は規模の不経済がある。

何が規模の経済や不経済をもたらすのだろうか。規模の経済がしばしば生じるの

規模の経済
(economies of scale)
生産量が増加するにつれて長期平均総費用が低下する性質

規模の不経済
(diseconomies of scale)
生産量が増加するにつれて長期平均総費用が上昇する性質

規模に関して収穫一定
(constant returns to scale)
生産量が変化しても、長期平均総費用が変わらない性質

は、生産水準が高ければ高いほど、労働者間の**分業**（specialization）が可能になり、特定の作業に熟練できるようになるからである。たとえば、フォードが多数の労働者を雇い、自動車をたくさん生産する場合、近代的な組立ライン生産を用いてコストを削減することができる。規模の不経済は、大規模な組織でしばしば発生する**調整問題**（coordination problem）のために生じる可能性がある。フォードが生産する車の台数が増えれば増えるほど、経営陣の責任は重くなり、経営陣がコストを抑える効果が低下する。

この分析は、長期平均総費用曲線がしばしばU字型になる理由を示している。生産水準が低い場合、企業は、より分業の利点を活用することができ、調整問題はまだ深刻ではないため、規模の拡大から便益を得る。生産水準が高い場合は、分業の便益はすでに実現されており、企業が大きくなるにつれて調整問題はより深刻になる。その結果、長期平均総費用は、分業が進むために生産水準が低い場合は低下し、調整問題が深刻化するために生産水準が高い場合は上昇する。

あるピン工場からの教訓

「多芸は無芸」。この格言は、何でもこなそうとする人は、結局何もうまくできないということを意味し、費用曲線の形状を説明するのに役立つ。企業が労働者の生産性を可能な限り高めたいのであれば、各労働者が限られた数の仕事を習得することに期待すべきである。しかし、このような仕事の組織は、企業が多くの労働者を雇用し、大量の生産物を生産する場合にのみ可能である。

アダム・スミスは著書『国富論』の中で、あるピン工場を訪れたときのことを述べている。スミスは、労働者の間の分業と、その結果としての規模の経済に感銘を受けた。彼は次のように書いている。

> ある人はワイヤーを引き出し、別の人はそれをまっすぐにし、3番目の人はそれをカットし、4番目の人は尖らせ、5番目の人は頭部を取り付けるためにその最上部を研磨する。頭部を作るには2つか3つの異なる工程が必要で、それを装着するのは独自の工程であり、白くするのは別の工程である。さらにピンを紙袋の中に入れることさえも、別の工程なのである。

スミスは、このような分業化のおかげで、工場では労働者1人当たり毎日何千本ものピンが作られたと報告している。もし労働者たちが専門家集団としてではなく、別々に働くことを選んだとしたら、「一人一人が1日に20本も作れない、おそらく1本のピンさえ作れなかっただろう」と彼は推測した。分業化のおかげで、大規模なピン工場は、小規模な工場よりも労働者1人当たりの生産高が高く、ピン1本当たりの平均費用が低くなった。

スミスがピン工場で観察した分業は、現代経済でも一般的である。家を建てようと思えば、すべての作業を自分で行うことができる。しかし、最近ではほとんどの人が建築業者に依頼し、業者は大工、配管工、電気技師、塗装工、その他多くの職種の人々を雇う。このような労働者は、汎用的である場合よりも、特定の仕事を得意とするようになる。現代の社会が繁栄している理由の1つは、規模の経済を実現するために分業を進めていることにある。

第Ⅱ部　ミクロ経済学

理解度確認クイズ

8. 生産レベルがより高くなることで労働者が特定の作業に特化できる場合、企業は規模の＿＿＿＿を示し、平均総費用が＿＿＿＿する可能性が高い。

  a. 経済 ― 減少

  b. 経済 ― 増加

  c. 不経済 ― 減少

  d. 不経済 ― 増加

9. ボーイングが月に9機のジェット機を生産する場合、その長期総費用は月900万ドルである。ボーイングが月に10機のジェット機を生産する場合、その長期総費用は月1,100万ドルである。この場合ボーイングは＿＿＿＿を示す。

  a. 限界費用の上昇

  b. 限界費用の下降

  c. 規模の経済

  d. 規模の不経済

➡（解答は章末に）

5　結論

　本章では、企業がどのように生産と価格決定を行うかを研究するためのツールを展開した。これで、経済学者が**コスト**という用語で何を意味するのか、また、企業が生産する生産量によってコストがどのように変化するのかを理解したはずである。表7-3は、ここで出会った定義のいくつかを要約したものである。

　企業の費用曲線自体は、その企業がどのような意思決定を行うかを教えてはくれない。しかし、費用曲線は意思決定の重要な要素である。

表7-3　多種多様なコスト：まとめ

用語	定義	数学的表記
明示的費用	企業が資金を支出する必要のあるコスト	
潜在的費用	企業が資金を支出する必要のないコスト	
固定費用	生産量によって変動しないコスト	FC
可変費用	生産量に応じて変動するコスト	VC
総費用	企業が生産に使用する投入物の市場価値	$TC = FC + VC$
平均固定費用	固定費用を生産量で割ったもの	$AFC = FC/Q$
平均可変費用	可変費用を生産量で割ったもの	$AVC = VC/Q$
平均総費用	総費用を生産量で割ったもの	$ATC = TC/Q$
限界費用	1単位の追加生産によって生じる総費用の増加分	$MC = \Delta TC/\Delta Q$

第7章　生産コスト

本章のポイント

- 企業の目標は利潤を最大化することであり、これは総収入から総費用を引いたものに等しい。

- 企業の行動を分析する際には、生産の機会費用をすべて含めることが重要である。企業が労働者に支払う賃金など、いくつかの機会費用は明示的である。その他は、企業の所有者が他の仕事に就かないことで諦める賃金のように、潜在的なものである。会計上の利潤が明示的費用のみを考慮するのに対し、経済上の利潤は明示的費用と潜在的費用の両方を考慮している。

- 企業のコストは、その生産プロセスを反映している。典型的な企業の生産関数は、投入量が増えるにつれて平らになり、限界生産物逓減の性質を示す。その結果、総費用曲線は、生産量が増加するにつれて急になる。

- 企業の総費用は、固定費用と可変費用に分けることができる。固定費用は、企業が生産量を変更しても一定のままである。可変費用は、企業が生産量を変更すると変化する。

- 企業の総費用から、関連する2つの費用の尺度が導き出される。平均総費用は、総費用を生産量で割ったものである。限界費用は、生産量が1単位増加した場合の総費用の増加分である。

- 企業の行動を分析する際、平均総費用と限界費用をグラフ化することがしばしば有用である。典型的な企業では、限界費用は生産量とともに上昇する。平均総費用は、まず生産量が増加するにつれて低下し、次に生産量がさらに増加するにつれて上昇する。限界費用曲線は、常に平均総費用の最下点で平均総費用曲線と交差する。

- 企業のコストは、多くの場合、考慮される時間軸に依存する。特に、多くのコストは短期的には固定的であるが、長期的には可変的である。その結果、企業が生産水準を変化させた場合、平均総費用は長期よりも短期で上昇する可能性がある。

理解度確認テスト

1. 企業の総収入、総費用、利潤の関係を述べなさい。

2. 会計士が費用としてカウントしないであろう機会費用の例を挙げなさい。なぜ会計士はこの費用を無視するのだろうか。

3. 限界生産物とは何か。また限界生産物の逓減とはどのような意味か。

4. 労働の限界生産物が逓減する生産関数を描きなさい。関連する総費用曲線を描きなさい（どちらの図にも、軸にラベルをつけること）。あなたが描いた2つの曲線の形状を説明しなさい。

5. **総費用**、**平均総費用**、**限界費用**を定義しなさい。また、これらの関係を説明しなさい。

6. 典型的な企業の限界費用曲線と平均総費用曲線を描きなさい。なぜ曲線がそのような形をしているのか、なぜこれらの曲線が交わっているのかを説明しなさい。

7. 企業の短期的な平均総費用曲線と長期的な平均総費用曲線は、どのように、またなぜ異なるのか、説明しなさい。

8. **規模の経済**を定義し、なぜそれが生じるかを説明しなさい。**規模の不経済**を定義し、なぜそれが生じるかを説明しなさい。

第Ⅱ部　ミクロ経済学

演習と応用

1. この章では、機会費用、総費用、固定費用、可変費用、平均総費用、限界費用など、多くの種類のコストについて論じている。各文章に最も的確なコストの種類を記入しなさい。

a. ある行動をとる際に諦めるものを＿＿＿＿＿＿と呼ぶ。

b. ＿＿＿＿＿＿は、限界費用がそれを下回る場合は低下し、限界費用がそれを上回る場合は上昇する。

c. 生産量に依存しないコストは＿＿＿＿＿＿である。

d. 短期において、アイスクリーム産業では、＿＿＿＿＿＿には、クリームと砂糖のコストは含まれるが、工場のコストは含まれない。

e. 利潤は総収入から＿＿＿＿＿＿を差し引いたものである。

f. 生産量をもう1単位増やすのに必要なコストは＿＿＿＿＿＿である。

2. バフィーはお守りの店を開こうと考えている。彼女は場所を借り、商品を仕入れるのに年間35万ドルかかると見積もっている。さらに、年間8万ドルのヴァンパイア・ハンターの仕事も辞めなければならない。

a. **機会費用**を定義しなさい。

b. バフィーが1年間店を経営する機会費用はいくらか。

c. バフィーは1年間に40万ドル相当のお守りを売ることができると考えている。会計士はこの店の利潤をいくらと考えるだろうか。

d. バフィーは店をオープンすべきか、説明しなさい。

e. バフィーがプラスの経済上の利潤を得るためには、店はどれくらいの収入を得る必要があるか。

3. ある漁師が、漁に費やした時間と漁獲量の間に次のような関係があることに気づいた。

時間	漁獲量（ポンド）
0	0
1	10
2	18
3	24
4	28
5	30

a. 漁に費やした各1時間あたりの限界生産物はいくらか。

b. これらのデータを使って、漁師の生産関数をグラフにし、その形状を説明しなさい。

c. 漁師の固定費用（釣竿代）は10ドルである。彼の機会費用は1時間当たり5ドルである。この漁師の総費用曲線をグラフにし、その形状を説明しなさい。

4. ニンバス社は、ほうきを製造し、訪問販売をしている。ある日の労働者数とニンバス社の生産高の関係は以下の通りである。

労働者数	生産量	限界生産物	総費用	平均総費用	限界費用
0	0	—		—	
					—
1	20			—	
					—
2	50			—	
					—
3	90				—
				—	
4	120				
				—	
5	140			—	
					—
6	150		—		—
					—
7	155		—	—	—

a. 限界生産物の列を埋めなさい。どのようなパターンが見られるか。それをどのように説明するか。

b. 労働者のコストは1日100ドルで、会社の固定費用は200ドルである。この情報を使っ

200

第7章　生産コスト

て、総費用の列を埋めなさい。

c. 平均総費用の列を埋めなさい（$ATC = TC/Q$ であることを思い出そう）。どのようなパターンが見られるか。

d. 限界費用の列を埋めなさい（$MC = \Delta TC / \Delta Q$ であることを思い出そう）。どのようなパターンが見られるか。

e. 限界生産物の列と限界費用の列を比較し、その関係を説明しなさい。

f. 平均総費用の列と限界費用の列を比較し、その関係を説明しなさい。

5. あなたはゲーム機を販売する会社の最高財務責任者である。あなたの会社の平均総費用スケジュールは以下のとおりである。

数量（コンソールの台数）	平均総費用
600台	300ドル
601台	301ドル

現在の生産台数は600台で、すべて販売済である。誰かが電話をかけてきて、あなたのゲーム機を1台、どうしても買いたいという。電話の主はあなたに550ドルで買いたいと申し出た。あなたはその申し出を受けるべきか。その理由も説明しなさい。

6. あるピザ屋の以下の費用の情報について考える。

数量（ダース）	総費用（ドル）	可変費用（ドル）
0	300	0
1	350	50
2	390	90
3	420	120
4	450	150
5	490	190
6	540	240

a. このピザ屋の固定費用はいくらか。

b. 総費用の情報を使って、ピザ1ダースあたりの限界費用を計算する表を作成しなさい。また、可変費用の情報を使って、ピザ1ダースあたりの限界費用を計算しなさい。これらの数値の間にはどのような関係があるか、説明しなさい。

7. いとこのヴィニーは塗装会社を経営しており、固定費用は200ドル、可変費用は次のとおりである。

1か月あたりペンキを塗る家の数	1	2	3	4	5	6	7
可変費用（ドル）	10	20	40	80	160	320	640

各数量の平均固定費用、平均可変費用、平均総費用を計算しなさい。塗装会社の効率的な規模はどれくらいだろうか。

8. あなたの住む市では、次の2つの租税案が検討されている。

- ハンバーガー生産者に300ドルの一括税
- ハンバーガー1個につき1ドルの税を、ハンバーガーの生産者が支払う

a. 一括税の結果、平均固定費用、平均可変費用、平均総費用、限界費用のどの曲線がシフトするか。またそれはなぜか。グラフに示しなさい。グラフにはできるだけ正確にラベルをつけること。

b. ハンバーガー1個あたりにかかる税の結果、この同じ4つの曲線のうちどれが変化するだろうか。またそれはなぜか。これを新しいグラフに示しなさい。グラフにはできるだけ正確にラベルをつけること。

9. ジェーンのジュース・バーの料金表は以下の通りである。

量（ジュースのタンク数）	可変費用（ドル）	総費用（ドル）
0	0	30
1	10	40
2	25	55
3	45	75
4	70	100
5	100	130
6	135	165

a. 各数量の平均可変費用、平均総費用、限界費用を計算しなさい。

b. 3つの曲線すべてをグラフにしなさい。限

201

第Ⅱ部　ミクロ経済学

界費用曲線と平均総費用曲線の関係、また限界費用曲線と平均可変費用曲線の関係はどうなるか。説明しなさい。

10. 次の表は、3つの異なる企業の長期総費用である。

数量	1	2	3	4	5	6	7
企業A（ドル）	60	70	80	90	100	110	120
企業B（ドル）	11	24	39	56	75	96	119
企業C（ドル）	21	34	49	66	85	106	129

これらの企業はそれぞれ規模の経済、あるいは規模の不経済を経験しているだろうか。

理解度確認クイズの解答

1. c　　2. a　　3. a　　4. d　　5. d　　6. c　　7. b　　8. a　　9. d

第7章 付論

Chapter 7 Appendix
The Theory of Consumer Choice

消費者選択の理論

　大型店に入ったり、ネット通販サイトをクリックすると、何千もの財を目にすることになる。あなたにとって魅力的なものはたくさんあるかもしれないが、使えるお金には限りがあるため、おそらくそのすべてを買うことはできないだろう。そこで、あなたは価格を見て、自分の手持ち資金を考慮し、自分のニーズと欲求に最も適した財を選ぶ。

　この付論では、人々がこのような意思決定をどのように行うかを説明する理論を展開する。本書では、需要曲線を用いて消費者行動をまとめてきた。これまで見てきたように、需要曲線は消費者の財に対する支払用意を反映している。財の価格が上昇すると、消費者はより少ない単位しか支払いたくないので、需要量は減少する。次に、需要曲線の背後にある意思決定をより詳しく見てみよう。ここで紹介する消費者選択の理論は、競争企業の理論が供給のより深い理解を提供するのと同様に、需要のより深い理解を提供する。

　第1章の**経済学の10原則**の1つに、「人々はトレードオフに直面する」というものがある。この原則が消費者選択の原理の本質である。消費者はある財を多く買うと、他の財をあまり買えなくなる。余暇を楽しむためにたくさんの時間を使うと、稼げなくなる結果、あまり消費できなくなる。今、収入を多く使うと、貯蓄が減り、将来支出できるものが減ってしまう。消費者選択の理論では、このようなトレードオフの状況に直面した人々が、環境の変化にどのように対応するのかを研究してい

203

第II部　ミクロ経済学

る。

この理論はさまざまな問題の分析に役立つ。基礎的な枠組みを組み立てた後、次のような問いかけを行う。

- すべての需要曲線の傾きは右下がりなのだろうか？
- 賃金は労働供給にどのような影響を与えるのだろうか？
- 金利は家計の貯蓄にどのような影響を及ぼすのだろうか？

これらの質問は関連がないように思われるが、消費者選択の理論はその一つ一つに答える際の助けとなる。

1 予算制約線：消費者が買えるもの

他の条件が同じであれば、ほとんどの人はもっと消費したいと考える。つまり、もっといい車に乗ったり、もっと流行の服を着たり、もっといいレストランで食事をしたり、もっと豪華な休暇を過ごしたいと思うだろう。しかし、所得によって支出が制約あるいは制限されるため、消費は自分の欲求よりも少なくなる。消費者選択の研究は、この制約から始まる。

1-1 消費機会をグラフで表す

ピザとペプシという2つの財しか買わない消費者、コンスエラを考えてみよう。現実の世界では、人々は何百種類もの財を買っており、ピザとペプシだけの食生活は健康的ではないだろう。しかし、2つの財のみと仮定することで、消費者の選択に関する基本的な洞察を変えることなく、モデルを単純化することができる。

コンスエラの所得は月に1,000ドルで、彼女は飽きを知らないので、所得すべてをピザとペプシの消費に回す。ピザの値段は10ドル、ペプシ1リットルの値段は2ドルで、彼女の所得とこれらの市場価格が彼女の支出を制限している。

図7A-1の表は、コンスエラが買うことのできるピザとペプシの組み合わせの一部を示している。最初の行は、彼女が所得すべてピザに費やした場合、その月に100枚のピザを食べることができるが、ペプシはまったく買うことができないことを示している。2行目は、もう1つの可能な消費の組み合わせ、ピザ90枚とペプシ50リットルを示している。そして、以下同様である。表の各消費の組み合わせは、合計するとちょうど1,000ドルの費用がかかっている。

図7A-1のグラフは、コンスエラが選択できる消費の組み合わせを示している。縦軸はペプシのリットル数、横軸はピザの枚数である。この図には3つの点が記されている。A点では、コンスエラはペプシを買わず、ピザを100枚消費する。B点では、ピザは買わず、ペプシを500リットル消費する。C点では、ピザ50枚とペプシ250リットルを買う。C点は、AからBへの直線のちょうど真ん中にあり、コンスエラが2つの財に同額（500ドル）を使う点である。これらはたくさんあるピザとペプシの組み合わせの中の3つに過ぎない。AからBへの線上のすべての点において

図 7A-1 消費者の予算制約線

予算制約線は、消費者が与えられた所得のもとで購入できる財の組み合わせを示している。ここで、コンスエラはピザとペプシの組み合わせを買う。表とグラフは、彼女の収入が1,000ドル、ピザの価格が10ドル、ペプシの価格が2ドルの場合に、消費者が買えるものを示している。

ピザの枚数	ペプシの数量（リットル）	ピザへの支出（ドル）	ペプシへの支出（ドル）	総支出（ドル）
100	0	1,000	0	1,000
90	50	900	100	1,000
80	100	800	200	1,000
70	150	700	300	1,000
60	200	600	400	1,000
50	250	500	500	1,000
40	300	400	600	1,000
30	350	300	700	1,000
20	400	200	800	1,000
10	450	100	900	1,000
0	500	0	1,000	1,000

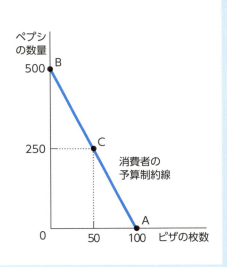

消費が可能である。この線は、**予算制約線**と呼ばれ、消費者が買うことができる消費の組み合わせである。この場合、コンスエラが直面するピザとペプシの間のトレードオフを示している。

予算制約線の傾きは、消費者が1つの財をもう1つの財と交換できる割合を測っている。2点間の傾きは、垂直距離の変化を水平距離の変化で割ったものとして計算されることを思い出そう（「高さ/幅」）。A点からB点まで、垂直距離は500リットル、水平距離は100枚なので、傾きはピザ1枚につきペプシ5リットルである（実際には、予算制約線の傾きは右下がりなので、傾きは負の値である。しかし、ここでの目的のため、負の符号を無視することにしよう）。

予算制約線の傾きは、2つの財の**相対価格**（一方の財の価格と他方の財の価格を比較したもの）に等しいことに注意しよう。ピザ1枚は1リットルのペプシの5倍の値段がするので、ピザ1枚の機会費用は5リットルのペプシである。予算制約線の傾き5は、市場がコンスエラに提供しているトレードオフ（ピザ1枚に対して5リットルのペプシと交換可能）を反映している。

> **予算制約線**
> （budget constraint）
> 消費者が購入できる消費の組み合わせの上限

1-2 予算制約線の変化

予算制約線はコンスエラが利用できる機会を示している。これは、彼女の所得と2つの財の価格が与えられたものとして描かれている。もし彼女の所得や価格が変われば、予算制約線はシフトする。このような変化がどうして起こるのか、以下の

3つの例を考えてみよう。

まず、コンスエラの収入が1,000ドルから2,000ドルに増え、価格は変わらないとする。所得が増えれば、彼女は両方の財をより多く買うことができる。所得の増加は、図7A-2のパネル（a）のように、予算制約線を外側にシフトする。2つの財の相対価格は変化していないので、新しい予算制約線の傾きは、最初の予算制約線の傾きと同じになる。つまり、所得の増加は、予算制約線の平行なシフトをもたらす。

ここで、コンスエラの収入が1,000ドルのままで、ピザの値段が10ドルのまま、ペプシの値段が2ドルから1ドルに下がったとする。もしコンスエラが全所得をピザに費やすなら、ペプシの値段は関係ない。この場合、彼女はまだ100枚のピザしか買えないので、横軸の点（100枚のピザと0リットルのペプシ）は変化しない。しかし、ペプシを買っている限り、ペプシの価格がさらに下がることで、彼女の機会集合が広がる。図7A-2のパネル（b）に示すように、予算制約線が外側にシフトする。価格が下がることで、彼女は、以前と同量のピザとより多くのペプシ、以前と同量のペプシとより多くのピザ、または両方の財をより多く買うことができる。

傾きはピザとペプシの相対価格を反映しているので、ペプシの価格が下がると傾きが変わる。ペプシの価格が下がると、コンスエラはピザ1枚を5リットルではなく10リットルのペプシと交換できるようになる。その結果、新しい予算制約線の傾きはより急になる。彼女の機会の拡大は、平行移動ではなく回転移動によって表

図7A-2 消費者の予算制約線の変化

パネル(a) では、消費者の所得が増加すると、予算制約線が外側にシフトする。ピザとペプシの相対価格は変わらないので、傾きは変わらない。パネル(b) では、ペプシの価格が下がると予算制約線が外側にシフトし、パネル(c) では、ピザの価格が下がると予算制約線が外側にシフトする。この2つのケースでは、ピザとペプシの相対価格が変化したため、傾きが変化している。

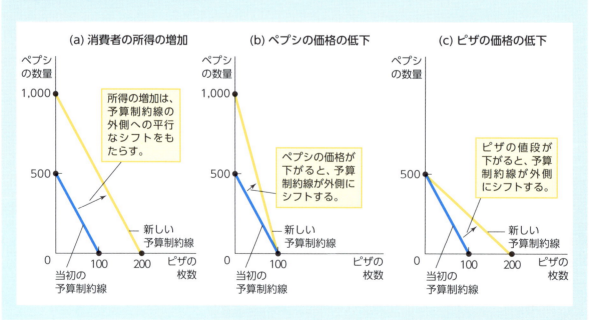

第7章　付論　消費者選択の理論

される。

第3の例として、コンスエラの所得が1,000ドルで、ペプシの価格が2ドルのまま、ピザの価格が10ドルから5ドルに下がったとする。再び、価格が下がることで、彼女の機会集合が拡大し、図7A-2のパネル（c）に示すように、予算制約線が回転的に外側にシフトする。今、ピザの価格が下がったので、コンスエラはピザを5リットルではなく2.5リットルのペプシと交換することができ、予算制約線はより平らになる。

図7A-2は、所得が上昇し、価格が下がった時、コンスエラの機会集合が拡大することを示している。反対に、所得が下がり、価格が上がると、彼女の機会集合は減少する。この状況は図7A-2とほぼ同じに見えるが、矢印の方向は逆である。そして、複数の変化が同時に起こった場合、最初と最後の予算制約線をグラフにして比較することで、全体的な影響を分析することができる。

理解度確認クイズ

1. ホーマーは10ドルでハンバーガーを、2ドルでルートビアを買う。彼は100ドルを所持している。ホーマーの予算制約線が内側にシフトするのは、次のどのような場合か。

   a. ハンバーガーの値段が12ドルに値上がりした場合

   b. ルートビアの値段が1ドルに値下がりした場合

   c. ホーマーの所得が150ドルに増えた場合

   d. ハンバーガーの値段、ルートビアの値段、ホーマーの所得がそれぞれ50％上昇した場合

2. マージも、10ドルでハンバーガーを買い、2ドルでルートビアを買う。彼女は200ドルを所持している。彼女の予算制約線が、外側に平行にシフトするのは、次のどのような場合か。

   a. ハンバーガーの値段が5ドルに下がり、ルートビアの値段が1ドルに下がり、マージの所得が100ドルに下がる場合

   b. ハンバーガーの値段が20ドルに上がり、ルートビアの値段が4ドルに上がり、マージの所得は変わらない場合

   c. ハンバーガーの値段は8ドルに下がり、ルートビアの値段は1ドルに下がり、マージの所得が240ドルに上がる場合

   d. ハンバーガーの値段が20ドルに、ルートビアの値段が4ドルに、マージの所得が500ドルに上がる場合

➡（解答は章末に）

2　選好：消費者が望むもの

本論の目的は、消費者がどのように選択を行うかを理解することである。予算制約線は、分析の一部である。すなわち、消費者の所得と財の価格が与えられた場合に、消費者が購入できる財の組み合わせを示すものである。しかし、その選択は、予算制約線だけでなく、消費者の選好にも依存する。

2-1　無差別曲線で選好を表す

コンスエラの選好は、ピザとペプシの組み合わせから選ぶことができる。もし彼女に2つの異なる組み合わせを提供すれば、彼女は自分の好みに最も合っているも

207

第Ⅱ部　ミクロ経済学

のを選ぶ。もし2つの組み合わせが同程度に彼女の好みに合うなら、コンスエラにとってその2つの組み合わせは**無差別である**という。

コンスエラの予算制約線をグラフで表したように、彼女の選好もグラフで表すことができ、これを無差別曲線と呼ぶ。無差別曲線は、消費者を等しく幸せにするさまざまな消費の組み合わせを示している。この場合、無差別曲線は、コンスエラが等しく満足するピザとペプシの組み合わせを示している。

図7A-3は、コンスエラの多くの無差別曲線のうちの2つを示している。A点、B点、C点の組み合わせはすべて同じ曲線上にあるため、彼女はA点、B点、C点の組み合わせに無差別であることがわかる。したがって、彼女のピザの消費量が、たとえばA点からB点に減少した場合、彼女が同じように満足するためには、ペプシの消費量を増やさなければならない。もし彼女のピザの消費量が再び減少し、B点からC点になった場合、ペプシの消費量はさらに増加しなければならない。

無差別曲線のどの点における傾きも、コンスエラが一方の財を他方の財に置き換えることを望む割合に等しい（傾きはマイナスだが、マイナス記号は無視できる）。この比率は、限界代替率（MRS）と呼ばれる。この場合、ピザの消費を1単位減らすために、どれだけのペプシの補償を必要とするか測っている。

無差別曲線は直線ではないので、無差別曲線上のすべての点で、限界代替率は同じではない。コンスエラが一方の財を他方の財と交換する割合は、すでに消費している財の量に依存する。言い換えれば、彼女がピザとペプシを交換したいと思う率は、彼女がより空腹か喉が渇いているかに依存し、彼女の空腹と喉の渇きは、ピザとペプシの現在の消費量に依存する。

コンスエラは、与えられた無差別曲線上のあらゆる点で同じように幸せであるが、ある無差別曲線を他の無差別曲線よりも好む。彼女は少ない消費よりも多い消費を好むので、無差別曲線がより高いものが、低いものより好まれる。図7A-3では、曲線I_2上の点が、曲線I_1上のどの点よりも好ましい。

コンスエラの無差別曲線の集合は、彼女の選好の完全な順位づけを与える。つま

無差別曲線
(indifference curve)
消費者に同じレベルの満足を与える消費の組み合わせを示す曲線

限界代替率
(marginal rate of substitution)
消費者がある財を別の財と交換することを望む割合

図7A-3　消費者の選好

消費者の選好は無差別曲線で表され、消費者が同等に満足するピザとペプシの組み合わせを示している。消費者はより多くの財を好むので、より高い無差別曲線（I_2）上の点は、より低い無差別曲線（I_1）上の点よりも好まれる。限界代替率（MRS）は、消費者がペプシとピザを交換したいと思う割合を示している。これは、消費者がピザ1枚と引き換えに受け取らなければならないペプシの量を測っている。

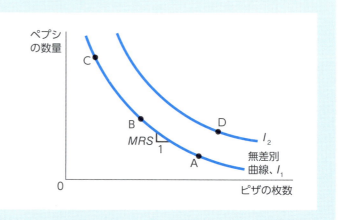

り、無差別曲線を使って、2つの財の組み合わせに順位をつけることができる。たとえば、無差別曲線は、コンスエラがA点の組み合わせよりもD点の組み合わせを好むことを教えてくれる。なぜなら、D点はA点よりも高い無差別曲線上にあるからである（明らかに、D点ではどちらの財もより多く提供されている）。D点のほうがC点よりも無差別曲線が高い位置にあるため、コンスエラはD点の組み合わせをC点の組み合わせよりも好むことを示している。D点のペプシの量はC点よりも少ないものの、ピザの量が十分にあるため、D点のほうが好みであることがわかる。どの点がより高い無差別曲線上にあるかを見ることで、無差別曲線の集合を使って、ピザとペプシのどんな組み合わせにも順位をつけることができる。

2-2 無差別曲線の4つの性質

無差別曲線は消費者の選好を表すので、その性質は選好を反映する。ここでは、ほとんどの無差別曲線を説明する4つの特性を紹介する。

- **性質1：無差別曲線は、高いほうが低いほうよりも好まれる。**人は通常、消費量を減らすよりも増やすほうを好む。より多くの量を好むこの傾向は、無差別曲線に反映される。図7A-3が示すように、より高い位置にある無差別曲線は、より低い位置にある無差別曲線よりも財の量が多いことを示している。したがって、消費者はより高い位置の無差別曲線を好む。
- **性質2：無差別曲線の傾きは右下がりである。**無差別曲線の傾きは、消費者が一方の財を他方の財で代替しようとする比率を反映している。ほとんどの場合、消費者は両方の財を好むので、一方の財の量が減った場合、もう一方の財の量が増えなければ、消費者は同じように満足しない。このため、ほとんどの無差別曲線の傾きは右下がりである。
- **性質3：無差別曲線は交わらない。**その理由を説明するために、図7A-4のように2つの無差別曲線が交わっていると仮定する。すると、A点はB点と同

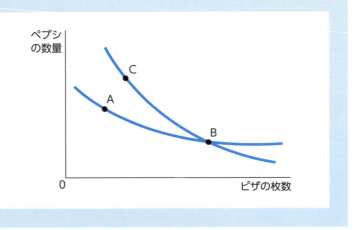

図7A-4　無差別曲線は交差不可能

このような状況は決して起こりえない。これらの無差別曲線によれば、C点にはA点よりも多くの財があるにもかかわらず、消費者はA点、B点、C点で同じように満足することになるからである。

じ無差別曲線上にあるため、この2つの点は消費者にとって同じ満足度になる。さらに、B点はC点と同じ無差別曲線上にあるため、この2つの点も消費者にとって同じ満足度になる。しかし、これはC点のほうがどちらの財もより多く保有しているにもかかわらず、A点とC点も消費者にとって同じ満足度となることを意味している。これは、消費者はどちらの財も少ないよりも多いほうを常に好むという仮定と矛盾する。したがって、無差別曲線は交わることがない。

- **性質4：無差別曲線は内側に弓なりに反っている**。無差別曲線の傾きは、限界代替率（消費者が一方の財を他方の財と交換する率）である。限界代替率（MRS）は通常、消費される各財の量に依存する。人々は、たくさん持っている財を取引したがり、少ししか持っていない財を取引したがらないので、無差別曲線はグラフの原点に向かって内側に弓なりに反っている。例として、図7A-5を考えてみよう。A点では、コンスエラはペプシをたくさん持っているが、ピザは少ししか持っていない。したがって、彼女は空腹だが喉は渇いていない。ピザ1枚を諦めるには、6リットルのペプシをもらわなければならない。この場合MRSはピザ1枚につきペプシ6リットルである。対照的に、B点では、コンスエラはペプシを少しとピザをたくさん持っている。したがって彼女は喉が渇いているが、空腹ではない。彼女は1リットルのペプシを得るために進んで1枚のピザを諦めるだろう。したがって、MRSはピザ1枚につきペプシ1リットルである。このように、弓状の無差別曲線は、コンスエラがすでにたくさんあるものを諦める意志を強く反映している。

図 7A-5　弓状の無差別曲線

無差別曲線は通常、弓なりに反っている。この形状は、消費者が現在消費している2つの財の量に限界代替率（MRS）が依存することを意味する。A点において、消費者は少しのピザとたくさんのペプシを持っており、ピザ1枚を諦めさせるためには、たくさんのペプシが必要である。MRSはピザ1枚につきペプシ6リットルである。B点では、消費者はピザをたくさん持っており、ペプシは少ししか持っていない。MRSはピザ1枚につきペプシ1リットルである。

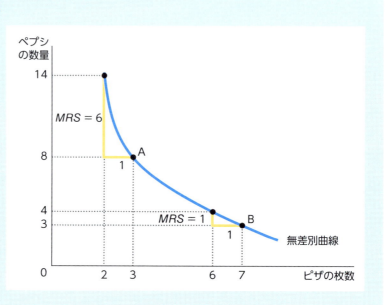

2-3 無差別曲線の2つの極端なケース

無差別曲線の形状は、消費者のある財と他の財を交換する用意を明らかにする。代替が簡単な財どうしであれば、無差別曲線はあまり弓なりにならず、代替が困難な財どうしであれば、無差別曲線は非常に弓なりになる。その理由を知るために、2つの極端なケースを考えてみよう。

完全代替財　誰かがあなたに5セント硬貨と10セント硬貨の組み合わせを差し出したとしよう。あなたなら、それぞれの組み合わせにどのような順位をつけるだろうか。

1つの可能性として、あなたはそれぞれの組み合わせの合計金額のみを気にするだろう。もしそうであれば、あなたは常に10セント硬貨1枚と5セント硬貨2枚を交換する用意がある。あなたの5セント硬貨と10セント硬貨の間の限界代替率は固定した数である。組み合わせの中の5セント硬貨と10セント硬貨の数に関係なく、$MRS = 2$である。

5セント硬貨と10セント硬貨に対するこうした選好を、図7A-6のパネル (a) の無差別曲線で表すことができる。限界代替率は一定なので、無差別曲線は直線である。無差別曲線が直線の場合、2つの財は**完全代替財**であるという。

完全代替財
(perfect substitutes)
直線の無差別曲線を持つ2つの財

完全補完財　誰かがあなたに靴の組み合わせを提供したとしよう。あなたの左足に合う靴もあれば、右足に合う靴もある。あなたなら、これらの靴をどのように順位

図7A-6　完全代替財と完全補完財

5セント硬貨と10セント硬貨のように、2つの財が完全に代替可能な場合、パネル(a)に示すように、無差別曲線は直線になる。左の靴と右の靴のように、2つの財が完全に補完的である場合、無差別曲線はパネル(b)のように直角になる。

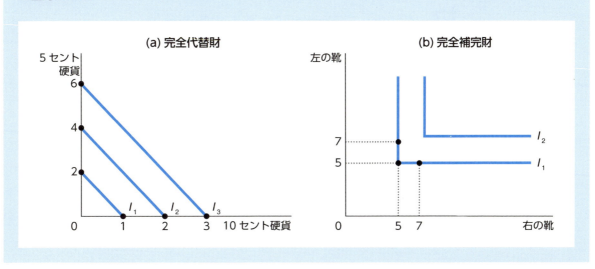

第Ⅱ部　ミクロ経済学

づけするだろうか。

この場合、靴が何足になるかのみを気にするかもしれない。片方ではあまり意味がない。だから、あなたはその組み合わせから何足揃えることができるかで判断する。左の靴が5つ、右の靴が7つの組み合わせからは、5足しか生まれない。

図7A-6のパネル（b）の無差別曲線は、このような選好を表している。左の靴が5つ、右の靴が7つの組み合わせは、左の靴が7つ、右の靴が5つの組み合わせと同等の満足度となる。そして、これらはそれぞれ5つずつの組み合わせと等しくなる。無差別曲線は直角である。直角の無差別曲線の場合、2つの財は**完全補完財**であるという。

完全補完財 ············
(perfect
complements)
直角の無差別曲線を持つ
2つの財

現実の世界では、ほとんどの財は（5セントと10セントのような）完全代替財でも（右と左の靴のような）完全補完財でもない。完全代替財と完全補完財は極端なケースである。ここで紹介するのは、それらが一般的だからではなく、無差別曲線が消費者の選好をどのように反映するかを説明するためである。ほとんどの財について、無差別曲線は内側に弓なりに反っているが、直角になるほどではない。

理解度確認クイズ

3. 無差別曲線上の2点において、次のうち正しいのはどれか。

　a. 消費者の所得は同じである。

　b. 消費者の限界代替率は同じである。

　c. 消費者が財の組み合わせに支払うコストは同じである。

　d. 消費者は財の組み合わせから同じ満足を得られる。

4. 無差別曲線上のどの点においても、曲線の傾きは消費者の何を測っているか、以下のうちから選びなさい。

　a. 所得

　b. ある財と他の財との交換用意

　c. 2つの財を代替財または補完財として認識すること

　d. 需要の弾力性

➡（解答は章末に）

3　最適化：消費者は何を選択するのか

消費者選択理論の構成要素である（消費者が何を買えるかを示す）予算制約線と（消費者が何を望むかを示す）選好が揃った。これらを組み合わせて、消費者が何を選択するかを見てみよう。

3-1　消費者の最適選択

再び、ピザとペプシの消費者であるコンスエラを考えてみよう。彼女は、ピザとペプシの最良の組み合わせ、つまり可能な限り高い無差別曲線上の組み合わせを達成したい。しかし、支出はコンスエラの所得によって制限されているので、彼女が利用可能な総資源を示す予算制約線上か、それ以下で終わらなければならない。

212

図7A-7は、コンスエラの予算制約線と3つの無差別曲線を示している。彼女が到達できる最も高い無差別曲線（図ではI_2）は、予算制約線にちょうど接している。この無差別曲線と予算制約線が接する点が**最適点**（optimum）である。コンスエラはA点を好むが、その財の組み合わせは彼女の予算制約線よりも上にあるため、彼女はその財の組み合わせを買うことができない。彼女はB点を買うことができるが、その財の組み合わせはより無差別曲線が低い位置にあるため、満足度はより低くなる。最適点は、コンスエラが買えるピザとペプシの最良の組み合わせを表している。

最適点では、無差別曲線の傾きは予算制約線の傾きに等しい。このとき、無差別曲線は予算制約線に接しているという。無差別曲線の傾きは、ピザとペプシの間の限界代替率であり、予算制約線の傾きは、ピザとペプシの相対価格である。これは以下の重要な結論につながる。**消費者は、限界代替率が相対価格に等しくなるように、2つの財の量を選択する。**

第6章では、市場価格が消費者の財に対する限界価値をどのように反映しているかについて述べた。この消費者選択の分析は、別の方法で同じ結果を示している。コンスエラは消費を選択する際、2つの財の相対価格を所与のものとし、限界代替率がこの相対価格と等しくなるような最適な財の組み合わせを選択する。相対価格とは、市場が一方の財を他方の財と交換しようとする率であり、限界代替率とは、消費者が一方の財を他方の財と交換しようとする率である。最適点では、コンスエラの2つの財の評価（限界代替率で測られたもの）と、市場の評価（相対価格で測られたもの）は等しくなる。別の言い方をすれば、消費者が最適化するとき、市場における財の相対価格は、消費者のそれらの財に対する相対的価値を反映している。

図7A-7　消費者の最適点

消費者は、最も高い無差別曲線上にある予算制約線上の点を選択する。ここで、消費者が到達できる最も高い無差別曲線はI_2である。消費者は、無差別曲線I_3上にあるA点を好むが、このピザとペプシの組み合わせを買う余裕はない。対照的に、B点は購入可能であるが、より低い無差別曲線上にあるため、消費者はそれを好まない。最適点では、限界代替率（MRS）は2つの財の相対価格に等しい。

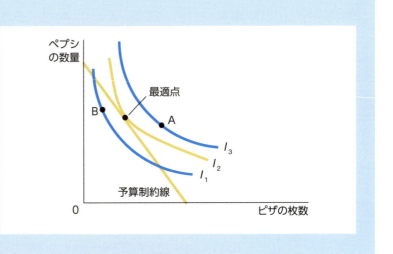

効用：選好と最適化を表すもう1つの方法

消費者の選好を表すのに無差別曲線を利用した。選好を表すもう1つの一般的な方法は、**効用**（utility）という概念である。効用とは、消費者が財の組み合わせから受ける満足感や幸福感を抽象的に表したものである。経済学者は、ある財の組み合わせが他の財よりも多くの効用を提供する場合、消費者は他の財よりもその組み合わせを好むという。

無差別曲線と効用は密接に関連している。消費者はより高い無差別曲線上の点を好むので、より高い無差別曲線上の財の組み合わせはより高い効用を提供する。消費者は、同じ無差別曲線上のすべての点で等しく満足するので、これらの組み合わせはすべて同じ効用をもたらす。無差別曲線は「等効用」曲線と考えることができる。

あらゆる財の**限界効用**（marginal utility）は、消費者がその財を1単位追加することによって得られる効用の増加である。ほとんどの財は、**限界効用の逓減**（diminishing marginal utility）を示すと仮定される。消費者がすでに持っている財が多ければ多いほど、その財の追加単位から得られる限界効用は低くなる。

2財間の限界代替率は、その限界効用に依存する。たとえば、財Xの限界効用が財Yの限界効用の2倍である場合、人はXを1単位失うことを補うためにYを2単位必要とし、限界代替率は2に等しくなる。より一般的には、限界代替率（および無差別曲線の傾き）は、一方の財の限界効用を他方の財の限界効用で割ったものに等しい。

効用分析は、消費者の最適化を説明する別の方法である。消費者の最適点では、限界代替率は価格比に等しいことを思い出そう。つまり、

$$MRS = P_X / P_Y$$

である。限界代替率は限界効用の比に等しいので、この最適化条件は次のように書ける。

$$MU_X / MU_Y = P_X / P_Y$$

この式を並べ替えると、次のようになる。

$$MU_X / P_X = MU_Y / P_Y$$

この方程式は解釈が簡単である。最適点では、X財に費やされた1ドル当たりの限界効用は、Y財に費やされた1ドル当たりの限界効用と等しくなる。もしこの等式が成り立たなければ、消費者は1ドルあたりの限界効用の低い財への支出を減らし、1ドルあたりの限界効用の高い財への支出を増やすことで、効用を増やすことができる。

経済学者が消費者選択について議論するとき、時には異なる言葉を用いて理論を表現する。ある経済学者は、消費者の目標は効用を最大化することだと言うかもしれない。別の経済学者は、消費者の目標は可能な限り高い無差別曲線上にあることだと言うかもしれない。前者は、消費者の最適点では、1ドルあたりの限界効用はすべての財で同じであると結論づけるだろう。一方、後者は、最適点を無差別曲線が予算制約線に接する点と表現するだろう。これらは同じことを2つの方法で述べているのである。

3-2 所得の変化が消費者の選択に与える影響

次に、コンスエラの消費決定が所得の変化にどのように反応するかを見てみよう。具体的には、彼女の所得が増加したとする。これまで見てきたように、所得の増加は、図7A-8のように、予算制約線の外側への平行なシフトをもたらす。2つの財の相対価格は変化していないので、新しい予算制約線の傾きは、初期の予算制約線の

傾きと同じである。

予算制約線の拡大により、コンスエラは、ピザとペプシのより望ましい組み合わせを反映して、より高い無差別曲線に達することができる。予算制約線のシフトとコンスエラの選好を考えると、彼女の最適点は、「初期の最適点」とラベル付けされた点から「新しい最適点」とラベル付けされた点に移動する。

図7A-8では、コンスエラは当初より多くのペプシとピザの消費を選択している。このモデルの論理では、所得の増加に応じて両方の財の消費が増加する必要はないが、この状況はごくありふれたものである。第4章で議論したように、消費者の所得が増加したときに財をより多く求める場合、経済学者はそれを正常財と呼ぶ。図7A-8の無差別曲線は、ピザとペプシが両方とも正常財であると仮定して描かれている。

図7A-9は、所得の増加によってコンスエラがピザをより多く買うようになるが、ペプシをより少なく買うようになった例を示している。所得が増えると、消費者が買う財が減る場合、経済学者はそれを下級財と呼ぶ。図7A-9は、ピザが正常財、ペプシが下級財であると仮定して描かれている。

世の中のほとんどの財は正常財だが、中には下級財もある。たとえば、バスの乗車である。所得が増えるにつれて、消費者は車を所有したりタクシーを利用したりするので、バスにあまり乗車しなくなる。したがって、バスの乗車は下級財である。

> **正常財**
> (normal good)
> 所得の増加によって需要量が増加する財

> **下級財**
> (inferior good)
> 所得の増加によって需要量が減少する財

3-3 価格の変化が消費者の選択に与える影響

では、この消費者選択のモデルを使って、ある財の価格が変わるとコンスエラの選択がどのように変わるかを考えてみよう。

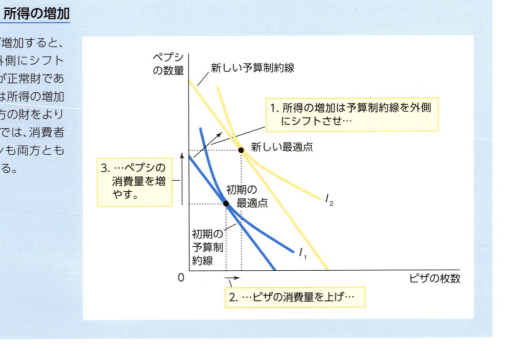

図7A-8　所得の増加

消費者の所得が増加すると、予算制約線が外側にシフトする。両方の財が正常財である場合、消費者は所得の増加に対応して、両方の財をより多く買う。ここでは、消費者はピザもペプシも両方ともより多く購入する。

図7A-9 下級財

消費者の所得が増加したときに、その財の購入量が少なくなれば、その財は下級財になる。ここで、ペプシは下級財である。消費者の所得が増加し、予算制約線が外側にシフトすると、消費者はピザをより多く買うが、ペプシの購入はより少なくなる。

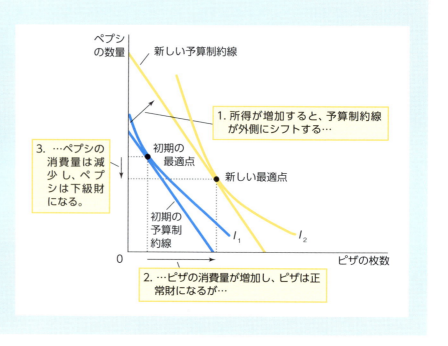

ペプシの価格が下落したとしよう。先に述べたように、どちらかの財の価格の下落は、予算制約線を外側にシフトさせ、2つの財の相対価格を変えることによって、予算制約線の傾きも変える。図7A-10は、ペプシの価格の下落が、どのように予算制約線を回転させ、最適点を変化させるのかを示している。

このような予算制約線の変化によって、購入する2つの財の数量がどのように変わるかは、コンスエラの選好に依存する。この図の無差別曲線では、彼女はペプシを多く買い、ピザを少なく買う。しかし、他の結果の無差別曲線を描くには、ほんの少しの創造性が必要である。消費者は、ペプシの値段が安くなれば、両方の財をより多く買うことで適切に反応することもできる。

3-4 所得効果と代替効果

財の価格変化が購入数量に与える影響は、<u>所得効果</u>と<u>代替効果</u>の2つに分解できる。消費者が価格変化に反応するとき、両方の効果が働いている。

ペプシの価格が下がったことを知ったとき、コンスエラがどのように反応するかを考えてみよう。彼女には2つの考えが浮かぶかもしれない。

- 「素晴らしいニュース！ ペプシが安くなった今、私の所得に購買力が増した。私は事実上、前より金持ちになった。金持ちになったので、ピザもペプシももっと買えるわ」（これが所得効果である）。
- 「ペプシの値段が安くなったので、ピザを1枚買うごとにペプシを1リットル買うことができる。ピザの値段が相対的に高くなったのだから、ピザを減らし

所得効果
(income effect)
価格変化によって消費者がより高い無差別曲線またはより低い無差別曲線に移動したときに生じる消費の変化

代替効果
(substitution effect)
価格変化によって消費者が与えられた無差別曲線に沿って、新しい限界代替率を持つ点まで移動したときに生じる消費の変化

図7A-10 価格の変化

ペプシの価格が下がると、消費者の予算制約線は外側にシフトし、傾きが変わる。消費者は、初期の最適点から新しい最適点に移動し、ピザとペプシの両方の購入量が変化する。この場合、ペプシの消費量は増加し、ピザの消費量は減少する。

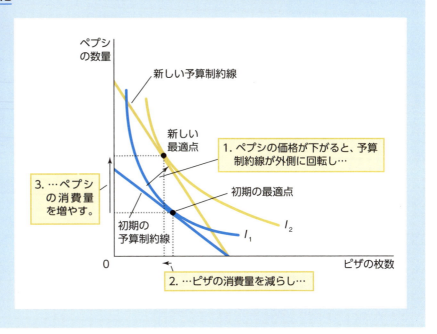

てペプシを買うべきだわ」（これが代替効果である）。

どちらの考えも理にかなっている。ペプシの値段が下がることで、コンスエラはより豊かになった。ピザもペプシも正常財であれば、彼女は購買力の増加を両方の財に分散させたいと思うだろう。この所得効果は、彼女にもっとピザとペプシを買わせる傾向がある。しかし同時に、(ペプシを諦めた分の)ピザの機会費用は上昇し、(ピザを諦めた分の)ペプシの機会費用は下落している。この代替効果によって、コンスエラはピザを減らし、ペプシを増やす傾向にある。

では、この2つの効果が同時に起こった場合の結果を考えてみよう。コンスエラは、所得効果と代替効果の両方がペプシの消費を増やすように働くので、確かにペプシをより多く買う。しかし、ピザの場合、所得効果と代替効果は正反対の方向に働く。その結果、コンスエラがピザをより多く買うか、より少なく買うかは明らかではない。所得効果と代替効果の大きさによって、結果はどちらにも転ぶ可能性がある。表7A-1は、これらの結論をまとめたものである。

所得効果と代替効果は、無差別曲線を用いて解釈することができる。**所得効果とは、新しい無差別曲線への移動によって生じる消費の変化である。代替効果とは、同じ無差別曲線上の異なる限界代替率を持つ新しい点に移動することによって生じる消費の変化である。**

図7A-11は、コンスエラの意思決定の変化を所得効果と代替効果に分ける方法を示している。ペプシの価格が下がると、彼女は初期の最適点であるA点から新しい最適点のC点に移動する。まず、コンスエラは、初期の無差別曲線I_1に沿って、A

表7A-1　ペプシの価格が下落した場合の所得効果と代替効果

財	所得効果	代替効果	総効果
ペプシ	消費者は豊かになったので、ペプシをもっと買う。	ペプシは相対的に安いので、消費者のペプシを買う量が増える。	所得効果と代替効果は同じ方向に働くので、消費者はペプシをより多く買う。
ピザ	消費者は豊かになったので、ピザをもっと買う。	ピザは相対的に高いので、消費者のピザを買う量が減る。	所得効果と代替効果は相反する方向に動くため、ピザの消費に対する総効果は確定しない。

図7A-11　所得効果と代替効果

価格変化の効果は、所得効果と代替効果に分けることができる。無差別曲線に沿って、限界代替率の異なる点へ移動する効果である代替効果は、無差別曲線 I_1 上のA点からB点への変化である。より高い無差別曲線へのシフトである所得効果は、無差別曲線 I_1 上のB点から無差別曲線 I_2 上のC点への変化である。

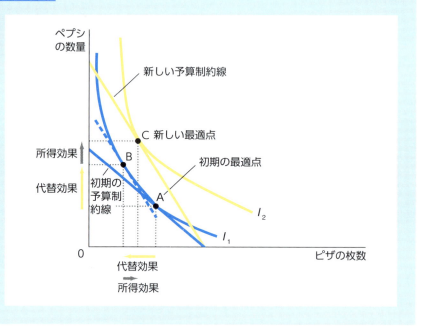

点からB点へと移動する。彼女はこれら2つの点で同じように満足しているが、B点では限界代替率が新しい相対価格を反映している（B点を通る破線は、新しい予算制約線に平行で、新しい相対価格を反映している）。次に、コンスエラは、B点からC点に移動することで、より高い無差別曲線 I_2 にシフトする。B点とC点は異なる無差別曲線上にあるが、それらの限界代替率は同じである。つまり、B点の無差別曲線 I_1 の傾きは、C点の無差別曲線 I_2 の傾きに等しい。

　コンスエラが実際にB点を選択することはないが、この仮定の点は、彼女の決定を左右する2つの効果を明確にするのに便利である。A点からB点への変化は、コンスエラの厚生に変化を与えることなく、純粋に限界代替率を変化させることを意

味する。そして、B点からC点への変化は、限界代替率の変化を伴わない純粋な厚生変化を表している。A点からB点への動きは代替効果を示し、B点からC点への動きは所得効果を示す。

3-5 需要曲線の導出

ある財に対する消費者の需要曲線は、ある価格における需要量を表す。要するに、需要曲線は消費者の予算制約線と選好から生じる最適な決定を要約したものである。

たとえば、図7A-12はコンスエラのペプシの需要を考えている。パネル(a)は、1リットルの価格が2ドルから1ドルに下がると、彼女の予算制約線が外側にシフトすることが示されている。所得効果と代替効果の両方によって、彼女はペプシの購入量を250リットルから750リットルに増やす。パネル(b)は、これらの決定から生じる需要曲線を示している。このように、消費者選択の理論は、個人の需要曲線の理論的基礎を提供する。

需要曲線が消費者選択の理論から自然に生じることを知れば安心できるかもしれないが、この議論はそれだけでは消費者選択の理論の発展を正当化するものではない。人々が価格変化に反応することを立証するためだけに、厳密な分析的枠組みは必要ない。しかし、消費者選択の理論は、次節で述べるように、人々が生活を営む上で行うさまざまな意思決定を研究する上で有用である。

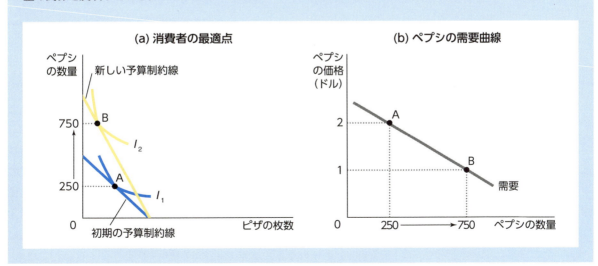

図 7A-12　需要曲線の導出

パネル(a)は、ペプシの価格が2ドルから1ドルに下がると、消費者の最適点がA点からB点に移動し、ペプシの消費量が250リットルから750リットルに増えることを示している。パネル(b)の需要曲線は、この価格と需要量の関係を反映している。

第Ⅱ部　ミクロ経済学

理解度確認クイズ

5. バートとリサの両者はシャツと帽子の市場で最適化を行う消費者であり、シャツに100ドル、帽子に50ドルを支払う。バートはシャツを8枚、帽子を4個買い、リサはシャツを6枚、帽子を12個買う。この情報から、バートの限界代替率はシャツ1枚につき帽子＿＿＿個であり、リサの限界代替率はシャツ1枚につき帽子＿＿＿個であると推測できる。

   a. 2 ― 1
   b. 2 ― 2
   c. 4 ― 1
   d. 4 ― 2

6. マギーは両方とも正常財であるピーナッツバターとゼリーを買う。ピーナッツバターの価格が上昇すると、所得効果はマギーに＿＿＿＿ピーナッツバターと＿＿＿＿＿ゼリーを買わせる。

   a. より多い ― より多い
   b. より多い ― より少ない
   c. より少ない ― より多い
   d. より少ない ― より少ない

7. ネッドはワインとパンを買う。ワインの価格が上昇すると、代替効果によりネッドは＿＿＿＿ワインと＿＿＿＿パンを買う。

   a. より多い ― より多い
   b. より多い ― より少ない
   c. より少ない ― より多い
   d. より少ない ― より少ない

➡（解答は章末に）

4　3つの応用

　さて、消費者選択の基本理論を構築したところで、それを使って経済の仕組みに関する3つの問題を考えてみよう。

4-1　すべての需要曲線の傾きは右下がりか

　通常、財の価格が上昇すると、人々はその財をあまり買わなくなる。この典型的な行動は**需要の法則**（law of demand）と呼ばれ、需要曲線の傾きが右下がりであることに反映される。

　しかし、経済理論上、需要曲線が右上がりになる場合もある。言い換えれば、消費者は時として需要の法則に反し、価格が上昇するとその財をより多く買うことがある。これがどのように起こりうるかを見るために、図7A-13を考えてみよう。この例では、コンラッドという消費者が肉とジャガイモの2つの財を買っている。当初、彼の予算制約線はA点からB点までの線であり、最適点はC点である。ジャガイモの価格が上昇すると、彼の予算制約線は内側にシフトし、A点からD点への線となり、彼の最適点はE点に移動する。ジャガイモの価格上昇により、コンラッドはより多くのジャガイモを購入する。

　なぜコンラッドはこのような変わった反応をするのだろうか。この例では、肉は正常財だが、ジャガイモは超下級財である。つまり、ジャガイモは、コンラッドの所得が上がると買う量が減り、所得が下がると買う量が増える財である。図7A-13では、ジャガイモの価格が上昇すると、コンラッドはより低い無差別曲線に移動するという意味で、より貧しくなる。コンラッドはより貧しくなるため、所得効果によって、肉（正常財）をより少なく、ジャガイモ（下級財）をより多く買いたくなる。

図 7A-13 ギッフェン財

この例では、ジャガイモの価格が上昇すると、消費者の最適点はC点からE点にシフトする。この場合、消費者はジャガイモの価格が高くなると、肉を減らしジャガイモを買う。

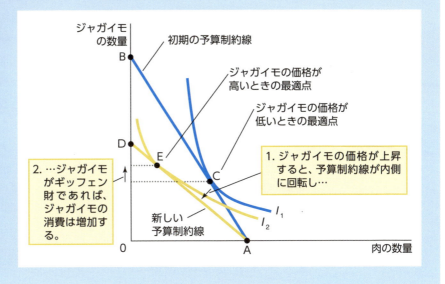

同時に、ジャガイモは肉に比べて高価になったため、代替効果によってコンラッドは肉をもっと買い、ジャガイモをあまり買わなくなる。所得効果と代替効果は反対方向に働くことに注意したい。この例のように、所得効果が代替効果よりも大きければ、コンラッドは肉の購入量を減らし、ジャガイモの購入量を増やすことで、ジャガイモの価格上昇に対応する。

経済学者は、需要の法則に反する財を説明するために**ギッフェン財**という用語を使用している。この用語は、この可能性を最初に指摘した経済学者ロバート・ギッフェン（Robert Giffen、1837〜1910）にちなんで名付けられた。この例では、ジャガイモがギッフェン財である。ギッフェン財とは、所得効果が代替効果を上回る下級財である。したがって、需要曲線の傾きは右上がりになる。

ギッフェン財
（Giffen good）
価格の上昇によって需要量が増加する財

ケーススタディ　ギッフェン財を探して

実際にギッフェン財が観察されたことはあるのだろうか。19世紀のアイルランドのジャガイモ飢饉の際には、ジャガイモがギッフェン財であったと指摘する歴史家もいる。ジャガイモは人々の食生活の大部分を占めていたため、ジャガイモの価格が上昇すると、その変化は大きな所得効果をもたらした。人々は生活水準の低下に対応するため、ぜいたく品である肉を減らし、主食であるジャガイモをより多く購入した。そのため、ジャガイモの価格が上がると、実際にジャガイモの需要量が増えたと主張されることもある。

2008年に『アメリカン・エコノミック・レビュー』に掲載されたロバート・ジェンセン（Robert Jensen）とノーラン・ミラー（Nolan Miller）の研究は、ギッフェン

第Ⅱ部　ミクロ経済学

財の存在についてより具体的な証拠を提示した。この2人の経済学者は、中国の湖南省で5か月間の実証実験を行った。無作為に抽出された世帯に、その地域の食生活の主食である米の購入補助券を渡し、米の消費が価格の変化にどう反応するかを調査した。その結果、多くの貧困世帯がギッフェン行動をとっていることが明らかになった。補助券で米の価格を下げると、これらの世帯は米の消費を減らし、補助券をなくすと逆の結果になった。ジェンセンとミラーは、「われわれの知る限り、これはギッフェン行動の最初の厳密な実証的証拠である」と書いている。

このように、消費者選択の理論では、需要曲線の傾きが右上がりになることが可能であり、実際にそのような変わった現象が起こることもある。その結果、第4章で紹介した需要の法則は完全には当てにならない。しかし、ギッフェン財はまれな現象であると言ってよいだろう。

4-2　賃金は労働供給にどう影響するか

消費者選択の理論は、人々が所得をどのように配分するかだけでなく、どのように時間を配分するかを分析するためにも利用することができる。多くの人々は、時間の一部を余暇に費やし、消費するための財やサービスを買うために働く。時間配分の問題の本質は、余暇と消費のトレードオフである。

フリーランスのソフトウェアデザイナー、ジャスミンを考えてみよう。彼女は週に100時間起きている。そのうちの何時間かは、マインクラフトで遊んだり、『バチェラー』を見たり、この教科書を読んだりして余暇を楽しんでいる。残りの時間はソフトウェアの開発に費やす。彼女は1時間コーディングするごとに50ドル稼ぎ、それを家賃、食費、音楽ダウンロード、その他の消費財に使う。彼女の時給50ドルは、ジャスミンが直面する余暇と消費のトレードオフを反映している。1時間の余暇を諦めるごとに、彼女は1時間多く働き、50ドルの消費を得る。

図7A-14はジャスミンの予算制約線を示している。100時間すべてを余暇に費やすと、消費はゼロである。100時間すべてを仕事に費やすと、1週間の消費は5,000ドルだが、余暇を過ごす時間はない。週40時間働いた場合、60時間の余暇を楽しみ、1週間の消費は2,000ドルである。

図7A-14には、消費と余暇に対するジャスミンの選好が無差別曲線で表されている。ここで、消費と余暇は、ジャスミンが選択する2つの「財」である。ジャスミンは常に、より多くの余暇とより多くの消費を好むので、低い無差別曲線上の点よりも高い無差別曲線上の点を好む。時給50ドルで、ジャスミンは「最適点」とラベル付けされた点で表される消費と余暇の組み合わせを選択する。最適点とは、ジャスミンが可能な限り高い無差別曲線 I_2 に到達する予算制約線上の点である。

次に、ジャスミンの時給が50ドルから60ドルに上昇した場合を考えてみよう。図7A-15は、2つの起こりうる結果を示している。どちらの場合も、左のグラフに示される予算制約線は、BC_1 から BC_2 へと外側にシフトする。その過程で、各予算制約線は、相対価格の変化を反映して急になる。賃金がさらに高くなると、ジャス

222

図7A-14 仕事と余暇の決定

この図は、労働量を決めるためのジャスミンの予算制約線、消費と余暇に関する彼女の無差別曲線、そして最適点を示している。

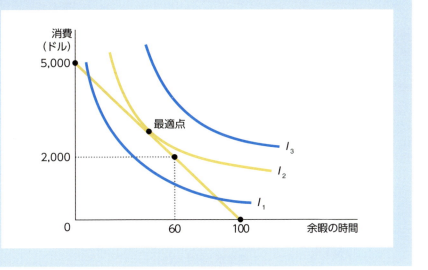

ミンは余暇を1時間諦める代わりに、消費をより多く獲得できる。

　無差別曲線で表されるジャスミンの選好は、消費と余暇に関する選択が賃金上昇にどのように反応するかを決定する。どちらのパネルでも、消費は上昇する。しかし、賃金の変化に対する余暇の反応は、2つのケースで異なる。パネル(a)では、ジャスミンは余暇を少し諦めることで、高くなった賃金に反応する。パネル(b)では、余暇をよりたくさん楽しむことで、反応している。

　ジャスミンが余暇と消費のどちらを選ぶかの決定は、彼女の労働供給を決定する。図7A-15の各パネルにおいて、右側のグラフはジャスミンの決定が意味する労働供給曲線を示している。パネル(a)では、賃金が高いほど、ジャスミンは余暇をさらに諦め、その代わりより多く働くようになるため、労働供給曲線の傾きは右上がりになる。パネル(b)では、賃金が高いほど、ジャスミンは余暇を大いに楽しみ、あまり働かなくなるので、労働供給曲線の傾きは後ろ向き(右下がり)になる。

　まず、後ろ向き(右下がり)の傾きの労働供給曲線は不可解である。なぜ人は賃金が上がると労働を減らして対応するのだろうか。その答えは、賃金が上昇した場合の所得効果と代替効果を考えればわかる。

　まず、代替効果を考えてみよう。ジャスミンの賃金が上昇すると、余暇は消費に比べて割高になり、ジャスミンは余暇から消費へと代替するようになる。言い換えれば、代替効果は、賃金の上昇に応じてジャスミンがさらに働くように誘導し、労働供給曲線の傾きが右上がりになる傾向がある。

　次に所得効果を考えてみよう。ジャスミンの賃金が上昇すると、彼女はより高い無差別曲線に移動し、以前よりも裕福になる。消費と余暇の両方が正常財である限り、ジャスミンは、より高い消費とより多くの余暇の両方を楽しむために、増加した幸福な状態を使いたいと思うだろう。言い換えれば、所得効果は彼女の労働を減少させ、労働供給曲線の傾きを後ろ向き(右下がり)にする傾向がある。

図7A-15 賃金の上昇

この図の2つのパネルは、ある人が賃金の上昇にどのように反応するかを示している。左側のグラフは、消費者の最初の予算制約線BC_1と新しい予算制約線BC_2、および消費と余暇に関する消費者の最適な選択を示している。右側のグラフは、結果として得られる労働供給曲線を示している。労働時間は、利用可能な総時間から余暇の時間を引いたものに等しいので、余暇の変化は、労働供給量の逆の変化を意味する。パネル(a)では、賃金が上昇すると消費は増加し、余暇は減少するため、労働供給曲線の傾きは右上がりである。パネル(b)では、賃金が上昇すると、消費も余暇も上昇し、労働供給曲線の傾きは後ろ向き(右下がり)である。

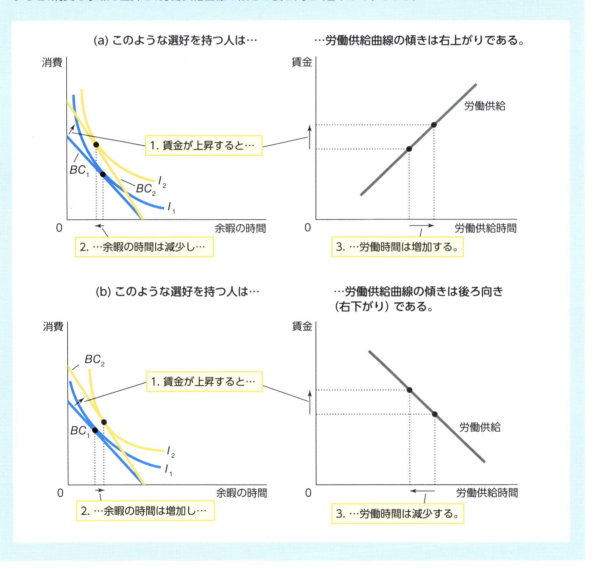

　結局のところ、経済理論は、賃金の上昇がジャスミンの労働を増やすか減らすかについて、明示していない。代替効果が所得効果を上回れば、ジャスミンはより多く働く。所得効果が代替効果を上回れば、労働量は減る。したがって、労働供給曲線の傾きは、右上がりにもなるし、後ろ向き(右下がり)にもなりうる。

　さらに、労働供給曲線の傾きはすべての賃金で同一である必要はない。たとえば、

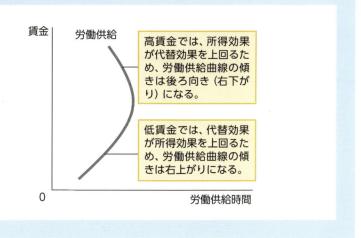

図 7A-16　後方屈曲型労働供給曲線

低賃金では代替効果が所得効果を上回るため、労働供給曲線の傾きは右上がりになる。しかし、賃金が上昇すると、所得効果が代替効果を上回るようになり、労働供給曲線の傾きは後方に屈曲する。

人の選好によっては、低賃金では代替効果が所得効果を上回り、高賃金では所得効果が代替効果を上回ることもありうる。この場合、図7A-16のように、労働供給曲線は最初右上がりの傾きになっているが、賃金が上昇するにつれて後方に屈曲していく。

ケーススタディ　労働供給における所得効果：歴史的趨勢、宝くじの当選者、カーネギーの仮説

　労働供給曲線の傾きが後ろ向き（右下がり）になるという考えは、単なる机上の空論ではない。その証拠に、労働供給曲線の傾きは長期的に見ると、実際には後ろ向き（右下がり）になっている。100年前、人々の多くは週6日働いていた。今日では週5日労働が普通である。週の労働時間が減少する一方で、（インフレ調整後の）一般的な労働者の賃金は上昇している。

　経済学者はこの歴史的パターンをこう説明する。時が経つにつれて、技術の進歩は労働者の生産性を高め、労働需要を増加させる。この労働需要の増加により、均衡賃金は上昇する。賃金が上昇すれば、労働に対する報酬も上昇する。しかし、ほとんどの労働者は、このインセンティブ上昇に対応してより多く働くのではなく、余暇を増やすことでより豊かな生活を享受する。つまり、賃金上昇による所得効果が代替効果を上回っているのである。

　労働供給に対する強力な所得効果のさらなる証拠は、宝くじの当選者という非常に異なる種類のデータから得られる。宝くじの高額当選者は所得が大幅に増加し、その結果、予算制約線が外側に大きくシフトする。しかし、当選者の賃金は変化していないので、彼らの予算制約線の傾きは変わらない。したがって、代替効果は存在しない。宝くじ当選者と、宝くじを買ったが落選した人を比較することで、研究

第Ⅱ部　ミクロ経済学

者は労働供給に対する所得効果を分離することができる。

　シカゴ大学の4人の経済学者による2021年の研究で、まさにそのような結果が出た。賞金が1ドル増えるごとに、税引き後の労働総収入は40セント減少する。言い換えれば、賞金の40％は余暇を増やすために使われ（あるいはもっと楽で低賃金の仕事に転職するために使われるかもしれない）、60％は財やサービスの消費を増やすために使われるのである。たとえば、通常の定年退職年齢に近い人の場合、宝くじ当選者は宝くじ落選者よりも早期退職する可能性が高い。研究者らはまた、宝くじ当選前の所得が高い世帯ほど、余暇への効果が大きく、消費への効果は小さいと報告している。労働供給に対する所得効果は、特に最も恵まれた人の間で、かなり大きいようである。

　これらの発見は、19世紀の実業家アンドリュー・カーネギー（Andrew Carnegie）にとって驚くことではなかっただろう。カーネギーは著書『富の福音』の中で、「息子に莫大な富を残す親は、一般的に息子の才能とエネルギーを枯渇させ、莫大な富を残さなかった場合よりも、役に立たず価値のない人生を送るよう誘惑する」と警告している。つまり、カーネギーは、所得が労働供給に与える影響は大きく、父権主義的な観点からすれば、残念なことだと考えていたのである。だからこそ、カーネギーは生前も死後も、莫大な財産の多くを慈善事業に寄付したのであろう。

4-3　金利は家計の貯蓄にどう影響するか

　すべての人が直面する重要な決定は、今日どれだけの収入を消費し、将来のためにどれだけの貯蓄をするかということである。この意思決定を分析するために、消費者選択の理論を使うことができる。その際、人々が貯蓄する額が、貯蓄によって得られる金利にどのように依存するかを検証する。

　定年退職を計画している労働者、ライダーが直面している決断について考えてみよう。簡単化のために、ライダーの人生を2期に分ける。最初の期では、ライダーは若く、働いている。2期目は、年老いて引退した状態である。若いとき、ライダーは10万ドルを稼ぐ。この収入を現在の消費と貯蓄に分ける。年老いたライダーは、貯蓄から得られる利子を含めて貯蓄分を消費する。

　「若いときの消費」と「年をとったときの消費」は、ライダーがどちらかを選択しなければならない2つの財とみなすことができる。金利はこの2つの財の相対価格を決定する。金利が10％だとする。そうすると、ライダーは若いときに1ドル貯めるごとに、年をとったときに1.10ドル消費できることになる。

　図7A-17はライダーの予算制約線を示している。貯蓄をまったくしない場合、若いときに10万ドルを消費し、老後は何も消費しない。すべてを貯蓄した場合、若いときには何も消費せず、年老いたときには11万ドルを消費する。予算制約線は、この2つの組み合わせのすべての可能性を示している。

　図7A-17には、ライダーの2期間の消費に対する選好が無差別曲線で表されている。彼は、人生の両期間においてより多くの消費を好むので、より高い無差別曲線

226

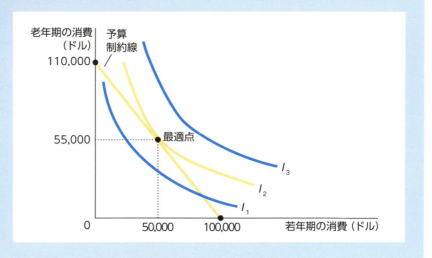

図 7A-17　消費と貯蓄の決定

この図は、人生の2つの期間にどれだけ消費するかを決める人の予算制約線、選好を表す無差別曲線、そして最適点を示している。

上の点を、より低い無差別曲線上の点よりも好む。彼の選好を考慮すると、ライダーは、2期間における消費の最適な組み合わせを選択し、それは、可能な限り高い無差別曲線上にある予算制約線上の点である。この最適点では、ライダーは若いときに5万ドルを消費し、年をとったときに5万5,000ドルを消費する。

ここで、金利が10％から20％に上昇した場合のことを考えてみよう。図7A-18は2つの可能性を示している。どちらの場合も、予算制約線は外側にシフトし、急な傾きになる。新たな金利がより高い場合、ライダーは、若いときに諦めた消費1ドルに対して、年をとったときにより多くの消費を得る。

2つのパネルは、ライダーの選好が異なる場合の結果を示している。どちらのケースでも、老年期の消費は増加する。しかし、若い時の消費は2つのケースで異なる反応を示す。パネル(a)では、ライダーは金利の上昇に対応し、若い時の消費を減らしている。パネル(b)では、ライダーは若い時の消費を増やすことで対応している。

ライダーの貯蓄は、所得から若い時の消費を差し引いたものである。パネル(a)では、金利が上昇すると若い時の消費が減少するため、貯蓄は増加する。パネル(b)では、金利が上昇すると若い時の消費が増加するため、貯蓄は減少する。

パネル(b)のケースは不思議に思えるかもしれない。ライダーは貯蓄に対する利潤の増加に反応して貯蓄を減らすからである。高金利の所得効果と代替効果を考慮することで、この行動を理解することができる。

まず、代替効果について考えてみよう。金利が上昇すると、老年期の消費は若年期の消費に比べて相対的にコストが低くなる。したがって、代替効果は、ライダーが老年期の消費を増やし、若年期の消費を減らすように誘導する。言い換えれば、代替効果はライダーに貯蓄を増やすよう誘導する。

次に所得効果を考えてみよう。金利が上昇すると、ライダーはより高い無差別曲

線に移る。若いときの消費と年をとったときの消費がともに正常財であるならば、ライダーはどちらの時期においても、増加した幸福度を利用してより多くの消費をしたいと考えるだろう。言い換えれば、所得効果によって、彼は貯蓄を減らすことになる。

この結果は、所得効果と代替効果の両方に依存する。金利が高くなることによる代替効果が所得効果を上回れば、ライダーはより多く貯蓄する。所得効果が代替効果を上回れば、ライダーの貯蓄はより少なくなる。消費者選択の理論によれば、金利の上昇は貯蓄を促進することも、抑制することもできる。

この曖昧な結果は、経済理論的には興味深いものであるが、経済政策的には残念なものとなる。租税政策における重要な問題は、貯蓄が金利にどのように反応するかという点にある。一部のエコノミストは、利子やその他の資本所得に対する課税の軽減を提唱しており、そのような政策変更は貯蓄者が得ることのできる税引き後利子率を引き上げ、人々の貯蓄を促すと主張している。また、所得効果や代替効果が相殺されるため、そのような税制変更は貯蓄を増加させないどころか、貯蓄を減少させる可能性さえあると主張する者もいる。残念ながら、この研究成果は合意には至っていない。貯蓄を増やすことを目的とした税制の変更が、実際に意図した効果をもたらすかどうかについては、依然として意見が分かれている。

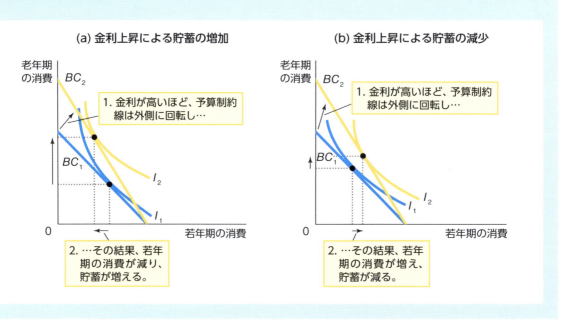

図 7A-18　金利上昇

どちらのパネルでも、金利の上昇は予算制約線を外側にシフトさせる。パネル(a) では、若年期の消費は減少し、老年期の消費は増加する。その結果、若年期の貯蓄が増加する。パネル(b) では、両期間とも消費は増加する。その結果、若年期の貯蓄は減少する。

第7章　付論　消費者選択の理論

理解度確認クイズ

8. バーンズ氏はロブスターとチキンしか買わない。ロブスターは正常財であり、チキンは下級財である。ロブスターの価格が上昇したとき、バーンズ氏はどうするか。

   a. 両方の財の購入量を減らす。

   b. ロブスターの購入量を増やし、チキンの購入量を減らす。

   c. ロブスターの購入量を減らし、チキンの購入量を増やす。

   d. ロブスターの購入量は減らすが、チキンの購入量についてはわからない。

9. パスタの値段が上がったとき、エドナがより多くのパスタを買うとすれば、エドナにとっては、次のように推測できる。

   a. パスタは、所得効果が代替効果を上回る正常財である。

   b. パスタは、代替効果が所得効果を上回る正常財である。

   c. パスタは、所得効果が代替効果を上回る下級財である。

   d. パスタは、代替効果が所得効果を上回る下級財である。

10. モードの労働供給曲線の傾きが右上がりの場合、正しいのは次のうちどれか。

    a. 余暇は正常財である。

    b. 消費は正常財である。

    c. 余暇に対する所得効果が代替効果を上回る。

    d. 余暇に対する代替効果が所得効果を上回る。

11. 定年退職のために貯蓄をしている労働者シーモアにとって、若年期の消費と老年期の消費はどちらも正常財である。金利が低下したとき、シーモアの老後の消費はどうなるだろうか。

    a. 間違いなく増える。

    b. 確実に減る。

    c. 代替効果が所得効果を上回った場合にのみ増加する。

    d. 代替効果が所得効果を上回った場合のみ減少する。

➡（解答は章末に）

5 結論：人は本当にこのように考えるのか

　消費者選択の理論は、人々がどのように意思決定を行うかを説明するものである。これまで見てきたように、この理論は多くの問題に当てはまる。ピザとペプシ、仕事と余暇、消費と貯蓄など、人々がどのように選択するかを説明することができる。

　さて、理論を理解したところで、その理論が信用できるかどうか、一歩下がって考えてみよう。消費者選択の理論を懐疑的に見たくなるかもしれない。結局のところ、あなたは消費者である。店に入るたびに何を買うかを決める。そして、予算制約線や無差別曲線を描いて、購入の決定を行っているわけではないことを知っているはずである。あなた自身の意思決定に関するこの知識は、理論に異議を唱えないのだろうか。

　いや、そんなことはない。消費者選択の理論は、人々がどのように意思決定を行うかを文字通りに説明しようとするものではない。あくまでもモデルである。第2章で述べたように、モデルは完全に現実である必要はない。

　消費者選択の理論は、消費者がどのように意思決定を行うかの比喩として捉えるべきである。この理論で想定されているようなあからさまな最適化を行う消費者は（経済学者を除いて）いない。しかし消費者は、自分の選択が財源によって制約されていることを知っている。そして、そのような制約がある中で、最高の満足を得

229

第Ⅱ部　ミクロ経済学

るために最善を尽くすのである。消費者選択の理論は、この直感的なプロセスを、正式な経済分析を可能にする形で説明している。

　プリンの証明は食べることにあるように、理論の検証はそれを応用することにある。本論の最後の節では、消費者選択の理論を3つの実際的な問題に適用した。経済学の上級コースを履修すれば、この理論が多くの追加的分析の枠組みを提供することがわかるだろう。

本論のポイント

- 消費者の予算制約線は、所得と財の価格が与えられたときに、買うことができるさまざまな財の組み合わせを示している。予算制約線の傾きは、財の相対価格に等しい。

- 消費者の無差別曲線は、消費者の選好を表している。無差別曲線は、消費者を等しく幸せにするさまざまな財の組み合わせを示す。より高い無差別曲線上の点は、より低い無差別曲線上の点よりも好まれる。任意の点における無差別曲線の傾きは、消費者の限界代替率（消費者がある財を他の財と交換することを望む割合）である。

- 消費者は、最も高い無差別曲線上にある予算制約線上の点を選択することによって最適化する。この点で、無差別曲線の傾き（財の間の限界代替率）は、予算制約線の傾き（財の相対価格）に等しくなり、消費者の2つの財の評価（限界代替率で測定）は、市場の評価

（相対価格で測定）に等しくなる。

- 財の価格が下がることが消費者の選択に与える影響は、所得効果と代替効果に分けることができる。所得効果とは、価格が下がることで消費者の生活が豊かになるために生じる消費の変化である。代替効果とは、価格の変化によって相対的に安くなった財の消費が促進されるために生じる消費の変化である。所得効果は、より低い無差別曲線からより高い無差別曲線への移動に反映され、代替効果は、無差別曲線に沿って異なる傾きを持つ点への移動に反映される。

- 消費者選択の理論は、多くの状況に適用できる。需要曲線の傾きが時折右上がりになる理由や、賃金の上昇が労働供給量を増加させることも減少させることもある理由や、金利の上昇が貯蓄を増加させることも減少させることもある理由を説明している。

理解度確認テスト

1. ハリには 6,000 ドルの所得がある。ワインは 1 杯 6 ドル、チーズは 1 ポンド 12 ドルである。ワインを縦軸にとって、ハリの予算制約線を描きなさい。この予算制約線の傾きはどれくらいか。

2. ハリはワインとチーズの典型的な無差別曲線を持っている。無差別曲線を描き、その4つの性質を説明しなさい。

3. ワインとチーズの無差別曲線上の点を選び、限界代替率を示しなさい。限界代替率から何

230

第7章 付論 消費者選択の理論

がわかるか。

4. ワインとチーズに関するハリの予算制約線と無差別曲線を、消費の最適な選択（最適点）とともに示しなさい。ワインの価格がグラス1杯6ドル、チーズの価格が1ポンド12ドルである場合、この最適点における限界代替率はいくらか。

5. ハリは昇給し、収入が6,000ドルから8,000ドルに増えた。ワインとチーズの両方が正常財である場合、どうなるかを示しなさい。次に、チー

ズが下級財の場合、どうなるかを示しなさい。

6. チーズの価格は1ポンドあたり12ドルから20ドルに上昇し、ワインの価格はグラス1杯あたり6ドルのままである。ハリの収入が6,000ドルのままであると仮定して、ワインとチーズの消費がどうなるかを示しなさい。また、その変化を所得効果と代替効果に分解しなさい。

7. チーズの価格が上がれば、ハリはもっとチーズを買うようになるだろうか。説明しなさい。

演習と応用

1. マヤは所得をコーヒーとクロワッサン（どちらも正常財）のために使っている。ブラジルで早霜が起こり、アメリカのコーヒー価格が大幅に上昇した。
   a. マヤの予算制約線に対する早霜の影響を示しなさい。
   b. クロワッサンの代替効果が所得効果を上回ると仮定して、早霜がマヤの消費の最適な組み合わせに及ぼす影響を示しなさい。
   c. クロワッサンの所得効果が代替効果を上回ると仮定して、早霜がマヤの消費の最適な組み合わせに及ぼす影響を示しなさい。

2. 次の2組の財を比較しなさい。
   • コカ・コーラとペプシ
   • スキーとスキーのビンディング
   a. 2つの財が補完関係にあるのはどちらの場合か。どちらの場合、代替財となるか。
   b. どちらの場合に、無差別曲線は直線に近づくだろうか。どちらの場合に、無差別曲線が非常に弓なりになると予想するか。
   c. どちらの場合に、2つの財の相対価格の変化に消費者がより反応するだろうか。

3. あなたはソーダとピザしか消費しない。ある日、ソーダの値段が上がり、ピザの値段が下がった。あなたは、値段が変わる前と変わらず幸せである。
   a. この状況をグラフで表しなさい。
   b. 2つの財の消費はどのように変化するか。

あなたの反応は所得効果と代替効果にどのように依存しているか。
   c. 価格変更前に消費したソーダとピザの組み合わせを買うことができるだろうか。

4. ラージはチーズとクラッカーしか食べない。
   a. ラージにとって、チーズとクラッカーの両方が、下級財になることはありえるだろうか。説明しなさい。
   b. ラージにとってチーズは正常財であり、クラッカーは下級財であるとする。チーズの価格が下落した場合、ラージのクラッカー消費はどうなるか。チーズの消費はどうなるか。説明しなさい。

5. ダリウスは牛乳とクッキーしか買わない。
   a. 1年目、ダリウスは100ドル稼ぎ、牛乳は1クォートあたり2ドル、クッキーは1ダースあたり4ドルである。ダリウスの予算制約線を描きなさい。
   b. 2年目にすべての物価が10%上昇し、ダリウスの給与も同様に10%上昇したと仮定しよう。ダリウスの新しい予算制約線を描きなさい。2年目の牛乳とクッキーの消費の最適な組み合わせは、1年目の最適な組み合わせと比べるとどうだろうか。

6. 以下の各記述が正しいか誤りかを述べなさい。またその理由を説明しなさい。
   a. ギッフェン財はすべて下級財である。

231

第II部　ミクロ経済学

b. 下級財はすべてギッフェン財である。

7. 大学生のプリヤには、1食6ドルの食事を食堂で食べるか、あるいは1杯1.5ドルのラーメンスープを食べるかの2つの選択肢がある。彼女の1週間の食費は60ドルである。
  a. 食堂での食事と1杯のスープの間のトレードオフを示す予算制約線を描きなさい。プリヤが両財に同額を費やすと仮定し、最適な選択を示す無差別曲線を描きなさい。最適点をA点とラベルしなさい。
  b. スープの価格が2ドルに上昇したとしよう。設問（a）の図を使って、この価格変化の結果を示しなさい。プリヤは、食堂での食事に所得の30%しか使わなくなったと仮定する。新しい最適点をB点とラベルしなさい。
  c. この価格変化によって、消費されるスープの量はどうなるだろうか。この結果は、所得効果と代替効果について何を示しているだろうか。説明しなさい。
  d. A点とB点を用いて、プリヤのスープの需要曲線を描きなさい。このような種類の財は何と呼ばれているか。

8. あなたが何時間働くかという決定について考える。
  a. 所得に対して税金を払わないと仮定して、予算制約線を描きなさい。同じ図に、あなたが15%の所得税を支払うと仮定して、別の予算制約線を描きなさい。
  b. この税金によって、労働時間が増えるか、減るか、あるいは以前と変わらないかを示し、説明しなさい。

9. アーニャは週に100時間起きている。アーニャが時給12ドル、時給16ドル、時給20ドルである

場合の予算制約線を1つの図を使って示しなさい。ここで、アーニャの労働供給曲線が、賃金が時給12ドルから16ドルの間は右上がりで、16ドルから20ドルの間は傾きが後ろ向き（右下がり）になるような無差別曲線を描きなさい。

10. 仕事と余暇の時間の配分を決める人の無差別曲線を描きなさい。賃金が上昇したとする。その人の消費が減少する可能性はあるだろうか。これはもっともらしいことだろうか。議論しなさい（ヒント：所得効果と代替効果について考えなさい）。

11. 経済学者のジョージ・スティグラーはかつて、消費者理論によれば、「消費者は所得が増えても財の購入量を減らさなければ、財の価格が上昇したときに必ず購入量を減らす」と書いた。所得効果と代替効果の概念を用いて、この文を説明しなさい。

12. 5人の消費者のリンゴとナシの限界効用は以下の通りである。

	リンゴの限界効用	ナシの限界効用
クレア	6	12
フィル	6	6
ハーレイ	6	3
アレックス	3	6
ルーク	3	12

リンゴの値段は1ドル、ナシの値段は2ドルである。これらの消費者のうち、果物の選択を最適化している消費者がいるとすれば、どの消費者だろうか。そうでない消費者は、どのように支出を変えるべきだろうか。

理解度確認クイズの解答

1. a　2. d　3. d　4. b　5. b　6. d　7. c　8. c　9. c　10. d　11. b

第III部 マクロ経済学

Part III Macroeconomics

第8章
Chapter 8
Measuring a Nation's Income

国民所得の計測

　学校を卒業してフルタイムの仕事を探す場合、経済情勢がその経験を大きく左右する。ある年には、経済全体の企業が財・サービスの生産を拡大し、雇用が増加し、求人が豊富にある。他の年には、企業が生産を縮小し、雇用が減少し、求人広告がほとんどないこともある。景気拡大の年に就職活動を開始した大卒者は、景気悪化の年に開始した人たちに比べ、はるかに楽に就職活動を行うことができる。

　経済全体の健全性はすべての人に影響を与えるため、経済状況の変化は広く報道される。実際、ニュースは経済統計で埋め尽くされている。これらの数値は、経済におけるすべての人の総所得（国内総生産）、平均的な物価の上昇率や下落率（インフレーション／デフレーション）、職を失っている労働者の割合（失業率）、店舗での総支出（小売売上高）、アメリカと世界の貿易の不均衡（貿易赤字）などを計測するものかもしれない。これらの統計はすべて**マクロ経済**に関するものである。特定の家計、企業、市場に焦点を当てるのではなく、経済全体に関する情報を提供するのである。

　第2章で議論したように、経済学はミクロ経済学とマクロ経済学の2つに分けられる。**ミクロ経済学**は、個々の家計や企業がどのように意思決定し、市場で相互作用しているかを研究する。**マクロ経済学**は経済全体を研究し、多くの家計、企業、市場に同時に影響を与える変化を説明することを目的とする。マクロ経済学者は幅広い疑問を扱う。平均所得が高い国と低い国があるのはなぜか？　物価が急上昇す

ミクロ経済学
（microeconomics）
家計や企業がどのように意思決定をし、それが市場でどのように相互に関わり合うかを研究する分野

マクロ経済学
（macroeconomics）
インフレーション、失業、経済成長など、経済全体に関する事象を研究する分野

233

第Ⅲ部　マクロ経済学

る時もあれば、安定している時もあるのはなぜか？　生産や雇用がある年には拡大し、ある年には縮小するのはなぜか？　政府はどうすれば所得の高い伸びや低インフレ、安定した雇用を促すことができるのか？　これらの疑問は経済全体の仕組みに関わるため、マクロ経済学の範疇に入る。

　経済全体は多くの市場で相互作用する家計と企業の集合体であるため、ミクロ経済学とマクロ経済学は密接に関連している。たとえば、需要と供給を用いる手法は、ミクロ経済分析と同様、マクロ経済分析の中心である。しかし、経済全体を研究することは、特別な困難を伴う。森を理解するためには、それぞれの木を分析するだけでは不十分なのである。

　本章と次章では、経済学者や政策立案者が経済全体の動向を観察するのに使用するいくつかのデータについて説明する。出発点は**国内総生産**（GDP）であり、これは一国の総所得を測るものである。GDPは、社会の経済厚生（経済的幸福度）を測る最もよい指標と考えられることも多い。

1　経済の所得と支出

　ある家庭の経済状況を判断するとしたら、まずその収入に注目するだろう。所得が高ければ高いほど、大きな家、より良い医療、高級車、より豪華な休暇など、生活水準も高くなるのが普通である。

　同じ論理が一国の経済にも当てはまる。経済が好調か不調かを判断する場合、その経済におけるすべての人が得ている所得の総額に注目するのが自然である。国内総生産は、まさにそれを可能にする。

　GDPは一度に2つのものを計測する。すなわち、経済界にいるすべての人の総所得と、経済が生産する財・サービスに対する総支出である。GDPが総所得と総支出の両方を計測するというトリックを実行できるのは、この2つが同じだからである。すなわち、**経済全体では、所得は支出と等しくなければならない**。

　これは、すべての取引には買い手と売り手という2つの当事者が存在するからである。買い手が1ドル使うごとに、売り手にとっては1ドルの収入となる。カレンがダグに100ドル払って芝を刈ってもらうと、ダグはサービスの売り手として100ドルを稼ぎ、カレンはサービスの買い手として100ドルを費やす。この取引は、経済の所得と支出に等しく貢献する。GDPを総所得として計測しても、総支出として計測しても、GDPは100ドル上昇するのである。

　所得と支出が等しいことを理解するもう1つの方法は、図8-1の循環図を用いることである。第2章を思い出してほしいのだが、この図は家計と企業の間のすべての取引を表している。この図では、すべての財・サービスは家計によって購入され、家計は所得のすべてを消費すると仮定することで、物事を単純化している。この経済では、家計が企業から財・サービスを購入すると、その支出は財・サービスの市場を通じて流れる。企業が、売上から得た資金を労働者の賃金、地主の家賃、企業所有者の利潤に充てると、この所得は生産要素市場を通じて流れる。資金は、家計から企業へ、そしてまた家計へと絶えず流れているのである。

234

第8章 国民所得の計測

図 8-1　フロー循環図

家計は企業から財・サービスを購入し、企業は売上から得た収入を労働者への賃金、地主への家賃、企業所有者への利潤に充てる。GDPは、財・サービス市場における家計の支出総額に等しい。GDPはまた、生産要素市場で企業が支払った賃金、家賃、利潤の総額に等しい。

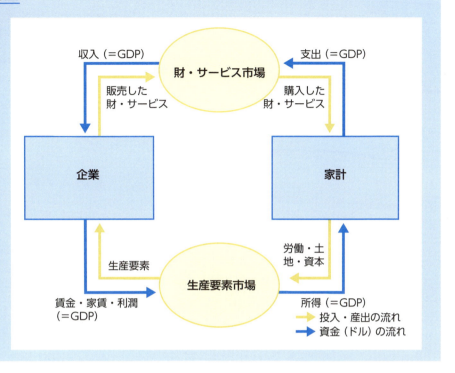

GDPは、経済を循環するお金の流れを計測する。GDPは2つの方法で計測することができる。家計の支出を合計する方法と、企業によって支払われた所得（賃金、家賃、利潤）を合計する方法である。経済におけるすべての支出は、最終的に誰かの所得となるため、GDPはどのように計算しても同じである。

実際の経済は、図8-1に示したものよりもはるかに複雑である。家計は収入のすべてを使うわけではない。その一部は税金として政府に納め、一部は将来のために貯蓄する。さらに、家計は経済で生産されるすべての財・サービスを購入するわけではない。一部の財・サービスは政府が公共目的で購入し、一部の財・サービスは企業が生産能力を拡大するために購入する。しかし、基本的な教訓は変わらない。家計、政府、企業のいずれが財・サービスを購入するかにかかわらず、取引には常に買い手と売り手が存在する。経済全体としては、支出は所得に等しくなるのである。

235

第Ⅲ部　マクロ経済学

理解度確認クイズ

1. 経済の国内総生産とは、＿＿＿＿＿＿＿である。

   a. 所得に対する支出の超過分

   b. 支出に対する所得の超過分

   c. 総所得と総支出

   d. 総所得に対する総支出の割合

2. カーラはケーキを作り、ノームに10ドルで売る。サムは家庭教師をしてもらうためにダイアンに30ドルを支払う。この経済において、GDPは＿＿＿＿＿＿である。

   a. 10ドル

   b. 20ドル

   c. 30ドル

   d. 40ドル

➡（解答は章末に）

---

2 GDPの計測

　国内総生産（GDP）を一般的な用語として議論したところで、それをどのように計測するのかについて、より正確に説明しよう。以下は、支出に焦点を当てたGDPの定義である。

国内総生産（GDP）
（gross domestic product；GDP）
ある期間に国内で生産されたすべての最終的な財とサービスの市場価値

- **国内総生産（GDP）** とは、ある期間に国内で生産されたすべての最終的な財とサービスの市場価値である。

　この定義は単純に見えるかもしれない。しかし実際には、経済のGDPを計算する際に多くの微妙な問題が生じる。この定義における各々の語句について考えてみよう。

2-1 「国内総生産（GDP）とは……市場価値である」

　「リンゴとオレンジは比較できない」。この格言は多くの場合において正しいが、GDPはまさにその比較を行うのである。GDPは、多くの異なる商品を足し合わせて、経済活動の価値を測る1つの尺度にしたものである。GDPは、市場価格を用いて量を価値の尺度に変換することで、それを行っている。価格は、人々が異なる商品に対して支払う金額を反映するため、価値を測る指標となる。リンゴの価格がオレンジの価格の2倍であれば、リンゴはオレンジの2倍だけGDPに貢献していることになるのである。

2-2 「……すべての……」

　GDPは包括的であろうとしている。GDPには、経済で生産され、市場で合法的に販売されるすべての品目が含まれる。GDPはリンゴやオレンジだけでなく、梨やグレープフルーツ、本や映画、散髪やヘルスケアなどの市場価値を計測するのである。

　GDPはまた、経済における住宅ストックがもたらす住宅サービスの市場価値も

236

含んでいる。賃貸住宅の場合、この価値は簡単に計算できる。家賃は借主の支出と貸主の収入の両方に等しいからだ。しかし、多くの人々は住宅を所有しているため、家賃を支払っていない。政府は、この持ち家の賃貸価値を推定してGDPに含めている。実際には、国民経済計算において、持ち家を自分自身に貸していると仮定している。この帰属家賃は、家主の支出と所得の両方に含まれ、GDPに加算される。

しかし、GDPは、その価値を計測するのが困難であるいくつかの品目を除外している。違法薬物など、違法に生産され、違法に販売されるほとんどの品目はこのカテゴリーに入る。GDPはまた、家庭で生産され消費されることで、市場に出回らない多くの品目を除外している。たとえば、食料品店で買う野菜はGDPに含まれるが、庭で育てた野菜は含まれない。自宅で仕事をしている場合、雇用主のために生産したものはGDPに含まれるが、家族のために生産したものは含まれない。

このようなGDPからの除外は、逆説的な結果を招くことがある。カレンがダグに芝刈りを頼んで料金を支払った場合、その取引はGDPの一部である。しかし、ダグとカレンが結婚したとする。ダグがカレンの芝刈りを続けても、ダグのサービスはもはや市場で売られていないため、芝刈りの価値はGDPから除外される。2人の結婚は、2人の幸福度と社会全体の幸福度を高めるかもしれないが、GDPを減少させることになる。

2-3 「……最終的な……」

インテルがマイクロチップを製造し、デルがそれを使ってコンピュータを製造する場合、マイクロチップは**中間財**（intermediate good）であり、コンピュータは**最終財**（final good）である。中間財の価値は、すでに最終財の価格に含まれているため、GDPには最終財の価値のみが含まれる。マイクロチップの市場価値をコンピュータの市場価値に加えると、それはダブルカウントになる。すなわち、マイクロチップを（誤って）2回カウントしていることになる。

この原則に対する例外は、中間財が生産され、使用されるのではなく、後に使用または販売するために企業の在庫に加えられる場合に生じる。この場合、中間財はひとまず「最終的」な財とみなされ、在庫投資としての価値がGDPに含まれる。したがって、在庫の増加はGDPを増加させ、在庫に加えられた財が後に使用または販売された場合、在庫の減少はGDPから差し引かれる。

2-4 「……財とサービス……」

GDPには有形の財（食料品、衣料品、自動車など）と無形のサービス（散髪、清掃、医師の診察など）が含まれる。お気に入りのバンドのロゴ入りTシャツを買うと、それは財を買っているのであり、その購入価格はGDPの一部になる。その同じバンドのコンサートを聴くためにお金を払うと、それはサービスを買っており、チケット代もGDPの一部になる。

2-5 「……生産された……」

GDPには、現在、生産されている財・サービスが含まれる。そこには、過去に

第Ⅲ部 マクロ経済学

生産された商品の取引は含まれない。フォードが新車を生産し販売した場合、その車の価値はGDPに含まれる。しかし、ある人が中古車を別の人に売る場合、中古車の価値はGDPに含まれない。

2-6 「……一国の中で……」

GDPは、その国の地理的な領域内での生産額を計測する。カナダ人がアメリカで一時的に働いた場合、そこでの生産はアメリカのGDPに含まれる。アメリカ人がハイチに工場を所有する場合、その工場での生産はアメリカのGDPには貢献しない（ハイチのGDPに加えられる）。生産者の国籍に関係なく、国内で生産されたのであれば、その国のGDPに含まれるのである。

2-7 「……一定の期間において……」

GDPは特定の期間内に行われた生産の価値を計測する。多くの場合、その間隔は1年または四半期（3か月）である。GDPは、その間の経済の所得と支出の流れを計測する。

政府が四半期のGDPを報告する場合、通常はGDPを「年率」で表示する。つまり、四半期のGDPとして報告される数字は、その四半期の所得と支出を4倍したものである。政府はこうした慣例を用いることで、四半期と年間のGDPを比較しやすくしている。

さらに、政府が四半期のGDPを発表する際には、**季節調整**（seasonal adjustment）と呼ばれる統計的手続きによって修正された後のデータを提示する。調整前のデータは、経済が1年のある特定の時期により多くの財・サービスを生産していることを示している（12月の休暇中の買い物シーズンが、その例である）。経済をモニターする際、エコノミストや政策担当者は、こうした季節的な変化を除いた動きを見たいと考えることが多い。そのため、政府の統計担当者は、四半期のデータを調整し、季節的な循環を取り除いている。ニュースで報道されるGDPデータは、常に季節調整済である。

ここで、GDPの定義をもう一度みてみよう。

● 国内総生産（GDP）とは、ある期間に国内で生産されたすべての最終的な財とサービスの市場価値である。

この定義では、経済における総支出としてのGDPに焦点が当てられている。しかし、財・サービスの買い手が1ドル消費するごとに、その財やサービスの売り手にとっては1ドルの収入になることを思い出してほしい。したがって、GDPを算出するために経済全体の支出を合計することに加え、政府は、**国内総所得**（gross domestic income：GDI）を算出するために、経済全体の所得の合計も算出している。このとき、GDPとGDIはほぼ同じ値になる。なぜ「ほぼ」なのか。これら2つの指標は厳密に同じであるべきだが、データ元は完全ではない。GDPとGDIの差は、**統計上の誤差**（statistical discrepancy）と呼ばれる。

GDPが、経済活動の価値を測る高度な尺度であることは明らかである。マクロ経済学の上級コースでは、その計算の微妙な差異ついて詳しく学ぶだろう。しかし現時点でも、GDPの定義の中の1つ1つの言葉に、多くの意味が詰まっていることがわかったはずである。

他の所得の指標

　アメリカ合衆国商務省がGDPを算出する際、経済で何が起こっているのかをより完全に把握するために、他の所得の指標も算出している。これらの指標は、特定の種類の所得を除外または含めることで、GDPとは異ったものとなっている。以下では、これらの指標の5つについて、大きい順にならべて簡単に説明する。

- **国民総生産**（gross national product；GNP）は、その国の永住者（国民と呼ばれる）が稼いだ所得の総額である。GDPとは異なり、国内居住者が海外で稼いだ所得を含み、外国人が国内で稼いだ所得を除く。たとえば、カナダ人がアメリカで一時的に働いた場合、その所得はアメリカのGDPに含まれるが、アメリカのGNPには含まれない（カナダのGNPの一部となる）。アメリカを含むほとんどの国では、国内居住者が国内生産のほとんどを担っているため、GDPとGNPはかなり近い数字となる。

- **国民純生産**（net national product; NNP）とは、その国の居住者の総所得（すなわち、GNP）から減価償却による損失を差し引いたものである。**減価償却**（depreciation）とは、トラックが錆びたり、古いコンピュータが陳腐化したりするなど、経済が保有する設備や建築物のストックが減耗することである。商務省が作成する国民経済計算では、減価償却費は「固定資本減耗」と呼称されている。

- **国民所得**（national income）とは、その国の居住者が、財・サービスの生産によって得た所得の総額のことである。国民純生産にほぼ等しくなる。この2つの尺度が異なるのは、データ収集における問題から生じる統計上の不一致が原因である。

- **個人所得**（personal income）とは、家計と非法人企業が受け取る所得である。国民所得とは異なり、**内部留保**（retained earnings；企業が稼いだ所得のうち所有者に支払われないもの）は除かれている。また、間接税（売上税など）、法人税、社会保険料（主に社会保障税）も差し引かれる。さらに、個人所得には、家計が政府債務を保有することで受け取る利子所得と、生活保護や社会保障など、政府による所得移転政策から家計が受け取る所得が含まれる。

- **個人可処分所得**（disposable personal income）とは、家計と非法人企業が、政府に対する全ての支払い義務を果たした後に残る所得のことである。これは、個人所得から個人所得税と税以外の納付金（交通違反の罰金など）を差し引いたものである。

　所得を測る様々な指標は、詳細にみると異なるものの、経済状況について得られる情報はほとんど同じである。GDPが急成長するとき、他の所得指標も急成長する傾向がある。また、GDPが下落すると、他の指標も下落する傾向がある。その結果、経済全体の変動をモニターするためには、どの所得指標を使うかが問題になることはあまりない。

第Ⅲ部　マクロ経済学

理解度確認クイズ

3. ホットドッグの価格が2ドル、ハンバーガーの価格が4ドルだとすると、ホットドッグ30個は、ハンバーガー ＿＿＿個分と同じだけGDPに貢献する。
   a. 5
   b. 15
   c. 30
   d. 60

4. 羊飼いのアンガスは、編み物屋のバーナビーに20ドルで羊毛を売る。バーナビーは2枚のセーターを作り、それぞれの市場価格は40ドルである。コレットがそのうちの1枚を買い、もう1枚は、後で売るためにバーナビーの店の棚に置いておく。この場合、GDPはいくらになるだろうか。

   a. 40ドル
   b. 60ドル
   c. 80ドル
   d. 100ドル

5. アメリカ人の大学生であるデシレーは、夏休みを利用して日本で英語を教えることになった。彼女の給料について正しいのは、次のうちどれか。
   a. アメリカのGDPにのみ含まれる。
   b. 日本のGDPにのみ含まれる。
   c. アメリカのGDPと日本のGDPの両方に含まれる。
   d. アメリカのGDPにも日本のGDPにも含まれない。

➡（解答は章末に）

3　GDPの構成要素

　経済における支出には様々な形がある。ロペスの家族がバーガーキングで昼食をとっているかもしれないし、フォードが自動車工場を建設しているかもしれない。アメリカ海軍が潜水艦を調達しているかもしれないし、ブリティッシュ・エアウェイズがボーイングから飛行機を購入しているかもしれないのだ。GDPには、国内で生産された財・サービスに対するこれらすべての形の支出が含まれる。

　経済がその希少な資源をどのように使っているかを理解するために、経済学者は支出の種類でみたGDPの構成要素（コンポーネント）を研究している。その際、GDP（Yと表記）は消費（C）、投資（I）、政府支出（G）、純輸出（NX）の4つの構成要素に分けられる。

$$Y = C + I + G + NX$$

この式は**恒等式**（identity）、すなわち、式中の変数の定義により必ず成立しなければならない式である。この場合、GDPに含まれる各々の支出は、4つの構成要素のいずれかに入るため、4つの構成要素の合計はGDPに等しくなければならない。この4つの構成要素をより詳しく見てみよう。

3-1　消費

消費
(consumption)
新築住宅の購入を除いた家計の財・サービスに対する支出

　消費とは、新規の住宅購入を除く、財・サービスに対する家計の支出である。財には、自動車や家電製品などの耐久財と、食料品や衣料品などの非耐久財が含まれる。サービスには、散髪や医療など無形のものが含まれる。慣例上、家計の教育支出もサービス消費に含まれる（もっとも、教育支出は次の構成要素、すなわち投資

240

第8章　国民所得の計測

に含まれるほうがよいという意見もあるかもしれない）。

3-2　投資

　投資とは、より多くの財・サービスを生産するために将来使う財（**資本財**と呼ば……**投資**
れる）の購入である。投資は、事業のための資本、住宅資本、在庫に対する支出の
合計である。事業のための資本には、事業用の建築物（工場やオフィスビルなど）、
設備（労働者のコンピュータなど）、知的財産に基づく製品（コンピュータを動かす
ソフトウェアなど）が含まれる。住宅資本には、家主のアパートや住宅所有者の自
宅が含まれる。慣例上、新規の住宅購入は、消費ではなく投資に分類される家計支
出の1つである。

　すでに述べたように、在庫は特に注目に値する。アップルがコンピュータを生産
し、それを販売しないで在庫に加えた場合、アップルは自らのためにコンピュータ
を「購入」したとみなされる。つまり、国民経済計算では、そのコンピュータをアッ
プルの投資支出の一部とみなす。アップルがその後、在庫にあるそのコンピュータ
を売却した場合、その売却額はアップルの在庫投資から差し引かれ、購入者の正の
支出を相殺する。在庫がこのように扱われるのは、GDPが経済における生産額の
計測を目的としており、在庫に加えられた財は、その期間における生産の一部だか
らである。

　GDPの計算では、「投資」という言葉を特殊な意味で使っていることに注意が必
要である。日常会話において投資という言葉は、本書で後ほど学習するような、株
式、債券、投資信託といった金融投資を想起させるかもしれない。対照的に、GDP
は財・サービスに対する支出を計測しているため、ここでいう「投資」とは、将来、
他の財・サービスを生産するために使われる財（事業のための資本、住宅資本、在
庫など）の購入を意味する。

> **投資**
> （investment）
> 事業用の資本、住宅資本、
> 在庫に対する支出

3-3　政府支出

　政府支出は、連邦政府、州政府、地方政府による財・サービスへの支出である。……**政府支出**
この構成要素には、政府職員の給与や公共事業への支出が含まれる。アメリカの国
民経済計算では、この支出項目を「政府消費支出および投資」と呼んでいるが、本
書では、より短い**政府支出**という用語を使用する。

　政府支出の意味については、いくつか明確にしておかなければならない点がある。
政府が兵士や学校の教師の給与を支払う場合、その給与は政府支出に含まれる。し
かし、政府が高齢者に社会保障の給付金を支払ったり、解雇された労働者に失業保
険の給付金を支払ったりする場合は話が変わってくる。これらは、現在生産されて
いる財・サービスと引き換えに支払われるものではないため、**移転支出**（transfer
payments）と呼ばれている。移転支出は、家計の所得を変化させるが、経済におけ
る生産を反映するものではない（マクロ経済の視点からは、負の税金のようなもの
である）。GDPは財・サービスの生産による所得と、その生産に対する支出を計測
することを意図しているため、移転支出は政府支出には含まれない。

> **政府支出**
> （government
> purchases）
> 地方政府、州政府、連邦
> 政府による財・サービス
> に対する支出

241

第Ⅲ部　マクロ経済学

3-4　純輸出

純輸出
(net exports)
国内で生産された財に対する海外からの支出（輸出）から、海外の財に対する国内の支出（輸入）を差し引いたもの

　純輸出は、国内で生産された財に対する海外からの支出（輸出）から、海外の財に対する国内の支出（輸入）を差し引いたものに等しい。ボーイングがブリティッシュ・エアウェイズに飛行機を販売するように、アメリカ企業による他国の買い手への売上の増加は、アメリカの純輸出を増加させる。

　純輸出の「純」とは、輸出から輸入を差し引くことを指す。このような差し引きが行われるのは、GDPの他の構成要素に財・サービスの輸入が含まれているためである。たとえば、ある家計が、スウェーデンの自動車メーカーのボルボから5万ドルの自動車を購入したとする。この自動車の購入は個人消費の一部であるため、この取引は消費を5万ドル増加させる。また、自動車は輸入品でもあるため、純輸出を5万ドル減少させる。言い換えれば、純輸出には、海外で生産された財・サービスがマイナス項目として含まれるが、それは、これらの財・サービスが、消費、投資、政府支出にプラス項目として含まれるからである。したがって、国内の家計、企業、政府が海外から財・サービスを購入する場合、その支出はGDPに影響を与えないが、それは、消費、投資、政府支出を増加させるのと同じ分だけ純輸出を減少させるからである。

ケーススタディ

アメリカの GDP の構成要素

　表8-1は2021年におけるアメリカのGDPの構成要素を示している。この年のアメリカのGDPは約23兆ドルである。この数字を2021年のアメリカの人口3億3,100万人で割ると、1人当たりGDPが算出され、2021年の平均的なアメリカ人の収入と支出は、69,386ドルであることがわかる。

　消費はGDPの68％を占め、1人当たり47,528ドルである。投資は1人当たり12,396ドルで、政府支出は1人当たり12,226ドルである。純輸出は1人当たりマイ

表8-1　GDPとその構成要素

この表は、2021年におけるアメリカのGDPと、その4つの構成要素の内訳を示している。この表を読む際は、$Y=C+I+G+NX$ という恒等式を思い出してほしい。

	総額 （10億ドル）	1人当たりの額 （ドル）	全体に占める割合 （%）
国内総生産、Y	22,994	69,386	100
消費、C	15,750	47,528	68
投資、I	4,108	12,396	18
政府支出、G	4,052	12,226	18
純輸出、NX	−916	−2,764	−4

四捨五入によって、各要素の合計が全体に一致しない場合がある。
（出所）アメリカ合衆国商務省。

第8章　国民所得の計測

ナス2,764ドルで、この数字がマイナスなのは、アメリカ製品に対する海外からの支出よりも、アメリカ人が海外製品に支出した額のほうが多いからである。

　これらのデータは、国民経済計算を作成しているアメリカ合衆国商務省の経済分析局（Bureau of Economic Analysis）から取得したものである。GDPの最新データは、同局のウェブサイト（http://www.bea.gov）で見つけることができる。

理解度確認クイズ

6. 次のうち、アメリカのGDPを増加させないものはどれか。

　a. ボーイングが飛行機を製造し、エールフランスに販売する。

　b. ゼネラルモーターズがノースカロライナ州に新しい自動車工場を建設する。

　c. ニューヨーク市が警官に給料を支払う。

　d. 連邦政府があなたの祖母に社会保障の小切手を送る。

7. あるアメリカ人がイタリア製の靴を買った。アメリカの国民経済計算では、この取引はどのように扱われるだろうか。

　a. 純輸出とGDPの両方が増加する。

　b. 純輸出とGDPの両方が減少する。

　c. 純輸出は減少し、GDPは変化しない。

　d. 純輸出は変化しないが、GDPは上昇する。

8. GDPの最大の構成要素はどれか。

　a. 消費

　b. 投資

　c. 政府支出

　d. 純輸出

➡（解答は章末に）

4　実質GDPと名目GDP

　これまで見てきたように、GDPは経済における全ての市場の財・サービスに対する総支出を計測する。もし総支出がある年から次の年にかけて増加する場合、少なくとも次の2つのうち1つが観察されなければならない。すなわち（1）経済がより多くの財・サービスを生産したか、（2）財・サービスがより高い価格で販売されたか、のどちらかである。時間を通じた経済の変化をみる場合、経済学者はこれら2つの影響を分離したいと考える。特に、経済が生産している財・サービスの総量を、財・サービスの価格の変化とは独立に計測したいと考える。

　そのために、経済学者は実質GDPと呼ばれる指標を用いる。実質GDPは、「もし、過去のある特定の年における価格を用いて、今年、生産された財・サービスを評価した場合、その価値はいくらになるだろうか？」という仮想的な質問に答えるものである。過去の水準に固定された価格を使って現在の生産を評価することで、実質GDPは、経済全体の財・サービスの生産が時間を通じてどのように変化するかを示しているのである。

　どのように実質GDPが作成されるのかをより正確にみるために、以下の例を考えてみよう。

243

第Ⅲ部　マクロ経済学

4-1　数値例

表8-2は、ホットドッグとハンバーガーという2つの商品のみを生産する経済のデータを示している。この表は、2022年、2023年、2024年における2つの財の価格と生産量を示している。

この経済における総支出を計算するために、ホットドッグとハンバーガーの数量に価格を掛ける。2022年には、ホットドッグは1個1ドルで100個売れたので、ホットドッグへの支出は100ドルになる。同じ年に、50個のハンバーガーが1個2ドルで売れたので、ハンバーガーへの支出も100ドルになる。経済における総支出（ホットドッグとハンバーガーへの支出の合計）は200ドルである。この金額、つまり現在の価格で評価された財・サービスの生産は、**名目GDP**と呼ばれる。

この表は、これら3年間の名目GDPの計算を示している。総支出は2022年の200ドルから2023年には600ドルに増加し、そして2024年には1,200ドルに増加する。この増加の一部は、ホットドッグやハンバーガーの量が増えたことに起因し、一部は物価の上昇に起因する。

物価変動の影響を取り除き、生産量の指標を得るために、一定の価格で評価した財・サービスの生産である**実質GDP**を用いる。実質GDPを計算するには、まず、ある年を**基準年**（base year）とする。そして、その年のホットドッグとハンバーガー

名目GDP
(nominal GDP)
現在の価格で評価した財・サービスの生産額

実質GDP
(real GDP)
一定の価格で評価した財・サービスの生産額

表8-2　実質GDPと名目GDP

この表は、ホットドッグとハンバーガーのみを生産する仮想的な経済を用いて、名目GDP、実質GDP、GDPデフレーターをどのように計算するのかを示している。

年	ホットドッグの価格（ドル）	ホットドッグの量	ハンバーガーの価格（ドル）	ハンバーガーの量
2022	1	100	2	50
2023	2	150	3	100
2024	3	200	4	150
名目GDPの計算				
2022	（ホットドッグ1個1ドル×100個）+（ハンバーガー1個2ドル×50個）=200ドル			
2023	（ホットドッグ1個1ドル×150個）+（ハンバーガー1個2ドル×100個）=350ドル			
2024	（ホットドッグ1個1ドル×200個）+（ハンバーガー1個2ドル×150個）=500ドル			
実質GDPの計算（基準年=2022）				
2022	（ホットドッグ1個1ドル×100個）+（ハンバーガー1個2ドル×50個）=200ドル			
2023	（ホットドッグ1個1ドル×150個）+（ハンバーガー1個2ドル×100個）=350ドル			
2024	（ホットドッグ1個1ドル×200個）+（ハンバーガー1個2ドル×150個）=500ドル			
GDPデフレーターの計算				
2022	（200ドル/200ドル）×100=100			
2023	（600ドル/350ドル）×100=171			
2022	（1,200ドル/500ドル）×100=240			

244

の価格を用いて、すべての年の財・サービスの価値を計算する。言い換えれば、基準年の価格は、異なる年の量を比較するための基礎を提供してくれる。

この例では、2022年を基準年とする。そして、2022年の価格を使って、2022年、2023年、2024年の生産額を計算することができる。表8-2にその計算結果を示す。2022年の実質GDPを計算するには、2022年（基準年）のホットドッグとハンバーガーの価格に2022年のホットドッグとハンバーガーの生産量を掛ける（基準年では、実質GDPは常に名目GDPに等しい）。2023年の実質GDPを計算するには、2022年（基準年）のホットドッグとハンバーガーの価格に2023年のホットドッグとハンバーガーの生産量を掛ける。同様に、2024年の実質GDPを計算するには、2022年の価格に2024年の量を掛ける。その結果、実質GDPは2022年の200ドルから2023年には350ドルに増加し、そして2024年には500ドルに増加していることがわかる。この増加は、価格が基準年の水準に固定されているため、生産量の増加に起因していなければならない。

要約すると、**名目GDPは現在の価格を用いて、経済の財・サービスの生産を評価する。実質GDPは一定の基準年における価格を用いて経済の生産を評価する。**価格変動は実質GDPに影響を与えないため、実質GDPの変動は生産量の変化のみを反映する。したがって、実質GDPは、経済全体の財・サービスの生産の尺度であると解釈できる。

GDPを計算する目的は、経済全体のパフォーマンスを測ることである。実質GDPは経済の財・サービスの生産量を計測することから、それは、人々の物質的なニーズや欲求を満たすための経済の能力を反映していると言える。したがって、実質GDPは名目GDPよりも、経済的な幸福度を評価するのに適している。経済学者がある経済のGDPについて語る場合、通常は名目GDPではなく実質GDPを意味する。また、彼らが経済成長について語る場合、ある期間からある期間にかけての実質GDPの変化率としてその成長を計測する。

4-2 GDPデフレーター

要約すると、名目GDPは、経済が生産している財・サービスの量と、それらの財・サービスの価格の両方を反映している。実質GDPは、物価を基準年の水準で一定に保つため、生産量のみを反映する。この２つの統計から、GDPデフレーターと呼ばれる、財・サービスの価格のみを反映する３つ目の統計を計算することができる。

GDPデフレーターは、以下のように定義される。

$$\text{GDPデフレーター} = \frac{\text{名目GDP}}{\text{実質GDP}} \times 100$$

> …… GDPデフレーター
> （GDP deflator）
> 名目GDPの実質GDPに対する比率に100を掛けて計算される物価水準の指標

基準年における名目GDPと実質GDPは同じでなければならないので、基準年のGDPデフレーターは常に100に等しい。それ以降の年のGDPデフレーターは、名目GDPの基準年からの変化のうち、実質GDPの変化に起因しない部分を計測する。

GDPデフレーターは、基準年の物価水準に対する現在の物価水準を計測したものである。その理由を知るために、簡単な例をいくつか考えてみよう。まず、経済

第Ⅲ部　マクロ経済学

で生産される量は時間の経過とともに増加するが、価格は変わらないとする。この場合、名目GDPも実質GDPも同じ比率で上昇するので、GDPデフレーターは一定となる。次に、物価は上昇したが生産量は変わらなかったとする。この場合、名目GDPは上昇するが実質GDPは変わらないので、GDPデフレーターは上昇する。どちらの場合も、GDPデフレーターは物価の変化を反映するが、生産量の変化は反映しない。

表8-2の数値例に戻ろう。GDPデフレーターは、一番下で計算されている。2022年の名目GDPは200ドル、実質GDPは200ドルなので、GDPデフレーターは100となる（基準年のGDPデフレーターは常に100であることを思い出してほしい）。2023年の名目GDPは600ドル、実質GDPは350ドルなので、GDPデフレーターは171となる。

経済学者は**インフレーション**という言葉を、経済全体の物価水準が上昇している状況を表すのに用いる。**インフレ率**とは、ある期間から次の期間にかけて、物価水準の指標が何パーセント変化したのかを示す。GDPデフレーターを用いると、連続する年のインフレ率は以下のように計算される。

$$2年目のインフレ率 = \frac{（2年目のGDPデフレーター － 1年目のGDPデフレーター）}{1年目のGDPデフレーター} \times 100$$

2023年のGDPデフレーターは100から171に上昇したので、インフレ率は100×（171－100）/100、つまり71%である。2024年のGDPデフレーターは前年の171から240に上昇したため、インフレ率は100×（240 － 171）/171、つまり40%である。

GDPデフレーターは、物価の平均水準とインフレ率をモニターするための指標の1つである。GDPデフレーターの名前の由来は、名目GDPからインフレ率を除くもの、つまり、物価上昇による名目GDPの上昇分を「デフレート」するものだからである。次の章では、**消費者物価指数**と呼ばれる、経済の物価水準を示すもう1つの指標を検証し、この2つの統計がどのように異なるかを議論する。

ケース スタディ　実質 GDP の半世紀

実質GDPは重要な情報を伝えてくれる。図8-2は、アメリカ経済の実質GDPの四半期データを1970年から示している。

これらのデータから得られる1つのメッセージは、実質GDPは時間の経過とともに成長するということである。2021年のアメリカ経済の実質GDPは、1970年の約4倍である。別の言い方をすれば、アメリカで生産される財・サービスの生産高は、平均して年率約3%成長してきたことになる。実質GDPの継続的な成長は人口増加率を上回るため、現在の平均的なアメリカ人は、過去の世代よりも大きな経済的繁栄を享受している。

GDPのデータは、経済成長が安定していないことも示している。**景気後退**（recession）と呼ばれるGDPが減少する期間によって、実質GDPの上昇は時折中断

> **図 8-2　アメリカの実質 GDP**
>
> この図は、アメリカ経済の実質GDPの四半期データを1970年から示している。景気後退、すなわち実質GDPが下落する期間は、薄茶色の縦棒で示されている。
>
>
>
> (出所)アメリカ合衆国商務省。

される。図8-2では、不況期を薄茶色の縦棒で示している。(景気循環日付委員会が、景気後退の発生を宣言するタイミングに鉄則はないが、古くからの経験則では、実質GDPが2四半期連続で減少した場合に行われる。例外は2020年の新型コロナの感染拡大による景気後退で、このときはGDPが1四半期のみ異常に大きく落ち込んだ)。景気後退は、所得の低下だけでなく、失業率の上昇、利益の減少、倒産の増加など、他の形の困難も引き起こす。

　マクロ経済学の多くは、実質GDPの長期的な成長と短期的な変動を説明することを目的としている。この2つの目的には異なるモデルが必要である。短期的な変動は長期的なトレンドからの乖離であるため、まず実質GDPを含む主要なマクロ経済変数の長期的な動向を検証する。後の第12章では、その分析に基づいて短期的な変動を説明する。

第Ⅲ部　マクロ経済学

理解度確認クイズ

9. ある経済が、1年目に10個のクッキーを1個当たり2ドルの価格で生産し、2年目に12個のクッキーを1個当たり3ドルの価格で生産する。この場合、1年目から2年目にかけて、実質GDPは＿＿＿＿だけ増加する。

 a. 20%

 b. 50%

 c. 70%

 d. 80%

10. すべての生産量が5%上昇し、すべての価格が5%下落した場合を最もよく表しているのは次のうちどれか。

 a. 実質GDPは5%上昇し、名目GDPは5%下落する。

 b. 実質GDPは5%上昇し、名目GDPは変化しない。

 c. 実質GDPは変化しないが、名目GDPは5%上昇する。

 d. 実質GDPは変化しないが、名目GDPは5%減少する。

➡（解答は章末に）

5　GDPは経済的な幸福度の良い指標か

　本章では、GDPが社会の経済的な幸福度を測る最も良い指標であると度々述べてきた。GDPが何であるかがわかったところで、この見解の根拠と、社会厚生の尺度としてのGDPの限界について論じてみよう。

　これまで見てきたように、GDPは経済の総所得と、財・サービスに対する総支出の両方を計測するものである。1人当たりGDPは、平均的な人々の所得と支出を示す。ほとんどの人は、より高い所得を受け取り、より大きな支出を行うことを望むため、1人当たりGDPは、典型的な個人の経済的な幸福度を測る自然な指標であると考えられる。

　しかし、幸福度の指標としてGDPを用いることについて、その妥当性に異議を唱える人もいる。1968年にロバート・ケネディ上院議員が大統領選に出馬した際、彼はこうした統計に対して感動的な批判を行った。

　　［国内総生産には］子供たちの健康、教育の質、遊ぶことの楽しさは含まれていない。国内総生産には、詩の美しさや夫婦の絆の強さ、討論における知性や公務員の誠実さは含まれない。勇気も、知恵も、国への献身も測れない。要するに、人生を価値あるものにしてくれるもの以外のすべてを計測し、私たちがアメリカ人であることを誇りに思う理由以外のアメリカのすべてを教えてくれるのだ。

　ロバート・ケネディの言ったことの多くは正しい。では、なぜ私たちはGDPを気にかけるのだろうか。

　その答えは、GDPが大きければ大きいほど、より良い生活を送りやすくなるからである。GDPは子供たちの健康を測るものではないが、GDPが大きい国は、子供たちのためにより良い医療をもたらす余裕がある。GDPは教育の質を測るものではないが、GDPが大きい国はより良い教育システムを導入する余裕がある。

第8章 国民所得の計測

GDPは詩の美しさを測るものではないが、GDPが大きい国は、より多くの国民に詩を読み楽しむことを教える余裕がある。GDPは私たちの知性、誠実さ、勇気、知恵、国への献身を測るものではないが、生活必需品への関心が低ければ、こうした美徳は育まれやすくなる。要するに、GDPは、人生に価値を与えるものを直接測るわけではないが、価値ある人生のために必要なものを多く手に入れる能力を測るのである。

しかし、GDPは幸福度の完全な指標ではない。GDPには、余暇のように、豊かな生活に寄与するいくつかのものが含まれていない。たとえば、すべての人が週末を家族や友人と過ごしたり、個人的な趣味に費やしたりするために休みを取るのではなく、突然毎日働くようになったとしよう。より多くの財・サービスが生産され、GDPは増加するだろう。しかし、GDPの増加にもかかわらず、すべての人がより豊かになると結論づけるべきではない。余暇の減少による損失は、より多くの財・サービスを生産・消費することによる利益を相殺するだろう。

GDPは財・サービスを評価するために市場価格を用いているため、市場の外で行われるほとんどすべての活動の価値を除外している。特に、GDPは家庭内で生産される財・サービスの価値を省いている。シェフがレストランで美味しい料理を作れば、その価値はGDPの一部となる。しかし、シェフが自分の家族のために同じ料理を作る場合、シェフによって原材料に付加された価値はGDPから除外される。同様に、保育所で提供される保育はGDPに含まれるが、家庭で親が提供する保育はGDPに含まれない。ボランティア活動も社会の人々の幸福に貢献しているが、GDPには反映されていない。

GDPから除かれているもうひとつのものは、地球環境の質である。政府が、環境規制をすべて撤廃したと想像してほしい。そうすれば、企業は自らが生み出す公害を気にすることなく財・サービスを生産できるようになり、GDPは上昇するかもしれない。しかし、幸福度はおそらく下がるだろう。大気や水質の悪化は、生産量の増加による利益を打ち消すだけではすまないだろう。

GDPはまた、所得の分配について何も語らない。ここで、年収が5万ドルの人が100人いる社会と、年収が50万ドルの人が10人、年収ゼロの人が90人いる社会を考えてみよう。どちらの社会もGDPは500万ドルで、1人当たりのGDPは5万ドルである。しかし、この2つの状況が同じだと考える人はほとんどいないだろう。1人当たりGDPは平均的な状況を教えてくれるが、この平均の背後には、非常に多様な個人の経験が存在しているのである。

結局のところ、GDPは、全てではないにしても多くの目的において、経済的な幸福度を測る良い指標であると結論づけることができる。その際、GDPには何が含まれ、何が除外されているかに気を付けることが重要である。

ケーススタディ　GDPと生活の質の国際的格差

経済的な幸福度の指標としてのGDPの有用性を評価する1つの方法は、国際的なデータを調べることである。豊かな国と貧しい国では、1人当たりGDPの水準が大きく異なる。高いGDPが生活水準の向上につながるのであれば、GDPは生活の質に関する様々な尺度と強い相関があるはずである。そして実際、そうなっている。

表8-3は、1人当たりGDPの高い順に12の大国をランク付けしたものである。この表には、出生時の平均余命、成人の平均教育年数、自分の生活についてどのように感じているかを0から10（10が最高）で尋ねた生活満足度指数も示されている。これらのデータは、明確なパターンを示している。アメリカやドイツなどの豊かな国では、人々の平均寿命は約80歳で、約13年の学校教育を受け、人生の満足度は約7である。バングラデシュやナイジェリアのような貧しい国では、人々は先進国と比べて一般的に約10年早く亡くなり、教育年数は半分以下で、生活の満足度は10点満点で約2点低い。

生活の質に関する他の側面のデータも、同様のことを物語っている。1人当たりのGDPが低い国では、低体重の子供が多い、乳児死亡率が高い、出産に伴う母親の死亡率が高い、子どもの栄養不良の比率が高い、といった傾向がある。また、電

表8-3　GDPと生活の質

この表は、1人当たり実質GDPと生活の質に関する他の3つの指標について、主要な12の国について示している。

国	1人当たり実質GDP（ドル）	平均寿命（年）	平均教育年数	生活満足度（0〜10）
アメリカ	54,941	80	13	7.0
ドイツ	46,136	81	14	7.1
日本	38,986	84	13	5.9
ロシア	24,233	71	12	5.6
メキシコ	16,944	77	9	6.4
中国	15,270	76	8	5.1
ブラジル	13,755	76	8	6.3
インドネシア	10,846	69	8	5.1
インド	6,353	69	6	4.0
パキスタン	5,311	67	5	5.8
ナイジェリア	5,231	54	6	5.3
バングラディシュ	3,677	73	6	4.3

（出所）Human Development Indices and Indicators: 2018 Statistical Update, United Nations. 実質GDPは2017年のデータ（2011年のドルで表示）。平均教育年数は25歳以上の成人を対象としている。

気、舗装された道路、清潔な飲料水にアクセスできる比率も低い。これらの国々では、学齢期の子どものうち実際に学校に通っている子供の数が少ないほか、学校に通っている子どもは、生徒１人当たりの教師の数が少ない中で学ばなければならず、大人の識字率も低い。これらの国の国民は、テレビや電話を持っていないことも多く、インターネットにアクセスする機会も少ない。１人当たりGDPが、国民の生活水準と密接に関係していることは、国際的なデータからみても疑いの余地がない。

理解度確認クイズ

11. キーティング氏が教師としての仕事を辞め、自宅で自分の子供を教育した場合、GDPはどのように変化するだろうか。

- **a.** 同じ活動に従事しているため、GDPは変わらない。
- **b.** 彼の所得税が少なくなるので、GDPは上昇する。
- **c.** 彼の市場での所得が減少するため、GDPは減少する。
- **d.** 家庭での教育の価値次第で、GDPは上昇も下落もしうる。

12. GDPが幸福度の不完全な尺度である理由として、最も適切なものを選びなさい。

- **a.** 生産された有形の財は含まれるが、無形サービスは含まれないため。
- **b.** 政府が提供する財・サービスが含まれていないため。
- **c.** 経済活動による環境悪化を無視しているため。
- **d.** 生活の質に関する他の指標と相関がみられないため。

➡ (解答は章末に)

6 結論

　本章では、経済学者がどのように国民の総所得を計測するのかについて論じた。もちろん、計測することは出発点に過ぎない。マクロ経済学の多くは、一国の国内総生産の長期的・短期的な決定要因を明らかにすることを目的としている。たとえば、なぜアメリカや日本では、インドやナイジェリアよりも１人当たりGDPが高いのか？　貧しい国々がより急速な成長を促進し、豊かな国々に追いつくために何ができるのか？　なぜどの国のGDPも、ある年には急上昇したり、ある年には急降下したりするのか？　政策担当者は、どのようにすればこのような激しい変動を軽減できるのか？　私たちは、こうした問題をもうすぐ取り上げる。

　現時点では、GDPを計測することの意義を認識することが重要である。私たちは、経済がどのような状況にあるのかを何となく感じながら生活している。しかし、経済学者や政策担当者が仕事をうまくこなすためには、具体的なデータが必要である。GDPのような統計で経済の動向を定量化することは、マクロ経済学を発展させる第一歩なのである。

第Ⅲ部　マクロ経済学

本章のポイント

- すべての取引には買い手と売り手がいるため、経済の総支出は総所得と等しくなければならない。

- 国内総生産（GDP）は、新たに生産された財・サービスに対する経済の総支出と、これらの財・サービスの生産から得られた総所得を計測する。より正確には、GDP は一定期間に国内で生産されたすべての最終的な財・サービスの市場価値である。

- GDP は、消費、投資、政府支出、純輸出の 4 つの支出の構成要素から成る。消費には、新築住宅の購入を除いた、家計による財・サービスへの支出が含まれる。投資には、事業のための資本、住宅資本、在庫に対する支出が含まれる。政府支出には、地方政府、州政府、連邦政府による財・サービスへの支出が含まれる。純輸出は、国内で生産され海外で販売

された財・サービスの価値（輸出）から、海外で生産され国内で販売された財・サービスの価値（輸入）を差し引いたものである。

- 名目 GDP は、経済の財・サービスの生産を評価するために現在の価格を用いる。実質 GDP は、この財・サービスの生産を評価するために一定の基準年の価格を用いる。GDP デフレーターは、名目 GDP と実質 GDP の比率から計算され、経済の物価水準を計測するものである。

- 人々は通常、所得が低いよりも高いほうを好むため、GDP は経済的な幸福度を測る良い指標となる。しかし、GDP は完全な幸福度の指標ではない。たとえば、GDP は余暇の価値やクリーンな環境の価値を除外している。

理解度確認テスト

1. 経済の所得と支出が等しくなければならない理由を説明しなさい。

2. 大衆車の生産と高級車の生産では、どちらが GDP に貢献しているだろうか。また、それはなぜだろうか。

3. ある農家がパン屋に小麦を 2 ドルで売り、パン屋がその小麦を使ってパンを作り、消費者がそれを 3 ドルで買うとする。これらの取引の GDP への寄与は、合計でいくらになるだろうか。

4. 何年も前に、ソフィーは 500 ドルを払ってレコードのセットを収集した。今日、彼女はガレージセールでそれらを 100 ドルで売ったとする。このレコードの売却は、現在の GDP にどのような影響を与えるだろうか。

5. GDP の 4 つの構成要素を挙げなさい。また、

それぞれの例を挙げなさい。

6. なぜ経済学者は、経済的な幸福度を測るのに名目 GDP ではなく実質 GDP を使うのだろうか。

7. 2023 年、ある経済が 1 個 2 ドルで売れるパンを 100 個生産したとする。2024 年、同じ経済が 1 個 3 ドルのパンを 200 個生産したとする。各年の名目 GDP、実質 GDP、GDP デフレーターを計算しなさい（2023 年を基準年として用いること）。また、これら 3 つの統計は、ある年から次の年にかけて、それぞれ何 % 上昇しただろうか。

8. ある国にとって、GDP が高いことが望ましいのはなぜだろうか。また、GDP を上昇させるものの望ましくないことの例を挙げなさい。

第8章　国民所得の計測

演習と応用

1. 以下の各取引がGDPに影響するのか、影響するのであれば、どの構成要素に影響を与えるかを説明しなさい。
   a. フェスターおじさんが国内メーカーから新しい冷蔵庫を買う。
   b. ドリーおばさんが新しい家を建てるために地元の建設業者を雇う。
   c. ホアン家がエリス家から古いビクトリア様式の家を買う。
   d. あなたが美容師に散髪代を払う。
   e. フォードが在庫にある自動車をマルティネス家に売る。
   f. フォードが自動車を製造し、レンタカー会社のエイビスに販売する。
   g. カリフォルニア州が高速道路を舗装するために労働者を雇う。
   h. 連邦政府があなたの祖母に社会保障の小切手を送る。
   i. あなたの両親がフランスワインを1本買う。
   j. ホンダがオハイオ州の工場を拡張する。

2. 空欄を埋めなさい。

年	実質GDP（基準年＝2000年）	名目GDP	GDPデフレーター（基準年＝2000年）
1970	3,000	1,200	_____
1980	5,000	_____	60
1990	_____	6,000	100
2000	_____	8,000	
2010	_____	15,000	200
2020	10,000	_____	300
2030	20,000	50,000	_____

3. GDPの政府支出には、社会保障費などの移転支出は含まれていない。GDPの定義について考え、移転支出が除外されている理由を説明しなさい。

4. 本文中で述べたように、GDPには転売された中古品の価値は含まれていない。なぜそのような取引を含めると、GDPが経済的な幸福度の指標として、あまり有益でなくなるのだろうか。

5. 以下の表は、牛乳とハチミツだけが生産されている島のデータである。

年	牛乳の価格（ドル）	牛乳の生産量（リットル）	ハチミツの価格（ドル）	ハチミツの生産量（リットル）
2023	1	100	2	50
2024	1	200	2	100
2025	2	200	4	100

   a. 2023年を基準年として、各年の名目GDP、実質GDP、GDPデフレーターを計算しなさい。
   b. 名目GDP、実質GDP、GDPデフレーターの2024年と2025年における前年からの変化率を計算しなさい。各年について、変化しない変数を見つけなさい。また、なぜそうなるのかを説明しなさい。
   c. 2024年と2025年では、経済的な幸福度はどちらが高いか、説明しなさい。

6. 板チョコレートだけを生産する経済を考える。1年目の生産量は3枚で、価格は1枚4ドルである。2年目の生産量は4枚で、価格は5ドルである。3年目の生産量は5枚、価格は6ドルである。1年目が基準年だとしたとき、以下の問いに答えなさい。
   a. 3年間の名目GDPはそれぞれいくらか。
   b. 各年の実質GDPはいくらか。
   c. 各年のGDPデフレーターはいくらか。
   d. 2年目から3年目の実質GDP成長率は何%か。
   e. 2年目から3年目のGDPデフレーターで測ったインフレ率は何%か。
   f. この1つの財しかない経済において、設問（b）と設問（c）に答えずに、設問（d）と設問（e）にどう答えられるだろうか。

7. アメリカ経済に関する以下のデータについて考える。

年	名目GDP（10億ドル）	GDPデフレーター（基準年＝2012年）
2020	21,141	113.6
2000	10,287	78.1

   a. 2000年から2020年までの名目GDP成長率はいくらか（ヒント：ある変数XのN年間の成長率は、$100 \times [(最終年のX/初期のX)^{1/N} - 1]$として計算される）。

253

第Ⅲ部　マクロ経済学

b. 2000年から2020年までのGDPデフレーターの成長率はいくらか。

c. 2000年の実質GDPは2012年の価格でいくらか。

d. 2020年の実質GDPは2012年の価格でいくらか。

e. 2000年から2020年までの実質GDPの成長率はいくらか。

f. 名目GDP成長率は、実質GDP成長率より高かったのか、低かったのか説明しなさい。

8. アメリカのGDPの改定値は通常、毎月末近くに政府から発表される。最新の発表に関するニュース記事を探すか、経済分析局のウェブサイト（http://www.bea.gov）にあるニュースリリースを自分で読みなさい。そのうえで、実質GDPと名目GDP、そしてGDPの構成要素の最近の変化について議論しなさい。

9. ある農夫が小麦を栽培し、製粉業者に100ドルで売る。製粉業者は小麦を粉にし、その粉を150ドルでパン屋に売る。そして、パン屋は小麦粉をパンにし、そのパンを180ドルで消費者に売り、消費者はそのパンを食べるとする。

a. この経済におけるGDPはいくらになるだろうか、説明しなさい。

b. **付加価値**とは、生産者の生産物の価値から、生産者がその生産物を作るために購入する中間財の価値を差し引いたものである。上記で言及したもの以外に中間財はないと仮定して、3人の生産者の付加価値をそれぞれ計算しなさい。

c. この経済において、3人の生産者の付加価値は合計でいくらになるだろうか。この経済のGDPと付加価値を比較するとどうだろうか。この例はGDPの別の計算方法を示唆していると言えるだろうか。

10. 家庭で生産・消費される食品など、市場で販売されない財・サービスは、通常GDPに含まれない。このことによって、アメリカとインドの経済的幸福度の比較において、表8-3の2列目の数字が誤解を招くものになってしまう可能性について説明しなさい。

11. アメリカの労働力人口における女性の参加率は、1970年以降、劇的に上昇した。

a. この増加はGDPにどのような影響を与えただろうか。

b. 次に、家庭での労働や余暇に費やす時間を勘案した幸福度指標を想像してほしい。この幸福度の指標の変化は、GDPの変化と比べて何が異なるだろうか。

c. 女性の労働参加率の上昇と関連している、他の幸福度の側面はあるだろうか。こうした側面を含む幸福度の指標を構築することは現実的だろうか。

12. ある日、理容師バリーは散髪をすることで400ドルを受け取った。この1日の間に、彼の理容器具は50ドル減価した。残りの350ドルのうち、バリーは30ドルを消費税として政府に支払い、220ドルを賃金として家に持ち帰り、100ドルを将来新しい設備を追加するために会社に残しておいた。バリーが家に持ち帰った220ドルから、彼は70ドルの所得税を支払った。これらの情報をもとに、以下の所得の指標に対するバリーの貢献度を計算しなさい。

a. 国内総生産

b. 国内純生産

c. 国民所得

d. 個人所得

e. 個人可処分所得

理解度確認クイズの解答

1. c　**2.** d　**3.** b　**4.** c　**5.** b　**6.** d　**7.** c　**8.** a　**9.** a　**10.** b　**11.** c　**12.** c

第9章

Chapter 9

Measuring the Cost of Living

生活コストの計測

　1931年、アメリカ経済が大恐慌に苦しんでいた頃、ニューヨーク・ヤンキースはベーブ・ルースという野球選手に8万ドルの年俸を支払った。当時、この年俸は野球界のスターの中でも破格だった。しかし、ルースは普通の選手ではなかったし、高給をもらうことに対する自信が欠如していたわけでもなかった。あるエピソードによると、記者が彼に、7万5,000ドルの年俸をもらっていたハーバート・フーバー大統領より自分のほうが稼いでいるのは正しいと思うかと尋ねた。ルースはこう答えた。「僕のほうが良くやった年だったからね」。

　2021年、メジャーリーガーの平均年俸は約420万ドルで、ロサンゼルス・ドジャースのトレバー・バウアー投手が3,800万ドルを稼ぎ、最も高い年俸の選手となった。これを見ると、この90年間で野球選手は圧倒的に儲かるようになったと思うかもしれない。しかし、誰もが知っているように、財・サービスの価格も上昇している。1931年には、5セントでアイスクリームが買え、25セントで地元の映画館のチケットが買えた。ベーブ・ルースの時代の物価は非常に低かったので、ルースの生活水準が、現在の選手よりも高かったか低かったかは、すぐには分からないのである。

　前章では、経済学者が国内総生産（GDP）を使って、経済が生産している財・サービスの量を計測する方法について見た。本章では、経済学者が生活コスト全体をどのように計測しているかを検証する。ベーブ・ルースの年俸8万ドルと今日の年俸を比較するには、ドルで表された数字を意味のある購買力の尺度に変える必要があ

255

第Ⅲ部　マクロ経済学

る。それが、**消費者物価指数**、あるいは単にCPIと呼ばれる統計の仕事である。

CPIは生活コストの変動をモニターするために用いられる。CPIが上昇すると、一般的な家庭は同じ生活水準を維持するために、より多くのお金を費やさなければならない。経済学者は、経済全体の物価水準が上昇している状況を**インフレーション**（inflation）、経済全体の物価水準が下落している状況を**デフレーション**（deflation）と表現する。**インフレ率**（inflation rate）とは、物価水準の前期からの変化率である。前章では、GDPデフレーターを用いてインフレ率を計測する方法を示した。しかし、毎晩のニュースで耳にするインフレ率は、消費者が購入する財・サービスをよりよく反映するCPIに基づいている。

次の章で述べるように、インフレ率はマクロ経済動向の注視すべき側面であり、マクロ経済政策を考えるうえで重要な変数である。本章では、CPIがどのように構築され、どのように異なる時点のドル表示の値を比較するのに用いるのかを議論することで、そういった分析の背景を明らかにする。

1　消費者物価指数

消費者物価指数（CPI） ⋯⋯⋯
（consumer price index）
一般的な消費者が購入する財・サービスの全体的なコストを示す指標

消費者物価指数（CPI）は、一般的な消費者が購入する財・サービスの総合的なコストを計測する。毎月、労働省の一部局である労働統計局（BLS）が、CPIを算出・公表している。本節では、CPIがどのように計算され、その計測においてどのような問題が生じるかを検証する。また、この指数が、前章で検討した全体の物価水準を示すもう1つの指標であるGDPデフレーターとどのように異なるのかについても説明する。

1-1　CPIはどのように算出されるのか

BLSがCPIとインフレ率を算出する際には、何千もの財・サービスの価格データを使用する。この統計がどのように構築されるかを見るために、消費者がホットドッグとハンバーガーという2つの財のみを購入する単純な経済を考えてみよう。表9-1は、BLSが用いる5つのステップを示している。

1. **バスケットを固定する。** ここでは、消費者にとって最も重要な価格が何かを決定する。典型的な消費者がハンバーガーよりもホットドッグを多く購入するのであれば、ホットドッグの価格はハンバーガーの価格よりも重要であり、したがって生活コストを測定する上でより大きなウエイトを占めるべきである。BLSは、一般的な消費者が購入する財・サービスのバスケットを見つけるために消費者の調査を行い、そのウエイトを設定する。表の例では、バスケットにはホットドッグ4個とハンバーガー2個が入っている。

2. **価格を調べる。** 各時点における、バスケット内にある財・サービスの各々の価格を調べる。この表では、3つの異なる年のホットドッグとハンバーガーの価格を示している。

3. **バスケットのコストを計算する。** 価格に関するデータを使って、さまざまな

256

第9章　生活コストの計測

| 表9-1 | 消費者物価指数とインフレ率の計算例 |

この表は、消費者がホットドッグとハンバーガーのみを購入する仮想的な経済における消費者物価指数とインフレ率の計算方法を示している。

ステップ1：固定バスケットを決めるために、消費者を調査する。

バスケット＝ホットドック4個、ハンバーガー2個

ステップ2：各年の各財の価格を調べる。

年	ホットドッグの価格（ドル）	ハンバーガーの価格（ドル）
2022年	1	2
2023年	2	3
2024年	3	4

ステップ3：各年の商品のバスケットのコストを計算する。

2022年　（ホットドッグ1個1ドル×4個）＋（ハンバーガー1個2ドル×2個）＝バスケット1個8ドル

2023年　（ホットドッグ1個2ドル×4個）＋（ハンバーガー1個3ドル×2個）＝バスケット1個14ドル

2023年　（ホットドッグ1個3ドル×4個）＋（ハンバーガー1個4ドル×2個）＝バスケット1個20ドル

ステップ4：ある年を基準年に選び、各年の消費者物価指数を計算する。（以下では基準年＝2022）

2022年	（8ドル/8ドル）×100＝100
2023年	（14ドル/8ドル）×100＝175
2024年	（20ドル/8ドル）×100＝250

ステップ5：消費者物価指数を用いて、前年からのインフレ率を計算する。

2023年	（175－100）/100×100＝75%
2024年	（250－175）/175×100＝43%

時点における財・サービスのバスケットのコストを計算する。ここでは、3年間それぞれについて、この計算結果を示している。この計算では、価格だけが変化していることに注意してほしい。財のバスケットを同じ(ホットドッグ4個とハンバーガー2個)にしておくことで、価格の変化の影響を、同時に起こるかもしれない量の変化の影響から切り離すことができるのである。

4. **基準年を選択し、指数を計算する。** ある年を基準年とし、他の年と比較する基準とする（基準年の選択は任意である。指数は生活コストの変化率を計測するために用いられるが、これは基準年の選択に関係なく同じである）。基準年が決まると、指数は以下のように計算される。

$$消費者物価指数 = \frac{財・サービスのバスケットの現時点での価格}{バスケットの基準年での価格} \times 100$$

つまり、ある年のCPIは、その年の財・サービスのバスケットの価格を、基準年のバスケットの価格で割り、100を掛けたものである。

表9-1の例では、2022年が基準年である。この年、ホットドッグとハンバーガー

257

第III部　マクロ経済学

で構成されたバスケットの価格は8ドルである。したがって、CPIを計算するには、各年のバスケットの価格を8ドルで割って100を掛ければよい。2022年のCPIは100である（基準年における指数の値は常に100である）。2023年のCPIは175である。これは、2023年のバスケットの価格が、基準年の価格の175%であることを意味する。別の言い方をすれば、基準年に100ドルだったバスケットの価格は、2023年には175ドルになる。同様に、2024年のCPIは250で、これは2024年の物価水準が、基準年の物価水準の250%であることを示している。

インフレ率
(inflation rate)
物価指数の前期からの変化率

5. **インフレ率を計算する。** **インフレ率**、すなわち前期からの物価指数の変化率を計算するには、CPIを用いる。つまり、連続する2年間のインフレ率は以下のように計算される。

$$2年目のインフレ率 = \frac{2年目のCPI - 1年目のCPI}{1年目のCPI} \times 100$$

表9-1の一番下に示したように、この例におけるインフレ率は、2023年に75%、2024年には43%となる。

　2つの財のみのバスケットを考慮することで、現実の世界を単純化してはいるものの、この例は、BLSがどのようにCPIとインフレ率を算出しているかを示している。BLSは毎月、何千もの財・サービスの価格データを収集・処理し、これらの5つのステップを踏むことで、一般消費者の生活コストがどの程度上昇しているかを判断している。BLSが毎月CPIを発表するときは、たいていその数字を夕方のニュースで聞いたり、ニュースフィードで見たりすることができる。

　経済全体のCPIに加えて、BLSは、他にもいくつかの物価指数を算出している。BLSは、食料品、衣料品、エネルギーなど、いくつかの狭いカテゴリーの財・サービスの指数を報告している。またBLSは、**コアCPI**と呼ばれる、食料とエネルギーを除くすべての財・サービスのCPIも計算している。食品価格とエネルギー価格は短期的に大きく変動するため、コアCPIは基調的なインフレ率の動向をよりよく反映する。最後に、BLSは、国内生産者による生産物の価格を測った**生産者物価指数（PPI）**も算出している。以前は卸売物価指数として知られ、その歴史は1893年の上院への報告にまで遡り、最も古いアメリカ経済の物価指数である。

コアCPI
(core CPI)
食料品とエネルギーを除いた財・サービスの全体的なコストを示す指標

生産者物価指数（PPI）
(producer price index)
国内企業によって販売された財・サービスのバスケットのコストを示す指標

1-2 生活コストの計測における問題点

　消費者物価指数の目的は、生活コストの変化を計測することである。言い換えれば、CPIは、一定の生活水準を維持するために、所得がどれだけ上昇しなければならないかを測定しようとするものである。しかし、CPIは完全な指標ではない。消費者物価指数には、広く認められているものの解決が難しい3つの問題点が存在する。

　最初の問題は、**代替バイアス**である。ある年から次の年へ価格が変化するとき、すべてが比例的に変化するわけではない。すなわち、ある商品の価格は他の商品の価格より上昇し、ある商品の価格は下落する。消費者は、価格が大きく上昇した商

258

CPIのバスケットの中身は？

CPIを算出する際、労働統計局は一般的な消費者が購入するすべての財・サービスを含めるようにしている。さらに、消費者がそれぞれの分類ごとにどれだけ購入するかに応じて、これらの財・サービスに重みをつけようとしている。

図9-1は、消費者の支出を財・サービスの主要品目ごとに分類したものである。圧倒的に大きいのは住居関連費で、一般的な消費者の予算の42%を占めている。これには、住居費(33%)、燃料と光熱費(5%)、家具代やその他の住居関連費用(5%)が含まれる。次に多いのが18%を占める交通費で、自動車、ガソリン、バス、地下鉄などに対する支出を含んでいる。飲食費は14%で、これには家庭での食事(8%)、家庭外での食事(5%)、アルコール飲料(1%)が含まれる。次いで、医療が8%、教育・通信費が6%、娯楽費が5%となっている。衣類、履物、宝飾品を含む衣料費は、一般的な消費者の予算の2%を占めている。

最後に、支出の3%を占めるのが、その他の財・サービスである。これは、タバコ代、散髪代、葬儀費用など、他の分類に当てはまらないような消費者の雑多な支出を含むものである。

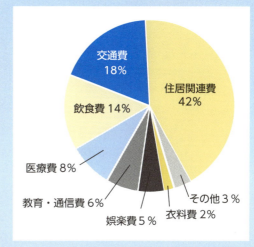

図9-1 一般的な財・サービスのバスケット

この図は、一般的な消費者がさまざまな分類の財・サービスに対して、どのように支出を分配しているかを示している。労働統計局は、それぞれの割合をその分類の「相対的重要度」と呼んでいる。

(出所)アメリカ合衆国労働省労働統計局。

品の購入量を減らし、価格の上昇幅が小さい商品や価格が下落した商品の購入量を増やすといった反応をする。つまり、消費者は相対的に安価になった商品に代替していくのである。物価指数が固定された商品バスケットを前提に計算されている場合、消費者による商品の代替を無視し、ある年から次の年への生活コストの上昇を過大に見積もることになってしまう。

例を考えてみよう。当初、リンゴがナシより安いので、消費者はリンゴをナシより多く買うとする。CPIの商品バスケットを設定する際、BLSは消費者の購買パターンを観察し、ナシよりもリンゴを多く含むように設定する。ここで、次の年、ナシがリンゴより安くなったとする。消費者はナシを多く買い、リンゴを少なく買うだろう。しかし、商品バスケットは固定されているため、CPIは、消費者が高価になったリンゴを以前と同じ量だけ買い続けたものとして計算される。このため、消費者物価指数は、消費者が実際に経験するよりも大きく生活コストが上昇したと計測してしまう。

CPIの第2の問題は、**新商品の導入**に起因する。新しい商品が導入されると、消費者はより多くの種類の中から選択できるようになり、その結果、同じレベルの経済的幸福度を維持するためのコストが低下する。それがなぜなのかを考えるために、幅広い品揃えの大型店で使える100ドルの商品券と、値段は同じだが品揃えが限られた小型店で使える100ドルの商品券と、どちらかを選ぶことができるとしよう。あなたはどちらを選ぶだろうか。ほとんどの人は、品揃えの豊富な店を選ぶだろう。要するに、選択肢が多ければ多いほど、1ドルあたりの価値は高くなる。経済も同じである。すなわち、新しい商品が登場すれば、消費者の選択肢は増え、1ドルあたりの価値が上昇するのである。しかし、CPIは固定された財・サービスのバスケットに基づいているため、新商品の導入によるドルの価値の増加を反映することができない。

たとえば2001年、アップルはiPhoneの前身となる小型の音楽再生機のiPodを発表した。音楽の再生機はすでにあったが、iPodほど携帯性に優れ、パワフルで使いやすいものではなかった。iPodは、消費者の消費機会を増やす新たな選択肢だった。保有するお金の量を一定とすれば、iPodが登場したことで、人々はより良い生活を手に入れることができた。逆に言えば、同じ水準の幸福度を実現するのに、より少ないドルしか必要としなくなった。そしてもちろん、iPodでできたこと全てとそれ以上のことが可能なiPhoneや、その他のスマートフォンの登場においても同じことが言える。完璧な生活コストの指数であれば、これらの機器の登場による生活コストの減少を反映していただろう。しかし、CPIは固定バスケットを使用しているため、新商品が導入されてもCPIは低下しない。結局、BLSはiPodとiPhoneを含むように商品のバスケットを修正し、その後、CPIはそれらの価格の変化を反映するようになった。しかし、これらの機器が当初導入されたことに伴う生活コストの減少が、指数に現れることはないのである。

CPIの3つ目の問題は、**計測されない品質変化**である。ある商品の品質がある年から次の年へと悪化したものの、その商品の価格が変わらない場合、同じ金額でより劣った商品を手に入れることになるため、1ドルの価値は下がる。同様に、ある年から次の年にかけて品質が上がれば、1ドルの価値は上がる。BLSは、こうした品質の変化を考慮するように最善を尽くしている。たとえば、ある年から次の年にかけて、ある自動車の馬力や燃費が良くなった時など、バスケットに含まれる商品の品質が変化した場合、BLSは品質変化を考慮するために価格を変化させる。そうすることで、一定の品質を持つ商品のバスケットの価格を計算しようとしているのである。もっとも、こうした努力にもかかわらず、品質の計測は困難であることから、品質の変化は依然として問題である。

こうした計測上の問題がどの程度深刻なのか、またそれに対して何をすべきなのかについて、多くの議論が存在する。学術研究では、インフレ率の上方バイアスは年間0.5〜1.0%程度とされている。政府の政策の多くが、物価水準の変動を調整するためにCPIを使用していることから、これは重要な論点である。たとえば、社会保障の受給者は、CPIに連動して毎年給付額の増額を得ている。一部のエコノミストは、計測上の問題を修正するために、自動的な給付増額の幅を減らすなどして、

第9章　生活コストの計測

これらの政策を修正するよう提案している。しかし、高齢者は医療費を多く使う傾向があり、医療費は標準的なCPIのバスケットよりも急速に値上がりすることが多いので、そうした修正を行うことは間違いだと言う人たちもいる。

1-3　GDPデフレーターと消費者物価指数

前章では、経済全体の物価水準を示すもう1つの指標として、GDPデフレーターについて検討した。GDPデフレーターは、実質GDPに対する名目GDPの比率である。名目GDPは、現在の生産高を現在の価格で評価したものであり、実質GDPは現在の生産高を基準年の価格で評価したものであるため、GDPデフレーターは、基準年の物価水準に対する現在の物価水準を反映することになる。

エコノミストや政策担当者は、GDPデフレーターとCPIの両方を、他のいくつかの指標とともにモニターし、物価がどのくらいのスピードで上昇しているか計測している。通常、この2つの統計は似たような動向を示す。しかし、2つの重要な違いが、両者の乖離を生むことがある。

第1の違いは、GDPデフレーターが国内で生産されるすべての財・サービスの価格を反映しているのに対し、CPIは消費者が購入するすべての財・サービスの価格を反映していることである。たとえば、ボーイングが製造し空軍に販売する戦闘機の価格が上昇したとする。この戦闘機はGDPの一部ではあるが、消費者が購入する財・サービスのバスケットには含まれない。この価格上昇は、GDPデフレーターには現れるが、CPIには現れない。

別の例として、フィアットが車の価格を引き上げたとしよう。フィアットの車はイタリアで製造されているため、その車はアメリカのGDPには含まれない。しかし、アメリカの消費者はフィアットを購入するので、その車はCPIの商品バスケットに含まれる。フィアットのような輸入された消費財の価格上昇は、CPIには現れるが、GDPデフレーターには現れない。

歴史的にみると、CPIとGDPデフレーターのこの第1の違いは、石油価格が変動したときに特に重要であった。アメリカは長い間、石油をある程度生産してきたが、それ以上に消費してきたため大量に輸入してきた。その結果、石油やガソリン・灯油などの石油製品のシェアは、GDPよりも個人消費に占める割合が大きくなった。そのため、石油価格が上昇すると、CPIはGDPデフレーターよりもはるかに大きく上昇した。この現象は、今日ではあまり重要ではない。2008年以降、アメリカの石油生産量は大幅に増加し、石油の輸入依存度が低下している。

GDPデフレーターとCPIの2つ目の（より微妙な）違いは、物価の全体的な水準を示す1つの数値を得るために、様々な価格をどのようにウエイト付けしているかという点である。CPIは、財・サービスの固定されたバスケットの価格を、基準年のバスケットの価格と比較する。BLSは、時折バスケットの中身を変更するだけである。対照的に、GDPデフレーターは、現在生産されている財・サービスの価格を、基準年における同じ財・サービスの価格と比較する。このため、GDPデフレーターを計算するために用いられる財・サービスの組み合わせは、時間の経過とともに自動的に変化する。すべての価格が比例して変化している場合には、この違いは重要

261

ではない。しかし、異なる財・サービスの価格がバラバラに変化している場合、様々な価格のウエイト付けは、全体のインフレ率の計算に影響を与えるのである。

　図9-2は、1965年以降の各年のインフレ率をGDPデフレーターとCPIの両方で計測して示している。時折、この2つの指標が乖離していることがわかるだろう。この2つの指標が乖離している場合、これらの数字の背後を探り、これまで述べてきた2つの違いを使って、こうした乖離を説明することができる。たとえば、1979年と1980年のCPIで測ったインフレ率は、GDPデフレーターで計測したインフレ率と比べて急激に上昇したが、これは、この2年間に石油価格が2倍以上になったためである。逆に、2009年と2015年には、原油価格の急落により、CPIで測ったインフレ率はGDPデフレーターによるインフレ率を大きく下回った。しかし、これら2つの指標の間の乖離は、常に観察されるものというより、むしろ例外的である。

図9-2　インフレーションの2つの指標

この図は、1965年以降の年次データを用いて、GDPデフレーターとCPIで計測したインフレ率（物価水準の変化率）を示している。インフレ率の2つの指標は、一般的に同様の動きをしていることに注目してほしい。

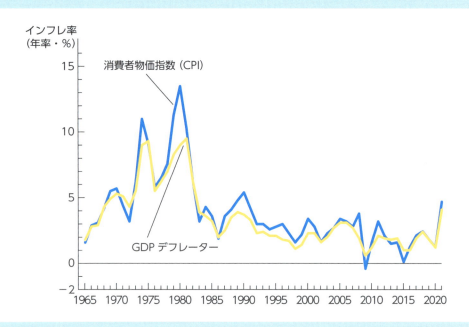

(出所)アメリカ合衆国労働省および商務省。

第9章　生活コストの計測

理解度確認クイズ

1. CPIは、_____とほぼ同じ経済活動を計測している。

   a. 名目GDP
   b. 実質GDP
   c. GDPデフレーター
   d. 失業率

2. CPIを計算するために使用されるバスケットの財・サービスの中で、最大の構成要素は_____である。

   a. 食品と飲料
   b. 住宅
   c. 医療サービス
   d. 衣料品

3. ペンシルベニア州の銃製造会社が、アメリカ陸軍に販売するライフルの価格を引き上げた場合、その値上げによってCPIとGDPデフレーターはどうなるか。

   a. CPIとGDPデフレーターの両方が上昇する。
   b. CPIもGDPデフレーターも上昇しない。
   c. CPIは上昇するが、GDPデフレーターは上昇しない。
   d. GDPデフレーターは上昇するが、CPIは上昇しない。

4. 消費者は、値上がりした商品の代わりに安い商品を買うことができるため、_____ことになる。

   a. CPIはインフレ率を過大に見積もる
   b. CPIはインフレ率を過小に見積もる
   c. GDPデフレーターはインフレ率を過大に見積もる
   d. GDPデフレーターはインフレ率を過少に見積もる

➡ (解答は章末に)

2　インフレーションの影響による経済変数の補正

　どのように物価指数が計算されるかわかったところで、これらの指標を用いて、どのように現時点のドルの価値を過去のドルの価値と比べるのかについてみてみよう。

2-1　異なる時点におけるドルの価値

　ベーブ・ルースの収入の話に戻ろう。1931年の彼の年俸8万ドルは、現在の選手の年俸と比べて高かったのだろうか。それとも低かったのだろうか。

　この質問に答えるには、1931年の物価水準と、現在の物価水準を知る必要がある。野球選手の年俸の増加の一部は、物価上昇を補うものである。ルースの年俸と現在の選手の年俸を比較するためには、1931年のドルを現在のドルに換算し、ルースの年俸を膨らませなければならない。

　T年のドルの価値を現在のドルに換算するための式は、以下のとおりである。

$$現在のドル = T年のドル \times \frac{現在の物価水準}{T年の物価水準}$$

ここでは、CPIなどの物価指数によって物価水準を計測し、インフレ率の修正幅を決定する。

　この計算式をルースの年俸に当てはめてみよう。政府の統計によると、1931年のCPIは15.2、2021年のCPIは271である。つまり、全体の物価水準は17.8倍（271

263

÷15.2で計算）に上昇していることになる。この数字を使って、ルースの年俸を2021年のドルで評価すると、次のようになる。

$$2021年のドルで測った年俸 = 1931年のドルで測った年俸 \times \frac{2021年の物価水準}{1931年の物価水準}$$

$$= 80,000 ドル \times \frac{271}{15.2}$$

$$= 1,426,316 ドル$$

このことから、1931年におけるベーブ・ルースの年俸は、現在の140万ドル以上の年俸に相当することがわかった。これは高収入だが、今日の平均的な野球選手の年俸の約3分の1であり、スター投手のトレバー・バウアーが得ている年俸の4%以下である。経済全体の成長、スーパースターが稼ぐ所得シェアの増加など、様々な要因によって、一流アスリートの生活水準は大幅に上昇したと言える。

フーバー大統領の1931年の給与7万5,000ドルについても検討してみよう。この数字を2021年のドルの価値に換算するために、再びこの2つの年の物価水準の比率を掛けてみる。すると、フーバー大統領の給与は7万5,000ドル×（271/15.2）、すなわち2021年のドル換算で133万7,171ドルに相当することがわかる。これはジョー・バイデン大統領の給与40万ドルを大きく上回っている。結局のところ、フーバー大統領にとってかなり良い年だったようだ。

Mr. インデックスがハリウッドに行く

これまでで最も人気のあった映画は何だろうか。その答えにあなたは驚くかもしれない。

映画の人気は、興行収入で測ることが多い。その尺度で言えば、2015年に公開された『スター・ウォーズ／フォースの覚醒』が、国内の興行収入9億3,700万ドルで歴代1位、次いで『アベンジャーズ／エンドゲーム』（8億5,300万ドル）、『アバター』（7億6,100万ドル）、『ブラックパンサー』（7億ドル）と続く。しかし、このランキングは重要な事実を無視している。すなわち、映画のチケット代を含め、物価は時代とともに上昇している。インフレーションが起こると、新しい映画にとって有利となる。

興行収入からインフレーションの影響を補正すると、話は全く違ったものになる。1位は『風と共に去りぬ』（2019年のドル換算で18億5,100万ドル）、2位はオリジナルの『スター・ウォーズ』（16億2,900万ドル）、3位は『サウンド・オブ・ミュージック』（13億400万ドル）である。『スター・ウォーズ／フォースの覚醒』（9億8,900万ドル）は11位に転落する。

『風と共に去りぬ』は1939年に公開されたが、まだ多くの人がテレビを保有し始める前で、1週間で約9,000万人のアメリカ人が映画館に足を運んでいた（現在は約2,500万人）。しかし、チケット代がわずか25セントであったため、その時代の映画は、型どおりの人気ランキングには登場しない。そして実際、名目の興行収入に基づくランキングでは、『風と共に去りぬ』は上位100作品に入っていない。インフレーションの影響を補正すれば、スカーレットとレットはより素晴らしい結果を収めていたことになるのである。

ケーススタディ　生活コストの地域格差

　大学を卒業すると、いくつかの就職先から内定をもらえるかもしれない。しかし、勤務地が異なる場合は、給与額を比較する際に注意が必要である。生活費は時代だけでなく、場所によっても異なる。地域間の物価の違いを考慮に入れると、給料が高いように見えても、必ずしもそうとは限らないのである。

　経済分析局は、CPIのために収集されたデータを使用して、アメリカ国内の物価を比較している。そこでは、**地域別物価平価**（regional price parities）と呼ばれる便利な統計が作成されている。CPIが年ごとの生活コストの変化を計測しているのと同様、地域別物価平価は、州ごとの生活コストの違いを測定している。

　図9-3は、2020年の地域別物価平価を示している。たとえば、ハワイでの生活コ

図 9-3　生活コストの地域格差

この図は、アメリカの50州とコロンビア特別区（ワシントンD.C.）の生活費がいかにアメリカ平均と異なっているかを示している。

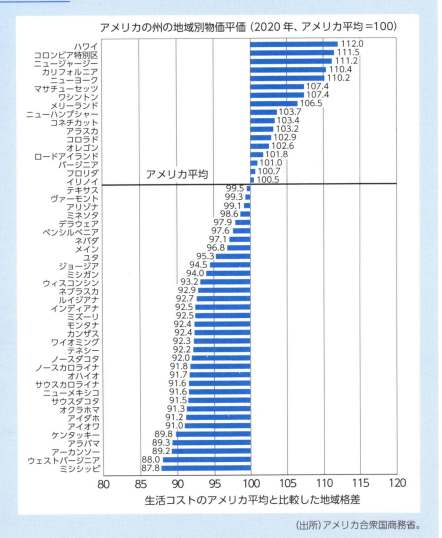

（出所）アメリカ合衆国商務省。

ストは、アメリカの平均的な場所における生活コストの112.0％である（つまり、ハワイの生活コストは平均より12.0％高い）。また、ミシシッピ州での生活コストは、平均的な場所での生活コストの87.8％である（つまり、ミシシッピ州の生活コストは、平均より12.2％安い）。

この違いは何によってもたらされるのだろうか。食料品や衣料品など、財の価格は、こうした地域差のごく一部しか説明できない。ほとんどの商品は貿易可能である。すなわち、ほとんどの財は、ある州から別の州へ簡単に輸送することができる。こうした地域間貿易があるため、大きな価格差が長く続くことはほとんどない。

地域差の大部分を説明するのはサービスである。たとえば散髪は、ある州と別の州では料金が異なりうる。もし理髪師が、散髪の値段が高い場所に移動しようとしたり、客が安い散髪を求めて国中を飛び回ったりするのであれば、地域間の散髪の値段は収束するかもしれない。しかし、このように場所を変えて散髪をするには非常にコストがかかるため、大きな価格差が続くのである。

住宅サービスは、生活コストの地域差を理解する上で特に重要である。住宅サービスは、平均的な消費者の予算に占める割合が大きい。また、一度建てられた住宅やアパートは簡単に移動できないし、それらが建てられた土地は、絶対に動かすことができない。その結果、住宅コストの差は長期間にわたって大きくなりうる。たとえば、ハワイの家賃はミシシッピの約2倍にもなる。

内定先を比較する際は、こうした事実を念頭に置いたほうがよい。給与額だけでなく、現地の財・サービスの価格、特に住宅価格に目を向けるべきである。

2-2 インデクセーション（物価スライド）

これまで見てきたように、物価指数は、異なる時代のドルの価値を比較する際、インフレーションの影響を補正するために使われる。法律や契約によって、物価水準の変化に応じて自動的に補正される部分がある場合、その金額はインフレーションに**インデクセーション**（連動）していると言われる。

> **インデクセーション（物価スライド）**
> (indexation)
> 法律または契約により、インフレーションの影響を考慮して金額が自動的に補正されること

たとえば、企業と労働組合の間の長期契約には、賃金の一部または全部をCPIに連動させるものがある。このような規定は、**生活費調整手当**（Cost-of-living allowance：COLA）と呼ばれ、CPIが上昇すると自動的に賃金が引き上げられる。

インデクセーションは、多くの法律がもつ特徴でもある。たとえば、社会保障給付金は、物価上昇を補うために毎年調整される。連邦所得税のブラケット（税率が変わる所得水準）も、インフレーションに連動する。しかし、税制には、インフレーションに連動させるべきにもかかわらず、連動していない点が多々ある。これらの問題については、別の章で説明する。

2-3 実質金利と名目金利

金利のデータを見る際、インフレーションの影響を補正することは特に重要であるが、少し厄介でもある。金利という概念は、必然的に異なる時点の金額を比較す

ることを伴う。あなたが貯蓄を銀行口座に預ける場合、銀行に現時点でいくらかのお金を渡し、将来、銀行はその預金に利子をつけて返してくれる。同様に、あなたが銀行から借入をする場合、現時点でいくらかのお金を手に入れるが、将来、利子をつけて返済しなければならない。どちらの場合も、あなたと銀行との取引を完全に理解するためには、将来のドルが、現在のドルとは異なる価値を持つ可能性を認識することが極めて重要である。つまり、インフレーションの影響を補正しなければならない。

　例を考えてみよう。サラ・セーバーが、年率の利回りが10％の銀行口座に1,000ドルを預けたとする。1年後、サラが100ドルの利息を得た後、1,100ドルを引き出すとする。サラは、1年前に預金をしたときよりも、100ドル豊かになっているだろうか。

　答えは、「豊かになる」の意味によって異なる。サラは以前より100ドル多く持っている。つまり、彼女の手元にあるドルの額は10％増えた。しかし、サラは金額そのものには関心がない。すなわち、彼女が気にするのは、そのお金で何が買えるかということである。もし、銀行に預けている間に物価が上昇した場合、1ドルで買えるものは1年前より少なくなる。この場合、サラの購買力（サラが買うことのできる財・サービスの量）は10％も上昇していないことになる。

　物事を単純化するために、サラは映画が好きで、すべてのお金を映画のチケットに使っているとする。サラが預金をしたとき、チケットは10ドルだったとする。彼女の預金1,000ドルは、チケット100枚分に相当する。1年後、10％の利息を得た後、彼女は1,100ドルを持っている。今、彼女は何枚のチケットを買うことができるだろうか。答えは、チケットの値段がどうなったのかに依存する。ここにいくつかのシナリオがある。

- ゼロ・インフレーション：チケットの値段が10ドルのままだとすると、彼女が買えるチケットの枚数は、100枚から110枚に増えたことになる。ドルの額が10％増えることは、彼女の購買力が10％増えることを意味する。
- 6％のインフレーション：チケットの値段が10ドルから10.6ドルに上がったとすると、彼女が買えるチケットの枚数は、100枚から約104枚に増えたことになる。彼女の購買力は約4％増加したことになる。
- 10％のインフレーション：チケットの値段が10ドルから11ドルに上がったら、サラは依然として100枚しか買えない。ドルでみたサラの資産は増えたが、購買力は1年前と同じということになる。
- 12％のインフレーション：チケットの値段が10ドルから11.2ドルに上がった場合、彼女が買えるチケットの枚数は、100枚から約98枚に減ってしまう。ドルが増えたとしても、彼女の購買力は約2％減少したことになる。

　そして、もしサラがデフレーション（マイナスのインフレーション、より簡単に言えば、物価の下落）を伴う経済に生きているとしたら、もう1つの可能性が生まれる。

第Ⅲ部　マクロ経済学

● 2%のデフレーション：チケットの値段が10ドルから9.80ドルに下がった場合、彼女が買えるチケットの枚数は、100枚から約112枚に増える。彼女の購買力は、約12%増加することになる。

これらの例は、インフレ率が高ければ高いほど、サラの購買力の増加は小さくなることを示している。もし、インフレ率が金利を上回れば、サラの購買力は実際には低下してしまう。また、デフレーションであれば、サラの購買力は金利以上に上昇することになる。

普通預金でいくら稼ぐかを理解するには、金利と物価変動の両方を考慮する必要がある。ドルの額の変化を測定する金利は**名目金利**と呼ばれ、インフレーションで補正された金利は**実質金利**と呼ばれる。名目金利、実質金利、インフレ率はおおよそ次のような関係にある。

名目金利
(nominal interest rate)
通常表示されているインフレーションの影響を補正していない金利

　　　実質金利＝名目金利－インフレ率

実質金利
(real interest rate)
インフレーションの影響を補正した金利

実質金利とは、名目金利とインフレ率の差である。名目金利は、あなたの銀行口座のドルの額が、時間の経過とともにどれだけ速く増加するのかを示すものであり、実質金利は、あなたの銀行口座の購買力が、時間の経過とともにどれだけ速く増加するかを示すものである。

ケーススタディ　アメリカにおける金利

図9-4は、1965年以降のアメリカ経済における実質金利と名目金利を示している。この図における名目金利は、3ヵ月物国庫短期証券の金利である（もっとも、他の金利データも同様の動きとなる）。実質金利は、この名目金利からインフレ率を差し引いて計算される。ここでインフレ率は、CPIの変化率として計測される。

この図の特徴の1つは、名目金利が、多くの時代において実質金利を上回っていることである。これは、デフレーションが稀に発生するものの、アメリカ経済がこの間ほとんどの年で消費者物価の上昇を経験してきたことを反映している。これとは対照的に、19世紀後半のアメリカ経済や近年の日本経済のデータを見ると、かなりの期間デフレーションが続いている。デフレーションの間は、実質金利が名目金利を上回ることになる。

この図はまた、インフレ率が変動するため、実質金利と名目金利が常に一緒に動くとは限らないことを示している。たとえば、1970年代後半、名目金利は高かった。しかし、インフレ率が非常に高かったため、実質金利は低かったのである。実際、1970年代の大半は実質金利がマイナスだった。すなわち、名目金利が人々の貯蓄を増やす速度よりも、インフレがそれらを減らす速度のほうが速かったのである。対照的に、1990年代後半には、名目金利は20年前よりも低下したが、インフレ率が大幅に低下したため、実質金利は上昇した。とはいえ、名目金利と実質金利はしばしば同じ方向に動く。たとえば、2020年の新型コロナウイルス不況では、名目

268

金利は概ねゼロまで低下し、実質金利は再びマイナスに転じた。次の章では、実質金利と名目金利の両方を決定する経済的要因について検討する。

図9-4　実質金利と名目金利

この図は、1965年以降の年次データを用いて、名目金利と実質金利を示したものである。名目金利は3ヵ月物国庫短期証券の金利である。実質金利は、名目金利からCPIで測定されるインフレ率を差し引いたものである。名目金利と実質金利は連動しないことが多いことに注目してほしい。

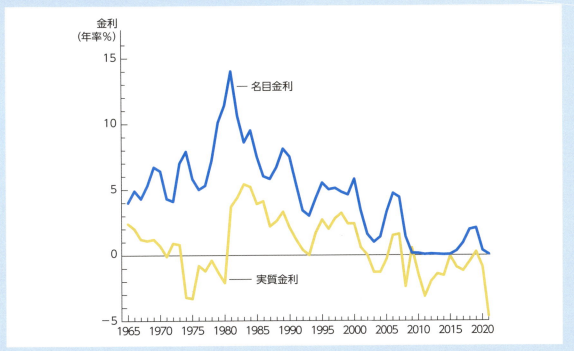

(出所)アメリカ合衆国労働省および商務省。

理解度確認クイズ

5. 2010年のCPIが200、現在のCPIが300の場合、2010年の600ドルは現在の_____と同じ購買力を持つ。
    a. 400ドル
    b. 500ドル
    c. 700ドル
    d. 900ドル

6. 生活コストが地域によって異なる主な理由は、_____の価格の違いである。
    a. 食料品
    b. 衣料品
    c. 住宅
    d. 医療サービス

第Ⅲ部　マクロ経済学

7. 普通預金口座に2,000ドルを預け、1年後に2,100ドルになったとする。その間、CPIは200から204に上昇した。この場合、名目金利は_____であり、実質金利は_____である。

a. 1% ― 5%
b. 3% ― 5%
c. 5% ― 1%
d. 5% ― 3%

➡（解答は章末に）

3 結論

　「5セント硬貨は、もう10セント硬貨の価値もない」と、かつて偉大な野球選手、故ヨギ・ベラは言った。もちろん、5セント硬貨に10セント硬貨の価値などなかったが、5セント硬貨、10セント硬貨、1ドル硬貨の背後にある実質的な価値が安定していないのは事実である。物価全体の水準が、持続的に上昇することが常態化しているのである。このようなインフレーションは、1単位の貨幣の購買力を低下させる。異なる時代のドルを比較する際には、現在の1ドルは20年前の1ドルと同じ価値ではないこと、そしておそらく20年後も同じ価値ではないことを念頭に置くことが重要である。

　本章では、経済学者がどのようにして物価全体の水準を計測し、どのようにして物価指数を用いて経済変数におけるインフレーションの影響を補正するのかについて述べてきた。物価指数を用いれば、異なる時点のドルの数値を比較することができるため、経済がどのように変化しているかをより的確に把握することができる。

　本章の物価指数の議論は、前章のGDPの議論とあわせて、マクロ経済学を学習するうえでの第一歩である。まもなく、何が国家のGDPを決定するのかといった点や、インフレーションの原因と影響といった点について議論する。ここまでの2章で、経済学者がマクロ経済の数量と価格をどのように計測しているかを説明したことで、これらの変数の動きを説明する経済モデルを展開していく準備が整ったといえる。

第9章　生活コストの計測

本章のポイント

● 消費者物価指数（CPI）は、財・サービスのバスケットの価格を、基準年における同じバスケットの価格との比較で示したものである。この指数は、経済全体の物価水準を計測するために使用される。CPI の変化率は、インフレ率を計測している。

● CPI は 3 つの理由から、生活コストを測るには不完全な指標である。第 1 に、消費者が時間の経過とともに、相対的に安い商品に向かうという能力を考慮に入れていない。第 2 に、新商品の登場によるドルの購買力の上昇を考慮していない。第 3 に、計測できない財・サービスの質の変化による歪みが生じている。このような計測上の問題から、CPI は真のインフレ率を過大に計測している。

● CPI と同様、GDP デフレーターも経済全体の物価水準を計測している。2 つの物価指数は、概ね一緒に動くが重要な違いがある。CPI とは異なり、GDP デフレーターは消費者が購入するものではなく、国内で生産される財・サービスの価格を反映する。その結果、輸入品は CPI には影響するが、GDP デフレーターには影響しない。加えて、CPI は固定されたバスケットを使用するが、GDP デフレーターに反映される財・サービスの組み合わせは、GDP の構成が変化するのにあわせて自動的に変化する。

● 異なる時代のドルの値は、購買力の有効な比較を表すものではない。過去のドルの値と現在のドルの値を比較するには、古いほうの数値を物価指数によって補正する必要がある。

● さまざまな法律や民間での契約では、インフレーションの影響を補正するために物価指数を用いている。しかし、税法は、部分的にしかインフレ率の補正を行っていない。

● インフレーションの補正は、金利を見る際、特に重要となる。名目金利（通常、報告される金利）は、普通預金口座のドルが、時間の経過とともに増加する割合のことである。対照的に実質金利は、普通預金の購買力が時間とともに増加（または減少）する割合である。実質金利は、名目金利からインフレ率を引いたものに等しくなる。

理解度確認テスト

1. 鶏肉の価格が 10% 上昇するのと、キャビアの価格が 10% 上昇するのとでは、どちらが CPI に大きな影響を与えると考えられるだろうか。それは、なぜか。

2. CPI が生活コストの不完全な指標である 3 つの問題点を述べなさい。

3. フランスから輸入されたワインの価格上昇は、CPI と GDP デフレーターのどちらに影響するだろうか。それは、なぜか。

4. 長い期間をかけて、キャンディーの価格は 0.20 ドルから 1.20 ドルに上昇した。同じ期間に CPI は、150 から 300 に上昇した。全体的なインフレ率で調整すると、キャンディーの価格はいくら変化したと言えるか。

5. **名目金利**と**実質金利**の意味を説明しなさい。また、これら 2 つには、どのような関係があるだろうか。

271

第Ⅲ部　マクロ経済学

演習と応用

1. あなたが生まれた年、誰かがあなたの出産祝いに100ドルの財・サービスを買ったとする。今日、同じような財・サービスを買うとしたら、いくらかかるだろうか。CPIのデータを探し、それに基づいて答えを計算しなさい（BLSのインフレーション計算機は、以下で見つけることができる：http://www.bls.gov/data/inflation_calculator.htm）。

2. ベゴピアの住民は、収入のすべてをカリフラワー、ブロッコリー、ニンジンに費やしている。2023年には、カリフラワー100個に200ドル、ブロッコリー50房に75ドル、ニンジン500本に50ドルを費やした。2024年には、カリフラワー75個に225ドル、ブロッコリー80房に120ドル、ニンジン500本に100ドルを用いた。
   a. 各年の各野菜の1単位の価格を計算しなさい。
   b. 2023年を基準年として、各年のCPIを計算しなさい。
   c. 2024年のインフレ率はいくらか。

3. 表のように、人々が3つの商品しか消費しないとする。

	テニスボール	ゴルフボール	スポーツドリンク
2023年の価格	2ドル	4ドル	1ドル
2023年の数量	100	100	200
2024年の価格	2ドル	6ドル	2ドル
2024年の数量	100	100	200

   a. 3つの商品それぞれの価格の変化率はいくらか。
   b. CPIと同様の方法で、全体の物価水準の変化率を計算しなさい。
   c. 2023年から2024年にかけて、スポーツドリンクのサイズが大きくなったことを知った場合、その情報は、インフレ率の計算に影響するだろうか。もしするならば、どのように影響するだろうか。
   d. 2024年にスポーツドリンクが新しい味を発売した場合、その情報はインフレ率の計算に影響するだろうか。もしするならば、どのように影響するだろうか。

4. 労働統計局のウェブサイト（http://www.bls.gov）にアクセスし、CPIに関するデータを探しなさい。全品目を含む指数は、過去1年間でどのくらい上昇したか。物価が最も上昇した支出項目は何か。最も伸び率が低かった支出項目は何か。価格が下落した品目はあるか。これらの事実について、説明を加えなさい。

5. ある小国が、テレビ番組『ザ・ヴォイス』を崇拝している。彼らが生産し消費するのは、カラオケ用の機械とボイスレッスンのサービスだけで、その消費量は以下の通りである。

	カラオケ用の機械		ボイスレッスンのサービス	
	数量	価格	数量	価格
2023年	10	40ドル	6	50ドル
2024年	12	60ドル	10	60ドル

   a. CPIと同様の方法を用いて、全体の物価水準の変化率を計算しなさい。その際、2023年を基準年とし、カラオケ用の機械5台とボイスレッスンのサービス3回にバスケットを固定しなさい。
   b. GDPデフレーターと同様の方法を用いて、全体の物価水準の変化率を計算しなさい。ここでも2023年を基準年とすること。
   c. これら2つの方法を用いた際、2024年のインフレ率は同じになるだろうか。その理由を説明しなさい。

6. CPIの算出における問題点のうち、次の各状況はどの問題点を示すものか説明しなさい。
   a. 携帯電話が発明された。
   b. 自動車にエアバッグが導入された。
   c. パソコン価格の下落に伴って、パソコンの購入が増えた。
   d. レーズン入りコーンフレークの1パックに含まれるレーズンの量が増えた。
   e. ガソリン価格が上昇した後、低燃費の車の使用が増えた。

272

第9章　生活コストの計測

7. 卵1ダースの価格は、1980年1月が0.88ドル、2021年1月が1.47ドルであった。管理職を除く労働者の平均時給は、1980年1月は6.57ドル、2021年1月は25.86ドルであった。

   a. 卵の価格は何％上昇したか。
   b. 賃金は何％上昇したか。
   c. 各年において、1ダースの卵を買うのに十分な収入を得るためには、労働者は何分働かなければならないだろうか。
   d. 卵に関して、労働者の購買力は上がっただろうか、下がっただろうか。

8. この章では、社会保障給付はCPIの上昇に比例して毎年増額されると説明したが、多くの経済学者は、CPIは実際のインフレを過大に推計していると考えている。

   a. 高齢者が他の人々と同じバスケットを消費する場合、社会保障は、高齢者の生活水準を毎年向上させるだろうか。説明しなさい。
   b. 実際、高齢者は若い人に比べて医療サービスを多く消費しており、医療費は全体のインフレ率よりも速く上昇している。高齢者の生活水準が、毎年実際に向上しているかを判断するために、あなたならどうするだろうか。

9. 借り手と貸し手が、ローンの名目金利に合意したとする。その後、インフレ率が両者の予想よりも高いことが判明した。

   a. このローンの実質金利は、予想より高いだろうか、それとも、低いだろうか。
   b. 貸し手は、この予想外の高いインフレーションによって得するだろうか、それとも、損するだろうか。また、借り手は得するだろうか、それとも、損するだろうか。
   c. 1970年代のインフレ率は、この10年間が始まった際に多くの人が予想したよりも、はるかに高かった。この予想外の高いインフレ率は、1960年代に固定金利の住宅ローンを組んだ住宅所有者に対して、どのような影響を与えただろうか。また、お金を貸した銀行には、どのような影響があっただろうか。

理解度確認クイズの解答

1. c　　2. b　　3. d　　4. a　　5. d　　6. c　　7. d

273

第10章

Chapter 10
Production and Growth

生産と成長

　世界中を旅すると、生活水準に大きな差があることに気づく。国ごとの物価の違いを調整すると、アメリカ、日本、ドイツなどの豊かな国の平均所得は、インド、ナイジェリア、ニカラグアなどの貧しい国の平均所得の約10倍にもなる。こうした所得の差は、生活の質に関する違いの多くに反映されている。豊かな国の人々は、一般的に栄養状態が良く、安全な住居、より良い医療、より長い寿命を享受するほか、より多くの自動車、電話、コンピュータを持っている。

　個々の国の中でも、生活水準は時を経て大きく変化している。アメリカでは過去100年間、1人当たりの実質国内総生産（GDP）で測った平均所得は、年率約2％の伸びを示している。この成長率は小さく見えるかもしれないが、平均所得が35年ごとに約2倍になっていることを意味する。そのため、あなたの祖父母があなたと同じ年齢だった頃と比べ、あなたは高い生活水準を享受している可能性が高い。

　成長率は国によって大きく異なる。1990年から2020年まで、中国の1人当たりのGDPは、年平均で8.5％の成長を示し、平均所得は約12倍に増加した。この成長により、中国は世界で最も貧しい国の1つから、およそ1世代で中所得国になったのである。対照的に、同じ期間にジンバブエの1人当たりの所得は24％減少し、一般の国民は貧困にあえいでいる。

　こうした多様な経験を説明するものは何なのだろうか？　豊かな国々は、どうすれば高い生活水準を維持できるのだろうか？　貧しい国々がより急速な成長を促

第Ⅲ部　マクロ経済学

し、先進国の仲間入りをするためには、どのような政策をとればよいのだろうか？これらの問いは、マクロ経済学において最も重要なものの1つである。経済学者のロバート・ルーカス（Robert Lucas）が言うように、「このような問いが、人類の福祉にもたらす帰結はまさに驚異的である。いったんこれらの問題について考え始めると、他のことは考えられなくなる」のである。

前の2つの章では、経済学者がマクロ経済の数量と価格をどのように計測するのかについて述べた。次に、これらの変数を決定する要因について学習する。ある経済のGDPは、その経済で得られた総所得と、その経済で生産された財・サービスに対する総支出の両方を計測していることを思い出してほしい。実質GDPの水準は経済的な繁栄の尺度であり、実質GDPの伸びは経済的な発展の尺度である。本章では、実質GDPの水準と成長の長期的な決定要因に焦点を当てる。その後、実質GDPの長期トレンド周りの短期変動について学習する。

ここでは、3つのステップを踏む。まず、1人当たりの実質GDPの国際データを検証する。これらのデータから、生活水準とその成長が世界中でどの程度異なるかを知ることができる。第2に、**生産性**（労働1時間当たりに生産される財・サービスの量）について説明する。生産性は、国の生活水準を決定する主な要因であるため、生産性に影響を与える数多くの要因を慎重に検討する。第3に、生産性と国が行っている政策との関連を考える。

１　世界の国々における経済成長

長期的な成長を学ぶための出発点として、世界のいくつかの国の経験を振り返ってみよう。表10-1は13か国の1人当たりの実質GDPのデータである。各国のデータは1世紀以上にまたがっている。表の1列目と2列目は国と期間を示している（データの入手できる期間が異なるため、期間は国によって多少異なっている）。3列目と4列目は、1世紀以上前と最近1年間の1人当たりの実質GDPの推定値を示している。

1人当たりの実質GDPのデータは、生活水準が国によって大きく異なることを示している。たとえば、アメリカの1人当たりの所得は現在、中国の約4倍、インドの約10倍である。最貧国の平均所得の水準は、もう何十年もの間、先進国では見られなかったような低い水準である。2020年におけるバングラデシュやパキスタンの平均的な人々の実質所得は、1870年の平均的なアメリカ人とほぼ同じ水準である。

表の最後の列は、各国の成長率を示している。成長率とは、1人当たりの実質所得が標準的な年にどれくらいの速度で増加したかを示すものである。たとえばアメリカでは、1人当たりの実質所得が1870年には4,668ドルであったが、2020年には6万3,544ドルとなっており、成長率は年率1.76％であった。つまり、1人当たりの実質所得が4,668ドルから、150年間で毎年1.76％ずつ増加すると、最終的には6万3,544ドルになる。もちろん、所得は毎年正確に1.76％上昇したわけではない。平均以上に上がった年もあれば、あまり上がらなかった年もあり、また下がった年も

| 表10-1 | 多様な過去の経済成長 |

国	期間	1人当たり実質GDP （ドル、基準年＝2020年）		成長率（年率、%）
		初期時点	終期時点	
中国	1900-2020	834	17,312	2.56
日本	1890-2020	1,751	42,197	2.48
ブラジル	1900-2020	907	14,836	2.36
メキシコ	1900-2020	1,350	18,833	2.22
インドネシア	1900-2020	1,038	12,074	2.07
ドイツ	1870-2020	2,544	53,694	2.05
カナダ	1870-2020	2,766	48,073	1.92
インド	1900-2020	786	6,454	1.77
アメリカ	1870-2020	4,668	63,544	1.76
アルゼンチン	1900-2020	2,671	20,768	1.72
バングラディシュ	1900-2020	726	5,083	1.64
パキスタン	1900-2020	859	4,877	1.46
イギリス	1870-2020	5,601	44,916	1.40

(出所) Robert J. Barro and Xavier Sala-i-Martin, *Economic Growth* (New York: McGrawHill, 1995), Tables 10.2 and 10.3; 世界銀行; 著者の独自推計。国際的な価格差を考慮するため、データは入手可能な限りPPPで調整されている。

ある。年率1.76%という成長率は、長期トレンドの周りの短期的な変動を無視したものであり、1人当たりの実質所得の長年にわたる平均的な成長率を表している。

表10-1の国々は、成長率が高かった国から低かった国へと順番に並んでいる。表で上位に位置しているブラジルと中国は、世界最貧国の1つであったが、中所得国へと成長した。また、日本も上位に位置しており、以前は中所得国だったが、現在は世界で最も豊かな国の1つであることがわかる。

パキスタンとバングラデシュは最下位に近いところに位置しており、これらの国々は、19世紀末に最貧国だったが、現在も依然として最貧国にとどまっている。最下位はイギリスである。1870年には世界で最も豊かな国であり、平均所得はアメリカより約20％高く、カナダの約2倍であった。現在、イギリスの平均所得はアメリカを29％、カナダを7％下回っている。

これらのデータは、世界で最も豊かな国々が、今後も最も豊かであり続けると保証されているわけではなく、世界で最も貧しい国々が、終わりのない貧困に陥る運命にあるわけでもないことを示している。しかし、これらの時代を通じた変化を説明するものは何だろうか？　ある国が躍進する一方で、ある国が取り残されるのはなぜなのか？　次に取り上げるのは、こうした疑問である。

あなたは最も裕福なアメリカ人よりも裕福なのか？

『アメリカン・ヘリテージ』は、歴史上、最も裕福なアメリカ人のリストを発表したことがある。第1位は、1839年から1937年まで生きた石油の起業家、ジョン・D・ロックフェラーだった。同誌の計算によると、彼の資産は現在の約2,500億ドルに相当し、これは現在最も裕福なアメリカ人であるテクノロジー起業家、イーロン・マスクの資産にほぼ等しい。

巨万の富を築いたにもかかわらず、ロックフェラーは、現在私たちが当たり前だと思っている便利さの多くを享受していなかった。テレビを見ることも、ビデオゲームをすることも、インターネットを見ることも、eメールを送ることもできなかった。夏の暑い時期に、自宅を冷房で冷やすこともできなかった。人生のほとんどの期間には、車や飛行機での旅行もできず、友人や家族に電話をかけることもできなかった。現在の医師は、延命したり生命力を高めたりするために、日常的に多くのワクチンや医薬品を用いるが、彼はそうしたものを利用することもできなかった。

ここで、考えてほしい。ロックフェラーはこうした現代的な便利さ使わずに生きてきたが、あなたはいくら払ってもらえれば、残りの人生においてこうした便利さを全て放棄するだろうか。2,500億ドルでそれをするだろうか。おそらく無理だろう。もし無理だとしたら、あなたは伝説的な富を築いたジョン・D・ロックフェラーよりも裕福だと言って構わないだろうか。

前章で述べたように、異なる時代の金額を比較するために標準的な物価指数を用いると、新しい商品の導入が十分に反映されない。その結果、インフレ率は過大に推計される。裏を返せば、実質経済成長率が、過小に推計されることになる。ロックフェラーの人生を考えてみると、この問題がいかに重大であるかがわかる。たとえその事実が標準的な経済統計で捉えられていなかったとしても、驚異的な技術の進歩により、今日の平均的なアメリカ人は、間違いなく1世紀前の最も裕福なアメリカ人よりも「裕福」なのである。

理解度確認クイズ

1. 過去100年間、アメリカの1人当たりの実質GDPは年率約＿＿＿＿成長した。これは、1人当たりの実質GDPが、概ね＿＿＿＿ごとに2倍になることを意味する。
   a. 2％ ― 14年
   b. 2％ ― 35年
   c. 5％ ― 14年
   d. 5％ ― 35年

2. アメリカやドイツなど世界の豊かな国における1人当たりの所得は、パキスタンやインドなど世界の貧しい国の1人当たりの所得の約＿＿＿＿倍である。
   a. 2
   b. 4
   c. 10
   d. 30

3. 過去100年間、＿＿＿＿＿は特に力強い成長を経験し、＿＿＿＿＿は特に成長力が弱かった。
   a. 中国 ― イギリス
   b. 中国 ― カナダ
   c. イギリス ― カナダ
   d. カナダ ― 中国

➡（解答は章末に）

第10章　生産と成長

2 生産性：その役割と決定要因

生活水準が、国や時代によって大きく異なる理由を説明するのは、ある意味では簡単である。その答えは、**生産性**という一言に要約できる。しかし、別の意味では、生活水準のばらつきは非常に不可解であり、それは、多くの要因がその国の生産性に影響するからである。

2-1 なぜ生産性はそれほど重要なのか

無人島に取り残された船乗りを描いたダニエル・デフォーの小説『ロビンソン・クルーソー』を基にした単純な経済モデルを考えてみよう。クルーソーは1人暮らしなので、自分で魚を捕り、自分で野菜を育て、自分で服を作る。クルーソーの活動、すなわち魚、野菜、衣服の生産と消費は、単純な経済そのものである。クルーソーの経済を検証することで、より複雑で現実的な経済にも当てはまるいくつかの教訓を学ぶことができる。

クルーソーの生活水準は何で決まるのか。一言で言えば、生産性、つまり労働1単位から生み出される財・サービスの量である。もし、クルーソーが魚を捕り、野菜を育て、服を作るのが得意なら、彼は（少なくともその島で可能な限り）裕福に暮らすことができる。もし、これらのことが苦手なら、彼は貧しい生活を送ることになる。クルーソーは自分が生産したものしか消費できないので、彼の生活水準は彼の生産性と結びついている。

クルーソーの経済では、生産性が生活水準を決定する重要な要因であり、生産性の伸びが生活水準の伸びを決定する重要な要因であることは容易に理解できる。クルーソーが1時間あたりに獲る魚の量が多ければ多いほど、夕食で食べられる魚の量も増える。クルーソーが魚を獲るのに適した場所を見つければ、彼の生産性は向上する。生産性が上がれば、クルーソーはより豊かになる。すなわち、余った魚を食べることもできるし、魚を獲るのに費やす時間を減らして、他のことに時間を割くこともできる。

生産性が生活水準を決定する上で重要な役割を果たすということは、取り残された船乗りと同じく国家にも当てはまる。GDPは、ある経済について2つのことを同時に計測していることを思い出してほしい。すなわち、すべての人が得た総所得と、財・サービスの生産に対する総支出である。GDPがこの2つを同時に計測できるのは、経済全体でみると、この2つが等しくなければならないからである。簡単に言えば、経済における所得とは、経済における生産と同じなのである。

つまり、ある国が高い生活水準を享受できるのは、財・サービスを大量に生産できる場合に限られる。アメリカ人がナイジェリア人よりも豊かな生活を送れるのは、アメリカの労働者がナイジェリアの労働者よりも生産性が高いからである。日本人がアルゼンチン人よりも急速な生活水準の向上を享受しているのは、日本人労働者の生産性の方が急速に向上しているからである。第1章の**経済学の10原則**の1つに、「一国の生活水準は、財・サービスの生産能力に依存する」というものがあったこ

…… 生産性
（productivity）
労働力1単位から生産される財・サービスの量

279

第Ⅲ部　マクロ経済学

とを思い出してほしい。それは、クルーソーの小さくて単純な経済と同じように、今日の大きくて複雑な経済にも当てはまるのである。

　しかし、生活水準と生産性の関連を見ることは、最初の一歩に過ぎない。それは自ずと次の疑問につながる。すなわち、なぜある経済は他の経済よりも、財・サービスの生産に関して優れているのだろうか。

2-2　生産性はどのように決まるのか

　生産性は、ロビンソン・クルーソーの生活水準を決定するただ１つの重要な要素だが、クルーソーの生産性を決定する要因は数多く存在する。たとえば、魚をうまく獲れるようになる要因として、多くの釣り竿を持つ、最高の釣り技術を身につける、島に多くの魚がやってくる、より良い釣り道具を発明する、といった要因が考えられる。クルーソーの生産性を決定するこれらの要素（**物的資本、人的資本、天然資源、技術的知識**と呼ぶことができる）は、より現実的な経済において、それぞれ対応するものが存在する。各々の要素を順番に考えてみよう。

労働者１人当たりの物的資本　労働者は、働くための道具があれば、生産性が高まる。財・サービスを生産するために使用される設備や建築物のストックは、**物的資本**、または単に**資本**と呼ばれる。たとえば、木工職人が家具を作る場合、のこぎり、旋盤、ボール盤を使う。より多くの道具があれば、木工職人はより迅速かつ正確に生産物を作ることができる。すなわち、基本的な工具しか持たない労働者は、高度で専門的な工具を持つ労働者よりも、週あたりで作れる家具の数が少なくなってしまう。

> **物的資本**
> （physical capital）
> 財・サービスの生産に用いられる設備や建築物のストック

　財・サービスの生産に使われる投入物、すなわち労働力や資本などは、**生産要素**と呼ばれることを思い出してほしい。資本の重要な特徴は、生産される生産要素であるということである。つまり、資本は生産過程への投入物であるとともに、生産過程から生まれる生産物でもある。木工職人は、旋盤を使ってテーブルの脚を作る。そして、その旋盤は、旋盤を製造する会社の生産物である。さらに、旋盤メーカーは、その旋盤を製造するために他の設備を使用する。このように資本は、あらゆる種類の財・サービスを生産するために使用される生産要素であるとともに、生産される財には資本そのものが含まれている。

> **人的資本**
> （human capital）
> 労働者が、教育、訓練、経験から得る知識や技能

労働者１人当たりの人的資本　生産性の第２の決定要因は**人的資本**である。これは経済学者の用語で、労働者が教育、訓練、経験を通じて習得する知識や技能のことである。人的資本には、幼児教育、小学校、高校、大学、労働力として働く成人の実地研修などで蓄積された技能が含まれる。

　教育、訓練、経験は、旋盤、ブルドーザー、建物ほど目に見えて明らかなものではないが、人的資本は多くの点で物的資本に似ている。どちらも国の財・サービスを生産する能力を高めるとともに、どちらも生産される生産要素である。人的資本を生産するには、教師、書籍、生徒の時間という投入物が必要である。ある意味で生徒は、将来の生産に用いる人的資本を生産するという重要な仕事を担っている「労

280

働者」なのである。

労働者1人当たりの天然資源　**天然資源**は、生産性の第3の決定要因である。これは、土地、河川、鉱物などの自然から供給され、生産への投入物として用いられる資源である。天然資源には、再生可能なものと再生不可能なものの2つの形態がある。森林は、適切に管理されていれば再生可能な資源である。1本の木が伐採されても、その場所に苗木を植えれば、将来また伐採することができる。石油は再生不可能な資源である。石油は何百万年もかけて自然が作り出したものなので、供給量には限りがある。いったん供給が枯渇すると、それ以上作り出すことは不可能である。

天然資源の違いは、世界の生活水準の違いを生む一因である。歴史的にみたアメリカの成功は、農業に適した広大な土地に支えられていた。今日、クウェートやサウジアラビアのような中東の国々が豊かなのは、たまたま世界有数の油田の上に位置しているからにほかならない。

天然資源は重要かもしれないが、生産性の高い経済にとって必要なものではない。日本は天然資源をほとんど持っていないが、最も豊かな国の1つである。日本の成功を可能にしているのは、国際貿易である。日本は石油やその他の天然資源を輸入し、製造業の製品を輸出している。天然資源に恵まれた国々も、この貿易から便益を得ている。

> **天然資源**
> (natural resources)
> 財・サービスを生産するための投入物のうち、土地、河川、鉱山など自然によって与えられるもの

技術的知識　**技術的知識**とは、財・サービスを生産する最良の方法を理解することであり、生産性の第4の決定要因である。200年前の農業技術では、全人口を養うために多くの労働力を投入する必要があったため、ほとんどのアメリカ人は農場で働いていた。今日では、肥料、農薬、農業機械、植物の交配種の進歩のおかげで、ごく一部の人口が国全体を養うのに十分な食糧を生産できるようになった。この技術革新によって労働力に余裕が生まれ、その労働力を他の財・サービスの生産に充てられるようになったのである。

技術的知識には様々な形がある。あるテクノロジーは一般的な知識であり、誰かがそれを使えば、皆がそれを知るようになる。ヘンリー・フォードが組立ラインを用いた生産を導入すると、ライバルの自動車メーカーもすぐに追随した。他の技術の中には、発見した企業だけが知っている独占技術もある。たとえば、コカ・コーラ社だけが、彼らの清涼飲料水の作り方を知っている。さらに他の技術は、期間限定の独占技術である。製薬会社が新薬を発見すると、特許制度は、その会社に独占的な製造者としての権利を期間限定で付与する。しかし、特許が切れると、他社がジェネリック医薬品を製造できるようになる。これらの全ての形の技術的知識は、経済が財・サービスを生産する上で重要なものである。

技術的知識と人的資本を区別することは重要である。技術的知識とは、世界の仕組みに関する社会的な知識を指す。人的資本とは、この知識を活用する人々に対して、この知識を伝えるために費やされる資源のことである。適切な比喩を用いれば、技術的知識は社会における教科書の質であり、人的資本は国民が教科書を読むのに

> **技術的知識**
> (technological knowledge)
> 財・サービスを生産するための最も良い方法に関する社会的な理解

費やした時間の長さである。生産性は、その両方に依存している。

生産関数

経済学者は生産関数（production function）を用いて、生産に使われる投入量と、生産から得られる産出量の関係を記述することがある。たとえば、Yが生産量、Lが労働量、Kが物的資本の量、Hが人的資本の量、Nが天然資源の量を表すとする。そうすると、次のように書くことができる。

$$Y = AF(L, K, H, N)$$

ここで$F(\ )$は、どのように生産投入が組み合わされ、生産物が生み出されるのかを示した関数である。Aは、使用可能な生産技術を反映した変数である。技術が進歩するとAが上昇し、経済は、生産投入を組み合わせることでより多くの生産量を算出することができるようになる。

多くの生産関数は、「規模に関して収穫一定（constant returns to scale）」と呼ばれる性質を持っている。生産関数が規模に関して収穫一定という性質を持つ場合、すべての投入量を2倍にすると、生産量も2倍になる。数学的には、ある生産関数が任意の正の数 x について次の性質を満たす場合、規模に関して収穫一定の性質を持つという。

$$xY = AF(xL, xK, xH, xN)$$

つまり、すべての投入量を2倍にすると、この式では $x = 2$で表される。右辺は投入量が2倍になることを示し、左辺は生産量が2倍になることを示す。

規模に関して収穫一定の性質を持つ生産関数は、興味深く有用な示唆を持つ。それを見るために、$x=1/L$とすると、前式は次のようになる。

$$Y/L = AF(1, K/L, H/L, N/L)$$

Y/Lは労働者1人当たりの生産高であり、生産性の尺度であることに注意してほしい。この式は、労働生産性が、労働者1人当たりの物的資本（K/L）、人的資本（H/L）、天然資源（N/L）の量と、変数Aで表される技術の状態に依存することを示している。つまり、この式は、先に述べた生産性の4つの決定要因を要約したものと言える。

 天然資源は成長の制限となるか？

現在、世界の人口は80億人近くに達し、100年前の約4倍になっている。同じ期間に、平均的な生活水準も上昇している。この人口増加と生活水準の向上が今後も続くかどうかについて、長年にわたって議論が続いている。

一部のコメンテーターは、天然資源はいずれ世界経済の成長を制限することになると主張している。世界には、石油や鉱物といった再生不可能な天然資源が一定量しかなく、それらは時間とともに徐々に枯渇していく。これらの資源の供給が減少すれば、経済成長は鈍化し、生活水準の低下さえも避けられないかもしれない。そういった議論がある。

このロジックは一見すると説得的だが、ほとんどの経済学者は、このような限界について人々が考えているほどには懸念していない。経済学者は、多くの場合、技

第10章　生産と成長

術の進歩がこうした限界を回避する方法を生み出すと主張する。過去と現在の経済を比較すれば、天然資源の利用方法が改善されていることがすぐにわかるだろう。最近の自動車は燃費がよくなり、ガソリンをまったく使わなくなったものもある。新しい住宅は断熱性が高く、冷暖房に必要なエネルギーが少なくてすむ。より効率的な石油採掘設備によって、採掘の過程でムダになる石油の量が減っている。リサイクルにより、再生不可能な資源の一部が再利用されている。代替的なエネルギー源の開発により、再生可能な資源を再生不可能な資源に置き換えることが可能になっている。たとえば、発電において、風力や太陽光が、石炭や石油に徐々に取って代わりつつある。20世紀半ば、一部の自然保護活動家は、錫と銅の過剰な使用を懸念していた。当時、これらは極めて重要な商品だった。錫は多くの食器に使われ、銅は電話線を作るのに必要だった。しかし今日では、多くの食器の材料には、錫に代わってプラスチックが使われるようになり、電話は鉱物から作られる光ファイバーのケーブルや、ケーブルがまったく不要な電波を使って通話することが多くなった。技術の進歩は、かつては不可欠だった天然資源の必要性を減らしたのである。しかし、こうした努力は、経済成長を維持するのに十分なのだろうか？　この疑問に答える1つの方法は、天然資源の価格に注目することである。市場経済では、希少性は市場価格に反映される。もし世界が重要な天然資源を使い果たしつつあるのならば、それらの資源価格は時間とともに上昇しているはずである。しかし実際には、逆のことがたびたび起こる。天然資源の価格は、短期的には大きく変動するが、長い期間で見ると、ほとんどの天然資源の価格（インフレ調整後）は安定しているか、もしくは下落している。これは、天然資源の供給量が減少している以上に、天然資源を節約する能力が急速に高まっていることを示している。市場価格は、天然資源が経済成長の限界になると考える根拠を与えてはいないのである。

理解度確認クイズ

4. 経済における人的資本の量の増加は、実質所得の_____をもたらす傾向があるが、それは、労働者の_____を向上させるためである。

a. 増加 ― 交渉力

b. 増加 ― 生産性

c. 減少 ― 交渉力

d. 減少 ― 生産性

5. ほとんどの経済学者は、天然資源が最終的に経済成長を制限すると_____。その証拠として、ほとんどの天然資源の価格は、全体的なインフレを調整すると、時間の経過とともに_____する傾向にあることに注目している。

a. 懸念している ― 上昇

b. 懸念している ― 下落

c. 懸念していない ― 上昇

d. 懸念していない ― 下落

➡（解答は章末に）

第Ⅲ部　マクロ経済学

3　経済成長と公的政策

社会の生活水準は、財・サービスを生産する能力に依存し、その生産性は、労働者1人当たりが利用できる物的資本、人的資本、天然資源の量、そして技術的知識に依存する。このような関係から、世界中の政策担当者は、以下の核心的な問いに直面することになる。すなわち、公的政策は、生産性と生活水準を向上させるために何ができるのだろうか。

3-1　貯蓄と投資

資本は生産できる生産要素なので、社会は資本の量を変えることができる。今日、経済が大量の資本財を生産すれば、明日には資本ストックが増え、財・サービスを生産する能力が高まる。将来の生産性を高める1つの方法は、資本の生産により多くの資源を現時点で投入することである。

第1章の**経済学の10原則**の1つは、「人々はトレードオフに直面する」というものであった。これは、資本蓄積を考える上で特に重要である。資源は希少なので、資本の生産に多くの資源を割くには、現時点で消費することを目的とした財・サービスの生産に割く資源を減らす必要がある。つまり、社会が資本への投資を増やすには、現在の所得のうち、消費にまわす分を減らし、より多く貯蓄しなければならない。資本蓄積によって得られる成長は、無償で得られるわけではないのである。すなわち、将来、より高い消費を享受するためには、社会は現在の消費を犠牲にしなければならない。

次の章では、経済において金融市場が、貯蓄と投資をどのように調整するのかについて、さらに詳しく検討する。また、政府の政策が、貯蓄と投資の量にどのような影響を与えるのかについても議論する。この時点では、貯蓄と投資を奨励することが、政府が成長を促進し、長期的には経済の生活水準を向上させる1つの方法であることを理解しておいてほしい。

3-2　収穫逓減とキャッチアップ効果

ある国の政府が、貯蓄率（GDPのうち消費ではなく貯蓄にまわす割合）を高める政策を実施したとしよう。そうすると、どうなるだろうか。貯蓄が増えれば、消費財の生産に必要な資源が減り、資本財の生産に使える資源が増える。その結果、資本ストックが増加し、生産性の向上とGDPの急速な成長につながるだろう。しかし、この高い成長率はいつまで続くのだろうか。貯蓄率がこの新たな高い水準に維持されると仮定すれば、GDPの成長率はずっと高いままなのだろうか。それとも一定期間だけなのだろうか。

収穫逓減
(diminishing returns)
投入物の量が増えるにつれて、追加的な1単位の投入物から得られる便益が減少していく性質

生産過程に関する伝統的な見方は、資本は収穫逓減に直面するというものである。すなわち、資本ストックが増加するにつれて、1単位の資本から生み出される追加的な生産量は減少する。言い換えれば、労働者が財・サービスの生産に用いる資本をすでに大量に持っている場合、資本を1単位追加しても、生産性はわずかしか向

284

上しない。この現象は、図10-1に示されている。図10-1は、生産の他の決定要因（天然資源や技術的知識など）を一定とした下で、労働者1人当たりの資本量が、労働者1人当たりの生産量をどのように決定するかを示している。資本の収穫逓減は、**資本の限界生産性の逓減**と呼ばれることもある。

収穫逓減により、貯蓄率の上昇は、一定期間のみ成長率の上昇をもたらす。貯蓄率の上昇によって多くの資本が蓄積されるようになると、追加的な資本から得られる便益は時間の経過とともに小さくなり、成長が鈍化する。**長期的には、貯蓄率の上昇は生産性と所得の水準を引き上げるが、これらの変数の成長率を長期的に上昇させるわけではない。**しかし、長期的にこの水準に達するには、かなりの時間がかかる。経済成長に関する国際的なデータを用いた研究によれば、貯蓄率を高めると、数十年にわたってかなりの高成長につながることが示されている。

資本の収穫逓減の性質には、もう1つ重要な意味がある。それは、他の条件が同じであれば、ある国が相対的に貧しい状態でスタートしたほうが、急成長しやすいということである。初期条件がその後の成長に及ぼす影響は、キャッチアップ効果と呼ばれることもある。貧しい国では、労働者は最も初歩的な道具さえ持っておらず、その結果として生産性が低い。このような状況では、少額の資本投資で生産性を大幅に向上させることができる。対照的に、豊かな国の労働者は、すでに働く上で必要な大量の資本を持っていることもあって生産性が高い。この場合、追加的な資本投資が生産性に及ぼす影響は、比較的小さいのである。経済成長に関する国際的なデータを用いた研究は、このキャッチアップ効果を示している。すなわち、GDPに占める投資の割合など、他の変数をコントロールすると、貧しい国のほう

> **キャッチアップ効果**
> （catch-up effect）
> 相対的に貧しい状態でスタートした国のほうが、豊かな状態でスタートした国よりも急成長しやすいという性質

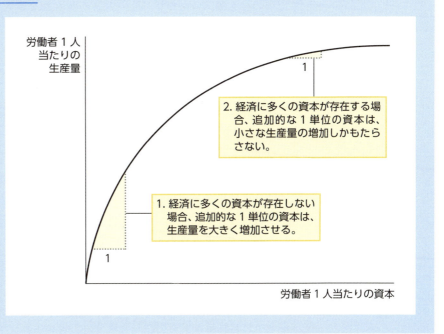

図 10-1　生産関数の描写

この図は、労働者1人当たりの資本が、労働者1人当たりの生産量にどのように影響するのかを示している。人的資本、天然資源、技術など、生産の他の決定要因は一定に保たれている。資本の収穫逓減によって、資本が増加するにつれて曲線は平坦になる。

が豊かな国よりも成長率が高い傾向がみられる。

このキャッチアップ効果は、説明困難ないくつかの事実を説明するのに役立つ。1960年から1990年まで、アメリカと韓国はGDPに占める投資額の割合がほぼ同じであった。しかしこの間、アメリカは約2%の緩やかな成長しか経験しなかったのに対し、韓国は6%以上の成長を記録した。この差は、キャッチアップ効果によって説明できる。過去の投資が少なかったこともあり、1960年当時、韓国の1人当たりGDPはアメリカの10分の1以下であった。初期の資本ストックが少なかったため、韓国では資本蓄積からの恩恵が大きく、その後の成長率が高かったのである。

このキャッチアップ効果は、生活における他の側面でも現れる。学校が年度末に「最も成績が向上した」生徒に賞を与える場合、年初の成績が比較的悪い状態で始まった生徒が受賞することが多い。最初は勉強していなかった生徒のほうが、常に一生懸命勉強していた生徒よりも、成績が向上しやすいのだ。出発点を考えれば、「最も成績が向上した生徒」になることは良いことだが、「最も成績が優秀な生徒」になることはさらに良いことである。同様に、1960年から1990年にかけて、韓国のほうがアメリカよりもはるかに急速に経済成長したが、それでも1人当たりGDPは依然としてアメリカのほうが高かったのである。

3-3 海外からの投資

貯蓄率を高める政策は、投資を増やして長期的な経済成長をもたらすが、国内居住者による貯蓄だけが、資本ストックを増やす方法ではない。外国人による投資でも、資本ストックを増やすことができる。

海外からの投資には、いくつかの形態がある。フォードは、メキシコに自動車工場を建設するかもしれない。こうした海外企業が所有・運営する資本投資は、**海外直接投資**（foreign direct investment）と呼ばれる。あるいは、アメリカ人がメキシコ企業の株を購入（つまり、その企業の所有権を購入）し、そのメキシコ企業は、株式発行で得た資金で新しい工場を建設することができる。海外の資金で賄われ、国内居住者によって運営される投資は、**海外証券投資**（foreign portfolio investment）と呼ばれる。いずれの場合も、アメリカ人はメキシコの資本ストックを増加させるために必要な資源を提供する。つまり、アメリカ人の貯蓄が、メキシコの投資資金の調達に使われているのである。

外国人がある国に投資するのは、投資に対するリターンを期待しているからである。フォードの自動車工場はメキシコの資本ストックを増やし、メキシコの生産性とGDPを増加させる。しかし、フォードは、この追加的な所得の一部を利益としてアメリカに還流させる。同様に、アメリカの投資家がメキシコの株を購入した場合、その投資家はメキシコ企業が得た利益の一部を受け取る権利を有している。

したがって、海外からの投資は、経済的な繁栄に関するすべての尺度に対して、同じように影響を与えるわけではない。国内総生産（GDP）は、その国の居住者と非居住者の両方が国内で生み出した所得である一方、国民総生産（GNP）は、その国の居住者が国内外で生み出した所得であることを思い出してほしい。フォードがメキシコに自動車工場を開設した場合、工場が生み出す所得の一部は、メキシコに

第10章　生産と成長

住んでいない人々にももたらされる。その結果、メキシコへの海外からの投資は、メキシコ人の所得（GNPで測定）の上昇をもたらすものの、その上昇幅は、それがもたらすメキシコでの生産（GDPで測定）の増加幅よりも小さくなるのである。

しかしながら、海外からの投資は、国が成長するための１つの手段である。その恩恵の一部は海外株主に還元されるとはいえ、この投資は経済の資本ストックを増加させ、生産性の向上と賃金の上昇をもたらしてくれる。さらに、海外からの投資は、貧しい国々が豊かな国で開発・使用されている技術を学ぶための１つの方法でもある。こうした理由から、多くの経済学者は、発展途上国に対して、海外からの投資を促すよう勧めている。これは、多くの場合、外国人が国内資本を所有することに対する制限の撤廃を意味する。

世界銀行は、貧しい国への資本流入を促す国際機関である。世界銀行は、資本が豊かな国から資金を得ている。最大の資金の拠出国は、アメリカ、日本、中国、ドイツ、フランス、イギリスである。世界銀行は、発展途上国が道路、下水道、学校、その他の資本に投資できるように、そういった国々に対して融資を行っている。また、資金をどのように用いるのが最適なのかについて、発展途上国へのアドバイスも行っている。世界銀行とその姉妹組織である国際通貨基金は、第２次世界大戦後に設立された。第２次世界大戦の教訓の１つは、経済的困窮が、しばしば政治的混乱、国際的緊張、軍事衝突を引き起こすということである。したがって、全ての国が、世界中の経済的な繁栄を促進することに関心を持っている。世界銀行と国際通貨基金は、その共通の目標を達成するために設立されたのである。

3-4　教育

教育は人的資本投資の一形態であり、一国の長期的な経済的成功にとって、少なくとも物的資本への投資と同じくらい重要である。アメリカでは、歴史的にみると、学校教育が１年増えるごとに、平均で約10%賃金が上昇する。人的資本が特に不足している発展途上国では、教育を受けた労働者と受けていない労働者の間で、さらに大きな賃金格差が存在する。良い学校を提供し、人々がそれを利用するよう促すことで、公的政策によって生活水準を向上させることができるのである。

人的資本への投資には、物的資本への投資と同じく機会費用が発生する。学生は学校に通っている間、労働力として働いていれば得られるはずだった賃金を得られない。発展途上国では、学校に通うことの便益が高いにもかかわらず、単に家族が子供を労働力として必要としているという理由で、子供たちが幼いうちに退学してしまうことが多い。

人的資本が経済成長にとって特に重要なのは、それが、正の外部性をもたらすからだと主張する経済学者もいる。**外部性**（externality）とは、ある人の行動がその周りの人の幸福度に及ぼす影響のことである。たとえば、教育を受けた人は、財・サービスを生産する最も良い方法について新しいアイデアを生み出すかもしれない。そのアイデアが広まり、誰もがそれを利用できるようになれば、そのアイデアは教育による外部性の便益といえる。この場合、社会にとっての学校教育のリターンは、個人にとってのリターンよりも大きい。この議論は、公的な教育といった形

287

第Ⅲ部　マクロ経済学

で見られるような、人的資本投資に対する多額の補助金を正当化するものである。

　一部の貧しい国が直面している問題の1つに**頭脳流出**（brain drain）がある。これは、高度な教育を受けた労働者が、より高収入を得られる豊かな国へと移住してしまうことを指す。もし人的資本に正の外部性があるとすれば、このような頭脳流出は、取り残された人々をさらに貧しくしてしまう。ここで、政策担当者はあるジレンマに直面する。アメリカをはじめとする豊かな国々は、最高の高等教育制度を有しているため、貧しい国々が優秀な学生を海外に派遣し、より高い学位を取得させるのは当然に見える。しかし、海外で過ごした学生は帰国しないことを選択するかもしれず、このような頭脳流出は、貧しい国の人的資本ストックをさらに減少させてしまう。

3-5　健康と栄養状態

　人的資本（human capital）という用語は、多くの場合、教育のことを指すが、人間に対するもう1つの形の投資、つまり、人々がより健康になるための支出を指すこともある。人々の健康に対する適切な投資は、国家が生産性を高め、生活水準を向上させるための1つの手段となる。

　経済史の専門家である故ロバート・フォーゲル（Robert Fogel）は、栄養状態の改善による健康増進が、長期的な経済成長の重要な要因であることを発見した。フォーゲルは、1780年のイギリスでは、5人に1人が栄養不良で肉体労働ができなかったと推定している。また、働くことができた人々の中でも、カロリー摂取が不十分であったことが、彼らが提供できる労働力を大幅に低下させていた。栄養状態が改善するにつれ、労働者の生産性も向上したのである。

　フォーゲルは、人々の身長を測定することによって、こうした傾向を研究した。低身長は、特に妊娠中や生後まもない時期において、栄養失調を示す指標となる。フォーゲルは、国家が経済的に発展すると、人々はより多く食べるようになり、身長が高くなることを発見した。1775年から1975年まで、イギリスの平均カロリー摂取量は26％増加し、平均身長は3.6インチ（約9cm）伸びた。同様に、韓国において、1962年から1995年の目覚ましい経済成長の間、カロリー消費量は44％増加し、男性の平均身長は2インチ（約5cm）伸びた。もちろん、身長は遺伝と環境の組み合わせによって決まる。しかし、人々の遺伝的な構成は変化しにくいため、平均身長の増加は、環境の変化による可能性が高いといえる。

　フォーゲルは、栄養状態に関する研究だけでなく、アメリカの奴隷制度やアメリカ経済の発展における鉄道の役割など、経済史における業績が評価され、1993年にノーベル経済学賞を受賞した。ノーベル賞の受賞講演では、健康と経済成長に関する実証分析のサーベイをテーマにした講演を行った。フォーゲルは、「栄養状態の改善は、1790年から1980年のイギリスにおける1人当たり所得の伸びのおよそ30％を説明する」と結論づけた。

　今日、イギリスやアメリカなどの先進国において、栄養状態が十分でないことは稀である（肥満のほうが、より広範にみられる問題である）。しかし、発展途上国の人々にとっては、健康と栄養不良は依然として深刻な問題である。国連は、サハ

288

ラ以南のアフリカでは人口の約4分の1が、栄養不良であると推定している。

健康と富の間には、双方向の因果関係がある。貧しい国が貧しいのは、その国の人々が健康でないのが一因であり、また、貧しい国の人々が健康でないのは、その国が貧しく、十分な医療や栄養状態を確保する余裕がないからである。多くの場合、こうした関係は悪循環に陥っている。しかし、好循環となる可能性もある。すなわち、より急速な成長につながる政策は、健康状態を改善し、それが翻って、さらなる成長を促すのである。

3-6 財産権と政治的な安定

政策担当者が経済成長を促すもうひとつの方法は、財産権を保護し、政治的な安定を促進することである。この問題は、市場経済がどのように機能するかの核心に迫る問題である。

市場経済における生産活動は、何百万もの個人と企業の相互作用から生じる。自動車を買うということは、自動車ディーラー、自動車メーカー、鉄鋼会社、鉄鉱石の採掘会社などの生産物を買うということである。このような生産活動の分業によって、経済の生産要素が有効に活用される。このような状態を達成するために、経済はこれらの企業間、および企業と消費者の間の取引を調整しなければならない。市場経済は、市場価格を通じてこの調整を実現する。つまり、価格は、経済を構成する何千もの各市場において、市場の見えざる手が需要と供給のバランスをとる際に用いられる道具なのである。

このプロセスが機能するためには、**財産権**（property rights）、つまり人々が所有する資源に対して権限を行使する権利が尊重される必要がある。鉱業会社が鉄鉱石を採掘しようとしても、その鉄鉱石が盗まれると予想すれば、採掘の努力はしないだろう。鉄鋼会社は、鉱業会社が鉄鉱石の引渡しの約束を反故にすると予想すれば、その代金を支払わないだろう。このような理由から、裁判所は市場経済において重要な役割を果たしている。すなわち、裁判所が財産権を執行するのである。刑事司法の制度を通じて、裁判所は窃盗や詐欺を抑止する。また、民事司法の制度を通じて、裁判所は買い手と売り手が契約を守ることを保証している。

司法制度がうまく機能しないことが多い発展途上国では、財産権の欠如が大きな問題となる。契約を執行することが困難であったり、詐欺が処罰されないことも多い。政府は、財産権を執行しないばかりか、政府が実際にそれを侵害している場合もある。いくつかの地域では、企業がビジネスを行うのに、政府高官に賄賂を贈ることが期待されている。このような汚職は、さまざまな面で生活水準を悪化させる。経済的には、市場の調整力を阻害するほか、国内の貯蓄や海外からの投資を抑制する。

財産権を脅かすものの1つに、政情不安がある。革命やクーデターが頻発すると、財産権が将来も尊重されるかどうかに疑念が生じる。共産主義革命の後にしばしば見られたように、革命政府が一部の企業の資本を没収する可能性がある場合、国内居住者にとって、貯蓄、投資、新規事業立ち上げのインセンティブが低下する。同時に、外国人がその国に投資する意欲も低下する。革命が起こるかもしれないとい

第Ⅲ部　マクロ経済学

う脅威があるだけでも、国の生活水準を押し下げうるのである。

要するに、経済的繁栄は、好ましい政治制度が存在するかどうかに依存している部分がある。効率的な裁判制度、誠実な役人、安定した憲法を持つ国は、裁判制度が貧弱で、役人が腐敗し、政治体制の変更が頻繁に起こる国と比べて、高い生活水準を享受できるのである。

3-7　自由貿易

世界の最貧国の中には、内向き志向の政策を追求することで、より急速な経済成長を達成しようとしてきた国もある。これは、世界との交流を避けることで、生産性と生活水準の向上を目指す政策のことである。国内企業は、繁栄と成長のためには外国との競争に対する保護が必要だ、という幼稚産業保護論を展開することが多い。外国人に対する一般的な不信感とともに、こういった主張によって、発展途上国の政策担当者は、関税やその他の貿易に対する制約を課すように導かれることもある。

今日、ほとんどの経済学者は、貧しい国々は世界経済との結びつきを強める外向き志向の政策を追求したほうが良いと考えている。財・サービスの国際貿易は、その国の国民の経済厚生（経済的な幸福度）を向上させることができる。貿易は、ある意味で一種の技術である。ある国が小麦を輸出して、繊維製品を輸入すると、その国は、小麦を繊維製品に変える技術を発明したかのような恩恵を受ける。したがって、貿易への制限を撤廃した国は、大きな技術進歩の後に起こるような経済成長を経験することになる。

多くの発展途上国の経済規模が小さいことを考えれば、内向き志向の悪影響は明らかである。たとえば、アルゼンチンのGDPの総額は、ミシガン州とほぼ同じである。もしミシガン州の住民が、他州や他国に住む人々との取引を禁止されたらどうなるかを想像してみてほしい。貿易から得られる便益を利用できなければ、ミシガン州は、消費するすべての商品を生産しなければならない。また、最先端の設備を他から輸入するのではなく、すべての資本財を自前で生産しなければならない。生活水準はすぐに低下し、問題は時間の経過とともに悪化するだろう。これは、アルゼンチンが20世紀の大半を通じて内向き志向の政策を採った際に起こったことである。これとは対照的に、韓国、シンガポール、台湾のような外向き志向の政策をとった国は、高い経済成長率を達成した。

ある国が他の国と貿易を行う際の貿易量は、政府の政策だけでなく、地理的な条件によっても決まる。天然の港を持つ国は、それを持たない国よりも貿易が容易である。ニューヨーク、サンフランシスコ、香港など、世界の主要都市の多くが海に隣接しているのは偶然ではない。同様に、内陸国の多くは国際貿易が難しいため、海や川へのアクセスが容易な国よりも、所得水準が低い傾向にある。

3-8　研究開発

現在の生活水準が、100年前より高くなっている主要因は、技術的知識が進歩したことである。経済における財・サービスの生産能力を拡大させた技術革新には、

電話、トランジスタ、コンピュータ、電気モーターなどが挙げられる。

技術進歩のほとんどは、企業や個人発明家による民間の研究から生まれたものだが、こうした努力を促進することは、公共の利益にかなうものである。多くの場合、知識は**公共財**（public good）である。すなわち、誰かがアイデアを発見すると、それは社会で共有される知識に含まれ、他の人々が自由にそれを使うことができる。政府は、国防などの公共財を提供する役割を担っているが、それと同様に、新技術の研究開発を奨励する役割も担っているのである。

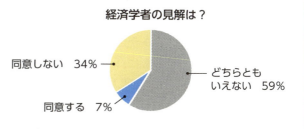

専門家の見方　イノベーションと経済成長

「今後1世紀において、アメリカと西ヨーロッパで過去150年間と同程度の持続的な1人当たりの経済成長を促せるほど、世界のイノベーションは十分な変革をもたらさない」

経済学者の見解は？

- 同意しない　34%
- 同意する　7%
- どちらともいえない　59%

（出所）IGM Economic Experts Panel, February 11, 2014.

アメリカ政府は長い間、技術的知識の創造と普及に携わってきた。1世紀前、政府は農法に関する研究を援助し、土地の最適な利用法について農家に助言した。より最近では、空軍やNASAを通じて、航空・宇宙研究を支援している。その結果、アメリカはロケットや飛行機の製造をけん引するようになった。アメリカ政府は、全米科学財団や国立衛生研究所を通じた研究助成金や、研究開発に従事する企業への税制優遇措置によって、知識の進歩を促進し続けている。

政府の政策が研究を奨励するもう1つの方法は、特許制度を通じたものである。個人や企業が新しい薬といった革新的な製品を開発した場合、発明者は特許を申請することができる。その製品が独創的であると判断されれば、政府は特許を与え、発明者はその製品を一定期間、独占的に製造する権利を得ることができる。要するに、特許は発明に対する財産権を発明者に与え、発明者の新しいアイデアを公共財から私有財に変えるのである。そのため、発明品の普及は遅れるかもしれない。しかし、発明者がその発明から一時的にせよ利益を得られるようにすることで、特許制度は、個人や企業が研究活動に従事するインセンティブを高めるのである。

3-9 人口成長

経済学者やその他の社会科学者たちは、人口の規模や増加が社会にどのような影響を与えるかについて長い間議論してきた。最も直接的な影響は、労働力の規模に対する影響である。人口が多いということは、財・サービスを生産するための労働者の数が多いことを意味する。中国の人口が非常に多いという事実は、中国が世界経済において重要な役割を果たしている理由の1つである。

しかし同時に、人口が多いということは、それらの財・サービスを消費する人が多いということでもある。つまり、人口が多いと財・サービスの総生産量は増加するが、それが人々の平均的な生活水準の向上につながるとは限らない。実際、あらゆる経済発展の段階にある国の中には、大きな国も小さな国も存在している。

このような人口規模がもたらす明らかな影響にとどまらず、人口成長は、他の生

産要素とより微妙な経路で影響し合っており、そうした影響については議論が続いている。

天然資源のひっ迫　トマス・ロバート・マルサス（Thomas Robert Malthus、1766～1834）はイギリスの牧師で、初期の経済思想家である。彼は著書『人口論』で有名だが、その中で、冷ややかな予測を示した。マルサスは、増え続ける人口が社会の自給能力を絶えず圧迫し、その結果、人類は永遠に貧困にあえぐ運命にあると主張した。

　マルサスの論理はシンプルである。彼はまず、「食料は人間の生存に必要である」とともに、「男女間の情熱の存在は必然で、ほぼ現状を維持するだろう」と主張した。そして、「人口の力は、人類の生存を支える地球の力よりも無限に大きくなる」と結論づけた。マルサスによれば、人口増加の唯一の歯止めは「困窮と悪徳」であった。慈善団体や政府が貧困を緩和しようとする試みは、貧困層がより多くの子供を産むことを許し、社会の生産能力にさらなる負担を強いることになるため、非生産的であると主張した。

　マルサスは、彼が生きていた当時の世界を正しく描写したかもしれないが、彼の悲惨な予測は的外れであった。世界人口は過去2世紀で約6倍に増えたが、世界中で生活水準も向上したのである。経済成長により、慢性的な飢餓や栄養失調は、マルサスの時代よりも一般的でなくなった。現代でも飢饉は時折起こるが、食料生産が不十分であることよりも、所得の不平等や政治的な不安定さが原因であることが多い。

　マルサスはどこで間違ったのだろうか。本章の冒頭で述べたように、人類の創意工夫は人口増加の影響を相殺した。農薬、肥料、機械化された農機具、新しい品種の作物など、マルサスが想像もしなかったような技術的進歩によって、各々の農家はこれまで以上に多くの人々を養うことができるようになった。養うべき人数が増えても、各々の農家の生産性がはるかに向上しているため、必要な農家の数は少なくなっている。

資本ストックの希薄化　マルサスが、人口が天然資源の利用に及ぼす影響を懸念したのに対し、現代の経済成長理論の中には、人口が資本蓄積に及ぼす影響を強調するものがある。これらの理論によれば、労働者数の急激な増加は資本ストックをより薄く分散させるため、高い人口増加率は労働者1人当たりのGDPを減少させる。言い換えれば、人口が急増すると、労働者1人あたりが使用できる資本が少なくなる。労働者1人当たりの資本量が少なければ、生産性が低下し、労働者1人当たりのGDPも低下する。

　この問題は、人的資本の場合に最も顕著である。人口増加率が高い国は学齢期の子供が多く、教育制度への負担が大きくなる。これが、人口増加率が高い国の教育水準が低い理由の1つである。

　世界における人口成長の差は大きい。アメリカや西ヨーロッパのような先進国では、最近数十年の人口増加率は年率1%未満であり、将来的にはさらに緩やかにな

第10章　生産と成長

ると予想されている。対照的に、アフリカのいくつかの貧しい国々では、年率約3％で人口が増加している。このペースでいくと、人口は23年ごとに倍増することになる。このような急速な人口増加によって、高い生産性を達成するために必要なツールやスキルを労働者に提供することが難しくなっている。

　急激な人口増加は、発展途上国が貧しい主な理由ではないが、人口増加率を下げれば、これらの国々の生活水準を上げることができると考える人々もいる。一部の国では、この目標を直接的に達成するために、家族が持てる子どもの数を法律で規制している。たとえば、中国は1980年から2015年まで、1家族につき子供は1人しか産むことができず、この規則に違反した夫婦には多額の罰金が課された。権威主義的でない国々では、避妊技術の認知度を高めることで、直接的でないかたちで人口増加の抑制という目標が達成されている。

　国家が人口増加に影響を与えることができるもうひとつの方法は、**経済学の10原則**の1つを適用することである。すなわち、「人々はインセンティブに反応する」のである。子供を育てることは、他の決定と同様、機会費用がかかる。そのコストが上昇すると、人々はより小さな家族を持つことを選択する。特に、十分な教育を受け、雇用の見通しが良い女性は、家庭の外での機会に恵まれない女性よりも、子供の数を減らす傾向がある。女性に対する公平な処遇を促進する政策は、発展途上国にとって、人口増加率を下げて生活水準を上げるための1つの方法である。

技術進歩の促進　急激な人口増加は、各々の労働者が持つ資本量を減少させることによって、経済的な繁栄を阻害するかもしれないが、その反面、プラスの面もある可能性がある。一部の経済学者は、世界の人口増加が技術進歩の原動力になってきたと指摘している。そのメカニズムは単純である。すなわち、人口が増えれば、科学者、発明家、技術者が増え、技術の進歩が促進されることで、すべての人に利益がもたらされるというものである。

　経済学者のマイケル・クレーマー（Michael Kremer）は、1993年に発表した論文「人口増加と技術的変化：紀元前100万年から1990年まで」の中で、この仮説に一定の裏付けを与えている。クレーマーはまず、人類の歴史を長い目で見ると、世界の成長率は、世界の人口増加とともに上昇してきたと指摘した。たとえば、人口が1億人だった頃（紀元前5世紀頃）よりも、10億人だった頃（1800年頃）のほうが、世界の経済成長は速かった。これは、人口が多いほど技術進歩が促進されるという仮説と一致している。

　クレーマーの2つ目の証拠は、世界を地域ごとに比較したものである。紀元前1万年ごろの氷河期の終わりに、南極と北極の氷が溶けたことで陸地に浸水し、世界はそこから数千年の間、互いに交流できない別々の地域に分かれた。もし、技術進歩が物事を発見する人々の数が多いほど速くなるのであれば、人口の多い地域ほど急速な成長を遂げたはずである。

　クレーマーによれば、その通りのことが起こったのである。1500年（ヨーロッパの航海士たちが、再び他の地域と接触し始めた時代）において、世界で最も成功していた地域は、ユーラシア大陸からアフリカ大陸の広大な地域に存在した「旧世界」

293

第Ⅲ部　マクロ経済学

の文明であった。次に技術的発展を遂げていたのは、アメリカ大陸のアステカ文明とマヤ文明であり、続いて、オーストラリアの狩猟採集民、そしてタスマニアの未開の人々という順であった。タスマニアの人々は、火を用いることもせず、石や骨の道具さえ持っていなかった。

　孤立した地域で最も小さかったのは、タスマニアとオーストラリアの間にある小さな島、フリンダース島だった。人口が最も少ないフリンダース島は、技術的進歩の機会が最も少なく、退化してしまったようである。紀元前3000年頃、フリンダース島における人類の社会は完全に消滅した。

　クレーマーはこの事実から、人口増加は技術進歩の可能性を高めると結論づけている。

ケーススタディ　なぜアフリカには貧困が溢れているのか？

　地球上で最も貧しい人々の多くが、サハラ以南のアフリカに住んでいる。この地域の2020年の1人当たりGDPはわずか3,821ドルで、世界平均の22％に過ぎない。この地域では、極度の貧困が蔓延している。すなわち、人口の40％が1日1.90ドル以下で生活しているが、全世界でみると、この割合は9％に過ぎない。

　このように経済発展が低位にとどまっていることに対して、簡潔な説明は存在しない。相互に関連する多くの要因が絡み合っており、貧困の原因とその影響を区別するのが難しいこともある。しかし、それを解くいくつかのヒントが存在する。

　低い資本投資：サハラ以南のアフリカは、労働者1人当たりの所得と資本が低い水準にとどまっているため、資本に対するリターンが高く、国内で貯蓄をする人々や海外の投資家にとって、魅力的な投資先であることが期待される。しかし実際には、サハラ以南のアフリカのGDPに占める資本形成の割合は、世界平均を数％ポイント下回っているのである。このように投資が低水準にとどまっていることは、以下のようないくつかの要因で説明できると考えられる。

　低い教育水準：小学校を卒業する前に教育をやめてしまう子供たちの比率は、世界全体でみると10％にすぎないが、この地域では31％に達する。また、学校教育の質も低い。すなわち、小学校の生徒と教師の比率は、世界平均が23：1であるのに対し、サハラ以南のアフリカでは37：1にもなる。成人の識字率は、世界の86％に対し、サハラ以南のアフリカでは65％にすぎない。教育水準の低い労働者は、生産性が低いと考えられる。

　劣悪な健康状態：サハラ以南のアフリカに暮らす1歳児のうち、27％がDPT（ジフテリア、百日咳、破傷風）の予防接種を受けておらず、30％がはしかの予防接種を受けていない。これらの数字はともに、世界平均の約2倍である。5歳未満の子供のうち、33％が発育に影響があるほどの栄養不良であるが、全世界でこの比率は22％にすぎない。成人の1.6％がHIVに感染しており、これは世界平均の4倍である。これらの統計は、個々人の悲劇的な状況を示しているだけでなく、経済的な惨状を

説明する手助けとなる。健康でない労働者は、生産性が低いのである。

高い人口増加率：サハラ以南のアフリカの人口は、近年、年間約2.7％増加しており、26年ごとに倍増している。一方、世界人口は年率1.1％で増加し、64年ごとに倍増している。急速な人口増加は、労働者が高い生産性を達成するために必要な物的・人的資本を備えることを困難にしている。

地理的な不利益：内陸に住む人々の比率は、世界全体では7％にすぎないが、サハラ以南のアフリカでは、エチオピア、ウガンダ、チャド、ニジェール、マリといった内陸国に住む人が全体の25％を占める。内陸国は貧しい傾向にある。輸送を目的とした海へのアクセスが容易でなければ、貿易から得られる利益を活用することが難しくなる。

制限された自由：社会科学者は、国民にとっての自由度を測る指標を開発してきた。これらの指標は、司法制度の信頼性、個人の安全と保障、表現の自由、国際貿易に従事する権利、といった特徴について計測を行う。サハラ以南のアフリカ諸国は、南アジア、東ヨーロッパ、中東の国々と同様、これらの指標で低くランク付けされる傾向にある。最も自由な国々は、西ヨーロッパ、北ヨーロッパ、北アメリカの国々になる傾向がある（南アメリカなど他の地域は、これらの極端なケースの中間に位置する）。これらの自由度の指標は、経済的な繁栄と正の相関関係がある。すなわち、自由度が高いほど一般的に所得も高いが、これはおそらく、何らかの制約が資源を効率的に配分する見えざる手の力を阻害しているためである。

汚職の横行：多くのアフリカ諸国の政府では、高水準の汚職が蔓延している。汚職を監視する非営利団体「トランスペアレンシー・インターナショナル」によると、2020年にはソマリアと南スーダンが世界で最も腐敗した国となり、サハラ以南のアフリカ全体が最も汚職が多い地域となった（最も汚職の少ない国は、ニュージーランドとデンマークだった）。汚職の水準が高いと、国内居住者の貯蓄や投資が抑制され、海外からの投資も抑制される。

植民地化の遺産：経済学者のダロン・アセモグル（Daron Acemoglu）とジェームズ・ロビンソン（James Robinson）は、アフリカの多くの地域における経済発展の遅れは、ヨーロッパ人の植民地支配によって整備された制度に原因があると考えている。17世紀から18世紀にかけて、ヨーロッパ人はアメリカやカナダ、ニュージーランドのような気候の穏やかな植民地に定住することを好んだ。彼らは、そこに定住することを計画していたため、ヨーロッパ人は祖国のような**包摂的制度**（inclusive institution）を持ち込んだ。包摂的な制度は、政治権力を広範に分散させ、財産権と法の支配を尊重することで、経済的な繁栄を促進する。アフリカの大部分を含む熱帯気候の地域において、入植者は永住にほとんど関心がなかった。そこで彼らは、その地域の人々と天然資源を搾取するために、権威主義的な政府など**搾取的制度**（extractive institution）を確立した。入植者が去った後でさえも、搾取的な制度は残って新たな支配エリートによって引き継がれ、経済発展を阻害した。

奴隷貿易の余波：経済学者のネイサン・ナン（Nathan Nunn）は、アフリカの発展が低水準にとどまっていることの一部は、1400年頃に始まり約500年間続いた国際的な奴隷貿易の結果であると主張している。この期間に、約2,000万人のアフリ

第Ⅲ部　マクロ経済学

カ人が、戦争や誘拐、友人や親戚の裏切りによって奴隷にされた。ナンは、（もともと最も貧しい地域ではなかったにもかかわらず）現在アフリカで最も貧しい地域は、最も多くの奴隷が連れ去られた地域であるという傾向を示すことで、この仮説の根拠を提示している。彼は、奴隷貿易が政治的・法的制度を弱体化させ、不信の文化を残すことによって経済発展を阻害したことを示し、この発見を説明している。

　ここに示したどの原因も、アフリカの問題に対する簡単な解決方法を教えてくれるわけではない。しかし、貧困が当然の結論ということでもない。良い政策と幸運が重なり、アフリカのボツワナは中所得国となり、1人当たりGDPは世界平均とほぼ同じであるほか、極度の貧困に苦しむ人々の比率は、サハラ以南の他のアフリカ諸国の半分以下である。ボツワナは、内陸国という不利な条件があるほか、蔓延するHIVに悩まされている。しかし、近隣諸国の多くと比較すると、ボツワナは、高い投資、高い教育水準、低い人口増加率、高い予防接種率、少ない栄養不良、高い自由度、少ない汚職、といった特徴を持ち、幸いにも広範な奴隷化の歴史を持たない。かつては植民地化された国だったが、現在では、アフリカ最古の民主主義国となっている。ある意味でボツワナは、経済成長を形成する要因に集中することで、国家が何を達成できるかを示すお手本である。

理解度確認クイズ

6. 資本は収穫逓減の影響を受けるため、貯蓄と投資が増加しても＿＿＿＿＿＿＿にはつながらない。

　a. 長期的な所得の増加

　b. 短期的な所得の増加

　c. 長期的な成長率の上昇

　d. 短期的な成長率の上昇

7. 日本の自動車メーカーであるトヨタが、アメリカで自動車工場を拡張する場合、この出来事がアメリカの国内総生産と国民総生産に与える影響はどのようなものだろうか。

　a. GDPは上昇し、GNPは下落する。

　b. GNPは上昇し、GDPは下落する。

　c. GDPとGNPは共に上昇するが、GDPのほうがより大きく上昇する。

　d. GDPとGNPは共に上昇するが、GNPのほうがより大きく上昇する。

8. トマス・ロバート・マルサスは、人口成長は以下のことをもたらすと考えた。

　a. 経済における食糧の生産能力をひっ迫させ、人類を貧困に陥れる。

　b. 資本ストックを労働力に薄く分散させ、各々の労働者の生産性を低下させる。

　c. 科学者や発明家が増えるため、技術進歩を促進させる。

　d. 避妊に関する改善がうながし、人々がより小さな家族を持つようになるため、最終的には、人口成長は持続可能なレベルまで低下する。

➡（解答は章末に）

4　結論：長期的成長の重要性

　この章では、何が国民の生活水準を決定するのか、また、政策担当者は経済成長

第10章　生産と成長

を促進する政策を通じて、どのように生活水準の向上を図ることができるのかについて議論した。分析の多くは、**経済学の10原則**の1つにまとめられている。すなわち、「一国の生活水準は、財・サービスの生産能力に依存する」のである。生活水準の向上を望む政策担当者は、生産性の向上を目指さなければならない。そのためには、生産要素の速やかな蓄積を促すとともに、これらの要素が可能な限り効果的に用いられるようにする必要がある。

　経済成長を促進する上での政府の役割については、経済学者の間でも意見が分かれている。少なくとも、政府は財産権と政治的安定を維持することで、見えざる手を支えることはできる。より意見が分かれるのは、政府が、技術進歩にとって特に重要な特定の産業を決めて、補助金を出すべきかどうかという点である。これらの問題は、経済学で最も重要な問題の1つである。ある世代の政策担当者が、経済成長に関する基本的な教訓を学び、それに耳を傾けることに成功するかどうかで、次の世代がどのような世界を受け継ぐかが決まるのである。

本章のポイント

● 1人当たりのGDPで測定される経済的な繁栄度は、国ごとに大きく異なっている。世界で最も豊かな国の平均所得は、最も貧しい国の10倍以上である。実質GDPの成長率も大きく異なるため、各国の相対的な地位は、時間の経過とともに大きく変化する可能性がある。

● 生活水準は、経済における財・サービスの生産能力によって決まる。生産性は、労働者が利用できる物的資本、人的資本、天然資源、技術的知識に依存する。

● 政府の政策は、さまざまな方法で経済の成長率に影響を与えることができる。貯蓄と投資の奨励、海外からの投資の促進、教育の促進、健康の増進、財産権と政治的安定の維持、自由貿易の許可、新技術の研究開発の支援などである。

● 資本の蓄積は、収穫逓減の影響を受ける。すなわち、資本が多ければ多いほど、1単位の資本から得られる追加的な生産量は少なくなる。貯蓄と投資が増加すると、しばらくの間は成長率が高まるが、資本、生産性、所得が増加するにつれて、成長率はやがて鈍化する。また、収穫逓減のため、貧困国の資本収益率は高いことが多い。他の条件が同じであれば、これらの国は、キャッチアップ効果によって速く成長することができる。

● 人口増加は、経済成長に様々な影響を与える。より急速な人口増加は、天然資源の供給をひっ迫させ、労働者1人当たりが利用できる資本の量を減らすため、生産性を低下させる可能性がある。しかし、人口が増加すれば、科学者や技術者が増えるため、技術進歩の速度が高まる可能性がある。

297

第Ⅲ部　マクロ経済学

理解度確認テスト

1. GDPの水準は何を計測しているのだろうか。GDPの成長率は何を計測しているのだろうか。あなたは、GDPが高水準だが成長率が低い国と、GDPが低水準だが成長率が高い国のどちらに住みたいか。

2. 生産性の決定要因を4つ挙げて説明しなさい。

3. 大学の学位は、どのような意味で資本の1つであると言えるのか。

4. 貯蓄の増加は、どのように生活水準の向上につながるか、説明しなさい。貯蓄率を上げようとする政策担当者を躊躇させるものは何だ

ろうか。

5. 貯蓄率を高めると、成長率は一時的に高まるだけだろうか。それとも、無期限に高まるのだろうか。

6. 関税のような貿易制限を撤廃することが、なぜ急速な経済成長につながるのか。

7. 人口増加率は、1人当たりGDPの水準にどのように影響するだろうか。

8. アメリカ政府が、技術的知識の進歩を奨励しようとする際に用いる2つの方法について述べなさい。

演習と応用

1. アメリカを含むほとんどの国は、他国からかなりの量の財・サービスを輸入している。しかし、本章では、ある国が高い生活水準を享受できるのは、大量の財・サービスを自国内で生産できる場合に限られると述べている。これら2つの事実は、整合的に説明することができるだろうか。

2. 社会が消費を減らし、投資を増やすことを決めたとする。
   a. この変化は、経済成長にどのような影響を与えるだろうか。
   b. この変化によって恩恵を受けるのは、社会のどういったグループだろうか。また、どういったグループが損をするだろうか。

3. 社会は、資源のどの程度を消費に振り向け、どの程度を投資に振り向けるかを選択する。これらの選択には、私的な支出に関するものもあれば、政府支出に関するものもある。
   a. 消費に分類される民間支出と、投資に分類される民間支出について、それぞれいくつかの例を説明しなさい。国民経済計算では、授業料は消費支出の一部として含まれている。あなた自身の意見では、あなたが教育に費やす資源は、消費の一部とみなすべきか。それとも投資の一部とみなすべきだろ

うか。
   b. 政府支出のうち、消費に分類されるものと、投資に分類されるものについて、いくつか例を挙げて説明しなさい。あなた自身の意見では、健康プログラムへの政府支出は、消費と投資のどちらであるとみなすべきか。その際、若者のための健康プログラムと、高齢者のための健康プログラムは分けて考えるべきだろうか。

4. 資本への投資の機会費用とは何だろうか。ある国が、資本に過剰投資することはありうるだろうか。人的資本への投資の機会費用とは何だろうか。ある国が、人的資本に過剰投資することはありうるだろうか。説明しなさい。

5. 1990年代と2000年代の最初の20年間、日本と中国のアジア経済圏の投資家は、アメリカに多額の直接投資と証券投資を行った。当時、多くのアメリカ人は、このような投資に不満を抱いていた。
   a. アメリカにとって、このような海外からの投資を受けることは、受けない場合と比べて、どのような点で良かったか。
   b. アメリカ人自身がこの投資を行っていたら、どのような点でさらに良かっただろうか。

298

第10章　生産と成長

6. 多くの発展途上国では、若い女性の中等教育への就学率が、若い男性に比べると低水準にとどまっている。若い女性の教育機会を増やすことで、これらの国々におけるより速い経済成長を促すことができる道すじをいくつか挙げて説明しなさい。

7. 国際財産権指標（International Property Right Index）は、各国の法的・政治的環境と財産権保護の程度に基づいて点数をつけている。オンラインで最近のランキングを検索し、点数の高い国を3か国、低い国を3か国選びなさい。次に、これら6か国の1人当たりGDPの推計値を調べなさい。そこから、どのようなパターンを見出すことができるだろうか。見つけたパターンについて、考えられる解釈を2つ挙げなさい。

8. 国際的なデータは、1人当たりの所得と国民の健康との間に正の相関があることを示している。

   a. 所得が高いほど、健康状態が良くなる可能性について説明しなさい。

   b. より良い健康状態が、より高い所得に繋がる可能性について説明しなさい。

   c. 上記2つの仮説の相対的な重要性は、公共政策の立案にどのくらい関連するだろうか。

9. 18世紀の偉大な経済学者アダム・スミスは、「ある国家を最低で野蛮な状態から、最高の豊かさへと導くために必要なものは、平和、簡素な税、および我慢できる程度の司法制度くらいである。あとはすべて、自然の成り行きによってもたらされる」と述べた。スミスが述べた3つの条件のそれぞれが、どのように経済成長を促進するのか説明しなさい。

理解度確認クイズの解答

1. b　　2. c　　3. a　　4. b　　5. d　　6. c　　7. c　　8. a

第11章

—— Chapter 11
Saving, Investment, and the Financial System

貯蓄、投資、金融システム

　大学を卒業した後（もちろん経済学の学位を持って）、あなたが経済予測を行う会社を起業したとしよう。経済予測を売り出す前に、かなりの設立費用がかかる。コンピュータ、プリンター、ソフトウェア、机、椅子、キャビネットなどが必要だ。これらは、会社がサービスを生産し販売するために用いる資本財である。

　あなたは、この資本に投資するための資金をどうやって手に入れるだろうか。もしかすると、自分の貯蓄を取り崩すことはできるかもしれない。しかし多くの場合、ほとんどの起業家と同じように、新しいビジネスを始めるための十分な資金を自分で持ち合わせていない。あなたは、必要な資金を他のどこかから調達しなければならないのである。

　こうした資本への投資に必要な資金を調達するのにはさまざまな方法がある。後に返済する約束をして、銀行、友人、親戚からお金を借り、その分の利息を払うといったことができるかもしれない。あるいは、将来の利益を分配することと引き換えに、資金を提供するように誰かを説得することもできるかもしれない。いずれの場合も、コンピュータや事務機器への投資は、他の誰かの貯蓄によって賄われることになる。

　金融システムは、ある人の貯蓄と別の人の投資を結びつけるのを助ける仕組みである。前章で述べたように、貯蓄と投資は長期的な経済成長にとって重要な要素である。すなわち、ある国がGDPの大部分を貯蓄すれば、資本への投資により多く

···· **金融システム**
（financial system）
経済において、ある人の貯蓄と別の人の投資を結びつけるのを助けるさまざまな仕組み

301

第Ⅲ部　マクロ経済学

の資源が使われるようになり、資本が増えればその国の生産性と生活水準が向上する。しかし、貯蓄と投資の調整は単純な問題ではない。常に、収入の一部を将来のために貯蓄したい人もいれば、新規の成長しているビジネスへの投資のためにお金を借りたい人もいる。この2つのグループを結びつけるものは何だろうか。何が、貯蓄したい人の資金供給と、投資したい人からの資金需要を均衡させているのだろうか。

　この章では、金融システムがどのように機能しているかを検討する。まず、経済の金融システムを構成するさまざまな仕組みについて説明する。第2に、金融システムとマクロ経済の主要変数（特に貯蓄と投資）との関係を検証する。第3に、金融市場における資金の需要と供給のモデルを構築する。この単純なモデルでは、金利は1つしか存在せず、需要と供給のバランスを調整する価格として機能する。このモデルは、政府の政策が金利にどのような影響を与え、さらに社会の希少な資源の配分にどのような影響を与えるかを示してくれる。

1　アメリカ経済における金融制度

　最も広い定義で考えると、金融システムは、希少な資源を貯蓄する人（収入より支出が少ない人々）から借りる人（収入より支出が多い人々）へと移動させるものである。貯蓄する人は、数か月後の休暇に必要な資金を準備したり、数年後に子供を大学に進学させたり、数十年後に悠々自適の老後を送ったりと、さまざまな目的を持っている。同様に借り手も、車を買う、家を買う、ビジネスを始めるなど、さまざまな理由でお金を必要としている。貯蓄する人は、後で利子がついて戻ってくることを期待して、金融システムに資金を供給する。借り手は、利子をつけて返済しなければならないことを承知の上で、金融システムから資金を調達する。

　金融システムは、貯蓄する人と借りる人を結びつけるための仕組みによって構成されている。金融システムを動かしている経済的要因を分析する前段階として、これらの仕組みのうちで最も重要なものについて考えてみよう。金融システムは、以下の2つに分類することができる。すなわち、金融市場と金融仲介機関である。

1-1　金融市場

金融市場とは、貯蓄したい人が借りたい人に直接資金を供給するための制度である。最も重要な2つの金融市場は、債券市場と株式市場である。

金融市場
（financial markets）
貯蓄する人が借りる人に対して、直接資金を供給することができる金融の仕組み

債券
（bond）
債務の証明書

債券市場　コンピュータチップのメーカーであるインテルが、新しい工場の建設のための資金を借りたい場合、一般の人々から直接借り入れることができる。インテルは債券を販売することで、借り入れることができる。**債券**とは、債券の買い手に対する借り手の義務を明記した債務の証明書である。簡単に言えば、債券の買い手は貸し手であり、債券は借用書である。債券は、**満期**（date of maturity）と呼ばれる借金が返済される期日と、借り手が満期まで定期的に支払う金利を明示している。債券の買い手は、利息と**元本**（principal）と呼ばれる最終的な返済額に関する約束

第11章　貯蓄、投資、金融システム

と引き換えに、インテルに対してお金を提供する。買い手は、満期まで債券を保有することもできるし、満期よりも先に他の誰かに債券を売却することもできる。

　アメリカ経済には、非常に多くの異なる債券が存在する。大企業、連邦政府、州政府、地方政府が、新しい工場、新しい戦闘機、新しい学校のための資金を借り入れる必要があると、多くの場合、債券を発行して借入を行う。ウォール・ストリート・ジャーナル紙やニュース配信サービスのビジネス欄を見れば、いくつかの最も重要な債券の価格と金利が掲載されている。これらの債券は、4つの重要な特徴によって異なっている。

　債券の1つ目の特徴は**期間**（term）、すなわち債券が満期を迎えるまでの時間の長さである。数か月といった短い期間の債券もあれば、30年やそれ以上の期間の債券もある（イギリス政府は、**永久債**と呼ばれる満期のない債券を発行したこともある。これらの債券は永遠に利子を支払うが、元本は返済する必要がない）。債券の利率は、借入期間の長さに影響を受ける。期間の長い債券（長期債）の保有者は、元本が返済されるまでより長く待たなければならないため、長期債は、期間の短い債券（短期債）よりもリスクが高い。長期債の保有者は、はるか先の満期よりも早く資金が必要になった場合、債券を他の誰かに売却するしかなく、その際、もしかすると値下げする必要があるかもしれない。こうしたリスクを補うため、長期債の金利は短期債よりも高くなる傾向がある。

　債券の2つ目の重要な特徴は**信用リスク**（credit risk）で、これは、借り手が利息や元本の一部の支払いができなくなる確率を指す。このように支払いができなくなる状態を**デフォルト**（default：**債務不履行**）と呼ぶ。借り手は、破産を宣言することによって、借金に対してデフォルトにすることができ、時折、そういったことが起こる。債券の買い手は、デフォルトの確率が高いと認識すれば、その代償として高い金利を要求する。アメリカ政府は、信用リスクが低いと考えられているため、アメリカ国債は低金利になる傾向がある。対照的に、財務的に不安定な企業は、一般にジャンク債と呼ばれる**高利回り債**を発行して資金を調達する。債券の買い手は、債券を発行する主体の財務状況を評価している民間機関に問い合わせることで、信用リスクに関する判断を下すことができる。たとえば、スタンダード・アンド・プアーズは、債券をAAA（最も安全）からD（すでにデフォルトに陥っている）まで格付けしている。

　債券の3つ目の重要な特徴は**税制措置**（tax treatment）、つまり債券から得られる利子の税法上の扱いである。ほとんどの債券について、利子は課税所得になる。すなわち、債券の所有者は、受け取った利子の一部を所得税として支払わなければならない。しかし、州や地方政府が**地方債**と呼ばれる債券を発行する場合、債券所有者は利子所得に対する連邦所得税を支払う必要はなく、場合によっては州税や地方税を支払う必要もない。このような税制上の利点から、州や地方政府が発行する債券は、一般的に企業や連邦政府が発行する債券よりも利率が低い。

　債券の4つ目の重要な特徴は、**インフレ保障**（inflation protection）があるかどうかである。ほとんどの債券は、名目ベースで記述されている。つまり、ドル（あるいは他の通貨）で決まった額の利息と元本を支払うことが約束されている。もし、

303

第Ⅲ部　マクロ経済学

物価が上昇してドルの購買力が低下すれば、債券保有者は不利になってしまう。しかし一部の債券は、金利と元本の支払いをインフレーションの指標に連動させ、物価が上昇すれば支払いも比例して上昇するようになっている。1997年以降、アメリカ政府はこのような債券を発行しており、物価連動国債（TIPS）と呼ばれている。TIPSはインフレーションに対する保障があるため、一般的に、この特徴を持たない同様の債券よりも金利が低い。

株式市場　インテルにとって、新しい半導体工場の建設のための資金を調達するもう1つの方法は、株式を売ることである。株式は企業の部分的な所有権を表し、企業があげる利益の一部に対する請求権である。たとえば、インテルが合計100万株の株式を売る場合、1株はインテルのビジネスに関する100万分の1の所有権を意味する。

株式
（stock）
企業の部分的な所有権

株式を売って資金を調達することを**エクイティ・ファイナンス**（equity finance）と呼び、債券を売ることを**デット・ファイナンス**（debt finance）と呼ぶ。企業は新規投資のための資金調達にエクイティ・ファイナンスとデット・ファイナンスの両方を利用するが、株式と債券は全く異なるものである。インテルの株式の所有者はインテルの部分的な所有者であり、インテルの債券の所有者はその企業の債権者である。インテルが高収益をあげれば、株主はその利益を享受できるが、債券の保有者はその債券の利息しか得られない。また、インテルが経営難に陥った場合、株式の保有者がお金を受け取る前に、債券の保有者に対して必要なお金が支払われる。債券に比べ、株式のリスクは大きいが、潜在的に高いリターンが期待できるのである。

企業が株式を一般向けに売り出して発行した後は、これらの株式は組織化された証券取引所で取引される。これらの取引では、株式が売買される際、企業自身が金銭を受け取ることはない。アメリカ経済で最も重要な証券取引所は、ニューヨーク証券取引所とナスダックである。世界のほとんどの国には独自の証券取引所があり、その国の企業の株式が取引されている。最も重要なものとして、東京、上海、香港、ロンドンの証券取引所が挙げられる。

証券取引所における株式の取引価格は、需要と供給によって決定される。株式は企業の所有権を表すため、株式の需要（したがってその価格）は、部分的に、企業の将来の収益性に対する人々の認識に基づいている。人々が企業に対して楽観的になると、その企業の株式に対する需要が高まり、株価が上昇する。逆に、企業の将来性に対する人々の期待が低下すると、株価は下落する。

株価指数は、株価全体の水準を示している。**株価指数**（stock index）は、複数の株価の平均として計算される。最も有名な株価指数は、1896年に導入されたダウ・ジョーンズ工業株価平均である。これは、ディズニー、マイクロソフト、コカ・コーラ、ボーイング、アップル、ウォルマートなど、アメリカの主要企業30社の株価から算出される。もう1つの有名な株価指数は、S&P500指数で、これは主要な500社の株価に基づいている。株価は期待される収益性を反映するため、これらの株価指数は将来の経済状況を示す指標として注視されている。

第11章　貯蓄、投資、金融システム

1-2　金融仲介機関

　金融仲介機関は、貯蓄する人が借りる人に対して、資金を間接的に提供できる金融の仕組みである。「仲介」という用語は、貯蓄する人と借りる人の間に立つこれらの機関の役割を反映している。銀行と投資信託は、最も重要な2つの金融仲介機関である。

銀行　小さなコンビニエンスストアを経営するキム一家を考えてみよう。キム一家が事業拡大のための資金を調達する場合、インテルとは異なる方法で進めるだろう。大企業とは異なり、家族経営の小規模企業は株式市場や債券市場で資金を調達することが難しい。株式や債券の買い手の多くは、よく知っている大企業の発行する債券を好むのである。キム一家は、事業拡大の資金を地元の銀行からの融資で調達する可能性が高い。

　銀行は、人々にとって最も身近な金融仲介機関である。銀行の主な仕事は、貯蓄したい人から預金を預かり、その預金を元手に借りたい人に融資することである。銀行は、預金者に預金金利を支払い、借り手にはややそれよりも高めの金利で融資を行う。これらの金利差によって、銀行はその費用を賄い、その株主に対して利益を還元している。

　金融仲介機関であることに加え、銀行は、もう1つ重要な役割を果たしている。それは、財・サービスの交換を促進することである。人々は銀行預金を使って、小切手を書いたり、電子決済をしたり、デビットカードを使ったりして、商品を購入することができる。言い換えれば、銀行は、**交換手段**（medium of exchange）と呼ばれる特別な資産を作るのを促し、人々はそれを取引に使用することができる。交換手段を提供するという銀行の役割は、他の多くの金融機関とは異なるものである。株式や債券は、銀行預金と同様、人々が過去に貯蓄として蓄積した富の**価値保存手段**（store of value）としての役割を果たす。しかし、人々が小切手を書いたり、「支払う」ボタンを押したり、デビットカードをスワイプするといったような、簡単で、安価で、即時の富へのアクセスを提供してくれるものではない。ここでは、この銀行の2つめの役割は無視するが、後ほど貨幣制度について論じる際に触れることにする。

投資信託　アメリカ経済で重要性を増している金融仲介機関に投資信託がある。**投資信託**とは、その持ち分を一般に販売し、その資金でさまざまな種類の株式、債券、または株式と債券の両方の組み合わせである**ポートフォリオ**（portfolio）を購入する仕組みである。投資信託の持ち主は、ポートフォリオに関する全てのリスクとリターンを引き受ける。もし、ポートフォリオの価値が上昇すれば、その持ち主は利益を得て、ポートフォリオの価値が下落すれば、その持ち主は損失を被るのである。

　投資信託（および、それと同じような性質を持つ上場投資信託（ETF））の第1の利点は、少額の資金しか持っていない人々でも、保有資産を分散できることである。単一の株式や債券の価値は、単一の企業の状況に連動するため、1種類の株式や債

金融仲介機関
(financial intermediaries)
貯蓄する人が借りる人に対して、資金を間接的に提供できる金融の仕組み

投資信託
(mutual fund)
持ち分を一般に販売し、その資金で株式や債券のポートフォリオを購入する仕組み

305

第Ⅲ部　マクロ経済学

券だけ保有するのは非常にリスクが高い。対照的に、分散化された株式や債券のポートフォリオを保有する人々は、各企業への投資が少額であるため、より小さなリスクにしか直面していないことになる。投資信託は、こうした分散投資を容易なものにする。わずか数百ドルしかなくても、投資信託の持ち分を購入することができ、間接的に数百もの大企業の部分的な所有者または債権者になることができるのである。こうしたサービスの対価として、投資信託を運営する会社は、通常、毎年資産の0.1 ～ 1.5%の手数料をその保有者から得ている。

投資信託会社が主張する第2の利点は、投資信託を通じて、一般の人々がプロの資金運用者の技能を利用できることである。多くの投資信託の運用者は、株式を購入する企業の動向や見通しに細心の注意を払っている。これらの運用者は、将来的に利益を生むと思われる企業の株を買い、将来性の乏しい企業の株を売る。このような専門家による運用によって、投資信託の保有者が貯蓄から得るリターンは、増加するはずだという主張である。

しかし金融経済学者は、大抵この議論に懐疑的である。何千人もの資金運用者が各企業の将来性に細心の注意を払っているため、企業の株価は、ほとんどの場合、その企業の真の価値を反映した価格で取引される。その結果、良い株を買って悪い株を売ることで「市場に勝つ」のは難しい。実際、**インデックスファンド**（index funds）と呼ばれる投資信託は、株価指数の全銘柄を購入するもので、プロの資金運用者による活発な売買を利用する投資信託よりも、平均するといくらか運用成績が優れている。インデックスファンドの運用成績が優れている理由は、インデックスファンドは売買をほとんど行わず、プロの資金運用者に給料を払う必要がないため、コストが低く抑えられるからである。

1-3　まとめ

アメリカ経済には、さまざまな金融の仕組みが存在する。債券市場、株式市場、銀行、投資信託に加え、年金基金、信用組合、保険会社、さらには地元の高利貸しまで存在している。これらの金融の仕組みは、多くの点で異なっている。しかし、金融システムのマクロ経済における役割を分析する際には、そのような違いはあっても、これら金融の仕組みはすべて同じ目的のために役立っていることを念頭に置く必要がある。すなわち、貯蓄する人の資源を借りる人の手に届けることである。

理解度確認クイズ

1. ロイスは地元新聞を発行したいが、ビジネスを始めるための資金がない。彼女は友人のクラークから6万ドルを借り、7%の金利を約束した。さらに友人のジミーから4万ドルを借り、利益の10%を分ける約束をした。この状況を説明するのに最も適切なものは、以下のうちどれか。

   a. クラークは株主であり、ロイスは債券の保有者である。

   b. クラークは株主であり、ジミーは債券の保有者である。

   c. ジミーは株主であり、ロイスは債券の保有者である。

   d. ジミーは株主であり、クラークは債券の保有者である。

第11章　貯蓄、投資、金融システム

2. 債券の利率が高い場合として、最も適切なものを選びなさい。

    a. 長期債ではなく短期債である場合。

    b. 連邦税が免除される地方債である場合。

    c. 企業ではなく連邦政府によって発行されたものである場合。

    d. 評判が疑わしい企業が発行した場合。

3. 投資信託の主な利点として、最も適切なものを選びなさい。

    a. 政府がリターンを保証していること。

    b. 分散されたポートフォリオを保有する簡単な方法であること。

    c. 交換手段として広く使われている資産であること。

    d. 株式や債券の価格変動を回避する方法であること。

➡ （解答は章末に）

2　国民所得勘定における貯蓄と投資

　金融システム内で起こる出来事は、経済全体の動向にとって中心的な役割を果たす。ここまで見てきたように、債券市場、株式市場、銀行、投資信託といった金融システムを構成する仕組みは、経済における貯蓄と投資の調整を行っている。前章で述べたように、貯蓄と投資はGDPと生活水準の長期的成長を決定する重要な要素である。したがってマクロ経済学者は、金融市場がどのように機能し、経済におけるさまざまな出来事や政策が、金融市場にどのような影響を与えるかを理解しておく必要がある。

　その出発点として、これらの市場における経済活動について、それを計測する主要なマクロ経済変数について考えてみよう。ここで重視するのは、行動ではなく会計である。**会計**とは、さまざまな数字を定義し、足し合わせるための方法を指す。個人の会計士は、家族の収入と支出を足し合わせるのを助けてくれるかもしれない。国民所得勘定に会計士がいるとするならば、経済全体について、それと同じことを行う。国民所得勘定には、特にGDPとそれに関連する多くの統計が含まれている。

　国民所得勘定のルールには、いくつかの重要な恒等式が含まれている。**恒等式**とは、方程式に含まれる変数の定義上、それが成立しなければならない方程式のことである。恒等式は、異なる変数が互いにどのように関連しているかを明らかにする。ここでは、金融市場のマクロ経済における役割に光を当てるいくつかの会計上の恒等式について考察する。

2-1　いくつかの重要な恒等式

　国内総生産（GDP）は、ある経済における総所得と、その経済が生産する財・サービスに対する総支出の両方であることを思い出してほしい。GDP（Yと表記）は、消費（C）、投資（I）、政府支出（G）、純輸出（NX）の4つの支出要素に分けられる。

$$Y = C + I + G + NX$$

この方程式は恒等式である。なぜなら、左辺に現れる支出はすべて、右辺の4つの構成要素のどれかに現れるからである。それぞれの変数の定義と測定方法からして、

307

第Ⅲ部　マクロ経済学

この方程式は常に成立しなければならない。

　物事を単純にするために、この章では、議論の対象とする経済が閉鎖経済であると仮定する。**閉鎖経済**とは、他の経済と取引を行わない経済である。特に、閉鎖経済では、財・サービスの国際貿易は行われず、国際的な資金の貸し借りも行われない。実際の経済は**開放経済**であり、世界中の他の経済と取引を行っている。それにもかかわらず、閉鎖経済を仮定することは、あらゆる経済に当てはまるいくつかの教訓を学べる有用な単純化である。さらに、この仮定は世界経済全体には完璧に当てはまるといえる（惑星間の貿易はまだ一般的ではない！）。

　閉鎖経済では、国際貿易が行われないので、輸入も輸出もなく、純輸出（NX）はちょうどゼロになる。恒等式は次のように単純化できる。

$$Y = C + I + G$$

この式は、GDPが消費、投資、政府支出の合計であることを示している。閉鎖経済で販売される各々の生産物は、消費されるか、投資されるか、政府によって購入されるのである。

　この恒等式が金融市場について意味することをみるために、CとGを両辺から差し引くと、以下の式が得られる。

$$Y - C - G = I$$

この式の左辺（$Y - C - G$）は、消費と政府支出の支払い後に残る経済の総所得である。

国民貯蓄（貯蓄）
(national saving
(saving))
消費と政府支出の支払い後に残る経済の総所得

すなわち、この金額は**国民貯蓄**、または単に**貯蓄**と呼ばれ、Sと表記される。$Y - C - G$をSで置き換えると、最後の式は次のように書ける。

$$S = I$$

この式は、貯蓄が投資に等しいことを示している。

　国民貯蓄の意味を理解するには、その定義にもう少しだけ手を加えるとわかりやすい。ここでTは、政府が家計から税金として徴収した額から、政府が社会保障や生活保護などの移転支出として家計に支払った額を差し引いた金額とする。そうすると、国民貯蓄は、次の2つのいずれかの方法で書くことができる。すなわち、

$$S = Y - C - G$$

もしくは、

$$S = (Y - T - C) + (T - G)$$

と書くことができる。2番目の式では2つのTが互いに打ち消し合うため、これらの式は同じものになるが、それぞれ国民貯蓄についての異なる考え方を示している。特に、2番目の式は、国民貯蓄を民間貯蓄（$Y - T - C$）と政府貯蓄（$T - G$）の2つに分けている。

民間貯蓄
(private saving)
家計が税金を払い、消費した分を支払った後に残る所得額

　これらそれぞれの貯蓄について考えてみよう。**民間貯蓄**とは、家計が税金を払い、消費した分を支払った後に残る所得の額である。特に、家計はYの所得を受け取り、

第11章　貯蓄、投資、金融システム

Tの税金を払い、Cを消費に使うので、民間貯蓄は$Y-T-C$となる。政府貯蓄は、政府がその支出を支払った後に残る税収の額である。政府は税収Tを受け取り、財・サービスにGだけ支出する。TがGを上回れば、政府は支出よりも多くの資金を受け取ることになる。この場合、政府貯蓄$(T-G)$は正となり、政府は財政黒字を計上しているという。GがTを上回ると、政府は税収を上回る支出を行っていることになる。この場合、政府貯蓄$(T-G)$は負となり、政府は財政赤字を計上しているという。

　ここで、これらの会計上の恒等式が、金融市場とどのように関連しているかを考えてみよう。$S=I$という式は、**経済全体として、貯蓄は投資と等しくなければならない**、という重要な事実を示している。しかし、この事実はいくつかの重要な問題を提起している。すなわち、この恒等式の背後にはどのようなメカニズムがあるのだろうか。貯蓄額を決定する人々と投資額を決定する人々を結び付けるものは何なのだろうか。その答えは金融システムである。債券市場、株式市場、銀行、投資信託、その他の金融市場や仲介機関は、$S=I$という式の両辺の間に存在しており、人々の貯蓄を受け入れ、それを人々の投資に振り向けているのである。

· · · **政府貯蓄**
(public saving)
政府がその支出を支払った後に残る税収の額

· · · **財政黒字**
(budget surplus)
政府支出を上回る税収の余剰額

· · · **財政赤字**
(budget deficit)
政府支出に対する税収の不足額

2-2 　貯蓄と投資の意味

　「貯蓄」と「投資」という言葉は、時に混乱を招くことがある。ほとんどの人は、これらの用語を何気なく、時には同じ意味で使っている。対照的に、国民所得勘定を作っているマクロ経済学者は、これらの用語を慎重に区別して用いている。

　例を考えてみよう。ラリーが、彼が支出する以上の収入を得て、使い切れなかった収入を銀行に預けたり、そのお金で企業の株式や債券を買ったりしたとする。ラリーの収入は消費を上回るため、ラリーは国全体の貯蓄を増やすことになる。ラリーは、自分のお金を「投資」していると考えるかもしれないが、マクロ経済学者は、ラリーの行動を投資ではなく「貯蓄」と呼ぶだろう。

　マクロ経済学の用語では、投資とは設備や建物などの新しい資本の購入を指す。ムーが新しい家を建てるために銀行から借金をすると、彼は国全体の投資を増やすことになる（新しい家の購入は家計支出の1つだが、消費ではなく投資であることを思い出してほしい）。同様に、カーリー・コーポレーションが株式を発行し、その資金で新しい工場を建設した場合も、国全体の投資を増やすことになる。

　会計上の恒等式$S=I$は、経済全体で貯蓄と投資が等しいことを示しているが、全ての家計や企業で貯蓄と投資が等しいことは意味しない。ラリーの貯蓄が投資を上回ることはあるし、彼は、その余剰分を銀行に預けることもできる。ムーの貯蓄が彼の投資を下回ることもあるし、その場合は、不足分を銀行から借りることができる。銀行やその他の金融の仕組みは、ある人の貯蓄で別の人の投資の資金を調達できるようにすることで、貯蓄と投資の間でこうした個人差が生じることを可能にしているのである。

309

第Ⅲ部　マクロ経済学

理解度確認クイズ

4. 政府の税収が支出を上回り、家計の消費が税引き後所得を上回る場合、どうなるだろうか。

　a. 民間貯蓄と政府貯蓄はともにプラスになる。

　b. 民間貯蓄と政府貯蓄はともにマイナスになる。

　c. 民間貯蓄はプラスだが、政府貯蓄はマイナスになる。

　d. 民間貯蓄はマイナスだが、政府貯蓄はプラスになる。

5. ある閉鎖経済では、所得は1,000ドル、政府支出は200ドル、税金は150ドル、投資は250ドルである。民間貯蓄はいくらになるだろうか。

　a. 100ドル

　b. 200ドル

　c. 300ドル

　d. 400ドル

➡（解答は章末に）

3　貸付資金市場

　経済におけるいくつかの重要な金融の仕組みと、これらのマクロ経済における役割について述べたところで、金融市場のモデルを構築する準備が整った。われわれの目標は、金融市場が経済の貯蓄と投資をどのように結びつけるのかを説明することである。さらに、このモデルは、貯蓄と投資に影響を与える政府の政策を分析するためのツールにもなる。

貸付資金市場
(market for loanable funds)
貯蓄をしたい人が資金を供給し、投資のために借入をしたい人が資金を需要する市場

　物事を単純化するために、経済には**貸付資金市場**と呼ばれる金融市場のみが存在すると仮定する。貯蓄する人々は全員この市場で貯蓄し、お金を借りたい人は全てこの市場で融資を受ける。「貸付資金」とは、人々が自分の消費に使わず、貯蓄や貸出に回すことを選択した所得と、投資家が新たな投資プロジェクトの資金を調達するために借入を行うことを選択した金額を指す。貸付資金市場では、金利は1種類であり、これは貯蓄に対するリターンであると同時に借入のコストでもある。

　経済には多くの種類の金融市場や金融機関が存在するため、金融市場が1つしかないという仮定は現実的ではない。しかし、第2章を思い出してほしい。経済モデルを構築する際のポイントは、説明のために世界を単純化することである。今回のわれわれの目的のためには、金融の仕組みに関する多様性を無視し、経済には金融市場が1つしかないと仮定しても差し支えない。

3-1　貸付資金の需要と供給

　他の多くの市場と同じく、経済における貸付資金市場でも需要と供給が重要な役割を果たす。

　貸付資金の供給は、貯蓄や貸出に回すための余剰収入を持つ人々からもたらされる。この貸出は、家計が企業から債券を購入するといった直接的な場合もあれば、家計が銀行に預金し、銀行がその資金で融資を行うような間接的な場合もある。**いずれの場合も、貯蓄が貸付資金の供給源となる。**

　貸付資金の需要は、投資を行うために借入を希望する家計や企業から生じる。この需要には、新しい住宅を購入するために住宅ローンを組む家庭が含まれる。また、

新しい設備を購入したり、工場を建設したりするために借入を行う企業も含まれる。**いずれの場合も、投資が貸付資金の需要源となる。**

金利は貸出の価格と見なすことができる。金利は、借り手が借入に対して支払う金額と、貸し手が貯蓄に対して受け取る金額を表している。高い金利は借入を割高にするため、金利が上昇するにつれて、貸付資金への需要は減少する。同様に、高い金利は貯蓄をより魅力的にするので、貸付資金の供給量は、金利が上昇するにつれて増加する。言い換えれば、貸付資金の需要曲線は右下がりで、貸付資金の供給曲線は右上がりである。

図11-1は、貸付資金の需要と供給を均衡させる金利を示している。図で示されている均衡では金利は5%で、貸付資金の需要量と供給量はともに1兆2,000億ドルに等しい。

金利の均衡水準への調整は、これまでと同じ理由によって起こる。金利が均衡水準より低ければ、供給される貸付資金量は需要量を下回る。そこで生じる資金不足は、貸し手に金利の引き上げを促すことになる。この金利の引き上げによって、貯蓄が促進される（すなわち、供給される貸付資金量が増加する）とともに、投資のための借入が抑制される（需要量が減少する）。逆に、金利が均衡水準よりも高ければ、供給される貸付資金量が需要量を上回ることになる。貸し手は少ない借り手を巡って競争するため、金利は低下する。このようにして金利は、貸付資金の需要と供給がちょうど釣り合うような均衡水準に近づいていく。

経済学者が、実質金利と名目金利を区別していることを思い出してほしい。名目金利とは、普段、報道されている金利であり、貯蓄に対する貨幣的なリターンと借入に対する貨幣的なコストである。実質金利とは、物価水準の変動を補正した名目金利である。すなわち、実質金利は、名目金利からインフレ率を引いたものに等し

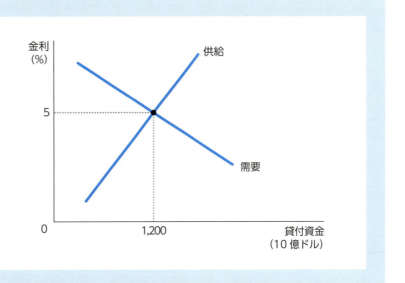

図 11-1　貸付資金市場

経済における金利は、貸付資金の需要と供給のバランスを取るために調整される。貸付資金の供給は、民間および政府の貯蓄からもたらされる。貸付資金の需要は、投資目的で借入を希望する企業や家計からもたらされる。ここで、均衡金利は5％であり、1兆2,000億ドルの貸付資金が供給され需要されている。

第Ⅲ部　マクロ経済学

い。インフレーションやデフレーションは、時間の経過とともに貨幣の価値を変化させるため、実質金利は、貯蓄に対する実質リターンと借入に対する実質コストをより正確に反映する。したがって、貸付資金の需要と供給は、（名目ではなく）実質金利に依存し、図11-1の均衡は、経済の実質金利を決定するものと解釈すべきである。本章の残りの部分では、**金利**（interest rate）という言葉を目にしたら、実質金利のことを指していると考えてほしい。

この貸付資金の需給モデルは、金融市場が他の市場と同じように機能していることを示している。たとえば牛乳の市場では、供給される牛乳の量と需要される牛乳の量が釣り合うように、牛乳の価格が調整される。このように、見えざる手が酪農家と牛乳を飲む人々の行動を調整しているのである。貯蓄が貸付資金の供給であり、投資がその需要であることを理解すれば、見えざる手が貯蓄と投資をどのように調整しているかを理解することができる。金利が、貸付資金市場における需要と供給が釣り合うように調整されるとき、それは、貯蓄したい人々（貸付資金の供給者）の行動と、投資したい人々（貸付資金の需要者）の行動を調整しているのである。

この貸付資金市場のモデルを用いて、経済における貯蓄と投資に影響を与える政府の政策を分析することができる。このモデルは、特定の市場における需要と供給に過ぎないので、第4章で説明した3つのステップを用いる。第1に、政策が需要曲線と供給曲線のどちらをシフトさせるかを見極める。第2に、シフトの方向を判断する。第3に、需要と供給の図を使って、均衡がどのように変化するかをみる。

3-2　政策1：貯蓄へのインセンティブ

多くの経済学者や政策担当者が、貯蓄を増加させることを提唱している。彼らの主張は単純である。第1章の**経済学の10原則**の1つは、「一国の生活水準は、財・サービスの生産能力に依存する」というものである。前章で述べたように、貯蓄は国家の生産性を長期的に決定する重要な要素である。もしアメリカが何らかの方法で貯蓄率を上げることができれば、資本蓄積に使える資源が増え、GDPはより急速に成長し、やがて人々はより高い生活水準を享受できるようになるだろう。

経済学の10原則の別の1つは、「人々はインセンティブに反応する」というものである。多くの経済学者がこの原則に基づき、貯蓄率が低いことの少なくともその一部は、貯蓄を抑制する税法に起因すると指摘してきた。アメリカ連邦政府と多くの州政府は、利子や配当収入を含む所得に課税することで収入を得ている。この政策の影響を見るために、25歳の人が1,000ドルを貯蓄し、金利9％の満期が30年の国債を購入した場合を考えてみよう。税金がなければ、この1,000ドルは55歳になる頃には1万3,268ドルにまで増える。しかし、利子所得にたとえば33％の税がかかるとすると、税引き後の金利は6％にしかならない。この場合、この1,000ドルは30年間で5,743ドルにしかならない。利子所得に対する課税は、現在の貯蓄から得られる将来のリターンを大幅に減少させ、それによって人々の貯蓄に対するインセンティブを削ぐのである。

この問題に対応するため、一部の経済学者や法律家は、貯蓄を奨励するための税制改革を提案している。たとえば、個人退職口座のような、貯蓄の一部を課税対象

312

から外すことができる特別口座の適用拡大などが提案されている。図11-2に示すように、このような貯蓄へのインセンティブが、貸付資金市場に及ぼす影響を考えてみよう。

まず、この政策はどちらの曲線に影響を与えるのだろうか。税制改革は、家計がある金利の下で貯蓄するインセンティブを変化させるため、各金利の下で供給される貸付資金の量に影響を与える。つまり、貸付資金の供給曲線がシフトする。税制改革は、借り手がある金利の下で借りたい量には直接影響しないため、貸付資金の需要曲線は変化しない。

次に、供給曲線はどちらにシフトするのだろうか。貯蓄への課税が、現在の法律よりも軽減されることから、家計は所得のうち消費に回す額を減らして貯蓄を増やす。家計は、この追加の貯蓄で銀行預金を増やしたり、債券を買い増したりする。貸付資金の供給は増加し、図11-2に示すように供給曲線はS_1からS_2へと右にシフトする。

最後に、政策が行われる前と後の均衡を比較する。図では、貸付資金の供給が増加したことで、金利が5％から4％に低下している。金利の低下により、貸付資金の需要量は1兆2,000億ドルから1兆6,000億ドルに増加する。つまり、供給曲線のシフトにより、市場の均衡は需要曲線に沿って移動する。借入コストが低下することで、家計と企業はより多くの借入を行い、より大きな投資のための資金を調達するよう促される。**つまり、税制改革によって貯蓄が促進されれば、結果として金利が低下し、投資が拡大するのである。**

貯蓄増加の効果に関するこの分析は、経済学者の間では広く受け入れられているが、どのような税制改革を行うべきかについては、あまり合意が得られていない。

図 11-2　貯蓄へのインセンティブは貸付資金の供給を増やす

アメリカ人に貯蓄を奨励する税制の変更によって、貸付資金の供給はS_1からS_2へと右にシフトする。その結果、均衡金利は低下し、金利の低下は投資を刺激する。ここで、均衡金利は5％から4％に低下し、均衡で貯蓄および投資される貸付資金は、1兆2,000億ドルから1兆6,000億ドルに増加する。

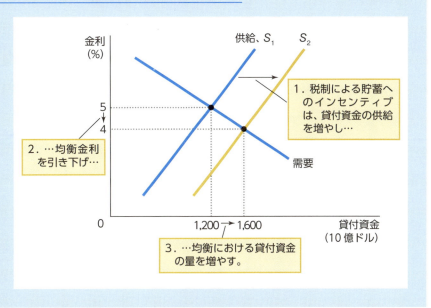

多くの経済学者は、投資と成長を刺激するためにも、貯蓄を増やすことを目的とした税制改革を支持している。しかし、こうした税制改革が、貯蓄に大きな効果をもたらすかどうかについて懐疑的な意見もある。こうした懐疑的な見方をする人々は、提案されている税制改革の公平性にも疑念を抱いている。こうした人々は、多くの場合において、税制改革の恩恵が減税を最も必要としていない富裕層に主にもたらされると主張している。

3-3 政策２：投資へのインセンティブ

議会が、投資の魅力を高めることを目的とした税制改革を可決したとしよう。たとえば、議会がこれまでにも行ってきたように、**投資税額控除**（investment tax credit）を導入したとする。投資税額控除は、新しい工場を建設したり、新しい設備を購入したりする企業に税制上の優遇措置を与えるものである。図11-3に示すように、このような税制改革が貸付資金市場に及ぼす影響を考えてみよう。

第１に、税額控除は需要と供給のどちらに影響するのだろうか。投資税額控除は、借入を行って新規の資本に投資する企業に対して恩恵があるため、あらゆる金利の下での投資を変化させ、それが貸付資金に対する需要を変化させる。しかし税額控除は、金利がどういう水準にあったとしても、家計が貯蓄する金額には影響しないので、貸付資金の供給には影響しない。

第２に、需要曲線はどちらにシフトするのだろうか。企業はあらゆる金利の下で投資を増やすインセンティブを持つため、あらゆる金利の下で貸付資金の需要量は増加する。図のD_1からD_2へのシフトが示すように、貸付資金の需要曲線は右にシフトする。

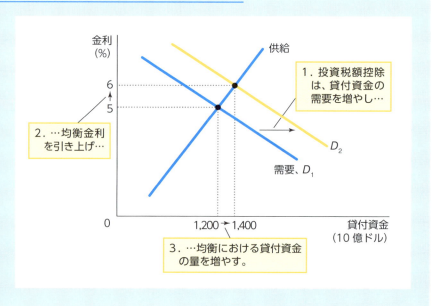

図 11-3　投資へのインセンティブは貸付資金の需要を増やす

投資税額控除の可決によって、企業の投資が促進されれば、貸付資金に対する需要は増加する。その結果、均衡金利は上昇し、金利上昇は貯蓄を増加させる。ここで、需要曲線がD_1からD_2へシフトすると、均衡金利は５％から６％へ上昇し、均衡で貯蓄および投資される貸付資金は、１兆2,000億ドルから１兆4,000億ドルへ増加する。

第3に、均衡がどのように変化するかを考えてみよう。図11-3で示すように、貸付資金に対する需要の増加によって、金利が5％から6％に上昇する。この金利の上昇に対して、家計は貯蓄額を増やすように反応するため、貸付資金の供給量が1兆2,000億ドルから1兆4,000億ドルに増加する。この家計の行動変化は、供給曲線に沿った動きとして表される。**したがって、税制改革が投資の拡大を促すなら、結果として金利が上昇し、貯蓄が増加する。**

ケーススタディ　1984年から2020年における実質金利の低下

過去数十年間におけるアメリカ経済の動きの中で、特に注目すべき事実がある。それは、実質金利の大幅かつ着実な低下である。図11-4は、その現象を示している。1980年代後半から1990年代にかけて、実質金利は概ね4〜5％であった。2010年代には、実質金利は1％を下回るようになった。2020年には、実質金利がゼロを割り込むことさえあった。この間、他の多くの国でも同様の傾向が見られた。

この低下の理由は何なのか、そしてその意味するところは何なのだろうか。まず、貯蓄を増加させ、貸付資金の供給を右にシフトさせた可能性のある3つの理由から見てみよう。

- 過去数十年にわたり、所得格差が拡大するなかで、資源は貧困世帯から富裕世帯へとシフトしてきた。富裕層の貯蓄性向が高まれば、資本市場に流入する資源も増える。
- 近年、中国経済は急速に成長し、中国の貯蓄率は高い。この新しい巨大な貯蓄

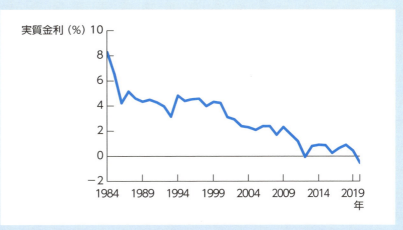

図 11-4　実質金利の低下

実質金利は1984年から2020年にかけて大幅に低下した。さまざまな仮説が提唱されているが、その理由は謎である。

(出所) 連邦準備制度、アメリカ合衆国商務省、および著者による試算。ここに示した実質金利は、10年物国債利回りから、期待インフレ率の指標としてのコアインフレ率（食品とエネルギーを除いたPCEデフレーターに基づく）を差し引いたものである。

のかたまりが、世界中の資本市場に流入している。

- 2008年の金融危機や2020年の新型コロナウイルスの感染拡大のような出来事は、人生がいかに不確実なものであるかを思い起こさせる。人々は、このような不運な出来事に備えるため、予備的な貯蓄を増やすことで対応しているのかもしれない。

加えて、投資が減少し、貸付資金の需要を左にシフトさせた可能性のある3つの理由を考えてみよう。

- 過去数十年間、生産性上昇率の低下と人口増加率の低下の組み合わせにより、平均的な経済成長は鈍化してきた。成長率の低下は、新たな資本投資の需要を減少させる。
- 鉄道や自動車工場のような古い技術は、大規模な資本投資を必要とした。シリコンバレーで開発されるような新しい技術は、それよりも資本集約的でない可能性がある。
- 一部の経済学者は、以前と比べるとアメリカ経済の競争度が低下していると指摘している。市場支配力の強い企業は、高い価格をつけるだけでなく投資も少ない。

これら仮説のうち、どれが正しいのだろうか。おそらく、これらの要因が複合的に働いている可能性が高い。貸付資金の供給が右に、需要が左にシフトした場合、均衡における貯蓄と投資への影響ははっきりしないが、均衡金利への影響は明確である。すなわち、金利は低下する。

低金利の意味するところについて、そのいくつかは明らかである。たとえば、過去1世紀の間、株式と債券を半々でバランスさせたポートフォリオを組んだ場合、インフレ調整後の年平均リターンは約5％であった。2021年現在、より妥当な予測は約3％のリターンである。

もしそのような見通しが現実のものとなれば、大学のように寄付金のリターンを活動資金に充てている組織は、財布の紐を締める必要があるだろう。また、個人が退職後の貯蓄について再考する必要があることも意味する。年率のリターンが5％ではなく3％になった場合、30年間の老後の支出を支えるには、退職後の蓄えを27％増やす必要がある。同じ理由で、公的・私的年金制度は、おそらく現在の推計よりも資金不足に陥っている。

しかし、金利の低下にはプラス面もある。たとえば、住宅購入を考えている若い家庭は、住宅ローンの金利が下がることで恩恵を受ける。

結局のところ、金利は値段にすぎない。低金利は、市場の需要側（住宅ローンを組む若い家族）に利益をもたらし、供給側（老後のために貯蓄する高齢者）に不利益をもたらす。そして、金利が再び上昇に転じれば、勝者と敗者は逆転するだろう。

3-4 政策３：政府の財政赤字と財政黒字

政治に関する議論の永遠のテーマは、政府の財政状況である。**財政赤字**とは、政府の支出が税収を上回ることである。政府は、国債市場で借金をすることで財政赤字を賄い、過去の借金の累積を**政府債務**（government debt）と呼ぶ。**財政黒字**は、税収が政府支出を上回ることだが、政府は、これを政府債務の一部を返済するために使うことができる。もし、政府支出と税収がぴったり一致すれば、そういった状態は**均衡財政**（balanced budget）と呼ばれる。

当初は財政収支が均衡していた政府が、政府支出の増加により財政赤字に転落したとしよう。財政赤字の影響は、図11-5に示すように、貸付資金市場における３つのステップに従って分析することができる。

第１に、政府が財政赤字を計上し始めると、どの曲線がシフトするのだろうか。貸付資金の供給源である国民貯蓄は、民間貯蓄と政府貯蓄で構成されていることを思い出してほしい。政府の財政収支が変化することは、政府貯蓄が変化することを意味し、したがって貸付資金の供給が変化することを意味する。財政赤字は、家計や企業がある金利の下で投資のために借り入れたい量には影響しないので、貸付資金の需要には変化を与えない。

第２に、供給曲線はどの方向にシフトするのだろうか。政府が財政赤字を出すと、政府貯蓄は負となり、国民貯蓄は減少する。言い換えると、政府が財政赤字を賄うために借金をすると、投資のための資金として利用可能な貸付資金の供給が減少す

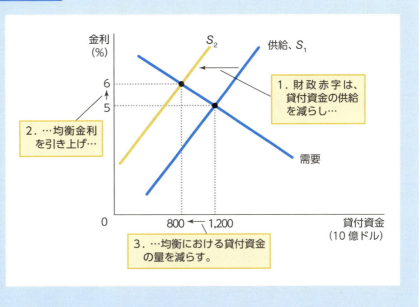

図11-5　政府の財政赤字の影響

政府が税収を上回る支出をすれば、その結果、財政赤字は国民貯蓄を減少させる。貸付資金の供給は減少し、均衡における金利は上昇する。このように、政府が財政赤字を賄うために借金をすると、投資資金を調達するために借金をするはずの家計や企業を締め出してしまう。ここで、供給曲線がS_1からS_2にシフトすると、均衡における金利は５％から６％に上昇し、均衡において貯蓄および投資される貸付資金は１兆2,000億ドルから8,000億ドルに減少する。

る。したがって、財政赤字は、図11-5に示すように、貸付資金の供給曲線をS_1からS_2へと左にシフトさせる。

第3に、新しい均衡と古い均衡を比較する。図では、財政赤字によって貸付資金の供給が減少すると、金利は5％から6％に上昇する。金利の上昇は、多くの貸付資金の需要者の借入意欲を抑制するため、貸付資金の需要量は1兆2,000億ドルから8,000億ドルに減少する。新しい住宅を購入する家庭は減り、新しい工場を建設する企業も減るのである。政府借入によって引き起こされる投資の減少は、需要曲線に沿った動きによって表され、クラウディングアウトと呼ばれる。つまり、政府が財政赤字を賄うために借金をすると、投資資金を調達しようとする民間の借り手をクラウドアウトする（締め出す）のである。

> **クラウディングアウト**
> （crowding out）
> 政府の借入によって生じる投資の減少

この標準的なモデルでは、財政赤字に関する最も基本的な教訓が、財政赤字が貸付資金の需給に及ぼす影響から直接導かれる。すなわち、**政府が財政赤字を出して国民貯蓄を減らすと、金利が上昇し、投資が減少する**。投資は長期的な成長にとって重要であるため、政府の財政赤字は経済成長率を低下させる。

なぜ財政赤字は、貸付資金の需要ではなく供給に影響を与えるのだろうか。結局のところ、政府は国債を売ることによって財政赤字を賄い、それによって民間部門から借金をするのである。なぜ、政府による借入が増えると供給曲線が変化し、民間投資家による借入が増えると需要曲線が変化するのだろうか？ この疑問に答えるには、「貸付資金」という用語の意味をより正確に検討する必要がある。ここで示したモデルにおいて、この用語は**民間投資に資金を供給するために利用可能な資金の流れ**を意味している。そのため、政府の財政赤字は貸付資金の供給を減少させる。こうした定義の代わりに、「貸付資金」という用語を**民間貯蓄によって利用可能となる資金の流れ**を意味するものと定義した場合、政府の財政赤字は供給を減少させるのではなく、需要を増加させることになる。用語の解釈を変えると、モデルの描写が語義的な意味で変わってしまうが、分析の結果は同じである。すなわち、どちらの定義を用いた場合でも、財政赤字は金利を上昇させることで、投資プロジェ

専門家の見方　財政政策と貯蓄

「貯蓄率を下げることで消費を増やすような税制や政府支出関連の政策を続ければ、長期的な生活水準を押し下げる可能性が高い」

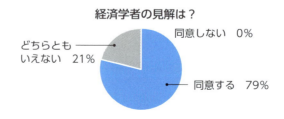

（出所）IGM Economic Experts Panel, July 8, 2013.

第11章　貯蓄、投資、金融システム

クトの資金調達を金融市場に頼っている民間の借り手を締め出してしまうのである。

　ここまでは、政府支出の増加による財政赤字について検討してきたが、減税による財政赤字にも同様の効果がある。減税は税収Tと政府貯蓄$T-G$を減少させる。Tが減少するため、民間貯蓄$Y-T-C$は増加するかもしれないが、家計が減税に対応して消費を増やす限り、Cが増加するため、政府貯蓄の減少ほどには民間貯蓄は増加しない。つまり、政府貯蓄と民間貯蓄の合計である国民貯蓄（$S=Y-C-G$）は減少する。ここでも、財政赤字は貸付資金の供給を減らし、金利を上昇させることで、資本投資のための資金を調達しようとする借り手を締め出してしまう。

　財政赤字の影響を調べたところで、今度は逆に、財政黒字の影響を見てみよう。政府の税収が支出を上回った場合、政府はその差額で政府債務の一部を償還し、そうすることによって貯蓄を行う。この財政黒字、すなわち政府貯蓄は、国民貯蓄の増加に貢献する。**したがって、財政黒字は貸付資金の供給を増やし、金利を下げることで投資を刺激する。**投資が増えれば、資本蓄積が促進され、経済成長が加速する。

ケーススタディ　**アメリカの政府債務の歴史**

　アメリカ政府はどれくらいの債務を抱えているのか。この質問に対する答えは、時代によって大きく異なる。図11-6はアメリカ連邦政府の債務をアメリカのGDP比で表したものである。これによると、政府債務は1836年のゼロから、1946年の対GDP比106％まで変動してきた。

　債務残高対GDP比は、政府財政の指標の1つである。GDPは政府の課税ベースを大まかに示す指標であるため、債務残高対GDP比の低下は、政府の税収をあげる能力に対して、債務残高が相対的に縮小していることを示している。これは、政府がある意味で収入に応じた範囲で活動をしていることを示唆している。これとは対照的に、債務残高対GDP比の上昇は、政府の税収をあげる能力に対して、債務残高が相対的に増加していることを意味する。これは、財政政策、すなわち政府支出と税収について、現在の水準を長期にわたって維持するのが不可能であることを意味すると解釈されることが多い。

　歴史上、政府債務の変動の主な原因は戦争であった。戦争が起こると、兵士や軍備のために国防費が大幅に増加する。税金が増えることもあるが、通常は、支出の増加よりもはるかに小さい。その結果、財政赤字と政府債務が増加する。そして、戦争が終わると、政府支出は減少し、債務残高対GDP比も低下し始める。

　戦争の資金を債務によって調達することが、適切な政策であると考える理由は2つある。第1に、政府は税率の変動を抑えることができる。債務による資金調達ができなければ、戦争は税率の急激な引き上げを必要とするため、経済の効率性を大幅に低下させるだろう。第2に、債務によって戦争の資金を調達することで、その政府債務を返済することになる将来世代に対し、戦争の費用の一部を転嫁すること

になる。将来世代が、前の世代が戦った戦争から永続的な恩恵を得ているのであれば、将来世代に税負担の一部を負わせることは全く公正であると言える。

政府債務増加のもう1つの大きな原因は、1930年代の大恐慌、2008～2009年の金融危機に伴う大不況、2020年のコロナ禍による不況、といった深刻な景気後退である。景気後退期には、所得税や給与税の税収が減少するため、政府の歳入も自動的に減少する。失業保険などの政府プログラムへの支出も自動的に増加する。さらに政策担当者は、通常、景気後退を和らげ、経済的な困難を軽減するための政策を実施するため、財政赤字をさらに増加させることになる。

政府予算を分析している人々の多くは、今後、債務残高対GDP比のさらなる上昇を懸念している。ベビーブーム世代は、退職時期を迎えて社会保障やメディケアの給付を受ける資格を得るため、政府支出に対して増加圧力を加えることになる。税収の大幅な増加や政府支出の削減がなければ、アメリカ連邦政府の債務は、今後数十年にわたって大幅に増加する可能性が高い。連邦議会予算局の2021年の予測

図11-6　アメリカ政府の債務

GDP比で示されたアメリカ連邦政府の債務残高は、歴史を通じて変化してきた。戦争と深刻な景気後退は、多くの場合、政府債務の大幅な増加を伴っている。

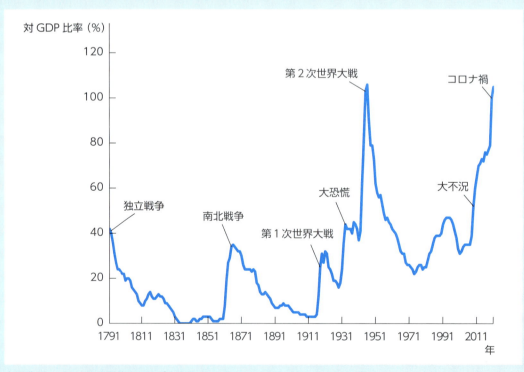

(出所)アメリカ合衆国財務省および商務省；T. S. Berry, "Production and Population since 1789," Bostwick Paper No. 6, Richmond, 1988. ここでのデータは国民が保有する政府債務であり、社会保障年金信託基金のような政府の勘定に保有される政府債務は含まれていない。

によると、債務残高対GDP比は2040年までに140％に達する見込みで、これは歴史上、経験したことのない大きさである。

金融危機

知識を深める

　2008〜2009年にかけて、アメリカ経済と世界中の多くの国が金融危機に見舞われ、経済活動は大きく後退した。典型的な金融危機の主な特徴は以下の通りである。

　金融危機の第1の特徴は、何かしらの資産価格が大きく下落することである。2008〜2009年にかけて、その資産とは不動産であった。住宅価格は、2000年初めに盛り上がりを見せた後、わずか数年で約30％下落した。これほど大幅な不動産価格の下落は、アメリカでは1930年代以来見られなかったことである。

　金融危機の第2の特徴は、金融機関の広範な債務超過である（企業が**債務超過**に陥るのは、その負債が資産価値を上回る場合である）。2008〜2009年にかけて、多くの銀行やその他の金融機関は、不動産を担保とする住宅ローンを保有することで、実質的に、住宅価格の上昇に賭けていた。住宅価格が急落すると、多数の住宅所有者が住宅ローンの返済を停止した。こうした債務不履行により、いくつかの大手金融機関は倒産に追い込まれた。

　第3の特徴は、金融機関に対する信頼の低下である。銀行の預金には、政府の政策によって保証されているものもあるが、すべてが保証されているわけではない。2008〜2009年に倒産が相次ぎ、あらゆる金融機関が倒産先の候補となった。これらの金融機関に保証されていない預金を持つ個人や企業は、自分たちの資金を引き揚げた。銀行は、預金者に返済するための現金が必要だったため、（時には「投げ売り」に近い価格で）資産を売却するとともに新規融資を切り詰めることとなった。

　第4の特徴は信用収縮である。多くの金融機関が経営難に直面したため、たとえ収益性の高い投資プロジェクトを持っていたとしても、借り手は融資を受けることが難しくなった。要するに、金融システムは、最も良い投資機会を持つ借り手に対して、貯蓄している人々の資金を振り向けられなくなっていたのである。

　第5の特徴は景気後退である。新規の投資プロジェクトのための資金調達ができなくなると、財・サービスに対する経済全体の需要が減少した。その結果、国民所得は減少し、失業率は上昇したのである。

　最後に、金融危機の第6の特徴として、悪循環が挙げられる。景気後退は、多くの企業の収益性の悪化と多くの資産価値の下落を招き、第1の特徴で示した状態に経済を逆戻りさせる。金融システムと経済全体が、互いの問題を増幅し合ったのである。

　2008〜2009年のような金融危機は、深刻な結果をもたらす可能性がある。幸いなことに、遅かれ早かれ金融危機は終わる。時には政府からの支援を受けながら、金融システムはやがて立ち直り、通常の金融仲介機能を回復していくのである。

第Ⅲ部　マクロ経済学

理解度確認クイズ

6. 個人の資産運用に関する人気テレビ番組が、アメリカ人に対して退職後のためにもっと貯蓄をするよう言った場合、貸付資金の_____曲線は変化し、均衡における金利を_____だろう。

   a. 供給 — 押し上げる
   b. 供給 — 押し下げる
   c. 需要 — 押し上げる
   d. 需要 — 押し下げる

7. もし、企業全体が資本の収益性に関してより楽観的になれば、貸付資金の_____曲線は変化し、均衡における金利を_____だろう。

   a. 供給 — 押し上げる
   b. 供給 — 押し下げる
   c. 需要 — 押し上げる
   d. 需要 — 押し下げる

8. 以下の政策のうち、貸付資金の供給を減らし、投資を抑制するのはどれか。

   a. 増税と政府支出の減少
   b. 減税と政府支出の増加の組み合わせ
   c. 税と政府支出の両方の増加
   d. 税と政府支出の両方の減少

9. 新型コロナウイルスによる危機が起こった2019〜2021年にかけて、アメリカの政府債務の対GDP比はどうなったか。

   a. 著しく増加した。
   b. 著しく減少した。
   c. 歴史的に高い水準で安定した。
   d. 歴史的に低い水準で安定した。

➡（解答は章末に）

4 結論

　「借りる者にも貸す者にもなるな」と、シェイクスピアの『ハムレット』でポローニアスは息子に忠告する。もし全ての人がポローニアスの忠告に従うなら、この章は必要ないだろう。

　しかし、そのような人はほとんどいない。経済の中では、人々は頻繁に資金の貸し借りを行うが、それにはたいてい真っ当な理由がある。あなたもいつか自分のビジネスを始めたり、家を買ったりするために資金を借りるかもしれない。そして、人々はあなたに資金を貸すかもしれないが、それはあなたが支払う利子によって、より豊かな老後を送れることを期待するからである。金融システムの仕事は、こうした資金の貸し借りを調整することである。

　多くの点で、金融市場は経済における他の市場と似ている。貸付資金の価格（金利）は、経済における他の多くの価格と同様に、需要と供給によって決定される。そして私たちは、他の市場と同様に、金融市場における需要と供給のシフトを分析することができる。第1章の**経済学の10原則**の1つに、「通常、市場は経済活動をまとめあげる良い方法である」というものがある。この原則は金融市場にも当てはまる。金融市場によって貸付資金の需要と供給が釣り合えば、経済における希少な資源を最も効率的な用途に配分することができるのである。

　しかし、ある意味で金融市場は特殊でもある。金融市場は他の多くの市場とは異なり、現在と未来を結びつけている。貸付資金を供給する側（貯蓄をする人）は、現在の収入の一部を将来の購買力に変えたいから貯蓄するのである。また、貸付資金を需要する側（借りる人）は、いま投資を行い、将来その資本で財・サービスを

第11章　貯蓄、投資、金融システム

生産したいから借りるのである。金融市場が十分に機能することは、現在の世代にとってだけでなく、その恩恵の多くを受け継ぐ将来の世代にとっても重要なのである。

本章のポイント

- アメリカの金融システムは、債券市場、株式市場、銀行、投資信託などさまざまな金融の仕組みで構成されている。これら金融の仕組みはすべて、所得の一部を貯蓄したいと考える家計の資源を、借入をしたいと考える家計や企業に融通する。

- 国民所得勘定は、マクロ経済変数の間の重要な関係を明らかにする。特に、閉鎖経済では、国民貯蓄は投資と等しくなければならない。金融の仕組みは、経済において、ある人の貯蓄と別の人の投資を一致させるメカニズムである。

- 金利は、貸付資金の需要と供給によって決ま

る。供給は、収入の一部を貯蓄して貸し出したいと考える家計からもたらされる。需要は、投資のために資金を借り入れたい家計や企業からもたらされる。何らかの政策や出来事が金利に与える影響を分析するには、それが貸付資金の需要と供給にどのような影響を与えるかを考えればよい。

- 国民貯蓄は、民間貯蓄と政府貯蓄の合計に等しい。財政赤字は、政府貯蓄が負であることを意味するため、国民貯蓄の減少と、投資資金として利用可能な貸付資金の供給の減少をもたらす。財政赤字が投資を締め出せば、生産性と GDP の成長を低下させる。

理解度確認テスト

1. 金融システムの役割とは何か。アメリカ経済において、金融システムの一部である市場を2つ挙げて説明しなさい。また、金融仲介機関を2つ挙げて説明しなさい。

2. 株式や債券を保有する人々にとって、保有資産を分散することが重要なのはなぜか。分散投資を容易にする金融機関は、どういった種類の金融機関か。

3. 国民貯蓄とは何か。民間貯蓄とは何か。政府貯蓄とは何か。これら3つの変数には、どのような関係があるか。

4. 投資とは何か。それは、閉鎖経済における国民貯蓄とどのような関係があるのだろうか。

5. 税制改革の中で、民間貯蓄を増加させる可能性のあるものを説明しなさい。この税制改革が実施された場合、貸付資金市場にどのような影響を与えるだろうか。

6. 財政赤字とは何か。それは金利、投資、経済成長にどのような影響を与えるだろうか。

第Ⅲ部　マクロ経済学

演習と応用

1. 以下の各々の組み合わせについて、どちらの債券の金利のほうが高いと考えられるか、説明しなさい。
   a. アメリカ政府の債券とある東ヨーロッパの政府の債券
   b. 2030年に元本を返済する債券と2050年に元本を返済する債券
   c. コカ・コーラの債券と自宅のガレージで経営しているソフトウェア会社の債券
   d. 連邦政府が発行した債券とニューヨーク州政府が発行した債券

2. 多くの労働者は、勤務先の会社が発行する株式を大量に保有している。なぜ企業はこうした行動を奨励するのだろうか。一方、なぜ人々は自分が働いている会社の株を保有したがらないのだろうか。

3. マクロ経済学者が定義する貯蓄と投資の違いを説明しなさい。以下の状況のうち、どれが投資で、どれが貯蓄か説明しなさい。
   a. あなたの家族が住宅ローンを組んで新しい家を買った。
   b. あなたが200ドルの給料でAT&Tの株を買った。
   c. あなたのルームメイトが100ドル稼ぎ、それを銀行口座に預金した。
   d. あなたが銀行から1,000ドルを借りて、ピザの宅配ビジネスに使う車を買った。

4. GDPが8兆ドル、税金が1.5兆ドル、民間貯蓄が0.5兆ドル、政府貯蓄が0.2兆ドルだとする。この経済が閉鎖経済であると仮定して、消費、政府支出、国民貯蓄、投資を計算しなさい。

5. 閉鎖経済であるファンランディア国の経済学者は、ある年の経済について、以下の情報を収集した。

$$Y = 10{,}000$$
$$C = 6{,}000$$
$$T = 1{,}500$$
$$G = 1{,}700$$

その経済学者はまた、投資関数を次のように推計した。

$$I = 3{,}300 - 100r$$

ここで、rはその国の実質金利であり、パーセントで表される。民間貯蓄、政府貯蓄、国民貯蓄、投資、および均衡における実質金利を計算しなさい。

6. インテルが新しいチップ製造工場の建設を検討しているとする。
   a. インテルが債券市場で資金を借りる必要があると仮定すると、金利の上昇が工場を建設するかどうかのインテルの意思決定に影響するのはなぜか。
   b. インテルが、借入しないで新しい工場を建設できるだけの十分な自己資金を持っている場合、金利の上昇は依然として工場を建設するかどうかの意思決定に影響を与えるだろうか、説明しなさい。

7. 3人の生徒がそれぞれ1,000ドルずつ貯蓄を保有している。また、それぞれ2,000ドルまで投資できる投資機会を持っている。生徒の投資プロジェクトの収益率は以下の通りである。

ハリー	5%
ロン	8%
ハーマイオニー	20%

   a. 資金の貸し借りが禁止され、自分の投資プロジェクトの資金を各個人の貯蓄のみで賄うとする。1年後、投資プロジェクトからリターンを得たのち、各生徒はいくらの資金を保有しているか。
   b. ここで、学校が貸付資金市場を開設し、生徒が金利rで資金を貸し借りできるとする。この市場において、生徒が借り手と貸し手のどちらになるかを決めるものは何だろうか。
   c. この3人の生徒間において、金利が7％の場合、貸付資金の供給量と需要量はいくらか。金利が10％の場合はどうだろうか。
   d. この3人の生徒間の貸付資金市場は、金利が何％で均衡するだろうか。この均衡金利

第11章　貯蓄、投資、金融システム

では、どの生徒が資金を借り、どの生徒が貸すだろうか。

e. この均衡における金利の下では、1年後、投資プロジェクトがリターンを生み、貸付金が返済された際、各生徒はいくらの資金を持っているだろうか。ここでの答えを、設問 (a) で出した答えと比較しなさい。借り手と貸し手のどちらが、貸付資金市場の存在によって便益を得ているだろうか。ここで、損をしている人はいるだろうか。

8. 政府が、来年、今年よりも200億ドル多く借り入れるとする。

a. 需要と供給の図を使って、この政策を分析しなさい。金利は上がるだろうか、下がるだろうか。

b. 投資、民間貯蓄、政府貯蓄、国民貯蓄は、どのように変化するだろうか。その変化の大きさを、200億ドルの追加の政府債務と比較しなさい。

c. 貸付資金の供給の弾力性は、これらの変化の大きさにどう影響するだろうか。

d. 貸付資金の需要の弾力性は、これらの変化の大きさにどう影響するだろうか。

e. 現在の政府債務が増えれば、将来、政府債務を返済するための増税が行われると家計が予想しているとする。こうした予想は、現在の民間貯蓄と貸付資金の供給に対して、どのような影響を与えるだろうか。設問(a)と設問 (b) で議論したような効果は、大きくなるだろうか、小さくなるだろうか。

9. この章では、民間貯蓄への課税を減らすことによっても、財政赤字を減らすことによっても、投資を増やすことができると説明した。

a. これらの政策を同時に実施することが難しいのはなぜか。

b. これら2つの政策のうち、どちらが投資を増やすうえでより効果的な方法かを判断するためには、民間貯蓄について何を知っている必要があるだろうか。

理解度確認クイズの解答

1. d　**2.** d　**3.** b　**4.** d　**5.** c　**6.** b　**7.** c　**8.** b　**9.** a

第11章 付論1

Chapter 11 Appendix 1
The Monetary System

貨幣システム

　レストランで食事を購入すると、価値があるもの、すなわち満腹感を得ることができる。このサービスの対価を支払うために、奇妙な記号や政府の建物、亡くなった有名なアメリカ人の肖像が描かれた古い緑色の紙（すなわち、ドル紙幣）をレストランのオーナーに何枚か渡すだろう。もしくは、銀行の名前とあなたの署名が入った紙（すなわち、小切手）を渡すだろう。あるいは、プラスチックのカードや携帯電話のアプリを使って対価を支払うだろう。あなたが、現金、小切手、デビットカード、またはアプリの送金のどれで支払うかにかかわらず、レストランのオーナーは、それ自体は無価値であるこれらの「価値のしるし」を得るために、あなたの食欲を満たそうと喜んで一生懸命働くのである。

　現代経済で暮らしたことのある人なら、こうした社会的習慣に馴染みがあるはずである。紙幣やデジタル資産は、本源的に価値がないにもかかわらず、レストランのオーナーは、将来、他の誰かが、それらを何か価値あるものと交換してくれると確信している。そして、その3番目の誰かは、そのお金を受け取る4番目の誰かがいることを確信している。その4番目の誰かは、さらに他の5番目の誰かがそのお金を受け取ることを知っている。レストランのオーナーや他の人々にとって、あなたの現金、小切手、デビットカードや電子マネーの支払いは、将来の財やサービスへの請求権を表しているのである。

　貨幣を取引に用いる社会的な慣習は非常に便利である。財やサービスの取引に広

第Ⅲ部　マクロ経済学

く受け入れられるものが存在しない経済を想像してみてほしい。人々は**物々交換**（barter：ある財・サービスと他の財・サービスとの交換）に頼らなければならない。たとえば、レストランで食事を得るためには、レストランのオーナーにとって価値があるものを提供しなければならない。皿を洗ったり、芝を刈ったり、あるいは、あなたの家族に伝わる秘密のミートローフのレシピを提供することが必要になるかもしれない。物々交換に依存する経済では、限られた資源を効率的に割り当てるのが困難となる。そうした経済では、取引には**欲求の二重の一致**（double coincidence of wants）、すなわち、相手が欲しいと思っている財やサービスを自分が持っているという偶然が必要となる。

　貨幣の存在は、取引をはるかに簡単なものにする。あなたがレストランのオーナーにとって価値のある財やサービスを提供できるかどうかは、もはや関係ない。オーナーは、他の人々があなたの貨幣を受け取ることを知っており、喜んであなたの貨幣を受け取るのである。この慣習によって、取引が一周してかえってくることも可能になる。レストランのオーナーはあなたのお金を受け取り、それをシェフのトニーに支払う。トニーは、受け取った給料を使って娘のアバの保育園代を支払う。保育園は、アバの学費で教師のミラに給料を支払い、ミラはあなたを雇って芝を刈ってもらうといった具合である。貨幣が人から人へと流れることで、生産と取引が促進され、人々は最も得意なことに特化することができ、誰もが生活水準を向上させることができる。

　この付論では、経済における貨幣の役割を解説する。「貨幣とは何か」、「貨幣のとりうる形」、「銀行システムが貨幣を生み出すのにどう役立つのか」、「政府が流通する貨幣の量をコントロールする方法」について議論する。

1　**貨幣の意味**

　貨幣とは何か？　これは妙な質問に見えるかもしれない。あなたが、ジェフ・ベゾスが多くの貨幣を保有していると何かで読んだ際、あなたはその意味を知っているはずである。すなわち、彼は非常に裕福で、望むものはほぼ何でも買うことができる。その意味で、**貨幣は富**（wealth）の意味で用いられる。

貨幣
（money）
人々がお互いに財・サービスの購入のために、日常的に用いる資産の集合

　しかしながら、経済学者は、その言葉をさらに特別な意味で用いる。**貨幣**は、人々がお互いに財・サービスの購入のために、日常的に用いる資産の集合である。財布の中の現金は、それを使ってレストランで食事をしたり、店でシャツを買ったりできるため、貨幣とみなすことができる。一方、ジェフ・ベゾスの資産の大部分を占めるアマゾンの株は、貨幣とはみなされない。ベゾスは、まず現金を入手しなければ、この資産を用いて食事をしたりシャツを買うことはできない。経済学者の定義によると、貨幣には、売り手が財やサービスとの交換で日常的に受け取る少数の資産だけが含まれる。

1-1 貨幣の役割

貨幣は３つの役割を持つ。すなわち、**交換手段**、**価値尺度**、**価値保存手段**としての役割である。これらの機能によって、貨幣は株式、債券、不動産、美術品、さらには野球カードといった他の資産と区別することができる。これら３つの機能をそれぞれ見てみよう。

交換手段は、財やサービスを購入する際、買い手が売り手に渡すものである。あなたがシャツを買うとき、店はあなたにシャツを渡し、あなたは店に貨幣を渡す。この買い手から売り手への貨幣の支払いによって、取引が成立するのである。買い物に行くとき、お店が商品と引き換えに貨幣を受け取ってくれることを確信できるのは、貨幣が一般的に受け入れられている交換手段だからである。

価値尺度とは、人々が価格を表示したり、借金を記録したりするための基準である。あなたが買い物に行って、シャツ１枚が60ドル、ハンバーガー１個が６ドルであるとする。このとき、シャツ１枚はハンバーガー 10個分であると言ったり、ハンバーガー１個はシャツ10分の１枚分であると言ったりすることは間違いではないが、そのように価格が表示されることはめったにない。同様に、銀行からお金を借りた場合、将来のローン返済額は財やサービスの量ではなくドルなどの貨幣で設定される。ほとんどの人は、経済的な価値を測定したり記録したりする際に貨幣を単位として用いる。

価値保存手段とは、人々が購買力を現在から将来に移すために用いることのできるものである。現代では、売り手が商品やサービスと引き換えに貨幣を受け取ると、その貨幣を保有し、別の機会に買い手になることができる。もっとも、貨幣だけが経済における価値保存手段ではない。株式や債券など、貨幣以外の資産を保有した場合でも、購買力を現在から将来に移すことが可能である。「富」という言葉は、貨幣とそれ以外の資産の両方を含む、すべての価値保存手段を指す。

経済学者は、**流動性**という言葉を用いることで、ある資産が経済の交換手段に変換しやすいかどうかを示す。貨幣は、経済における交換手段であるため、最も流動性の高い資産である。他の資産は、資産ごとに流動性が大きく異なる。株式や債券の多くは、低コストで簡単に売却することができるため、比較的、流動性の高い資産である。一方、住宅、レンブラントの絵画、1948年のジョー・ディマジオの野球カードを売るには、より多くの時間と労力が必要となることから、これらの資産は流動性が低いと言える。

人々は、自分の富をどのように配分するかを決める際、各資産の流動性と価値保存手段としての有用性のバランスをとる。貨幣は最も流動性の高い資産だが、価値保存手段としては、完璧からは程遠い。物価が上昇すると、貨幣の価値は下落する。言い換えると、財やサービスの価格が上昇すれば、１ドルでより少ない商品しか買えなくなる。貨幣が経済にどのように影響を与えるかを理解する上で、物価水準と貨幣価値の関係はそのカギとなる。

交換手段
(medium of exchange)
財やサービスを購入する際、買い手が売り手に渡すもの

価値尺度
(unit of account)
人々が価格を表示したり、借金を記録したりするための基準

価値保存手段
(store of value)
人々が購買力を現在から将来に移すために用いることのできるもの

流動性
(liquidity)
ある資産を経済の交換手段に変換する際のしやすさ

第Ⅲ部　マクロ経済学

1-2　貨幣の種類

商品貨幣
(commodity money)
本源的価値を持つ商品の
形態をとる貨幣

　貨幣が、本源的価値を持つものである場合、それは商品貨幣と呼ばれる。**本源的価値**（intrinsic value）とは、仮に貨幣として用いられなくても、それが価値を持つということを意味する。商品貨幣の例は金である。金は、工業製品や宝飾品に用いられるため、本源的価値を持つのである。現在では、金を貨幣として用いることはなくなったが、歴史上、金は運搬や計測、不純物の確認が比較的簡単であるため、貨幣として広く用いられていた。ある経済が金を貨幣として用いる場合（もしくは、要求に応じて決められた量の金に交換できる紙幣を用いている場合）、その経済は**金本位制**（gold standard）の下で運営されていると言う。

　商品貨幣のもう1つの例として、タバコが挙げられる。第2次世界大戦中の捕虜収容所では、捕虜たちは、価値保存手段、価値尺度、交換手段としてタバコを用いることで、お互いに財やサービスを取引していた。同様に、1980年代後半にソビエト連邦が崩壊した際、モスクワでは、ルーブルの代わりにタバコが貨幣として用いられることもあった。どちらの場合においても、非喫煙者は、タバコを他の財やサービスの購入に使えると知っているから、取引においてタバコを受け取ったのである。

不換紙幣
(fiat money)
本源的価値を持たず、政
府の法令によって貨幣と
して用いられる貨幣

　本源的価値のない貨幣は不換紙幣と呼ばれる。不換紙幣は、政府の法令によって貨幣として確立されたものである。たとえば、あなたの財布の中にある（アメリカ政府によって印刷された）ドル紙幣と、（ボードゲームの会社によって印刷された）ボードゲーム内で使われる紙幣を比べてみよう。レストランで支払いをするのに、なぜ前者は使えるのに後者は使えないのだろう？　その答えは、ドル紙幣が有効な貨幣であることを、アメリカ政府が宣言しているからである。あなたの財布に入っている紙幣には、「この紙幣は、公私を問わず、すべての債務に対する法的な支払手段である」と書かれている。

　政府は、不換紙幣の確立や規制（たとえば、偽造犯の訴追など）の中心的存在であるが、貨幣制度の成功には他の要素も必要である。多くの場合、ある資産が貨幣として受け入れられるかどうかは、政府による法令と同じくらい、期待や社会通念に大きく依存する。1980年代のソビエト連邦政府は、ルーブルを公式な貨幣として放棄しなかった。しかし、モスクワの人々はアメリカ・ドルやタバコを好んで貨幣として使うことも多かった。なぜなら、これらの代替的な貨幣は、より信頼できる価値保存手段であり、交換手段として受け入れられ続けると信じていたからである。

1-3　アメリカ経済における貨幣

　後述するように、**マネーストック**と呼ばれる経済に流通する貨幣の量は、多くの経済変数に強い影響力を持つ。しかし、はじめに「貨幣量とは何か？」という基本的な質問をする必要がある。仮に、アメリカ経済にどれだけの貨幣が存在するかを計測する仕事を与えられたとしよう。あなたなら何をそこに含めるだろうか。

　そこに含めるべき最も明白な資産は、一般に流通している紙幣や硬貨、すなわち

330

暗号資産（仮想通貨）：一時的な流行か？　将来性のある資産か？

近年、世界では**暗号資産**（cryptocurrencies）と呼ばれる新しい種類の貨幣が広がっている。これらの貨幣は暗号技術（情報を暗号化する技術）に基づいており、電子形式でのみ存在する交換手段を作り出している。こうした暗号資産は、ブロックチェーン（blockchain）と呼ばれる技術を使い、取引を記録する公開台帳を管理している。

2009年に登場した最初の暗号資産がビットコイン（bitcoin）である。ビットコインは、サトシ・ナカモトという名前を使う人物またはグループによって考案された。ナカモトは、ビットコインのプロトコル（手順）を確立する文書を執筆・配布したが、ナカモトの身元は不明である。そのプロトコルよると、コンピュータを使って複雑な数学の問題を解くことでビットコインは創出される。この方法で「採掘」できるビットコインの枚数は2,100万枚に制限されている。一度作られたビットコインは、交換に用いることができる。組織化されたビットコイン取引所において、アメリカ・ドルを用いて売買することができ、需要と供給がビットコインのドルベースでの価格を決定する。人々はビットコインを価値保存手段として保有し、ビットコインを受け入れるあらゆる業者から、ビットコインを使って商品を買うことができる。要するに、ナカモトは何もないところから仮想的な資産を作り出し、その保有者に対して、その供給が永遠に制限されることを保証した。

ビットコインは商品貨幣でも不換紙幣でもない。商品貨幣とは異なり、本源的な価値はない。また、ビットコインを交換以外に使うことはできない。不換紙幣とは異なり、政府の法令によって作られたものではない。ビットコインの支持者は、政府と離れて存在するこの新しい形の貨幣を積極的に受け入れている。ビットコインの利用者の中には、麻薬取引などの非合法取引に関わり、ビットコインによる取引が提供する匿名性の恩恵を得ている者もいる。

ビットコインの短い歴史の中で、そのドルベースの価値は激しく変動してきた。2010年、ビットコインの価格は5セントから39セントの間で変動していた。2011年には1ドルを超え、2013年には1,000ドルを超えたが、2014年には500ドルを下回った。その後の数年間、ビットコインのドルベースでの価値は、乱高下しながらも急上昇した。2021年4月に6万ドルに達し、2021年7月に3万1,000ドルに下落したのち、2021年11月に6万7,000ドルに上昇し、2022年7月には2万ドルに下落した。一方、イーサリアム、ライトコイン、リップル、ジーキャッシュといった他の暗号資産が登場し、ビットコインと競合している。これらの暗号資産はプロトコルの詳細においてビットコインと異なるが、ビットコインと同じく、すべて大きな価格変動を示している。ステーブルコインと呼ばれる新しい暗号資産の中には、ドルの価値にペッグ（紐づけ）されているものもある。しかし、時折、そのペッグが維持不可能になることもある。

暗号資産が長期的に成功するかどうかは、暗号資産が貨幣の機能（価値保存手段、価値尺度、交換手段）を果たせるかどうかにかかっている。多くの経済学者は懐疑的である。ほとんどの暗号資産のドル価格は大きく変動するため、富を保有する手段としてはリスクが高く、価格を測るには不便な手段である。少なくとも今のところ、暗号資産を受け入れる小売店はほとんどない。そのため、暗号資産は標準的な貨幣量の指標から除外されている。

暗号資産は、将来、貨幣になるかもしれないし、一時的な流行に過ぎないかもしれない。もしくは、単に新しいニッチな資産の一種になるのかもしれない。

第Ⅲ部　マクロ経済学

現金通貨
(currency)
一般に流通している紙幣や硬貨

要求払い預金
(demand deposits)
預金者が小切手を書くだけで、必要に応じて利用できる銀行口座の残高

現金通貨である。現金通貨は、依然として経済で最も広く受け入れられている交換手段である。現金通貨が、マネーストックの一部であることに疑問の余地はない。

しかし、財やサービスを買うために使える資産は現金通貨だけではない。多くの企業は、小切手も受け入れている。当座預金口座にある資産は、商品を購入するうえで、財布の中に保有している資産と同じくらい便利である。したがって、マネーストックを計測するために、**要求払い預金**（預金者が小切手を書いたり、デビットカードをスワイプしたりするだけで、必要に応じて利用できる銀行口座の残高）を加えるとよいだろう。

当座預金口座の残高をマネーストックに含めたら、次は、銀行やその他の金融機関にある他の口座についても考慮することになる。銀行の預金者は、通常、普通預金口座の残高に対して小切手を書くことはできないが、普通預金から当座預金への資金の移動は簡単に行うことができる。さらに、マネー・マーケット・ファンドの預金者は、その残高に対して小切手を書いたり、請求書の支払いを電子的に行ったりすることができる。おそらく、これらの口座も、アメリカのマネーストックの一部に含めるべきである。

複雑な経済では、「貨幣」と呼べる資産と、そうでない資産を明確に区別するこ

なぜクレジットカードは貨幣に含まれないのか？

クレジットカードを経済のマネーストックの一部に含めるのは自然に見えるかもしれない。人々はしばしばクレジットカードを使って買い物をする。であるにもかかわらず、クレジットカードは交換手段ではないのだろうか。

一見、この議論は説得力があるように思えるが、クレジットカードは貨幣量のすべての指標から除外されている。それは、クレジットカードは支払い手段ではなく、支払いを先延ばしする手段だからである。クレジットカードで食べ物を購入すると、カードを発行した銀行が、レストランに支払うべき金額を支払う。後日、あなたは（おそらく利子を付けて）銀行に返済する。クレジットカードの請求書を支払うときが来たら、あなたは、おそらく当座預金の残高に対して小切手を書くか、そこから電子取引でお金を引き出す。この当座預金口座の残高が、経済のマネーストックの一部なのである。

クレジットカードとデビットカードは物理的に似ているが、デビットカードは、購入した商品の代金を支払うために銀行口座から自動的にお金を引き出すもので、クレジットカードとは異なることに注意が必要である。デビットカードは、利用者に対して買い物の支払いの先延ばしを認めるのではなく、銀行口座の預金にすぐアクセスすることを可能にする。この意味で、デビットカードはクレジットカードよりも小切手に似ている。デビットカードで取引している口座残高は、貨幣量の指標に含まれる。

クレジットカードは貨幣の一形態とは見なされないが、貨幣システムの分析のために重要である。クレジットカードを持っている人は、買い物の際、散発的に支払いを行うのではなく、月末にまとめて請求書の多くを支払うことができる。その結果、クレジットカードを持っている人は、クレジットカードを持っていない人に比べ、平均して保有する貨幣は少なくなる。クレジットカードが、それと紐づけられた電子決済システムと共に普及すると、人々が保有する貨幣の量は減るかもしれない。

とは難しい。間違いなく、ポケットの中の硬貨はマネーストックの一部であり、エンパイア・ステート・ビルはそうではない。しかし、多くの資産はこの両極端な資産の中間にあるため、その取捨選択は明確ではない。貨幣とそれ以外の資産の線引きをどこで行うかについては、分析者の間でも当然のように意見が一致しないため、さまざまなマネーストックの指標が利用可能となっている。

アメリカでは、マネーストックの指標として、M1とM2の2つが最も広く使われている。M1には、現金通貨、銀行の要求払い預金、普通預金などの他の流動性預金の残高が含まれる。M2には、M1に含まれるすべての資産に加え、少額の定期預金とマネー・マーケット・ファンド（制限された退職勘定で保有されているものを除く）が含まれる。本書の目的を考えると、さまざまなマネーストック指標の違いは重要ではない。重要なのは、マネーストックには現金通貨だけでなく、銀行やその他の金融機関に預けられ、財やサービスを購入するためにすぐにアクセスして利用できる預金も含まれるという点である。

ケーススタディ　**現金通貨はどこにあるのか？**

アメリカ経済のマネーストックに関する謎の1つは、現金通貨の量に関するものである。2021年11月における現金通貨の残高は2.1兆ドルだった。この数字を理解するには、アメリカの成人（16歳以上）の数である2億6,200万人で割ればよい。この計算は、成人1人当たり8,000ドル以上の現金通貨が存在することを示唆している。ほとんどの人は、財布にある現金通貨がこれよりもはるかに少ないことから、この数字に驚く。

誰がこの現金通貨を保有しているのだろうか。確かなことは誰にもわからないが、道理にかなった説明が2つある。

1つ目は、現金通貨の多くが、海外で保有されていることである。安定した通貨制度のない国では、人々はその国の資産よりもアメリカ・ドルを好むことが多い。推定によれば、アメリカ・ドルの半分以上がアメリカ国外で流通している。

2つ目の説明は、現金通貨の多くが麻薬の売人や脱税者、その他の犯罪者によって保有されているということである。アメリカ経済で暮らすほとんどの人々にとって、現金通貨は富を保有するのに特に適した方法ではない。現金通貨は、紛失したり盗まれたりする可能性があることに加え、銀行預金には利子がつくが、現金通貨には利子がつかない。そのため、ほとんどの人は少額の現金通貨しか持っていない。しかし、犯罪者にとって、現金通貨はより魅力的である。たとえば、違法行為を追跡するために、警察は銀行預金の記録を使う可能性があるため、彼らは、銀行にお金を預けることを避けるかもしれない。犯罪者にとって、現金通貨は最高の価値保存手段なのである。

第Ⅲ部　マクロ経済学

理解度確認クイズ

1. 不換紙幣とは、何か。

　a. 本源的価値のある貨幣

　b. 政府の法令によって定められた貨幣

　c. 交換手段として用いられるすべての資産

　d. 価値尺度として用いられるすべての資産

2. マネーストックに含まれないのは、以下のうちどれか。

　a. 硬貨

　b. 紙幣

　c. クレジットカードの限度額

　d. デビットカードで使用可能な銀行預金

➡（解答は章末に）

2　連邦準備制度

連邦準備制度（Fed）
(Federal Reserve；Fed)
アメリカの中央銀行

中央銀行
(central bank)
銀行システムの監督や貨幣量の規制のために作られた機関

アメリカ経済のように、経済が不換紙幣に基づく制度を採用する場合、必ずどこかの機関がその制度を管理する責任を負わなければならない。アメリカでは、**連邦準備制度**がその役割を担っており、しばしば単に**Fed**と呼ばれる。ドル紙幣の上部を見れば、それが「連邦準備券」と呼ばれていることがわかる。連邦準備制度は、銀行システムの監督や貨幣量の規制のために作られた機関である**中央銀行**の一例である。世界の他の主要な中央銀行には、イングランド銀行、日本銀行、欧州中央銀行などがある。

2-1　連邦準備制度の組織

1907年に発生した一連の銀行破綻により、アメリカ連邦議会が国内の銀行システムの健全性を確保のために中央銀行が必要であると確信したことで、連邦準備制度が1913年に創設された。今日、連邦準備制度は、大統領が任命し上院で承認された最大7人のメンバーで構成される理事会によって運営されている。理事の任期は14年である。連邦最高裁判所判事が、政治からの独立性を保つために終身任用されているように、Fedの理事も、金融政策を策定する際に短期的な政治的圧力からの独立性を保つために、長い任期が設定されている。

理事会のメンバーの中でも、最も重要なのは議長である。議長は、Fedのスタッフに指示を与え、理事会の議長を務め、議会の委員会においてFedの政策について定期的に証言する。大統領は、議長を4年の任期で任命する。本書が出版された時点では、Fed議長はジェローム・パウエルであった。彼は、2017年にドナルド・トランプ大統領によって指名され、2021年にジョー・バイデン大統領によって再任された。

連邦準備制度は、ワシントンの連邦準備制度理事会（FRB）と、アメリカ国内の12の主要都市にある地区連邦準備銀行（地区連銀）で構成されている。地区連銀の総裁は、各々の理事会によって選ばれる。理事会のメンバーは通常、その地域の銀行界やビジネス界から選ばれる。

Fedには関連する2つの仕事がある。1つは銀行を規制し、銀行システムの健全性を確保することである。特に、Fedは各銀行の財務状況を監視し、小切手の決済

334

第11章　付論1　貨幣システム

を通じて銀行間の取引を促している。Fedはまた、銀行の銀行としての役割も果たしている。すなわち、銀行自身が資金を必要とする場合、Fedは銀行に貸出を行う。Fedは、銀行システム全体の安定を維持するために、**最後の貸し手**（lender of last resort）、つまり他では資金を借りることのできない銀行に対する貸し手としての役割を果たしている。

　Fedの2つ目の仕事は、経済で利用可能な貨幣の量をコントロールすることである。この貨幣の量は貨幣供給量と呼ばれ、短期的には、金利水準と密接な関係がある。貨幣供給と金利に関する政策当局の決定が金融政策である。連邦準備制度では、金融政策は連邦公開市場委員会（FOMC）によって決定される。FOMCは、約6週間ごとにワシントンで開催され、経済の状況を議論し、金融政策の変更を検討する。

> **貨幣供給量**
> （money supply）
> 経済で利用可能な貨幣の量

> **金融政策**
> （monetary policy）
> 中央銀行の政策担当者による貨幣供給量の設定

2-2　連邦公開市場委員会（FOMC）

　連邦公開市場委員会は、理事会のメンバーと12名の地区連銀の総裁から選ばれた5名で構成される。FOMCには、12名の地区連銀総裁が全員出席するが、投票権を持つのは5名だけである。投票権は、12の地区連銀総裁の持ち回りである。もっとも、ニューヨーク連銀総裁だけは常に投票権を持つが、これはニューヨークが伝統的にアメリカにおける金融の中心であり、Fedによる国債の購入と売却は、すべてニューヨーク連銀のトレーディングデスクで行われるためである。

　FOMCの決定を通じて、Fedは経済におけるドルの量を増減させる力を持っている。簡単な比喩で言えば、Fedがドル紙幣を印刷し、ヘリコプターから国中にばら撒くことで貨幣供給量を拡大すると想像してほしい。同様に、Fedが巨大な掃除機で人々の財布からドル紙幣を吸い取り、貨幣供給量を減らすことを想像してほしい。現実には、Fedが貨幣供給量を変化させる方法は複雑で繊細だが、ヘリコプターと掃除機の比喩は、金融政策を理解するための第一歩となる。

　本論では、後ほど、Fedがヘリコプターや掃除機を使わずに貨幣供給量に影響を与えることができる多くの方法について議論するが、ここで注目すべきことは、Fedの主要な手段が、歴史的にみると、**公開市場操作**と呼ばれるアメリカ国債の売買であったことである。アメリカ国債が連邦政府の債務証書であることを思い出してほしい。貨幣供給量を増やすために、Fedはドルを生み出し、それを使って債券市場で国民から国債を買うことができる。購入後、これらのドルは国民の手に渡る。このようにして、Fedの公開市場操作における国債の購入は、貨幣供給量を増加させる。逆に、貨幣供給量を減少させるために、Fedは債券市場において、自らのポートフォリオにある国債を国民に売却することができる。売却後、Fedが国債の対価として受け取るドルは、国民の手から離れる。したがって、Fedの公開市場操作における国債の売却は、貨幣供給量を減少させる。後述するように、近年では、Fedは公開市場操作に頼ることは少なくなり、他の金融政策の手段に頼ることが多くなっている。

　貨幣供給量の変化は経済に大きな影響を与えうるため、中央銀行は重要な機関である。第1章の**経済学の10原則**の1つは、「政府が過剰な量の貨幣を印刷すると、物価は上昇する」というものである。また、**経済学の10原則**のもう1つは、「社会は、

335

第Ⅲ部　マクロ経済学

インフレーションと失業の短期的なトレードオフに直面する」というものである。Fedの権力は、これらの原則の上に成り立っている。Fedの政策決定は、長期的にはインフレ率の重要な決定要因であり、短期的には雇用と生産の重要な決定要因である。Fedの議長は、アメリカで2番目に権力を持つ人物と呼ばれている。

〔訳注〕日本における中央銀行は**日本銀行**である。日本銀行では、年に8回、総裁以下をメンバーとする**金融政策決定会合**が行われ、金融政策の方針が決定される。この方針に基づいて、日本銀行は、連邦準備制度同様、日々、金融市場において貨幣の供給や吸収を行っており、これを**金融市場調節**と呼ぶ。金融市場調節の具体的手段としては、証券会社や銀行などの金融機関を相手に、資金の貸付や国債等の売買を行っており、これを**オペレーション**（公開市場操作）と呼ぶ。

　連邦準備制度がターゲットとしている短期金利はフェデラル・ファンド金利（FF金利と呼ばれる）であるが（4-4参照）、これに対応する日本の短期金利は**コールレート**である。かつては、金融政策決定会合において、最適なコールレート（とくに1日の資金の貸借に対応するオーバーナイト物）が唯一の政策金利として定められ、これを適切な水準にコントロールすることが金融政策の主要な手段であった。

　しかし、リーマンショック以降、経済活動の大幅な停滞や、ゼロ金利制約（日本では2001年にゼロ金利政策が導入され、先進国の中でもゼロ金利制約にもっとも直面する国となっていた）への対応として、**非伝統的な金融政策手段**が次々と導入された。具体的には、1点目に、短期金利のターゲットをマイナスとする**マイナス金利政策**が導入された。2点目に、短期金利だけではなく、長期金利も含めたイールドカーブ全体をターゲットとする、**イールドカーブ・コントロール**政策が導入された。3点目に、日本国債といった伝統的に日本銀行が金融市場調節の対象としてきた金融資産だけでなく、社債、コマーシャル・ペーパー、ETFなど、リスク性の相対的に高い**金融資産の買入れプログラム**が導入された。これらの非伝統的な金融政策は、2024年3月にその役割を終え、短期金利の操作が再び主たる金融政策手段となった。

理解度確認クイズ

3. 連邦準備制度について、正しくないものは以下のうちどれか。

　　a. アメリカ合衆国憲法によって設立された。
　　b. 銀行システムの規制を担っている。
　　c. 銀行への貸出を行う。
　　d. 国債を保有することができる。

4. 貨幣供給量を増やす場合、Fedができることは以下のうちどれか。

　　a. 所得税率を引き上げる。
　　b. 所得税率を引き下げる。
　　c. 公開市場操作で債券を購入する。
　　d. 公開市場操作で債券を売却する。

➡（解答は章末に）

第11章 付論1 貨幣システム

3 銀行と貨幣供給量

これまで、「貨幣」の概念を導入し、Fedがどのように貨幣供給量をコントロールしているかについて議論してきた。これまでの説明は正しいが、銀行が通貨システムにおいて果たす重要な役割が省略されており、不完全な説明になっている。

あなたが保有している貨幣には、現金通貨（財布の中の紙幣やポケットの中の硬貨）と要求払い預金（当座預金口座の残高）の両方が含まれていることを思い出してほしい。要求払い預金は銀行で保有されているため、銀行の行動は、要求払い預金の量に影響を与え、その結果、貨幣供給量に影響を与えうる。本節では、銀行が、どのように貨幣供給量に影響を及ぼし、貨幣供給量をコントロールするというFedの仕事を複雑にしているかを検討する。

3-1 単純な100%準備銀行制度

銀行が貨幣供給量にどのように影響を与えるかをみるために、まず銀行が全く存在しない世界を想像してほしい。このような単純な世界では、現金通貨が唯一の貨幣の形となる。具体的には、現金通貨の総量が100ドルだとすると、貨幣供給量は100ドルである。

ここで、誰かがファースト・ナショナル銀行という名前の銀行を開設したとする。ファースト・ナショナル銀行は単なる預金取扱機関であり、預金は受け入れるが貸出は行わない。この銀行の目的は、預金者にお金を安全に保管する場所を提供することである。人々が預金すると、銀行は、預金者がそれを引き出したり、小切手を書いたり、デビットカードを使って残高を取り崩したりするまで、そのお金を金庫に保管する。銀行が受け入れたものの貸出に用いられていない預金は、**準備**と呼ばれる〔訳注：準備（Reserve）に何を含めるのかは、国ごとに異なる。日本では、中央銀行口座への預け金（準備預金）のみが準備に含まれるため、準備と準備預金は概念上等しくなる。一方、アメリカでは、準備預金に加えて、銀行が金庫に保有する現金通貨も準備に含まれる〕。この架空の経済では、預金はすべて準備として保有されるため、このシステムは**100%準備銀行制度**（100-percent-reserve banking）と呼ばれる。

> …… 準備
> （reserves）
> 銀行が受け入れたものの
> 貸出に用いられていない
> 預金

銀行の資産と負債を示した簡略化された会計書である**T字勘定**（T-account）を使って、ファースト・ナショナル銀行の財務状況を表すことができる。下表は、ファースト・ナショナル銀行のT字勘定を示しており、経済における100ドルの貨幣がすべてこの銀行に預金されている場合である。

ファースト・ナショナル銀行			
資産		負債	
準備	100ドル	預金	100ドル

T字勘定の左側には、銀行の資産100ドル（金庫に保有する準備）がある。右側は、銀行の負債100ドル（預金者に対する負債額）である。資産と負債がちょうど釣り合っているため、この会計書は**バランスシート**（balance sheet）と呼ばれる。

337

第Ⅲ部　マクロ経済学

ここで、この経済における貨幣供給量について考えてみよう。ファースト・ナショナル銀行が開業する前の貨幣供給量は、人々が保有する100ドルの現金通貨である。この銀行が開業し、人々がこの現金通貨を預金した後の貨幣供給量は、100ドルの要求払い預金である（現金通貨は、すべて銀行の金庫にあるため、もはや現金通貨の残高は存在しない）。1単位の預金によって、全く同額の現金通貨の減少と要求払い預金の増額をもたらすため、貨幣供給量は変化しない。したがって、**銀行がすべての預金を準備として保有する場合、銀行は貨幣供給量に影響を与えない。**

3-2 部分準備銀行制度による信用創造

最終的には、ファースト・ナショナル銀行の経営陣は、100％準備銀行という方針を再考するかもしれない。すべてのお金を金庫に眠らせておく必要はないようにみえる。すなわち、その一部を貸出に回し、利子を課して利益を得てはどうだろうか。住宅を購入する家計、新しい工場を建設する企業、大学の学費を支払う学生は、そのお金の一部をしばらく借りるために、喜んで利子を支払うだろう。ファースト・ナショナル銀行は、預金者が引き出しを希望する場合に現金通貨を利用できるようにするため、ある程度の準備を保有しなければならない。しかし、新規預金の流入と預金引き出し額がほぼ同じであれば、ファースト・ナショナル銀行は、預金の一部のみ準備として保有すればよい。そこで、ファースト・ナショナル銀行は、**部分準備銀行制度**と呼ばれる制度を採用することになる。

銀行が、預金総額のうち準備として保有する割合を**準備率**という。この比率は、政府の規制と銀行の経営方針の組み合わせによって決まる。後ほど詳しく説明するが、Fedは伝統的に銀行が保有しなければならない準備の最低額を定めており、これを**法定準備額（所要準備額）**と呼んでいる。加えて、銀行は法律で定められた最低額を上回る準備（**超過準備**と呼ばれる）を保有するかもしれず、そうすることで、銀行は現金通貨が不足することはないことをより確信することができる。ここでは、準備率を所与として、部分準備銀行制度が貨幣供給量にどのような影響を与えるのかを議論する。

ファースト・ナショナル銀行の準備率が1/10、つまり10％であるとする。これは、預金の10％を準備として保有し、残りを貸出に回すということを意味する。ここで、この銀行のT字勘定をもう一度見てみよう。

部分準備銀行制度
（fractional-reserve banking）
銀行が預金の一部のみを準備として保有する銀行システム

準備率
（reserve ratio）
銀行が準備として保有する預金の割合

ファースト・ナショナル銀行			
資産		負債	
準備	10ドル	預金	100ドル
貸出	90ドル		

貸出を行っても預金者に対する返済義務は変わらないため、ファースト・ナショナル銀行は依然として100ドルの負債を抱えている。しかし、現在、この銀行は、金庫にある10ドルの準備と90ドルの貸出という2種類の資産を保有している（これらの貸出は、ファースト・ナショナル銀行から借入を行っている人々にとっては負債だが、借り手は貸出を銀行に返済することから、銀行にとっては資産となる）。

338

第11章　付論1　貨幣システム

合計すると、ファースト・ナショナル銀行の資産は依然として負債と同額である。

　もう一度、経済における貨幣供給量を考えてみよう。ファースト・ナショナル銀行が貸出を行う前の貨幣供給量は、100ドルの預金である。しかし、ファースト・ナショナル銀行が、これらの預金の一部を貸出に回すと、貨幣供給量は増加する。預金者は、依然として合計100ドルの要求払い預金を保有しているが、借り手は現在90ドルの現金通貨を保有している。貨幣供給量（現金通貨＋要求払い預金）は190ドルになっているが、このように、**銀行が預金の一部だけを準備として保有する場合、銀行システムは貨幣を生み出す**のである。

　最初は、部分準備銀行制度による信用創造は、あまりに出来すぎているように見えるかもしれない。銀行が、無からお金を作り出したように見えるからだ。この偉業がそれほど奇跡的ではないことを理解するために、ファースト・ナショナル銀行が準備の一部を貸し出して貨幣を創造しても、富を創造しているわけではないことに注目してほしい。ファースト・ナショナル銀行からの貸出は、借り手に現金通貨を与え、財やサービスを購入する能力を上昇させる。しかし、借り手は負債も負っているため、貸出によって借り手が豊かになるわけではない。言い換えれば、銀行が貨幣という資産を創造するのと同時に、創造された貨幣を借りた人々に対して、それに対応する分だけの負債を生み出しているのである。このような信用創造のプロセスが終わると、交換手段が増えるという意味で経済における流動性は増すが、経済が以前より豊かになるわけではない。

3-3　貨幣乗数

　信用創造は、ファースト・ナショナル銀行だけにとどまらない。ファースト・ナショナル銀行から借りた人が、その90ドルを使って誰かから何かを買い、その人がその現金通貨をセカンド・ナショナル銀行に預けたとする。以下の表は、セカンド・ナショナル銀行のT字勘定である。

セカンド・ナショナル銀行			
資産		負債	
準備	9ドル	預金	90ドル
貸出	81ドル		

　預金を受け入れた後、セカンド・ナショナル銀行は90ドルの負債を負う。セカンド・ナショナル銀行の準備率も10%である場合、9ドルの資産を準備として保有し、81ドルの貸出を行う。このようにして、セカンド・ナショナル銀行は、さらに81ドルの貨幣を生み出す。この81ドルが、同じく準備率が10%のサード・ナショナル銀行に預け入れられると、サード・ナショナル銀行は8.10ドルを準備として保有し、72.90ドルの貸出を行う。以下の表が、サード・ナショナル銀行のT字勘定である。

339

第Ⅲ部　マクロ経済学

サード・ナショナル銀行			
資産		負債	
準備	8.10ドル	預金	81ドル
貸出	72.90ドル		

　そのプロセスはさらに続く。貨幣が預金され、銀行貸出が行われるたびに、さらなる貨幣が生み出される。

　これらの信用創造がすべて終わると、いくらの貨幣が経済に存在するだろうか。それらをすべて足し合わせてみよう。

元々の預金　　　　　　　　　　　　　＝100.00ドル
ファースト・ナショナル銀行の貸出＝90.00ドル（＝0.9×100.00ドル）
セカンド・ナショナル銀行の貸出　　＝81.00ドル（＝0.9× 90.00ドル）
サード・ナショナル銀行の貸出　　　＝72.90ドル（＝0.9× 81.00ドル）
　　　　　　　　・　　　　　　　　　　　　　　・
　　　　　　　　・　　　　　　　　　　　　　　・
　　　　　　　　・　　　　　　　　　　　　　　・
貨幣供給量の合計　　　　　　　　　　＝1,000.00ドル

　この信用創造のプロセスは永遠に続けられるが、無限に貨幣が生み出されるわけではないことがわかる。先ほどの例において、無限の数字の列を苦労して足し合わせると、100ドルの準備が1,000ドルの貨幣を生み出すことがわかる。準備1ドルあたりから生じる貨幣の量を**貨幣乗数**と呼ぶ。100ドルの準備が1,000ドルの貨幣を生み出すこの経済では、貨幣乗数は10である。

　何が貨幣乗数の大きさを決めるのだろうか。実は答えは簡単である。**貨幣乗数は、準備率の逆数になる**。Rが経済におけるすべての銀行の準備率だとすると、1ドルの準備が$1/R$ドルの貨幣を生み出すことになる。この例では、Rが$1/10$であるため、貨幣乗数は10となる。

　貨幣乗数が逆数になるというこの公式が、なぜ理にかなっているかを考えてほしい。もし銀行が1,000ドルの預金を保有している場合、準備率が$1/10$（10％）であることは、銀行が100ドルの準備を保有しなければならないことを意味する。貨幣乗数は、この考え方を逆から考える。すなわち、銀行システム全体で、合計100ドルの準備が保有されている場合、預金は1,000ドルしか保有することができない。言い換えれば、各銀行における預金に対する準備の比率（すなわち準備率）をRとすれば、銀行システムにおける預金と準備の比率（すなわち貨幣乗数）は$1/R$でなければならない。

　この計算式は、銀行が生み出す貨幣の量が、準備率によってどう変わるのかを示している。仮に準備率が$1/20$（5％）だとすると、銀行システムの預金残高は準備の20倍となり、貨幣乗数は20となる。1ドルの準備が20ドルの貨幣を生み出すのである。同様に、準備率が$1/4$（25％）であれば、預金は準備の4倍となり、貨幣乗数は4で、準備1ドルが生み出す貨幣は4ドルとなる。**準備率が高ければ高いほど、銀行が貸出にまわす預金は少なくなり、貨幣乗数は小さくなる**。100％準備銀行の特殊ケースでは、準備率は1で、貨幣乗数は1であり、銀行は融資も信用創造も行わない。

貨幣乗数
（money multiplier）
準備1ドルあたりから生じる貨幣の量

340

第11章　付論1　貨幣システム

3-4　銀行の自己資本、レバレッジ、2008 ～ 2009年の金融危機

前節までは、銀行が機能する仕組みについて簡略化して説明した。現代における銀行の実態はもっと複雑であり、この複雑さが2008 ～ 2009年の金融危機で重要な役割を果たした。このような金融危機を理解するためには、銀行が実際にどのように機能しているかについて、その背景をもう少し知る必要がある。

これまで見てきた銀行のバランスシートでは、銀行は預金を受け入れ、その預金は貸出を行うために用いられるか、そのまま準備として保有される。しかし、より現実的には、銀行は預金の受け入れだけでなく、他の企業と同様、株式や債券の発行からも資金を調達している。銀行が株主に株式を発行して得た資金は（銀行の）自己資本と呼ばれる。銀行は、これらの資金をさまざまな方法で活用し、株主に利益をもたらす。貸出を行ったり準備を保有したりするのに加え、株式や債券などの有価証券を購入することもできる。

以下の表は、もう少し現実的な銀行のバランスシートの例である。

（銀行の）自己資本
（bank capital）
銀行が株主に株式を発行して得た資金

より現実的な銀行			
資産		負債と株主資本	
準備	200ドル	預金	800ドル
貸出	700ドル	借入	150ドル
有価証券	100ドル	自己資本（株主資本）	50ドル

このバランスシートの右側は、銀行の負債と自己資本（**株主資本**とも呼ばれる）である。この銀行は、株主から50ドルの資金を得ている。また、150ドルの借入を行い、800ドルの預金を受け入れている。バランスシートの左側は銀行の資産を示しており、銀行は、調達した合計1,000ドルをここに記載されている３つの用途に用いている。この銀行は200ドルを準備として保有し、700ドルを貸出にまわし、100ドルを国債や社債などの有価証券の購入に用いている。銀行は、資産ごとのリスクとリターンや、資産選択を制限する規制に従いながら、資産の間で資金をどのように配分するかを決める。

会計のルールでは、バランスシートの左側にある準備、貸出、有価証券は、右側にある預金、借入、自己資本の合計と常に等しい。バランスシートの左右が等しいことに何かカラクリがあるわけではない。これらが等しくなるのは、銀行の資産（準備、貸出、有価証券）から負債（預金、借入）を差し引いたものが、定義上、株主資本の価値だからである。したがって、バランスシートの左側と右側の合計は常に等しい。

多くの企業は**レバレッジ**を活用している。レバレッジとは、投資を行う際、既存の資金を補うために借入を利用することである。企業が、投資プロジェクトの資金を調達するために借入を利用する場合は、常にレバレッジを活用していることになる。銀行にとってレバレッジは特に重要であり、それは、借入と貸出が業務の中心となっているためである。銀行業務をより理解するために、レバレッジの仕組みを詳しく見てみよう。

レバレッジ
（leverage）
投資を行う際、既存の資金を補うために借入を利用すること

341

第Ⅲ部　マクロ経済学

レバレッジ比率
(leverage ratio)
銀行の総資産と自己資本の比率

レバレッジ比率とは、銀行の総資産と自己資本の比率である。この例では、レバレッジ比率は1,000ドル／50ドル、つまり20である。レバレッジ比率が20ということは、銀行の株主が拠出した株主資本1ドルに対して、銀行は20ドルの資産を保有していることを意味する。その20ドルの資産のうち19ドルは、預金を受け入れるか債券を発行するかのいずれかによる借入でまかなわれている。

理科の授業で、「てこ（レバレッジ）」は力を増幅させることができると習ったことがあるかもしれない。素手では動かせない大きな石も、てこを使えば容易に動かすことができる。同じような増幅のメカニズムが、銀行のレバレッジにおいても発生する。たとえば、銀行が保有する有価証券の一部が値上がりしたため、銀行の資産価値が5％増加したとしよう。1,000ドルの資産は、現在1,050ドルの価値がある。預金者と債券保有者に対して950ドルの債務を負っているため、銀行の資本は50ドルから100ドルに増加する（1,050ドル − 950ドル）。したがって、レバレッジ比率が20の場合、資産の価値が5％上昇すると、株主の自己資本は100％増加する。

同じ原理が下落方向にも働くが、これは厄介な結果を伴う。銀行から借入を行った人々の一部がデフォルトに陥り、銀行の資産価値が5％減少して950ドルになったとする。この場合も、預金者と債券の保有者には依然として950ドルの債務を負っているため、株主資本の価値はゼロにまで減少する（950ドル − 950ドル）。このように、レバレッジ比率が20の場合、銀行の資産価値が5％下落すると、銀行の自己資本は100％減少する。資産価値が5％以上下落した場合、銀行の資産は負債を下回ることになる。この場合、銀行は**債務超過**（insolvent）の状態に陥り、債券保有者や預金者に全額返済することができなくなる。

銀行の規制当局は、銀行に一定の自己資本を保有するよう求めている。このような**自己資本比率規制**の目的は、銀行が、（政府が提供する預金保険の資金に頼ることなく）預金者への返済を保証することである。必要な資本額は、銀行が保有する資産の種類によって異なる。他の条件が同じであれば、信用力の質が疑わしい借り手への貸出のようにリスクの高い資産を保有する銀行は、国債のような安全資産を保有する銀行よりも、多くの自己資本を保有することが要求される。

自己資本比率規制
(capital requirement)
銀行の自己資本の最低額を定めた公的規制

銀行が、自己資本が少なすぎて自己資本比率規制を満たせない状況に陥ると、経済的な混乱が生じることがある。2007 ～ 2008年に、多くの銀行が一部の資産（特に住宅ローンや住宅ローンに裏付けられた有価証券）で多額の損失を出した際に発生したことは、こういった現象の一例である。自己資本不足は、銀行に貸出を抑制することを促し、**信用収縮**（credit crunch）と呼ばれる現象を引き起こすことで、経済活動の深刻な低迷を招いた（第12章では、この出来事についてさらに詳しく議論する）。この問題に対処するため、アメリカの財務省はFedと協力して、銀行資本を増強するために何十億ドルもの公的資金を銀行システムに投入した。その結果、アメリカの納税者は、一時的に多くの銀行の株主の一部となった。この異例な政策の目的は、銀行システムの自己資本の増強を行い、貸出をより正常な水準に戻すことだった。そして実際、2009年後半にはそれを実現することができた。

第11章　付論1　貨幣システム

理解度確認クイズ

5. イザベラは財布から100ドルを取り出し、当座預金口座に預金した。銀行がその100ドル全額を準備に加えた場合、貨幣供給量は＿＿＿＿＿が、銀行がその100ドルの一部を貸出にまわせば、貨幣供給量は＿＿＿＿＿。

   a. 増加する — さらに増加する
   b. 増加する — 増加幅が小さくなる
   c. 変わらない — 増加する
   d. 減少する — 減少幅が小さくなる

6. 準備率が1/4で、中央銀行が銀行システムの準備の額を120ドル増加させた場合、貨幣供給量は＿＿＿＿＿ドルだけ増加する。

   a. 90

   b. 150
   c. 160
   d. 480

7. ある銀行の自己資本は200ドルで、レバレッジ比率は5である。もし、この銀行の資産価値が10%下落した場合、自己資本は＿＿＿＿＿ドルまで減少する。

   a. 100
   b. 150
   c. 180
   d. 185

➡（解答は章末に）

4　Fedの金融政策手段

　連邦準備制度（Fed）は、貨幣供給量をコントロールする責任を負っており、繊細かつ発展的な方法でこの仕事を行っている。部分準備銀行制度では、銀行が貨幣を生み出すため、Fedによる貨幣供給量のコントロールは間接的なものになる。Fedは、貨幣供給量の変更を決定する際、その決定が、銀行システムを通じてどのように作用するかを考慮しなければならない。

　Fedは金融政策の道具箱の中にさまざまな政策手段をもっており、時によって、その使い方も変化する。それらの政策手段は、2つのグループに分けることができる。すなわち、準備の量に影響を与えるものと、準備率への影響を通じて貨幣乗数に影響を与えるものである。

4-1　中央銀行はどのように準備量に影響を与えるのか

　Fedが貨幣供給量を変化させる最初の方法は、準備の量を変化させることである。Fedは、公開市場操作や銀行への貸出によってこれを行う。

公開市場操作　すでに述べたように、Fedは国債を売買する際、**公開市場操作**を行っている。貨幣供給量を増やすために、Fedはニューヨーク連銀の債券トレーダーに対して、国内の債券市場で国民から債券を購入するよう指示する。新たに生み出されたドルで債券の代金を支払うことによって、Fedは経済におけるドルの量を増加させる。これらの新しいドルの一部は現金通貨として保有され、一部は銀行に預金される。現金通貨として保有される新しいドルは、それぞれちょうど1ドルずつ貨幣供給量を増加させる。銀行に預金される新しいドルは、それぞれ1ドル以上の貨幣供給量の増加に繋がるが、これは、準備を増加させ、それによって銀行システム

> **公開市場操作**
> （open-market operations）
> Fedによるアメリカ国債の購入・売却

343

第Ⅲ部　マクロ経済学

が生み出す貨幣量を増加させるからである。

　貨幣供給量を減らすためには、Fedはちょうどその逆のことを行う。つまり、国内の債券市場で国債を売却する。国民が、保有する現金通貨や銀行預金でこれらの国債を購入することで、流通する貨幣の量を直接的に減らす。さらに、人々がFedから国債を買うために銀行から預金を引き出すと、銀行は準備の量が減っていることに気づくだろう。それに対して銀行は貸出を減らし、信用創造のプロセスが逆回転することになる。

　公開市場操作は容易に実施できる。実際、Fedが国内の債券市場で国債を購入したり売却したりすることは、人々が自分の投資ポートフォリオのために行う取引のようなものである。しかし、そこには重要な違いがある。個人の間で取引を行う場合、貨幣の保有者は変わるが、流通する貨幣の量は変わらない。対照的に、Fedが取引の当事者になると、貨幣供給量が変化する。公開市場操作は、Fedが歴史上、最も頻繁に用いてきた金融政策手段である。

Fedによる銀行への貸出　Fedは、銀行に準備を貸し出すことでも、準備の量を増やすことができる。銀行は、さまざまな理由によって手元の準備が十分でない場合、Fedから借入を行う。たとえば、銀行規制を満たすため、預金者の引き出しに対応するため、新規の貸出を行うため、あるいはその他のビジネス上の理由が考えられる。

ディスカウント・レート
(discount rate)
Fedが銀行に行う貸出の
金利

　銀行がFedから借り入れるには、いくつかの方法がある。伝統的には、銀行はFedの**ディスカウント・ウィンドウ**から借り入れ、**ディスカウント・レート**と呼ばれる借入金利を支払う。Fedが銀行にこうした貸出を行うと、銀行システムはそうでない場合よりも多くの準備を持つことになる。そして、これらの追加的な準備は、銀行システムがより多くの貨幣を生み出すことを可能にする。

　Fedはディスカウント・レートを変えることで、貨幣供給量を変えることができる。ディスカント・レートが高ければ、銀行はFedから借入を行うことを躊躇するため、銀行システムにおける準備の量を減少させ、結果的に、貨幣供給量も減少する。逆にディスカウント・レートが低いと、銀行がFedから借入を行うことを促し、準備の量と貨幣供給量を増加させる。

　必要に応じて、Fedは、銀行が借入を行うための他の仕組みを設けることがある。たとえば、2007 ～ 2010年には、**ターム・オークション・ファシリティ**の下で、Fedは銀行に貸し出したい資金量を設定し、条件を満たした銀行が入札を行ってその資金を借り入れた。貸出は、最も高い適格入札者、すなわち、Fedが受け入れ可能な担保を持ち、最も高い金利を支払うことを申し出た銀行に向けて行われた。Fedが貸出の価格を設定し、銀行が借入金額を決定するディスカウント・ウィンドウとは異なり、ターム・オークション・ファシリティでは、Fedが借入金額を設定し、銀行間の競争入札によって貸出の価格が決定される。Fedがより多くの資金を利用可能にすればするほど、準備の量は増え、貨幣供給量は増加する。

　Fedが銀行に貸出を行うのは、貨幣供給量をコントロールするためだけでなく、金融機関が危機に陥ったときに助けるためでもある。たとえば、1987年10月19日

344

第11章 付論1 貨幣システム

に株式市場が22％暴落した際、ウォール街の多くのブローカーは、大量の株式取引を賄うための資金が一時的に必要になった。翌朝、株式市場が開く前に、アラン・グリーンスパン議長は、「経済・金融システムを支える流動性の供給源として、その役割を果たす用意がある」と発表した。多くのエコノミストは、グリーンスパンが株価暴落に対して反応したことが、株価暴落がほとんど波及しなかったことの重要な理由だと考えている。

同様に、2008 ～ 2009年には、国中で住宅価格が下落したため、住宅ローンを返済できなくなった住宅所有者が急増し、住宅ローンを保有する多くの金融機関が危機に陥った。こうした事態がより広範な経済的影響を及ぼすのを防ぐために、Fedは、経営難に陥った金融機関に向けて何十億ドルもの貸出を行った。

さらに、新型コロナウイルスの流行で株式市場と債券市場が暴落した2020年初めには、Fedは最後の貸し手として、経済に流動性を供給するための新たなプログラムに着手した。パウエル議長は、「回復への道を着実に歩んでいると確信できるまで」銀行と経済を支援すると約束した。

4-2 Fedはどのように準備率に影響を与えるのか

Fedは、準備の量への影響だけでなく、準備率と貨幣乗数に影響を与えることでも貨幣供給量を変化させる。Fedは、銀行が保有しなければならない準備の量を規制することや、Fedが準備預金に支払う金利を通じて、準備率に影響を与えることができる。

準備預金制度 Fedが準備率に影響を与えることができる方法の１つは、**準備預金制度**と呼ばれる、銀行が預金に対して保有しなければならない準備の最低額（法定準備額、または所要準備額）を定める規制に対して変更を加えることである。所要準備額の引き上げは、銀行がより多くの準備を保有しなければならなくなり、預金１ドル当たりの貸出額が減少することを意味するため、銀行システムが生み出せる貨幣量を減少させる。言い換えれば、所要準備額の引き上げは、準備率を上昇させるとともに、貨幣乗数を低下させ、貨幣供給量を減少させる。逆に、所要準備額を引き下げると、準備率は低下し、貨幣乗数が上昇するとともに、貨幣供給量は増加する。

> 準備預金制度
> （reserve requirements）
> 銀行が預金に対して保有しなければならない準備の最低額を定める規制

この政策手段は、2008年以降、銀行が所要準備額を大幅に上回る準備を保有するようになったため、あまり重要ではなくなった。2020年３月、Fedは所要準備額をゼロに設定し、実質的に準備預金制度を撤廃した。しかし、準備預金制度を意識しておくことは必要である。準備預金制度は歴史的に重要であったし、将来に再び重要となる可能性がある。

準備預金への付利 伝統的には、銀行の準備預金には利子が付かなかった。しかし、2008年10月にこれが変更され、Fedは**準備預金への付利**を開始した。つまり、銀行が準備預金をFedに預けると、銀行があなたの銀行口座に利子を付けてくれているように、Fedはその準備預金に対して利子を支払うのである。この政策変更は、

> 準備預金への付利
> （interest on reserves）
> Fedへの預金として保有する準備に対して銀行に支払われる金利

345

準備預金制度がもはや必要ではなくなった理由を説明してくれる。すなわち、準備預金が利子の付く資産になると、銀行は制度によって要求されなくても、自ら進んで準備預金を保有するようになったのである。

その結果、Fedは経済に影響を与えるもう1つの手段を手に入れた。準備預金の金利が高ければ高いほど、銀行はより多くの準備預金を保有する。準備預金の金利の上昇は準備率を高め、貨幣乗数を低下させて、貨幣供給量を減少させる方向に働く。逆に、準備預金への金利が低下すると、準備率が低下し、貨幣乗数が上昇して、貨幣供給量を増加させる方向に働く。

準備預金への付利は、2008年に導入されて以来、金融政策の最も重要な手段の1つとなっている。後述するように、最近のFedの政策は、フェデラル・ファンド金利（銀行間取引での翌日物金利）の短期的な目標を重視してきた。Fedが準備預金に支払う金利は、フェデラル・ファンド金利の目標を達成するために、特に有用な手段である。

4-3 貨幣供給量をコントロールする際の問題点

Fedのさまざまな手段（たとえば、公開市場操作、銀行への貸出、準備預金制度、準備預金への付利）は、貨幣供給量に強い影響を与える。しかし、Fedの貨幣供給量のコントロールは完璧ではない。Fedは、その時々で2つの問題と戦ってきたが、それらは、貨幣供給の多くが部分準備銀行制度を通じて生み出されているために生じる問題である。

第1の問題は、Fedは貨幣供給量のうち、家計が銀行預金として保有する分はコントロールしていないことである。家計が預金するお金が多ければ多いほど、銀行の準備は増え、銀行システムはより多くの貨幣を生み出すことができる。家計が預金するお金が少なければ、銀行が持つ準備は少なくなり、銀行システムが生み出すことのできる貨幣は少なくなる。これがなぜ問題なのかをみるために、ある日、人々が銀行システムを信用しなくなり、預金の一部を引き出してより多くの現金通貨を保有するようになったとする。こうしたことが起こると、銀行システムは準備を失い、より少ない貨幣しか生み出すことができない。Fedは何もしていないにもかかわらず、貨幣供給量は減少してしまうのである。

貨幣供給量をコントロールする際の第2の問題は、Fedが、銀行が貸出にまわす金額をコントロールしていないことである。銀行に資金が預金されると、銀行が預金を貸出にまわした時にのみ、さらに貨幣が生み出される。銀行は、貸出の代わりに超過準備を保有することも選択できるため、Fedは、銀行システムがどれだけ貨幣を生み出すかを確信できない。たとえば、ある日、銀行が経済状況に対してより慎重になり、貸出を減らして準備をより多く保有することを決めたとする。この場合、銀行システムが生み出す貨幣は、そうでなかった場合よりも少なくなる。この銀行の決定によって、貨幣供給量は減少するのである。

このことは、部分準備銀行制度において、経済における貨幣量の一部がなぜ預金者と銀行の行動に依存するのかを示している。Fedは、このような行動をコントロールしたり、完全に予測したりできないため、貨幣供給量を正確にコントロールする

ことができない。しかし、Fedが用心深く行動するのであれば、こうした点を大きな問題と考える必要はない。Fedは、毎週、銀行から預金と準備のデータを収集しているため、預金者や銀行の行動変化を素早く把握し、それに対応することができるのである。

さらに、Fedは最近、貨幣供給量の目標ではなく、金利の目標を設定することで政策を行っている。このアプローチは、銀行や預金者の行動変化に対応するために、準備の量を自動的に変更するやり方と言える。

銀行取付けと貨幣供給量

銀行の取付け騒ぎを実際に目撃したことはないかもしれないが、映画『メリー・ポピンズ』や『素晴らしき哉、人生』で描かれるのを見たことがあるかもしれない。銀行取付けとは、集団パニックの一種で、預金者が、銀行が経営難に陥っているかもしれないと恐れて、預金を引き出すために銀行に「駆け込む」ときに発生する。アメリカでは1930年代の大恐慌以来、大規模な銀行取付けは起きていないが、イギリスでは、2007年にノーザン・ロックという銀行が取付けを経験し、最終的に政府に買収された。

銀行取付けは、部分準備銀行制度において、銀行にまつわる問題点の1つである。銀行は預金のごく一部しか準備として保有していないため、すべての預金者からの預金引き出しの要求が同時に発生した場合、それに応じることができない。たとえ銀行に支払能力がある（資産が負債を上回っている）としても、すべての預金者がすべての預金にすぐにアクセスできるような十分な現金を手元に保有しているわけではない。取付けが発生すると、銀行は営業を停止せざるをえなくなり、それは、いくらかの貸出が返済されるか、最後の貸し手（たとえば、Fedなど）が預金者の要求を満たすのに必要な現金通貨を供給してくれるまで続く。

銀行取付けは、貨幣供給量のコントロールを複雑にする。1930年代初めに何が起こったかを考えてみよう。銀行取付けと銀行の閉鎖が相次いだ後、家計と銀行はより慎重になった。家計は銀行から預金を引き出し、現金通貨として保有することを好むようになった。銀行は準備の減少に対して貸出を減らしたため、こうした家計の判断は、信用創造のプロセスを逆行させることになった。同時に、銀行は準備率を引き上げ、将来の銀行取付けにおいて、預金者の要求に応えられるだけの十分な現金を確保できるようにした。準備率の上昇は貨幣乗数を低下させ、貨幣供給量をさらに減少させた。1929～1933年にかけて、Fedが意図的な収縮策を実施していないにもかかわらず、貨幣供給量は28％減少した。多くの経済学者が、この貨幣供給量の大幅な減少によって、この時期の高い失業率と物価下落が説明できると指摘している。

今日、銀行取付けは、アメリカの銀行システムにとって大きな問題ではないが、その理由の1つは、1930年代の危機後に実施された改革にある。連邦政府は、現在、主に連邦預金保険公社（FDIC）を通じて、ほとんどの銀行における預金の安全性を

第Ⅲ部　マクロ経済学

保証している。預金者は、たとえ銀行が破綻しても、FDICが預金を保証してくれると確信しているため、銀行に駆け込むことはない。

しかし、パニックに陥った投資家は、政府の預金保険の対象とならない金融機関から逃げ出し、銀行取付けのような事態を招くことがある。たとえば、2008年と2020年にも、人々は、厳密には銀行ではないが銀行のような性質を持つマネー・マーケット・ミューチュアル・ファンドの健全性について疑い始めた。Fedは、これらのファンドから大量の資金が引き出されることで貸出が阻害され、金融市場が動揺し、経済活動が落ち込むことを懸念した。どちらの場合も、Fedは流動性を供給し、安定性を回復するために介入した。

政府の預金保険に関する政策は、銀行システムに対する国民の信頼を維持することに成功しているが、それにはマイナス面もある。預金が保証されている銀行は、貸出を行うとき、信用リスクの悪化を回避するインセンティブが低すぎるかもしれないのだ。銀行は、「表が出たら銀行の勝ち、裏が出たら納税者の負け」といった賭けにでる可能性がある。これが、規制当局が銀行資産のリスクを監視している理由である。

銀行取付けについて、現在では、ほとんどの人が映画の中でしか見なくなった。

4-4　フェデラル・ファンド金利

アメリカの金融政策に関するニュースを読むと、フェデラル・ファンド金利に関する多くの議論を目にするだろう。このことは、いくつかの疑問を想起する。

問：フェデラル・ファンド金利とは何か？

フェデラル・ファンド金利
(federal funds rate)
銀行間で1日のみの貸出を行う際の金利

答：**フェデラル・ファンド金利**とは、銀行間で貸出を行う際の短期金利である。ある銀行で準備が不足した場合、他の銀行から準備を借りることができる。借入は一時的なもので、一般的には1日のみの借入である。この貸出の金利が、フェデラル・ファンド金利である。

問：フェデラル・ファンド金利は、準備預金に支払われる金利とはどう違うのか？

答：準備預金への金利は、準備預金をFedに預けておくことに対して、Fedが銀行に支払う金利である。フェデラル・ファンド市場で他の銀行に準備を貸すことは、Fedに準備預金を預けることと代替的な関係にあり、銀行は、通常、より多くの利子を得られるほうを選ぶ。その結果、これら2つの金利は、多くの場合で近い値をとることになる。

問：フェデラル・ファンド金利は、銀行にとってのみ重要なのか？

答：全くそんなことはない。銀行のみフェデラル・ファンド市場で直接借入を行うが、この市場が経済に与える影響はより広範囲に及ぶ。金融システムのさまざまな部分は、かなりの程度、相互に関係しているため、異なる種類の貸出金利は互いに強く相関している。そのため、フェデラル・ファンド金利が上昇または下落すると、他の金利も多くの場合で同じ方向に動く。

348

第11章 付論1 貨幣システム

問：Fedはフェデラル・ファンド金利とどう関係しているのか？

答：近年、Fedはフェデラル・ファンド金利の目標を設定している。連邦公開市場委員会（FOMC）は約6週間ごとに会合を開き、その目標水準を引き上げるか引き下げるかを決定する。

問：Fedは、どのようにしてフェデラル・ファンド金利を設定した目標に到達させることができるのか？

答：実際のフェデラル・ファンド金利は、銀行間の貸出市場における需要と供給によって決定されるが、Fedは、金融政策の手段を用いてその市場に影響を与えることができる。最も直接的には、Fedが準備預金に対して支払う金利を引き上げれば、銀行はフェデラル・ファンド市場で他の銀行にそれ以上の金利を課すようになる。また、Fedが準備預金に支払う金利を引き下げれば、銀行はフェデラル・ファンド市場での貸出により熱心になるため、フェデラル・ファンド金利を押し下げる方向に働く。

問：しかし、それらのFedの行動は、貨幣供給量に影響を与えないのか？

答：もちろん影響する。Fedは、フェデラル・ファンド金利の目標を発表する際、その目標を達成するために金融政策手段を使うことにコミットしており、それらの政策行動は、貨幣供給量に影響を与える。フェデラル・ファンド金利目標の変化と貨幣供給量の変化は、同じコインの裏表の関係にある。他の条件が同じであれば、フェデラル・ファンド金利の目標の引き下げは、貨幣供給量の拡大を意味し、フェデラル・ファンド金利の目標の引き上げは、貨幣供給量の縮小を意味する。

理解度確認クイズ

8. Fedによる次の行動のうち、貨幣供給量を増加させる方向に働くのはどれか。

　a. 公開市場操作における国債の売却

　b. 所要準備額の引き下げ

　c. 準備預金に支払われる金利の引き上げ

　d. Fedによる貸出金利（ディスカウント・レート）の引き上げ

9. もしFedが準備預金に支払う金利を引き上げた場合、それは_____を引き上げることで、貨幣供給量を_____させる。

　a. 貨幣乗数 — 減少

　b. 超過準備 — 減少

　c. 貨幣乗数 — 増加

　d. 超過準備 — 増加

10. 部分準備銀行制度では、中央銀行が何もしなくても、家計が_____現金通貨を保有することを選択した場合や、銀行が_____準備を保有することを選択した場合、貨幣供給量は減少する。

　a. より多くの — より多くの

　b. より多くの — より少ない

　c. より少ない — より多くの

　d. より少ない — より少ない

➡ （解答は章末に）

349

第Ⅲ部　マクロ経済学

5 結論

　数年前、『Secrets of the Temple: How the Federal Reserve Runs the Country（神殿の秘密：連邦準備制度はどのように国を動かしているのか）』というタイトルの本がベストセラーになった。このタイトルが誇張であることに疑いはないが、私たちの日常生活における通貨制度の重要な役割を強調している。私たちが何かを買ったり売ったりする時はいつも、「貨幣」と呼ばれる非常に便利な社会通念に頼っている。貨幣とは何か、そして何がその供給を決定するのかがわかったところで、貨幣量の変化が経済にどのような影響を与えるのかを議論することができる。

本論のポイント

- **貨幣**とは、人々が日常的に財やサービスを購入するために用いる資産を指す。
- 貨幣には3つの役割がある。交換手段として、取引を行う際に用いられる。価値尺度として、価格やその他の経済的価値を記録するための尺度を提供する。価値保存手段として、購買力を現在から未来に移転する手段を提供する。
- 金のような商品貨幣は、本源的な価値を持つ貨幣である。すなわち、仮に貨幣として使用されなくても価値があるものである。ドル紙幣のような不換紙幣は、本源的価値のない貨幣である。すなわち、仮に貨幣として使用されなければ、それは無価値なものとなる。
- アメリカ経済において、貨幣は、現金通貨や当座預金などのさまざまなタイプの銀行預金の形をとっている。
- アメリカの中央銀行である連邦準備制度（Fed）は、アメリカの通貨システムを監督する責任を負っている。その議長は、大統領によって任命され、上院によって承認される。議長は、金融政策を決定する連邦公開市場委員会（FOMC）のトップである。

- 人々が銀行にお金を預金し、銀行がその預金の一部を使って貸出を行うと、経済における貨幣の量が増加する。銀行システムがこうした形で貨幣供給量に影響を与えるため、Fedによる貨幣供給量のコントロールは不完全なものになる。
- 銀行の株主は、自己資本と呼ばれる銀行を始める際に必要な資金を提供する。レバレッジ（借り入れた資金を投資のために利用すること）によって、銀行の資産価値が少し変動するだけで、自己資本の価値が大きく変動する可能性がある。預金者を保護するため、規制当局は、銀行に対して、ある水準以上の自己資本を保有するよう求めている。
- Fedは、貨幣供給量に影響を与えるために使える手段をいくつか持っている。Fedは貨幣供給量を拡大することができるが、そのために、公開市場操作で債券を購入したり、ディスカウント・レートを引き下げたり、Fedから銀行への貸出を増やしたり、所要準備率を引き下げたり、準備預金の金利を引き下げたりする。また、Fedは貨幣供給量を縮小させることができるが、そのために、公開市場操

350

第11章　付論1　貨幣システム

作で債券を売却したり、ディスカウント・レートを引き上げたり、Fed から銀行への貸出を減らしたり、所要準備率を引き上げたり、準備預金に支払う金利を引き上げたりする。歴史上、公開市場操作が Fed の主要な政策手段であったが、2008 年以降は、準備預金に支払う金利に頼る度合いが高まっている。

● 近年 Fed は、銀行間で貸出を行う際の短期金利であるフェデラル・ファンド金利に対して、その目標値を設定することで金融政策を行ってきた。Fed はその目標達成を目指すことで、同時に貨幣供給量を調整している。

理解度確認テスト

1. 貨幣を経済における他の資産と区別するものは何か。

2. 商品貨幣とは何か。不換紙幣とは何か。私たちはどちらの種類の貨幣を使っているのか。

3. 要求払い預金とは何であって、なぜマネーストックに含める必要があるのか。

4. アメリカの金融政策を決定する責任者は誰か。その組織はどのように選出されるのか。

5. Fed が公開市場操作で貨幣供給量を増やしたい場合に実施することは何か。

6. なぜ銀行は資産の 100％ を準備で保有しないのか。銀行が保有する準備の量は、経済に存在する貨幣の量とどのように関係しているのか。

7. A 銀行のレバレッジ比率は 10 で、B 銀行のレバレッジ比率は 20 である。これら 2 つの銀行で、貸出に対する同様の損失が発生し、資産価値が 7％ 下落した。自己資本の変動は、どちらの銀行のほうが大きいか。また、どちらの銀行も支払能力は維持できているかどうかについて説明しなさい。

8. ディスカウント・レートとは何か。Fed がディスカウント・レートを引き上げると、貨幣供給量はどのように変化するか。

9. 所要準備率とは何か。Fed が所要準備率を引き上げると、貨幣供給量はどう変化するか。

10. なぜ Fed は貨幣供給量を完全にコントロールできないのか。

演習と応用

1. アメリカ経済において、貨幣とみなされるものは以下のうちどれで、そうでないものはどれか。貨幣の 3 つの機能をそれぞれ議論することで、あなたの答えを説明しなさい。
   a. アメリカの1ペニー
   b. メキシコ・ペソ
   c. ピカソの絵
   d. プラスチックのクレジットカード

2. 以下の出来事が、貨幣供給量を増加させるか減少させるかを説明しなさい。
   a. Fedが公開市場操作で債券を購入する。
   b. Fedが所要準備率を引き下げる。
   c. Fedが準備預金に支払う金利を引き上げる。

   d. シティバンクが、Fedからの貸出を返済する。
   e. スリが多発したのち、人々が現金通貨の保有を減らす。
   f. 銀行取付けを恐れ、銀行が準備の保有を増やす。
   g. FOMCがフェデラル・ファンド金利の目標を引き上げる。

3. あなたの叔父が、第10ナショナル・バンク（TNB）から借りた100ドルを、TNBの当座預金口座から100ドルの小切手を振り出すことで返済した。T字勘定を使って、この取引が叔父とTNBに及ぼす影響を表しなさい。また、叔父

351

第Ⅲ部　マクロ経済学

の富が変化したのか説明しなさい。

4. ビリーガード州立銀行（BSB）は2億5,000万ドルの預金を保有し、準備率は10％を維持している。

   a. BSBのT字勘定を示しなさい。

   b. いまBSBの最大の預金者であるダディ・ウォーバックスが、彼の口座から現金1,000万ドルを引き出し、BSBは、貸出残高を減らして準備率を回復させることを決定したとする。この場合における新しいT字勘定を示しなさい。

   c. BSBの行動が、他の銀行に与える影響を説明しなさい。

   d. BSBにとって、設問（b）の行動を取るのが難しいかもしれないのはなぜか。BSBが準備率を元の水準に戻すための別の方法を論じなさい。

5. あなたが、マットレスの下に保管していた100ドルを銀行口座に預金したとする。もし、この100ドルが準備として銀行システムに留まり、銀行が預金の10％に等しい準備を保有する場合、銀行システムの預金総額はいくら増加するか。また、貨幣供給量はいくら増加するか。

6. ハッピーバンクは、自己資本200ドルでスタートし、その後、800ドルの預金を受け入れた。預金の12.5％（8分の1）を準備として保有し、残りの資産は貸出にまわすとする。

   a. ハッピーバンクのバランスシートを示しなさい。

   b. ハッピーバンクのレバレッジ比率はいくらか。

   c. ハッピーバンクの借り手の一部がデフォルトし、貸出の資産価値が10％減少したとする。銀行の新しいバランスシートを示しなさい。

   d. 銀行の総資産の減少率は何％か。銀行の自己資本の減少率は何％か。どちらの変化のほうが大きいか。それはなぜか。

7. 公開市場操作において、Fedが個人投資家から1,000万ドルの国債を購入した。所要準備率が10％である場合、その結果として生じる貨幣供給量の増加額について、その最大値と最小値は

いくらになるか説明しなさい。

8. 所要準備率が5％であると仮定する。他の条件がすべて同じなら、Fedが2,000ドルの債券を購入した場合と、誰かがクッキー棚に隠していた2,000ドルを銀行に預けた場合とでは、貨幣供給量をより拡大させるのはどちらか。もし、これらの行動のどちらかが、もう1つの行動よりも多くの貨幣を生み出すとしたら、その差は何ドルか。あなたの考えをサポートするものを示しながら説明しなさい。

9. 当座預金の所要準備率が10％で、銀行が超過準備を保有していないとする。

   a. Fedが100万ドルの国債を売却した場合、経済における準備量と貨幣供給量にどのような影響があるか。

   b. いまFedが所要準備率を5％に引き下げたが、銀行は追加で5％の預金を超過準備として保有することを選択したとする。なぜ銀行はそうするのか。このような行動の結果、貨幣乗数と貨幣供給量の全体量はどう変化するか。

10. 銀行システム全体で、1,000億ドルの準備を保有していると仮定する。また、所要準備率は当座預金の10％であり、銀行は超過準備を保有しておらず、家計は現金通貨を保有していないと仮定する。

    a. 貨幣乗数はどうなるか。貨幣供給量はどうか。

    b. Fedが所要準備率を預金の20％に引き上げた場合、準備と貨幣供給量はどう変化するか。

11. 所要準備率が20％であると仮定する。また、銀行は超過準備を保有せず、家計は現金通貨を保有していないと仮定する。このとき、Fedは貨幣供給量を4,000万ドル拡大すると決定したとする。

    a. Fedが公開市場操作を用いる場合、Fedは債券を購入すべきか、それとも売却すべきか。

    b. 目標を達成するために、Fedはいくら債券を購入、もしくは売却する必要があるか。その理由も説明しなさい。

352

12. 仮想国エルメンディンの経済には、1ドル紙幣が2,000枚ある。

a. もし人々がすべての貨幣を現金通貨として保有する場合、貨幣の量はいくらか。

b. 人々がすべての貨幣を要求払い預金として保有し、銀行が100％の準備を保有する場合、貨幣の量はいくらか。

c. 人々が同額の現金通貨と要求払い預金を保有し、銀行が100％の準備を保有する場合、貨幣の量はいくらか。

d. 人々がすべての貨幣を要求払い預金として保有し、銀行が準備率を10％に維持する場合、貨幣の量はいくらか。

e. 人々が同額の現金通貨と要求払い預金を保有し、銀行が準備率を10％に維持する場合、貨幣の量はいくらか。

理解度確認クイズの解答

1. b **2.** c **3.** a **4.** c **5.** c **6.** d **7.** a **8.** b **9.** b **10.** a

第11章 付論2

Chapter 11 Appendix 2
Money Growth and Inflation

貨幣量の成長と
インフレーション

　現在、アイスクリームを買うには、少なくとも数ドル払う必要がある。しかし、これまで常にそうだったわけではない。1930年代、私の祖母はニュージャージー州トレントンでアイスクリーム屋を営んでいた。コーンに小さなアイスクリームがついて3セントだった。お腹を空かせた客は、5セントで大きなアイスクリームを買うことができた。

　アイスクリームの価格を含めて、1930年代に売られていたほとんどの物の価格が上昇していることは、時間の経過とともに価格が上昇する傾向を示す現代経済の典型である。このような物価水準全体の上昇は、**インフレーション**（inflation）と呼ばれる。先の章では、消費者物価指数（CPI）、GDPデフレーター、あるいは物価水準を表すその他の指数の変化率として、経済学者がインフレ率を測定する方法について議論した。CPIに基づけば、1935 〜 2021年までのアメリカの物価上昇率は年平均3.5％であった。年間3.5％のインフレ率を長年積み重ねると、物価水準は20倍近く上昇することになる。

　インフレーションは、最近の数十年、アメリカに住む人にとっては当然のことのように思えるかもしれないが、実は必然ではない。19世紀には、ほとんどの物価が下落する**デフレーション**（deflation）と呼ばれる現象が長く続いた。アメリカ経済の平均的な物価水準は、1896年には1880年に比べて23％低下し、このデフレーショ

ンは、1896年の大統領選挙で大きな争点となった。多額の借金を抱えていた農民たちは、農作物価格の下落によって収入が減り、借金を返済する能力が低下したことに苦しんだ。彼らは、デフレーションを転換させるための政策を政府に求めた。

より最近のアメリカでは、インフレーションが常態化しているが、物価上昇率にはかなりのばらつきがある。1970～1980年の物価は年率7.8%で上昇し、10年間で物価水準は2倍以上になった。対照的に、2010～2020年までのインフレ率は、年平均1.7%に過ぎない。しかし、新型コロナウイルスの大流行からの回復に苦闘していた2022年初頭には、インフレ率は7%を超え、過去40年間で最高となった。人々はこのインフレ率の上昇が、一時的なものなのか、それともより長く続くものなのかを議論した。

国際的なデータは、各国が、さまざまなレベルのインフレーションを経験したことを示している。2020年のインフレ率はアメリカが1.2%だったのに対し、日本はゼロ、メキシコは3.4%、ナイジェリアは11%、トルコは12%だった。ナイジェリアとトルコの高いインフレ率も、ある基準から見れば緩やかなものだった。2018年、ベネズエラのインフレ率は年間約100万%に達し、これは1日あたり約2.5%の物価上昇に相当する。このような異常に高いインフレ率は、**ハイパーインフレーション**（hyperinflation）と呼ばれる。

経済がインフレーションになるかどうか、なるとしたらどの程度のインフレーションになるのかを決めるものは何だろうか。短期的には多くの要素が物価水準に影響を与えうる。しかし、大幅なインフレーションや持続的なインフレーションを説明するために、経済学者が最もよく参照するのが**貨幣数量説**である。第1章の**経済学の10原則**の1つに、基本的な考え方が要約されている。すなわち、「政府が過剰な量の貨幣を印刷すると、物価は上昇する」ということである。貨幣数量説は、ハイパーインフレーションだけでなく、アメリカで経験したような緩やかなインフレーションも説明することができる。

本論では、「なぜインフレーションが問題なのか？」といった関連する疑問も取り上げる。一見すると、その答えは明白に思えるかもしれない。すなわち、それが問題なのは、人々がそれを好まないからである。1970年代、アメリカが比較的高いインフレーションに見舞われたとき、世論調査ではインフレーションが国家の直面する最も重要な問題であると位置づけられていた。1974年、フォード大統領はこうした流れに同調し、インフレーションを「国民にとって一番の敵（public enemy number one）」と呼び、「インフレーションを打ち負かそう（Whip Inflation Now）」という意味で「WIN」のボタンを襟につけた。そして2021年、新型コロナ感染拡大の後期にインフレ率が急上昇した際、バイデン大統領は、インフレーションが「アメリカ国民にとって最も差し迫った経済的懸念の1つ」であると述べた。

しかし、インフレーションが社会にもたらすコストとは、厳密に何なのだろうか。その答えは意外なものかもしれない。インフレーションのコストを特定するのは、当初考えたほど簡単ではない。経済学者はみなハイパーインフレーションを非難するが、適度なインフレーションのコストは世間が思っているほど大きくないと主張する人もいる。

1 古典的なインフレーション理論

貨幣数量説は、初期の経済思想家たちによって発展したという意味で、古典的なものである。一部の歴史家によれば、この理論は16世紀にルネサンス期の多才な学者、ニコラウス・コペルニクス（太陽を中心としたモデルの太陽系で特に有名である）に端を発している。貨幣数量説の支持者には、多くの偉大な経済学者が含まれる。たとえば、18世紀のデイヴィッド・ヒューム、19世紀のジョン・スチュアート・ミル、20世紀のアーヴィング・フィッシャーとミルトン・フリードマンなどである。今日、ほとんどの経済学者は、物価水準とインフレ率の長期的な決定要因を説明するために貨幣数量説を用いる。

1-1 物価水準と貨幣価値

アイスクリームの価格が、ある期間に5セントから1ドルに上昇したとする。アイスクリーム1つのために人々が支払おうとするお金が、これほどまでに大きく増加したという事実から、私たちはどのような結論を導き出すべきだろうか。人々が、アイスクリームをより好きになったからという可能性もある（もしかすると、誰かが奇跡的な新しい味を開発したのかもしれない）。しかし、人々のアイスクリームに対する好みはほとんど変わらないが、時間の経過とともに、アイスクリームを買うための貨幣の価値が下がったという可能性のほうが正しいように思える。インフレーションは、商品の価値よりも、お金の価値に関連して発生することが多い。

この洞察は、インフレーション理論に続く道を示している。消費者物価指数やその他の物価水準の指標が上昇すると、これらの物価指数を構成する個々の物価に目を向けたくなる。たとえば、ニュースでは、「消費者物価指数は先月3％上昇し、果物と野菜の価格が20％、自動車の燃料価格が30％上昇した」と報道するかもしれない。このアプローチは、何が起きているかについて有益な情報を含んでいるが、重要なポイントを見逃している。インフレーションは経済全体の現象であり、何よりもまず経済の交換手段の価値に関わるものなのである。

経済全体の物価水準には2つの見方がある。これまでは、物価水準について財とサービスのバスケットの価格として見てきた。物価水準が上昇すれば、人々は購入するものにより多くの金額を支払わなければならない。あるいは、物価水準を貨幣価値の尺度と考えることもできる。物価水準が上昇すれば、あなたの財布や当座預金にある1ドルで購入できる財・サービスの量が減ることから、物価上昇は貨幣価値の下落を意味する。

こうした考えを数学的に表現すると、理解の助けになるかもしれない。Pが消費者物価指数またはGDPデフレーターで測定される物価水準だとする。そうすると、Pは財とサービスのバスケットを買うために必要なドルの数を表していることになる。ここで、この考え方を逆転させてみると、1ドルで買える財・サービスの量は$1/P$に等しいことがわかる。言い換えれば、Pが貨幣で測定された財・サービスの価格であれば、$1/P$は財・サービスで測定された貨幣価値になる。

第Ⅲ部　マクロ経済学

この計算は、1つの財しかない経済を考えると、最も簡単に理解できる。たとえば、アイスクリームが唯一の財である場合、Pはアイスクリームの価格である。アイスクリームの価格 (P) が2ドルであるとき、1ドルの価値 $(1/P)$ はアイスクリーム半分の価値に等しい。価格 (P) が3ドルに上がると、1ドルの価値 $(1/P)$ はアイスクリーム3分の1に下がる。実際の経済では、無数の財・サービスが生産されているので、単一の財の価格ではなく、価格指数を使用する。しかし、ロジックは同じである。すなわち、物価水準が上昇すると、貨幣価値は下落するのである。

1-2　貨幣供給、貨幣需要、貨幣市場の均衡

何が貨幣の価値を決めるのだろうか。経済学における他の多くの疑問への答えと同じく、その答えは需要と供給である。バナナの需要と供給がバナナの価格を決めるのと同じように、貨幣の需要と供給が貨幣の価値を決めるのである。では、貨幣の需要と供給はどういった要因に影響を受けるのだろうか。

まず、貨幣供給について考えてみよう。付論1では、連邦準備制度（Fed）が銀行システムとともに、貨幣供給にどのような影響を与えるかを議論した。そのためにFedはさまざまな手段を用いる。Fedは、公開市場操作で国債を買ったり、銀行が保有する準備預金に対して支払う金利を引き下げたりすることで、貨幣供給量を増やすことができる。Fedは国債を売却したり、準備預金の金利を引き上げたりすることで、貨幣供給量を縮小させることができる。これらの政策は、部分準備銀行制度を通じて貨幣供給に影響を与える。しかし、本論の目的を考えると、銀行システムと信用創造に関するこれらの細かい点は脇に置いておいて構わない。ここでは、貨幣供給量をFedがコントロールする政策変数として取り扱うことで、問題を単純化する。

次に、貨幣需要について考えてみよう。最も基本的なことだが、貨幣需要は、人々がどれだけの富を流動性のある形で保有したいかを反映している。貨幣の需要量には、多くの要因が影響する。たとえば、人々が財布に入れている現金通貨の量は、クレジットカードにどれだけ頼っているか、ATMをどれだけ簡単に見つけられるか等によって決まる。また、財布や低金利の当座預金口座にお金を入れておくのではなく、そのお金を使って利息の得られる債券を買うこともできるため、貨幣の需要量は、どれだけの金利を債券から得られるのかに左右される。

多くの変数が貨幣需要に影響を与えるが、特に重要な変数として、経済における平均的な物価水準が挙げられる。人々が貨幣を保有するのは、それが交換手段だからである。債券や株式などの他の資産とは異なり、人々は買い物リストにある財やサービスを買うために貨幣を使うことができる。そのためにどれだけの貨幣を保有するかは、それらの財やサービスの価格に左右される。物価が高ければ高いほど、日々の取引に必要な金額は多くなり、人々は財布や当座預金に保有する貨幣を増やす。つまり、物価水準が高ければ高いほど（すなわち、貨幣価値が低ければ低いほど）、貨幣需要量は増加する。

Fedが供給する貨幣の量と、人々が需要する貨幣の量とが釣り合っていることを保証するものは何だろうか。その答えは、想定する時間軸によって異なる。短期の

358

時間軸は、金利が重要な役割を果たすが、長期の時間軸での答えはもっと単純である。**長期的には、貨幣需要と貨幣供給は、物価水準の調整によって均衡する**。物価水準が均衡水準を上回れば、人々はFedが生み出した貨幣よりも多くの貨幣を保有することを望むため、需給を均衡させるためには、物価水準が下落する必要がある。物価水準が均衡水準を下回る場合、人々はFedが生み出した貨幣よりも少ない貨幣しか保有したくないので、需給を均衡させるために物価水準は上昇する必要がある。均衡物価水準では、人々が保有したいと思う貨幣の量は、Fedが供給する貨幣の量とちょうど釣り合うことになる。

図11A-1は、こうした考え方を示している。このグラフの横軸は貨幣の量を示している。左の縦軸は貨幣価値1/Pを示し、右の縦軸は物価水準Pを示している。右側の物価水準の軸が反転されていることに着目してほしい。低い物価水準はこの軸の上端に近く、高い物価水準は下端に近いところに示されている。この反転軸は、貨幣価値が高いとき（左軸の上端付近にあるとき）、物価水準が低いこと（右軸の上端付近にあること）を示している。

この図における2本の曲線は、貨幣の供給曲線と需要曲線である。供給曲線が垂直なのは、Fedが利用可能な貨幣量を固定しているからである。貨幣需要曲線は右下がりで、これは貨幣価値が低い（すなわち、物価水準が高い）とき、人々は財やサービスを買うためにより多くの貨幣を求めることを示している。図にA点として示されている均衡では、貨幣の需要量と供給量が釣り合っている。この貨幣需要量と貨

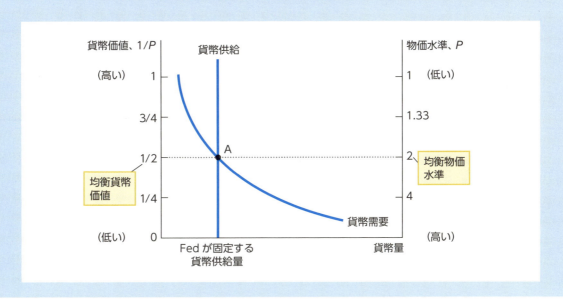

図11A-1 貨幣の需給がどのように均衡物価水準を決定するのか

横軸は貨幣量を示す。左の縦軸は貨幣価値、右の縦軸は物価水準を示す。貨幣供給量はFedによって固定されているため、貨幣の供給曲線は垂直である。貨幣の需要曲線は右下がりで、これは、1ドルあたりで購入できる商品が少ないと、人々はより多くの貨幣を保有したがるからである。A点の均衡では、（左軸の）貨幣価値と（右軸の）物価水準が調整され、供給される貨幣量と需要される貨幣量が均衡している。

幣供給量の均衡が、貨幣価値と物価水準を決定する。

1-3 貨幣供給増加の効果

金融政策の変更の影響を考えてみよう。それを考えるために、経済が均衡しているとき、突然Fedがドル紙幣を印刷してヘリコプターから国全体にばら撒き、貨幣供給量を倍増させたと想像してほしい（より現実的には、Fedは付論1で議論した手段を用いて貨幣供給を変化させるが、ヘリコプターの比喩はより単純でわかりやすい）。このような貨幣供給の増加の後、何が起こるだろうか。新しい均衡は、古い均衡と比べるとどう異なるだろうか。

図11A-2は、何が起こるかを示している。貨幣供給の増加によって供給曲線はMS_1からMS_2へと右に移動し、均衡はA点からB点へと移動する。その結果、左軸に示された貨幣価値は1/2から1/4に低下し、右軸に示された均衡物価水準は2から4に上昇する。つまり、貨幣供給の増加によってドルが多く出回ると、結果として物価水準が上昇し、1ドルの価値が低下する。

物価水準がどのように決定され、なぜ時とともに変化するのかに関するこうした説明を**貨幣数量説**と呼ぶ。貨幣数量説によれば、経済で利用可能な貨幣の量が貨幣の価値を決定し、貨幣量の増加がインフレーションの主な原因である。経済学者のミルトン・フリードマン（Milton Friedman）がかつて述べたように、「インフレーションは常にどこでも貨幣的現象」なのである。

貨幣数量説
（quantity theory of money）
利用可能な貨幣量が物価水準を決定し、利用可能な貨幣量の成長率がインフレ率を決定すると主張する理論

図11A-2 貨幣供給の増加

Fedが貨幣供給量を増やすと、貨幣の供給曲線はMS_1からMS_2へと移動する。貨幣価値（左軸）と物価水準（右軸）が調整され、貨幣の需給が再び釣り合う。均衡はA点からB点に移動する。このように、貨幣供給量の増加によってドルが増えると、物価水準が上昇し、1ドルの価値が低下する。

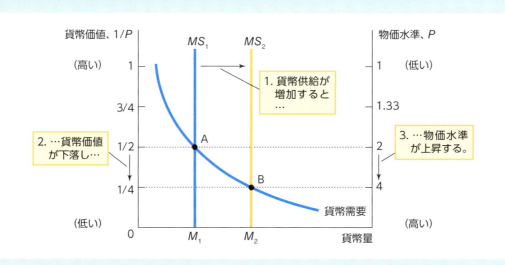

第11章　付論2　貨幣量の成長とインフレーション

1-4　調整過程の概要

　ここまでは、貨幣供給の増加前後の均衡を比較してきた。経済はどのようにして、1つの均衡から他の均衡へと移るのだろうか。完全な答えを得るには、短期的な景気変動を理解する必要がある。ここでは、貨幣供給の変化後に生じる調整過程について簡単に考えてみよう。

　貨幣供給増加の直接的な効果は、過剰な貨幣供給を生み出すことである。貨幣供給を増加させる前は、経済は均衡状態にある（図11A-2のA点）。この物価水準では、人々は欲しいだけの交換手段を保有している。しかし、ヘリコプターが新札を投下し、人々がそれを路上で拾った後、彼らの財布は計画していた取引に必要な量を上回るドルで膨らんでいる。現在の物価水準では、供給される貨幣の量が需要される量を上回っているのだ。

　人々はさまざまな方法で、この過剰な貨幣供給を解消しようとする。人々は、より多くの財やサービスを買うために貨幣を使うかもしれない。あるいは、債券を買ったり、銀行の預金口座に預けたりして、余剰な貨幣を他者への貸出に用いるかもしれない。こうした貸出によって、貸出を受けた他の人々はより多くの財やサービスを購入することができる。いずれの場合も、貨幣供給の増加は、財やサービスに対する需要を増加させる。

　しかし、経済が財やサービスを供給する能力は変わっていない。「生産と成長」の章で見たように、経済における財とサービスの生産は、利用可能な労働力、物的資本、人的資本、天然資源、技術に関する知識によって決まる。貨幣供給の増加は、これらのどれにも変化をおよぼさない。

　そのため、財やサービスに対する需要が高まると、財やサービスの価格が上昇する。物価水準が上昇すると、今度は人々が毎回の取引でより多くのドルを使うため、貨幣の需要量が増加する。やがて経済は、貨幣の需要量が供給量と再び等しくなる新たな均衡（図11A-2のB点）に達する。このようにして、全体的な物価水準が調整され、貨幣需要と貨幣供給が再び釣り合うことになる。

1-5　古典派の二分法と貨幣中立性

　ここまで、貨幣供給の変化が、どのようにして財やサービスの平均的な物価水準の変化につながるのかをみてきた。では、貨幣供給の変化は、どのように生産、雇用、賃金、金利などの他の変数に影響するのだろうか。これは長い間、経済学者の興味を引く問いである。

　経済変数は2つのグループに分けられる。第1のグループは**名目変数**で、貨幣単位で測定される変数である。もう1つは**実質変数**で、物質的な単位で測定される変数である。たとえば、トウモロコシ農家の収入は、ドルで表されるため名目変数であるが、彼らが生産するトウモロコシの量はブッシェルといった重量で表されるため実質変数である。名目GDPは経済の財やサービスの生産高をドルなどの貨幣価値で計測したものである一方、実質GDPは財やサービスの量を測定するもので、財やサービスの現在の価格には影響されない。実質変数と名目変数を分離すること

名目変数
（nominal variables）
貨幣単位で測定される変数

実質変数
（real variables）
物質的な単位で測定される変数

361

第Ⅲ部　マクロ経済学

古典派の二分法
（classical dichotomy）
名目変数と実質変数の理論的な分離

を**古典派の二分法**と呼ぶ。「二分法」とは2つのグループに分けることであり、「古典派」とは、この分け方を最初に提唱した初期の経済思想家を指す。

価格に対して古典派の二分法を適用するのには注意が必要である。ほとんどの価格は貨幣単位で表示されるため、名目変数となる。トウモロコシの価格が1ブッシェルあたり2ドル、小麦の価格が1ブッシェルあたり1ドルという場合、どちらの価格も名目変数である。しかし、**相対価格**（relative price）、すなわちある財の価格で測ったもう1つの財の価格についてはどうだろうか。この例では、1ブッシェルのトウモロコシの価格は、小麦2ブッシェル分であると言うこともできるが、これは貨幣で計測されていない相対価格である。2つの商品の価格を比較する場合、ドル記号は相殺され、結果として生じる数字は物理的な単位で表される。したがって、ドル価格が名目変数であるのに対し、相対価格は実質変数である。

これは多くのことに応用できる。たとえば、実質賃金（インフレ調整後の賃金）は、人々が1単位の労働力を財やサービスと交換する際の比率を測定するものであることから、これは実質変数である。同様に、実質金利（インフレ調整後の名目金利）は、人々が現在の財やサービスを将来の財やサービスと交換する際のレートを測定するため、これも実質変数である。もちろん、1つのヒントは「実質」という強力な言葉である。この言葉が変数の前にある場合、その変数はインフレ調整済みであり、したがって物質的な単位で測定されているのである。

なぜ変数をこのようなグループに分けるのだろうか。古典派の二分法が便利なのは、実質変数と名目変数に影響する要因が異なるためである。古典派の分析にしたがえば、名目変数は経済の通貨システムの動向に影響を受けるが、実質変数は影響を受けない。

この考え方は、長期的な実体経済の議論において、暗黙の了解として扱われていた。これまでの章では、生産、貯蓄、投資、実質金利などの決定要因について分析したが、貨幣の影響については触れなかった。その分析では、経済における財とサービスの生産は技術と生産要素の供給に依存し、実質金利は貸出資金の需要と供給を均衡させる。実質賃金は労働需要と供給を均衡させ、実質賃金が均衡水準を上回ると失業が生じる。これらの結論は、貨幣の供給量とは無関係である。

古典派の理論によれば、貨幣供給の変化は名目変数に影響を与えるが、実質変数には影響を与えない。中央銀行が貨幣供給を2倍にすると、物価水準は2倍になり、ドル賃金は2倍になり、その他すべてのドルで測った価値は2倍になる。一方、生産、雇用、実質賃金、実質金利などの実質変数は変化しない。貨幣の変化が実質変数に

貨幣の中立性
（monetary neutrality）
貨幣供給量の変化は実質変数に影響しないという定理

無関係であることを、**貨幣の中立性**という。

貨幣の中立性を説明するのに役立つ例え話がある。価値尺度である貨幣は、経済的な取引を測定するための基準である。中央銀行が貨幣供給を2倍にすると、すべての物価は2倍になり、価値尺度である貨幣の価値は半分になる。これは、政府が1ヤードの長さを36インチから18インチに変更した場合に起こる変化と似ている。すなわち、新しい短い物差しで測定した距離（名目変数）はすべて2倍になるが、実際の距離（実質変数）は変わらない。ドルもヤードと同じく、単なる測定の単位に過ぎないので、1ドルの価値が変わっても実質的な影響はないはずである。

362

第11章 付論2 貨幣量の成長とインフレーション

貨幣の中立性は現実的だろうか。完全にそうとは言えない。1ヤードの長さが36インチから18インチに変わっても、長期的には問題ないかもしれないが、短期的には、混乱やさまざまなミスにつながるだろう。同様に、今日のほとんどの経済学者は、1年や2年といった短期間では、貨幣的な変化は実質変数に影響を与えると考えている（古典派の経済学者自身も、たとえばデイヴィッド・ヒュームは、短期的な議論に貨幣の中立性が適用されることに疑問を持っていた）。短期では貨幣の中立性が成り立たないことを次章で学習するが、この論点は、なぜFedが時間を通じて貨幣供給量を調整するのかを説明するのに役立つ。

しかし、古典派の分析は、長期的にみれば、基本的に経済に関する正しい主張であると思われる。10年程度の期間を考えると、貨幣量の変動は名目変数（物価水準など）に大きな影響を与えるが、実質変数（実質GDPなど）には無視できるほどの影響しか与えないように見える。経済の長期的な変化を研究する場合、貨幣の中立性は、世界全体がどのように動いているかをかなり良く描写することができる。

1-6 貨幣の流通速度と貨幣数量方程式

貨幣数量説に関する別の視点として、次の質問を考えてみよう。新しく生産された財やサービスの支払いのために、平均的にみて同じ1ドル札が1年間で何回くらい用いられるだろうか。その答えは、**貨幣の流通速度**と呼ばれる変数によって示される。物理学では、速度とは物体の移動速度を指す。経済学における貨幣の流通速度は、1ドル札が経済において人から人へと移動する平均的な速度を指す。

> **貨幣の流通速度**
> （velocity of money）
> 経済において人から人へと貨幣が移動する平均的な速度

貨幣の流通速度は、生産の名目価値（名目GDP）を貨幣量で割って算出される。Pを物価水準（GDPデフレーター）、Yを生産量（実質GDP）、Mを貨幣量とすると、貨幣の流通速度（V）は以下の式で表される。

$$V = (P \times Y) / M$$

これがなぜ理にかなっているかを理解するために、ピザだけを生産する単純な経済を想像してほしい。この経済では、1年間に100枚のピザが生産され、ピザ1枚は10ドルで売られている。経済における貨幣量が50ドルだとすると、貨幣の流通速度は、以下のように計算できる。

$$V = (10 \text{ドル} \times 100) / 50 \text{ドル}$$
$$= 20$$

この経済では、人々はピザに合計で年間1,000ドルを費やす。この1,000ドルの支出をわずか50ドルの貨幣で行うためには、各々の1ドル札において、平均で年間20回の受け渡しが行われなければならない。

少し数式を並びかえると、この方程式は次のように書き換えることができる。

$$M \times V = P \times Y$$

この方程式は、貨幣量（M）と貨幣の流通速度（V）の積が、価格（P）と生産量（Y）の積に等しいことを表している。貨幣量（M）と生産の名目価値（$P \times Y$）を関係付ける

363

貨幣数量方程式
(quantity equation)
貨幣量、貨幣の流通速度、経済における財やサービスの生産の名目価値を関係付ける方程式で、$M \times V = P \times Y$で表される。

ので、**貨幣数量方程式**と呼ばれる。貨幣数量方程式は、経済における貨幣量の増加は、他の3つの変数のいずれかに反映されなければならないことを示している。すなわち、物価水準の上昇、生産の増加、貨幣の流通速度の低下である。

多くの場合、少なくとも他の経済変数と比べれば、貨幣の流通速度は比較的安定している。たとえば、図11A-3は1959年以降のアメリカ経済の名目GDP、貨幣量（M2で測定）、貨幣の流通速度を示している。この期間において、貨幣供給量と名目GDPは、ともに40倍以上に増加した。対照的に、貨幣の流通速度は、完全に一定ではないにしても、ほとんど変化していない。目的によっては、貨幣の流通速度は一定であるという仮定は、良い近似であると言える。

これで、均衡における物価水準とインフレ率を説明するのに必要な要素はすべて揃った。それらは以下の通りである。

1. 貨幣の流通速度は、時系列的にみて比較的安定している。
2. 流通速度が安定しているため、中央銀行が貨幣量（M）を変化させると、それに比例して生産の名目価値（$P \times Y$）が変化する。
3. 経済における財・サービスの生産（Y）は、生産要素の供給（労働力、物的資本、人的資本、天然資源）と利用可能な生産技術によって決定される。特に、貨幣は中立的であるため、貨幣は生産に影響を与えない。

図11A-3 名目GDP、貨幣量、貨幣の流通速度

この図は、名目GDPで測定される名目生産額、M2で測定される貨幣量、およびそれらの比率で測定される貨幣の流通速度を示している。比較可能なように、3つの系列はすべて1959年を100として基準化されている。名目GDPと貨幣量はこの期間に大きく伸びたが、貨幣の流通速度は比較的安定していることに注目されたい。

(出所)アメリカ合衆国商務省、連邦準備制度理事会。

第11章　付論2　貨幣量の成長とインフレーション

4. 生産（Y）は生産要素の供給と技術によって決定されるため、中央銀行が貨幣供給量（M）を変化させ、生産の名目価値（P×Y）の比例的な変化を引き起こすと、この変化は物価水準（P）の変化に反映される。

5. したがって、中央銀行が貨幣供給量を急激に増加させると、結果としてインフレ率が上昇する。

以上の5点が、貨幣数量説の本質である。要するに、この理論によれば、インフレーションは「多すぎる貨幣が少なすぎる財を追いかける」ことによって起こるのである。

ケーススタディ　4つのハイパーインフレーションにおける貨幣と物価

地震は社会を大混乱に陥れるが、地震学者にとって多くの有益なデータを提供してくれる。これらのデータはさまざまな理論に光を当て、社会が将来の脅威を予測してそれに対処するのを助けてくれる。同様に、ハイパーインフレーションを経験することは恐ろしいが、貨幣が経済に与える影響を研究するための実験環境を経済学者に提供してくれる。

ハイパーインフレーションが興味深い理由は単純で、それは、貨幣供給量と物価水準の変化がとてつもなく大きいからである。ハイパーインフレーションとは一般に、1か月あたり50％を超えるインフレーションと定義され、これは1年間で物価水準が100倍以上になることを意味する。アイスクリームの例に戻ると、このインフレ率は、2023年の夏に買った2ドルのアイスクリームが、2024年の夏には260ドルになることを意味する。

第1次世界大戦後の1920年代に、オーストリア、ハンガリー、ドイツ、ポーランドで4つの典型的なハイパーインフレーションが起こった。たとえばオーストリアでは、1922年の7月から8月にかけて物価水準がおよそ2倍になり、翌月にはまた2倍になった。ウィーンを訪れたある旅行者は、「物価について話すことさえできない」と言った。それは、「その話が終わらないうちに、物価がまた上がっている」からである。

これらのハイパーインフレーションに関するデータは、貨幣量と物価水準の間に明確な関連性があることを示している。図11A-4は、それぞれの経済における貨幣量と物価指数を示している。貨幣量の線の傾きはその増加率を表し、物価水準の線の傾きはインフレ率を表している。それらの線が急であればあるほど、貨幣の増加率やインフレ率が高いことを意味する。

それぞれのグラフで、貨幣量と物価水準がほぼ平行であることに注目してほしい。いずれの例でも、最初のうちは貨幣量の伸びは緩やかで、インフレーションも緩やかである。しかし時間が経つにつれて、経済における貨幣量の伸びはどんどん速くなっていく。ほぼ同時に、インフレ率も急上昇する。そして貨幣量が安定すると、物価水準も安定する。これらのエピソードは、**経済学の10原則**の1つを示している。

すなわち、「政府が過剰な量の貨幣を印刷すると、物価は上昇する」のである。

図11A-4　4つのハイパーインフレーションにおける貨幣と物価

この図は、4つのハイパーインフレーションにおける貨幣量と物価水準を示している（これらの変数は対数目盛りでグラフ化されているため、グラフの縦軸の距離が等しいと、変数の変化率が等しいことに留意）。いずれの場合も、貨幣量と物価水準はかなり密接して一緒に動いている。この2つの変数の強い関連性は、貨幣供給量の増加がインフレーションの主な原因であるとする貨幣数量説と整合的である。

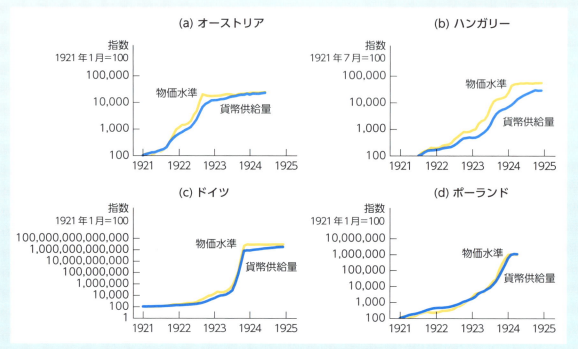

（出所）Adapted from Thomas J. Sargent, "The End of Four Big Inflations," in Robert Hall, ed., *Inflation* (Chicago: University of Chicago Press, 1983), pp. 41-93. 各グラフの縦軸の数値は、最初の観測値を100として正規化している。

1-7　インフレ税

　もし、インフレーションが簡単に説明できるのなら、なぜ多くの国々がハイパーインフレーションを経験するのだろうか。つまり、なぜそれらの国々の中央銀行は、その価値が確実に急低下するほど大量の貨幣を印刷するのだろうか。

　その答えは、これらの国の政府は、貨幣を生み出すことで財政支出を賄っているからである。政府が道路や学校を建設したり、公務員の給与を支払ったり、不利な立場にある人々や政治的に力のある人々に所得移転を行ったりしたい場合、まず必要な資金を調達しなければならない。通常は、所得税や消費税などの税金を徴収したり、国債を売って国民から借金したりすることでこれを行う。しかし、不換紙幣の制度がある経済では、政府は単に必要なお金を印刷するだけで支出を賄うことも

できる。

　政府が貨幣を印刷して歳入を増やす場合、**インフレ税**を課すと言われる。しかし、インフレ税では他の税金とは少し異なり、政府は誰に対しても税金の請求書を送らない。むしろ、インフレ税は容易には気づかないものである。政府が貨幣を印刷すると物価水準が上がり、財布の中のドルの価値が下がる。**したがって、インフレ税は、貨幣を保有する全員にかかる税金のようなものなのである。**

　インフレ税の重要性は、国や時代によって異なる。アメリカでは近年、インフレ税は主要な歳入源ではなく、連邦政府の歳入に占める割合は3％にも満たない。しかし、1770年代、創設まもないアメリカ大陸議会は、軍事費を賄うためにインフレ税を大いに利用した。新政府は通常の税金や借金で資金を調達する能力が限られていたため、ドルを印刷することが独立のために戦う兵士に補償を行う最も簡単な方法だった。貨幣数量説が予測するように、その結果として高いインフレ率に直面した。すなわち、大陸ドルベースで測った物価は、数年間で100倍以上に上昇したのである。

　ほとんど全てのハイパーインフレーションは、アメリカ独立革命の際のハイパーインフレーションと同じパターンをたどっている。政府が多額の歳出を行い、税収は不十分で、借入能力は限られている。その支出を賄うため、政府は印刷機に頼る。そして、貨幣量を大量に増加させ、大規模なインフレーションを引き起こす。政府が財政改革（政府支出の削減など）を実施し、インフレ税の必要性がなくなると、ハイパーインフレーションが終了する。

> **インフレ税**
> （inflation tax）
> 貨幣を生み出すことで政府が得られる収入

1-8 フィッシャー効果

　貨幣の中立性の原理によれば、貨幣増加率の上昇はインフレ率を上昇させるが、実質変数には影響を与えない。重要な応用例は、金利に対する貨幣の影響である。マクロ経済学者が金利に特に関心を持つのは、金利が貯蓄と投資に及ぼす影響を通じて、現在の経済と将来の経済を結びつけるからである。

　貨幣、インフレーション、金利の関係を理解するために、名目金利と実質金利の違いを思い出してほしい。**名目金利**は、銀行で耳にする金利のことである。たとえば、普通預金の口座を持っている場合、名目金利は、口座内のドルの額が時間とともにどの程度の速さで増えていくかを示している。**実質金利**は、インフレーションの影響を考慮して名目金利を補正し、あなたの普通預金口座の購買力が時間とともにどの程度の速さで増えていくかを示している。実質金利は、名目金利からインフレ率を差し引いたものになる。すなわち、

　　　実質金利＝名目金利－インフレ率

である。たとえば、銀行が名目金利を年7％に設定し、インフレ率が年3％だとすると、預金の実質価値は年4％増加することになる。

　この式は、名目金利が実質金利とインフレ率の合計となることを示す式として書き換えることができる。すなわち、

$$\text{名目金利} = \text{実質金利} + \text{インフレ率}$$

となる。名目金利をこのように捉えることが有用なのは、この式の右辺にある2つの項が、それぞれ異なる要因によって決定されるためである。貸出資金の需要と供給が実質金利を決定する。また貨幣数量説によれば、貨幣供給量の伸びがインフレ率を決定する。

では、貨幣供給の増加は金利にどのような影響を与えるのだろうか。貨幣が中立である長期の観点では、貨幣の増加は実質金利に影響を与えないはずである。つまり、実質金利は、最終的には実質変数である。実質金利が変化しないためには、インフレ率の変化は名目金利を1対1で変化させなければならない。**したがって、中央銀行が貨幣増加率を高めると、長期的にはインフレ率と名目金利が等しく上昇することになる**。このインフレ率に対する名目金利の調整は、これを最初に研究した経済学者アーヴィング・フィッシャー（Irving Fisher、1867～1947）にちなんでフィッシャー効果と呼ばれる。

このフィッシャー効果の分析は、長期的な視点に基づくものであることに留意されたい。インフレーションは予期されないこともあるため、フィッシャー効果が短期的に成立する必要はない。名目金利は貸出に対する支払いであり、通常、貸出を最初に行う際に設定される。借り手と貸し手の意表を突いてインフレ率が急上昇した場合、当初合意した名目金利は、インフレ率の上昇を反映できていない。しかし、

> **フィッシャー効果**
> (Fisher effect)
> 名目金利のインフレ率に対する1対1の調整

図11A-5　名目金利とインフレ率

この図は1960年以降の年次データを用いて、3ヵ月物国債の名目金利と消費者物価指数で測定されたインフレ率を示している。この2つの変数が密接に関連していることは、インフレ率が上昇すると名目金利も上昇する、というフィッシャー効果を示すものである。

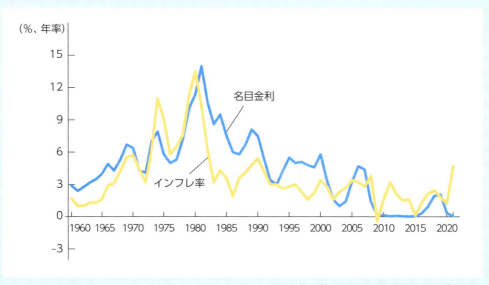

(出所)アメリカ合衆国財務省および労働省。

第11章　付論2　貨幣量の成長とインフレーション

インフレーションが高止まりすれば、人々はやがてインフレーションを予想するようになり、貸出契約において設定される名目金利は、この予想を反映するようになる。したがって、正確に言えば、フィッシャー効果は、名目金利が期待インフレ率に合わせて調整されることを主張している。期待インフレ率は、長期的には実際のインフレ率に連動するが、短期的には必ずしも連動しない。

　フィッシャー効果は、名目金利の変化を理解する上で極めて重要である。図11A-5は、1960年以降のアメリカ経済の名目金利とインフレ率を示している。この2つの変数が密接に関連していることは明らかである。1960年代初頭から1970年代にかけて名目金利が上昇したのは、この時期にインフレ率も上昇していたからである。同様に、1980年代初頭から1990年代にかけては、Fedがインフレーションをうまくコントロールしたため、名目金利は低下した。2010年代は、名目金利もインフレ率も、歴史的にみると低い水準にあった。

理解度確認クイズ

1. 古典的な貨幣の中立性原理は、貨幣供給量の変化は＿＿＿変数に影響しないというもので、＿＿＿において適用可能であると考えられている。
   a. 名目 ― 短期
   b. 名目 ― 長期
   c. 実質 ― 短期
   d. 実質 ― 長期

2. 名目GDPが400ドル、実質GDPが200ドル、貨幣供給量が100ドルの場合、物価水準は＿＿＿、貨幣の流通速度は＿＿＿となる。
   a. 1/2 ― 2
   b. 1/2 ― 4
   c. 2 ― 2
   d. 2 ― 4

3. 貨幣数量説によれば、式のどの変数が長期的に最も安定しているか。
   a. 貨幣
   b. 流通速度

c. 物価水準
d. 生産

4. ハイパーインフレーションは、政府が多額の＿＿＿＿＿＿を計上し、中央銀行が多額の＿＿＿＿＿＿でそれを賄う場合に起こる。
   a. 財政赤字 ― 金融引締め
   b. 財政赤字 ― 金融緩和
   c. 財政黒字 ― 金融引締め
   d. 財政黒字 ― 金融緩和

5. 貨幣数量説とフィッシャー効果によれば、中央銀行が貨幣量の増加率を高めると、＿＿＿＿＿上昇する。
   a. インフレ率と名目金利がともに
   b. インフレ率と実質金利がともに
   c. 名目金利と実質金利がともに
   d. インフレ率、実質金利、名目金利のすべてが

➡（解答は章末に）

2　インフレーションのコスト

　1970年代後半、アメリカのインフレ率が年率で約10％に達したとき、インフレーションが経済政策をめぐる議論の主役となった。また、それが低水準にあるときでも、インフレ率は、特に注視されるマクロ経済の変数である。ある調査によると、

第III部　マクロ経済学

インフレーションは、アメリカの新聞で最も頻繁に取り上げられる経済用語である（2位は**失業率**、3位は**生産性**である）。

インフレーションが特に注視され、幅広く議論されるのは、それが深刻な経済問題だと考えられているからである。しかし、それは本当だろうか。そして、もしそうなのだとすると、なぜだろうか。

2-1　購買力の低下？　インフレーションの誤謬

なぜインフレーションが悪いのか、と尋ねれば、ほとんどの人は、その答えは明白だと言うだろう。すなわち、インフレーションは、苦労して稼いだドルの購買力を奪うからだ。物価が上昇すると、1ドルあたりの収入で買える財やサービスが少なくなる。したがって、インフレーションは生活水準を直接的に下げるように見えるかもしれない。

しかし、よく考えてみると、この答えには誤りがあることがわかる。物価が上昇すると、財やサービスの買い手は、購入する商品により多くの対価を支払うことになる。しかし同時に、財やサービスの売り手は、売ったものからより多くの対価を得ることになる。ほとんどの人は労働力などのサービスを売ることで収入を得ているため、収入のインフレーションは物価のインフレーションと同じ方向に変化する。つまり、**インフレーションそのものが、人々の実質的な購買力を低下させることはない**。

人々がインフレーションの誤謬を信じてしまうのは、貨幣の中立性原理を理解していないからである。毎年10％だけ給料が上がる労働者は、その昇給を自分の才能と努力に対する報酬と考える傾向がある。6％のインフレーションによって昇給の実質的な価値が4％に下がると、労働者はだまされたと感じるかもしれない。実際、「生産と成長」の章で述べたように、実質所得は、物的資本、人的資本、天然資源、利用可能な生産技術などの実質変数によって決定される。名目所得は、これらの要因と全体的な物価水準の組み合わせによって決まる。Fedがインフレ率を6％から0％に引き下げれば、労働者の年率の賃金上昇率は10％から4％に低下する。インフレーションによって奪われたと感じることは減るかもしれないが、実質所得がより速く上昇するわけではない。

名目所得が長期的に物価上昇に追いつく傾向があるのなら、なぜインフレーションが問題になるのだろうか？　答えは1つではない。むしろ、経済学者はインフレーションのコストをいくつか挙げている。これらのコストはそれぞれ、貨幣供給量の持続的な増加が、実際には実質変数に何らかの悪影響を及ぼすことを示している。

2-2　靴底コスト

これまで見てきたように、インフレーションは貨幣保有者に対する税のようなものである。税金そのものは社会のコストではなく、家計から政府への資源の移転にすぎない。しかし、ほとんどの税金は、税金の支払いを避けるために行動を変えるインセンティブを人々に与え、このインセンティブの歪みが死荷重の原因となる。これはインフレ税にも当てはまる。人々が税から逃れようとして希少な資源を浪費

第11章　付論2　貨幣量の成長とインフレーション

するため、インフレ税は死荷重をもたらすのである。

インフレ税の支払いを避けるにはどうすればいいのか。インフレーションは貨幣の実質価値を低下させるため、保有する貨幣の量を減らすことでインフレ税を回避することができる。その1つの方法は、銀行に行く回数を増やすことだ。たとえば、4週間ごとに200ドルを引き出すのではなく、1週間に1回50ドルを引き出すのだ。銀行に行く頻度を増やすことで、利子のつく預金口座に多くの資産を残し、インフレで価値が下がる財布の中にもつ資産をより少なくすることができる。

貨幣保有量を減らすことの費用は、**靴底コスト**と呼ばれる。これは、銀行に行く回数が増えると、靴が速くすり減るからだ。もちろん、この言葉を文字通りに受け取ってはいけない。すなわち、貨幣保有量を減らすことによる実際のコストは靴がすり減ることではなく、インフレがなかった場合よりも手持ちの貨幣を減らすことで、犠牲にしなければならない時間と利便性である。

> **靴底コスト**
> (shoeleather costs)
> インフレーションが、貨幣保有を減らすよう人々に促すことから生じる資源の損失

通常、緩やかなインフレーションしか起こさないアメリカ経済では、インフレーションによる靴底コストは些細なものである。しかし、ハイパーインフレーションの国では、このコストが増大する。以下は、ボリビアにおけるハイパーインフレ時のある人物による体験談である（1985年8月13日付の『ウォールストリート・ジャーナル』に掲載）。

エドガー・ミランダが教師の月給2,500万ペソを手にしたとき、彼は一刻の猶予もなかった。1時間ごとにペソは値下がりする。そこで、妻が市場へ急ぎ、1か月分の米と麺を買い込んでいる間に、彼は残りのペソを持って闇市場でドルに換える。

ミランダ氏は、世界で最も制御不能なインフレーションの中で、生存の第一法則を実践している。ボリビアは、暴走したインフレーションがいかに社会を蝕むかを示す実例である。物価上昇幅があまりにも大きいため、その数字はほとんど理解を超えて蓄積していく。たとえば、ある半年間の物価上昇率は、年率3万8,000％であった。しかし、公式発表では、昨年のインフレ率は2,000％に達し、今年は8,000％に達すると予想されている（他の推計では何倍も高いが）。いずれにせよ、ボリビアのインフレ率と比べると、他の2つの酷いインフレーションの例であるイスラエルの370％やアルゼンチンの1,100％が低く見える。

38歳のミランダ氏の給料がどうなるかは、もし彼がすぐにそれをドルに変えなかった場合を考えると理解しやすい。2,500万ペソが支払われた日、1ドルは50万ペソだった。だから、彼は50ドルを受け取った。その数日後、1ドルが90万ペソになったため、もしドルに換えていなかったら、彼は27ドルしか受け取れなかったのである。

この話からわかるように、インフレーションによる靴底コストは大きなものになりうる。インフレ率が高いため、ミランダ氏には、現地の貨幣を価値保存の手段として保有する余裕はない。その代わりに、手持ちのペソをすぐに商品に換えるか、より安定した価値を提供するドルに換えることを余儀なくされる。ミランダ氏が貨

371

第Ⅲ部　マクロ経済学

幣保有を減らすために費やす時間と労力は、資源の無駄である。もし金融当局が低インフレのための政策を採っていれば、ミランダ氏は喜んでペソを保有し、その時間や労力をもっと生産的なことに使うことができるだろう。実際、この記事が書かれた直後、ボリビアのインフレ率は、金融引き締め政策の結果、大幅に低下した。

2-3 メニュー・コスト

ほとんどの企業は、製品価格を毎日変えるわけではない。その代わり、価格を発表して数週間、数か月、あるいは数年間変えないことが多い。ある調査によると、典型的なアメリカ企業は年に1回程度価格を変更している。

メニュー・コスト
(menu costs)
価格を変更することのコスト

企業が価格を頻繁に変更しないのは、価格を変更するには費用がかかるからである。価格調整のコストはメニュー・コストと呼ばれ、これはレストランが新しいメニューを印刷するコストに由来する。メニュー・コストには、新しい価格を決定するコスト、新しい価格表やカタログを印刷するコスト、これらの新しい価格表やカタログを販売店や顧客に送付するコスト、新しい価格を宣伝するコスト、さらには価格変更に対する顧客の不満に対処するコストなどが含まれる。

インフレーションは、企業が負担しなければならないメニュー・コストを増加させる。現代のアメリカ経済のような低いインフレ率の環境では、年1回の価格変更は多くの企業にとって適切な経営戦略である。しかし、高いインフレ率によって企業のコストが急激に上昇した場合、年1回の価格変更は現実的ではない。たとえば、ハイパーインフレーションの期間では、企業は、経済における他のすべての価格に追随するために、毎日、あるいはそれ以上の頻度で価格を変更しなければならない。

2-4 相対価格の変化と資源配分の歪み

イータビット食堂が、毎年1月に新価格に基づく新しいメニューを印刷し、その後1年間は価格を据え置いたとする。もしインフレーションがなければ、イータビット食堂の相対価格（経済の他の価格と比較したイータビット食堂の料理の価格）は1年間一定である。しかし、インフレ率が年間12%であれば、イータビット食堂の相対価格は、毎月1%ずつ自動的に下落する。この食堂の相対価格は、新メニューを印刷した直後の年初が最も高く、年末かけて最も低くなる。インフレ率が高ければ高いほど、この相対価格の変動は大きくなる。このように、価格はたまにしか変更されないので、インフレーションは相対価格の変動を大きくするのである。

なぜそれが重要なのか。その理由は、市場経済が相対価格に基づいて希少な資源を配分しているからである。消費者は、さまざまな財やサービスの品質と価格を比較して、何を買うかを決める。こうした消費者の意思決定を通じて、希少な生産要素が産業や企業間でどのように配分されるかが決まる。インフレーションが相対価格を歪めると、消費者の意思決定が歪められ、市場は資源を最適に配分できなくなる。

2-5 インフレーションがもたらす税の歪み

ほとんどの税金はインセンティブを歪め、人々の行動の変化を引き起こし、経済

372

第11章　付論2　貨幣量の成長とインフレーション

資源の効率的配分を低下させる。インフレーションが存在する場合、多くの税はさらに大きな問題となる。というのも、税法を制定する際、法律家はしばしばインフレを考慮に入れていないからである。税法を研究してきた経済学者たちは、インフレーションは、貯蓄から得た所得に対する税負担を増加させる傾向があると結論づけている。

インフレーションが貯蓄への意欲を減退させる例として、**キャピタル・ゲイン**（capital gains；資産を購入価格より高く売却して得た利益）の税務上の扱いが挙げられる。たとえば、1975年に貯蓄の一部を使ってIBM株を1株10ドルで購入し、2020年に110ドルで売却したとする。税法上、あなたは100ドルのキャピタル・ゲインを得たことになり、所得税の額を計算する際にはこれを所得に含めなければならない。しかし、1975年から2020年にかけて、物価水準が経済全体で5倍に上昇したため、1975年に投資した10ドルは、（購買力でみると）2020年の50ドルに相当する。つまり、株式を110ドルで売却した場合、実質的な利益（購買力の増加）は60ドル（110ドル－50ドル）に過ぎない。しかし税法はインフレーションを無視し、100ドルの利益に対して課税する。このように、インフレーションはキャピタル・ゲインを過大に見積もり、こういった所得に対する税負担を知らず知らずのうちに増加させる。

もう1つの例が、利子所得に対する税の扱いである。所得税は、貯蓄で得た名目利子を所得として扱うが、名目利子の一部はインフレーションを補填しているに過ぎない。その効果を見るために、表11A-1の数値例を考えてみよう。この表は、利子所得に25％の税率で課税する2つの経済を比較したものである。経済Aではインフレ率はゼロで、名目金利と実質金利はともに4％である。この場合、利子所得に対する25％の課税は、実質金利を4％から3％に低下させる。経済Bでは、実質金利は4％だが、インフレ率は8％である。フィッシャー効果の結果、名目金利は12％になる。所得税はこの12％の利子全体を所得として扱うため、25％の課税によっ

表11A-1　インフレーションはどれくらい貯蓄への税負担を上昇させるのか？

インフレ率がゼロの場合、利子所得に対する25％の課税は実質金利を4％から3％に低下させる。インフレ率が8％の場合、同じ課税で実質金利は4％から1％に低下する。

	経済A（インフレ率ゼロ）	経済B（高いインフレ率）
実質金利	4%	4%
インフレ率	0%	8%
名目金利（実質金利＋インフレ率）	4%	12%
25％の課税による利子の減少（0.25×名目金利）	1%	3%
税引き後の名目金利（0.75×名目金利）	3%	9%
税引き後の実質金利（税引き後の名目金利－インフレ率）	3%	1%

373

第Ⅲ部　マクロ経済学

て税引き後の名目金利はわずか9％となり、8％のインフレ率を調整すると、税引き後の実質金利はわずか1％となる。この場合、利子所得に対する25％の課税は、実質金利を4％から1％に低下させる。税引き後の実質金利が貯蓄のインセンティブとなるため、インフレーションのある経済（経済B）では、物価が安定している経済（経済A）よりも貯蓄の魅力が大幅に低下する。

　名目のキャピタル・ゲインに対する課税と名目の利子所得に対する課税は、税制がインフレーションとどのように相互作用するかの2つの例である。他にも多くの例がある。このようなインフレーションがもたらす税負担の変化によって、インフレ率の上昇は、人々の貯蓄意欲を減退させる傾向がある。経済における貯蓄は投資の原資となり、それが長期的な経済成長にとって重要であることを思い出してほしい。インフレーションによって貯蓄に対する税負担が増加すると、経済の長期的な成長率が低下する傾向がある。もっとも、この影響の大きさについては、経済学者の間でもコンセンサスは得られていない。

　インフレーションをなくすこと以外で、この問題に対する解決策の1つは、税制のインデクセーションを行うことである。つまり、インフレーションの影響を考慮するよう税法を改正するのである。たとえば、キャピタル・ゲインの場合、物価指数を用いて購入価格を調整し、実質的な利益に対してのみ課税すればよい。利子所得の場合は、インフレーションを補填する分の利子所得を除き、実質の利子所得にのみ課税すればよい。ある程度、税法はインデクセーションを適用する方向に進んでいる。たとえば、所得税率が変更される所得水準は、消費者物価指数の変動に基づいて毎年自動的に調整される。しかし、キャピタル・ゲインや利子所得の税法上の取り扱いなど、税法の他の多くの側面には適用されていない。

　理想的な世界では、インフレーションになっても実質的な納税額が変わらないように、税法が書かれているはずだ。しかし現実の世界では、税法は完璧とは言い難い。より完全なインデクセーションがおそらく望ましいが、それは、すでに多くの人々が煩わしいと考えている税法をさらに複雑にしてしまうだろう。

2-6　混乱と不便

　世論調査を行い、次のような質問をしたとしよう。「今年、1ヤードは36インチです。来年は何インチにすべきだと思いますか？」——この質問に真剣に耳を傾けてくれる人がいれば、1ヤードの長さは36インチのままがいいと答えるだろう。それ以外の選択肢は、人生を不必要に複雑にするだけだ。

　これがインフレーションと何の関係があるのだろうか。貨幣は、経済の価値尺度として、私たちが価格の提示や債務の記録に用いるものであることを思い出してほしい。貨幣は、経済取引を測る基準である。連邦準備制度は、基準を決める公的組織のようなものだ。すなわち、その仕事は、一般的に用いられる測定単位の信頼性を保証することである。Fedがインフレーションを引き起こすと、価値尺度の実質価値が損なわれる。

　インフレーションによって生じる混乱と不便さのコストを判断するのは難しい。先に述べたように、税法はインフレーションが起こると実質所得を正しく測定でき

第11章 付論2 貨幣量の成長とインフレーション

ない。同様に、会計士は、物価が長期的に上昇している場合、企業の収益を測定することが困難になる。インフレーションは、異なる時期の貨幣の実質価値を異なるものにするため、急速なインフレーションが発生した経済では、企業の利潤（収益と費用の差額）の計算がより複雑になる。したがって、インフレーションは成功企業と失敗企業の選別を難しくし、金融システムが経済の資本を最適な用途に配分するのを妨げる。

2-7 予期されないインフレーションの特別なコスト： 無作為な富の再分配

これまで述べてきたインフレーションのコストは、物価水準の変化が安定的で予測可能であったとしても発生する。しかし、インフレーションが予期されない形で起こる場合、別のコストが発生する。予期されないインフレーションは、貢献度とも必要性とも無関係に富を再分配する。このような再分配が起こるのは、経済における貸出の多くが、価値尺度である貨幣で規定されているからである。

例を1つ考えてみよう。ソフィー・スチューデントが大学に通うために、ビッグ銀行から金利7％で5万ドルのローンを組んだとする。10年後にローンの返済期限が来る。利率7％（複利）で10年間経った後、ソフィーはビッグ銀行に10万ドルの負債を負うことになる。しかし、この借金の実質的な価値は、10年間のインフレ率に左右される。経済がハイパーインフレーションになれば、ソフィーは幸運である。この場合、賃金と物価が急上昇し、ソフィーは10万ドルの借金をポケットの小銭で支払えるようになる（もっとも、ハイパーインフレーションはソフィーを他の面で苦しめるかもしれない）。対照的に、経済が大規模なデフレーションに陥れば、賃金と物価は下落し、ソフィーにとって10万ドルの借金は予想以上の重荷となる。

この例は、予期されない物価変動が債務者と債権者の間で富を再分配することを示している。高インフレは借金の実質価値を低下させるため、ビッグ銀行を犠牲にしてソフィーを富ませることになる。すなわち、ソフィーは、予想していたよりも価値の低い貨幣でローンを返済することができる。デフレーションは借金の実質価値を高めるので、ソフィーを犠牲にしてビッグバンクを富ませることになる。この場合、ソフィーはより価値の高い貨幣で返済しなければならないからである。もしインフレーションが予測可能であれば、ビッグ銀行とソフィーは、ローンの名目金利を設定する際にインフレーションを考慮に入れることができる（フィッシャー効果を思い出してほしい）。しかし、インフレーションの予測が難しい場合、ソフィーにもビッグ銀行にも望ましくないリスクが生じることになる。

この予期されないインフレーションのコストは、以下の傾向とあわせて考えることが重要である。すなわち、平均インフレ率が高い場合、インフレ率は特に不安定で不確実なものとなる。これは異なる国々の間の比較でも明らかである。20世紀後半のドイツのように平均インフレ率が低い国は、インフレ率が安定する傾向がある。ラテンアメリカの多くの国のように平均インフレ率が高い国は、インフレ率が不安定になる傾向がある。インフレ率が高水準だが安定する経済の例は、知る限り存在しない。インフレーションの水準と変動のこの関係は、インフレーションのも

375

第Ⅲ部　マクロ経済学

う1つのコストを示唆している。ある国が高インフレの金融政策をとれば、予想される高いインフレ率のコストだけでなく、予期されないインフレーションに伴う無作為な富の再分配も負担しなければならないのである。

2-8 インフレーションは悪いが、デフレーションはさらに悪いかもしれない

最近のアメリカの歴史では、インフレーションが常態化している。しかし、19世紀後半や1930年代前半のように、物価水準が下落した時期もある。1998年から2012年まで、日本では物価水準が4％下落した。したがって、インフレーションのコストについての議論を終えるにあたり、デフレーションのコストについても考える価値がある。

経済学者の中には、緩やかで予測可能なデフレーションが望ましいと指摘する者もいる。ミルトン・フリードマンは、デフレーションは（フィッシャー効果によって）名目金利を低下させ、名目金利の低下は貨幣の保有コストを低下させると指摘した。彼は、名目金利をゼロに近づけることで、貨幣保有の靴底コストは最小化されるが、そのためには、実質金利と同程度のデフレーションが必要になると主張した。この緩やかなデフレーションの処方箋は、**フリードマン・ルール**（Friedman rule）と呼ばれている。

しかし、デフレーションにもコストがある。そのいくつかは、インフレーションのコストと同じものである。たとえば、物価水準の上昇がメニュー・コストや相対価格の変動を引き起こすのと同様に、物価水準の下落もそういったコストを伴う。さらに、実際には、フリードマンが推奨したようにデフレーションが安定して予測可能になることはほとんどない。むしろ予測できない形で生じることが多く、その結果、富が債務者から債権者に再分配されることになる。債務者は貧しい傾向があるため、こうした富の再分配は特に痛みを伴う。

おそらく最も重要なこととして、デフレーションは広範なマクロ経済の不況から生じることが多い。物価の下落は、金融収縮など何らかの出来事によって財やサービスに対する需要全体が減少したときに生じる。この総需要の落ち込みは、所得の減少や失業の増加につながる。つまり、デフレーションは多くの場合、より深刻な経済問題を示す兆候なのである。

ケーススタディ　オズの魔法使いと銀貨発行の自由化論争

1900年に書かれた児童書を原作とする映画『オズの魔法使い』は、何十年もの間、テレビやビデオストリーミングの定番となっている。映画も本も、故郷から遠く離れた見知らぬ土地に迷い込んだ少女ドロシーのよく知られた物語を描いている。しかし、この物語が19世紀後半、深刻なデフレーションに見舞われたアメリカの金融政策についての寓話だと考える学者がいることは、ご存じないかもしれない。

1880年から1896年まで、アメリカ経済の物価水準は23％下落した。この出来事

376

は予期されていなかったため、激しい富の再分配を引き起こした。西部のほとんど
の農民は債務者であった。彼らの債権者は東部の銀行家だった。物価水準が下落す
ると、債務の実質価値が上昇し、農民が損をすることと引き換えに、銀行家が潤う
ことになった。

当時のポピュリスト（大衆迎合主義）の政治家たちは、この農民たちの問題の解
決策として、銀貨発行の自由化を主張した。この時代、アメリカは金本位制を採用
していた。金の量が貨幣供給量と物価水準を決定していた。銀貨発行の自由化を擁
護する人たちは、金に加えて銀も貨幣として使うことを望んだ。そうすれば、貨幣
供給量は急増し、物価水準を押し上げ、農民の債務負担は軽減されるはずであった。

銀をめぐる議論は白熱し、1890年代の政治の中心となった。ポピュリストの選
挙スローガンは「われわれは借金の担保にされている。投票権以外はすべて」である。
1896年、民主党の大統領候補となったウィリアム・ジェニングス・ブライアンは、
銀貨発行の自由化を提唱した。ブライアンは、民主党の指名大会で「労働者の眉間
にいばらの冠を押し付けてはならない。人類を金の十字架に縛り付けてはならない」
と述べた。政治家が金融政策の代替的なアプローチについて、これほど詩的に語る
ことはめったにない。しかしながら、ブライアンは共和党のウィリアム・マッキン
リーに敗れ、アメリカは金本位制を維持した。

『オズの魔法使い』の作者であるL・フランク・ボーム（L. Frank Baum）は、中西
部のジャーナリストだった。彼は、表向きは子供向けの物語を書こうとしたとき、
登場人物を当時の主要な政治闘争の主人公に仕立てた。1990年の『ジャーナル・オ
ブ・ポリティカル・エコノミー』に寄稿した経済史家ヒュー・ロックオフ（Hugh
Rockoff）は、この物語を次のように解釈している。

　　　　　　　　ドロシー：アメリカの伝統的価値観
　　　　　　　　　　トト：禁酒党（ティートトラーとも呼ばれる）
　　　　　　　　かかし：農民
　　　　ブリキの木こり：工場労働者
　　　　　臆病ライオン：ウィリアム・ジェニングス・ブライアン
　　　　　　マンチキン：東部の市民
　　　　東の悪い魔女：グローバー・クリーブランド
　　　　西の悪い魔女：ウィリアム・マッキンリー
　　　　　　　　　魔女：共和党議長　マーカス・アロンゾ・ハンナ
　　　　　　　　　　オズ：金の単位であるオンスの略称
　　黄色いレンガの道：金本位制

ボームの物語の最後で、ドロシーは家への道を見つけるが、それはただ黄色いレ
ンガの道をたどればいいというものではなかった。長く危険な旅の後、ドロシーは
魔女が彼女を助けられないことを知る。代わりに、ドロシーは銀のスリッパの不思
議な力を発見する（この本が1939年に映画化されたとき、ドロシーのスリッパは銀
製からルビー製に変更された。ハリウッドの映画製作者たちは、19世紀の金融政

第Ⅲ部　マクロ経済学

策に関する物語を語ることよりも、テクニカラーの新技術を誇示することに興味があったのだ）。

　ポピュリストは銀貨発行の自由化を実現することはできなかったが、最終的には、彼らが望んだ金融緩和の拡大とインフレーションを手に入れた。1898年、探鉱者たちが、カナダのユーコンのクロンダイク川付近で金を発見した。また、南アフリカの鉱山からも金の供給が増加した。その結果、アメリカと金本位制を採用している他の国々で貨幣供給量と物価水準が上昇し始めた。15年も経たないうちに、アメリカの物価は1880年代の水準に戻り、農民は債務を処理しやすくなった。

理解度確認クイズ

6. インフレーションが進行しても、ほとんどの人の所得が自動的に減少することはないのはなぜか。

   a. 税法がインフレーションに完全に対応しているから。

   b. 人々は、より少ないお金を保有することでインフレーションに対応するから。

   c. 賃金のインフレーションが、物価のインフレーションと一緒に起こるから。

   d. インフレ率の上昇は、実質金利を低下させるから。

7. ある経済が常に年率10%のインフレーションに見舞われる場合、その経済が被らないインフレーションのコストはどれか。

   a. 貨幣保有の減少による靴底コスト

   b. より頻繁な価格調整によるメニュー・コスト

   c. 名目のキャピタル・ゲインに対する課税による歪み

   d. 債務者と債権者の間の無作為な再分配

8. ほとんどのローンは＿＿＿＿＿で契約されるため、インフレ率の予期しない上昇は＿＿＿＿＿にとって損となる。

   a. 実質金利 — 債権者

   b. 実質金利 — 債務者

   c. 名目金利 — 債権者

   d. 名目金利 — 債務者

➡ （解答は章末に）

3 結論

　本論では、インフレーションの原因とコストについて論じた。大幅な、あるいは持続的なインフレーションの主な原因は、貨幣量の増加である。中央銀行が貨幣を大量に発行すると、貨幣価値は急速に下落する。安定した物価を維持するために、中央銀行は貨幣供給量の増加を制限しなければならない。

　インフレーションのコストはより微妙なものである。靴底コスト、メニュー・コスト、相対価格の変動幅の拡大、税負担の意図しない変更、混乱と不便、富の無作為な再分配などである。これらのコストは、総合すると大きいのだろうか。それとも、小さいのだろうか。すべての経済学者が、ハイパーインフレーションの際にこれらのコストが巨大になることに同意している。しかし、物価上昇が年率10%以下である緩やかなインフレ期において、これらのコストの大きさには議論の余地がある。

第11章　付論2　貨幣量の成長とインフレーション

　本論では、インフレーションに関する最も重要な教訓の多くを紹介したが、分析は不完全である。中央銀行が貨幣の増加率を下げると、貨幣数量説が示唆するように、物価の上昇速度は低下する。しかし、経済がより低いインフレ率に移行する際、金融政策の変更は生産と雇用を阻害する可能性が高い。つまり、金融政策は長期的には中立であっても、短期的には実質変数に大きな影響を与えるのである。

本論のポイント

- 経済全体の物価水準は、貨幣供給と貨幣需要が均衡するように調整される。中央銀行が貨幣供給を増やすと、物価水準が上昇する。貨幣量の持続的な増加は、インフレーションの継続につながる。
- 貨幣の中立性原理は、貨幣量の変化は名目変数には影響を与えるが、実質変数には影響を与えないというものである。ほとんどの経済学者は、貨幣の中立性が長期的な経済の振る舞いを概ね記述していると考えている。
- 政府は貨幣を印刷するだけで、その支出の一部を賄うことができる。各国がこの「インフレ税」に大きく依存すると、結果的にハイパーインフレーションに陥る。
- 貨幣の中立性の原則を応用した考え方の1つにフィッシャー効果がある。すなわち、期待インフレ率が上昇すると、名目金利も同じだ

け上昇するため、実質金利は変わらない。
- 多くの人は、インフレーションによって自分が買うものの値段が上がるため貧しくなると考えている。インフレーションは名目所得も上昇させるので、この考えは誤りである。
- 経済学者は、インフレーションがもたらす6つのコストとして、貨幣保有量の減少に伴う靴底コスト、より頻繁な価格調整に伴うメニュー・コスト、相対価格の変動の拡大、税制が調整されないことによる税負担の意図しない変化、価値尺度の変更による混乱と不便、債務者と債権者の間の無作為な富の再分配を挙げている。こうしたコストの多くはハイパーインフレーションの時に大きくなるが、緩やかなインフレ時におけるコストの大きさはあまり明らかではない。

第Ⅲ部　マクロ経済学

理解度確認テスト

1. 物価水準の上昇が、貨幣の実質価値にどのような影響を与えるか説明しなさい。

2. 貨幣数量説によれば、貨幣量が増加するとどのような影響があるか。

3. 名目変数と実質変数の違いを説明し、それぞれの例を2つ挙げなさい。貨幣の中立性の原則によれば、貨幣量の変化によって影響を受ける変数はどちらか。

4. インフレーションは、どのような意味で税金のようなものなのか。インフレーションを税

として考えることは、ハイパーインフレーションの説明にどのように役立つのか。

5. フィッシャー効果によれば、インフレ率の上昇は実質金利と名目金利にどのような影響を与えるか。

6. インフレーションのコストは何か。その中で、あなたがアメリカ経済にとって最も重要だと考えるコストはどれか。

7. インフレ率が予想より低い場合、債務者と債権者のどちらが得をするのか説明しなさい。

演習と応用

1. 今年の貨幣供給量が5,000億ドル、名目GDPが10兆ドル、実質GDPが5兆ドルだとする。
   a. 物価水準はどうなるか。貨幣の流通速度はどうなるか。
   b. 貨幣の流通速度が一定で、経済の財・サービスの生産が毎年5%ずつ増加するとする。Fedが貨幣供給量を一定に保った場合、来年の名目GDPと物価水準はどのように変化するだろうか。
   c. Fedが物価水準を安定させたい場合、来年の貨幣供給量をどの程度に設定すべきか。
   d. Fedが10%のインフレーションを望むなら、来年の貨幣供給量をどの程度に設定すべきか。

2. 銀行規制の変更によってクレジットカードの利用が拡大し、人々が保有する現金が少なくなったとする。
   a. この出来事は貨幣需要にどのような影響を与えるか。
   b. Fedがこの出来事に対応しない場合、物価水準はどうなるか。
   c. Fedが物価水準を安定させたい場合、何をすべきか。

3. Fedはゼロ%のインフレ率を達成するよう努力すべきである、と言われることがある。貨幣の流通速度が一定であると仮定すると、このゼロ%のインフレ率の目標は、貨幣の増加率がゼ

ロに等しいことを必要とするだろうか。もしそうなら、その理由を説明しなさい。もしそうでないなら、貨幣増加率は何%であるべきか説明しなさい。

4. ある国のインフレ率が急上昇したとする。貨幣保有者に対するインフレ税はどう変化するだろうか。貯蓄口座で保有されている資産が、インフレ税の変化の影響を受けないのはなぜか。あなたは、貯蓄口座の保有者がインフレ率の上昇によって損害を受ける経路を何か思いつくだろうか。

5. 豆農家のボブと米農家のリタの2人だけの経済において、インフレーションの影響を考えてみよう。ボブとリタは、常に同量の米と豆を消費する。2022年、豆の価格は1ドル、米の価格は3ドルであった。
   a. 2023年、豆の価格が2ドル、米の価格が6ドルだったとする。インフレ率は何%か。この価格変動によって、ボブは豊かになったか、貧しくなったか、それとも影響を受けなかったか。リタについてはどうだろうか。
   b. 2023年、豆の値段が2ドル、米の値段が4ドルだったとする。インフレ率は何%か。この価格変動によって、ボブは豊かになったか、貧しくなったか、それとも影響を受けなかったか。リタについてはどうだろうか。
   c. 最後に、2023年に豆の価格が2ドル、米の価

380

第11章　付論2　貨幣量の成長とインフレーション

格が1.5ドルだったとする。インフレ率は何%か。この価格変動によって、ボブは豊かになったか、貧しくなったか、それとも影響を受けなかったか。リタについてはどうだろうか。

d. ボブとリタにとって、全体のインフレ率と米と豆の相対価格のどちらがより重要か。

6. 税率を40%と仮定し、以下の各場合について税引前の実質金利と税引後の実質金利を計算しなさい。
   a. 名目金利10%、インフレ率5%
   b. 名目金利6%、インフレ率2%
   c. 名目金利4%、インフレ率1%

7. 貨幣は経済において3つの機能を果たしている。それらの機能とは何か。インフレーションは、貨幣がそれぞれの機能を果たすうえで、どのような影響を与えるか。

8. 人々はインフレ率が3%になると予想していたが、実際には物価が5%上昇したとする。この予期しない高いインフレーションが、どのように以下の組織や人々を助けるのか、あるいは害するのかを述べなさい。
   a. 政府
   b. 固定金利の住宅ローンを組んでいる住宅所有者
   c. 労働契約2年目の労働組合員
   d. 基金の一部を国債に投資している大学

9. 以下の記述は、正しいか、間違っているか、どちらとも言えないか、説明しなさい。
   a. インフレーションは借り手に不利で、貸し手を助ける。
   b. 全体の物価水準が変わらないように物価が変化する場合、誰も良くも悪くもならない。
   c. インフレーションはほとんどの労働者の購買力を低下させない。

理解度確認クイズの解答

1. d　　2. d　　3. b　　4. b　　5. a　　6. c　　7. d　　8. c

第12章

Chapter 12

Aggregate Demand and Aggregate Supply

総需要と総供給

経済活動は年々変動する。多くの年で、財・サービスの生産は増加する。労働力や資本ストックの増加や技術進歩のおかげで、経済は時間とともにより多くのものを生産することができる。この経済成長により、人々はより高い生活水準を享受できるようになる。過去半世紀にわたり、アメリカ経済は実質GDPベースで年間約3％の成長を実現している。

しかし、経済が成長するのではなく縮小する年もある。企業は提供する財・サービスのすべてを販売することはできず、生産を削減する。労働者は解雇され、失業が増加し、工場は稼働を停止する。財・サービスの生産量が減少するため、実質GDPやその他の所得関連指標も減少する。このような所得の低下と失業の増加の局面は、景気後退と呼ばれる。また、これらがより深刻な場合には、不況と呼ばれる。

2008年および2009年に、アメリカ経済は「大不況」と呼ばれる景気後退を経験した。実質GDPは2007年第4四半期から2009年第2四半期にかけて4.0％減少した。失業率は2007年5月の4.4％から2009年10月には10.0％にまで上昇、過去四半世紀で最も高い水準となり、その後の3年間でも8％を超える水準で推移した。当然のことながら、この時期に卒業した学生にとって、良い就職先を見つけるのは困難であった。

次の景気後退は2020年の新型コロナウイルスのパンデミック時に発生した、よ

景気後退
（recession）
所得が低下し、失業が増加する局面

不況
（depression）
深刻な景気後退

第III部　マクロ経済学

り急速かつ落ち込みの厳しいものであった。実質GDPは2019年第4四半期から2020年第2四半期の間に10％も減少した。失業率は2020年2月時点で3.5％であったが、わずか2か月後には14.8％にまで上昇した。一方で、回復のスピードも速かった。2021年12月には失業率が3.9％にまで戻り、求人件数は過去最高に達した。

　短期的な経済変動の原因は何だろうか。政策によって所得の減少と失業の増加を防ぐことはできるのだろうか。できるとすれば、どういった政策だろうか。景気後退が実際に発生してしまった場合に、政策立案者はその期間や程度をどのように軽減できるだろうか。ここではこれらの問題について考えていく。

　分析で扱う中心的な変数は、GDP、失業率、金利、物価水準など、これまでの章で扱ってきたものと同様である。また、政策手段も、政府支出、税金、貨幣供給など、これまでに用いてきたものである。一方、これまでの議論と異なる点は、時間軸である。これまでの目的は、これらの変数の長期的な動きを説明することであった。ここでの目的は、それらの長期的なトレンドからの短期的な乖離を説明することである。言い換えれば、世代単位の長期的な経済成長に焦点を当てるのではなく、より短期（年単位）の経済変動が引き起こされる要因に着目する。

　経済学者たちは短期的な経済変動をどのように解釈できるかについて議論するが、ほとんどの経済学者は**総需要と総供給のモデル**を用いる。本章では、このモデルの2つの要素である、総需要曲線と総供給曲線を導入する。しかしその前に、まずは経済の上昇・下降を描写するいくつかの事実を確認しよう。

1　経済変動に関する3つの事実

　短期的な経済変動は、すべての国で、かつ時代を通じて発生してきた。経済変動を描写するうえで最も重要なのは、以下の3つの事実である。

1-1　事実1：経済変動は不規則で予測不能である

　経済の変動はしばしば**景気循環**（business cycle）と呼ばれる。この言葉が示すように、経済の変動はビジネス（企業活動）の状況の変化に対応している。実質GDPが急速に増加する時には、ビジネスは好調である。このような景気拡大期には、ほとんどの企業が十分な数の顧客を抱え、利益は増加している。しかし、景気後退期に実質GDPが減少すると、ビジネスは困難に直面する。経済の収縮期には、ほとんどの企業が売上の減少と利益の縮小を経験する。

　なお、「景気循環」という用語はやや誤解を招きやすい。それは、経済の変動が（三角関数の）サイン・カーブや心拍のように、規則的で予測可能なパターンに従うといっているような語感を持つ。しかし実際には、経済活動の変動は全く規則的ではなく、正確に予測することはほぼ不可能である。

　図12-1のパネル (a) は、1972年以降のアメリカの実質GDPの動きを示している。薄茶色の縦棒の部分は景気後退期を示しており、景気後退は規則的な間隔で現れるわけではないことがわかる。1980年と1982年のように景気後退期が近接していることもあれば、何年もの間景気後退期がない場合もある。アメリカの歴史上、景気

384

第12章　総需要と総供給

図 12-1　短期的な経済変動の概観

この図は、アメリカ経済の実質GDP（パネル(a)）、投資支出（パネル(b)）、失業率（パネル(c)）を示している。薄茶色の縦棒で示した部分は景気後退期である。景気後退期には実質GDPと投資支出は減少し、失業率は上昇している。

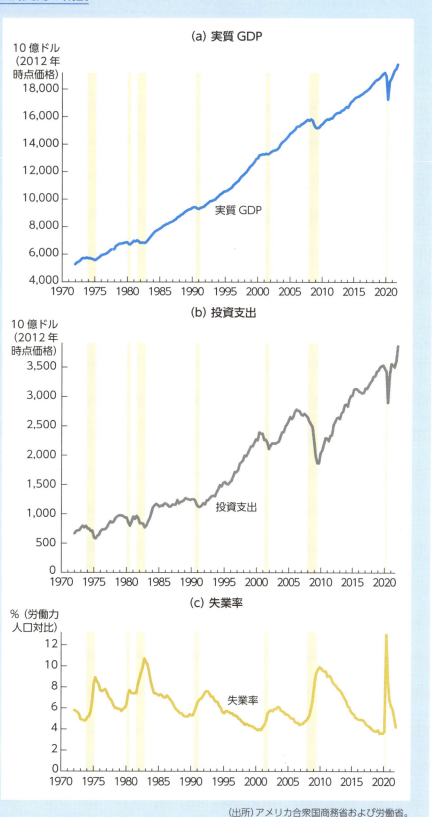

(出所) アメリカ合衆国商務省および労働省。

第Ⅲ部　マクロ経済学

後退を1度も経験しなかった最長の期間は128か月である。この期間は2009年6月に始まり、2020年2月にコロナ禍による景気後退が始まるまで継続した。

1-2　事実2：マクロ経済に関連する多くの数量指標は同じように動く

実質GDPは、経済活動をもっとも包括的にとらえる指標であるため、経済の短期的な変動をモニターする際にもっともよく用いられる変数である。実質GDPは、特定の期間内に生産されたすべての最終財・サービスの価値を表し、同時に物価変動の影響を取り除いた、経済のすべての人々の総所得も表している。

しかし、短期的な経済変動をモニターするという観点からは、実のところどの経済指標を用いるかは大きな問題ではない。所得、支出、または生産関連のほとんどのマクロ経済変数は、密接に連動しつつ同時に変動するからである。景気後退よって実質GDPが減少すると、個人所得、企業収益、消費支出、投資支出、鉱工業生産、小売販売、住宅販売、自動車販売なども同じように減少する。景気後退は経済全般の現象なので、その動きは多くのマクロ経済データに織り込まれるのである。

多くのマクロ経済変数が同時に変動するものの、その変動幅は変数によって異なる。特に図12-1のパネル（b）が示すように、景気循環を通じて投資支出は大きく変動する。投資支出はGDPの約6分の1を占めるにすぎないが、景気後退期におけるGDPの減少分の約3分の2を占める。つまり、経済が収縮するとき、その収縮分の多くは新しい工場建設や住宅、在庫といった（投資）支出の削減によるものである。

1-3　事実3：生産が落ち込むと、失業が増加する

財・サービスの生産量の変化は、労働力の稼働状況の変化と強く相関している。つまり、実質GDPが減少すると、失業率は上昇する。この事実はまったく驚くべきことではない。企業が生産を削減すると、従業員は解雇され、失業状態に陥る人の数が増加する。

図12-1のパネル（c）は、1972年以降のアメリカ経済の失業率の推移を示している。ここでも、薄茶色の縦棒の部分は景気後退を示しており、景気後退期において失業率が大幅に上昇していることがわかる。景気後退期が終わり、実質GDPが増加に転じると、失業率は徐々に減少する。ただし、（景気の状態にかかわらず）職探しをしている人々は常に存在するため、失業率がゼロになることはない。失業率は自然失業率の水準である約5%を中心として変動する。

第12章 総需要と総供給

理解度確認クイズ

1. 経済が景気後退期に入ると、実質GDPは＿＿＿＿＿
し、失業率は＿＿＿＿＿する。

   a. 増加 ─ 上昇

   b. 増加 ─ 低下

   c. 減少 ─ 上昇

   d. 減少 ─ 低下

2. 景気後退は＿＿＿＿＿発生する。

   a. 約3年ごとに定期的に

   b. 約7年ごとに定期的に

   c. 約12年ごとに定期的に

   d. 不規則に

➡ (解答は章末に)

2 短期的な経済変動の背景

経済変動の過程で何が起こっているかを記述することは簡単である。一方、こうした経済変動がなぜ生じるのかを説明することは難しい。これまで取り上げたトピックと比較して、経済変動の理論は今なお（経済学者の間で）意見の一致をみていない分野である。本章ではまず、ほとんどの経済学者が短期的な経済変動を説明する際に用いる経済モデルを理解することからはじめよう。

2-1 古典派経済学の仮定

これまでの章では、最も重要なマクロ経済変数が、長期的にはどのように決まるかを説明する理論を展開してきた。

これまでの分析は、互いに関連する2つの考え方を基礎としていた。古典派の二分法と、貨幣の中立性である。古典派の二分法は、すべての変数を実質変数（数量や相対価格を示すもの）と名目変数（通貨で測定されるもの）のいずれかに区分することであったことを思い出そう。古典派マクロ経済理論によれば、貨幣供給の変化は名目変数には影響を与えるが、実質変数には影響を与えない。この貨幣の中立性により、われわれは名目変数（貨幣供給や物価水準）を導入することなく、実質変数（実質GDP、実質金利や失業率）がどのように決まるかを分析することができたのである。

古典派的な世界では、貨幣はある意味で重要ではない。もし貨幣の量が2倍になったとしても、すべての価格が2倍になり、すべての人々の所得も2倍になる。しかし、それが何だというのだろう。その変化は、「ほぼ無視できる」という標準的な意味において、やはり名目的なものである。人々が実質的なこととして懸念すること（仕事があるかどうか、どれだけの財・サービスを購入できるか）は、全く同じままである。

この古典派的な見方を、「貨幣はベールである」という言葉で表現することがある。つまり、経済変数はしばしば貨幣単位で示されるため、われわれが最初に目にするのは名目変数であることが多い。しかし、より重要なのは実質変数とその決定要因である。古典派理論によれば、これらの実質変数を理解するためには、ベールの先にあるものを見る必要があるのである。

387

第Ⅲ部　マクロ経済学

2-2　現実の短期変動

　こうした古典派マクロ経済理論の仮定は、現実世界に当てはまるのだろうか。この質問に対する答えは、経済がどう機能するかを理解する上でとても重要である。**ほとんどの経済学者は、古典派理論は長期的な経済の動きを描写する上で有効であると考えているが、短期的な動きを描写するには必ずしも有効ではない、と考えている。**

　あらためて貨幣の影響を考えてみよう。ほとんどの経済学者は、数年間を超える長期では、古典派理論の通り、貨幣供給の変化は、物価や他の名目変数に影響を与える一方で、実質GDPや失業率などの実質変数には影響を与えないと考えている。しかし、より短期の（たとえば年ごとの）変化を分析する際には、貨幣の中立性の仮定はもはや適切ではない。短期では、実質変数（実質値）と名目変数（名目値）は密接に関連しあい、貨幣供給の変化によって、実質GDPが長期的なトレンドから一時的に逸脱することがある。

　古典派の経済学者であるデイヴィッド・ヒューム（David Hume）も、短期では貨幣の中立性は成立しないことを認識していた。18世紀のイギリスにおいて、彼の観点からすれば、ヒュームは、金の発見によって貨幣供給が拡大しても、物価が上昇するまでには時間がかかり、その間、経済はより多くの雇用と生産を実現していることを見いだした。

　経済が短期的にどのように動いているかを理解するためには、新しいモデルが必要である。このモデルはこれまで用いてきた多くのツールを使用して構築することができるが、古典派的な二分法と貨幣の中立性の仮定は捨象する必要がある。ここでは、生産や雇用といった実質変数についての分析を、貨幣や物価水準といった名目変数についての分析から切り離すことはしない。ここでの新しいモデルは、実質変数と名目変数の相互作用に焦点を当てるのである。

2-3　総需要と総供給のモデル

　短期の経済変動についてのわれわれのモデルでは、2つの変数の動きに焦点を当てる。1つめは実質GDPによって測られる、財・サービスの産出量である。2つめは消費者物価指数（CPI）やGDPデフレーターによって測られる、平均的な物価水準である。産出量は実質変数、物価水準は名目変数である。これら2つの変数の関係に焦点を当てることによって、「実質変数と名目変数は別々に分析できる」という古典派の仮定から離れるのである。

　全体経済の変動を分析するために、ここでは総需要と総供給のモデルを導入する。モデルは図12-2に示されており、縦軸には経済全体の物価水準が、横軸には経済全体の財・サービスの産出量が表示されている。総需要曲線は、各物価水準において、家計・企業・政府・そして海外の顧客が購入したいと考える財・サービスの総量を示している。総供給曲線は、各物価水準において、企業が生産・販売したいと考える財・サービスの総量を示している。このモデルによれば、総需要と総供給がちょうど釣り合うように、物価水準と産出量が調整されるのである。

総需要と総供給のモデル
（model of aggregate demand and aggregate supply）
経済の長期的なトレンドからの短期的な変動を説明するモデルであり、多くの経済学者がこのモデルを用いる。

総需要曲線
（aggregate-demand curve）
各物価水準において、家計・企業・政府・そして海外の顧客が購入したいと考える財・サービスの総量を示す曲線

総供給曲線
（aggregate-supply curve）
各物価水準において、企業が生産・販売したいと考える財・サービスの総量を示す曲線

図12-2 総需要と総供給

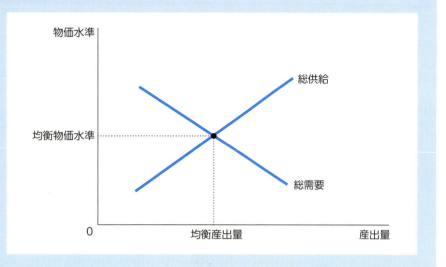

経済学者は、経済変動を分析するために総需要と総供給のモデルを用いる。縦軸には経済全体の物価水準が、横軸には経済全体の財・サービスの総産出量が示されている。産出量と物価水準は、総供給曲線と総需要曲線の交点に調整される。

　この総需要と総供給のモデルは、第4章で学んだ市場における需要と供給のモデルの単なる拡大版のようにみえるかもしれない。しかし、実際はこの2つのモデルはまったく異なるものである。特定の商品市場、たとえばアイスクリーム市場における需要と供給の場合、買い手と売り手の行動は、所得や労働力などのリソースが、市場間をどの程度スムーズに移動できるかに依存する。アイスクリームの価格が上がると、需要量は減少する。なぜなら、買い手は所得をアイスクリーム以外の商品を購入に向けることができるからである。同様に、アイスクリームの価格が上がると、供給量も増加する。なぜなら、アイスクリームを生産する企業は経済の他の部門から労働者を雇用して生産を増やすことができるからである。しかし、このようなミクロ経済的な市場間の（リソースの）入れ替わりは、マクロ経済全体では不可能である。なぜなら、このモデルが説明しようとしている数量（すなわち実質GDP）は、すべての市場のすべての企業によって生産される財・サービスの総量を測定するものだからである。総需要曲線が右下がりになる理由と総供給曲線が右上がりになる理由を理解するためには、財・サービスの総需要と財・サービスの総供給の動きを説明するマクロ経済理論が必要になる。この理論を展開することが次のトピックである。

理解度確認クイズ

3. 古典派マクロ経済理論と貨幣の中立性によれば、貨幣供給の変化によって影響を受けるのは以下のうちどれか。
   a. 失業率
   b. 実質GDP
   c. GDPデフレーター
   d. 以上のうちどれでもない。

4. 古典派マクロ経済理論についての、経済学者の一般的な理解は以下のうちどれか。
   a. 長期においてのみ有効である。
   b. 短期においてのみ有効である。
   c. 常に有効である。
   d. 常に有効でない。

5. 総需要・総供給モデルでは、_____が横軸、_____が縦軸にある。
   a. 産出量 ― 金利
   b. 産出量 ― 物価水準
   c. 貨幣量 ― 金利
   d. 貨幣量 ― 物価水準

➡ (解答は章末に)

3　総需要曲線

　総需要曲線は、各物価水準における、すべての財・サービスの需要量を示す。図12-3に示されているように、総需要曲線は右下がりである。他の条件を一定とすると、経済全体の物価水準が低下すると（$P_1 \rightarrow P_2$）、財・サービスの需要量は増加する（$Y_1 \rightarrow Y_2$）。逆に、物価水準が上昇すると、財・サービスの需要量は減少する。

図12-3　総需要曲線

物価水準がP_1からP_2に低下すると、財・サービスの需要量はY_1からY_2に増加する。この負の関係には3つの理由が存在する。物価水準が下がると、実質的な富が増加し、金利が低下し、為替レートが減価することで、消費支出、投資支出、純輸出が刺激されるのである。これらの支出増加は、財・サービスの需要の増加を意味する。

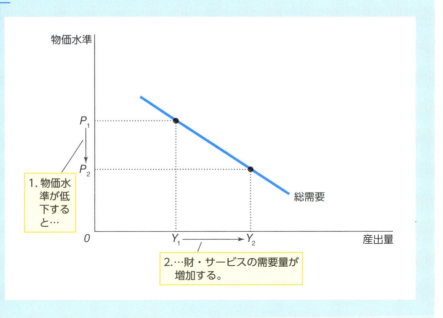

第12章 総需要と総供給

3-1 総需要曲線はなぜ右下がりか

物価水準と財・サービスの需要量が逆方向に動く（すなわち、右下がりの関係にある）のはなぜだろうか。この問いに答えるために、まず、GDP（Yで表される）は、消費（C）、投資（I）、政府支出（G）、そして純輸出（NX）の合計と一致することを思い出そう。

$$Y = C + I + G + NX$$

これらの4つの要素は、それぞれ財・サービスの総需要に寄与する。さしあたり、政府支出は政策によって固定されていると仮定しよう。それ以外のコンポーネントである消費、投資、および純輸出は、経済状況、特に物価水準に影響を受ける。総需要曲線が右下がりである理由を理解するためには、物価水準が消費、投資、および純輸出にどのように影響するかを考察する必要がある。

物価水準と消費：資産効果　財布や銀行口座にあるお金（貨幣）について考えてみよう。貨幣の名目価値は、1ドルは常に1ドルの価値である、というように固定されている。しかし、1ドルの実質的な価値は変化しうる。もしキャンディーバーが1ドルで買えるなら、1ドルはキャンディーバー1本分の価値を持つ。もしキャンディーバーの価格が50セントに下がると、1ドルはキャンディーバー2本分の価値になる。したがって、物価水準が下がると、ドルの価値は上昇し、あなたの実質的な富は増加し、財・サービスを購入する能力が高まる。

以上のロジックは、需要曲線が右下がりになる最初の理由を示唆している。**物価水準の低下は貨幣の実質的な価値を上昇させ、消費者の富を実質的に増やし、そのことでより多くの支出が可能になる。消費支出の増加は財・サービスの需要量の増加を意味する。逆に、物価水準の上昇は貨幣の実質的な価値を減少させ、消費者の富を実質的に減らし、消費者支出そして財・サービスの需要量を減少させる。**

物価水準と投資：金利効果　物価水準は貨幣需要量の決定要因の1つである。物価水準が低いと、財・サービスを購入するために保有しておかなければならない貨幣量は少なくなる。そのため、物価水準が低下すると、人々は余剰の貨幣を運用して貨幣保有量を減らそうとする。具体的には、利付債券を購入したり、利子が付く貯蓄口座に預けたりする（この場合、銀行はこれらの資金を貸出に用いる）。どちらの場合でも、人々が余剰の貨幣を利子を生む資産に変換しようとすると、それによって金利が押し下げられる。

金利は、財・サービスへの支出に影響を及ぼす。低金利は借入コストを低減させるため、企業は新たな工場や設備への投資のために借入を増やし、家計は新たな住宅を購入するために借入を増やそうとする（あるいは、ローンで購入されることの多い、自動車などの大型耐久財への支出も刺激されるだろう）。つまり、低金利は財・サービスの需要量を増加させるのである。

以上のロジックは、需要曲線が右下がりになる2番目の理由を示唆している。**物**

391

第Ⅲ部　マクロ経済学

価水準が低下すると金利が低下し、投資支出が促され、財・サービスの需要量が増加する。逆に、物価水準が高くなると金利が上昇し、投資支出が抑制され、財・サービスの需要量が減少する。

物価水準と純輸出：為替レート効果　すぐ上で見たように、アメリカの物価水準が低下すると、アメリカの金利も低下する。この低金利に反応して、より高いリターンを求める一部の投資家は、保有資産をアメリカから退避させるであろう。たとえば、アメリカの債券の金利が低下すると、投資信託はアメリカの債券を売却してドイツの債券を購入するかもしれない。投資信託がドイツの債券を購入するためにドルをユーロに交換しようとすると、外国為替市場においてドルの供給が増加する。

ユーロと交換されるドルの供給量の増加により、ドルはユーロに対して減価する。これにより、国内と海外の財の相対価格である実質為替レートが変化する。1ドルで購入できる外貨はより少なくなるため、海外財の価格は国内財の価格に比べて割高になる。

相対価格の変化は国内外での支出行動に影響を与える。外国財の価格が高くなるため、アメリカ人は他国からの購入を減らし、この結果アメリカの財・サービスの輸入が減少する。同時に、アメリカの財の価格が相対的に低くなるため、外国人はアメリカからの購入を増やし、この結果アメリカの財・サービスの輸出が増加する。純輸出は輸出から輸入を差し引いたものなので、以上の変化によりアメリカの純輸出は増加する。このようにして、ドルの減価は財・サービスの需要量の増加につながる。

以上のロジックから、需要曲線が右下がりになる3番目の理由が導かれる。**アメリカの物価水準が下がると、アメリカの金利が低下し、それによって外国為替市場におけるドルの実質価値が低下する。このドルの減価によってアメリカの純輸出が刺激され、財・サービスの需要量が増加する。逆に、アメリカの物価水準が上昇し、それによってアメリカの金利も上昇すると、ドルの実質価値が上昇し、ドルの増価によってアメリカの純輸出と財・サービスの需要量は減少する。**

まとめ　物価水準の低下によって財・サービスの需要量が増加するのは、以下の相異なる、しかし互いに関連する3つの理由による。

1. 消費者の富が実質的に増加し、消費財の需要が刺激される。
2. 金利が低下し、投資財の需要が刺激される。
3. 通貨が減価し、純輸出が刺激される。

以上3つの効果は、逆向きにも働く。すなわち、物価水準が上昇すると、富の実質的な減少が消費支出を抑制し、高金利が投資支出を抑制し、貨幣（通貨）の増価が純輸出を抑制する。

ここで、これらの効果についてのあなたの直感を磨くために、1つの思考実験をしてみよう。ある日、目を覚ますと、何かの理由ですべての財・サービスの価格が

第12章　総需要と総供給

半分になったとしよう。つまり、あなたの保有するドルの価値は２倍になり、実質的には、前夜までと比べて貨幣保有量が２倍になったのである。この追加的に得られた貨幣を、あなたはどうするだろうか。あなたはお気に入りのレストランに行って消費支出を増やすことができるし、債券を購入したり、銀行に預け入れることで金利を低下させ、投資支出の増加に貢献することができる。あるいは、海外に投資することで（たとえば国際的な投資信託の株式を購入することで）、ドルの実質的な価値を低下させ、純輸出の増加に貢献することもできる。どの選択肢を選んでも、物価水準の低下が、財・サービスの需要量の増加につながるのである。この関係が、需要曲線が右下がりであることに対応しているのである。

　総需要曲線は、これまで学んできた他の需要曲線と同様に、「他の条件を一定として」描かれる。特に、この総需要曲線が右下がりになる３つの理由を説明した際、われわれは貨幣供給が一定であることを（暗黙的に）仮定していた。つまり、貨幣の量を一定に保ちながら、物価水準の変化が財・サービスの需要に与える影響を考えてきたのである。後にみるように、貨幣量の変化は総需要曲線をシフトさせる。現時点では、総需要曲線は貨幣供給を一定にして描かれているということを覚えておいてほしい。

3-2　総需要曲線はなぜシフトするのか

　右下がりの総需要曲線は、物価水準の低下によって、財・サービスの総需要量が増加すること意味している。財・サービスの需要量に影響を与える要因は、物価水準以外にも多く存在する。それらの要因の１つが変化すると、どの物価水準においても財・サービスの需要量が変化し、総需要曲線がシフトする。

　以下で、総需要をシフトさせる事象の具体例をいくつか挙げる。これらの事象は、GDPの中のどの支出コンポーネントに最も直接的に影響を与えるかによって、グループ化することができる。

消費の変化によって生じるシフト　アメリカ人が突然、引退後の貯蓄に不安を感じるようになり、節約のために現在の消費水準を減らしたとしよう。このとき、どの物価水準においても財・サービスの需要量が減少するため、総需要曲線は左側にシフトする。逆に、株式市場のブームにより人々が富裕化し、節約についての関心が低下したとしよう。これにより消費支出が増加し、どの物価水準においても財・サービスの需要量が増加するため、総需要曲線は右側にシフトする。

　所与の物価水準において、人々の消費意欲を変えるような事象は、総需要曲線をシフトさせる。こうした事象にあてはまる政策変数の１つが税金である。政府が減税を行うと、人々の消費意欲が促進され、総需要曲線は右側にシフトする。一方、政府が増税を行うと、人々は支出を減らし、総需要曲線は左側にシフトする。

投資の変化によって生じるシフト　所与の物価水準において企業の投資意欲を変えるような事象も、総需要曲線をシフトさせる。たとえば、コンピュータ産業がより高速なコンピュータ製品を導入し、多くの企業が新しいコンピュータシステムへの

393

投資を決定したとしよう。これにより、どの物価水準においても財・サービスの需要量が増加し、総需要曲線は右側にシフトする。逆に、企業が将来のビジネス環境に悲観的になると、投資支出が削減され、総需要曲線が左側にシフトする。

　税制も投資への影響を通じて、総需要に影響を与えることがある。たとえば、他の条件を一定とすると、投資税額控除（企業の投資支出に関連する税額控除）は、企業が購入したいと考える投資財の量を増やし、その結果、総需要曲線は右側にシフトする。逆に、投資税額控除が廃止されると投資が減少し、総需要曲線は左側にシフトする。

　投資と総需要に影響を与える別の政策変数は、貨幣供給である。貨幣供給の増加は短期的には金利を低下させる。この金利低下により借入コストが低下し、投資支出が促進され、総需要曲線が右側にシフトする。逆に、貨幣供給の減少は金利を引き上げ、投資支出を抑制し、総需要曲線を左側にシフトさせる。多くの経済学者は、アメリカのこれまでの歴史を通じて、金融政策の変更が総需要をシフトさせる重要な要因であったと考えている。

政府支出の変化によって生じるシフト　政策立案者は、政府支出を変化させることで、最も直接的に総需要曲線をシフトさせることができる。たとえば、議会が新たな兵器システムの購入を削減することを決定した場合、どの物価水準においても財・サービスの需要量が減少するため、総需要曲線は左側にシフトする。逆に、州政府がより多くの高速道路の建設に着手した場合、どの物価水準においても財・サービスの需要量が増加するため、総需要曲線は右側にシフトする。

純輸出の変化によって生じるシフト　所与の物価水準において純輸出を変化させる事象も、総需要をシフトさせる。たとえば、ヨーロッパで景気後退が生じると、ヨーロッパにおけるアメリカ製の商品の購入量が減少する（すなわちアメリカからの輸出が減少する）。アメリカの純輸出はどの物価水準においても減少し、アメリカ経済の総需要曲線は左側にシフトする。ヨーロッパが景気後退から回復すると、アメリカ製の商品の購入量が増加し、総需要曲線は右側にシフトする。

　純輸出は、国際的な投資家の行動が為替レートに影響を及ぼすことによっても変化する。たとえば、投機筋が（アメリカ以外の）海外経済に対して懸念を抱き、保有資産をアメリカに逃避させようとしているとする。この行動により、外国為替市場におけるドルの価値は上昇する。ドルの増価によって、アメリカの商品の価格は海外の商品に比べて高くなり、純輸出が抑制されて総需要曲線は左側にシフトする。逆に、ドルの減価を引き起こす投資行動は純輸出を刺激し、総需要曲線を右側にシフトさせる。

まとめ　上に挙げた具体例で、なぜ総需要曲線は右下がりなのか、そしてどういった事象や政策が総需要曲線をシフトさせるのかについて、ある程度、理解したはずである。表12-1に、以上の内容をまとめてある。

第12章　総需要と総供給

> **表12-1**　総需要曲線：まとめ

なぜ総需要曲線は右下がりなのか。

1. **資産効果**：物価水準が低下すると消費者の富が実質的に増加し、消費支出が刺激される。
2. **金利効果**：物価水準が低下すると金利が低下し、投資支出が刺激される。
3. **為替レート効果**：物価水準が低下すると実質為替レートが低下し、純輸出が刺激される。

なぜ総需要曲線はシフトするのか。

1. **消費の変化によって生じるシフト**：所与の物価水準において消費を増加させる事象（減税、株式市場のブームなど）は、総需要曲線を右側にシフトさせる。所与の物価水準において消費を減少させる事象（増税、株式市場の落ち込みなど）は、総需要曲線を左側にシフトさせる。
2. **投資の変化によって生じるシフト**：所与の物価水準において投資を増加させる事象（将来に対する楽観的な見方、貨幣供給の増加による金利の低下など）は、総需要曲線を右側にシフトさせる。所与の物価水準において投資を減少させる事象（将来に対する悲観的な見方、貨幣供給の減少による金利の上昇など）は、総需要曲線を左側にシフトさせる。
3. **政府支出の変化によって生じるシフト**：財・サービスに対する政府支出の増加（軍備や高速道路の建設費引き上げなど）は、総需要曲線を右側にシフトさせる。財・サービスに対する政府支出の減少（軍縮や高速道路の建設費削減）は、総需要曲線を左側にシフトさせる。
4. **純輸出の変化によって生じるシフト**：所与の物価水準において純輸出を増加させる事象（海外経済の好調、自国通貨の減価を引き起こす投資家行動など）は、総需要曲線を右側にシフトさせる。所与の物価水準において純輸出を減少させる事象（海外経済の景気後退、自国通貨の増価を引き起こす投資家行動など）は、総需要曲線を左側にシフトさせる。

理解度確認クイズ

6. 総需要曲線が右下がりなのは、物価水準の低下が_____を引き起こすためである。

- **a.** 実質的な富の減少
- **b.** 金利の低下
- **c.** 通貨の増価
- **d.** 以上のすべてが当てはまる。

7. 次のうち、総需要曲線を左側にシフトさせるものはどれか。

- **a.** 株式市場の下落
- **b.** 増税
- **c.** 政府支出の減少
- **d.** 以上のすべてが当てはまる。

➡（解答は章末に）

395

第Ⅲ部　マクロ経済学

4 　総供給曲線

　総供給曲線は、各物価水準における、企業の財・サービスの販売・生産量を示す。常に右下がりとなる総需要曲線とは異なり、総供給曲線の傾きは分析する時間軸（長期か短期か）に依存する。**総供給曲線は長期では垂直だが、短期では右上がりになる。**この節では、長期総供給曲線と短期総供給曲線の両方を説明する。また、経済が短期的には古典派の理論で描かれる長期均衡からなぜ逸脱するのか、その理由も明らかにする。

4-1 　長期総供給曲線はなぜ垂直なのか

　長期の財・サービスの供給量の決定要因は何だろうか。本書で経済成長について学んだ際、われわれはこの問いに暗黙的に答えている。**財・サービスの産出量（すなわち実質GDP）の水準の長期的な決定要因は、労働力、資本、天然資源、そしてこれらの生産要素を用いて財・サービスを生産する際に入手可能なテクノロジー（技術的知識）である。**

　長期的な成長を規定する要因について分析した際、われわれは物価水準については特に言及しなかった。物価水準については、別の章で貨幣数量論を学んだ。そこでわれわれは、もしもある経済の貨幣流通量がもう一方の経済の2倍であり、それ以外はすべて同じである場合、貨幣流通量が多いほうの経済の物価水準が2倍になることを学んだ。しかし、貨幣量はテクノロジーや労働力、資本、天然資源の供給には影響を与えないため、2つの経済の財・サービスの産出量は等しくなるのであった。

　物価水準は実質GDPの長期的な決定要因ではないため、長期総供給曲線は図12-4のように垂直になる。すなわち、長期的な経済の財・サービスの供給量を決めるのは労働力、資本、天然資源、テクノロジーであり、この供給量は物価水準からは独立している（影響を受けない）のである。

　垂直な長期総供給曲線は、古典派の二分法と貨幣の中立性を視覚的に表現したものであるといえる。前に説明したように、古典派マクロ経済理論は、実質変数は名目変数に依存しないという仮定に基づいている。長期総供給曲線はこの考えと整合的であり、実質変数である産出量が、名目変数である物価水準に依存しないことを表している。先に述べたように、ほとんどの経済学者は、この原則は長期的な経済の動きを分析する際には成り立つと考えているが、年単位のより短期的な変化を分析する際には成り立たないと考えている。このため、**総供給曲線は長期にのみ垂直なのである。**

4-2 　長期総供給曲線はなぜシフトするのか

　古典派のマクロ経済理論は、長期的な財・サービスの供給量がどう決まるのかを記述しているので、長期総供給曲線がどこに位置するのかを説明することもできる。長期的な生産水準は、**潜在産出量**（potential output）、または**完全雇用産出量**（full-

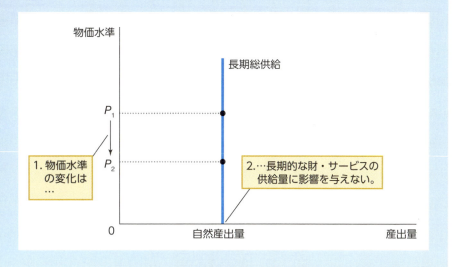

図 12-4　長期総供給曲線

長期的には、供給量は労働力、資本、天然資源と、これらの生産要素を用いて生産を行う際のテクノロジーに依存する。全体の物価水準は供給量に影響を与えないため、長期総供給曲線は自然産出量の水準で垂直になる。

---

employment output) と呼ばれる。より正確には、これは失業率が自然失業率の水準にあるときの産出量であるので、<u>自然産出量水準</u>と呼ばれる。自然産出量水準は、経済が長期的なトレンドに収束したときの産出量である。

　自然産出量を動かすような経済における変化は、長期総供給曲線をシフトさせる。古典派モデルでは、生産量は労働力、資本、天然資源、そしてテクノロジーに依存するため、長期総供給曲線のシフトは、これら4つうち、どの要因から生じるのかによって分類できる。

労働力の変化によって生じるシフト　ある経済において、移民の増加を経験したとしよう。このとき、労働者数が増加するため、財・サービスの供給量も増加する。その結果、長期総供給曲線は右側にシフトする。逆に、多くの労働者が自国の経済を離れて海外に行った場合、長期総供給曲線は左側にシフトする。

　長期総供給曲線の位置は、自然失業率にも依存しているため、自然失業率の変化も長期総供給曲線をシフトさせる。たとえば、もし議会が失業保険を大幅に拡大した場合、失業者は職探しの努力をこれまでよりしなくなるかもしれない。その結果、自然失業率が上昇し、財・サービスの供給量が減少することから、長期総供給曲線は左側にシフトする。逆に、議会が失業者向けの職業訓練プログラムを実施し、それが有効に機能した場合、自然失業率は低下し、長期総供給曲線は右側にシフトする。

資本の変化によって生じるシフト　経済における資本ストックの増加は生産性を向上させ、財・サービスの供給量が増加する。その結果、長期総供給曲線は右側にシフトする。逆に、経済の資本ストックが減少すると、生産性および財・サービスの供給量が減少し、長期総供給曲線は左側にシフトする。

> **自然産出量水準**
> (natural level of output)
> 失業率が自然失業率の水準にあるときの、経済が長期的に達成する財・サービスの産出量

第Ⅲ部　マクロ経済学

同じロジックは、物理的資本（機械や工場など）であるか、人的資本（大学の学位など）であるかにかかわらず成り立つことに注意してほしい。どちらの資本の増加も、財・サービスの生産能力を引き上げ、長期総供給曲線を右側にシフトさせる。

天然資源の変化によって生じるシフト　経済の生産能力は土地、鉱物、そして気候といった天然資源にも依存している。新たな鉱床の発見は長期総供給曲線を右側にシフトさせる。農業を困難にさせるような気候変動は、長期総供給曲線を左側にシフトさせる。

テクノロジー（技術的知識）の変化によって生じるシフト　現代の経済が1世代前よりも生産力を拡大させている最も大きな理由は、テクノロジーの進歩かもしれない。たとえば、産業用ロボットの発展により、企業は与えられた労働力、資本、天然資源からより多くの財・サービスを生産できるようになった。ロボットの使用が広まるにつれて、長期総供給曲線は右側にシフトした。

厳密にはテクノロジーというわけではではないが、多くの事象が技術革新と同様の効果を持っている。たとえば、国際貿易の開放は、新しい生産プロセスの発明と類似の影響を持つ。なぜなら、それによって各国がより生産性の高い産業に特化することが可能になるからである。したがって、これも長期総供給曲線を右側にシフトさせる。逆に、政府が新しい規制を策定して、企業が一部の生産方式を使用できなくなると（たとえば労働における安全配慮や環境問題への対応として）、長期総供給曲線は左側にシフトする。

まとめ　長期総供給曲線は古典派モデルに基づいているので、これまでの章で分析したことの別の形での表現となっている。これまでの章で実質GDPを増加させた政策や事象は、財・サービスの供給量を増加させ、長期総供給曲線を右側にシフトさせる要因となっている。一方、これまでの章で実質GDPを減少させた政策や事象は、財・サービスの供給量を減少させ、長期総供給曲線を左側にシフトさせる要因となっている。

4-3　総需要と総供給を用いて長期的な経済成長とインフレーションを描写する

総需要曲線と長期総供給曲線を導入したことで、経済の長期的なトレンドを新たな方法で描写することができる。図12-5は、経済が10年単位の長期でどのように変化するかを示したものである。2つの曲線がどちらもシフトしていることに注目してほしい。長期的には多くの要因が経済に影響を及ぼし、理論的にはいずれの要因もこれらのシフトを引き起こすことができるが、実際にはテクノロジーと金融政策が最も重要な要因である。技術進歩は財・サービスの生産能力を高め、その結果、長期総供給曲線は継続的に右側にシフトする。同時に、連邦準備制度（Fed）が継続的に貨幣供給を増加させることで、総需要曲線も右側にシフトしていく。この図からわかるように、その結果として持続的な産出量の成長（Yの増加）と持続的なイン

図 12-5　総需要・総供給モデルにおける長期的な経済成長とインフレーション

主に技術進歩によって財・サービスの生産力が向上すると、長期総供給（LRAS）曲線は右側にシフトする。同時に、連邦準備制度が貨幣供給を増やすと、総需要（AD）曲線も右側にシフトする。この図では、産出量はY_{2000}からY_{2010}、そしてY_{2020}へと成長し、物価水準はP_{2000}からP_{2010}、そしてP_{2020}へと上昇している。このように、総需要と総供給のモデルは、経済成長とインフレについての古典派の分析を、新たな形で描写している。

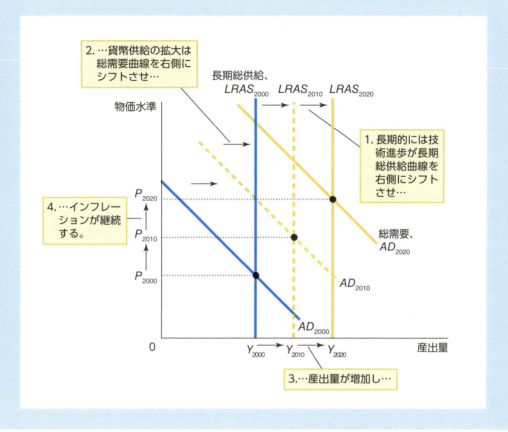

フレーション（Pの上昇）がもたらされる。これは、以前の章で示した、経済成長とインフレに関する古典派の分析を別の方法で表現したものである。

しかし、総需要と総供給のモデルを学ぶ目的は、すでに学んだ長期分析の結論に新たな服を着せることではなく、これから見ていくように、短期分析の枠組みを新たに提供することである。短期モデルを展開する際、図12-5のシフトによって示される持続的な経済成長とインフレーションは省略して分析を単純化する（すなわち、短期的にはそうした継続的なシフトは生じないものと仮定する）。しかし、長期的なトレンドが、常に短期的な変動の背後に存在していることを忘れないでほしい。**これから分析する産出量と物価水準の短期的な変動は、経済成長とインフレの長期的なトレンドからの乖離として見なされるべきものなのである。**

4-4 短期総供給曲線はなぜ右上がりなのか

経済における「長期」と「短期」の重要な違いは、総供給の動きに現れる。長期においては、物価水準は経済の生産力に影響を与えないため、長期総供給曲線は垂直になる。一方、短期においては、物価水準は産出量に影響を与える。つまり、1～2年程度の期間では、物価水準の上昇は、財・サービスの供給量を増加させ、物価水準の下落は供給量を減少させる傾向がある。その結果、図12-6に示されるように、短期総供給曲線は右上がりになる。

物価水準の変化はなぜ短期的に産出量に影響を与えるのだろうか。マクロ経済学者は、短期の総供給曲線が右上がりになることを説明する理論を3つ提案している。どの理論も、供給側の動きが短期と長期で異なる要因として、市場の不完全性に着目する。これらの理論は細かい点では異なるが、共通のテーマを持っている。それは「驚き」という言葉で表現される。**実際の物価水準が人々の予想していた水準から乖離すると、実際の供給量がその長期的な水準、あるいは自然産出量の水準から乖離するのである。**物価水準が予想していた水準を上回ると、生産量は自然産出量を上回り、物価水準が予想水準を下回ると、生産量も自然産出量を下回ることになる。

硬直賃金理論 短期の総供給曲線が右上がりになる理由を説明する最初の理論は、硬直賃金理論である。この理論は、総供給についての3つの理論のなかで最もシンプルなものであり、一部の経済学者は、短期と長期の違いを説明する理論として最も重要であると考えている。本書でもこの理論を重視する。

この理論によれば、短期の総供給曲線が右上がりになるのは、経済状況の変化に対して名目賃金がゆっくりとしか調整されないためである。言い換えれば、短期で

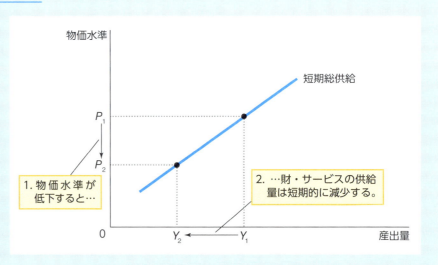

図 12-6　短期総供給曲線

短期的には、物価水準がP_1からP_2に低下すると、供給量はY_1からY_2に減少する。この正の関係は、賃金の硬直性、価格の硬直性、あるいは誤認識によるものであると考えられる。時間が経つにつれて、賃金、価格、そして認識が修正されていくため、この正の関係は一時的なものにとどまる。

1. 物価水準が低下すると…
2. …財・サービスの供給量は短期的に減少する。

は賃金が「硬直的（sticky）」であるということである。名目賃金の調整速度が遅い理由の1つは、労働者と企業の間で結ばれる雇用契約が長期的なものであり、名目賃金が時には3年程度もの間、固定されるためである。別の理由としては、賃金設定に影響を与える社会的規範や公平感の概念が、ゆっくりとしか変化しないことも挙げられる。

名目賃金の硬直性が短期の総供給曲線を右上がりにさせる仕組みを理解するために、一例を挙げよう。1年前、ある企業が今日の物価水準をある水準（たとえば100）になると予測したとする。この予測に基づいて、この企業は、労働者に時給30ドルを支払う契約を結んだ。ところが、実際には物価水準は（予想した100ではなく）95にしかならなかったとする。価格が予想よりも5%低くなったため、商品1単位あたりの売上高は予想より5%低くなる。一方で、労働コストは1時間あたり30ドルのままである。これにより、企業は生産してもより低い利益しか得られなくなったため、雇用を減らし、生産量を減少させる。やがて労働契約が満了すると、企業は労働者と再交渉して名目賃金を引き下げることができるようになるが（労働者は物価が下がったためにこれを受け入れるだろう）、それまでの間は、雇用と生産は長期的な水準を下回ったままで推移する。

同じロジックは逆にも当てはまる。仮に物価水準が105になり、名目賃金が30ドルのままであったとしよう。企業は商品1単位あたりの売上高が5%増加した一方で、労働コストは変わらないことに気づく。それに応じて、企業はより多くの労働者を雇用し、生産量を増加させる。最終的には、労働者は物価上昇に対応するためにより高い名目賃金を要求するようになるが、それまでの間は、雇用と生産は長期的な水準を上回ったままで推移する。

要するに、硬直賃金理論によれば、短期の総供給曲線が右上がりになるのは、名目賃金が予想物価水準に基づいて設定されており、実際の物価水準がこの予想と異なった場合に、名目賃金はすぐには調整されないためである。この賃金の硬直性により、企業は実際の物価水準が予想より低い場合には生産量を減らし、実際の物価水準が予想より高い場合には生産量を増やすインセンティブを持つことになるのである。

硬直価格理論　一部の経済学者は、短期の総供給曲線が右上がりになる別の理由として、硬直価格理論を提唱している。硬直賃金理論が名目賃金がゆっくりとしか調整されないことを重視する一方で、硬直価格理論は、経済状況の変化に対して、一部の財やサービスの価格がゆっくりとしか調整されない点を重視する。これらの価格の調整速度が遅い理由の1つは、価格を変更するためのコスト、いわゆる**メニュー・コスト**が存在するためである。メニュー・コストには、カタログの印刷・配布のための費用、価格のタグを変更するのに必要な時間、新しい価格を決定するための経営的な労力などが含まれる。これらのコストがあるため、賃金と同様に、価格も短期では硬直的である可能性がある。

価格の硬直性が短期の総供給曲線を右上がりにさせる仕組みを理解するために、各企業は次の年の経済状況の予想に基づいて価格を設定し、それを事前にアナウン

第Ⅲ部　マクロ経済学

すると仮定する。さらに、価格をアナウンスしたあとに、予期せぬ貨幣供給の縮小が発生したと仮定する。これまで学んできた通り、貨幣供給の縮小は長期的には全体の物価水準を押し下げる。短期的にはどうだろうか。一部の企業は経済状況の変化に迅速に対応して価格を引き下げるが、他の多くの企業は追加的なメニュー・コストを避けるために価格引き下げを遅らせる。これらの企業の販売価格は高いままなので、販売が減少する。販売の減少によって、これらの企業は生産と雇用を削減する。つまり、予想外の物価水準の低下は、一部の企業にとって望ましくない高価格をもたらし、それが販売を減少させ、財・サービスの生産量の減少につながるのである。

　同様のロジックは、貨幣供給と物価水準が、企業が価格を設定した時の予想よりも高くなった場合にも成立する。一部の企業は新しい状況に迅速に対応して価格を引き上げるが、他の多くの企業は価格の引き上げが遅れる。低いままの価格は顧客を引きつけ、販売が拡大することから雇用と生産が増加する。したがって、経済全体でみると、予期せぬ物価水準の変動と生産量に正の関係性が生じるのである。短期の総供給曲線が右上がりになるのは、この正の関係性が反映されているからである。

誤認理論　短期の総供給曲線が右上がりになる理由を説明する3つめの理論は、誤認理論である。この理論は、経済全体の物価水準が変化すると、財・サービスの売り手は、自分たちの販売市場で何が起こっているのかについて、短期的には誤った認識を持ってしまうと主張する。この短期的な誤認のために、供給者は物価水準の変化に反応し、結果的に総供給曲線が右上がりになるのである。

　この仕組みを理解するために、全体の物価水準が売り手の予想よりも低下したと仮定する。売り手は、自分たちの製品の価格下落を見て、それが相対価格の下落だと誤って認識するかもしれない。つまり、（すべての製品の価格が下落したのではなく）自分たちの製品の価格のみが、他の価格と比較して低下したと認識するかもしれない。たとえば、小麦農家は、消費者としてさまざまな財の価格が低下していることに気づくよりも前に、小麦価格の下落をいち早く認識するかもしれない。このとき、彼らは一時的に小麦を生産することの対価が低いと推測し、小麦の供給量を減らすかもしれない。同様に、労働者は、名目賃金の下落にはすぐに気づいても、自分たちが購入する商品の価格も下がっていることにはすぐには気づかないかもしれない。彼らは労働に対する報酬が一時的に低くなっていると推測し、労働量を減らすかもしれない。いずれの場合も、物価水準の低下が相対価格についての誤った認識を引き起こし、こうした誤認によって、売り手は物価水準の低下に反応して財・サービスの供給量を減らすのである。

　実際の物価水準が予想よりも高くなった場合も、同様の誤認が生じうる。財・サービスの売り手は、自分たちの製品の価格が上昇しているのを見て、誤って相対価格が上昇していると推測することがある。この認識に基づいて、彼らはより多く生産しようとする。誤った認識が修正されるまでの間、物価水準の上昇に反応して財・サービスの量が増加することになる。こうした売り手の行動が、短期総供給曲線が

右上がりになる原因となる。

まとめ　短期総供給曲線が右上がりになる理由として、(1) 賃金の硬直性、(2) 価格の硬直性、そして (3) 相対価格に関する誤認、の3つを挙げた。これらの理論のどれが正しいのかについて、経済学者たちは議論しているが、それぞれが部分的に正しいともいえる。われわれの立場では、これらの理論の相違点よりも類似点のほうが重要である。これらすべての理論は、実際の物価水準が予想された水準から乖離すると、産出量がその自然水準から短期的に逸脱することを示唆している。これは、数学的には以下のように表現できる。

産出量 ＝ 自然産出量水準 ＋ a (実際の物価水準－期待物価水準)

ここで、a は物価水準の予期しない変化に対する産出量の反応度を表す値である。

　短期総供給曲線に関する以上の理論は、いずれも短期的な問題 (すなわち、長期的には解消されている問題) に着目していることに注意しよう。右上がりの総供給曲線が、賃金の硬直性、価格の硬直性、または相対価格の誤認のうちのどの要素に起因するものであっても、これらの条件は長期的に継続するわけではない。時間の経過とともに、名目賃金や価格は硬直的ではなくなり、相対価格についての誤解も修正される。長期的には、賃金や価格は硬直的ではなく柔軟性を持ち、人々は相対価格を正確に認識できる、と仮定することが妥当である。これらの理論は、右上がりの短期総供給曲線だけでなく、垂直な長期総供給曲線も説明する理論なのである。

4-5　短期総供給曲線はなぜシフトするのか

　短期総供給曲線は、各物価水準における、財・サービスの供給量を示している。これは長期総供給曲線に似ているが、賃金の硬直性、価格の硬直性、そして誤認により、垂直ではなく右上がりになる。短期総供給曲線をシフトさせる要因を考える際には、長期総供給曲線をシフトさせるすべての変数に加えて、期待物価水準という変数を追加的に検討する必要がある。期待物価水準は、硬直的な賃金や硬直的な価格、そして相対価格に関する誤った認識に影響を与えるためである。

　まず、長期総供給曲線についてすでに知っていることから始めよう。これまで議論してきたように、長期供給曲線のシフトは通常、労働力、資本、天然資源、またはテクノロジーの変化から生じる。これらの変数はまた、短期総供給曲線もシフトさせる要因となる。たとえば、資本ストックの増加が生産性を向上させると、より多くの生産が可能になるため、長期総供給曲線および短期総供給曲線はともに右側にシフトする。大規模な部門間シフトによって自然失業率が引き上がると、雇用されている労働者の数は低下し、産出量も減少する。その結果、長期および短期総供給曲線は左側にシフトする。

　短期総供給曲線の位置に影響を与える新たな変数は、人々が予想する物価水準である。先に述べたように、財・サービスの供給量は、短期的には賃金の硬直性、価格の硬直性、そして誤認に依存する。賃金、価格、認識はすべて、予想物価水準に基づいて設定・形成される。したがって、予想物価水準が変化すると、短期的な総

第Ⅲ部　マクロ経済学

供給曲線がシフトする。

　たとえば、硬直賃金理論では、労働者と企業は、予想物価水準を前提として、名目賃金の水準に合意するとしている。したがって、予想物価水準は企業のコストに影響を与え、各物価水準における財・サービスの供給量にも影響する。予想物価水準が上昇すると、賃金は高く設定され、費用が増加し、企業は実際の各物価水準における財・サービスの生産量を削減する。その結果、短期総供給曲線は左側にシフトする。逆に、予想物価水準が下がると、賃金は低く設定され、費用が低下し、企業は実際の各物価水準における財・サービスの生産量を増加させる。このため、短期総供給曲線は右側にシフトする。

　総供給についての（硬直賃金理論以外の）各理論においても、同様のロジックが適用できる。その一般的な示唆は次の通りである——**予想物価水準の上昇は財・サービスの供給量を減少させ、短期総供給曲線を左側にシフトさせる。予想物価水準の低下は財・サービスの供給量を増加させ、短期総供給曲線を右側にシフトさせる。**

　次節で示すように、期待（予想）が短期総供給曲線の位置に与える影響は、経済が短期から長期へのどのように移行するのかを説明する際に重要な役割を果たす。短期的には期待は固定されており、経済は総需要曲線と短期供給曲線との交点にある。時間の経過とともに、実際の物価水準が人々の予想と異なってくる場合、期待

表12-2　短期総供給曲線：まとめ

なぜ短期総供給曲線は右上がりなのか。

1. **硬直賃金理論**：名目賃金が一定のもとで、予期せぬ物価水準の低下が生じると、企業が雇用者数および財・サービスの産出量を削減する。
2. **硬直価格理論**：予期せぬ物価水準の低下により、一部の企業の販売価格が最適な水準よりも高くなる。これによって販売が減少し、産出量が低下する。
3. **誤認理論**：予期せぬ物価水準の低下により、売り手は自分たちの販売する商品の相対価格が低下したと誤認し、産出量が低下する。

なぜ短期総供給曲線はシフトするのか。

1. **労働力の変化によって生じるシフト**：自然失業率の低下などの要因によって利用可能な労働力が増加すると、総供給曲線は右側にシフトする。自然失業率の上昇などの要因によって利用可能な労働力が減少すると、総供給曲線は左側にシフトする。
2. **資本の変化によって生じるシフト**：物理的資本や人的資本が増加すると、総供給曲線は右側にシフトする。物理的資本や人的資本が減少すると、総供給曲線は左側にシフトする。
3. **天然資源の変化によって生じるシフト**：利用可能な天然資源が増加すると、総供給曲線は右側にシフトする。利用可能な天然資源が減少すると、総供給曲線は左側にシフトする。
4. **テクノロジー（技術的知識）の変化によって生じるシフト**：技術進歩が生じると、総供給曲線は右側にシフトする。政府の規制などによって利用可能なテクノロジーが制限されると、総供給曲線は左側にシフトする。
5. **予想物価水準の変化によって生じるシフト**：予想物価水準の低下により、短期総供給曲線は右側にシフトする。予想物価水準の上昇により、短期総供給曲線は左側にシフトする。

が変化し、短期総供給曲線がシフトする。このシフトにより、経済は長期的には総需要曲線と長期総供給曲線との交点に移行する。

表12-2は短期総供給曲線についてこれまで学んできたことのまとめである。

理解度確認クイズ

8. 短期総供給曲線が右上がりである理由の１つは、物価水準が高くなると、_____からである。
   a. 実質賃金が硬直的である場合、名目賃金が引き上がる
   b. 実質賃金が硬直的である場合、名目賃金が引き下がる
   c. 名目賃金が硬直的である場合、実質賃金が引き上がる
   d. 名目賃金が硬直的である場合、実質賃金が引き下がる

9. 短期総供給曲線をシフトさせるが、長期総供給曲線をシフトさせないのは、次のうちどれか。
   a. 労働力の変化
   b. 資本ストックの変化
   c. テクノロジーの変化
   d. 予想物価水準の変化

➡ (解答は章末に)

5 経済変動の２つの原因

総需要と総供給のモデルを用いて、短期的な経済変動の２つの基本的な要因、すなわち総需要のシフトと総供給のシフトを検討してみよう。

単純化のために、まずは経済が長期的な均衡状態にあると仮定しよう。図12-7のＡ点に示されているように、長期的な産出量と物価水準は、総需要曲線と長期総供

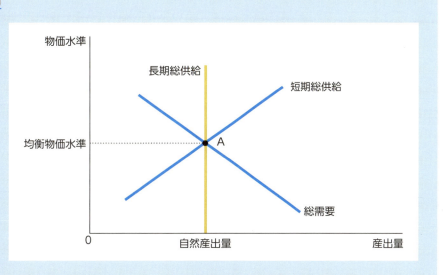

図12-7 長期均衡

総需要曲線が長期総供給曲線と交差する点（Ａ点）が、経済の長期均衡である。経済がこの長期均衡に達すると、予想物価水準は実際の物価水準と一致する。その結果、短期総供給曲線もこの交点を通る。

第Ⅲ部　マクロ経済学

給曲線の交点によって決まる。A点においては、産出量は自然産出量水準と等しくなっている。経済は常に短期的な均衡状態にあるため、短期総供給曲線もこの交点を通過する。これは、予想物価水準が長期的な均衡物価水準に一致していることを意味している。つまり、経済が長期的な均衡状態にあるとき、予想物価水準は実際の物価水準と等しくなっており、総需要曲線と短期総供給曲線の交点は、総需要曲線と長期総供給曲線の交点と一致しているのである。

5-1　総需要のシフトの影響

　経済に悲観的な見方が広がったとしよう。その原因は、ホワイトハウスでのスキャンダルかもしれないし、株式市場の暴落かもしれない。あるいは海外での戦争の勃発かもしれない。具体的な理由は何であれ、将来に対して悲観的になると、人々は行動計画を変更する。家計は支出を削減し、高額品の購入を先延ばしにし、企業は新たな設備の購入を延期する。

　このような悲観論の広がりがマクロ経済へ与える影響はどのようなものだろうか。この質問に答えるために、第4章で導入した、需要と供給を分析するための3つのステップに従おう。まず、その出来事が総需要に影響を与えるか、総供給に影響を与えるかを特定する。次に、総需要または総供給曲線がどの方向にシフトするかを判断する。第3に、総需要と総供給の図を用いて、新しい均衡と最初の均衡を比較する。さらに新たな要素として、第4のステップを追加する必要がある。すなわち、新たな短期均衡から、新たな長期均衡への移行を分析するのである。表12-3はこの4つのステップをまとめたものである。

　最初の2つのステップは明らかである。まず、悲観論の広がりは支出計画を変化させるため、総需要曲線に影響を与える。次に、任意の物価水準において、家計や企業は財・サービスの購入量を減らしたいと考えるため、この出来事は総需要を減少させる。図12-8に示されているように、総需要曲線はAD_1からAD_2へと左側にシフトする。

　この図を使ってステップ3に進もう。最初の均衡と新しい均衡を比較することで、総需要が減少したことの影響を確認できる。短期的には、経済は初期の短期供給曲

表12-3　マクロ的な経済変動を分析するための4つのステップ

1. 分析対象となる出来事が、総需要曲線に影響を与えるか、総供給曲線に影響を与えるか（あるいは両方に影響を与えるのか）を特定する。
2. 総需要または総供給曲線がどの方向にシフトするかを判断する。
3. 総需要と総供給の図を用いて、産出量と物価水準に与える短期的な影響を分析する。
4. 総需要と総供給の図を用いて、新たな短期均衡から、新たな長期均衡へどのように移行するのかを分析する。

図 12-8　総需要の縮小

総需要の減少は、総需要曲線のAD_1からAD_2への左側へのシフトで示されている。短期的には、経済はA点からB点へ移動する。生産量はY_1からY_2に減少し、物価水準はP_1からP_2に低下する。しかし、予想物価水準が調整されると、短期総供給曲線はAS_1からAS_2へと右側にシフトし、経済は新しい総需要曲線が長期総供給曲線と交わるC点に移行する。長期的には、物価水準はP_3にまで低下し、生産量は自然産出量水準であるY_1にまで回復する。

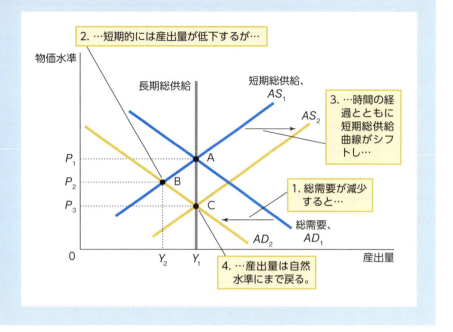

線AS_1に沿って、A点からB点へ移動する。この移動により、産出量はY_1からY_2に減少し、物価水準はP_1からP_2に低下する。産出量の減少は、経済が景気後退局面に入ることを示している。図には示されていないが、売上と生産の減少に対応して、企業は雇用を削減する。総需要のシフトを引き起こした悲観論は、ある程度は自己実現的であるといえる。将来に対する悲観論によって、所得の減少と失業の増加がもたらされるのである。

いよいよステップ4、すなわち、新たな短期均衡から新たな長期均衡への移行について分析しよう。総需要の減少により、物価水準はまずはP_1からP_2に低下する。この物価水準は、総需要が突然減少する前に人々が予想していた物価水準（P_1）を下回っている。この予期せぬ変化に短期的には人々は驚かされるが、永遠に驚いているわけではない。最終的には、人々の期待は新しい現実に追いつき、予想物価水準も低下する。予想物価水準が下がると、賃金、価格、および人々の認識も変化し、これらの変化が短期総供給曲線の位置に影響を与える。たとえば、硬直賃金理論によれば、労働者と企業が低い物価水準を予想するようになると、両者が合意する名目賃金の水準も低くなる。労働コストの低下によって、企業はこれまでより多くの労働者を雇用し、生産を拡大する。このようにして、予想物価水準の低下は、図12-8の短期総供給曲線をAS_1からAS_2へと右側にシフトさせる。このシフトにより、経済は新しい総需要曲線（AD_2）と長期総供給曲線が交わるC点へと移行する。

新たな長期均衡であるC点では、産出量は自然産出量水準に戻っている。政策による介入がなくても、産出量の減少は長期水準に戻ったのであり、経済は自分自身の力で回復したといえる。悲観論の広がりが総需要を減少させたにもかかわらず、

総需要曲線のシフトを相殺するまで物価水準が十分に(P_3まで)下落した。また、人々はこの新たな低い物価水準を予想するようになった。長期的には、総需要のシフトは完全に物価水準に反映され、産出量には全く影響を与えない。言い換えれば、総需要のシフトの長期的な影響は名目上の変化に現れるのであり（物価水準の低下）、実質的な変化は生じない（産出量は不変）。

総需要の突然の減少に直面したとき、政策立案者は何をすべきだろうか。この分析では、政策立案者が何もしないと仮定した。しかし、別の可能性として、経済が景気後退に向かうとすぐに（A点からB点に移動する際に）、政策立案者が総需要を増やすための行動を取ることが考えられる。前述のように、政府支出の増加や貨幣供給の増加は、どの物価水準においても財・サービスの需要量を増加させるので、総需要曲線は右側にシフトする。もし政策立案者が迅速かつ正確に行動すれば、総需要曲線をAD_1に戻して当初の総需要のシフトをちょうど相殺し、経済をA点に戻すことができる。政策が有効に機能すれば、産出と雇用が落ち込む苦しい期間を短期化させ、その深刻さを軽減することができる。

まとめると、総需要のシフトに関する以上の分析には、3つの重要なポイントがある。

- 短期的には、総需要のシフトによって財・サービスの産出量に変動が生じる。
- 長期的には、総需要のシフトは全般的な物価水準に影響を与えるが、産出量には影響を与えない。

再訪：貨幣の中立性

古典派の経済理論によれば、貨幣は中立的である。つまり、貨幣量の変化は物価水準などの名目変数に影響するが、産出量などの実質変数には影響しない。本章の前半では、ほとんどの経済学者が、この結論を経済の長期的な動きについての説明としては受け入れているが、短期的には当てはまらないと考えていることを指摘した。総需要と総供給のモデルを使って、この点をより詳しく説明することができる。

たとえば、連邦準備制度（Fed）が貨幣量を減少させた場合、どのような影響が考えられるだろうか。先に議論したように、貨幣供給は総需要の決定要因の1つである。貨幣供給の減少は総需要曲線を左側にシフトさせる。

この分析はまさに図12-8と同じである。総需要のシフトの原因は異なっていても、産出量と物価水準には同じ影響が及ぶ。短期的には、産出量と物価水準の両方が低下し、経済は景気後退に陥る。しかし時間の経過と共に、予想物価水準も低下する。企業や労働者はこの新たな予想に対応して、たとえば名目賃金の引き下げに合意する。これにより、短期総供給曲線が右側にシフトする。最終的に、経済は長期総供給曲線上に戻ることになる。

図12-8は、貨幣がいつ実質変数に影響を与えて、いつ影響を与えないのかを示している。長期的には、A点からC点への移行に示されているように、貨幣は実質変数に対して中立である。しかし短期的には、A点からB点への移行に示されているように、貨幣供給の変化は実質的な影響を持っている。古い表現でこの分析をまとめると、「貨幣はベールであるが、そのベールが揺れるとき、産出量も音を立てる（変動する）」と言えるだろう。

- 政策立案者は総需要に影響を及ぼすことができるため、経済変動の深刻さを軽減できる可能性がある。

総需要の大規模なシフト：大恐慌と第2次世界大戦

　この章は、1972年以降のデータを使用して経済の変動に関する3つの事実を確かめることから始めた。ここでは、アメリカの経済史をもう少し詳しく見てみよう。図12-9は1900年以降の実質GDPの、過去3年間対比の変化率を示している。平均的にみて、実質GDPは3年間で約10％成長している（年平均でみると3％をやや超える程度）。しかし、景気循環により、この平均値を中心として変動が生じている。この図から、特に顕著な2つのエピソードが浮かび上がってくる。1930年代初頭の実質GDPの大幅な減少と、1940年代初頭の大幅な増加である。これらはいずれも総需要の変化が引き起こしたものである。

　1930年代初頭の経済的災禍は**大恐慌**（Great Depression）と呼ばれ、アメリカ史上最大の経済の落ち込みである。1929年から1933年までの間に実質GDPは26％減少し、失業率は3％から25％に上昇した。同じ4年間に、物価水準は22％下落した。この期間中、ほかの多くの国々も、同様の産出量と物価の低下を経験した。

図12-9　1900年以降のアメリカの実質GDP成長率

アメリカ経済の歴史において、2つの変動が特に大きく目立つ。1930年代初頭には大恐慌が発生し、財・サービスの生産が急落した。1940年代初頭にはアメリカが第2次世界大戦に参戦し、生産が急速に増加した。どちらのイベントも、総需要の大幅なシフトによって説明されることが多い。

（出所）Louis D. Johnston and Samuel H. Williamson, "What Was GDP Then?" http://www.measuringworth.com/ usgdp/　およびアメリカ合衆国商務省。

第Ⅲ部　マクロ経済学

　経済史家たちは今もなお大恐慌の原因について議論を続けているが、ほとんどの説明は総需要の大規模な減少に着目している。総需要を減少させた要因は何か。ここで意見の相違が生じる。

　多くの経済学者は、主たる原因を貨幣供給の減少としている。1929年から1933年まで、貨幣供給は28％減少した。金融システムに関する以前の議論を思い起こしてもらえばわかるように、この貨幣供給の減少は銀行システムの問題に起因している。財務状態が不安定な銀行から家計が預金を引き出し、銀行家たちが慎重になってより多くの準備金を保有し始めたことで、預金準備率制度に基づく貨幣創造過程が逆向きに作用した。一方で、連邦準備制度は、拡張的な公開市場操作によって貨幣乗数の低下を相殺する、といった手段をとらなかったため、貨幣供給が減少した。多くの経済学者は、連邦準備制度の不作為が大恐慌の原因だとしている。

　一部の経済学者は、総需要の崩壊について、他の原因を重視している。たとえば、この期間中に株価は約90％下落し、家計の保有資産と消費支出を押し下げた。さらに、銀行問題によって、一部の企業は新規プロジェクトや事業拡大のための資金調達ができなくなり、これによって投資支出が減少した可能性もある。これらすべての要因が総需要の縮小に寄与していた可能性もある。

　図12-9のもう1つの重要なエピソード、1940年代初頭の急速な経済拡大については説明が容易である。第2次世界大戦が好況を生み出したのである。アメリカの参戦によって、連邦政府は軍事により多くの資源を投入した。1939年から1944年の間に、政府の財・サービスへの支出はほぼ5倍に増加した。この大規模な総需要の拡大は、財・サービスの生産をほぼ倍増させ、物価水準を20％押し上げた（政府の物価統制が物価上昇の抑制要因となったにもかかわらず、である）。失業率は1939年の17％から1944年には約1％と、アメリカ史上最低の水準にまで低下した。

ケーススタディ　2008年～2009年の大不況

　2008年と2009年、アメリカ経済は金融危機と深刻な経済活動の落ち込みを経験した。多くの点で、それは過去半世紀以上の中で最悪のマクロ経済イベントであった。

　この不況のきっかけは、その数年前の、低金利を背景とした住宅市場ブームから始まった。2001年の景気後退の後、連邦準備制度は金利を歴史的な低水準にまで引き下げた。この低金利は経済の回復に貢献したが、住宅ローンの組成や住宅購入のコストを低下させることで、住宅価格の上昇にもつながった。

　低金利に加えて、住宅ローン市場のいくつかの変化によって、**サブプライムの借り手**（subprime borrower；収入や過去の履歴情報に基づいて、デフォルトのリスクが相対的に高いとされる借り手）が住宅を購入するためのローンを組成することが容易になった。そうした住宅ローン市場の変化のうちの1つが**証券化**（securitization）である。証券化とは、金融機関（住宅ローンの提供金融機関）がロー

ンを組成し、その後（投資銀行の助けを借りながら）、それらのローンをまとめてモーゲージ担保証券という金融商品に変換するプロセスである。これらの**モーゲージ担保証券**（mortgage backed securities；またはMBS）は銀行や保険会社といったほかの金融機関に販売されたが、これらの金融機関はMBSに含まれるリスクを十分に認識していなかった可能性がある。一部の経済学者は、これらの高リスクローンに対する規制が不十分だったことを指摘している。また、別の一部の経済学者は、低所得世帯の住宅所有を実現するために、政府の施策によってこうした貸出が促進されたことを非難している。こうした要素が組み合わされたことにより住宅需要と住宅価格は押し上げられ、1995年から2006年の間に、アメリカの平均住宅価格は2倍以上になった。

　その後、こうした住宅価格は持続不可能であることが証明された。2006年から2009年にかけて、アメリカの住宅価格は約30％下落した。こうした価格変動そのものは、市場経済においては必ずしも問題というわけではない。結局のところ、価格が動くというのは、需要と供給が釣り合うためには必要な過程だからである。しかし、この場合、価格下落は2つの予期せぬ影響をもたらし、それが総需要の大幅な低下につながったのである。

　最初の影響は、住宅ローンのデフォルトと差し押さえの増加である。住宅ブームの間、多くの人々は主に借金で家を購入し、頭金はわずかであった。住宅価格が下落すると、これらの住宅所有者は「**水浸し状態**（underwater）」すなわち、住宅の価値よりも多くの住宅ローンを抱えている状態になった。多くのこれらの住宅所有者はローンの返済を停止した。住宅ローンを管理していた銀行は、これらのデフォルトへの対応として差し押さえを行い、住宅を売却した。銀行の目的は、不良債権から可能な限り資金を回収することであった。しかし、売却による住宅の供給増加は、住宅価格の下降スパイラルを加速させた。住宅価格が下がると、住宅建設関連の支出が大幅に縮小した。

　第2の影響は、モーゲージ担保証券（MBS）を所有していた金融機関が巨額の損失を被ったことである。これらの金融機関は多額の借金をして高リスクの住宅ローンを購入していたわけだが、これは本質的には、住宅価格が上昇し続けることに賭けていたことを意味する。しかし、この賭けが裏目に出たとき、彼らは破産寸前、もしくは破産状態に陥った。これらの巨額の損失のために、多くの金融機関は貸出のための十分な資金を持っておらず、資金を最も有効に利用できる人々にリソースを受け渡すという金融仲介能力は棄損していた。その結果、信用力のある顧客でさえ、投資支出を賄うための借入ができなくなった。こうした事態は**信用収縮**（credit crunch）と呼ばれる。

　住宅投資の崩壊と信用収縮の結果として、経済は総需要の大幅な縮小方向へのシフトを経験した。実質GDPと雇用は急激に減少した。本章の冒頭でも述べたが、実質GDPは2007年の第4四半期から2009年の第2四半期にかけて4.0％減少し、失業率は2007年5月の4.4％から2009年10月には10.0％にまで上昇した。この経験は、深刻な経済不況とそれが引き起こす苦難は過去の遺物ではなく、現代経済においても常に存在するリスクであることを明るみにした。

第Ⅲ部　マクロ経済学

危機が進展する中で、アメリカ政府はさまざまな対応策を打ち出した。総需要を以前の水準に戻すことを企図した、以下の3つの政策が特に注目に値する。

第1に、連邦準備制度（Fed）はフェデラル・ファンド金利の誘導水準を2007年9月の5.25％から2008年12月にはほぼゼロまで引き下げた。さらに、**量的緩和**（quantitative easing）と呼ばれる政策の一環として、Fedはモーゲージ担保証券やその他の長期債務を公開市場操作で買い入れることとした。量的緩和の目的は、長期金利を引き下げ、金融システムに追加的に資金を提供して、銀行がより容易に融資を行えるようにすることであった。

第2に、さらなる異例の措置として、2008年10月、議会は金融システム救済のために7,000億ドルを財務省に割り当てることを決定した。この資金の多くは銀行資本として注入された。つまり、銀行が融資を行ったり通常の業務を続けたりすることができるように、財務省は銀行システムに資金を投入したのである。このことによって、アメリカ政府は一時的にこれらの銀行の部分的な所有者となった。この政策の目的は、ウォール街の危機を抑え、企業や個人がより容易に借入できるようにすることであった。

最後に、バラク・オバマが2009年1月に大統領に就任すると、彼はまず政府支出を大幅に拡大した。議会での短い論議を経て、彼は2009年2月17日に7,870億ドルの景気刺激法案に署名した。

この大不況からの回復は2009年6月に始まったが、歴史的にみれば回復の程度は貧弱なものであった。その後7年間の実質GDP成長率は年平均2.2％にとどまり、過去半世紀の平均成長率である約3％を大幅に下回った。失業率が5.0％を下回ったのは2016年になってからであった。

大不況を終わらせるために最も有効に機能した政策は何だったのか。また、他にどのような政策を実行すれば、力強い回復が実現したのか。これらの問いについては、今なおマクロ経済史家たちの議論の対象になっている。

5-2　総供給のシフトの影響

再び、長期均衡にある経済からはじめよう。今、いくつかの企業の生産コストが突然上昇したと仮定する。たとえば、農業州での悪天候が収穫を破壊し、食料加工品の生産コストを押し上げるかもしれない。あるいは、中東での戦争により原油の出荷が妨げられ、石油を多く用いる商品の生産コストが押し上げられるかもしれない。

生産コスト上昇のマクロ経済的な影響を分析するために、これまでどおりの4つのステップに従おう。まず、需要曲線と供給曲線のどちらが影響を受けるのか。生産コストは財・サービスを供給する企業に影響を与えるため、生産コストの変化は総供給曲線の位置を変化させる。次に、その曲線はどの方向にシフトするのか。生産コストの上昇は、財・サービスを販売する際の利益率を低下させるため、どんな物価水準においても、企業は産出量を減少させる。図12-10に示されているように、

412

短期総供給曲線はAS_1からAS_2へと左側にシフトする（イベントによっては、長期総供給曲線もシフトすることがあるが、単純化のためにここではその影響は考慮しない）。

図を使用して、3つ目のステップである最初の均衡と新しい均衡の比較を行う。短期間では、経済は総需要曲線に沿って、A点からB点に移行する。産出量はY_1からY_2に減少し、物価水準はP_1からP_2に上昇する。**停滞**（stagnation；生産量の減少）と**インフレーション**（物価の上昇）が同時に生じているため、こうした事象は**スタグフレーション**と呼ばれる。

> **スタグフレーション**（stagflation）
> 産出量の減少と物価の上昇が同時に生じている局面

次に第4ステップ、つまり短期均衡から長期均衡への移行を考えてみよう。硬直賃金理論によると、ポイントはスタグフレーションが名目賃金にどのように影響するかである。企業や労働者は最初、物価水準の上昇に対応して、予想物価水準を引き上げ、より高い名目賃金を設定するかもしれない。この場合、企業のコストが再び上昇し、短期総供給曲線はさらに左側にシフトし、スタグフレーションがさらに悪化することになる。物価が上昇し、それによって賃金が上昇し、さらにそれによって物価が上昇するという現象は、しばしば**賃金物価スパイラル**と呼ばれる。

いずれ、賃金と物価の継続的な上昇スパイラルは緩やかになる。失業率が高いときには労働者の交渉力が低下するため、産出量と雇用水準が低い局面では、賃金には下押しの圧力がかかる。名目賃金が低下すると、財・サービスの生産がより利益を生むようになり、短期総供給曲線は右側にシフトする。短期総供給曲線がAS_1に戻るにしたがい、物価水準は低下し、生産量は自然水準に近づいていく。長期的には、経済は再び総需要曲線が長期総供給曲線と交差しているA点へと戻る。

図12-10　スタグフレーションを引き起こす総供給のシフト

何かのきっかけで企業の生産コストが上昇すると、短期総供給曲線はAS_1からAS_2へと左側にシフトし、経済はA点からB点に移動する。その結果、スタグフレーションが発生し、産出量はY_1からY_2に減少し、物価水準はP_1からP_2に上昇する。

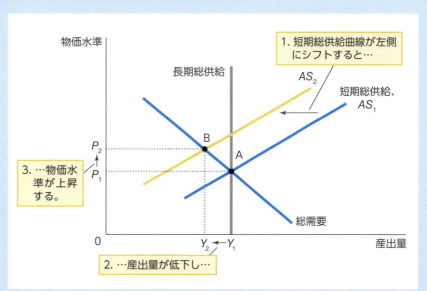

しかし、この初期均衡への移行は、総需要が上記のプロセスを通じて最後まで不変であることを前提としている。現実世界では、そうとは限らない。金融政策および財政政策の担当者は、総需要曲線をシフトさせることで、短期総供給曲線のシフトの影響の一部を相殺しようとするかもしれない。この可能性は図12-11に示されている。この場合、政策の変化により、総需要曲線はAD_1からAD_2へと右側にシフトする。このとき、短期総供給曲線のシフトが産出量に与える負の影響がちょうど相殺されている。経済は直接的にA点からC点に移行する。産出量は自然水準が維持され、物価水準はP_1からP_3に上昇する。この場合、政策立案者は供給のシフトを受容するという。受容的政策は、産出量と雇用を維持するためには、恒久的に高い物価水準を受け入れる。

まとめると、総供給のシフトに関する以上の分析には、2つの重要なポイントがある。

- 総供給のシフトは、景気後退（産出量の減少）とインフレーション（物価上昇）が同時に生じるスタグフレーションを引き起こす可能性がある。
- 総需要に影響を及ぼすことができる政策立案者は、その代償としてインフレーションを受け入れさえすれば、産出量への負の影響を緩和することができる。

図12-11　総供給のシフトへの対応

総供給曲線がAS_1からAS_2にシフトした場合、総需要に影響を及ぼすことができる政策立案者は、総需要曲線をAD_1からAD_2へと右側にシフトさせようとするかもしれない。このとき、経済はA点からC点に移動する。この政策により、短期的には供給のシフトによる産出量の減少を防ぐことができるが、物価水準はP_1からP_3へと恒久的に上昇することになる。

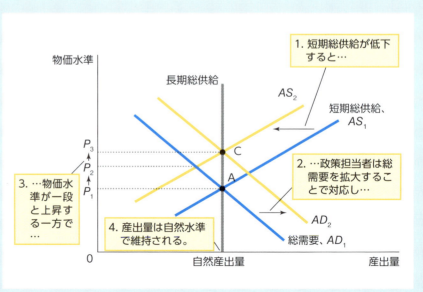

第12章　総需要と総供給

ケーススタディ　石油と経済

　1970年以来、アメリカ経済における最大規模の経済変動のいくつかは、中東の油田を発端とするものであった。原油は多くの財・サービスの生産における投入物であり、多くの原油はサウジアラビア、クウェート、その他の中東諸国から供給されている。この地域からの原油供給を減少させる何らかの事象（多くは政治的な事象）が発生すると、世界中で原油価格が上昇する。ガソリン、タイヤ、その他多くの製品を（原油を用いて）生産する企業にとっては、生産コストが上昇するため、どの価格水準においても、財・サービスを供給することによる利益が減少する。その結果、総供給曲線が左にシフトし、スタグフレーションが引き起こされる。

　このような事象が最初に発生したのは1970年代中盤である。多くの原油埋蔵国がOPEC（石油輸出国機構）に加入し、世界経済への影響力を高めるようになった。OPECは**カルテル**、すなわち、競争を抑止し、生産を削減して価格を引き上げようとする、（原油の）売り手からなるグループである。実際、原油価格は大幅に上昇した。1973年から1975年までの間、原油価格はほぼ2倍になった。世界中の原油輸入国はインフレーションと景気後退を同時に経験した。アメリカでは、消費者物価指数（CPI）で計測したインフレ率が数十年ぶりに10％を上回った。失業率も1973年の4.9％から1975年には8.5％にまで上昇した。

　数年後、ほとんど同じことが起こった。1970年代後半、OPEC諸国は再び原油の供給を縮小させた。1978年から1981年までに、原油の価格は2倍以上になり、その結果として再びスタグフレーションが発生した。1970年代中盤の最初の事象後に、やや沈静化していたインフレーションは、再び年率10％を超える水準にまで上昇した。しかし、連邦準備制度はそのような大幅なインフレーションを受け入れるつもりはなかったため、すぐに景気後退が生じた。失業率は、1978年および1979年の約6％から数年後には約10％まで上昇した。

　世界の原油市場の変化は、総供給の歓迎すべきシフトの原因にもなりうる。1986年、OPECのメンバー国の間で諍いが生じ、原油生産の制限に関する加盟国間の合意は破棄された。世界の原油市場では、原油の価格が約半分にまで下落した。この原油価格の下落により、アメリカ企業の生産コストは低下し、どの価格水準においても、財・サービスを供給することによる利益が増加した。その結果、総供給曲線は右側にシフトし、アメリカ経済は、スタグフレーションとは反対の事態を経験した。すなわち、産出量は大幅に上昇し、失業率は低下し、インフレ率は長期的にみても最低水準にまで低下した。

　近年では、世界の原油市場の変化は、アメリカにおける経済変動の主要因ではなくなってきている。その理由の1つは、節約の取り組み、技術の進展、代替エネルギー源の増加により、原油依存度が低下してきているからである。実質GDP1単位を生産するために必要とされる原油量は、1970年代のOPECショック以来、60％以上減少している。その結果、原油価格の変化がアメリカ経済に与える影響は、これまでより小さなものとなっているのである。

415

新型コロナウイルスによる2020年の景気後退

　2020年、アメリカを含む世界経済は、以下の3つの際立った特徴を持つ下降局面を経験した。

　第1の特徴はその原因、すなわち新型コロナウイルスによるパンデミックである。この危険なウイルスは2019年末に中国で確認され、その後2020年初頭にはアメリカでも見つかった。感染拡大を遅らせるため、公衆衛生の専門家は、人々に他者との密接な接触を避けるよう勧告した。政治的指導者たちは、映画館、スポーツイベント、コンサート、レストラン（テイクアウトを除く）、必要不可欠ではない小売店など、経済の大部分を閉鎖・停止するよう命じた。商業用の航空旅行はほとんど完全に停止した。

　2020年の下降局面の第2の際立った特徴は、その速さと深さである。2020年2月から2020年4月にかけて、アメリカの雇用者数は、成人人口の61.1％から51.3％まで急激に減少した。これは過去2か月間の減少幅としては過去最大であった。2020年4月の失業率は14.8％と、大恐慌以来の最高水準となった。

　第3の際立った特徴は、この経済の停滞が、ある意味、意図的なものであったということである。ほとんどの景気後退は偶発的なものである。すなわち、予期しない事象によって総供給または総需要がシフトし、生産と雇用が減少する。これに対し政策立案者は、生産と雇用をなるべく早く通常の水準に戻したいと考える。一方、2020年の下降局面は意図的に設計された景気後退であった。新型コロナウイルスのパンデミックを抑制するため、政策立案者は、生産と雇用を減少させるような行動の変化を強制した。もちろん、パンデミックそのものは意図されたものでもなければ、望ましいものでもない。しかし、大規模かつ一時的な経済活動の（強制的な）縮小は、議論の余地はあるものの、当時の状況を踏まえると最良の選択であったと言えるだろう。

　2020年の下降局面は、総需要と総供給のモデルを用いて解釈することができる。まず総需要を考えてみよう。2020年3月以降、レストランや小売店など、人々が財・サービスを購入する多くの場所が政府の命令によって閉鎖された。また、感染リスクを避けるため、閉鎖には至らなかった多くのビジネスも回避された。その結果、どの物価水準に対しても、財・サービスの需要量が減少し、総需要曲線は左側にシフトした。

　次に総供給を考えてみよう。危機によって多くのビジネスが一時的に閉鎖されたことで、どの物価水準に対しても、財・サービスの供給量は急激かつ大規模に減少し、総供給曲線は左側にシフトした。総需要と総供給が同時にシフトしたことにより、生産と雇用は急激に減少した。

　経済の大規模な縮小が明らかになると、政策立案者は迅速に対応した。2020年3月27日、コロナウイルス支援・救済・経済安全保障法（CARES法）が成立した。この法律と同時期に制定された他の法律により、GDPの約10％に相当する約2兆ドル分の支出拡大と減税が認可され、歴史上最大の財政対応となった。CARES法は

第12章　総需要と総供給

景気刺激対策の法案と呼ばれることがあるが、実際には、その目的は経済を刺激して景気後退を終わらせることではなかった。パンデミックがあったため、景気後退自体は避けられないものであったのである。政策の目的は、人々が直面する苦難を和らげ、景気後退が経済に回復不可能なダメージを与えないようにすることであった。

　政策対応の大部分は、社会保険または災禍からの救済とも呼ばれるべきものであった。高所得世帯を除くすべての世帯に、成人1人あたり1,200ドル、子供1人あたり500ドルの税還付金が支給された。失業保険の受給資格が緩和され、給付額も一時的に週に600ドル増額された。小規模事業者には、従業員を2か月間解雇しなければ返済が免除され、事実上助成金となるローンが提供された。

　回復不可能なダメージを防ぐため、CARES法には事業の継続促進のためのさまざまな条項が含まれていた。前述した小規模事業者向けの免除可能なローンの提供も、これを反映したものである。労働者は給与を継続的に受け取れるだけではなく、雇用主とのつながりも維持されることから、危機が過ぎ去った際には事業が迅速に再開できる環境が整った。CARES法はまた、連邦準備制度が財務省と協力して、大規模事業者、州、および地方政府に融資し、「最後の貸し手」として機能するための資金を提供した。同時に、連邦準備制度はフェデラル・ファンド金利の誘導水準をゼロ近くにまで引き下げた。

　アメリカでは、新型コロナウイルスによる1日あたりの死亡者数は2020年4月末にピークに達し、その後徐々に減少し始めた。2020年6月には多くの経済活動に対する制限が緩和され、それによって経済は急速に回復した。失業率は、2020年2月の3.5%から2020年4月に14.8%まで上昇した後、2020年10月には6.9%まで減少した。

　しかし、パンデミックは終息しなかった。2021年1月に感染者数が急増し、その後2021年10月と2022年1月にも再び急増した。

　パンデミックが続くなかで、その後制定された法律は、CARES法によって提供された援助の枠組みを継続・拡大していった。トランプ大統領は2020年12月に9,000億ドルの救済パッケージに署名し、バイデン大統領は2021年3月に1.9兆ドルのパッケージに署名した。

　一部の経済学者（特に著名な経済学者としては元財務長官のローレンス・サマーズ）は、財政対応が過大であると指摘した。彼らは、パンデミックによる供給網（サプライ・チェーン）の混乱と相まって、これらの金融政策と財政政策が大幅なインフレを引き起こす可能性があると懸念した。消費者物価指数（CPI）をみると、2022年1月にはインフレ率が7.5%に上昇し、40年ぶりの高い水準となった。当初、政策担当者は、このインフレ率の急上昇は一時的なものであるとみていた。しかし、2022年3月に連邦準備制度はインフレ抑制のための利上げを開始した。

　この経済停滞の最終的な解決策は、マクロ経済学ではなくミクロ生物学（微生物学）によってもたらされた。2021年にワクチンが開発・配布されたことで経済活動は正常化の道をたどり始めたのである。しかし、ワクチン接種を受けることに対する抵抗感や新型オミクロン変異株の出現により、パンデミックの完全な終息は遅れ、経済の回復ペースは鈍化した。

417

第Ⅲ部　マクロ経済学

理解度確認クイズ

10. ビジネスに関する悲観論の急激な広がりは、
＿＿＿＿＿＿をシフトさせ、産出量を＿＿＿＿＿させる。

   a. 総供給曲線 — 減少

   b. 総供給曲線 — 増加

   c. 総需要曲線 — 減少

   d. 総需要曲線 — 増加

11. 財・サービスの総需要の増加は、産出量に対しては＿＿＿＿＿＿的に大きな影響を与え、物価水準に対しては＿＿＿＿＿＿的に大きな影響を与える。

   a. 短期 — 長期

   b. 長期 — 短期

   c. 短期 — 短期

   d. 長期 — 長期

12. スタグフレーションは、＿＿＿＿＿＿＿＿によって引き起こされる。

   a. 総需要曲線の左側へのシフト

   b. 総需要曲線の右側へのシフト

   c. 総供給曲線の左側へのシフト

   d. 総供給曲線の右側へのシフト

➡（解答は章末に）

6 結論

　本章の目的は2つあった。まず、経済活動の短期変動ついての重要な事実について議論した。そして、総需要と総供給のモデルと呼ばれる基本的なモデルを導入して、これらの変動の背景を学んだ。

第12章　総需要と総供給

本章のポイント

- すべての経済は長期的なトレンド周りでの短期的な経済変動を経験する。これらの変動は不規則でほとんどの場合、予測不可能である。景気後退が生じると、実質GDPや所得、支出、生産に関する指標が減少し、失業率が上昇する。

- 古典派の経済理論は、貨幣供給や物価水準などの名目変数が、産出量や雇用などの実質変数には影響を与えないという仮定に基づいている。ほとんどの経済学者は、この仮定は長期的には妥当であると考えているが、短期的には当てはまらないと考えている。経済学者は、短期的な経済変動を総需要と総供給のモデルを用いて分析する。このモデルでは、総需要と総供給がちょうど釣り合うように、財・サービスの生産量と物価水準が調整される。

- 総需要曲線が右下がりになる理由は3つある。第1は資産効果である。物価水準が低下すると、世帯の資産保有額の実質的な価値が上昇し、消費支出が刺激される。第2は金利効果である。物価水準が低下すると、家計の貨幣需要が減少する。したがって家計は貨幣を利子を生む金融資産に換えようとするため、金利が低下し、投資支出が刺激される。第3は為替レート効果である。物価水準が低下すると、金利が低下するため、外国為替市場でドルが減価し、純輸出が刺激される。

- どの価格においても消費、投資、政府支出、または純輸出を増加させるような事象や政策は、総需要を増加させる。同様に、どの価格においても消費、投資、政府支出、または純輸出を減少させるような事象や政策は、総需要を減少させる。

- 長期総供給曲線は垂直である。長期においては、財・サービスの供給量は労働力、資本、天然資源、テクノロジーに依存するが、物価水準には依存しない。

- 短期総供給曲線が右上がりになる理由として、以下の3つの理論が提唱されている。硬直賃金理論によれば、所与の名目賃金のもとで予期せぬ物価水準の下落が生じると、企業は雇用と生産を削減する。硬直価格理論によれば、予期せぬ物価水準の下落が生じると、一部の企業の製品価格が一時的に高すぎる状態になり、売上が減少し、それに伴って生産を削減する。誤認理論によれば、予期せぬ物価水準の下落が生じると、売り手は自分たちの財の相対価格が下がったと誤解し、それによって生産を削減する。いずれの理論も、実際の物価水準が予想物価水準から乖離すると、生産量がその自然水準から逸脱することを示唆している。

- 経済の生産能力に影響を与えるような事象、たとえば労働力、資本、天然資源、そしてテクノロジーの変化は、短期総供給曲線をシフトさせる（そして長期総供給曲線もシフトさせうる）。さらに、予想物価水準も、短期総供給曲線の位置に影響を与える。

- 経済変動の原因の1つは、総需要のシフトである。たとえば、総需要曲線が左側にシフトすると、短期では産出量と価格が低下する。時間の経過とともに、予想物価水準の変化が賃金や価格、認識に影響を与え、短期総供給曲線が右側にシフトする。このシフトにより、産出量はその自然水準に戻るとともに、物価水準は低下する。

- 経済変動のもう1つの原因は、総供給のシフトである。短期総供給曲線が左側にシフトすると、産出量が低下し、物価は上昇する。これはスタグフレーションと呼ばれる。時間の経過とともに、賃金や価格、認識が調整されると、短期総供給曲線は右側にシフトし、物価と産出量は元の水準に戻る。

第Ⅲ部　マクロ経済学

理解度確認テスト

1. 景気後退期に減少（低下）するマクロ経済変数を2つ挙げなさい。景気後退期に増加（上昇）するマクロ経済変数を1つ挙げなさい。

2. 総需要、短期総供給、長期総供給を示す図を描きなさい。縦軸と横軸が何を表しているか明示すること。

3. 総需要曲線が右下がりになる理由を3つ挙げ、説明しなさい。

4. なぜ長期総供給曲線は垂直なのかを説明しなさい。

5. 短期総供給曲線が右上がりになる理由を説明する理論を3つ挙げ、それぞれについて説明しなさい。

6. 総需要曲線を左側にシフトさせる要因は何か？　総需要と総供給のモデルを使用して、そのようなシフトが産出量と物価水準に及ぼす影響を、短期と長期に分けて説明しなさい。

7. 総供給曲線を左側にシフトさせる要因は何か？　総需要と総供給のモデルを使用して、そのようなシフトが産出量と物価水準に及ぼす影響を、短期と長期に分けて説明しなさい。

演習と応用

1. 経済が長期均衡にあるとする。
   a. この経済の状態を示す図を描きなさい。総需要、短期総供給、長期総供給を必ず明示すること。
   b. 今、株式市場の暴落によって、総需要が低下したとする。図を用いて、短期における産出量と物価水準の変化を明示しなさい。また、このとき失業率はどうなるか。
   c. 総供給についての硬直賃金理論を用いて、長期的に産出量と物価水準に何が起こるかを説明しなさい（政策変更がないと仮定する）。この調整過程において予想物価水準が果たす役割は何か。分析内容をグラフで明示しなさい。

2. 以下の各事象は長期総供給を増加させるか、減少させるか、または影響を及ぼさないか、説明しなさい。
   a. アメリカに多くの移民が流入する。
   b. 議会が最低賃金を時給15ドルに引き上げる。
   c. インテルがこれまでよりも強力な、新たな集積回路（コンピュータチップ）を発明する。
   d. ハリケーンが東海岸の工場に深刻な被害を与える。

3. 経済が長期均衡にあるとする。
   a. 総需要と総供給のモデルを用いて、初期均衡（A点とする）を示しなさい。短期総供給曲線と長期総供給曲線の両方を図中に明示すること。
   b. 中央銀行が貨幣供給を5％増加させたとする。図を用いて、経済が初期均衡から新たな短期均衡（B点とする）に移行する過程で、産出量と物価水準に何が起こるかを示しなさい。
   c. 新たな長期均衡（C点とする）を示しなさい。経済がB点からC点に移行する原因は何か。
   d. 総供給についての硬直賃金理論によると、A点での名目賃金はB点での名目賃金と比べてどうなっているか。また、A点での名目賃金はC点での名目賃金と比べてどうなっているか。
   e. 総供給についての硬直賃金理論によると、A点での実質賃金はB点での実質賃金と比べてどうなっているか。また、A点での実質賃金はC点での実質賃金と比べてどうなっているか。
   f. 貨幣供給が名目賃金と実質賃金に与える影響を踏まえると、以上の分析は「貨幣は短期では実質的な影響を持つが、長期では中立的である」という主張と整合するだろうか。

4. 1939年、アメリカ経済がまだ大恐慌から完全には回復していない中、フランクリン・ルーズベルト大統領は、クリスマス前のショッピング期間が長くなるように、感謝祭を1週間前倒しすると宣言した（この政策は「フランクスギビング（Franksgiving）」と呼ばれた）。総需要と総供給のモデルを使用して、ルーズベルト大統領が何を意図していたのかを説明しなさい。

5. 以下の各文がなぜ誤っているかを説明しなさい。
 a. 総需要曲線が右下がりなのは、個々の財の需要曲線を水平方向に足し合わせたものだからである。
 b. 長期総供給曲線が垂直であるのは、長期的な総供給は経済的な要因から影響を受けないからである。
 c. 企業が製品の販売価格を日々調整した場合、短期総供給曲線は水平になる。
 d. 経済が景気後退に入ると、長期総供給曲線は左側にシフトする。

6. 以下の点について、短期総供給曲線が右上がりになることを説明している3つの理論をそれぞれ用いて解答しなさい。
 a. 政策介入がない場合、経済はどのように不況から回復し、長期均衡に戻るか。
 b. その回復の速度は何によって決まるか。

7. 経済が長期均衡にあるとする。ある日、大統領が新しい連邦準備制度議長を任命したとする。この議長は、インフレーションは経済にとって重大な問題ではないという見解を持っている。
 a. この任命のニュースは、人々の予想物価水準にどのような影響を与えるか。
 b. この予想物価水準の変化は、労働者と企業が新たな労働契約で合意する名目賃金の水準にどのような影響を与えるか。
 c. この名目賃金の変化は、任意の物価水準における財・サービス生産の利益率にどのような影響を与えるか。
 d. この利益率の変化は短期総供給曲線にどのように影響を与えるか。

 e. 総需要が一定であるとすると、この総供給曲線のシフトは、物価水準と産出量にどのような影響を与えるか。
 f. この連邦準備制度議長の任命は良い決定だったといえるか。

8. 以下の各事象は短期総供給曲線をシフトさせるか、総需要曲線をシフトさせるか、両方をシフトさせるか、あるいはどちらにも影響を与えないかを説明しなさい。すくなくともいずれかの曲線に影響を与える事象である場合、その経済への影響を図で示しなさい。
 a. 家計が自分たちの所得のうち貯蓄に振り向ける比率（貯蓄率）を高めることを決定する。
 b. フロリダのオレンジ畑が氷点下の気温に長期間さらされる。
 c. 海外で雇用機会が増加したことにより、多くの人々が自国を去る。

9. 以下の各事象について、産出量と物価水準への短期および長期の影響を説明しなさい。なお、政策対応はとられないものとする。
 a. 株式市場が暴落し、消費者の富が減少する。
 b. 連邦政府が国防支出を増やす。
 c. 技術革新が生産性を向上させる。
 d. 海外での景気後退により、外国人がアメリカ製商品の購入量を減少させる。

10. 企業が先行きのビジネス状況に楽観的になり、新たな設備に重点的に投資するとする。
 a. 総需要と総供給の図を描いて、この楽観主義が経済に与える短期的な影響を示しなさい。新たな物価水準と産出量を図示しなさい。なぜ総供給量が変化するのか、説明しなさい。
 b. 次に、設問（a）で用いた図を使って、新たな長期均衡を示しなさい（ここでは、長期総供給曲線は変化しないと仮定すること）。なぜ総需要量が短期と長期で変化するのか、説明しなさい。
 c. この投資ブームが長期総供給曲線にどのように影響するかを説明しなさい。

第Ⅲ部　マクロ経済学

理解度確認クイズの解答

1. c　2. d　3. c　4. a　5. b　6. b　7. d　8. d　9. d　10. c　11. a　12. c

第13章

Chapter 13

Open-Economy Macroeconomics:
Basic Concepts

開放経済のマクロ経済学：
基礎的概念

　車を買うとき、あなたはフォードとトヨタの最新モデルを比較するかもしれない。休暇を取るとき、フロリダのビーチかメキシコのビーチのどちらで過ごすかを比べるかもしれない。退職後のための貯蓄をするとき、アメリカの企業の株式から構成される投資信託と、外国企業の株式から構成される投資信託のどちらかから選択するかもしれない。これらすべての場合において、あなたはアメリカ経済だけでなく、世界経済に参加していることを意味する。

　国際貿易は明らかに便益をもたらす。貿易により人々は自分が最も得意とすることに集中でき、世界中の財やサービスを消費することができる。第1章の**経済学の10原則**の1つは、「交易（または貿易）によって全員の経済的状況を改善させることができる」というものであった。国際貿易によって、各国が比較優位を持つ財やサービスの生産に特化することができるので、すべての国で生活水準を向上させることができる。

　ここまで、私たちは国内経済とそれ以外の国々との相互作用をほとんど無視してきた。マクロ経済学における多くの問題において、国際的な問題は無視できるものである。たとえば、摩擦的失業や貨幣数量説の基本的な考え方においては、国際貿易の影響を無視しても問題は生じない。実際、モデルを簡略化するために、マクロ経済学者はしばしば閉鎖経済（他国の経済と相互作用しない経済）を仮定する。

閉鎖経済
（closed economy）
他国の経済と相互作用しない経済

第Ⅲ部　マクロ経済学

開放経済
(open economy)
他国の経済と自由に相互
作用する経済

しかし、他国の経済と自由に相互作用する**開放経済**を研究しようとすると、マクロ経済学者は新たな問題に直面する。本章では、開放経済のマクロ経済学を紹介する。まず、開放経済の世界市場における、相互作用を表す主要なマクロ経済変数について説明する。輸出、輸入、貿易収支、為替レート、といったマクロ変数については、ニュースで聞いたことがあるかもしれない。本章ではこれらのデータの意味を説明する。

1 国際的な財と資本のフロー

開放経済は2つの方法で他国の経済と相互作用する。世界の財市場で財・サービスを売買することと、世界の金融市場で株式や債券などの金融資産を売買することである。ここでは、これら2つの活動とその密接な関係について説明する。

1-1 財のフロー：輸出、輸入、純輸出

輸出
(exports)
国内で生産され、海外で
販売される財やサービス

輸入
(imports)
海外で生産され、国内で
販売される財やサービス

純輸出
(net exports)
一国の輸出額からその国
の輸入額を差し引いたも
の。貿易収支とも呼ぶ。

貿易収支
(trade balance)
一国の輸出額からその国
の輸入額を差し引いたも
の。純輸出とも呼ぶ。

貿易黒字
(trade surplus)
輸出の輸入に対する超過
分

貿易赤字
(trade deficit)
輸入の輸出に対する超過
分

均衡貿易収支
(balanced trade)
輸出と輸入が等しい状態

輸出とは国内で生産され、海外で販売される財やサービスのことであり、**輸入**とは海外で生産されて国内で販売される財やサービスのことである。たとえば、アメリカの航空機メーカーであるボーイングが飛行機を生産し、それをエールフランスに販売すると、その売上はアメリカにとっては輸出であり、フランスにとっては輸入となる。イタリアの自動車会社フィアットが自動車を生産し、それをアメリカの居住者に販売すると、その売上はアメリカにとっては輸入であり、イタリアにとっては輸出となる。

ある国の**純輸出**とは、一国の輸出額と輸入額の差である。

純輸出 ＝ 一国の輸出額 － 一国の輸入額

ボーイングの売上はアメリカの純輸出を増加させ、フィアットの売上はアメリカの純輸出を減少させる。純輸出は、ある国が財・サービスの世界市場において、トータルで売り手側なのか買い手側なのかを示すものであり、**貿易収支**とも呼ばれる。ある国の純輸出がプラスであれば、その国の輸出は輸入を上回っており、他国から買うよりも多くの財・サービスを他国に販売していることを意味する。この場合、その国は**貿易黒字**を計上している。逆に、ある国の純輸出がマイナスであれば、その国の輸出は輸入を下回っており、他国へ販売するよりも多くの財・サービスを他国から買っていることを意味する。この場合、その国は**貿易赤字**を計上している。ある国の純輸出がゼロであれば、その国の輸出と輸入は等しく、その国は**均衡貿易収支**の状態にある。

国の輸出、輸入、および純輸出に影響を与える要因は多い。たとえば、以下が挙げられる。

- 国内および海外の財に対する消費者の好み
- 国内および海外の財の価格
- 国内通貨を使って外貨を購入する際の為替レート

- 国内外の消費者の所得
- ある国から別の国への財の輸送コスト
- 国際貿易に対する政府の政策

これらの要因が変化すると、国際貿易量も変化する。

アメリカ経済の開放度の拡大

　過去70年間におけるアメリカ経済の重要な変化の1つは、国際貿易と国際金融の重要性の高まりである。図13-1は、輸出の合計額および輸入の合計額がGDPに占める比率を示したものである。2020年のパンデミック時など短期的な低下がみられるが、それ以外の期間では上昇トレンドをたどっている。1950年代には、輸入合計額と輸出合計額はそれぞれGDPの4〜5％の間であった。近年では、その水準の約2倍または3倍で推移している。アメリカの主要な貿易相手国は多様な国々である。2021年現在、輸入額と輸出額の合計を基準とした最大の貿易相手国は、メキシコ、カナダ、および中国であり、それぞれがアメリカの貿易全体の約14％を占めている。日本、ドイツ、韓国、およびイギリスがこれに続く。

図13-1　国際化するアメリカ経済

この図は、1950年以来のアメリカ経済の輸出と輸入を、対GDP比率で示したものである。時間の経過に伴い、輸出・輸入ともに大幅に増加しており、これは国際貿易と国際金融の重要性の高まりを示している。

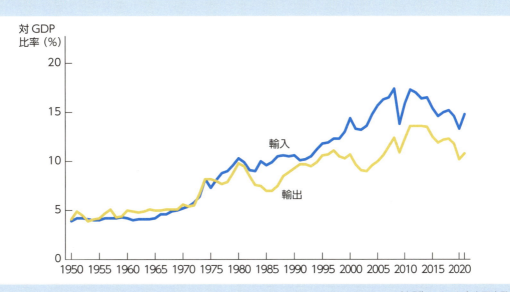

(出所) アメリカ合衆国商務省。

第Ⅲ部　マクロ経済学

　過去数十年間の国際貿易の増加傾向は、部分的には交通手段の改善によるものである。1950年には平均的な商船の積載量は1万トン未満であったが、今日では多くの船が10万トン以上の貨物を運ぶ。長距離ジェット旅客機は1958年に、大型ジェット機は1967年に導入され、航空輸送はそれまでよりも格段に安くなった。こうした発展により、地元でしか生産できない財が世界中で取引されるようになった。たとえば、イスラエルで栽培した切り花が飛行機でアメリカに輸送されて販売される。また、アメリカでは夏にしか育たない新鮮な果物や野菜が、南半球から船で供給されることで、冬でも消費できるようになった。

　通信技術の進展も、企業が海外の顧客により簡易にアプローチできるようになったことで、国際貿易の増加に貢献した。たとえば、大西洋を横断する通信ケーブルが最初に敷設されたのは1956年だった。1966年まで、北アメリカとヨーロッパの間で同時に行える会話はわずか138件であった。しかし、今日では電子メールやビデオ会議を通じて、世界中の顧客とのコミュニケーションが地元の顧客と同じくらい簡単になっている。

　技術進歩は、経済が生産できる財の種類を変えることでも貿易を促進してきた。かつて、鉄鋼のような重くて輸送が困難な原材料や、腐りやすい食料品が世界の主要な生産物であった時代は、これらを運ぶことは高コストであり、時には不可能でさえあった。それに対して、現代の技術で生産される財は軽くて輸送が容易なことが多い。たとえば、家庭用電子機器は1ドルあたりの重量が小さく、そのためにある国で生産してそれを別の国で販売することが容易にできる。さらに極端な例としては映画産業がある。ハリウッドのスタジオで映画が製作されると、そのフィルムはほとんどコストをかけずに海外の観客に届けることができる。実際、映画はアメリカの主要な輸出品目である。

　この間、政府の貿易政策も国際貿易の増加に貢献した。本書の前半で学んだように、経済学者たちは長い間、国家間の自由貿易が相互に利益をもたらすと信じてきた。時間の経過と共に、世界中のほとんどの政策立案者がこの結論を受け入れるようになった。関税、輸入制限、その他の貿易障壁は国際的な合意によって段階的に縮小されてきた。こうした合意には「関税及び貿易に関する一般協定（GATT）」、「北米自由貿易協定（NAFTA）」及びその後継である「アメリカ-メキシコ-カナダ協定（USMCA）」などが含まれる。また、アメリカは、オーストラリア、チリ、コロンビア、パナマ、シンガポール、韓国など個々の国との間で、多くの貿易協定を結んでいる。したがって、図13-1に示されている貿易の拡大は、ほとんどの政策立案者が支持し、推進してきたものなのである。

　ドナルド・トランプ大統領は任期中、こうしたトレンドに対抗した。彼はアメリカが過去の貿易協定から利益を得ていないと主張し、多くの海外製品に関税を課する権限を行使した。本書が印刷される時点で、バイデン政権の方針は完全には明確ではないが、トランプ大統領が課した関税の一部が撤廃されるという動きがみられた。

第13章　開放経済のマクロ経済学：基礎的概念

1-2　金融資産のフロー：純資本流出

　開放経済で暮らす人々は、世界の財・サービス市場だけでなく、世界の金融市場にも参加している。たとえば、3万ドルを持つアメリカの居住者は、トヨタの自動車を購入することもできるし、トヨタの株式を購入することもできる。前者は財のフロー（流れ）であり、後者は資本のフローである。

　純資本流出とは、国内居住者による外国資産の購入額から、外国人による国内資産の購入額を差し引いたものである。

> **純資本流出**
> （net capital outflow）
> 国内居住者による外国資産の購入額から、外国人による国内資産の購入額を差し引いたもの

$$純資本流出 ＝ 国内居住者の対外資産購入額 － 外国人の国内資産購入額$$

アメリカの居住者がブラジルのエネルギー会社ペトロブラスの株を購入すると、それによって上式の右辺第一項が増加し、それによりアメリカの純資本流出は増加する。一方、日本の居住者がアメリカ政府の発行した債券を購入すると、上式の右辺第二項が増加し、それによりアメリカの純資本流出は減少する。

　アメリカ経済とそれ以外の国との資本フローには、**対外直接投資**（foreign direct investment）と**対外証券投資**（foreign portfolio management）の2つの形態がある。マクドナルドがロシアでファストフード店を開設するのは、対外直接投資の例である。アメリカ人がロシアの企業の株を購入するのは、対外証券投資の例である。前者の場合、アメリカのオーナー（マクドナルド）が主体的に投資を管理する。後者の場合、アメリカのオーナー（株式の保有者）は相対的に受動的な役割を果たす。どちらの場合も、アメリカの居住者が他国の資産を購入しており、そのためアメリカの純資本流出の増加要因となる。

　純資本流出（**対外純投資**とも呼ばれる）は、正または負のどちらかの値を取る。正であれば、国内居住者は、外国人が国内資産を購入するよりも多くの海外資産を購入しており、資本が「国外に流出している」といわれる。一方、純資本流出が負であれば、国内居住者の海外資産購入額は外国人の国内資産購入額より小さく、資本が「国内に流入している」といわれる。

　ここで、純資本流出に影響を与えるいくつかの変数を簡単にみてみよう。

- 外国資産に支払われる実質金利
- 国内資産に支払われる実質金利
- 外国資産を保有することに伴う経済的および政治的なリスクに対する認識
- 外国人による国内資産の所有に影響を与える政府の政策

　たとえば、アメリカの投資家が、メキシコ政府が発行する債券またはアメリカ政府が発行する債券のどちらかを購入する場合を考えよう（債券は発行者の借用証書のようなものである）。どちらに投資するかを決定するため、アメリカの投資家は両者の実質金利を比較する。実質金利が高いほど、その債券は投資家にとって魅力的になる。しかし、アメリカの投資家は、実質金利を比較しながら、同時に両政府がデフォルト（債務不履行。つまり、期限内に利息または元本を支払わないこと）

427

第Ⅲ部　マクロ経済学

を起こすリスクや、メキシコ政府が外国投資家に対して課している、または将来課す可能性のある規制も考慮に入れなければならない。

1-3　純輸出と純資本流出の等価性

これまで見てきたように、開放経済は、2つの経路で他の国々と相互作用する。財・サービス市場と金融市場である。純輸出と純資本流出は、それぞれの市場における不均衡の程度を測る指標である。純輸出は、一国の輸出と輸入の間の不均衡の程度を計測する。純資本流出は、国内居住者が購入する海外資産と外国人が購入する国内資産の間の不均衡の程度を計測する。

重要かつ巧妙な会計上の事実は、一国の経済全体でみると、純資本流出（NCO）と純輸出（NX）は等しいということである。

純資本流出（NCO）＝純輸出（NX）

この等式が成立するのは、左辺に影響を与えるすべての取引が、右辺にも同じ量だけ影響を与えるためである。この式は**恒等式**（identity）と呼ばれ、等式内の変数の定義および計測方法から、等号は常に成立する関係になっている。

この会計上の恒等式が常に成り立つことを理解するために、例を考えてみよう。あなたはアメリカに居住するコンピュータプログラマーである。ある日、あなたはソフトウェアを開発し、それを日本の消費者に1万円で販売したとする。このソフトウェアの売上はアメリカの輸出として計上されるので、アメリカの純輸出が増加する。さて、次に何が起こることによって、この恒等式が成立するだろうか。その答えは、あなたが得た1万円をどうするかに依存する。

まず、あなたが単純にその円をマットレスの下に隠しておくとする（すなわち、円を円のまま保有しておく）。この場合、あなたは所得を日本経済に投資していることになる。つまり、国内居住者（あなた）が海外資産（日本の通貨）を取得したことになる。したがって、アメリカの純輸出の増加は、アメリカの純資本流出の増加と一致する。

もっとも、もし日本経済に投資したいのであれば、おそらく日本円を持ち続けることはしないだろう。むしろ、1万円を使って日本株を購入したり、日本政府の債券（国債）を購入したりするであろう。しかし、会計上の観点から見れば、これらの投資方法はいずれも同じ結果をもたらす。国内居住者による海外資産の取得である。アメリカの純資本流出（日本の株や債券の購入）はアメリカの純輸出の増加（ソフトウェアの販売）と等しくなる。

次に、1万円を日本の金融資産ではなく、たとえばソニーのテレビなどの日本製品の購入にあてるとする。この場合、テレビの購入により、アメリカの輸入が増加する。ソフトウェアの輸出とテレビの輸入が相殺されるため、輸出と輸入が同じだけ増加することで、純輸出は変わらない。このケースでは、アメリカ人が外国資産を取得することも、外国人がアメリカの資産を取得することもないので、アメリカの純資本流出にも影響は生じない。

最後の可能性として、あなたが地元の銀行に行って1万円をアメリカ・ドルに両

第13章 開放経済のマクロ経済学：基礎的概念

替するという選択肢がある。しかし、この決定は状況を変えない。なぜなら、今度は銀行がその1万円で何かをしなければならないからである。それは日本の金融資産を購入すること（アメリカの純資本流出）かもしれないし、日本製品を購入すること（アメリカの輸入）かもしれないし、またはそうした取引を行いたい別のアメリカ人に円を売ることかもしれない。結局のところ、アメリカの純輸出はアメリカの純資本流出に等しくなければならないのである。

この例は、アメリカのプログラマーが海外でソフトウェアを販売することからはじまったが、アメリカ人が他の国から財やサービスを購入する場合も、ストーリーはほぼ同じである。たとえば、ウォルマートが中国から5,000万ドル分の衣類を購入し、それをアメリカの消費者に販売した場合、その5,000万ドルはどこかに計上されなければならない。中国は5,000万ドル分をアメリカ経済に投資することができる。中国からのこの資本流入は、たとえば国債などのアメリカ債券の購入という形で現れるかもしれない。この場合、衣類の購入はアメリカの純輸出を減少させ、アメリカ債券の中国への販売はアメリカの純資本流出を減少させる。また、中国は5,000万ドルで、アメリカの航空機メーカーであるボーイングから飛行機を購入することもできる。この場合、アメリカにとっては衣類の輸入と飛行機の輸出が相殺され、純輸出と純資本流出はどちらも変わらない。すべてのケースにおいて、取引は純輸出と純資本流出に同額の影響を与えるのである。

まとめると、以下のとおりである。

- ある国が貿易黒字（$NX > 0$）を計上しているとき、その国は海外から購入するよりも多くの財・サービスを海外で販売している。販売によって外国から得た通貨はどこに向かうのだろうか。それは海外資産の購入に使われ、その結果、資本は国外に流出する（$NCO > 0$）。
- 国が貿易赤字（$NX < 0$）を計上しているとき、その国は海外で販売するよりも多くの財・サービスを海外から購入している。これらの財・サービスを購入するために、どのようにして世界市場で資金を調達しているのだろうか。それは海外で資産を売却することによって行われ、その結果、資本は国内に流入する（$NCO < 0$）。

国際的な財・サービスのフローと資本（資金）のフローは、同じコインの表と裏なのである。

1-4 貯蓄・投資および国際フローとの関係

一国の貯蓄と投資は、長期的な経済成長にとって重要である。第11章付論2で説明したように、閉鎖経済においては貯蓄は投資と等しくなる。しかし、開放経済ではそこまで単純ではない。ここでは、貯蓄と投資が、純輸出と純資本流出として測定される、国際的な財と資本のフローとどのように関連しているかを考える。

記憶している読者も多いと思うが、**純輸出**という用語は、GDPについて学んだ以前の章で登場した。国内総生産（GDP、Yで示される）は、消費（C）、投資（I）、

429

政府支出（G）、そして純輸出（NX）の4つの要素（コンポーネント）に分解できる。これを以下のように表す。

$$Y = C + I + G + NX$$

財・サービスの生産に対する総支出は、消費、投資、政府支出、そして純輸出の支出の合計である。1ドルあたりの支出は、これらの4つの要素のいずれかに計上されるため、この式は会計的な恒等式である。すなわち、等式内の変数の定義および計測方法から、等号は常に成り立つ。

　国民貯蓄とは、国民所得から現在の消費と政府支出を差し引いたものであったことを思い出そう。すなわち、国民貯蓄（S）は、$Y - C - G$である。この点を踏まえて上式を変形すると、以下が得られる。

$$Y - C - G = I + NX$$
$$S = I + NX$$

純輸出（NX）は純資本流出（NCO）と等しいため、以下のように書くこともできる。

$$S = I + NCO$$
$$貯蓄 = 国内投資 + 純資本流出$$

この式は、一国の貯蓄はその国の国内投資と純資本流出の合計に等しいこと表している。言い換えると、アメリカの世帯が将来のために所得から1ドルを貯蓄するとき、その1ドルは国内資本の蓄積または海外資産の購入のいずれかに使われるのである。

　この式はおなじみかもしれない。本書で金融システムについて学んだ際、閉鎖経済の特別なケースとしてこの恒等式を確認した。閉鎖経済では、純資本流出はゼロ（$NCO = 0$）なので、貯蓄は投資に等しくなる（$S = I$）。一方、開放経済では、貯蓄には国内投資と純資本流出の2つの行先がある。

　以前学んだように、金融システムはこの恒等式のちょうど間に位置するものと見ることができる。たとえば、ガルシア家が所得の一部を老後のために貯蓄したとすると、これは国民貯蓄、恒等式の左側に寄与する。もしガルシア家が投資信託を保有するという形で貯蓄すると、その投資信託はその一部をゼネラルモーターズが発行した株式を購入するために使用し、ゼネラルモーターズはその資金をオハイオ州の工場建設に用いる。さらに、その投資信託はガルシア家の貯蓄の一部をトヨタ株を購入するために使用し、トヨタはその資金を大阪での工場建設に用いる。これらの取引は恒等式の右側に反映される。アメリカ側からみると、ゼネラルモーターズの工場建設は国内投資であり、アメリカ居住者によるトヨタ株の購入は純資本流出である。したがって、アメリカ経済のすべての貯蓄はアメリカ経済への投資として計上されるか、アメリカからの純資本流出として計上される。

　このように、貯蓄、投資、そして国際的な資本フローは密接に結びついている。ある国の貯蓄が国内投資を上回る場合、その国の純資本流出はプラスとなり、一部の貯蓄を海外資産の購入に用いていることを意味する。一方、ある国の国内投資が貯蓄を上回る場合、その純資本流出はマイナスとなり、外国人が国内資産を購入す

第13章　開放経済のマクロ経済学：基礎的概念

ることで、この投資の一部に対して資金提供していることを意味する。

1-5　まとめ

　表13-1は以上の考えをまとめたものであり、開放経済の3つのパターンを表している。貿易赤字の計上、貿易収支の均衡、そして貿易黒字の計上である。

　貿易黒字を計上する場合から見てみよう。貿易黒字とは、輸出額が輸入額を上回っていることを意味する。純輸出（NX）は輸出から輸入を差し引いたものであるので、NXはプラスの値となる。したがって、所得（Y）は国内需要（または国内支出、$C+I+G$）を上回る。所得（Y）が支出（$C+I+G$）を上回っているのであれば、貯蓄（$S=Y-C-G$）は投資（I）を上回っている。国内投資よりも多くを貯蓄しているため、貯蓄の一部は海外に向かう。つまり、純資本流出はプラスになる。

　貿易赤字を計上する国（たとえば、最近のアメリカ経済）についても、同じように考えることができる。貿易赤字とは、輸入額が輸出額を上回っていることを意味する。純輸出（NX）は輸出から輸入を差し引いたものであるので、NXはマイナスの値となる。したがって、所得（Y）は国内支出（$C+I+G$）を下回る。所得（Y）が支出（$C+I+G$）を下回っているのであれば、貯蓄（$S=Y-C-G$）は投資（I）を下回っている。貯蓄よりも多くを国内で投資しているため、その費用は国内の資産を海外に売却することで調達している。つまり、純資本流出はマイナスになる。

　貿易収支が均衡している国は、これらのケースの間である。輸出が輸入と等しいため、純輸出はゼロになる。所得は国内支出と等しくなり、貯蓄と投資が等しくなる。純資本流出もゼロになる。

表13-1　財と資本の国際フロー：まとめ

この表は、開放経済における3つのありうる帰結を示している。

貿易赤字	均衡貿易収支	貿易黒字
輸出＜輸入	輸出＝輸入	輸出＞輸入
純輸出＜0	純輸出＝0	純輸出＞0
$Y<C+I+G$	$Y=C+I+G$	$Y>C+I+G$
投資超過（貯蓄＜投資）	貯蓄＝投資	貯蓄超過（貯蓄＞投資）
純資本流出＜0	純資本流出＝0	純資本流出＞0

431

第Ⅲ部　マクロ経済学

> ### ケーススタディ
> ## アメリカの貿易赤字は問題なのか？

　アメリカが「世界最大の債務国」と呼ばれているのを聞いたことがあるかもしれない。この表現は、過去40年間にわたって、大規模な貿易赤字をファイナンスするために、国際金融市場において莫大な資金調達を行ってきたことに由来する。アメリカ合衆国がなぜこうしたことを行ってきたのか、そしてこれはアメリカ人にとって懸念すべきことなのであろうか。

　これらについて考えるために、アメリカ経済にとって、マクロ経済の恒等式から何が読み取れるのかを見てみよう。図13-2のパネル (a) では、1960年以来の国民貯蓄と国内投資の対GDP比率が示されている。パネル (b) では、純資本流出（つまり貿易収支）の対GDP比率が示されている。恒等式が示唆するように、純資本流出は常に国民貯蓄から国内投資を引いたものと一致する。図から、国民貯蓄と国内投資の対GDP比率は、いずれも時間の経過とともに大きく変動してきたことがわかる。1980年以前、これらは概ね同じように動いており、純資本流出は小さかった（GDP対比でみて−1％から＋1％の間）。1980年以降、国民貯蓄が国内投資を大幅に下回る傾向がみられ、そのことで大規模な貿易赤字と資本流入が生じている。つまり、過去数十年間では純資本流出はしばしば大きなマイナスの数値を記録している。

　図13-2の大きな変動をみると、あなたは当惑するかもしれない。実際、これはアメリカ政治において多くの論争の種になってきた。しかし、より深く理解するためには、これらのデータの背後にある、国民貯蓄と国内投資に影響を与えてきた政策や出来事について考える必要がある。歴史的にみて、貿易赤字の原因は1つではない。むしろ、貿易赤字はさまざまな異なる状況下で生じうるものである。4つの歴史的なエピソードを以下に挙げておく。

　財政政策の不均衡：1980年から1987年までの間、アメリカへの資本流入は対GDP比で0.5％から2.9％に上昇した。この2.4％ポイントの変化の大部分は、国民貯蓄率の2.7％ポイントの低下によるものである。国民貯蓄率の減少は、公共部門の貯蓄減少によるものであると説明されることが多い。つまり、政府の財政赤字の拡大である。これらの財政赤字は、ロナルド・レーガン大統領が、減税と国防費の拡大を実行した一方で、提案していた非国防部門の支出削減を実行しなかったことにより生じた。

　投資ブーム：次の10年間における貿易赤字は、別の要因によるものである。1991年から2000年までの間、アメリカへの資本流入はGDP比で0.5％から3.7％に増加した。この3.2％ポイントの変化のうち、貯蓄減少の寄与はゼロである。実際には、政府の財政赤字が黒字に転化したこともあり、この期間中に国民貯蓄は増加した。一方で、情報技術が著しい進歩を見せ、多くの企業がハイテク投資を積極的に行ったことから、国内投資は対GDP比で15.3％から19.9％に増加した。

　景気後退と回復：2000年から2019年まで、アメリカへの資本流入は大規模であった。しかしこの動きは、同じ時期における貯蓄と投資の際立った変動とは対照的である。2000年から2009年まで、両者はそれぞれ約6％ポイントずつ減少した。投

432

図 13-2　国民貯蓄、国内投資、および純資本流出

パネル(a) は国民貯蓄と国内投資の対GDP比率を示している。パネル(b) は純資本流出の対GDP比率を示している。図からわかるように、国民貯蓄の対GDP比率は、1980年以降、それまでと比べて低水準で推移している。この国民貯蓄率の低下は、主に国内投資の減少ではなく、純資本流出の低下を反映したものである。

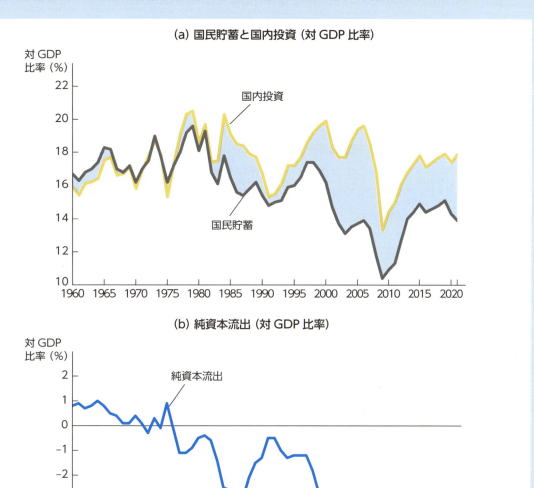

(出所)アメリカ合衆国商務省。

資の減少は、経済の停滞に伴い、資本蓄積によって得られる収益率が低下したことによるものであり、国民貯蓄の低下は、政府が2008年から2009年の不況への対処として巨額の予算赤字を計上したことによる。2009年から2019年にかけては、経済が回復する中でこれらの動きは反転し、貯蓄と投資はそれぞれ4％ポイント以上

増加した。

パンデミックによる支出増：2019年から2021年にかけて、アメリカの貿易赤字と資本流入は1.2%ポイント増加した。この変化は、完全に国民貯蓄の減少によるものである。この期間中、連邦政府は新型コロナウイルスによるパンデミックへの対応として、大幅に政府支出を拡大し、それによって大規模な財政赤字と国民貯蓄の低下が生じた。

これらの貿易赤字と海外からの資本流入は、アメリカ経済にとって問題なのだろうか。簡単な答えは存在しない。その時々の状況や、代わりになにが生じえたのかを評価する必要がある。

まず、1980年代に生じた、貯蓄の減少によってもたらされる貿易赤字を考えてみよう。貯蓄の減少は、所得のうち、将来のために貯めている分が少ないことを意味する。国民貯蓄が減少すると、その結果として生じる貿易赤字を非難してもしかたのないことである。もし国民貯蓄の減少が貿易赤字を引き起こさないのであれば、それはアメリカにおける投資が減少することを意味する。この投資の減少は、資本蓄積の伸び、労働生産性、そして実質賃金に悪影響を与える。言い換えれば、いったんアメリカの貯蓄が減少してしまえば、その後は誰も投資しない（投資が減少する）よりは、外国人がアメリカ経済に投資する（資本流入および貿易赤字が計上される）ほうが良いのである。

次に、1990年代に生じた、投資ブームによってもたらされる貿易赤字を考えてみよう。このとき、経済は資本財を新たに購入するために、海外から借り入れを行って資金調達している状態にある。もしこの追加された資本財が財・サービスの生産増加という形で高いリターンをもたらすのであれば、経済は積み上がった債務を返済できるはずである。一方で、もし投資プロジェクトが期待通りの収益を生み出さなければ、その借金は後で考えてみると魅力的ではなかったということになるだろう。

個人が負債を持つとき、それが賢明な理由による場合もあれば、単に浪費的であるという場合もある。国についても同様である。貿易赤字自体は問題ではないが、問題の兆候となることもある。

専門家の見方

貿易収支と貿易交渉

「一般的には、貿易黒字を増やす（または貿易赤字を減らす）政策を採用することで、国民の経済厚生を高めることができる」

経済学者の見解は？

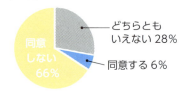

「近年のミシガン州やオハイオ州において、多くの労働者が仕事を失った主要な理由の1つは、過去30年間、アメリカの政権が十分に厳しい貿易交渉をしてこなかったためである」

経済学者の見解は？

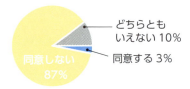

（出所）IGM Economic Experts Panel, December 9, 2014 and March 22, 2016.

第13章 開放経済のマクロ経済学：基礎的概念

理解度確認クイズ

1. 1950年と比較して、アメリカの輸出の対GDP比率はより_____なり、輸入の対GDP比率はより_____なっている。

   a. 高く ― 高く
   b. 低く ― 低く
   c. 高く ― 低く
   d. 低く ― 高く

2. 開放経済において、国民貯蓄は国内投資_____に等しい。

   a. に政府の財政赤字を加えた額

   b. から財・サービスの純輸出を差し引いた額
   c. に純資本流出を加えた額
   d. から対外証券投資を差し引いた額

3. ある国の輸入額が輸出額を上回っている場合、次のうち正しくないのはどれか。

   a. 純輸出がマイナスになる。
   b. GDPが消費、投資、政府支出の合計よりも少なくなる。
   c. 国内投資が国民の貯蓄を上回る。
   d. 資本の純流出がみられる。

➡ (解答は章末に)

2 国際的な取引における価格：実質為替レートと名目為替レート

ここまで、国境を越える財・サービスのフローと資本のフローを計測する指標について学んできた。これらの数量に関する変数に加えて、マクロ経済学者は、こうした国際取引が行われる際の価格についても分析している。どの市場でも、買い手と売り手の間で価格が取引を調整するように、国家間での取引価格は国際的な市場において消費者、生産者、および投資家の相互作用を調整する。国家間の取引価格の中でも最も重要なものは、名目為替レートと実質為替レートである。

2-1 名目為替レート

名目為替レートは、ある国の通貨を他の国の通貨と交換する際に得られる金額を示す。たとえば、銀行に行くと、1ドル＝80円といった為替レートが表示されている。これは、あなたが銀行に1ドルを持っていくと80円を受け取ることができ、逆に80円を持っていくと1ドルを受け取ることができることを意味する（実際には、銀行は円の買値と売値を若干異なる価格で提示している。この差額は、銀行がこの両替サービスを提供することの対価となっているが、この点については今は無視して差し支えない）。

為替レートは常に2通りの方法で表現することができる。もし為替レートが1ドルあたり80円であれば、それは1円あたりでは1/80ドル（つまり0.0125ドル）に相当する。本書では、名目為替レートを、「1ドルあたり80円」のように、1ドルに対する外国通貨〔訳注：本書はアメリカの視点から書かれているので、ここでは「外国通貨」とはドル以外の通貨のこと〕の大きさで表記する。

為替レートが変化して、1ドルでより多くの外国通貨を買えるようになると、その変化はドル高、またはドルの増価と呼ばれる。逆に、1ドルでより買える外国通貨の量が少なくなると、ドル安、またはドルの減価と呼ばれる。たとえば、為替レー

名目為替レート
(nominal exchange rate)
ある国の通貨を他の国の通貨と交換する際の交換比率

増価
(appreciation)
ある通貨の価値（その通貨1単位で購入できる他国通貨の量で測られたもの）が高くなること

減価
(depreciation)
ある通貨の価値（その通貨1単位で購入できる他国通貨の量で測られたもの）が低くなること

435

トが1ドルあたり80円から90円に変化した場合、「ドルは増価した」（あるいは「ドル高になった」）と言われる。同時に、1円で買えるドルが少なくなるため、「円は減価した」（あるいは「円安になった」）と言われる。為替レートが1ドルあたり80円から70円に変化した場合、ドルは減価し（ドル安）、円は増価した（円高）、と言われる。

時折、ドルが「強い」または「弱い」といった表現を耳にすることがある。これらの表現は通常、その時の名目為替レートの変動を指す。通貨が増価すると、その通貨でより多くの外国通貨を購入できるため、その通貨は「**強くなった (strengthen)**」と呼ばれる。同様に、通貨が減価すると「**弱くなった (weaken)**」と呼ばれる。おそらく「強い」という言葉が「弱い」という言葉よりも響きが良いからであろう、政府関係者は「強い通貨を支持する」と言葉をしばしば用いる。しかし、経済学者の立場からみると、為替レートは単なる価格であり、高いことや低いことに本質的な優劣はない。

どの国においても、多くの名目為替レートが存在する。アメリカのドルは日本円、イギリス・ポンド、メキシコ・ペソなどを購入するために使用できる。経済学者が為替レートの変動を分析する際には、これらの多くのレートを平均化した指数を用いることがよくある。ちょうど消費者物価指数が膨大な数の価格を1つの価格水準として指数化するように、為替レート指数は多くの為替レートを1つにまとめて、ある通貨の国際的な価値として指数化する。したがって、経済学者がドルの増価や減価について言及するとき、彼らはしばしば多くの為替レート指数を念頭に置いている〔訳注：ここでの為替レート指数は、日本においては「実効為替レート」と呼ばれる〕。

2-2 実質為替レート

実質為替レートとは、ある国の財・サービスと他国の財・サービスとの交換比率のことである。たとえば、ショッピングに行って、1ポンドのスイス産チーズが1ポンドのアメリカ産チーズの2倍の価格であることを発見した場合、実質為替レートは「1ポンドのアメリカ産チーズあたり1/2ポンドのスイス産チーズ」となる。名目為替レートと同様に、実質為替レートも、自国品目1単位あたりの外国品目の単位数として表される。ただし、この場合の品目は通貨ではなく財である。

実質為替レートと名目為替レートは密接に関連している。たとえば、アメリカ産の米が1ブッシェルあたり100ドルで売られ、日本産の米が1ブッシェルあたり1万6,000円で売られているとする。この場合、アメリカ米と日本米の実質為替レートはいくらだろうか。この質問に答えるためには、まず名目為替レートを用いて価格を共通の通貨に変換する必要がある。もし名目為替レートが1ドルあたり80円であれば、アメリカ米の1ブッシェルあたりの価格は8,000円である。したがって、アメリカ米は日本米の半額で販売されていることになる。実質為替レートは、「1ブッシェルのアメリカ米あたり1/2ブッシェルの日本米」である。

この実質為替レートの計算方法は、以下の式で要約することができる。

実質為替レート
(real exchange rate)
ある国の財・サービスと他国の財・サービスとの交換比率

ユーロ

あなたはかつて、フランス・フラン、ドイツ・マルク、イタリア・リラという通貨を聞いたり、あるいは実際に見たりしたことがあるかもしれない。しかしこれらのかつての国家通貨は、現在はもはや通貨として機能していない。1990年代、多くのヨーロッパ諸国が自国通貨を放棄し、代わりにユーロ (Euro) と呼ばれる共通通貨を導入することを決定した。ユーロは2002年1月1日に流通を開始し、当初は12か国が公式通貨として採用した。2021年時点で、ユーロは、3億4,000万人の人口が含まれる20を超える国々に使用されている。一方で、イギリス、ノルウェー、スウェーデン、デンマーク、ブルガリア、チェコ共和国など、自国の通貨を維持している国も多くある。

ユーロ圏の金融政策は、ユーロ参加国すべての代表から成る欧州中央銀行（ECB）で決定される。ECBはユーロを発行し、通貨供給をコントロールする。これは連邦準備制度がアメリカ・ドルの通貨供給をコントロールするのと同様である。

なぜこれらの国々は共通通貨を採用したのだろうか。1つの利点は、貿易が容易になることである。もしアメリカの50州それぞれが異なる通貨を持っていたとしたら、州境をまたぐ度に通貨を交換する必要が生じる。また、異なる州の価格を比較する際には、本文中で説明したような為替レート計算を行わなければならないだろう。これは不便であり、人々は州外で財・サービスを購入するのを躊躇してしまうかもしれない。ヨーロッパの国々は、経済がより統合されるにつれて、こうした不都合を回避するほうが良いと判断したのである。

ヨーロッパにおける共通通貨の採用は、経済的な目的というより、政治的な決定という意味合いが少なからずあった。ユーロの支持者の一部は、国家主義的な感情が緩和され、ヨーロッパの人々に共通の歴史と運命についてのより深い認識がもたらされることを望んでいた。彼らは、単一通貨の導入がこの目標の達成に有効であると主張したのである。

しかし、共通通貨の採用にはコストも伴う。各国が同じ通貨を採用すると、採用国は単一の金融政策を共有することにコミットすることになる。どの金融政策が最適かについて意見が一致しない場合、各国は独自の政策を採ることはできず、妥協を強いられる。共通通貨には便益とコストがあるため、経済学者の間では、ヨーロッパのユーロ採用が正しい決定であったかどうかについて、なお意見が分かれている。

2010年から2015年にかけて、ユーロ圏の数か国が経済的困難に直面すると、ヨーロッパの通貨としてユーロを疑問視する議論が熱を帯びた。特にギリシャは大きな政府債務を抱え、デフォルトの可能性に直面した。その結果、ギリシャは税金を引き上げ、政府支出を大幅に削減しなければならなかった。識者の中には、もしギリシャ政府が自国の金融政策という政策ツールを持っていれば、これらの問題に対処するのはより容易だっただろうと示唆する者もいた。ギリシャがユーロ圏を離脱し、独自の通貨を再導入する可能性が議論されたが、最終的にはその結論には至らなかった。

$$\text{実質為替レート} = \frac{\text{名目為替レート} \times \text{国内物価}}{\text{外国物価}}$$

上記した数値を用いて公式を適用すると、実質為替レートは以下の通り計算できる。

$$実質為替レート = \frac{(80円/1ドル) \times (100ドル/1ブッシェル分のアメリカ米)}{16{,}000円/1ブッシェル分の日本米}$$

$$= \frac{8{,}000円/1ブッシェル分のアメリカ米}{16{,}000円/1ブッシェル分の日本米}$$

$$= 1/2ブッシェル分の日本米/1ブッシェル分のアメリカ米$$

このように、実質為替レートは、名目為替レートと各国の現地通貨建ての財の価格に依存する。

　実質為替レートは、一国の輸出量や輸入量を決定する重要な要素である。たとえば、アメリカの食品企業ベンズ・オリジナルがアメリカ産または日本産のいずれかの米を買う際、どちらが安いかを比較するが、実質為替レートはその答えを提供するのである。別の例として、マイアミ（フロリダ州）とカンクン（メキシコ）、どちらの海辺で休暇をとるかを決めるとする。このとき、あなたは旅行代理店に、①マイアミのホテルのドル建て宿泊代、②カンクンのホテルのペソ建て宿泊代、③ペソとドルの（名目）為替レートを、確認するだろう。費用を比較して休暇先を決定する場合、その判断基準は実質為替レートに基づいているのである。

　一国の経済全体を研究する際、マクロ経済学者は個別の品目の価格ではなく、全体の価格水準に焦点をあてる。つまり、実質為替レートを計測する際には、消費者物価指数などの、財・サービス全体のバスケットの価格を計測した価格指数を用いるのである。アメリカのバスケットの価格指数をP、外国のバスケットの価格指数をP^*、アメリカ・ドルと外国通貨の名目為替レートをeとしよう。このとき、アメリカと他国との全体の実質為替レートは、以下の式で計算することができる

$$実質為替レート = (e \times P)/P^*$$

この実質為替レートは、「海外で入手可能な財・サービスのバスケット価格」の対比でみた、「国内で入手可能な財・サービスのバスケット価格」を計測したものである。

　ある国の実質為替レートは、その国の財・サービスの純輸出を決定する重要な要素である。アメリカの実質為替レートが下落（通貨安）すると、アメリカ製品は外国製品と比較して安くなる。したがって、国内外の消費者はアメリカからの購入を増やし、海外からの購入を減らすようになる。その結果、アメリカの輸出が増加し、輸入が減少する。この変化によって、アメリカの純輸出が増加する。逆に、アメリカの実質為替レートが上昇（通貨高）すると、アメリカ製品は外国製品と比較して高くなり、アメリカの純輸出は減少する。

第13章　開放経済のマクロ経済学：基礎的概念

理解度確認クイズ

4. ある国の通貨が外国為替市場で価値が2倍になった場合、その通貨は何と言われるか。また、どの為替レートの変化を反映しているか

a. 増価した ― 名目為替レート

b. 増価した ― 実質為替レート

c. 減価した ― 名目為替レート

d. 減価した ― 実質為替レート

5. もしアメリカのドルが増価し、国内外の価格が不変である場合、外国製品はアメリカ製品に比べてより_____なる。これにより、アメリカの貿易収支は_____方向に変化する。

a. 高く ― 黒字

b. 高く ― 赤字

c. 安く ― 黒字

d. 安く ― 赤字

6. ドル円の為替レートが1ドル100円から1ドル80円に下落したとする（すなわちドル安・円高）。同時に、アメリカの物価水準が180から200に上昇し、日本の物価水準は不変であるとする。このとき正しいのは以下のうちどれか。

a. アメリカ製品は日本製品に対してより高くなる。

b. アメリカ製品は日本製品に対してより安くなる。

c. アメリカ製品と日本製品の相対価格は変わらない。

d. アメリカ製品と日本製品の両方が相対的に安くなる。

➡（解答は章末に）

3　為替レート決定の導入理論：購買力平価

　為替レートは大きく変化する。1970年には、1アメリカ・ドルで3.65ドイツ・マルク、または627イタリア・リラを購入することができた。1998年、ドイツとイタリアがユーロを共通通貨として導入する準備を進めていた頃、1アメリカ・ドルで1.76ドイツ・マルクまたは1,737イタリア・リラを購入することができた。つまり、この期間中に、ドルの価値はマルクに対して半分以上減価し、リラに対しては倍以上に増価したのである。

　何によってこうした大きな変化がもたらされるのであろうか。経済学者たちは、為替レートの決定を説明するための多くのモデルを開発してきており、それぞれのモデルではある特定の要因に着目している。ここでは、**購買力平価**と呼ばれる、長期的に為替レートに影響を与えると考えられている理論について考察する。この理論は、どの通貨についても、その1単位で購入できる財の量が、すべての国で等しくなるように為替レートが決まると考える。この理論の背後にあるロジックや、その意味と限界について考えてみよう。

購買力平価
（purchasing-power parity）
どの通貨についても、その1単位で購入できる財の量が、全ての国で等しくなるように為替レートが決まるとする理論

3-1　購買力平価の基本的な考え方

　購買力平価説は、**一物一価の法則**（law of one price）と呼ばれる原理に基づいている。この法則によると、ある財の販売価格は、どの場所においても等しくなるはずであるとされる。そうでなければ、利益を上げる機会があるにも関わらず、それが誰にも活用されていないという、不自然な帰結になるためである。たとえば、シアトルにおけるコーヒー豆の販売価格が1ポンドあたり4ドル、ダラスにおける販

439

第Ⅲ部　マクロ経済学

売価格が1ポンドあたり5ドルであるとする。このとき、シアトルでコーヒーを購入し、それをダラスで販売すれば、価格差から1ポンドあたり1ドルの利益を得ることができる。同一の財の異なる市場間での価格差に着目して利益を得る過程を**裁定**（アービトラージ：arbitrage）と呼ぶ。この例では、裁定機会を活用する人々が増えると、シアトルにおいてコーヒーの需要が増加し、ダラスにおいてコーヒーの供給が増加する。結果として、シアトルでは需要増に応じてコーヒー価格が上昇し、ダラスでは供給増に応じてコーヒー価格は下落する。このプロセスは、最終的に2つの市場で価格が等しくなるまで続く。

次に、一物一価の法則が世界市場にどのように適用できるかを考えてみよう。もしアメリカにおいて1ドルで買えるコーヒーの量が日本よりも多い場合（すなわちアメリカのコーヒー価格のほうが安い場合）、コーヒーの取引業者はアメリカでコーヒーを買い、日本で売ることで利益を得ることができる。このようなアメリカから日本へのコーヒーの輸出は、アメリカのコーヒー価格を押し上げ、日本の価格を押し下げる。逆に、もし日本において1ドルで買えるコーヒーの量がアメリカよりも多い場合（すなわち日本のコーヒー価格のほうが安い場合）、取引業者は日本でコーヒーを買い、アメリカで売ることで利益を上げることができる。このような日本からアメリカへのコーヒーの輸入は、アメリカのコーヒー価格を押し下げ、日本の価格を押し上げる。最終的に、一物一価の法則によって、1ドルで買えるコーヒーの量はすべての国で等しくなる。

以上の考え方から、購買力平価説が導かれる。この理論によれば、ある通貨はすべての国で同じ購買力を持たなければならない。つまり、アメリカのドルはアメリカと日本で同じ量の財を買えなければならず、日本円も日本とアメリカで同じ量の財を買えなければならない。この理論の名前はその内容をよく表している。**平価**（parity）は「等価」を意味し、**購買力**（purchasing power）は通貨価値を「その通貨で買える財の量」という観点で示す。**購買力平価**（purchasing power parity）は、通貨1単位の実質的な価値が、どの国においても等しくなければならないことを述べたものである。

3-2　購買力平価が意味するもの

購買力平価説から、為替レートについて何がわかるのだろうか。購買力平価説によれば、2国間の通貨の名目為替レートは、その国々の物価水準に依存する。価格がドル建てで表示されるアメリカと、価格が円建てで表示される日本で、1ドル分で買える財の量が同じであれば、1ドルあたりの円の値は、アメリカと日本の物価を反映していなければならない。たとえば、もし日本でコーヒー1ポンドが500円で、アメリカでは5ドルであれば、名目為替レートは1ドルあたり100円でなければならない（500円/5ドル = 100円/1ドル）。そうでなければ、ドルの購買力は2つの国で同じではなくなってしまう。

より詳しく見るために、少しだけ数式を用いよう。Pをアメリカにおけるドル建ての財のバスケットの価格、P^*を日本における円建ての財のバスケットの価格、eを名目為替レート（1ドルあたりの日本円の値）とする。ここで、1ドルで買える国

440

内（アメリカ）および海外（日本）の財の量を考えてみよう。国内（アメリカ）では物価水準がPなので、1ドルの購買力は$1/P$である。つまり、1ドルで$1/P$単位の財を買うことができる。海外（日本）では、1ドルはe単位の外貨（円）に交換され、その外貨はe/P^*の購買力を持つ。したがって、1ドルの購買力が2つの国で同じであるためには、以下の式が成り立つ必要がある。

$$1/P = e/P^*$$

この式を変形すると、以下が得られる。

$$1 = eP/P^*$$

この方程式の左辺は一定であり、右辺は実質為替レートであることに注意しよう。つまり、**もしドルの購買力が常に国内と海外で同じであれば、国内と外国の財の相対価格である実質為替レートは変化しないのである。**

　名目為替レートの観点から、以上の分析の意味合いを得るために、最後の式を名目為替レートが左辺にくるように変形しよう。

$$e = P^*/P$$

上式によると、名目為替レートは、外国通貨で計測した外国の物価水準と、国内通貨で計測した国内の物価水準の比率に等しくなる。**購買力平価説によれば、2国通貨間の名目為替レートは、その国々の物価水準を反映していなければならないのである。**

　購買力平価説の重要なインプリケーションの1つは、物価水準が変化すると、それに応じて名目為替レートも変化するということである。どの国の物価水準も、貨幣供給量と貨幣需要量が釣り合うように決まる。名目為替レートは物価水準に依存しているため、それは各国の貨幣供給量と貨幣需要量にも依存していることを意味する。ある国の中央銀行が貨幣供給量を増やし、物価水準が上昇すると、その国の通貨は世界の他の通貨に対して減価する。言い換えれば、**中央銀行が大量の貨幣を印刷すると、その貨幣は、財・サービスに対する購買力だけでなく、他の通貨に対する購買力も低下させることになる。**

　これで、この節の冒頭に示した質問に答えることができる。なぜアメリカ・ドルがドイツ・マルクに対して価値を低下させ、イタリア・リラに対して価値を増加させたのだろうか。その答えは、ドイツがアメリカよりも低インフレの金融政策を採用し、一方でイタリアはよりインフレ的な金融政策を採用したためである。1970年から1998年までの間、アメリカのインフレ率は年率5.3%だった。それに対して、ドイツのインフレ率は3.5%、イタリアのインフレ率は9.6%であった。アメリカの物価がドイツの物価に比べて上昇すると、ドルのドイツ・マルクに対する価値は低下した。同様に、アメリカの物価がイタリアの物価対比で下落すると、ドルのイタリア・リラに対する価値は上昇した。

　現在、ドイツとイタリアは共通の通貨であるユーロを採用している。通貨を共有することは、両国が単一の金融政策を共有し、その結果、同じインフレ率に直面す

第Ⅲ部　マクロ経済学

ることを意味する。しかし、リラとマルクの歴史的な教訓は、ユーロにも適用でき
る。20年後、1単位のアメリカ・ドルで今日よりも多くのユーロを買うことがで
きるかどうかは、欧州中央銀行が、アメリカの連邦準備制度（Fed）に比べて、より
大きなインフレを生み出すかどうかに依存するのである。

ケーススタディ　**ハイパーインフレ期の名目為替レート**

　マクロ経済学者は、ほとんどの場合、（実験室などで）厳密に管理された実験を
行うことはできない。したがって、歴史が提供する自然実験から情報を収集しなけ
ればならない。そうした自然実験の一例として、ハイパーインフレーションがある。
ハイパーインフレーションとは、莫大な政府支出をファイナンスするために、輪転
機を動かして大量の紙幣を発行することによって生じる高率のインフレーションの
ことである。ハイパーインフレーションは非常に極端であるため、そこではいくつ
かの基本的な経済原則を明確に確認することができる。

　1920年代初頭のドイツのハイパーインフレーションを考えてみよう。図13-3は
当時のドイツの貨幣供給、物価水準、および名目為替レート（1ドイツ・マルクあ
たりのアメリカ・セントで計測）を示している。これらの変数が密接に関連してい
ることに注目してほしい。貨幣供給が急速に増加すると、物価水準も急上昇し、ド
イツ・マルクは減価する。貨幣供給が安定化すると、物価水準と為替レートも安定
する。

　この図で示されているパターンは、あらゆるハイパーインフレーションにおいて
見られる現象である。貨幣、物価、そして名目為替レートの間に強い関連性がある
ことは疑いの余地はない。貨幣数量説は、貨幣供給が物価水準にどのような影響を
与えるのかを説明するものであった。購買力平価説は、物価水準が名目為替レート
にどのような影響を与えるのかを説明するものである。

3-3　購買力平価の留意点

　購買力平価説は、為替レートがどのように決定されるかを簡潔に説明する。多く
の経済現象を理解する上で、この理論はうまく機能する。特に、アメリカ・ドルが
ドイツ・マルクに対して減価し、イタリア・リラに対して増価したケースでみたよ
うな、長期的な動き（トレンド）を説明する上で有効である。また、ハイパーイン
フレーション下で生じる為替レートの大きな変動も説明することができる。

　しかし、購買力平価説は、いつも完全に成り立つわけではない。つまり、為替レー
トは、ドルが常にすべての国において同じ実質価値を持つように動くわけではない。
現実において、購買力平価説が常に成り立つわけではない理由は、主に2つある。

　第1の理由は、多くの商品は、簡単には取引できないためである。たとえば、パ
リでの散髪代がニューヨークの散髪代より高い場合を考えよう。海外旅行者はパリ

図 13-3　ドイツのハイパーインフレ下における貨幣、物価および名目為替レート

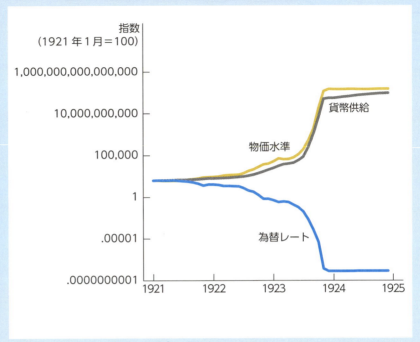

この図は、1921年1月から1924年12月までの、ドイツのハイパーインフレーション期における貨幣供給、物価水準、および名目為替レート（1ドイツ・マルクあたりのアメリカ・セントの値で計測）の動きを示している。これら3つの変数が密接に関連して推移していることに注意してほしい。貨幣供給が急激に上昇すると、物価水準がそれに追従し、マルクはドルに対して減価していった。ドイツの中央銀行が貨幣供給を安定化させると、物価水準と為替レートも安定した。

(出所) Thomas J. Sargent, "The End of Four Big Inflations," in Robert Hall, ed., *Inflation* (Chicago: University of Chicago Press, 1983), pp. 41-93

での散髪を避けるかもしれないし、一部の理髪師はニューヨークからパリに移るかもしれない。しかし、そのような裁定取引が価格差を完全に消し去るには限界がある。購買力平価からの逸脱は持続する可能性があり、その場合、1ドル（または1ユーロ）で購入できるパリでの散髪サービスは、ニューヨークで購入できる散髪サービスよりも少ない状態が持続することになる。

　購買力平価説が常には成り立たない第2の理由は、取引可能であっても、異なる国で生産された財は完全な代替品とならないためである。たとえば、ある消費者はドイツ車を好み、別の消費者はアメリカ車を好むかもしれない。さらに、消費者の好みは時間と共に変化しうる。ドイツ車の人気が急に高まると、その需要増加によって、ドイツ車の価格はアメリカ車との価格対比で押し上げられる。価格差が生じるにもかかわらず、消費者は両国の車を同等とは見なさないため、裁定取引の機会は存在しないかもしれない。

　簡単には取引できない商品が存在することや、取引可能であっても外国製品と完全に代替的とはならない商品が存在することから、購買力平価は為替レートの決まり方を完璧に説明する理論というわけではない。そのため、実質為替レートは実際には時間とともに変化する。それでもなお、購買力平価説は、為替レートを理解するための有用な第一歩を提供する。以下の基本的な論理は説得力を持つ。購買力平価から示唆される水準から実質為替レートがずれると、国境を越えて商品を移動さ

第Ⅲ部　マクロ経済学

せるインセンティブが高まる。実質為替レートが完全には一定にならないとしても、購買力平価説により、実質為替レートの変化は多くの場合、小さいかあるいは一時的なものであることが予想される。その結果、名目為替レートの大きくて持続的な変化は、国内外の物価水準の変化を反映したものなのである。

ケーススタディ　ハンバーガー基準

　購買力平価説を用いて為替レートを説明するためには、異なる国で入手可能な財のバスケットについての価格データが必要になる。国際的なニュース雑誌である『エコノミスト』は、この種の分析を行っている。同誌は、「2枚の100%ビーフのパテ、特製ソース、レタス、チーズ、ピクルス、玉ねぎ、セサミシードのバンズ」から成るバスケットの価格データを収集している。この商品は「ビッグマック」と呼ばれ、世界中のマクドナルドで販売されている。

　それぞれの国内通貨建てで表示された2国のビッグマック価格が分かれば、購買力平価説から示唆される為替レートを計算することができる。ここで計算される為替レートは、両国でのビッグマックの価格が同じになるように決定されるものである。たとえば、もしアメリカでのビッグマックの価格が5ドルで、日本での価格が500円だった場合、購買力平価説から示唆される為替レートは1ドルあたり100円である。

　ビッグマック価格を用いて、購買力平価説がどれだけうまく現実を説明しているかを見てみよう。以下は2021年7月の例であり、その時点でのアメリカでのビッグマック価格は5.65ドルである。

国名	ビッグマックの価格	購買力平価説から示唆される為替レート	実際の為替レート
インドネシア	34,000ルピア	6,018ルピア/ドル	14,517ルピア/ドル
韓国	4,600ウォン	814ウォン/ドル	1,150ウォン/ドル
日本	390円	69円/ドル	110円/ドル
メキシコ	64ペソ	11.3ペソ/ドル	20.1ペソ/ドル
スウェーデン	54クローナ	9.6クローナ/ドル	8.7クローナ/ドル
中国	22.4人民元	4.0人民元/ドル	6.5人民元/ドル
ユーロエリア	4.27ユーロ	0.76ユーロ/ドル	0.85ユーロ/ドル
イギリス	3.49ポンド	0.62ポンド/ドル	0.73ポンド/ドル

　購買力平価から示唆される為替レートと実際の為替レートは完全には一致しないことがわかる。結局のところ、ビッグマックの国をまたいだ裁定取引は簡単ではないのである。しかし、この2つの為替レートは、ざっくり言えば同じ範囲内にあるといえる。たとえば、購買力平価からは、1ドルで最も多く購入できるのはインドネシア・ルピアであり、最も少ない購入量になるのはイギリス・ポンドであることが示唆されているが、これは実際の為替レートでも成り立っている。購買力平価は

444

第13章　開放経済のマクロ経済学：基礎的概念

為替レートを厳密に描写する理論とはいいがたいが、一時的近似としては妥当な理論であるといえる。

理解度確認クイズ

7. コーヒー1杯の価格がパリで2ユーロ、ニューヨークで6ドルだとする。購買力平価が成り立つとすれば、為替レートは以下のうちどれか。

   a. 1ドルあたり1/4ユーロ

   b. 1ドルあたり1/3ユーロ

   c. 1ドルあたり3ユーロ

   d. 1ドルあたり4ユーロ

8. 購買力平価説によれば、ある国での高インフレはその国の通貨を＿＿＿＿させ、＿＿＿＿為替レートは変化させない。

   a. 増価 ― 名目

   b. 増価 ― 実質

   c. 減価 ― 名目

   d. 減価 ― 実質

➡（解答は章末に）

4 結論

　本章では、マクロ経済学者が開放経済を分析する際に用いる、いくつかの基本的な概念を紹介した。あなたは今や、一国の貿易収支が何を表しているか、そして開放経済において、国内投資が国民貯蓄とどうして異なりうるのかを理解できているはずである。また、貿易黒字国がなぜ海外に資本流出させるのか、貿易赤字国が資本流入を経験するのはなぜかについても理解できているはずである。さらには、名目為替レートと実質為替レートの意味や、為替レートの決定を説明する購買力平価の意味とその限界も理解できているはずである。

　ここで導入されたマクロ経済変数は、ある国の開放経済と世界との相互作用を分析するための第一歩を提供するものである。

第Ⅲ部　マクロ経済学

本章のポイント

● 純輸出は、国内で生産され、海外で販売された財・サービス（輸出）から、海外で生産され、国内で販売された財・サービス（輸入）を差し引いた値である。純資本流出は、国内居住者による外海外資産の購入額（資本流出）から、外国人による国内資産の購入額（資本流入）を差し引いた値である。すべての輸出は、輸入または金融資産の取得と釣り合うため、ある国の純輸出は常に純資本流出と等しくなる。

● 貯蓄は、国内投資のための資金、あるいは海外の資産を購入するための資金として用いられる。したがって、国民貯蓄は国内投資と純資本流出の和に等しくなる。

● 名目為替レートは、2国の通貨の相対価格であり、実質為替レートは2国の財・サービスの相対価格である。名目為替レートが変化し、1ドルでより多くの外国通貨を購入できるようになると、ドルは「増価した」あるいは「強くなった」といわれる。名目為替レートが変化し、1ドルで購入できる外国通貨の量が少なくなると、ドルは「減価した」あるいは「弱くなった」といわれる。

● 購買力平価説によれば、ドル1単位あたり（または他の通貨1単位あたり）で、すべての国で同じ量の財を購入できるはずである。この理論は、2国間の名目為替レートは、それぞれの国の物価水準を反映すべきであることを示唆している。その結果、相対的にインフレ率が高い国は通貨が減価し、相対的にインフレ率が低い国は通貨が増価することになる。

理解度確認テスト

1. 純輸出と純資本流出を定義し、それらがどのように関連しているのかを説明しなさい。

2. 貯蓄、投資、および純資本流出の関係を説明しなさい。

3. もし日本製の自動車の価格が150万円で、似たようなアメリカ製の自動車の価格が3万ドルであり、1ドルで日本円を100円分買えるとしたら、名目為替レートと実質為替レートはそれぞれいくらか。

4. 購買力平価説の経済的なロジックを説明しなさい。

5. もし連邦準備制度（Fed）が大量のアメリカ・ドル紙幣を印刷し始めた場合、1ドルで購入できる日本円の量はどうなるか。その理由も説明しなさい。

演習と応用

1. 以下の取引がアメリカの輸出、輸入、および純輸出にどのように影響するかを説明しなさい。
   a. アメリカの美術教授が夏にヨーロッパの美術館を訪れる。
   b. パリの学生がハリウッドの最新映画を観に押し寄せる。
   c. あなたのおじが新しいフィアットを購入する。
   d. イギリスのオックスフォード大学の書店がこの教科書を販売する。
   e. カナダの市民がカナダの消費税を避けるために（アメリカの）バーモント州北部の店で買い物をする。

2. 以下の取引は、アメリカの純輸出に含まれるか。あるいはアメリカの純資本流出に含まれ

446

るか。そして、それぞれの取引は、純輸出または純資本流出の増加として計上されるか。あるいは減少として計上されるか。
a. アメリカ人がソニーのテレビを購入する。
b. アメリカ人がソニーの株式を購入する。
c. ソニーの年金基金がアメリカ財務省の債券を購入する。
d. 日本のソニー工場で働く労働者が、アメリカの農場主からジョージア州産のモモを購入する。

3. 対外直接投資と対外証券投資の違いを説明しなさい。対外直接投資をより行うのは、企業と個人のどちらか。対外証券投資についてはどうか。

4. 以下の取引がアメリカの純資本流出にどのように影響するかを説明しなさい。各取引は、直接投資として計上されるか、あるいは証券投資として計上されるか。
a. アメリカの携帯電話会社がチェコ共和国にオフィスを設立する。
b. ハロッズ・オブ・ロンドンがゼネラルモーターズの年金基金に株式を売る。
c. 本田技研工業がオハイオ州メアリーズビルの工場を拡張する。
d. フィデリティの投資信託がトヨタの株式をフランスの投資家に売る。

5. アメリカ・ドルが増価したとき、以下のグループは、ハッピーだろうか、あるいはアンハッピーだろうか。説明しなさい。
a. アメリカ国債を保有しているオランダの年金基金
b. アメリカの製造業
c. アメリカへの旅行を計画しているオーストラリアの観光客
d. 海外の不動産を購入しようとしているアメリカ企業

6. 以下の各状況において、アメリカの実質為替レートはどうなるか。説明しなさい。
a. アメリカの名目為替レートは変わらず、アメリカの物価が外国よりも速く上昇している。

b. アメリカの名目為替レートは変わらず、外国の価格がアメリカよりも速く上昇している。
c. アメリカの名目為替レートが下落し、アメリカと外国の物価は変わらない。
d. アメリカの名目為替レートが下落し、外国の物価がアメリカよりも速く上昇している。

7. アメリカではソーダが1缶あたり1.25ドルで、メキシコでは25ペソである。購買力平価が成り立つとすると、ペソとドルの為替レート（1ドルあたりのペソの値）はいくらか。金融緩和によってメキシコの物価が全般的に2倍になり、ソーダ1缶の価格が50ペソに上昇した場合、ペソとドルの為替レートにはどのような変化が生じるか。

8. 本章のケーススタディでは、いくつかの国のビッグマックの価格を用いて購買力平価を分析した。以下はさらにいくつかの国についてのデータを示している。

国名	ビッグマックの価格	購買力平価説から示唆される為替レート	実際の為替レート
チリ	2,990 ペソ	____ ペソ / ドル	759 ペソ / ドル
ハンガリー	900 フォリント	____ フォリント / ドル	305 フォリント / ドル
チェコ	89 コルナ	____ コルナ / ドル	21.8 コルナ / ドル
ブラジル	22.9 レアル	____ レアル / ドル	5.25 レアル / ドル
カナダ	6.77 カナダドル	____ カナダドル / ドル	1.27 カナダドル / ドル

a. 各国について、購買力平価説から示唆される為替レート（1ドルあたりの各国通貨の値）を計算しなさい。なお、アメリカのビッグマック価格は引き続き5.65ドルである。
b. 購買力平価に基づくと、チリ・ペソとカナダ・ドルの為替レートはいくらと計算されるか。実際の為替レートはいくらか。
c. 購買力平価説は実際の為替レートをどれだけ説明できているか。

第Ⅲ部　マクロ経済学

9. エクテニアとウィクナムという2国では、唯一の商品がスパムであり、購買力平価が成り立っている。

a. 現在、エクテニアではスパムの1缶の価格が4ドル、ウィクナムでは24ペソである。エクテニア・ドルとウィクナム・ペソの為替レートを求めなさい。

b. 次の20年間で、エクテニアのインフレ率は年率3.5％、ウィクナムのインフレ率は年率7％と予想されている。このインフレ率が現実のものとなった場合、20年後のスパムの価格と為替レートはどうなっているか。

c. どちらの国の名目金利が高くなると考えられるか。その理由は何か。

d. あなたの友人が、名目金利の低い国から借りて、名目金利の高い国に投資し、金利差から収益を得るという、簡単に多額の富が得られる手法を提案してきた。この手法にはどんな潜在的な問題が潜んでいると考えられるか。説明しなさい。

理解度確認クイズの解答

1. a　　2. c　　3. d　　4. a　　5. d　　6. b　　7. b　　8. d

付録

経済学者はどのように
データを活用するか

補論

Appendix

How Economists Use Data

「データ！　データ！　データ！」──シャーロック・ホームズはかつてこう叫んだ。「粘土なしでレンガを作ることはできない」。いつものように、このフィクションの名探偵は正しかったのである。謎を解くために、あるいは世界のどんな側面を理解するためにも、われわれはデータを必要とする。理論や原則は極めて重要だが、周りで何が起こっているかを観察して初めて、われわれは何が真実で何がそうでないかを確信することができる。

データという用語は、推論や議論の基礎となる客観的情報を指す。経済学において、データはしばしば定量的なものであり、たとえば個人の所得、企業の利益、アイスクリームの市場価格、アイスクリームの販売量、国内総生産（GDP）などが含まれる。データを用いることで、経済理論における概念的な変数に、実際の数値を当てはめることが可能になる。

データ分析は現代の経済学においてますます中心的な役割を果たすようになっている。過去半世紀のコンピュータの処理能力の進歩により、経済学者は大規模なデータセットを分析できるようになり、データに基づいた研究がこれまで以上に重要になっている。過去の経済学者と比べて、現代の経済学者は純粋な理論や日常的な観察に基づいて信念や政策アドバイスを示すことが少なくなり、かわりに厳密なデータ分析に基づくことが多くなっている。

データ
（data）
推論や議論の基礎となる客観的情報。特に、定量的な情報に対してこの語が用いられることが多い。

付録

計量経済学
(econometrics)
データ分析のための手法の開発を行う経済学の一分野

経済学の一分野である**計量経済学**は、データ分析のための手法の開発を進めている。本質的に、計量経済学は経済を理解するために有益な統計的手法を研究する経済学の一分野である。多くの大学では計量経済学のコースが提供されており、経済学専攻の学生はしばしばトレーニングの一環として計量経済学のコースを受講することが義務づけられている。この補論は、計量経済学の簡潔なイントロダクションとなっている。

本論では3つの話題を取り上げる。第1に、経済学者が使用するデータの種類について考察する。第2に、データ分析を通じて経済学者が達成しようとする目的について議論する。第3に、データを用いて推論を行う際に生じるいくつかの問題と、それらの問題に対処するために計量経済学者が考案した手法について検討する。

1 経済学者が分析対象にするデータ

まず、経済学者が最も頻繁に使用するデータの出所と種類について議論しよう。

1-1 実験データ

ランダム化比較試験
(randomized controlled trial)
研究者が被験者を無作為にグループに分け、グループごとに異なる処置を行い、その処置に対する反応を比較する実験

しばしば、データはランダム化比較試験から得られる。**ランダム化比較試験**とは、研究者が被験者を無作為にグループに分け、グループごとに異なる処置を行い、その処置に対する反応を比較する実験である。

たとえば、ある製薬会社がある病気に対する新薬を開発したとする。規制当局から市場での販売許可を得るためには、製薬会社はその薬が安全で効果的であることを証明する必要がある。製薬会社の研究者は、まずその病気にかかっている200人の被験者を募集する。被験者の半分は**処置群**(treatment group)に無作為に割り当てられ、その薬を投与される。残りの半分は**対照群**(control group)に割り当てられ、プラセボ(偽薬。見た目は本物の薬と同じだが無害で効果のない薬)を投与される。その後、研究者は両方の群の健康状態を追跡する。もし処置群の患者のほうが対照群の患者よりも良好な結果を示せば、その薬は安全で効果的とみなされる。そうでなければ、その薬は安全でないか、効果がないか、またはその両方であると判定される。

実験データ
(experimental data)
ランダム化比較試験から収集されるデータ

ランダム化比較試験から収集されたデータは**実験データ**と呼ばれる。多くの場合、比較試験は知りたいことについての推論を引き出す最も信頼性の高い方法である。試験参加者の数が十分に多く、処置群と対照群への割り当てが完全に無作為であれば、両グループ間の唯一の重要な違いは処置を行ったかどうかであることが確実である。

ランダム化比較試験は社会科学においても時折行われる(以下のケーススタディがその例である)が、その有用性は経済学においては限定的である。問題は実現可能性である。実験の実施には多額の費用がかかることがあり、政策立案者は、人々(被験者)に対して異なる処置を与えることを不公平だとして反対するかもしれない。また、実験の実施にかかる経済的コストがあまりにも大きすぎる場合がある。たとえば、金融政策の効果を検証するために、中央銀行が毎年無作為に政策を設定し、

450

その結果を観察するとする。この実験は社会科学の発展に貢献するかもしれないが、一国の経済厚生（経済的幸福度）に多大な悪影響を及ぼすため、誰も本気で実施しようとは考えないであろう。

よりよい機会への移動プログラム

アメリカの住宅都市開発省が1990年代に実施した「よりよい機会への移動プログラム（Moving to Opportunity Program）」は、実験データの重要な例である。このプログラムの目的は、貧困地域での生活の影響を調査することであった。

研究者は、貧困度の高い地域に住む数千の低所得世帯を実験参加者として募集した。抽選により、世帯は処置群と2つの対照群に分けられた。処置群の世帯は、近郊のより裕福な地域に引っ越した場合に家賃が補助されるバウチャー（引換券）を受け取った。1つめの対照群では、世帯は居住地に制限のない家賃補助のバウチャーを受け取った。2つめの対照群では、世帯は何も受け取らなかった。研究者たちは、3つのグループに属する世帯のメンバーの、その後の所得や学業達成などの結果を比較した。

一部の結果は残念なものであった。処置群の多くがバウチャーを使用して貧困度の高い地域を離れたが、成人については3つのグループ間でその後の結果に有意な差は見られなかった。処置群と対照群の成人の世帯メンバーの平収所得はほぼ同じであったが、健康面の結果は処置群のほうが若干良好であった。同様に、13歳から18歳の子供についても、結果に有意な差はみられなかった。

しかし、このプログラムは、世帯がバウチャーを受け取った時点で13歳未満だった子供たちに対しては、有意かつポジティブな影響を与えた。処置群の子供たちは、読解と数学のテストの成績で測定される学校での成績について、対照群の子供たちよりもパフォーマンスが良好だったわけではない。にもかかわらず、その後の人生では、処置群の子供たちは大学への進学率が有意に高く、シングルマザーの比率が低く、成人になってからの所得が高いことが確認された。これらの結果は、世帯が貧困度の高い地域を離れることで、子供たちに長期的な利益がもたらされることを示している。

1-2　観察データ

実験データは常に利用可能ではないため、経済学者はしばしば観察データを用いる。**観察データ**は実験ではなく、世界をありのままに観察することで得られるデータのことである。観察データは家計や企業に対する調査や、税務申告書などの行政記録から入手することができる。実験データと比べて、観察データはより簡単に生成され、広く入手可能であるという利点がある。一方で、観察データを扱う際には、データアナリスト（分析者）は2つの問題に直面する。

> **観察データ**
> (observational data)
> 世界をありのままに観察することで得られるデータ

付録

交絡変数 ·········
(confounding variable)
分析から除外（欠落）されているが、分析対象の変数と関連しているために、分析者を誤った結論に導く可能性がある変数

　1つめは交絡変数の問題である。**交絡変数**とは、分析から除外（欠落）されているが、分析対象の変数と関連しているために、分析者を誤った結論に導く可能性がある変数のことである。

　たとえば、学校の1クラスあたりの人数（クラス規模）を減らすことで、学習効果を改善することができるかどうかを知りたいとする。そこで、あなたは大きなクラスと小さなクラスの試験の平均点を比較することで、クラスの人数の影響を推定しようとするかもしれない。この手法は、生徒や教師が実験データのようにランダムに割り当てられているのであれば問題ない。しかし、観察データの場合、生徒や教師の割り当てがランダムでないため、クラスの人数に関連する他の変数が結果に影響を与えてしまう可能性がある。たとえば、小さなクラスは住民の教育水準や平均所得が高い町で、より一般的かもしれない。このとき、親の教育水準が子供である生徒の成績に影響を与えているのであれば、親の教育水準は交絡変数となり、クラスの大きさが学習効果に与える影響を、実際よりも大きく見積もってしまう原因となる。本当は親の教育水準が子供の成績の決定要因となっているにもかかわらず、誤ってクラスの人数が決定要因であると推論してしまう可能性があるのである。あるいは、校長が経験の少ない教師を小さなクラスに割り当てるかもしれない。教師の経験が生徒のパフォーマンスに影響する場合、これも交絡変数となり、今度は小さなクラスの影響を実際よりも小さく見積もってしまう原因となる。経験の少ない教師のデメリットが、小さなクラスのメリットを覆い隠してしまうかもしれないのである。観察データでは多くの変数が相関している可能性があるため、分析者は1つの変数の影響を、他の変数の影響と注意深く区別する必要がある。

逆の因果性 ·········
(reverse causality)
分析者が2つの変数の因果関係の方向性を、本来のものとは逆方向に解釈してしまっている状況

　観察データに関する2つめの問題は、逆の因果性である。**逆の因果性**とは、本来はある変数（Xとする）が別の変数（Yとする）に影響を与えているにもかかわらず、分析者は誤って別の変数（Y）がある変数（X）に影響を与えていると判断してしまっている状況を指す。

　たとえば、ある食品の摂取量が肥満の指標であるBMIと正の相関があることを見つけたとしよう。この食品の摂取がBMIの増加を引き起こしていると結論してよいだろうか。この推論は、比較試験のように、食品の摂取がランダムに割り当てられている場合は正しいかもしれないが、観察データでは問題が生じることがある。たとえば、対象の食品がアイスクリームであれば、因果関係の方向性は実際に食品摂取からBMIなのかもしれない。すなわち、アイスクリームを多く食べることが、体重増加を引き起こすという因果関係である。正の相関があることのみをもってこの因果性が証明されたわけではないが、この仮説は少なくとももっともらしくはある。一方で、対象の食品がダイエット用のソフトドリンクであれば、異なる解釈が必要であろう。おそらく高いBMIを持つ人々が、体重を減らそうとしてダイエット用のソフトドリンクを摂取している。つまり、このソフトドリンクの摂取が高いBMIを引き起こすのではなく、高いBMIがソフトドリンクの摂取を引き起こしているのである。この例は一般的な教訓を示している。観察データを用いて原因と結果を区別することはしばしば厄介な問題なのである。

　こうした問題はあるものの、分析者が注意深く扱えば、観察データは有用である。

452

補論　経済学者はどのようにデータを活用するか

交絡変数の問題や逆の因果性に対処するための、計量経済学者が開発したいくつか
の方法については、本論の後半で紹介する。

1-3　データの３つのタイプ

　実験データか観察データかどうかにかかわらず、すべてのデータは横断面データ、
時系列データ、パネルデータの３つのタイプに分類される。

　横断面データ（クロスセクションデータ）は、特定の時点における複数の対象（た
とえば個人、企業、国）の特性を示したものである。たとえば、労働者のグループ
を調査し、各人に賃金、教育、年齢、職業経験、職業、人種、性別などを答えても
らった場合のデータがこれにあたる。この種のデータを使用することで、調査対象
となった変数が互いにどのように関連しているかを分析することができる。たとえ
ば、教育、年齢、経験、職業の違いを調整したうえで、人種や性別によって賃金が
どれだけ異なるかを調べることができる。

　時系列データは、ある特定の対象（たとえば特定の個人、特定の企業、あるいは
特定の国）の、異なる時点での特性を示したものである。たとえば、過去60年間に
わたるある国の失業率（労働力のうちの失業者の割合）やGDP（国内総生産、生産と
所得を示す指標）を、毎年測定したデータがこれにあたる。この種のデータを使用
することで、失業率と国内総生産の変動がどのように関連しているかを調べること
ができる。

　パネルデータは、横断面データと時系列データの要素を組み合わせ、異なる時点
での複数の対象（たとえば個人、企業、あるいは国）の特性を示したものである。
このタイプのデータは、**縦断データ**（longitudinal data）とも呼ばれ、ある変数の変
化が他の変数にどのように影響するかを調べるのに役立つ。たとえば、宝くじに当
選することが労働参加にどのように影響するかを、宝くじの当選者と落選者の時間
を通じた行動変化を比較することで分析することができる。

> **横断面データ（クロスセクションデータ）**
> （cross-sectional data）
> 特定の時点における複数の対象の情報を示すデータ

> **時系列データ**
> （time-series data）
> 特定の対象の異なる時点での特性を示したデータ

> **パネルデータ**
> （panel data）
> 異なる時点での複数の対象の特性を示したデータ

理解度確認クイズ

1. ランダム化比較試験では、被験者は以下のどれに
　基づいて、処置群と対照群に割り当てられるか。
　a. 支払意思
　b. 所得
　c. 処置によって見込まれる利益
　d. 偶然

2. 観察データの利点は以下のどれか。
　a. 逆の因果性の問題を解決すること
　b. 広く利用可能であること
　c. 交絡変数を回避できること
　d. ランダム化比較試験から得られること

➡ （解答は章末に）

2　経済学者はデータを用いて何をするか

　前節では、経済学者がデータを収集する方法（実験または観察）や収集するデー

453

付録

タの種類（横断面データ、時系列データ、またはパネルデータ）について概観した。次に、経済学者がデータ分析を通じて達成しようとしている目的をみてみよう。

2-1 経済を描写する

経済データ自体が、世界を数量的に記述する興味深いものであると言える。具体例としては、以下が挙げられる。

- 多くの人々が支出の大部分を住宅に費やすといった話を聞いたことがあるとしても、その具体的な割合については知らないかもしれない。データによると、アメリカの平均的な消費者は、予算の42%を住宅支出に振り向けている。
- アメリカの所得分布において、90パーセンタイルに位置する世帯が、10パーセンタイルに位置する世帯よりも高い所得を持つことは定義上明らかだが、その所得にどれだけの差があるのかは知らないかもしれない。データによると、前者の裕福な世帯の所得は後者の貧しい世帯の所得の約12倍である。
- アメリカの1人当たり所得がメキシコの1人当たり所得よりも高いことはよく知られているが、その差がどれほどあるのかは知らないかもしれない。データによると、アメリカの1人当たりの平均所得はメキシコの1人当たり平均所得の約3倍である。
- 経済全体の支出に占める医療支出の比率が上昇しているという報道を目にしたことがあるとしても、具体的な上昇幅は知らないかもしれない。データによると、アメリカの医療支出は対GDP比で1960年の5%から2019年には18%にまで上昇している。

こうした事実を知っておくことは有益である。世界がどのように機能しているかを分析し、それを踏まえてより良い政策を考える際には、データに目を向けて現実世界に対する感覚を鋭敏にしておくことが大切である。

2-2 関係性を数量化する

経済理論はしばしば特定の変数が関連していることを示唆するが、それがどの程度強く関連しているのかについてはほとんど教えてくれない。多くの場合、私たちはその規模感を求めることが必要になる。つまり、変数間の関係性の強さを示す数値である、モデルのパラメーターを推計する必要があるのである。

パラメーター
(parameters)
モデルにおける変数間の関係性の強さを示す数値

例を考えてみよう。政策立案者が高級車に対する課税を検討しているとする。彼らは税負担が車の買い手に対してより大きくかかるか、売り手に対してより多くかかるかを知りたいと考える。税負担の大きさは、財の価格変化に対する数量の反応度である、需要と供給の価格弾力性に依存する。需要が供給よりも弾力的であれば、売り手が税負担の大部分を負う。一方、供給が需要よりも弾力的であれば、買い手が負担の大部分を負う。

理論的な分析が明らかにするのはここまでである。政策立案者の質問に答えるためには、需要の価格弾力性と供給の価格弾力性の推定値が必要となる。これらの推

補論　経済学者はどのようにデータを活用するか

定値を得るために、研究者は高級車市場のデータを収集する。このデータを丁寧に分析することで、需要量と供給量の決定要因、特に、税負担の予測に利用可能な、価格弾力性の推定値を得ることができる。

2-3　仮説を検定する

　経済理論は私たちが生活する世界を描写しようとする。すべての科学理論と同様に、ある経済理論もそれ自体１つの仮説（世界がどのように機能するかについての推測）である。この仮説を実証または反証するためには、データを用いる必要がある。

　たとえば、教育が賃金に与える影響を考えてみよう。経済学者ベッツィは、教育が労働者の賃金を増加させる素晴らしい方法だと考えている。彼女は学校教育によって労働者の生産性はより向上し、それによって高い賃金が得られると信じている。一方、別の経済学者ジャスティンは、教育は時間のムダだと考えている。彼は学校で教わるほとんどの事柄は多くの仕事で役に立たず、人々は教室で時間をムダにするよりも職場で経験を積んだほうが高い賃金を得られると信じている。

　ベッツィとジャスティンの間の議論は、いくら理論を用いても解決することはできない。彼らの意見の相違は実証的なものである。それは理論ではなく、事実によってのみ解決できるものなのである。この場合、賃金、教育、職場経験に関するデータを用いて、どちらの仮説が正しいかを判断する必要がある（ネタバレ注意：ほとんどの経済学者はベッツィの立場を支持している）。

2-4　将来を予測する

　ヨギ・ベラ〔訳注：大リーグ、ニューヨーク・ヤンキースの名捕手・監督〕は、「予測は難しいものである、特に将来についての予測は……」と述べた。彼は賢い人であったが、経済学者はしばしば将来を予測することを求められる。ミクロ経済学者は、２つの企業の今後の合併が市場価格にどのような影響を及ぼすかについて尋ねられる。マクロ経済学者は、インフレ率の突然の上昇がどれくらい早く終息するかについて尋ねられる。

　データに存在するパターンを見つけ出し、それをそのまま将来に当てはめることで予測を行うこともできる。たとえば、「結婚したカップルがコンパクトカーをミニバンに買い替えると、多くの場合、数か月後には新しい赤ちゃんが生まれる」という関係性をデータから見いだしたとしよう。もし近所の夫婦がある日ミニバンで家に帰ってきたら、あなたは赤ちゃんがもうすぐ生まれるだろう、と予測するかもしれない。経済学者はこのミニバンと赤ちゃんの関係を**経験的規則性**（empirical regularity）と呼ぶ。経験的規則性は、しばらくの間は予測に役立つかもしれないが、この規則性は常に安定して信頼できるものとは限らない。たとえば、自動車メーカーが家族向けの新型SUVモデルを販売した場合、ミニバンの購入は出生予測にとってはあまり役立たなくなるかもしれない。

　信頼性のある予測を行うために、経済学者はしばしばモデルの力を借りる。ここでモデルとは、特定の状況において機能している様々な変数の関係性を数学的に表現したものである。数量的な予測を行うためには、モデルにおけるそれぞれの関係

455

付録

性を定量化する必要がある。そのために、経済学者は関連するデータを用いてモデルのパラメーターを推定する。推定されたモデルが入手できれば、それを用いて予測を行うことができる。

ケーススタディ FRB/US モデル

経済政策立案における重要なモデルの1つに、FRB/US（「ファーバス」と発音される）モデルと呼ばれる、連邦準備制度理事会（FRB）のアメリカ経済についてのモデルがある。FRB/USモデルは、アメリカ経済の主要なマクロ経済変数、たとえばGDP、インフレーション、失業、そして金利などの変数間の関係性を記述している。中央銀行はこのモデルを予測や政策分析に使用している。

FRB/USモデルには数百の方程式が含まれており、それぞれが経済の一部を記述している。これらの多くの方程式は**恒等式**（identity）、つまり、定義により常に等号が満たされなければならない方程式である。恒等式には推定する必要のあるパラメーターはない（恒等式の一例は、国民所得計算の恒等式 $Y = C + I + G + NX$ である。これは、GDPが消費、投資、政府支出、そして純輸出の合計であることを意味している）。しかし、FRB/USモデルのなかの約60の方程式は、家計や企業が経済状況にどのように反応するかを記述する方程式であり、これらの方程式には重要なパラメーターが含まれている。たとえば、消費に関する方程式は、家計が現在の所得や将来の期待所得、保有資産、金利など状況に応じて、消費財・サービスにどれだけ支出するかを示すものである。これらの消費の決定要因の相対的な重要性は、消費の方程式のパラメーターに反映される。連邦準備制度の経済学者は、アメリカ経済に関する時系列データに対して計量経済学的手法を適用して、これらのパラメーターを推定している。

FRB/USモデルのパラメーターを推定した後、連邦準備制度の経済学者はモデルを2つの目的で使用している。1つめの目的は予測である。現在の政策と経済状況に基づいて、彼らは最も可能性の高い将来の経済状況を予測する。この予測はモデル内の数百の方程式を同時に解くことで得られる。この作業は不可能に見えるかもしれないが、紙と鉛筆のみを用いるのではなく、コンピュータアルゴリズムを用いることによって、幸いにも大規模モデルを解くことが可能になる。

FRB/USモデルを使用する2つめの目的は政策分析である。連邦準備制度の経済学者は、連邦準備制度がもし金融政策を変更した場合、先行きが（現在の政策に基づく）ベースライン予測とどう異なってくるのかを分析する。それにより、一連の代替政策シナリオが得られる。これは、連邦準備制度が金融政策を引き締めたり緩和したりした場合に、GDP、失業、インフレーションなどの主要経済変数がどうなるかを示すものである。金融政策を決定する連邦公開市場委員会（FOMC）のメンバーは、先行きの金融政策の方向性を決定するためのガイドとして、これらのシナリオを参照することができる。

連邦準備制度の経済学者によって提示される予測は、どの程度信頼できるものな

補論　経済学者はどのようにデータを活用するか

のだろうか。既存研究によると、これらの予測の精度は民間の経済予測と同等または
はそれ以上であることはわかっているが、完璧と呼ぶには程遠い。予測の信頼性は
FRB/USモデルの精度に依存するため、連邦準備制度の経済学者は常にその改善策
を模索している。改善策の一部は、より良い経済理論など、概念的な検討によって
もたらされる。あるいは、時間と共に入手可能になる多くのデータを反映させるこ
とや、計量経済学者が考案した新たな手法を適用するなど、統計学的な検討によっ
ても改善がもたらされる。

理解度確認クイズ

3. 経済学者はデータを使用して、＿＿＿＿＿＿する。

    a. 経済を記述

    b. パラメーターを推定

    c. 仮説を検定

    d. 以上のすべてが当てはまる。

➡ (解答は章末に)

3 データ分析の手法

　前節まで、経済学者が使用するデータの種類と、データ分析を通じて達成しよう
としている目的について概観した。次に、計量経済学者がデータ分析のために開発
したいくつかの手法をみてみよう。

3-1 最良推定値を見つける

　人的資本の理論によれば、労働者の教育水準が高まると、それによって生産性が
向上し、賃金も増加するとされている。この言明は質的なものであり、教育と賃金
がどう関係するかついては言及しているが、どの程度関係するかについては触れて
いない。もし単なる質的な関係性だけでなく、「1年の追加的な教育により、労働
者の賃金はいくら増えるか」という量的な関係を知りたいとき、その問いは実証的
なものであるといえる。そして、データを用いることによってのみ、この問いに答
えることができる。

　まず、多数の労働者を調査し、賃金と教育に関するデータを収集する。データが
以下の表A-1で表されるとしよう（通常、サンプルとしては7人より多くの労働者
のデータを集めたいところだが、ここでの目的のためには7人で十分である）。こ
の表のデータは横断面（クロスセクション）データの例となっている。

　データから、教育年数が多い労働者ほど、賃金が高い傾向にあることがわかる。
12年間の教育を受けた2人の労働者（おそらく高校卒業者）は、平均時給が25ドル
である。16年間の教育を受けた2人の労働者（おそらく大学卒業者）は、平均時給
が40ドルである。そして18年間の教育を受けた2人の労働者（おそらく大学院修了

457

表A-1　賃金と教育に関するデータ

労働者	賃金（ドル、時間当たり）	教育年数
アンディ	20	12
ブルック	30	12
クロエ	30	16
ディエゴ	40	14
エマ	40	18
フリン	50	16
ジーナ	50	18

者）は、平均時給が45ドルである。

しかし、教育年数が高まると、必ずしも賃金が上がるというわけではない。クロエはブルックよりも教育を4年多く受けているが、賃金は同じである。エマはフリンよりも2年多く教育を受けているが、時給はエマのほうが10ドル低い。教育は労働者の賃金の決定要因のうちの1つであるかもしれないが、他にも重要な要因があると言える。

これらのデータを理解するための1つの方法は、グラフで表すことである。図A-1では、1つの点が1つの観測値（この場合は労働者の教育年数と賃金の組み合わせ）を表している。このグラフは、右側にある点（教育年数が多い）ほど、高い位置にある（賃金が高い）という関係、すなわち、賃金と教育の間の正の相関を示している。しかし、これらの点は、直線あるいは単純な曲線上に完全に位置している

図A-1　データの散布図

賃金と教育に関するデータをプロットすると、これら2つの変数の間に正の相関があることがわかる。つまり、それらは同じ方向に動く傾向がある。

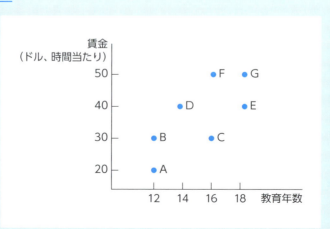

わけではなく、むしろそこから多少ぶれているようにみえる。これは、教育年数以外にも賃金に影響を与える要因が存在していることを示唆している。

1年間の教育が労働者の賃金に与える効果を特定するために、経済学者は**統計モデル**（statistical model）を用いる。統計モデルとは、データ生成過程の数学的表現である。そのなかでも最も単純なモデルは、以下のようなものである。

$$WAGE_i = \beta_0 + \beta_1 \times SCHOOL_i + \varepsilon_i$$

ここで、β_0とβ_1は変数間の関係の大きさを表すパラメーターである。このモデルによれば、個人 i の賃金（$WAGE_i$）は教育年数（$SCHOOL_i$）に依存し、さらに確率変数（ε_i）の影響も受ける。左辺の変数$WAGE_i$は**従属変数**（dependent variable）と呼ばれ、説明される側の変数である。右辺の変数$SCHOOL_i$は**独立変数**（independent variable）と呼ばれ、説明する側の変数（または所与の変数）である。最後の項ε_iは**残差**（residual、または誤差項）と呼ばれる。これは、経験や能力など、賃金に影響を与えるが、モデルからは除外されている様々な変数を含んでいる。残差は平均的にゼロであり、独立変数と相関がないと仮定される（この仮定の役割については後で議論するが、とりあえずここではこの仮定を受け入れておいて問題ない）。

この統計モデルは<u>線形回帰</u>と呼ばれる。このモデルは、本質的には図A-2に示されているように、点の集まりに対して直線を引くことに対応している。この直線は、労働者の教育年数が特定の値をとったときの、賃金の最良の推定値を示している。残差は、実際の賃金が、直線によって推定された賃金水準からどれだけ逸脱しているかを表しており、モデルがデータに完全に適合しないことを意味している。

われわれの主要な関心はパラメーターβ_1にあり、これは、1年間の教育によって賃金がどれだけ増加するかを示している。もう1つのパラメーターであるβ_0は、直線の切片に対応している。厳密には、β_0は教育年数がゼロの人の平均賃金であると解釈できるが、実際にはわれわれのサンプルには全く教育を受けていない人は含

> **線形回帰**
> （linear regression）
> 従属変数が、単一または複数の独立変数およびランダムな残差と線形に関係しているモデル

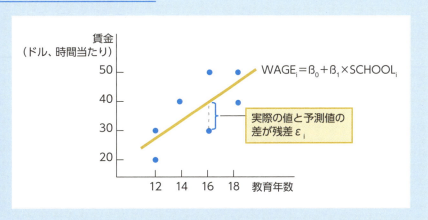

図 A-2 最もあてはまりの良い直線を推定する

ここでの統計モデルは、賃金が教育および他のランダムな影響を表す残差（誤差項）の線形関数であると仮定している。モデルのパラメータ（β_0とβ_1）は、残差二乗和の観点からもっともあてはまりのよい直線を導出する手法である、最小二乗法（OLS）によって推定できる。

付録

まれていないため、そうした解釈は避けたほうが良いだろう。いずれにせよ、われわれの関心はβ_1にある。

われわれが直面している問題は、手元のデータを用いて、パラメーターの最良の推定値をどのように得るかである。点の集まりに対して、手でうまく合う直線を引くこともできるが、このアプローチは不正確すぎる（そして後で議論するより複雑なケースには使いづらい）。最もフィットする直線を見つける標準的な方法は、**最小二乗法（OLS）** と呼ばれるものである。本論ではOLSの詳細には立ち入らないが、その直感的な解釈はシンプルなものである。OLSは、直線がデータの各点を最も近く通るようにパラメーター（β_0とβ_1）を決める。ここでの「近さ」は残差の二乗で測定される。残差を二乗することで、正と負の残差が、近さを測る基準として同等に扱われる。OLSは残差の二乗和を最小化するようにパラメーターを推定する手法である。

最小二乗法（OLS）
(ordinary least squares)
残差の二乗和を最小化するようにパラメーターの値を推定する統計的手法

7つの観測値からなる表A-1のデータにOLSを適用すると、以下の結果が得られる。

$$\mathrm{WAGE}_i = -10.7 + 3.16 \times \mathrm{SCHOOL}_i$$

推定されたモデルによると、1年間の教育によって、労働者の時間あたり賃金は3.16ドル増加する。これがわれわれの問いに対する答えとなる。

以上の例は一般的な原則を示している。経済学者はしばしば、賃金の増加に対する質的な洞察（教育は賃金を増やす）だけでなく、その量的な関係（1年間の教育が賃金をどれだけ増加させるか）を特定したいと考えている。このためにはデータが必要となる。経済学者は、関連する利用可能なデータを見つけ、データを説明できる統計モデルを設定し、最小二乗法などの方法を使ってモデルのパラメーターを推定する。推定されたモデルを用いることで、量的な関係を特定することができる。

3-2 不確実性を測定する

経済学者はデータを使用して数量的な関係（前節でみた、1年間の学校教育が賃金にもたらす効果など）を推定する。しばしば、彼らは最良の推定値だけでなく、その推定値がどれだけ信頼できるかを知りたいと考える。つまり、彼らは自分たちの推定が厳密なのか、それとも大まかなものなのかを知りたいのである。

賃金と教育のモデルに戻る前に、より簡単な例を考えてみよう。あなたはニューヨーク市民の平均身長に興味があるとする。その値を求める方法の1つは、すべてのニューヨーク市民の身長データを取得することである。そうれば、すべての身長を合計して人数で割ることで平均（average、または mean；**算術平均**）を計算することができる。この計算にはニューヨークの全市民が含まれているため、正確な答えを得ることができる。しかし1つの問題がある。ニューヨークの人口は約900万人なので、このアプローチはまったく実用的ではない。

幸いなことに、完全に正確な答えでなくてもよいのであれば、より簡単な方法がある。全人口のデータを取得する代わりに、たとえば100人の無作為なサンプル（標本）を抽出するのである。ここでの「無作為」とは、すべてのニューヨーク市民が、

補論　経済学者はどのようにデータを活用するか

同じ確率で選ばれる可能性があるということを意味する。この無作為性により、サンプルは人口を代表する可能性が高くなる。この無作為に選ばれた100人の人々の平均身長を計算することで、ニューヨーク市民の平均身長を推定することができる。

　サンプルの100人の平均身長が66インチ（約168cm）であるとしよう。分析はこれまでのところ順調である。しかし、あなたはこの推定値がどれだけ信頼できるものであるのか、気になり始めるかもしれない。サンプルが無作為に選ばれているので、サンプルから得られた66インチという平均身長が、人口の平均身長に比べて高すぎている、あるいは低すぎていると考える理由はない。しかし、実際はどちらかになりうる。無作為にサンプルを選んだ結果、少し背の高い人がサンプルに多く含まれてしまったり、逆に少し背の低い人がサンプルに多く含まれてしまったりすることがありうる。この不確実性は、統計学者が**標本変動**（sampling variation）と呼ぶものに由来する。標本変動とは、異なる無作為サンプルが異なる推定値をもたらす変動性のことを指す。

　統計学者は、パラメーターの値を推定するだけでなく、標本変動に起因するパラメーターの推定値の不確実性を評価する手法を開発している。この手法の詳細は本論の範囲外だが、基本的なアイデアは以下の例から理解できる。

　まず、サンプルの100人の平均身長を計算した後、身長の標準偏差を計算する。**標準偏差**（standard deviation）とは観測値のばらつきの尺度であり、数学や統計の授業で学んだことがあるかもしれない。ここでは、身長の標準偏差が4インチ（約10cm）であるとする。

　標準偏差とは何か。厳密には、平均からの二乗偏差の平均の平方根である。これだと厄介に聞こえるだろうが、より直感的な解釈がある。正規分布（ベル型の分布）の場合、観測値の約95%は平均から標準偏差2つ分の範囲内に収まる。この例では、平均が66インチで標準偏差が4インチ（標準偏差2つ分は8インチ）であるため、無作為にニューヨーク市民を選んだ場合、その個人の身長が58インチ（約148cm）から74インチ（約188cm）の間にある確率は95%となる。

　次に、標準偏差とサンプルサイズを使用して、推定の信頼度を表す尺度である<u>標準誤差</u>を計算することができる。統計学者によって開発された式によると、サンプルの平均の標準誤差は、標準偏差をサンプルサイズの平方根で割ったものである。この場合、推定の標準誤差は $4 / \sqrt{100} = 4/10 = 0.4$ となる。この数値は、推定値における標本変動の程度を測るために用いられる。標準偏差が個々のニューヨーク市民の身長のばらつきを測るのに対して、標準誤差はニューヨーク市民のサンプルの平均身長のばらつきを測るものである。

　以下は有用な原則である。パラメーターの真の値は、95%の確率でパラメーターの推定値から標準誤差2つ分の範囲内に収まる。この例では、推定値は66インチで、標準誤差は0.4インチ（約1cm）であり、標準誤差2つ分は0.8インチに相当する。したがって、あなたは「95%の確率で、ニューヨークの全市民の真の平均身長は65.2インチ（約166cm）から66.8インチ（約170cm）の間にある」ということが言えるのである。

　この原則に基づき、標準誤差の2つ分は、しばしば**誤差の範囲**（margin of

標準誤差
（standard error）
標本変動によってもたらされる、パラメーターの推定値の不確実性を表す尺度

error) と呼ばれる。ジャーナリストは、世論調査の結果を報告する際にこの用語を
よく用いる。たとえば、「400人を対象とした調査によると、57％が特定の候補を
支持しており、誤差の範囲は5％です」というふうに使われる。これは、「95％の正
しさで、その候補の真の支持率が52％から62％の間にあるということが言える」と
いう意味である。

　標準誤差は、真の平均を推定するような単純な例だけでなく、他の文脈でも有用
である。状況次第で、標準誤差を計算するための式は複雑になりうる。しかし幸い
なことに、パラメーターの推定を行う際に使用されるほとんどの統計ソフトウェア
は、推定値の標準誤差を自動的に計算してくれる。

　表A-1の賃金と教育に関するデータについて、マイクロソフト・エクセルを用い
て推定した線形モデルと、その推定値に対する標準誤差（カッコ内に示されている
値）は以下の通りである。

$$\mathrm{WAGE_i} = -10.7 + 3.16 \times \mathrm{SCHOOL_i}$$
$$(20.7) \quad (1.35)$$

1年間の教育が賃金に与える効果の推定値は3.16ドルであるが、この推定値はあま
り正確ではないことが明らかになった。標準誤差2つ分は$2 \times 1.35 = 2.70$である。
したがって、1年間の教育が賃金に与える真の効果は、95％の確率で0.46ドルから
5.86ドルの間にあるということが言えるが、この範囲は大きく、精度の高い推定で
あるとは言えない。もっとも、観測値が7つのみのデータでパラメーターを推定す
る場合、高い精度は期待できない。もし観測値の数が700であれば、標準誤差は0.135
になり、95％の信頼区間は2.89ドルから3.43ドルの間へと縮小する。推定されたパ
ラメーターは、サンプルサイズが大きくなるほど精度が高まるのである。

3-3 交絡変数を説明する

　多くの場面で、従属変数は2つ以上の変数の関数となる。たとえば、賃金は教育
だけでなく、経験、能力、職務特性などにも依存する。分析者が慎重さを失うと、
ある変数の影響と別の変数の影響を誤って混同してしまうことがある。幸いなこと
に、統計的手法を適切に用いることで、この交絡変数の問題を回避することができ
る。

　賃金と教育の統計モデルの例を引き続き用いよう。

$$\mathrm{WAGE_i} = \beta_0 + \beta_1 \times \mathrm{SCHOOL_i} + \varepsilon_i$$

先ほど、残差（または誤差項）ε_iは平均的にゼロであり、独立変数$\mathrm{SCHOOL_i}$との
相関がないと仮定した。平均的にゼロという仮定はそれほど重要ではない。もしゼ
ロでない場合、定数項β_0の推定値が変わるだけである。定数項は私たちの主要な分
析対象ではないため、分析自体が大きく誤った方向に進んでしまうといった恐れは
ない。

　一方で、誤差項と独立変数との間に相関がないという仮定は、潜在的な問題を孕
んでいる。誤差項は賃金に影響を与える、教育年数以外のすべての要因を反映した

補論　経済学者はどのようにデータを活用するか

ものである。そのなかに教育年数と相関している要因が含まれている場合、（誤差項と独立変数が相関し、仮定が満たされなくなるので）最小二乗法を用いて得られた推定値は、教育の賃金へ影響を示すものとして適切なものではなくなってしまう。これは交絡変数の問題である。

たとえば、ある人々が他の人よりも能力が高いとする。また、能力は労働者の賃金の決定要因であるとする（それ自体は妥当である）。もし能力が計測されていない場合、それは誤差項に含まれることになる。能力と教育年数が相関していなければ、これは問題ではない。このモデルを推定することで、教育が賃金に与える効果の正しい推定値を平均的に得ることができる。統計学の用語を用いれば、β_1の推定値はバイアスがないということになる。

しかし、もし能力の高い人々が、そうでない人々よりも長い期間教育を受けているとすると、（能力が含まれている）誤差項は、独立変数である教育年数と正の相関を持つことになる。最小二乗法によって推定されるβ_1の値は、教育の影響だけでなく、ある程度、能力の影響も反映することになる。言い換えれば、OLSは独立変数である学校教育の影響と、欠落変数である能力の影響を混同してしまうのである。その結果、β_1の推定値は上方向のバイアスがかかる。つまり、教育年数が賃金に与える影響を、真の値よりも過大に推計してしまうのである。

どうすれば良いのだろうか。1つのアプローチは、交絡変数を測定する方法を見つけることである。たとえば、7人の労働者の例に戻り、彼らは子供の頃にそれぞれIQテストを受けていたとしよう。IQは能力の指標である。表A-2には拡張されたデータが示されているが、予想通り、IQと教育年数は正の相関を示している。すなわち、IQが高い労働者ほど、教育を受けた年数が長くなる傾向がある。もしIQが教育年数を通じた間接的な影響だけでなく、直接的に賃金に影響を与えているのであれば、先ほどのβ_1の推定値は信頼できないものとなる。

しかし、すべてが無に帰したわけではない。以下のように、統計モデルを拡張することができる。

表A-2　賃金、教育、ＩＱに関するデータ

労働者	賃金（ドル、時間当たり）	教育年数	IQ
アンディ	20	12	90
ブルック	30	12	100
クロエ	30	16	90
ディエゴ	40	14	105
エマ	40	18	105
フリン	50	16	100
ジーナ	50	18	120

463

$$\text{WAGE}_i = \beta_0 + \beta_1 \times \text{SCHOOL}_i + \beta_2 \times \text{IQ}_i + \varepsilon_i$$

この新しいモデルでは、労働者の賃金は教育年数とIQによって測定される能力に依存する形になっている。この統計モデルは複数の独立変数を持つため、**重回帰**と呼ばれる。

重回帰
(multiple regression)
2つ以上の独立変数を持つ線形回帰モデル

再びOLSを用いて、このモデルのパラメーターを推定することができる。ここでは、OLSは残差の二乗の和を最小化するようにβ_0、β_1、およびβ_2を選ぶ。残差が各独立変数（この例では教育年数とIQ）と相関していない限り、OLSはバイアスのないパラメーターの推定値を導出する。そして、独立変数同士が相関していても、推計結果は信頼性がある。この場合、OLSによって推定された重回帰の推計結果を見ることで、賃金決定における学校教育とIQの相対的な重要性を明らかにすることができる。

表A-2のデータを用いてこのモデルを推定すると、以下の結果が得られる（カッコ内の数値はパラメーターの不確実性を示す標準誤差である）。

$$\text{WAGE}_i = -49.1 + 1.86 \times \text{SCHOOL}_i + 0.57 \times \text{IQ}_i$$
$$(29.5)\ (1.41) \qquad\qquad (0.35)$$

予想通り、IQを制御（コントロール）すると、教育が賃金に与える効果の推定値は低下する。新しい推定値では、1年間の学校教育によって、労働者の賃金は時間当たり1.86ドル増加する。これは、IQをモデルに含めなかったときに推定された3.16ドルよりも低い。

まとめると、欠落変数（たとえばIQで測られる能力）が従属変数（賃金）に直接影響を与え、その欠落変数が独立変数（教育年数）と相関している場合、最小二乗法（OLS）は誤った結果を導く可能性がある。OLSの推定値は、独立変数の効果と欠落変数の効果を混同してしまう。この問題に対処する方法の1つは、重回帰を用いて欠落変数を独立変数に含めることである。

しかし、交絡変数の問題への対処方法は、重回帰だけではない。次のセクションで別のアプローチを見てみよう。

3-4 因果関係を特定する

データ分析者はしばしば、ある変数が他の変数に与える因果関係（因果性）に興味を持つ。たとえば、労働者が追加的に1年間の学校教育を受けると、賃金にどのような変化が生じるだろうか。ある食品の摂取量を2倍にすると、BMIにどのような変化が生じるだろうか。観察データを用いて因果関係を推定することは、交絡変数が欠落してしまう問題や、逆の因果性の問題が存在するために、簡単なことではない。

自然実験
(natural experiment)
ランダム化比較試験と同じようなデータの変動を引き起こす偶発的な出来事

これらの問題は、**自然実験**を利用することで解決する場合がある。自然実験とは、ランダム化比較試験があたかも行われたかのように、分析対象となるデータに変動（バリエーション）を引き起こす偶発的な出来事のことである。

例を考えてみよう。ある日、フィリス・フィランソロピストが高校で講演し、驚

補論　経済学者はどのようにデータを活用するか

きの発表をする。フィリスはその高校を卒業し大学に進学するすべての生徒に対して、4年間の大学の授業料を支払うというのである。これは生徒たちにとって素晴らしいニュースであり、多くの生徒が進学することになるだろう。一方、町にはもう1つの高校があるが、そこではそのような慈善家によるサポートはない。この状況は自然実験となる。最初の高校が処置群であり、もう1つの高校が対照群である。2つの群（グループ）の学校教育年数とその後の賃金を比較することで、追加的な学校教育が賃金に与える因果関係を測定することができる。

　経済学者は、このような自然実験や類似の状況から得られるデータを用いて因果関係を推定する統計的手法を開発している。それは**操作変数法**（instrumental variables method）と呼ばれるものであり、計量経済学のコースで必ず取り上げられる手法である。この方法のカギは、**操作変数**（instrument）と呼ばれる、以下の2つの条件を満たす変数を見つけることである。

1. その変数は、われわれの興味の対象である独立変数と相関している。
2. その変数は、1.の独立変数を通じて従属変数に影響を与える以外の経路では、従属変数に影響を与えることはない。

　この例において操作変数となるのは、最初の学校にあってもう1つの学校にはないフィリスの寛大さである。このランダムな行為により、処置群の教育年数が増加する（条件1）、しかし教育年数の増加を通じた経路以外では、処置群のその後の賃金に影響を与えることはない（条件2）。この条件の下で、操作変数法を用いて学校教育が賃金に与える因果関係を特定することができる。

　表A-1の労働者の例に戻ろう。クロエ、エマ、フリンはフィリスの申し出を受けた高校に通ったとし、アンディ、ブルック、ディエゴ、ジーナは別の高校に通っていたとする。簡単な計算で、処置群（クロエ、エマ、フリン）の平均教育年数は16.7年で、平均賃金は1時間あたり40ドルであることがわかる。一方、対照群（アンディ、ブルック、ディエゴ、ジーナ）の平均教育年数は14年で、平均賃金は1時間あたり35ドルある。処置（フィリスの寛大さ）の有無以外の面では、両高校はまったく同じであると仮定する。処置群は対照群に比べて教育年数が2.7年多く、1時間あたりの賃金が5ドル高い。したがって、1年間の学校教育によって、賃金が1.85ドル（＝5ドル／2.7年）増加すると推定できる。

　自然実験を用いる際には、それが本当にランダムなのか、そして解釈可能なものなのかについて、常に厄介な問題が生じる。われわれの例では、重要な問題はフィリスの申し出以外の面では、両高校は本当にまったく同じかどうかということである。実際には、生徒は2つの高校にランダムに割り当てられたわけではない。たとえば、生徒の学校選択は居住地域に依存しており、最初の高校を選択する生徒が多い地域は、もう1つの高校を選択する生徒が多い地域より裕福で教育水準が高いかもしれない。また、フィリスがその申し出を最初の学校のみにしたのは、その学校の生徒が特に勤勉であったからかもしれないし、あるいは特に支援の必要性が高かったからかもしれない。こうした両校の間の違いは、結果にバイアスを生じさせ

465

付録

る可能性がある。研究者が自然実験を用いようとする場合は常に、データが生成されるプロセスがランダム化比較試験と異なるかどうか、また、その違いが分析結果を歪めてしまう可能性があるかどうかを考慮する必要がある。

こうした注意点があるものの、以下のケーススタディでみるように、自然実験を見つけることは、ある変数が他の変数に与える因果関係を推定する最良の方法となりうるのである。

ケーススタディ 兵役が一般市民の所得に与える影響

兵役期間がその後の民間人としての所得にどのような影響を与えるのか。この問いは、個人の意思決定だけでなく、軍事関連の公共政策にとっても重要である。異なる主張からの説得力のある議論が存在している。一方では、軍隊は規律、チームワーク、有益な職業技能を向上させるため、軍務経験が履歴書に記載されていることは、その個人の収入を引き上げる要因となる、という主張がある。他方では、軍務経験者は、それによって民間の職場経験や仕事中の訓練が削減されているので、軍務経験のない人々に比べ収入が低くなるという主張もありうる。どちらの主張も真実である可能性がある。データのみがどちらが正しいかを決めることができる。

この問題に対してどのようにデータを用いればよいかを考えてみよう。1つの出発点は、軍務経験のある労働者とない労働者を比較することである。これら2つのグループの平均収入の差を、軍務の影響と見なすことができるかもしれない。

しかしながら、このアプローチには問題がある。収入の差異は、軍隊に入る人々の個人的な特性に起因する可能性があり、軍務経験の因果効果ではないかもしれない。たとえば、軍隊に入る人々は、そうでない人々に比べ、既に規律がありチームワークが優れているのかもしれない。この場合、軍務経験者は、軍務が賃金に及ぼす効果がないとしても、他の人々より収入が高いかもしれない。あるいは、軍隊に入る人々は、そうでない人々に比べ、民間の高収入の仕事に必要なスキルを持っていないから軍隊に入隊しているのかもしれない。この場合は、軍務経験者は、軍務が賃金に及ぼす効果がないとしても、他の人々より収入が低いかもしれない。欠落変数が多いため、軍務経験の有無が平均収入の差の原因であると解釈することはできないのである。

では、この問いにどのように答えることができるのだろうか。ランダム化比較試験を用いればうまくいくだろう。人口を無作為に2つのグループに分ける——兵役を強制されるグループと、兵役につかないグループである。そして、両グループのその後の民間人としての収入を比較する。この差異は軍務の因果効果を反映していなければならない。なぜなら、ランダム化により両グループがそのほかの点では同じであることが保証されているからである。

それを厳密な実験として行うことはできないが、歴史的に、アメリカ政府はそれに近いことを行った。1970年代初頭のベトナム戦争中、若年男性が軍に徴兵されるかどうかは、くじに基づいて決められた。小さい番号のくじを引いた場合、その

466

補論　経済学者はどのようにデータを活用するか

くじを引いた若者は高い確率で徴兵された。逆に、大きい番号のくじを引いた場合、徴兵を回避することができた。確かに、くじの番号だけが徴兵の決定要因というわけではなかった。裕福で人脈のある人は比較的容易に徴兵を避けることができた一方、大きいくじ番号を持っている人でも自発的に徴兵を志願することができた。しかし、くじ番号の割り当て自体は完全にランダムであった。

　経済学者ジョシュア・アングリスト（Joshua Angrist）は彼自身の重要な研究のなかで、この徴兵くじ番号が操作変数法を適用する理想的な変数であると指摘している。このくじ番号は、先に議論された2つの条件を満たしている。それは兵役の決定に影響を与えた（条件1）。そして、くじ番号は、徴兵の決定を通じて影響を与える以外の経路では、民間人のその後の収入に影響を与えることはなかった（条件2）。

　アングリストがこの自然実験から得た結論は何だったのだろうか。要点は次の通りである。「1980年代初頭、ベトナムでの兵役が終了してからかなりの時間を経た後も、白人の退役軍人の収入は、非退役者（兵役につかなかった人々）と比較して約15％少なかった」。こうした長期的な経済的コストも踏まえると、兵役で国に奉仕することは、われわれがこれまで認識していたよりもずっと高貴な行為であると言えるのかもしれない。

　2021年、アングリストは「因果関係の分析における方法論的な貢献」によりノーベル賞を受賞した。

理解度確認クイズ

4. 統計的手法としての最小二乗法（OLS）の説明として適切なのは次のうちどれか。

　a. 最も適合するパラメーターを見つける。
　b. 逆の因果性の問題を回避できる。
　c. すべてのデータを含む最小の長方形を特定する。
　d. 観察データを実験データに変換する。

5. 標準誤差が用いられる目的として適切なのは以下のうちどれか。

　a. 共通の間違いを分類するため
　b. 推定値の信頼性を測るため
　c. 交絡変数を避けるため
　d. より正確な予測を提供するため

6. 重回帰分析は＿＿＿＿＿に用いられる。

　a. 逆の因果性の問題を回避するため
　b. 大きな標準誤差の問題を避けるため
　c. 独立変数が2つ以上あるとき
　d. 従属変数が2つ以上あるとき

7. 操作変数法は、＿＿＿＿＿に用いられる。

　a. 逆の因果性の問題を回避するため
　b. 大きな標準誤差の問題を避けるため
　c. データが多すぎるとき
　d. データが不十分なとき

➡（解答は章末に）

付録

4 結論

　本論は計量経済学という広大かつ専門的な分野の弾丸ツアーであった。ここでは、経済学者が使用するデータの種類、データ分析の目的、そしてさまざまな統計的手法がデータから信頼できる推論を導くためにどのように役立つかについて議論した。計量経済学のツールを自分で使いこなせるようにするためには、この分野についての独立したコースを受講する必要がある。本論は、その将来の学習に向けた簡単なイントロダクションである。

本論のポイント

- 経済学者は世界の動きを分析するために2種類のデータを用いる。1つはランダム化比較試験から得られる実験データであり、もう1つは調査や行政記録から得られる観察データである。観察データを解釈する際には、交絡変数の問題や逆の因果関係の問題があるため、注意が必要である。

- データには3つのタイプがある。横断面データは特定の時点における複数の対象（たとえば人、企業、国）の特性を示したものである。時系列データは特定の対象に関する時間を通じた特性を示したものである。パネルデータは複数の対象の時間を通じた特性を示したものである。

- 経済学者は通常、データを用いて分析する際、以下の4つの目的のいずれかを持っている。経済の描写、変数間の関係性の定量化、仮説の検定、または将来の予測である。

- 関係性を定量化する際には、統計的手法を用

いてデータに最も適合するパラメーターを推定する。そのような手法の1つに最小二乗法がある。

- 統計的手法はパラメーターを推定するだけでなく、その推定値に関する、標本変動から生じる不確実性を測定する。推定値の標準誤差はその不確実性の尺度である。

- データアナリスト（分析者）は、交絡変数が独立変数と相関していて、それが統計モデルから除外されている場合、誤った結論に導かれることがある。この問題に対処するアプローチの1つは、交絡変数をモデルに追加し、重回帰を用いて分析対象である独立変数の真の効果を推定することである。

- 変数間の因果関係を推定するために、分析者は交絡変数の問題と逆の因果性の問題について注意を払う必要がある。この問題に対処する1つのアプローチは、自然実験を見つけ出すことである。

468

補論　経済学者はどのようにデータを活用するか

理解度確認テスト

1. 実験データと観察データの違いを説明しなさい。
2. 経済学者が常に実験データを使うわけではないのはなぜか。
3. 観察データの分析において生じる2つの問題とは何か。
4. 横断面データと時系列データの違いを説明し、それぞれの例を挙げなさい。
5. 最小二乗法は統計モデルのパラメーターの値をどのように推定するか。
6. パラメーターの推定値の標準誤差は何を測定するのか。
7. 交絡変数の問題を説明し、その問題を解決するための2つの手法を説明しなさい。

演習と応用

1. 以下は、架空の研究プロジェクトの要約である。それぞれについて、[　　]内の選択肢のなかから正しい語を選びなさい。

   a. エリーは経済学者で、人口増加が国民所得にどのように影響を与えるかを研究したいと考えている。彼女は50か国における、各国の人口増加率と1人当たりの国民所得のデータを収集した。これは[横断面データ ／ 時系列データ]の一例である。

   b. 彼女は国民所得が人口増加に依存するという統計モデルを仮定した。彼女はデータをプロットし、もっともあてはまりのよい直線を[ランダム化比較試験 ／ 最小二乗法]を用いて求めた。

   c. その結果、「より高い人口増加率の国は所得が低い」という負の関係性が見いだされた。彼女はこの結果は標本のばらつきの大きさによるものではないと結論づけた。なぜならば[サンプルのサイズ ／ 標準誤差]が小さかったからである。

   d. エリーは自分のデータを[実験的な ／ 観察的な]ものであるとみなした。なぜなら、……

   e. ……それは[ランダム化比較試験 ／ 重回帰]によって生成されたものではないからである。

   f. 彼女は、国の平均的な教育水準がその国の所得と人口増加の両方に影響を与えている可能性を懸念した。これは[交絡変数 ／ 線形回帰]の問題につながる恐れがあるからである。

   g. 彼女は各国の教育水準に関するデータを見つけ、[パネルデータ ／ 重回帰]を用いて統計モデルにそれを追加した。

   h. エリーはまた、所得水準が避妊手段の普及度合いに影響を与え、それが人口増加の問題に影響を与えている可能性を懸念した。これは[逆の因果性 ／ 標準誤差]の問題である。

   i. 彼女は、一部の国々が国連の避妊手段普及プログラムの恩恵を受けた一方、別の一部の国々はその恩恵を受けていなかったこと、また、そのプログラムへの参加がランダムであったことを知った。彼女はこの政策が[自然実験 ／ 線形回帰]を提供していると認識した。

   j. 彼女は今、人口増加が所得に与える因果関係を推定することができる。そのための手法として、[最小二乗法 ／ 操作変数法]を用いることができる。

理解度確認クイズの解答

1. d　2. b　3. d　4. a　5. b　6. c　7. a

469

訳者あとがき

　本書は、『マンキュー経済学』の原著第10版を翻訳したものである。これまでは、日本語版権を持っていた東洋経済新報社から2000年以来第4版まで翻訳されていたが、第5版からは原著オリジナルの版権を持っているセンゲージラーニングより刊行され、発売元は東京化学同人となった。『マンキュー経済学』は、2000年に日本語に初めて翻訳され、現在に至るまで、世界中で読まれており、経済学の入門書としての評価が定まったテキストとなっている。

　本テキストが書かれた経緯は、マンキューが大学1年の時に履修した経済学原理の授業に由来している。冷徹な科学的アプローチで、社会問題を解決していくスタイルに興奮したという。本書の中でも「私が初めて経済学の講義を受けた学生時代に感じた経済学への興奮を、少しでも伝えることができればと願って書いたものである」と述べており、その興奮が継続するように、様々な工夫がなされており、版が変わっても読み継がれる理由も明らかだろう。

　山下和美氏の漫画『天才柳沢教授の生活』（講談社）で経済学者の主人公の柳沢教授が、新しい版になった『サミュエルソン経済学』を買うエピソードがある。マンキュー経済学も版を重ねるたびに、常に最新の経済動向や理論が加わる改訂が行われており、経済学が常に進化していることを読者は感じることができるだろう。

　本書『マンキュー入門経済学』は、翻訳版オリジナルの編集となる。原著版にも存在するエッセンシャル版を参考にしながら、必要である章を日本の大学における経済学教育の現状に合わせて、訳者一同で話し合いをした上で、編集を行った。原著版よりも短い内容であるが、先行版である東洋経済新報社版（以下、第3版）との整合性を踏まえて、いくつかの章を入れ替える形になった。本書の変更点は以下の通りである。

　第Ⅱ部「ミクロ経済学」については第3版にあった第7章の外部性を入れ替え、第7章に生産コスト、第7章補論として消費者選択の理論を新たに導入した。これはミクロ経済学の基礎理論を学ぶ際に必要な生産者の理論、消費者の理論を本書で学ぶことで、大学2年次以降の初級ミクロ経済学への橋渡し、あるいは副読本として活用することを想定している。また第3版の第6章租税の理論は初級テキストとしては応用の位置づけとして捉え、付論へと移動した。

　第Ⅲ部「マクロ経済学」については第3版で第10章付論にあった失業の理論を割愛した。また、新たに付録として「経済学者はどのようにデータを活用するか」を導入している。昨今経済学者がデータをどのように利用するかについて論じた補論である。近年、経済学の研究はデータを駆使した実証研究の重要性が一段と高まっており、データ分析の入門として今回新たに付加されている。この補論を導入したのは、本書でデータに関する分析手法についての初歩的な知識を得た上で、統計学や計量経済学などのより発展した知識の学習のためである。以下、簡単に本書の構成について述べる。

　『マンキュー入門経済学』では、本書中でマンキューが強調するように、経済学の思考法を日常に応用するために重要である「経済学の10原則」から始まり、経済学で繰り返し出てくる概念を丁寧に説明している（第1章）。本書全体を通じて、この「経済学の10原則」は繰り返し出てくるようになっており、読者が「経済学の10原則」を習得できるような工夫がなされている。その後は、経済学者がどのようなテーマに取り組んでいるのか（第2章）、貿易がなぜ起こるのかを理解するのに必要な比較優位の原則（第3章）を学ぶ。第Ⅱ部では、本書でも度々出てくる重要な概念である需要と供給について第4章で取り上げ、第4章付論で弾力性の概念、第5章では第4章の応用編として、税や価格規制などの政府の経済政策の効果について分析する。第6章では、需要と供給の分析を発展させる形で余剰の概念を学び、消費者の支払用意と需要曲線との関連、生産者の生産コストと供給曲線との関連を

明らかにする。第6章付論は、応用編として租税が経済に与える影響についての章になっている。第7章は、経済学で消費者や政府と並んで重要な「企業」の行動を学ぶためにコストの諸概念を理解し、供給サイドの原理を学ぶ。そして、第7章の付論として、消費者選択の理論から導かれる需要サイドの原理を理解することにより、ミクロ経済学の基礎知識が一通り得られるようになっている。

　第Ⅲ部では、価格が粘着的である短期の経済を分析する前に、価格が柔軟に変化する長期の経済を分析するアプローチがとられている。これは最近のマクロ経済学のコースワークでは長期と短期を分離して教えることが多く、安定的である長期均衡からの乖離を分析するのが有用だからである。

　まず第8章と第9章で、国民所得、消費者物価指数などのマクロ経済変数の測定の方法や利用について論じられている。第10章では、生活水準が時代や国によって大きく異なることの決定要因を説明している。第11章および付論では、経済学者の貨幣の概念と、貨幣量をコントロールする中央銀行の役割を紹介する。またインフレが社会にもたらすコストについても論じる。そして次に、物価の柔軟性と完全雇用という長期的な前提を維持しつつ、開放経済のマクロ経済学を紹介する。第12章では、総需要・総供給モデルと呼ばれる短期の物価の変動を説明する理論の基礎を学ぶ。第13章では、貯蓄、投資、貿易収支の関係、名目為替レートと実質為替レートの区別、購買力平価の理論について説明している。

　『マンキュー入門経済学』（第4版）の翻訳は、片桐、篠、溝口の3人が担当した。それぞれの担当章は以下の通りである。片桐満：第8章～第11章、第11章付論、篠潤之介：第1章～第4章、第4章付論、第12章、第13章、補論、溝口哲郎：第5章、第6章、第6章付論、第7章、第7章付論。今回、東洋経済新報社版にあった日本のデータは紙面の都合上割愛し、コラム等も版権の問題で翻訳ができなかったことを付記しておく。翻訳については、訳者一同で用語の統一などを行い、編集の大河内さほ氏、宮崎洋一氏には丁寧な文章校正およびチェックをいただいた。センゲージラーニングの石原美希氏からは翻訳の機会および丁寧な文章チェックをいただいた。もちろん翻訳については、訳者一同に責任がある。

　2024年10月

訳者一同（文責：溝口）

用語集　Glossary

【あ行】

アローの不可能性定理　Arrow's impossibility theorem　ある前提条件の下では、個人の選好を有効な社会的選好の集合に集約する方法は存在しないことを示す数学的結果

一括税　lump-sum tax　すべての人に同額が課される税

インセンティブ　incentive　人々にある特定の行動を促すもの

インデクセーション（物価スライド）　indexation　法律または契約により、インフレーションの影響を考慮して金額が自動的に補正されること

インフレーション　inflation　経済において全般的に物価が上昇すること

インフレ税　inflation tax　貨幣を生み出すことで政府が得られる収入

インフレ率　inflation rate　物価指数の前期からの変化率

エージェント（代理人）　agent　プリンシパルと呼ばれる第三者のために行動する人

応益原則　benefits principle　国民は政府によるサービスから受ける便益に応じて税を支払うべきだという考え方

応能原則　ability-to-pay principle　その人の負担能力に応じて税は課税されるべきだという考え方

【か行】

会計上の利潤　accounting profit　総収入から明示的総費用を引いたもの

外部性　externality　ある人の行動が周囲の人々の厚生に及ぼす、補償されることのない影響

外部性の内部化　internalizing the externality　人々が自分の行動の外部効果を考慮するように、インセンティブを変えること

開放経済　open economy　他国の経済と自由に相互作用する経済

価格下限　price floor　財を販売できる価格の法律で定められた下限

価格差別　price discrimination　同じ財を異なる顧客に異なる価格で販売するビジネス慣行

価格上限　price ceiling　財を販売できる価格の法律で定められた上限

下級財　inferior good　他の条件を一定としたとき、所得が増加すると需要が減少する財

貸付資金市場　market for loanable funds　貯蓄をしたい人が資金を供給し、投資のために借入をしたい人が資金を需要する市場

寡占　oligopoly　少数の売り手だけが類似または同一の製品を提供する市場構造

価値尺度　unit of account　人々が価格を表示したり、借金を記録したりするための基準

価値保存手段　store of value　人々が購買力を現在から将来に移すために用いることのできるもの

株式　stock　企業の部分的な所有権

貨幣　money　人々がお互いに財・サービスの購入のために、日常的に用いる資産の集合

貨幣供給量　money supply　経済で利用可能な貨幣の量

貨幣乗数　money multiplier　準備1ドルあたりから生じる貨幣の量

貨幣数量説　quantity theory of money　利用可能な貨幣量が物価水準を決定し、利用可能な貨幣量の成長率がインフレ率を決定すると主張する理論

貨幣数量方程式　quantity equation　貨幣量、貨幣の流通速度、経済における財やサービスの生産の名目価値を関係付ける方程式で、$M \times V = P \times Y$で表される。

貨幣の中立性　monetary neutrality　貨幣供給量の変化は実質変数に影響しないという定理

貨幣の流通速度　velocity of money　経済におい

用語集　Glossary

て人から人へと貨幣が移動する平均的な速度

可変費用 variable costs　生産量によって変化する費用

カルテル cartel　一体となって行動する企業グループ

関税 tariff　海外で生産され、国内で販売される財に課される税

完全代替財 perfect substitutes　直線の無差別曲線を持つ２つの財

完全補完財 perfect complements　直角の無差別曲線を持つ２つの財

機会費用 opportunity cost　あるものを手に入れるために諦めなくてはならないもの

企業固有のリスク firm-specific risk　単一企業に影響を及ぼすようなリスク

技術的知識 technological knowledge　財・サービスを生産するための最も良い方法に関する社会的な理解

記述的命題 positive statements　現実をあるがままに描写しようとする命題

希少性 scarcity　社会の資源は無限に存在するのではなく、限りがあるという性質

ギッフェン財 Giffen good　価格の上昇によって需要量が増加する財

規範的命題 normative statements　現実がどうあるべきかについて定めようとする命題

規模に関して収穫一定 constant returns to scale　生産量が変化しても、長期平均総費用が変わらない性質

規模の経済 economies of scale　生産量が増加するにつれて長期平均総費用が低下する性質

規模の不経済 diseconomies of scale　生産量が増加するにつれて長期平均総費用が上昇する性質

逆進税 regressive tax　高所得の納税者が低所得の納税者よりも所得に占める税額の割合が小さい税

逆選択 adverse selection　観察できない属性が混ざることで、情報を持たない側から見て望ましくない結果がもたらされる傾向

キャッチアップ効果 catch-up effect　相対的に貧しい状態でスタートした国のほうが、豊かな

状態でスタートした国よりも急成長しやすいという性質

求職意欲喪失労働者 discouraged workers　働く意思はあるが職探しを諦めた労働者

供給曲線 supply curve　財の価格と供給量の関係を示したグラフ

供給計画 supply schedule　財の価格と供給量の関係を示した表

供給ショック supply shock　企業の生産コストと価格設定に直接影響を与える事象で、総供給曲線およびフィリップス曲線をシフトさせる。

供給の価格弾力性 price elasticity of supply　価格変化に対して供給量がどれだけ反応するかを測定する尺度。供給量の変化率を価格の変化率で割ることで計算される。

供給の法則 law of supply　他の条件を一定とした場合、ある財の価格が上昇すると、その財の供給量が増加するという法則

供給量 quantity supplied　買い手が販売したいと考え、かつ販売可能な量のこと

競争市場 competitive market　多数の買い手と売り手が同一の財を取引し、それぞれの買い手と売り手がプライステイカーである市場

共謀 collusion　市場における企業間の、生産量や価格に関する合意

共有資源 common resources　消費において競合的であるが、排除可能ではない財

均衡価格 equilibrium price　需要量と供給量を等しくさせる市場価格

均衡数量 equilibrium quantity　均衡価格における需要量と供給量

均衡（点） equilibrium　需要量と供給量が等しくなる水準に市場価格が達した状態

均衡貿易収支 balanced trade　輸出と輸入が等しい状態

金融市場 financial markets　貯蓄する人が借りる人に対して、直接資金を供給することができる金融の仕組み

金融システム financial system　経済において、ある人の貯蓄と別の人の投資を結びつけるのを助けるさまざまな仕組み

金融政策 monetary policy　中央銀行の政策担

473

当者による貨幣供給量の設定

金融仲介機関 financial intermediaries　貯蓄する人が借りる人に対して、資金を間接的に提供できる金融の仕組み

靴底コスト shoeleather costs　インフレーションが、貨幣保有を減らすよう人々に促すことから生じる資源の損失

クラウディングアウト crowding out　政府の借入によって生じる投資の減少

クラウディングアウト効果 crowding-out effect　財政拡大によって金利が上昇し、投資支出を押し下げることで当初の総需要の増加が相殺されること

クラブ財 club goods　排除可能だが、消費において競合的でない財

景気後退 recession　所得が低下し、失業が増加する局面

景気循環 business cycle　雇用や生産活動などの経済活動の振幅

経済学 economics　希少な資源をどのように管理・利用すべきかについて研究する学問

経済上の利潤 economic profit　総収入から、明示的費用と潜在的費用の両方を含んだ総費用を引いたもの

ゲーム理論 game theory　戦略的状況において人々がどのように行動するかの研究

減価 depreciation　ある通貨の価値（その通貨1単位で購入できる他国通貨の量で測られたもの）が低くなること

限界収入 marginal revenue　追加的に一単位を販売することによる総収入の変化

限界生産物 marginal product　投入物を1単位追加することによって生じる生産量の増加分

限界生産物の価値 value of the marginal product　投入物の限界生産物に生産物の市場価格を掛けたもの

限界生産物の逓減 diminishing marginal product　投入量の増加に伴って、投入量の限界生産物が減少する性質

限界税率 marginal tax rate　所得が1ドル増えることによる増税額

限界代替率 marginal rate of substitution　消費

者がある財を別の財と交換することを望む割合

限界的な変化 marginal change　行動計画に対する漸進的な調整

限界費用 marginal cost　1単位の追加生産によって生じる総費用の増加分

現金通貨 currency　一般に流通している紙幣や硬貨

現在価値 present value　現在の金利を前提としたときに、「将来時点におけるある金額」を生み出すために必要な「現在時点における金額」

現物給付 in-kind transfers　現金ではなく物品やサービスとして提供される給付

コアCPI core CPI　食料品とエネルギーを除いた財・サービスの全体的なコストを示す指標

公開市場操作 open-market operations　連邦準備制度（Fed）によるアメリカ国債の購入・売却

交換手段 medium of exchange　財やサービスを購入する際、買い手が売り手に渡すもの

公共財 public goods　排除可能でも消費において競合的でもない財

恒常所得 permanent income　人々の通常の所得

厚生経済学 welfare economics　資源配分が経済的幸福にどのような影響を与えるのかの研究領域

構造的失業 structural unemployment　ある労働市場において、空きのある仕事の数が、仕事を求めるすべての労働者に仕事を与えるのに十分でないことから生じる失業

行動経済学 behavioral economics　心理学の洞察が融合した経済学の一分野

購買力平価 purchasing-power parity　どの通貨についても、その1単位で購入できる財の量が、全ての国で等しくなるように為替レートが決まるとする理論

公平性 equality　経済的な便益を社会のメンバーの間で均等に分配している性質

効用 utility　満足度の尺度

功利主義 utilitarianism　政府は、社会全体のすべての人々が得る効用の合計を最大化すべきであると考える政治哲学

効率性 efficiency 社会の全メンバーが受け取る総余剰を最大化するという資源配分に関する性質

効率賃金 efficiency wages 労働者の生産性を引き上げるために企業から支払われる、均衡水準よりも高い賃金

効率的規模 efficient scale 平均総費用を最小化する生産量

効率的市場仮説 efficient markets hypothesis 資産価格はその資産価値に関するすべての入手可能な情報を織り込んでいるとする理論

合理的期待 rational expectations 人々は将来を予測する際、政府の政策を含むすべての知識を最適に利用するという理論

合理的な人々 rational people 計画的にかつ明確な意志に基づいて、目標を達成するための最善の方法を実行する人間

コースの定理 Coase theorem 民間の当事者たちが資源の配分についてコストなしに交渉できるのであれば、外部性の問題を自分たちで解決できるという命題

国内総生産（GDP） gross domestic product：GDP ある期間に国内で生産されたすべての最終的な財とサービスの市場価値

国民貯蓄（貯蓄） national saving (saving) 消費と政府支出の支払い後に残る経済の総所得

コスト（費用） cost 売り手が商品を生産するために諦めなければならないすべての価値

固定費用 fixed costs 生産量によって変化しない費用

古典派の二分法 classical dichotomy 名目変数と実質変数の理論的な分離

コモンズの悲劇 Tragedy of the Commons 社会全体から見て、望ましい量以上に共有資源が使用される理由を説明するたとえ話

コンドルセのパラドックス Condorcet paradox 社会にとっての多数決が推移的選好を生み出さないこと

【さ行】

債券 bond 債務の証明書

財政赤字 budget deficit 政府支出に対する税収の不足額

財政黒字 budget surplus 政府支出を上回る税収の余剰額

財政政策 fiscal policy 政府支出と税金の水準に関する政府の選択

サクリファイス・レシオ（犠牲率） sacrifice ratio インフレ率を1%ポイント引き下げるために必要な年間産出量の低下幅を、%ポイントで示した値

差別 discrimination 人種、民族、性別、年齢、宗教、性的指向、またはその他の個人的特徴のみが異なる類似の個人に対して、異なる機会が与えられること

サンクコスト sunk cost すでに投入され、回収できない費用

GDPデフレーター GDP deflator 名目GDPの実質GDPに対する比率に100を掛けて計算される物価水準の指標

死荷重 deadweight loss 市場の歪みから生じる総余剰の減少

シグナリング signaling 情報を得た当事者が、情報を知らない当事者に私的情報を明らかにするためにとる行動

（銀行の）自己資本 bank capital 銀行が株主に株式を発行して得た資金

自己資本比率規制 capital requirement 銀行の自己資本の最低額を定めた公的規制

市場 market ある財またはサービスの買い手と売り手の集まり

市場経済 market economy 市場で財やサービスを取引する際、多くの企業や家計の分権化された意思決定を通じて資源が配分される経済

市場支配力（価格支配力） market power 単一の（あるいは少数からなる）経済主体が、市場価格に大きな影響を与える能力

市場の失敗 market failure 市場の力だけでは効率的な資源配分を実現できない状況

市場リスク market risk 株式市場に含まれているすべての企業に影響を及ぼすようなリスク

自然産出量水準 natural level of output 失業率が自然失業率の水準にあるときの、経済が長期的に達成する財・サービスの産出量

自然失業率　natural rate of unemployment　通常時の失業率の水準で、失業率はその周りで変動する。

自然失業率仮説　natural-rate hypothesis　失業率は、インフレ率に関わらず、最終的には自然失業率に収斂していくという仮説

自然独占　natural monopoly　単一の企業が、2社以上の企業よりも低いコストで市場全体に財やサービスを供給できるために生じる独占の一種

失業保険　unemployment insurance　失業した労働者の所得を部分的に補填するための政府の政策

失業率　unemployment rate　労働力人口に占める失業者の比率

実質為替レート　real exchange rate　ある国の財・サービスと他国の財・サービスとの交換比率

実質金利　real interest rate　インフレーションの影響を補正した金利

実質GDP　real GDP　一定の価格で評価した財・サービスの生産額

実質変数　real variables　物質的な単位で測定される変数

私的財　private goods　排除可能であり、かつ消費において競合する財

自動安定装置　automatic stabilizers　景気後退に陥った際に総需要を刺激する、政策担当者の意図に基づかない財政政策の変更

支配戦略　dominant strategy　他のプレイヤーが追求する戦略に関係なく、そのプレイヤーにとって最善の戦略

支払用意　willingness to pay　買い手のそれぞれが財に対して支払うであろう最大価格

資本　capital　財やサービスを生産するために使用される設備や構造物

資本逃避　capital flight　ある国の資産に対する需要が大規模かつ急激に縮小すること

社会保険　social insurance　困難に陥るリスクから人々を保護することを目指す政策

収穫逓減　diminishing returns　投入物の量が増えるにつれて、追加的な1単位の投入物から得られる便益が減少していく性質

自由契約主義　liberal contractarianism　政府は、「無知のベール」をかぶった公平な観察者によって評価されるように、公正な政策を選ぶべきだとする政治哲学

囚人のジレンマ　prisoners' dilemma　捕らえられた2人の囚人の間で行われる特別な「ゲーム」であり、協力が相互に有益であっても、それを維持することが困難である理由を示している。

需要曲線　demand curve　財の価格と需要量の関係を示したグラフ

需要計画　demand schedule　財の価格と需要量の関係を示した表

需要と供給の法則　law of supply and demand　どんな財についても、需要量と供給量が釣り合うように価格が調整されるという法則

需要の価格弾力性　price elasticity of demand　価格変化に対して需要量がどれだけ反応するかを測定する尺度。需要量の変化率を価格の変化率で割ることで計算される。

需要の交差価格弾力性　cross-price elasticity of demand　ある財の価格変化に対して、別の財の需要量がどれだけ反応するかを測定する尺度。財1の需要量の変化率を財2の価格の変化率で割ることで計算される。

需要の所得弾力性　income elasticity of demand　消費者の所得変化に対して需要量がどれだけ反応するかを測定する尺度。需要量の変化率を所得の変化率で割ることで計算される。

需要の法則　law of demand　他の条件を一定とした場合、ある財の価格が上昇すると、その財の需要量は減少するという法則

需要量　quantity demanded　買い手が購入したいと考え、かつ購入可能な量のこと

循環的失業　cyclical unemployment　失業率の自然失業率からの乖離

純資本流出　net capital outflow　国内居住者による外国資産の購入額から、外国人による国内資産の購入額を差し引いたもの

準備　reserves　銀行が受け入れたものの貸出に用いられていない預金

準備預金制度　reserve requirements　銀行が預

金に対して保有しなければならない準備の最低額を定める規制

準備預金への付利 interest on reserves 連邦準備制度（Fed）への預金として保有する準備に対して銀行に支払われる金利

準備率 reserve ratio 銀行が準備として保有する預金の割合

純輸出 net exports 国内で生産された財に対する海外からの支出（輸出）から、海外の財に対する国内の支出（輸入）を差し引いたもの

乗数効果 multiplier effect 拡張的な財政政策が、所得と消費を押し上げることによって総需要を追加的に増加させる効果

消費 consumption 新築住宅の購入を除いた家計の財・サービスに対する支出

消費者物価指数（CPI） consumer price index 一般的な消費者が購入する財・サービスの全体的なコストを示す指標

消費者余剰 consumer surplus 買い手が商品に対する支払用意から、買い手が実際に支払う金額を差し引いた金額

消費における競合性 rivalry in consumption ある人の使用によって他の人の使用が減少する財の性質

商品貨幣 commodity money 本源的価値を持つ商品の形態をとる貨幣

情報に関して効率的 informational efficiency 資産価格にすべての入手可能な情報が合理的に織り込まれている状態

将来価値 future value 現在の金利を前提としたときに、「現在時点におけるある金額」が生み出す「将来時点における金額」

職探し job search 労働者が、自らの好みやスキルに応じた適切な仕事を見つけるためのプロセス

所得効果 income effect 価格変化によって消費者がより高い無差別曲線またはより低い無差別曲線に移動したときに生じる消費の変化

所有権 property rights 個人が限られた資源を所有し、自由にコントロールできる権利

人的資本 human capital 労働者が、教育、訓練、経験から得る知識や技能

垂直的公平性 vertical equity 支払い能力の高い納税者ほど、より多額の税を納めるべきだという考え方

水平的公平性 horizontal equity 同程度の支払い能力を持つ納税者は同額を納めるべきだという考え方

スクリーニング screening 情報を知らない当事者が、情報を持つ当事者に私的情報を明かすように促す行動

スタグフレーション stagflation 産出量の減少と物価の上昇が同時に生じている局面

ストライキ strike 労働組合の主導によって、組織的に企業から労働力を撤収すること

生産可能性フロンティア production possibilities frontier ある経済において、利用可能な生産要素と生産技術を用いて生産することのできる産出量の組み合わせを示したグラフ

生産関数 production function 財の生産に使用される投入物の量とその財の生産量との関係

生産者物価指数（PPI） producer price index 国内企業によって販売された財・サービスのバスケットのコストを示す指標

生産者余剰 producer surplus 売り手に支払われた金額から生産コストを差し引いたもの

生産性 productivity 労働力1単位から生産される財・サービスの量

生産要素 factors of production 財やサービスを生産するために使われる投入物

政治経済学 political economy 経済学の手法を用いて政府がどのように機能するかを研究する学問

正常財 normal good 他の条件を一定としたとき、所得が増加すると需要が増加する財

税の帰着 tax incidence 市場の参加者間で分担される税負担の方法

政府支出 government purchases 地方政府、州政府、連邦政府による財・サービスに対する支出

政府貯蓄 public saving 政府がその支出を支払った後に残る税収の額

世界価格 world price その財の世界市場で成立している価格

477

絶対優位　absolute advantage　他人より少量の
　インプットで財を生産できる能力

潜在的費用　implicit costs　企業が資金を支出す
　る必要のない投入コスト

増価　appreciation　ある通貨の価値（その通貨
　1単位で購入できる他国通貨の量で測られたも
　の）が高くなること

総供給曲線　aggregate-supply curve　各物価水
　準において、企業が生産・販売したいと考える
　財・サービスの総量を示す曲線

総収入　total revenue　商品の買い手が支払った
　金額、または売り手が受け取った金額であり、
　その商品の価格と販売量を掛け合わせることで
　計算される。

総需要曲線　aggregate-demand curve　各物価
　水準において、家計・企業・政府・そして海外
　の顧客が購入したいと考える財・サービスの総
　量を示す曲線

総需要と総供給のモデル　model of aggregate
　demand and aggregate supply　経済の長期的
　なトレンドからの短期的な変動を説明するモデ
　ルであり、多くの経済学者がこのモデルを用い
　る。

総費用　total cost　企業が生産に使用する投入
　物の市場価値

【た行】

代替効果　substitution effect　価格変化によっ
　て消費者が与えられた無差別曲線に沿って、新
　しい限界代替率を持つ点まで移動したときに生
　じる消費の変化

代替財　substitutes　一方の財の価格が上がる
　と、もう一方の財の需要が増加するような財の
　組み合わせ

団体交渉　collective bargaining　雇用条件につ
　いて、労働組合と企業が合意する過程

弾力性　elasticity　需要量や供給量が、その決定
　要因の変化に対応してどれだけ反応するかを測
　る尺度

中位投票者定理　median voter theorem　有権
　者がある線上の点を選ぶとき、全員が自分の最
　適値に最も近い点を選ぶとすると、多数決は中

位投票者の最適値を選ぶという数学的結果

中央銀行　central bank　銀行システムの監督や
　貨幣量の規制のために作られた機関

ディスカウント・レート　discount rate　連邦準
　備制度（Fed）が銀行に行う貸出の金利

天然資源　natural resources　財・サービスを生
　産するための投入物のうち、土地、河川、鉱山
　など自然によって与えられるもの

統計的差別　statistical discrimination　「能力に
　関係しないが観察できる」従業員の特性が、「能
　力に関連するが観察できない」特性と相関して
　いることによって生じる差別

投資　investment　事業用の資本、住宅資本、在
　庫に対する支出

投資信託　mutual fund　持ち分を一般に販売し、
　その資金で株式や債券のポートフォリオを購入
　する仕組み

独占　monopoly　代替品のない製品の唯一の販
　売者である企業

独占的競争　monopolistic competition　多くの
　企業が、類似しているが同一ではない製品を販
　売する市場構造

取引コスト　transaction costs　当事者たちが取
　引に合意し、それを実行する過程で発生するコ
　スト

【な行】

ナッシュ均衡　Nash equilibrium　互いに影響し
　合う経済主体が、他の主体が選択した戦略を与
　えられたものとして、それぞれ最善の戦略を選
　択する状況

【は行】

排除可能性　excludability　人がその財の使用を
　妨げることができるような財の性質

比較優位　comparative advantage　他人より少
　量の機会費用で財を生産できる能力

費用便益分析　cost?benefit analysis　ある公共
　財を提供することによって社会にもたらされる
　費用と便益を比較する研究

比例税　proportional tax　すべての所得レベル
　の納税者が、所得に対して同じ割合の税を支払

うこと

貧困線 poverty line　それ以下の水準になると貧困に陥ると考えられる所得水準。連邦政府によって家族の人数ごとに設定される。

貧困率 poverty rate　世帯所得が貧困線と呼ばれる絶対水準以下である世帯の割合

ファイナンス（金融） finance　人々が時間を通じてどのように資源を配分し、リスクを処理するのかについて研究する分野

ファンダメンタル分析 fundamental analysis　企業価値を計算するため、その企業を詳細に調べ上げること

フィッシャー効果 Fisher effect　名目金利のインフレ率に対する1対1の調整

フィリップス曲線 Phillips curve　インフレーションと失業の間の短期的なトレードオフの関係を示す曲線

フェデラル・ファンド金利 federal funds rate　銀行間で1日のみの貸出を行う際の金利

不換紙幣 fiat money　本源的価値を持たず、政府の法令によって貨幣として用いられる貨幣

不況 depression　深刻な景気後退

福祉 welfare　貧困層の所得を補填する政策プログラム

複利 compounding　銀行口座などで貨幣が蓄積される過程で、得られた利息が口座に加わり、それが将来さらに利息を生むこと

不足 shortage　需要量が供給量を上回っている状態

物的資本 physical capital　財・サービスの生産に用いられる設備や建築物のストック

負の所得税 negative income tax　高所得世帯からは税を徴収し、低所得世帯には補助を給付する税制

部分準備銀行制度 fractional-reserve banking　銀行が預金の一部のみを準備として保有する銀行システム

フリーライダー free rider　財の便益を受けているのにも関わらず、その対価を支払うことを避ける人

プリンシパル（依頼人） principal　エージェントと呼ばれる第三者にある行為を代行させる人

フロー循環図 circular-flow diagram　貨幣が市場を通じて、家計と企業の間をどのように流れていくかを示す視覚的な経済モデル

平均可変費用 average variable cost　可変費用を生産量で割ったもの

平均固定費用 average fixed cost　固定費用を生産量で割ったもの

平均収入 average revenue　総収入を販売生産量で割ったもの

平均税率 average tax rate　総支払税額を総所得で割ったもの

平均総費用 average total cost　総費用を生産量で割ったもの

閉鎖経済 closed economy　他国の経済と相互作用しない経済

貿易赤字 trade deficit　輸入の輸出に対する超過分

貿易黒字 trade surplus　輸出の輸入に対する超過分

貿易収支 trade balance　一国の輸出額からその国の輸入額を差し引いたもの。純輸出とも呼ぶ。

貿易政策 trade policy　ある国の財・サービスの輸入量または輸出量に直接影響を与える政策

補完財 complements　一方の財の価格が上がると、もう一方の財の需要が減少するような財の組み合わせ

補償賃金格差 compensating differential　仕事の間の非金銭的な特性の違いを埋め合わせるための賃金差

補正的課税 corrective tax　負の外部性から生じる社会的コストを考慮するよう、民間の意思決定者を誘導するために設計された税

【ま行】

マキシミン基準（最小値最大化基準） maximin criterion　政府は、社会で最も不利な立場にある人の厚生の最大化を目指すべきである、という主張

マクロ経済学 macroeconomics　インフレーション、失業、経済成長など、経済全体に関する事象を研究する分野

摩擦的失業　frictional unemployment　労働者が、自らの好みやスキルに最も適合する仕事を探すのに時間を要することで生じる失業

ミクロ経済学　microeconomics　家計や企業がどのように意思決定をし、それが市場でどのように相互に関わり合うかを研究する分野

民間貯蓄　private saving　家計が税金を払い、消費した分を支払った後に残る所得額

無差別曲線　indifference curve　消費者に同じレベルの満足を与える消費の組み合わせを示す曲線

明示的費用　explicit costs　企業が資金を支出する必要のある投入コスト

名目為替レート　nominal exchange rate　ある国の通貨を他の国の通貨と交換する際の交換比率

名目金利　nominal interest rate　通常表示されているインフレーションの影響を補正していない金利

名目GDP　nominal GDP　現在の価格で評価した財・サービスの生産額

名目変数　nominal variables　貨幣単位で測定される変数

メニュー・コスト　menu costs　価格を変更することのコスト

モノプソニー　monopsony　買い手が1人しかいない市場

モラルハザード　moral hazard　十分に監視されていない人が、不正な行動や望ましくない行動をとる傾向

【や行】

輸出（品）　exports　国内で生産され、海外で販売される財・サービス

輸入（品）　imports　海外で生産され、国内で販売される財・サービス

要求払い預金　demand deposits　預金者が小切手を書くだけで、必要に応じて利用できる銀行口座の残高

予算制約線　budget constraint　消費者が購入できる消費の組み合わせの上限

余剰　surplus　供給量が需要量を上回っている状態

【ら行】

ライフサイクル　life cycle　生涯を通じた所得変動のパターン

ランダムウォーク　random walk　変化が予測不可能な変数の経路

利潤　profit　総収入から総費用を引いたもの

リスク回避　risk aversion　不確実性を嫌うこと

リスク分散　diversification　単一のリスクを、完全には相関しない多くの小さなリスクに置き換えることで、リスクを軽減させること

リバタリアニズム　libertarianism　政府は、犯罪を処罰したり自由意志に基づく合意を保障したりすべきだが、所得再配分は行うべきではないと考える政治哲学

流動性　liquidity　ある資産を経済の交換手段に変換する際のしやすさ

流動性選好理論　theory of liquidity preference　貨幣需要と貨幣供給がちょうど釣り合うように金利が調整されるとする、ケインズが提唱した理論

累進税　progressive tax　高所得の納税者が低所得の納税者よりも所得に占める税額の割合が大きい税

レバレッジ　leverage　投資を行う際、既存の資金を補うために借入を利用すること

レバレッジ比率　leverage ratio　銀行の総資産と自己資本の比率

連邦準備制度（Fed）　Federal Reserve；Fed　アメリカの中央銀行

労働組合　union　賃金や労働条件について雇用者と交渉する労働者の団体

労働の限界生産物　marginal product of labor　労働力を1単位追加することによって生み出される追加的な生産量

労働力人口　labor force　労働者の総数で、就業者と失業者の両方を含む。

労働力率　labor-force participation rate　成人人口に占める労働力人口の割合

索引 Index

【あ行】

アービトラージ　→裁定
アインシュタイン, アルベルト ……… 22
アセモグル, ダロン ……………………… 295
アメリカの実質GDP …………247, 409
アメリカの貿易赤字 …………………… 432
アメリカ - メキシコ - カナダ協定
　(USMCA) ……………………………… 426
アングリスト, ジョシュア …………… 467
暗号資産 …………………………………… 331
暗黙の価格 …………………………………… 61
意思決定 …………………………………………… 2
一物一価の法則 ………………………… 439
移転支出 …………………………………… 241
イノベーション ………………………… 291
因果関係 …………………………… 49, 464
インセンティブ … **6**, 17, 126, 167, 293, 312
　貯蓄へのインセンティブ ………… 312
　投資へのインセンティブ ………… 314
インデクセーション …………………… **266**
インデックスファンド ………………… 306
インフレーション(インフレ) … **14**, 15,
　17, 246, 256, 262, 263, 267, 355, 398, 413
　古典的なインフレーション理論
　………………………………………………… 357
　インフレーションのコスト ……… 369
　インフレーションの誤謬 ………… 370
インフレ税 ………………………366, **367**
インフレ保障 …………………………… 303
インフレ率
　……… 14, 246, 256, **258**, 268, 336, 368
ウーバー …………………………………… 10
売り手への課税 …………………132, 133
永久債 ……………………………………… 303
エクイティ・ファイナンス ………… 304
円グラフ …………………………………… 42
エンゲルの法則 ………………………… 105
欧州中央銀行(ECB) …………437, 442
横断面データ …………………………… **453**
『オズの魔法使い』 …………………… 376

【か行】

カーネギー, アンドリュー ………… 226
海外証券投資 …………………………… 286
海外直接投資 …………………………… 286
会計上の利潤 …………………………… **184**
外部性 ………………………… **12**, 160, 287
開放経済 …………………………308, **424**
価格 ………………………………………… 90
価格下限 …………………………**122**, 127
　価格下限がある市場 ……………… 128
価格規制 …………………………122, 131
価格支配力 ……………………………… **12**
価格上限 ………………………………… **122**
　価格上限がある市場 ……………… 123
科学者 ……………………………………… 22
科学的方法 ……………………………… 22
下級財 …………… **75**, 105, **215**, 216
家計 …………………………………… 1, 25
貸付資金 …………………………310, 318
　貸付資金の供給 ………………310, 313
　貸付資金の需要 ………………310, 314
貸付資金市場 …………………**310**, 311
課税 ……………………………………… 164
　売り手への課税 ………………132, 133
　買い手への課税 ………………134, 135
　課税の効果 ………………………… 164
　課税の死荷重 ……………………… 164
仮想通貨 ………………………………… 331
傾き ………………………………… 47, 103
価値尺度 ………………………………… **329**
価値保存手段 …………………305, **329**
仮定 ……………………………………… 23
株価指数 ………………………………… 304
株式 ……………………………………… **304**
株主資本 ………………………………… 341
貨幣 ……… 14, 17, **328**, 335, 356, 366
　貨幣の種類 ………………………… 330
　貨幣の中立性 ……**362**, 387, 396, 408
　貨幣の役割 ………………………… 329
　貨幣の流通速度 …………………**363**, 364
貨幣価値 ………………………………… 357

貨幣供給 …………………………358, 360
貨幣供給曲線 ………………………… 359
貨幣供給量 …… **335**, 337, 346, 347
貨幣市場 ………………………………… 358
貨幣需要 ………………………………… 358
貨幣需要曲線 ………………………… 359
貨幣乗数 …………………………339, **340**
貨幣数量説 ………………………356, **360**
貨幣数量方程式 ……………………… **364**
可変費用 …………………………**190**, 198
カルテル ………………………………… 415
為替レート ………………………435, 439
　実質為替レート ………………… **436**
　名目為替レート ………………… **435**
為替レート効果 …………………392, 395
観察データ …………………………… **451**
関税 ……………………………………… 37
関税及び貿易に関する一般協定
　(GATT) ……………………………… 426
完全競争 ………………………………… 70
完全雇用産出量 ……………………… 396
完全代替財 …………………………… **211**
完全に弾力的 …………………… 99, 107
完全に非弾力的 ………………… 99, 107
完全補完財 ………………………211, **212**
元本 ……………………………………… 302
機会費用 …………… **4**, 28, **59**, 183
議会予算局 ……………… 33, 130, 320
期間 ……………………………………… 303
技術(テクノロジー) ………… 81, 398
技術的知識 …………………**281**, 291, 398
記述的分析 ……………………………… 32
記述的命題 …………………………… **32**
基準年 ………………………………… 244
希少性 …………………………………… **2**
季節調整 ……………………………… 238
期待 ………………………………… 51, 75, 81
ギッフェン, ロバート ……………… 221
ギッフェン財 ………………………… **221**
規範的分析 ……………………………… 32
規範的命題 …………………………… **32**

481

規模に関して収穫一定 ………… **196**, 282	クラウディングアウト ……………… 318
規模の経済 ……………………………… **196**	グラフ ……………………………………… 42
規模の不経済 …………………………… **196**	クレーマー，マイケル …………… 293
逆の因果関係 ………………………… 49, 50	クレジットカード ……………………… 332
逆の因果性 …………………………… 50, **452**	クロスセクションデータ ………… **453**
キャッチアップ効果 ………… 284, **285**	景気後退 ……………… 246, **383**, 416, 432
キャピタル・ゲイン ………………… 373	景気循環（ビジネス・サイクル） … **15**, 384
給与税 …………………………………… 136, 137	経験的規則性 ……………………………… 455
供給 ……………………………… 69, 78, 85	経済 ……………………………………………… 1
供給の価格弾力性 ………… **106**-109	経済学 …………………………………………… **2**
供給の減少（減退）…………………… 80	『経済学および課税の原理』 ………… 62
供給の増加（増大）…………………… 80	経済学の10原則 …………………… 2, 17
供給の弾力性 ………………………… 106	経済諮問委員会（CEA）……………… 33
供給の変化 …………………………… 86	経済上の利潤 ……………………………… **184**
供給の法則 …………………………… **78**	経済成長 ………… 30, 276, 277, 284, 398
供給曲線 ………………………………… **78**, 150	経済分析局 …………………………… 243, 265
供給曲線上の動き …………………… 86	経済モデル …………… 24-30, 279, 387
供給曲線のシフト ……… 79, 81, 86	計測されない品質変化 ……………… 260
供給計画 ………………………………… **78**, 151	計量経済学 ………………………………… **450**
供給量 …………………………………… **78**, 85	ケインズ，ジョン・メイナード … 34, 38
供給量の変化 ………………………… 86	欠落変数 …………………………… 49, 464
行政管理予算局 ………………………… 33	ケネディ，ロバート ………………… 248
競争 ……………………………………………… 70	減価 ……………………………………………… **435**
競争市場 ………………………………… 70, 156	限界効用 ……………………………………… 214
銀貨発行の自由化 ……………………… 376	限界効用の逓減 …………………… 214
均衡 ……………………………………………… **83**	限界生産物 ……………………………… **186**
均衡価格 ……………………………………… **83**	限界生産物の逓減 ………………… **187**
均衡財政 ……………………………………… 317	限界税率 ……………………………………… 171
均衡数量 ……………………………………… **83**	限界代替率 ……………………………… **208**, 214
均衡点 ………………………………………… **83**	限界的な売り手 ……………………… 151
均衡貿易収支 ………………………… **424**, 431	限界的な買い手 ……………………… 145
銀行 …………………………………………… 305	限界的な変化 …………………………… **5**
銀行の自己資本 …………………… **341**	限界費用 …………………… 5, **191**-193, 198
銀行取付け ………………………………… 347	限界便益 ……………………………………… 5
金本位制 …………………………………… 330, 377	減価償却 ……………………………………… 239
金融危機 ……………………… 316, 321, 341	研究開発 ……………………………………… 290
金融市場 ……………………………………… **302**	現金通貨 ……………………………… **332**, 333
金融システム ……………………………… **301**	コアCPI ……………………………………… **258**
金融政策 ……………………………………… **335**	交易 ……………………………… 8, 17, 53, 423
金融仲介機関 ……………………………… **305**	公開市場操作 ……………………… 335, **343**
金利 ……………………… 226, 228, 268, 312	交換手段 …………………………………… 305, **329**
実質金利 ………… **268**, 269, 312, 367, 427	公共財 ………………………………………… 291
フェデラル・ファンド金利 … 346, **348**	厚生経済学 ………………………………… **143**
名目金利 ……………… **268**, 269, 367	硬直価格理論 ……………………… 401, 404
金利効果 …………………………………… 391, 395	硬直賃金理論 ……………………… 400, 404
勤労所得税額控除（EITC）………… 131	恒等式 …………………… 240, 307, 428, 456
靴底コスト ………………………………… 370, **371**	購買力平価 ……………………… **439**, 440-444

購買力平価説 …………………………… 440-444	
公平性 …………………………………… **3**, 12, **155**	
後方屈曲型労働供給曲線 …………… 225	
効用 ……………………………………………… 214	
交絡変数 ………………………………… **452**, 462	
効率性 ……………………………… **3**, 12, **155**, 157	
効率性と公平性のトレードオフ …… 3	
効率的規模 ………………………………… **193**	
合理的な人々 ……………………… **4**, 17, 186	
高利回り債 ………………………………… 303	
国債 …………………………………………… 335	
国際通貨基金 ……………………………… 287	
国内総所得（GDI）……………………… 238	
国内総生産（GDP）	
…………… 234, 235, **236**-239, 248, 286, 429	
国内投資 ……………………………………… 433	
『国富論』 ………………… 9, 10, 62, 197	
国民純生産（NNP）…………………… 239	
国民所得 ………………………………… 233, 239	
国民所得勘定 ……………………………… 307	
国民総生産（GNP）……………… 239, 286	
国民貯蓄（貯蓄）……… **308**, 430, 433	
誤差の範囲 ………………………………… 461	
個人可処分所得 ………………………… 239	
個人所得 …………………………………… 239	
個人退職口座 ……………………………… 312	
コスト（費用）… 4, 17, 28, **149**, 182, 195, 198	
インフレーションのコスト ……… 369	
靴底コスト …………………………… 370, **371**	
租税のコスト ………………………… 163	
メニュー・コスト ……………… **372**, 401	
生産コスト …………………………… 181	
固定費用 ……………………………… **190**, 198	
古典派経済学 ……………………………… 387	
古典派の二分法 ……… 361, **362**, 387, 396	
誤認理論 ………………………………… 402, 404	
コペルニクス，ニコラウス………… 357	
コロナウイルス支援・救済・経済安全	
保障法（CARES法）………………… 416	
【さ行】	
債券 ……………………………………………… **302**	
最後の貸し手 …………… 335, 347, 417	
財・サービス市場 ……………………… 26	
財・サービスのバスケット …… 256, 259	
財産権 ……………………………………… 289	
最終財 ……………………………………… 237	

482

索引 Index

最小二乗法（OLS） ……… **460**, 464
財政赤字 …………………… **309**, 317
財政黒字 …………………… **309**, 317
裁定 …………………………………… 440
最低賃金 ………………………… 128-130
最低賃金法 ……………………………… 32
最適点 …………………………………… 213
債務超過 ……………………… 321, 342
債務不履行　→デフォルト
搾取的制度 ……………………………… 295
座標系 ……………………………… 42-44
サブプライムの借り手 ……………… 410
サプライサイド経済学 ………………… 174
産業組織論 ……………………………… 181
算術平均 ………………………………… 460
散布図 ……………………………… 43, 458
ジェンセン, ロバート ………………… 221
死荷重 ………………… **167**-173, 370
時系列グラフ ……………………………… 42
時系列データ …………………………… **453**
自己資本 …………………………………… **341**
自己資本比率規制 ……………………… **342**
資産効果 ……………………… 391, 395
市場…… 8, 11, 17, **70**, 89, 131, 144, 176, 322
　市場の均衡 …………………………… 155
　市場の失敗 …………………… **12**, 160
市場供給 …………………………………… 79
市場供給曲線 …………………………… 79
市場経済 ……………………………………… **9**
市場支配力 ……………… **12**, 159, 316
市場需要 …………………………………… **73**
市場需要曲線 …………………………… **73**
市場清算価格 …………………………… 83
自然産出量水準 ………………………… **397**
自然実験 ……………………………… 23, **464**
失業 …………… 15, 17, 129, 336, 386
実験データ ……………………………… **450**
実質為替レート ………………………… **436**
実質金利 …… **268**, 269, 312, 367, 427
実質GDP ……………… 243, **244**, 246
　1人当たり実質GDP …… 248, 250, 276
実質変数 ………………………………… **361**
支払用意 ………………………………… **144**
資本 ……………………………………… 280
　人的資本 ……………… **280**, 287, 288
　物的資本 ……………………………… **280**
　資本の限界生産性の逓減 ………… 285

資本財 ……………………………………… 241
奢侈税 …………………………………… 138
ジャンク債 ……………………………… 303
重回帰 …………………………………… **464**
収穫逓減 ………………………………… **284**
従属変数 ………………………………… 459
縦断データ ……………………………… 453
自由貿易 …………………………… 62, 290
自由放任　→レッセフェール
需要 …………………………… 69, 71
　需要の価格弾力性 ……… **96**, 100
　需要の減少（減退） ……………… 74
　需要の交差価格弾力性 ………… **105**
　需要の所得弾力性 ……………… **105**
　需要の増加（増大） ……………… 74
　需要の弾力性 …………………… 96
　需要の変化 ………………………… 86
　需要の法則 ………………… **72**, 220
需要曲線 … 44, 72, **73**, 99, 103, 145, 219, 220
　需要曲線上の動き ……………… 77, 86
　需要曲線のシフト … 46, 74, 77, 85, 86
需要曲線と供給曲線のシフト …… 87-89
需要計画 ………………………… **72**, 146
需要と供給の均衡 ……………………… 83
需要と供給の図 ……………………… 85, 86
需要と供給の法則 ……………………… **84**
需要量 ……………………………………… **72**
　需要量の変化 …………………… 86
純資本流出 ……………… **427**, 428, 433
順序対 ……………………………………… 42
準備 ………………………………………… **337**
準備預金制度 …………………………… **345**
準備預金への付利 ……………………… **345**
準備率 ……………………………………… **338**
準備量 …………………………………… 343
純輸出 ……………… **242**, **424**, 428, 429
証券化 …………………………………… 410
証券取引所 ……………………………… 304
消費 ………………………………………… **240**
消費者の選好 ………………… 207, 208
消費者選択の理論 …………………… 203
消費者物価指数（CPI） …… **256**-262, 265
消費者余剰 ……………………… **145**-149
商品貨幣 ………………………………… **330**
ショー, ジョージ・バーナード ……… 35
『諸国民の富の性質と原因に関する
　研究』　→『国富論』

処置群 …………………………………… 450
所得効果 ……………… **216**-218, 225, 227
所有権 ……………………………………… **12**
所要準備額　→法定準備額
新型コロナウイルス
　………………… 268, 316, 345, 356, 416
　新型コロナウイルスのパンデミック
　………………… 15, 383, 416, 417, 434
人口成長 ………………………………… 291
『人口論』 ……………………………… 292
新商品の導入 ………………………… 260
人的資本 ……………… **280**, 287, 288
信用収縮 ……………………… 321, 342, 411
信用創造 …………………… 338-340, 347
信用リスク ……………………………… 303
スタグフレーション ……………… **413**, 415
スタンダード・アンド・プアーズ … 303
ストックマン, デイヴィッド ……… 174
頭脳流出 ………………………………… 288
スミス, アダム …… 9, 10, 62, 90, 157, 197
生活コストの地域格差 ……………… 265
生活水準 ………………… 13, 17, 279, 297, 312
生活費調整手当（COLA） ………… 266
政策アドバイザー ……………………… 31
生産可能性 ……………………………… 55
生産可能性フロンティア …… 26, **27**, 55
　生産可能性フロンティアのシフト…… 29
生産関数 ……………… **186**-188, 282, 285
生産コスト ……………………………… 181
生産者物価指数（PPI） ……………… **258**
生産者余剰 ……………………… **150**-153
生産性 ……………… **14**, 276, **279**, 280
生産要素 ………………………… 25, 280
生産要素市場 ………………… 26, 234, 235
正常財 ……………………… **75**, 105, **215**
税制措置 ………………………………… 303
ぜいたく品 ………………………… 96, 138
正の関係 ………………………………… 45
正の相関 ………………………………… 43
税の帰着 ………………………………… **132**
税の歪み ………………………… 170, 372
政府債務 ……………………… 317, 319
政府支出 ……………… 241, 394, 412, 434
政府貯蓄 ………………………………… **309**
世界銀行 ………………………………… 287
石油輸出国機構（OPEC）… 112, 124, 415
絶対値 …………………………………… 97

483

絶対優位 …………………………… 59
善意ある社会計画者 ……………… 154
線形回帰 …………………………… 459
線形需要曲線 ……………………… 103
選好 …………………………… 207, 208
潜在産出量 ………………………… 396
潜在的費用 …………………… 183, 198
増価 ………………………………… 435
相関 ………………………………… 43
　　正の相関 ……………………… 43
　　負の相関 ……………………… 44
総供給曲線 ……… 388, 396-405, 406
　　短期総供給曲線 …………… 400-405
　　長期総供給曲線 …………… 396-398
相互依存 …………………………… 53
操作変数 …………………………… 465
操作変数法 ………………………… 465
総収入 ………………………… 101, 182
総需要曲線 ……… 388, 390-395, 406
総需要と総供給のモデル
　　…………………… 384, 388, 389, 399
相対価格 …………… 205, 362, 372, 402
総費用 ………………………… 182, 198
総費用曲線 ………………………… 187, 188
総余剰 ……………………………… 154
租税のコスト ……………………… 163

【た行】
ターム・オークション・ファシリティ… 344
対外純投資 ………………………… 427
対外証券投資 ……………………… 427
対外直接投資 ……………………… 427
大恐慌 ……………………… 320, 347, 409
対照群 ……………………………… 450
代替効果 …………………… 216-218, 227
代替財 ………………………… 75, 96, 105
代替バイアス ……………………… 258
大統領経済報告 …………………… 33
第2次世界大戦 …………………… 287, 409
大不況 ……………………… 320, 383, 410
ダウ・ジョーンズ工業株価平均 … 304
単位弾力性 ………………………… 99, 102
短期総供給曲線 …………………… 400-405
短期平均総費用 …………………… 195, 196
弾力性 ……………………………… 96
　　供給の価格弾力性 ………… 106-109
　　供給の弾力性 ………………… 106

需要の価格弾力性 ………………… 96, 100
需要の交差価格弾力性 …………… 105
需要の所得弾力性 ………………… 105
需要の弾力性 ……………………… 96
単位弾力性 ………………………… 99, 102
弾力性と税の帰着 ………………… 136
弾力的 ……………………… 96, 99, 106
地域別物価平価 …………………… 265
地下経済 …………………………… 171
地方債 ……………………………… 303
中央銀行 ……… 334, 343, 362, 368, 441, 456
中間財 ……………………………… 237
中間点法 …………………………… 98
超過供給 …………………………… 83
超過需要 …………………………… 84
超過準備 …………………………… 338
長期均衡 …………………………… 405-407
長期総供給曲線 …………………… 396-398
長期平均総費用 …………………… 195, 196
調整問題 …………………………… 197
貯蓄（国民貯蓄）… 284, 301, 308, 429, 433
　　政府貯蓄 ……………………… 309
　　民間貯蓄 ……………………… 308, 318
貯蓄へのインセンティブ ………… 312
貯蓄率 ……………………… 284, 312
賃金物価スパイラル ……………… 413
ディスカウント・ウィンドウ …… 344
ディスカウント・レート ………… 344
データ ……………………………… 449
デット・ファイナンス …………… 304
デフォルト ………………… 303, 427
デフレーション ……… 256, 267, 355, 376
天然資源 …………… 281, 282, 292, 398, 404
統計上の誤差 ……………………… 238
統計モデル ………………………… 459
投資 …………… 241, 284, 286, 301, 309, 429
投資へのインセンティブ ………… 314
投資信託 …………………………… 305
投資税額控除 ……………… 314, 394
投資ブーム ………………………… 432
独占 ………………………………… 71
独立変数 …………………………… 459
富 ………………………………… 305, 328
トランプ，ドナルド（大統領）
　　………………… 175, 334, 417, 426
『トランポノミクス』 …………… 175
トルーマン，ハリー（大統領）………33

トレードオフ … 2, 17, 28, 33, 56, 203, 284
　インフレーションと失業の
　　短期的なトレードオフ … 15, 17, 336
　効率性と公平性のトレードオフ … 3

【な行】
内部留保 …………………………… 239
ナスダック ………………………… 304
ナン，ネイサン …………………… 295
ニュートン，アイザック ………… 22
ニューヨーク証券取引所 ………… 304
ネーダー，ラルフ ………………… 6

【は行】
バイデン，ジョー（大統領）
　　………………… 130, 264, 334, 356, 417
ハイパーインフレーション
　　………………… 356, 365, 366, 442
パネルデータ ……………………… 453
パラメーター ……………………… 36, 454
バランスシート …………… 337, 341
ハンバーガー基準 ………………… 444
比較優位 ……………………… 59, 60
比較優位原則 ……………………… 63
ビジネス・サイクル　→景気循環
非弾力的 …………………… 96, 99, 106
必需品 ……………………………… 96
ビットコイン ……………………… 331
1人当たり実質GDP ……… 248, 250, 276
100%準備銀行制度 ……………… 337
ヒューム，デイヴィッド … 357, 363, 388
費用（コスト）… 4, 17, 28, 149, 182, 195, 198
　　可変費用 ……………………… 190, 198
　　機会費用 ……………… 4, 28, 59, 183
　　限界費用 ……………… 5, 191-193, 198
　　固定費用 ……………………… 190, 198
　　潜在的費用 …………………… 183, 198
　　総費用 ………………………… 182, 198
　　明示的費用 …………………… 183, 198
費用曲線 …………………………… 191
標準誤差 …………………………… 461
標準偏差 …………………………… 461
標本変動 …………………………… 461
貧困 ………………………………… 294, 451
フィッシャー，アーヴィング … 357, 368
フィッシャー効果………………… 367, 368
フーバー，ハーバート（大統領）… 255, 264

索引 Index

フェデラル・ファンド金利 ……346, **348**
フォーゲル, ロバート …………… 288
フォード, ジェラルド（大統領）… 14, 356
フォード, ヘンリー ………………… 281
不換紙幣 …………………………… **330**
不況 ………………………………… **383**
不足 ………………………………… **84**
物価 ……………14, 17, 335, 356, 366
物価水準 ………… 263, 357, 391, 392
物価スライド ……………………… **266**
物価連動国債（TIPS）…………… 304
物的資本 …………………………… **280**
物々交換 …………………………… 328
負の関係 ……………………………45
負の相関 ……………………………44
部分準備銀行制度…………………… **338**
プライステイカー……………………70
フリードマン, ミルトン … 357, 360, 376
フリードマン・ルール …………… 376
フロー循環図 ……………… **25**, 235
ブロックチェーン ………………… 331
分業 ………………………………… 197
平均可変費用 ……………… **191**, 198
平均固定費用 ……………… **191**, 198
平均総費用 ……………… **191**, 193, 198
　短期平均総費用…………………195, 196
　長期平均総費用…………………195, 196
閉鎖経済 …………………………308, **423**
ベネフィット　→便益
ペルツマン, サム …………………… 7
便益（ベネフィット）……………… 4
　交易の便益 ………………………53
貿易赤字 ……………… **424**, 431, 432
貿易黒字 ………………………**424,** 431
貿易収支 ………………… **424**, 434
　均衡貿易収支 …………… **424**, 431
包摂的制度 ………………………… 295
棒グラフ ………………………………42
法定準備額（所要準備額）………338, 345
ポートフォリオ …………………… 305
ホームズ・ジュニア, オリバー・
　ウェンデル ……………………… 163
補完財 …………………………… **75**, 105
北米自由貿易協定（NAFTA）……… 426
ボックス, ジョージ ………………25
本源的価値 ………………………… 330

【ま行】

マクロ経済学 ……… **30, 233**, 234, 423
マネーストック…………………330, 333
マネー・マーケット・ファンド … 332
マネー・マーケット・ミューチュアル・
　ファンド ……………………… 348
麻薬の禁止 ………………………… 114
マルサス, トマス・ロバート ……… 292
満期 ………………………………… 302
見えざる手………………9-12, 90, 144, 157,
　　　　　159, 289, 295, 297, 312
ミクロ経済学 ……………… **30, 233**, 234
ミラー, ノーラン ………………… 221
ミル, ジョン・スチュアート ……… 357
民間貯蓄 ……………………… **308**, 318
ムーア, スティーブン …………… 175
無差別曲線 ………… 207, **208**-212
明示的費用 ………………… **183**, 198
名目為替レート …………………… **435**
名目金利 ……………… **268**, 269, 367
名目GDP ………… 243, **244**, 364
名目変数 ………………………… **361**
メディケア………………………136, 320
メニュー・コスト………………… **372**, 401
モーゲージ担保証券（MBS）……… 411

【や行】

家賃規制 …………………………125-127
ユーロ ……………………………437, 441
輸出 ……………………………242, **424**
輸出品 …………………………… **64**
輸入 ……………………………242, **424**
輸入品 …………………………… **64**
輸入割当 ……………………………37
要求払い預金 …………………… **332**
予算制約線 ………………204, **205**
　予算制約線の変化 …………… 206
余剰 ……………………………… **83**
　消費者余剰 ……………… **145**-149
　生産者余剰 ……………… **150**-153
　総余剰 …………………… 154
欲求の二重の一致 ……………… 328

【ら行】

ラッファー, アーサー …………… 174
ラッファー曲線 …………………173-175
ランダム化比較試験 …………… **450**

リカード, デヴィッド ………………62
利潤 ……………………………… **182**
　会計上の利潤 …………………… **184**
　経済上の利潤 …………………… **184**
流動性 …………………………… **329**
量的緩和 …………………………… 412
ルーカス, ロバート ……………… 276
レーガン, ロナルド（大統領）
　　　　　　　　　35, 174, 432
レッセフェール（自由放任）………… 156
レバレッジ ……………………… **341**
レバレッジ比率 ………………… **342**
連邦公開市場委員会（FOMC）
　　　　　　　　335, 349, 456
連邦準備制度（Fed）
　　　34, **334**, 343-349, 358, 417, 456
連邦準備制度理事会（FRB）……334, 456
連邦保険拠出法（FICA）………… 136
連邦預金保険公社（FDIC）………… 347
労働供給 ………………………222, 225
労働供給曲線 …………………… 225
労働統計局（BLS）……………… 256
ロックフェラー, ジョン・D ……… 278
ロビンソン, ジェームズ ………… 295
『ロビンソン・クルーソー』……… 279

【アルファベット】

BLS　→労働統計局
CARES法　→コロナウイルス支援・
　救済・経済安全保障法
CEA　→経済諮問委員会
COLA　→生活費調整手当
CPI　→消費者物価指数
ECB　→欧州中央銀行
EITC　→勤労所得税額控除
FDIC　→連邦預金保険公社
Fed ……… 34, **334**, 343-349, 358, 417, 456
FICA　→連邦保険拠出法
FOMC　→連邦公開市場委員会
FRB　→連邦準備制度理事会
FRB/USモデル ……………………… 456
GATT
　→関税及び貿易に関する一般協定
GDI　→国内総所得
GDP…………234, 235, **236**-239, 248, 286, 429
　実質GDP……………… 243, **244**, 246
　名目GDP……………… 243, **244**, 364

485

GDPの計測 …………………… 236	MBS →モーゲージ担保証券	S&P500指数 …………………… 304
GDPの構成要素 …………240, 242	MRS →限界代替率	T字勘定 …………………… 337-339
GDPと生活の質 …………… 250	NAFTA →北米自由貿易協定	TIPS →物価連動国債
GDPデフレーター …………245, 261	NNP →国民純生産	USMCA
GNP →国民総生産	OLS →最小二乗法	→アメリカ - メキシコ - カナダ協定
M1 …………………… 333	OPEC →石油輸出国機構	x座標 …………………… 43
M2 …………………333, 364	PPI →生産者物価指数	y座標 …………………… 43

■ 著者紹介

N・グレゴリー・マンキュー（N. Gregory Mankiw）

　ハーバード大学経済学部ロバート・M・ベレン教授。学生時代はプリンストン大学とマサチューセッツ工科大学で経済学を学ぶ。教員として、マクロ経済学、ミクロ経済学、統計学、経済学原理を教えている。ロングビーチ島でセーリングのインストラクターとして、ひと夏を過ごしたこともある。

　マンキュー教授は執筆活動を盛んに行っているほか、学術的・政策的な議論にも頻繁に参加している。*American Economic Review, Journal of Political Economy, Quarterly Journal of Economics*などの学術誌のほか、『ニューヨーク・タイムズ』や『ウォール・ストリート・ジャーナル』などの一般紙にも寄稿している。ベストセラーとなった中級レベルの教科書*Macroeconomics*（Worth Publishers：邦訳『マンキュー マクロ経済学』東洋経済新報社）の著者でもある。

　教育、研究、執筆活動に加え、マンキュー教授は、全米経済研究局（National Bureau of Economic Research）のリサーチ・アソシエイト、ブルッキングス経済活動パネル（Brookings Panel on Economic Activity）のメンバー、連邦議会予算局（Congressional Budget Office）およびボストン・ニューヨーク両連邦準備銀行（Federal Reserve Banks of Boston and New York）のアドバイザー、アーバン・インスティテュート（Urban Institute）およびニューヨーク経済クラブ（Economic Club of New York）の評議員、ETSの経済学上級試験の開発委員会のメンバーも務めている。2003年から2005年まで、大統領経済諮問委員会（CEA）の委員長を務めた。

◆ 訳者紹介

片桐 満（かたぎり・みつる）
1981年生まれ。法政大学経営学部准教授。東京大学経済学部卒。ペンシルバニア大学Ph.D.（Economics）。専門はマクロ経済学。
ウェブサイト：https://sites.google.com/site/mitsurukatagiri/

篠 潤之介（しの・じゅんのすけ）
1978年生まれ。早稲田大学国際教養学部准教授。早稲田大学政治経済学部卒。東京工業大学社会理工学研究科修了。米国ラトガース大学Ph.D.（Economics）。専門は金融論、協力ゲーム理論。
ウェブサイト：https://w-rdb.waseda.jp/html/100001438_ja.html

溝口 哲郎（みぞぐち・てつろう）
1973年生まれ。高崎経済大学経済学部教授。慶應義塾大学経済学部卒。慶應義塾大学経済学研究科修了。カナダ・オタワ大学Ph.D.（Economics）。専門は公共経済学、応用ミクロ経済学。
ウェブサイト：https://www.tcue.ac.jp/professor/mizoguchi_tetsurou.html

2025 年 3 月 3 日　初版第 1 刷発行

マンキュー入門経済学〈第 4 版〉

著　者	N・グレゴリー・マンキュー
訳　者	片桐満・篠潤之介・溝口哲郎
発行者	松村達生
発行所	センゲージラーニング株式会社
	〒 102-0073　東京都千代田区九段北 1-11-11　第 2 フナトビル 5 階
	TEL 03-3511-4390　FAX 03-3511-4391
	URL　https://cengage.jp

発売者	石田勝彦
発売所	株式会社 東京化学同人
	〒 112-0011　東京都文京区千石 3-36-7
	TEL 03-3946-5311　FAX 03-3946-5317
	URL　https://www.tkd-pbl.com
組　版	有限会社トライアングル
印刷·製本	株式会社シナノ

ISBN978-4-8079-1811-9
落丁・乱丁本はお取り替えします。
また、本書の全部、または一部を複写・複製・転訳載、および磁気・光記録媒体に入力することなど
は、著作権法上の例外を除き禁じられています。

© Katagiri Mitsuru, Shino Junnosuke, Mizoguchi Tetsuro　2025　Printed in Japan